·政治与哲学书系·

《资本论》美学研究

（下册）

陆晓光 | 著

光明日报出版社

下　编

《资本论》与“文心”

第十三章

王元化《文心雕龙》研究中的《资本论》

一、古典美学研究中最早的《资本论》

就中国文艺学和美学研究而言，最早将《资本论》引入古典诗学领域并做出实绩的是王元化（1920—2008）的《文心雕龙创作论》。① 该书初版于1979年（与朱光潜《谈美书简》初版同年）。

《文心雕龙》与《资本论》两部经典，年代上有古今之隔，文字上有中外之别，内容上更有文艺学与政治经济学的截然异域之归类。两者关系通常被认为风马牛。缘此之故，虽然二书传播历史长久，研究文献积厚，而迄今鲜见相互关联、切实研讨的文字。《文心雕龙创作论》则是最早的特例。② 该书初版后记中明确告白：

---

① 王元化（1920—2008）出生于湖北武昌，幼年随父母寓居北平清华园，学生时期投身“一二·九”运动，参加中华民族解放先锋队等进步组织。北平沦陷后南下，1938年年初在上海加入中国共产党。……王元化从20世纪30年代开始写作，在其60余年的学术生涯中著述不懈。1998年获上海市文学艺术杰出贡献奖；同年论文集《思辨随笔》获国家图书奖；2001年获华东师范大学“突出贡献”荣誉证；2006年获上海市哲学社会科学学术贡献奖。王元化去世后翌年在上海展览馆举行的“纪念上海解放六十周年主题展”中，被誉为“时代的思想者”，并与新中国首任上海市市长陈毅等同列为“城市丰碑 风范长存”。（《王元化文稿》弁言［M］//陆晓光．王元化文稿：三卷．北京：中央编译出版社，2017：1-2.）本章内容初刊于华东师范大学学报，相关内容参阅：陆晓光．王元化人文研思录［M］．上海：华东师范大学出版社，2015：289-440.

② 关于《文心雕龙》的国际性，“海外译介《文心雕龙》的国家及地区有日本、韩国、美国、欧洲及苏联”。（《文心雕龙学综览》编委会．文心雕龙学综览［M］．上海：上海书店出版社，1995：8-10.）“根据初步统计，截至一九九二年为止，各国各地区出版的专著共一四二部，大陆八三、港台四二、日本九、新加坡约三、韩文英文意大利文五。……论文二四一九，大陆一八四六、港台四二八、日本八六、韩文三一、新加坡约四、英文二四。”（同书，王元化序）

从我开始写作本书的那天起，我就以马克思《资本论》第一版《序言》的最后一段话作为鞭策自己的良箴。①

据笔者对该书全体之考察，其中引鉴《资本论》而直接见诸论述文字处，计数16条。

马克思《资本论》的研究目标是揭示资本主义生产方式的“隐蔽规律”，以打破资本主义永世长存的幻想；王元化研究《文心雕龙》的最初目标是揭示“文艺规律”，破除教条主义文艺观的迷妄。《资本论》探讨的是现代社会的根本性问题，《文心雕龙创作论》最初是深切感应中国语境中的时代性问题并力图回答的结晶。《资本论》在当时欧洲政治经济学领域属于异端，《文心雕龙创作论》在当初中国文艺界与潮流迥异。马克思在类似“下地狱”和“坟墓边徘徊”的艰难条件下从事研究，王元化最初撰写该书是在沦为“政治贱民”的20世纪60年代。马克思以毕生精力从事《资本论》研究，王元化研究《文心雕龙》经历了三十年以上的“漫长历程”。凡此种种，意味着《资本论》对王元化《文心雕龙》研究具有诸多方面的潜在影响。②

马克思当年与友人通信谈及《资本论》撰写与修订历程时写道：

我的著作第一卷（指《资本论》前期著作《政治经济学批判》——引者）快要完成的手稿在这里已经放了很长时间，如果不从内容上和文字上再修改一次，我是不会把它付印的。一个继续写作的作者不会在六个月后原封不动地把他在六个月以前写的东西拿去付印，这是可以理解的。（1846年8月1日）③

我有一个特点：要是隔一个月重新看自己所写的一些东西，就会感到不满意，于是又得全部改写。无论如何，著作不会因此受到什么损失。

① 王元化．文心雕龙创作论［M］．上海：上海古籍出版社，1979：238.

② 陆晓光．王元化心路中的《资本论》因素［M］//陆晓光．清园先生王元化．上海：华东师范大学出版社，2009：168. 又：陆晓光．有情志有理想的学术：王元化的《文心雕龙》研究［M］//现代人文 中国思想·中国学术：上海市社会科学界第六届学术年会文集．上海：上海人民出版社，2008：118.

③ 中共中央马克思恩格斯列宁斯大林著作编译局．马克思恩格斯《资本论》书信集［M］．北京：人民出版社，1976：8.

(1862年4月28日)①

《资本论》的第二册在德国不能出版，这一点我很高兴，因为恰恰是在目前，某些经济现象进入了新的发展阶段，因而需要重新加以研究。(1980年6月27日)②

以上三段话马克思先后写于1846年、1862年、1980年，前后时间长达34年。王元化的《文心雕龙》研究历程，作者在最终版《读文心雕龙》小引中的一段自叙为：

本书的酝酿是在二十世纪四十年代，写作是在二十世纪六十年代，出版则是二十世纪七十年代，至于我再重新加以校订，作为今天这样的本子出版则是二十一世纪的第七个年头了。③

那么即便从开始撰写的20世纪60年代初算起，迄至最终版的2007年，也有近半个世纪了。

《资本论》研究历程中至少三易书名，先后有《1844年经济学哲学手稿》、《政治经济学批判》(1859年)、《资本论》(1867年初版)。巧合却不无意味的是，王元化的《文心雕龙》研究著作出版后不断修订，也曾三易书名，依次为《文心雕龙创作论》(1979)、《文心雕龙讲疏》(1992)、《读文心雕龙》(2007)。而在最终版《读文心雕龙》开首的“小引”中，作者表达欣慰的同时，依然认为有继续修订的必要：

我不想妄自菲薄，我曾以多年的心血写成的这本著作，并没有随时间的流逝而消亡。无论在材料上、方法上、观点上，我在当时是用尽力气去做的，我的劳力没有白费，它们对今后的读者可能还有些参考价值。但我也感到有不足的方面，我没有将我近十多年来所形成的对中国文论的新看

---

① 中共中央马克思恩格斯列宁斯大林著作编译局．马克思恩格斯《资本论》书信集［M］．北京：人民出版社，1976：158.

② 中共中央马克思恩格斯列宁斯大林著作编译局．马克思恩格斯《资本论》书信集［M］．北京：人民出版社，1976：366.

③ 王元化．读文心雕龙［M］．北京：新星出版社，2007：2.

法表述在本书中。①

那么，在研究历程之漫长、内容修订之频繁方面，两者如此相似，也可能提示某种贯穿文字而又超出文字引用范围之外的潜在影响。

笔者关注“《资本论》因素”的立意与本届年会“现代大学教育”主旨有所共鸣。② 如果说现代大学教育的缺陷之一是学科分类所导致的专业隔阂，那么通常被认为风马牛关系的《文心雕龙》与《资本论》，在一部特色鲜明而产生重要影响的学术著作中被首次结合研讨，互文见义，其中应该蕴含超越学科分类的跨专业思路与启示。在《资本论》再度成为重要话题的当代学术思想背景下，我们有理由期望从这一思路中汲取新的启示。

二、《文心雕龙创作论》中的《资本论》因素

王元化《文心雕龙》研究所循方法之一是“根底无易其固，裁断必出于己”（熊十力语）。根据该方法，首先需要对相关资料进行搜集、整理、考察，以免做无根之游谈。兹效唐代李善《文选注》的“释事”方法③，对《文心雕龙创作论》中引鉴《资本论》而直接见之于论述文字处的16条逐项考察梳理，所据版本主要为三种：1979年上海古籍出版社出版的《文心雕龙创作论》、1992年上海古籍出版社出版的《文心雕龙讲疏》、2007年新星出版社出版的《读文心雕龙》。各项前后排列是按其在《文心雕龙创作论》中出现的顺序。

（一）“专门名词的不同意义”（一）

这里首先存在着同一名词的不同涵义问题。理论研究工作最大困难之一，就在于确定专门名词的特定涵义。同一个专门名词不仅在属于不同流派的思想家那里时常具有截然异趣的意蕴，甚至就是在同一作家笔下也往往会出现不同涵义。这种情况几乎为任何理论专著所难免。正如马克思在《资本论》中所说：“把一个专门名词用在不同意义上是容易引起误会的，但没有一种科学能把这个缺陷完全免掉。把高级数学和低级数学比较看

① 王元化．读文心雕龙［M］．北京：新星出版社，2007：2.

② 2009年，中国文心雕龙学会第十届年会于安徽师范大学（安徽省芜湖市）举行，主题词有“现代大学教育”。本文曾作为提交的论文稿参会。

③ “李善注《文选》释事不释义。”（王元化．思辨录［M］．上海：上海古籍出版社，2004：286.）又“弋钓书部，愿言注辑”。（李善．李崇贤上文选注表［M］//文选·李善注：第1册．上海：上海古籍出版社，1986：4.）

看。”（《资本论》本身就在不同场合用“必要劳动时间”一词来表示两种不同的意义）我国古代论著由于用语缺乏科学性，同语异义的专门名词更是屡见不鲜。碰到这种情况，我们只有随文抉择，才不致望文生解。①

按：此段见该书“上篇”的《〈灭惑论〉与刘勰的前后期思想变化》。这里援引《资本论》关于“专门名词”之说②，强调的是术语考辨之重要。《心物交融说“物”字解》章：“就物这个字来说，《经籍籑诂》所辑先秦至唐代的训释，共得五十余例。如果撇开其中意义相近以及物与他字组成一词者外，亦有二十余例。”“《文心雕龙》一书，用物字凡四十八处（物字与他字连缀成词者除外，如：文物、神物、庶物、怪物、细物、齐物、物类、物色等）。”③ 可见引鉴《资本论》“专门名词”说的方法论意味。

《文心雕龙讲疏》（第28页）与《读文心雕龙》（第25页）依然。

（二）“专门名词的不同意义”（二）

《再释〈比兴篇〉拟容取心说》再度引用上段《资本论》语录：

我觉得，这里的关键问题也还是在于对刘勰的比兴概念究竟应该怎样理解？在回答这个问题之前，我认为我们首先应当注意我在本书上篇援引马克思说的这句话：“把一个专门名词用在不同意义上是容易引起误会的，但没有一种科学能把这个缺陷完全免掉。”（《资本论》）④

按：该段援引亦完整见于《文心雕龙讲疏》（第173页）与《读文心雕龙》（第164页）。

（三）“人体解剖对猴体解剖是一把钥匙”

但是，另一方面，如果把刘勰的创作论仅仅拘囿在我国传统文论的范围内，而不以今天更发展了的文艺理论对它进行剖析，从中探讨中外相通、

① 王元化．文心雕龙创作论［M］．上海：上海古籍出版社，1979：23.

② 《资本论》“必要劳动时间”的第一含义是“泛指生产一般的商品的社会必要劳动时间”；第二含义是“指生产特殊商品即劳动力的必要劳动时间”。（马克思．资本论：第1卷［M］//中共中央马克思恩格斯列宁斯大林著作编译局．马克思恩格斯全集：第23卷．北京：人民出版社，1972：243.）

③ 王元化．文心雕龙创作论［M］．上海：上海古籍出版社，1979：76.

④ 王元化．文心雕龙创作论［M］．上海：上海古籍出版社，1979：161-162.

带有最根本最普遍意义的艺术规律和艺术方法（如：自然美与艺术美关系、审美主客关系、形式与内容关系、整体与部分关系、艺术的创作过程、艺术的构思和想象、艺术的风格形象性典型性等），那么不仅会削弱研究的现实意义，而且也不可能把《文心雕龙》创作论的内容实质真正揭示出来。正如马克思在《政治经济学批判导言》中所说的："人体解剖对猴体解剖是一把钥匙。低等动物身上表露的高等动物的征兆，反而只有在高等动物本身已经被认识之后才能理解。因此，资产阶级经济为古代经济提供了钥匙。"按照这一方法，我们除了把《文心雕龙》创作论去和我国传统文论进行比较和考察外，还需要把它去和后来更发展了的文艺理论进行比较和考辨。这种比较和考辨不可避免地也包括了外国文艺理论在内。但从事这项工作的时候，自然不能抹杀其间的历史差别性，而只应该是由此更深入地去究明《文心雕龙》创作论的实质。①

按：此段见"下篇"之首的《〈文心雕龙〉创作论八说释义小引》。其中主要谈论该书研究方法，所引《政治经济学批判导言》为马克思《资本论》研究的前期著作。② 可见该书在方法论上自觉借鉴了《资本论》。《文心雕龙创作论》两处引鉴讨论马克思该方法论（另一处见后面第10条）。

《文心雕龙讲疏》（第84页）与《读文心雕龙》（第77页）皆然。

（四）"人类劳动的一般特性"

马克思论述人类劳动的一般特性时说："劳动首先是人与自然之间的一个过程，在这个过程中，人由他自己的活动来引起、来调节、来统制人与自然之间的物质变换。人以一种自然力的资格，与自然物质相对立。"（《资本论》）作家的创作活动自然与一般劳动性质不同，但同样存在着一种对立。在创作实践过程中，作家不是消极地、被动地屈服自然，他根据艺术构思的要求和艺术加工的原则去改造自然，从个别的、分散的、现象的事物中提炼主题，创造形象，从而在再现出来的自然上面印下自己独有的风格特征。同时，自然对于作家来说是具有独立性的，它以自己的发展规律去约束作家的主观随意性，要求作家的想象活动服从于客观的真实，从而

① 王元化．文心雕龙创作论［M］．上海：上海古籍出版社，1979：69.

② 马克思本人写道："这部著作是1859年发表的《政治经济学批判》的续篇。"（马克思．资本论：第1卷［M］//中共中央马克思恩格斯列宁斯大林著作编译局．马克思恩格斯全集：第23卷．北京：人民出版社，1972：7.）

使作家的艺术创造遵循一定的现实逻辑轨道而展开。①

按：此段见《释〈物色篇〉心物交融说》。援引之意是说明：创作活动具有与人类一般劳动相通的共性。②《文心雕龙讲疏》继续援引而略有删修：

人类劳动是"人与自然之间的一个过程，在这个过程中，人由他自己的活动来引起、来调节人与自然之间的物质变换。人以一种自然力的资格，与自然物质相对立"。作家的创作活动也同样存在着一种对立。在创作实践过程中，作家不是消极地、被动地屈服于自然，他根据艺术构思的要求去改造自然，从而在自然上面印下自己独有的风格特征。同时，自然对于作家来说是具有独立性的，它以自己的发展规律去约束作家的主观随意性，要求作家的想象活动服从于客观真实，从而使作家的艺术创造遵循现实逻辑轨道而展开。③

其中删除了首句"马克思论述人类劳动的一般特性时说"与作为该段话所出的"《资本论》"书名等，该段所引《资本论》摘录则依然。

《读文心雕龙》(第 77 页) 同《文心雕龙讲疏》。

(五)"思想是不能脱离语言而存在的"

关于"辞令管其枢机"问题。"辞令"指语言或语词。就想象活动的性质来说，它必须以语言作为媒介和手段。其实，不止艺术想象，一切思维活动也无不如此，都和语言有着不可分割的直接关系。正如马克思在《1857 至 1858 年经济学手稿》中所指出："思想是不能脱离语言而存在

① 王元化. 文心雕龙创作论 [M]. 上海：上海古籍出版社，1979：74.

② 《资本论》原著后面文字为："为了在对自身生活有用的形式上占有自然物质，人就使他身上的自然力——臂和腿、头和手运动起来。当他通过这种运动作用于他身外的自然并改变自然时，也就同时改变他自身的自然。他使自身的自然中沉睡着的潜力发挥出来，并且使这种力的活动受他自己控制。"（马克思. 资本论：第 1 卷 [M] //中共中央马克思恩格斯列宁斯大林著作编译局. 马克思恩格斯全集：第 23 卷. 北京：人民出版社，1972：202.）

③ 王元化. 文心雕龙创作论 [M]. 上海：上海古籍出版社，1992：91-92.

的。”没有赤裸裸的思想，各种思想活动都是通过语言来进行的。①

按：此段在《“志气”和“辞令”在想象中的作用》章。其中所引《1857至1858年经济学手稿》为马克思《资本论》研究的前期著作。《文心雕龙讲疏》删修为：

> 关于“辞令管其枢机”问题。“辞令”指语言或语词。想象活动以语言作为媒介或手段。没有赤裸裸的思想，各种思想活动都是通过语言来进行的。②

其中将“正如马克思在《1857至1858年经济学手稿》中所指出：‘思想是不能脱离语言而存在的。’”删除了；原先“必须”“一切”之类带有机械思维倾向的文字也删除了。基本观点则依旧保留。

《读文心雕龙》（第108页）修删同《文心雕龙讲疏》。

（六）“劳动过程”与“劳动者观念”

> 作家总是自觉地根据自己的创作意图去进行创作的。马克思在《资本论》中曾经指出人类劳动具有如下特点：“劳动过程结束时得到的结果，已经在劳动过程开始时，存在于劳动者的观念中，所以已经观念地存在着。”这也就是说，人类劳动并不像蜜蜂造蜂房那样，只是一种本能的表现，而是自觉的、有目的的能动的行为。作家的创作活动也具有同样的性质。否认作家的创作活动是根据自己的创作意图出发，就会否定作家的创作活动的自觉性和目的性。③

---

① 王元化. 文心雕龙创作论［M］. 上海：上海古籍出版社，1979：105. 所引该句的原文为：“观念的社会性同观念并存于语言中，就像价格同商品并存一样。观念不能离开语言而存在。”（马克思. 1857—1858年经济学手稿［M］//中共中央马克思恩格斯列宁斯大林著作编译局. 马克思恩格斯全集：第46卷（上册）. 北京：人民出版社，1979：109.）

② 王元化. 文心雕龙创作论［M］. 上海：上海古籍出版社，1992：111.

③ 王元化. 文心雕龙创作论［M］. 上海：上海古籍出版社，1979：146.

按：此段见《刘勰的譬喻说与歌德的意蕴说》章。① 《文心雕龙讲疏》删修为：

> 作家总是自觉地根据自己的创作意图去进行创作的。人类劳动不像蜜蜂造蜂房那样，只是一种本能的表现，而是自觉的、有目的的、能动的行为。作家的创作活动也具有同样的性质。否认作家的创作活动是根据自己的创作意图出发，就会否定作家的创作活动的自觉性和目的性。②

其中删除的是“马克思在《资本论》中曾经指出……”数句引文，对该引文意义所作阐释的文字则依然。

《读文心雕龙》（第147页）删修同《文心雕龙讲疏》。

（七）“艺术掌握世界的方式”

> 我们认识了认识的共同规律之后，还必须认识艺术思维是以怎样的特殊形态去体现这个认识的共同规律。我们应该承认，艺术和科学在掌握世界的方式上——正如马克思在《政治经济学批判导言》中所指出的那样——是各有其不同特点的。艺术家不像科学家那样从个别中抽象出一般，而是通过个别去体现一般。③

---

① 所引该段在《资本论》原著的上下文为：“我们要考察的是专属于人的劳动。蜘蛛的活动与织工的活动相似，蜜蜂建筑蜂房的本领使人间的许多建筑师感到惭愧。但是，最蹩脚的建筑师从一开始就比灵巧的蜜蜂高明的地方，是他在用蜂蜡制造蜂房以前，已经在自己的头脑中把它建成了。劳动过程结束时得到的结果，在这个过程开始时就已经在劳动者的头脑中表象地存在着，即已经观念地存在着。他不仅使自然物质发生形式变化，同时他还在自然物中实现自己的目的，这个目的是他所知道的，是作为规律决定着他的活动的方式和方法的，他必须使他的意志服从这个目的。但是这种活动不是孤立的行为，除了从事劳动的那些器官的紧张之外，在整个劳动时间内还需要有作为注意力表现出来的有目的的意志，而且，劳动的内容及其方式和方法越是不能吸引劳动者，劳动者越是不能把劳动当作他自己体力和智力的活动来享受，就越需要这种意志。”（马克思．资本论：第1卷［M］//中共中央马克思恩格斯列宁斯大林著作编译局．马克思恩格斯全集：第23卷．北京：人民出版社，1972：202）

② 王元化．文心雕龙创作论［M］．上海：上海古籍出版社，1992：155.

③ 王元化．文心雕龙创作论［M］．上海：上海古籍出版社，1979：146.

按：此段见《刘勰的譬喻说与歌德的意蕴说》章。① 《文心雕龙讲疏》删修为：

> 艺术和科学在掌握世界的方式上是各有其不同特点的。艺术家不像科学家那样从个别中抽象出一般，而是通过个别去体现一般。②

其中“正如马克思在《政治经济学批判导言》中所指出的那样——”删除了，而论旨文字依然。

《读文心雕龙》（第147页）删修同《文心雕龙讲疏》。

（八）“由抽象上升到具体的方法”

> 艺术形象应该是具体的，科学概念也应该是具体的。科学家在做出抽象规定的思维进程中必须导致具体的再现，正像《政治经济学批判导言》所说的，由抽象上升到具体的方法是唯一正确的科学方法（参阅《附录三》）。不过，这里所说的具体是指通过逻辑范畴以概念形态所表述出来的具有许多规定和关系的综合。科学家把混沌的表象和直观加工，在抽象出具体的一般概念之后，就排除了特殊个体的感性形态。而艺术家的想象活动则是以形象为材料，始终围绕着形象来进行。③

按：此段见《刘勰的譬喻说与歌德的意蕴说》章。《文心雕龙讲疏》（第155页）与《读文心雕龙》（第148页）皆同《文心雕龙创作论》。

（九）关于“由抽象上升到具体”的一点说明

> 马克思在《政治经济学批判导言》中提出“由抽象上升到具体”的科学方法是方法论中的一个重要问题。二十世纪六十年代前期，我国哲学界曾就这一问题展开讨论。当时有人认为这个提法很难纳入认识由感性到理性的共同规律，于是援引《资本论》第二版跋所提出的“研究方法”和

---

① “整体，当它在头脑中作为被思维的整体而出现时，是思维着的头脑的产物，这个头脑用它所特有的方式掌握世界，而这种方式是不同于对世界的艺术的、宗教的、实践—精神的掌握的。”（马克思．政治经济学批判导言［M］//中共中央马克思恩格斯列宁斯大林著作编译局．马克思恩格斯选集：第2卷．北京：人民出版社，1972：104.）

② 王元化．文心雕龙创作论［M］．上海：上海古籍出版社，1992：155.

③ 王元化．文心雕龙创作论［M］．上海：上海古籍出版社，1979：146-147.

“叙述方法”的区别来加以解释，认为“由抽象上升到具体”是指“叙述方法”。最近哲学界在有关分析和综合问题的讨论中，又重新涉及这个问题。有的文章仍沿袭此说。《文史哲》一九七八年第四期发表的《与李泽厚同志商榷》一文，就曾经这样说：“事实上，马克思所说的这种方法，在这里仅仅是指叙述方法（重点系原文所加），而叙述方法是不能完全包括研究方法和认识方法的。”我以为，此说不能成立，是在于把“由抽象上升到具体”的科学方法排除在“研究方法”之外，认为它不属认识领域，这是不符合马克思提出这一方法的原旨的。按照马克思的意思，“由抽象上升到具体”这一方法正是“掌握世界”的一种思维活动方式。诚然，马克思并没有说过，政治经济学的方法应以抽象为发端。相反，他在《政治经济学批判导言》中明确指出，政治经济学的方法存在着“把直观和表象加工成概念这一过程”。不过，我以为政治经济学的科学方法正如艺术思维一样，是以它的特定形态来体现由感性到理性的认识共同规律的。艺术思维以想象为材料，始终围绕着形象来进行。政治经济学的方法则以范畴为材料，始终围绕着范畴来进行。

马克思在《政治经济学批判导言》中曾经阐述了政治经济学科学方法的全部过程：“如果我从人口着手，那么这就是一个混沌的关于整体的表象，经过更切近的规定后，我就会在分析中达到越来越简单的概念，从表象的具体中达到越来越稀薄的抽象，直到我达到一些最简单的规定。于是行程又得从那里回过头来，直到我最后又回到人口，但是这回人口已不是一个混沌的关于整体的表象，而是一个具有许多规定和关系的丰富的总体了。”我们可以把这一过程概括为三个阶段：从混沌的关于整体的表象开始（感性的具体）——经过理智的区别作用做出抽象的规定（理智的抽象）——通过许多规定的综合而达到多样性的统一（理性的具体）。在这里，马克思指出政治经济学的方法有两条道路：在第一条道路上，把完整的表象蒸发为抽象的规定。这是十七世纪古典经济学家所采取的知性的分析方法。在第二条道路上，使抽象的规定在思维行程中导致具体的再现。这是历史唯物论者所采取的辩证方法。马克思对于十七世纪古典经济学家的批判，实质上也就是辩证观点对于知性观点的批判。和启蒙学派有着密切关联的十七世纪古典经济学家，是以“思维着的悟性（知性）”作为衡量一切的尺度。他们像早期的英国唯物论者一样，坚执着理智的区别作用，从完整的表象中找出一些有决定意义的抽象的一般关系就停止下来，以为除此以外，“认识不能有更多的作为”（洛克）了。这种知性的分析方法正如歌德在《浮士德》第一部中所说的那样:“化学家所谓自然的化验,不过嘲笑自己,而不知其所以然。各部分很清楚地摆在他面前,可惜就只是没有精神的联系。”

但是,马克思认为,科学上的正确方法,不能停留在单纯的分析上,而必须由抽象上升导致具体的再现。这就需要由于分析而进入综合。辩证方法并不排斥理智的区别作用,它囊括了理智的区别作用于自身之内。知性方法由于坚执理性的区别作用,所以只知分析,而不知综合,只是从完整的表象中抽象出一些简单的要素,并且把这些要素孤立起来,当作“永恒的理性”所发现的真理原则,而不能找出这些要素之间的内部联系,进而使抽象的规定在思维的行程中导致具体的再现。这最后一个步骤就是马克思所提出的“由抽象上升到具体”的方法的要旨所在。

最后还要说明一下:作为政治经济学科学方法起点的感性认识是一种“混沌的关于整体的表象”,这和作为艺术思维起点的感性认识是现实生活的可感觉的具体形象有着显著的区别。虽然两者都属于感性范畴的表象,但是这两种表象的性质是各异其趣的。作为政治经济学科学方法起点的表象也是外界所给与的感性材料,不过这些外界感性材料所构成的表象往往采取了思想的形式。例如,上面提到马克思所说的“人口”这一“混沌的关于整体的表象”就是一个显明的例子。此外,我们还可以举出:忿怒、希望等。这些表象都是我们感觉所熟悉的,但它们也都是以普遍的思想形式呈现出来。至于文学艺术家从外界所摄取的表象,却并不采取这种普遍的思想形式。人物形象的表情、姿态、举止、谈吐……种种外在的特征,思想感情的复杂微妙的表达方式,以及他们的经历、遭遇、周围环境和别人接触时所产生的形体反应等这类具体细节,对于政治经济学家来说,都是无关宏旨的。他们无须详细记下这类凭借感觉形式出现的表象,多半只是勾勒出一个大概的轮廓,或者干脆用统计方式来表达。纵使在恩格斯所写的调查报告《英国工人状况》这种著作中,我们也很少发现这类表象的描述。可是,对于文学艺术家来说,这种凭借感觉形式出现的表象却正是不可少的,甚至往往是最重要的东西。我们必须区分以思想形式出现的表象和以感觉形式出现的表象的不同性质。目前在关于形象思维的讨论中似乎还没有涉及这一点。倘使我们不去探讨这两种不同表象的区别,而只是简单地用从感性到理性的认识共同规律笼统地把艺术和科学的思维活动一律相绳，那么就不可能对形象思维的探讨再深入一步。①

按：上引为《释〈比兴篇〉“拟容取心”说》章“附录三”《关于“由抽象上升到具体”的一点说明》全文。《文心雕龙讲疏》（第158—161页）删除“是在于”三衍字外②，全部照录。《读文心雕龙》（第149—152页）同《讲疏》。

（十）“人体解剖对猴体解剖是一把钥匙”的补充说明

我在本书小引中曾援引马克思的话“人体解剖对猴体解剖是一把钥匙”，来说明写作本书的缘起和方法问题。现在再补充几句。我们一旦从猴体的某些器官和组织上发现人体的某些器官和组织的征兆，这并不等于说两者是等同的。那么，为什么要做这种考辨呢？对于动物解剖学来说，是为了探索动物机体的进化历史。对于文艺解剖学（如果可以这样比喻的话）来说，则是为了探索文学“机体”的发展历史。我以为，文学从它诞生的那一天起，作为文学特征的形象性就已存在。如果说，有着悠久历史的我国古代文论对这一客观存在的事实竟会茫然无知，那是不可能的。今天文艺理论工作者的任务就在于实事求是地把它揭示出来，从而在建立我国具有民族风格的马克思主义文艺理论方面尽自己的一分力量。③

按：此段见《释〈比兴篇〉“拟容取心”说》章“附录四”《再释〈比兴篇〉“拟容取心”说》（参见本文前面第3条）。《文心雕龙讲疏》（第169—170页）除末句外，全部照录。《读文心雕龙》（第160页）同《文心雕龙讲疏》。

（十一）“把《资本论》改写成一部小说，但是失败了”

创作活动始终是通过形象思维来实现的。它并不像有的文章所说那样，先把作为感性材料的表象抽象成概念，再把这种抽象概念通过艺术表现手法化为艺术形象，即所谓表象—概念—表象（这个公式实际上是：表象—概念，概念—表象）这种“形象图解论”。（抗战前有位日本作家企图按照

① 王元化．文心雕龙创作论［M］．上海：上海古籍出版社，1979：148-151.
② 王元化．文心雕龙创作论［M］．上海：上海古籍出版社，1992：158-161.
③ 王元化．文心雕龙创作论［M］．上海：上海古籍出版社，1979：158.

这种“形象图解论”，把《资本论》改写成一部小说，但是失败了)①

按：此段在《释〈比兴篇〉“拟容取心”说》章“附录四”《再释〈比兴篇〉“拟容取心”说》。抗战前该日本作家与小说《资本论》待查考。

《文心雕龙讲疏》(第172页)与《读文心雕龙》(第162页)皆无改。

(十二) 马克思、黑格尔、别林斯基评莎剧《雅典的泰门》

黑格尔出于一种传统美学的偏见，强调矛盾的和解，认为真正的艺术只应该给我们一种本身和谐宁静的印象，而不应在读者心中唤起破坏这种和谐宁静的诸如仇恨之类的感情。因此，他认为被马克思视为揭露资本主义社会金钱万能的《雅典的泰门》是莎士比亚的失败之作。黑格尔十分推崇希腊悲剧人物式的坚强性格。虽然泰门也具有坚强性格，但他是一个愤世疾俗的人，他的主要情欲是仇恨。照黑格尔看来，仇恨是破坏和谐宁静的，所以是不美的。不仅如此，黑格尔也不赞成艺术去表现平凡的生活，他把平凡的生活称为“枯燥的散文”。可是别林斯基所揭橥的自然派现实主义理论，却猛烈地抨击了艺术是装饰自然的传统观点，主张艺术必须批判现实生活中的邪恶。他和黑格尔恰恰相反，对《雅典的泰门》表示了赞美。而且更重要的是他强烈要求把那些从不许混迹于艺术之宫的平凡的“下等人”引进艺术领域，并使他们在其中占据显赫地位。②

按：此段见《释〈熔裁篇〉“三准”说》附录二《文学创作过程问题》。其中“被马克思视为揭露资本主义社会金钱万能的《雅典的泰门》”句，指《资本论》第一卷所引莎士比亚《雅典的泰门》诗句：“金子！黄黄的、发光的、宝贵的金子！/只这一点点儿，就可以使黑的变成白的，丑的变成美的；/错的变成对的，卑贱变成尊贵，老人变成少年，懦夫变成勇士。/吓！你们这些天神们啊，为什么要给我这东西呢？/嘿，这东西会把你们的祭司和仆人从你们的身旁拉走，/把健汉头颅底下的枕垫抽去；/这黄色的奴隶可以使异教联盟，同宗分裂；/它可以使受诅咒的人得福，使害着灰白色的癞病理的人为众人所敬爱；/它可以使窃贼得到高爵显位，和元老们分庭抗礼；/它可以使鸡皮黄脸的寡妇重做新娘……/来，该死的土块，你这人尽可夫的娼妇……（莎士比亚《雅

① 王元化．文心雕龙创作论［M］．上海：上海古籍出版社，1979：160.

② 王元化．文心雕龙创作论［M］．上海：上海古籍出版社，1979：194-195.

典的泰门》）”①

《文心雕龙讲疏》（第207页）大体保留，而删除“出于一种传统美学的偏见”“被马克思视为揭露资本主义社会金钱万能的”“并使他们在其中占据显赫地位”诸句。《读文心雕龙》（第194页）同《文心雕龙讲疏》。

（十三）黑格尔“三范畴”与《资本论》第一章

黑格尔关于普遍性、特殊性、个别性三范畴辩证关系的论述是他的逻辑学概念论（或译总念论）的精华，曾博得革命导师的注意，并在他们的著作中经过对黑格尔唯心主义的彻底批判，以唯物主义观点创造性地发展了这一辩证方法。马克思《资本论》第一章有关价值形态的论述，毛主席《中国革命战争的战略问题》有关战争规律的论述，都运用了普遍性、特殊性和个别性三范畴来揭示运动和关系的辩证法。这是我们应该认真学习的。②

（原注）恩格斯在《自然辩证法》中曾指出：“个别性、特殊性、普遍性，这就是（黑格尔《逻辑学》）全部《概念论》在其中运行的三个规定。”列宁《黑格尔逻辑学一书摘要》：“黑格尔对推理的分析（E—B—A，即：个别、特殊、普遍，B—E—A等），令人想起马克思在《资本论》第一章中模仿黑格尔。”毛主席在《矛盾论》中论述人类认识活动时也涉及这三个范畴：“就人类认识运动的秩序来说，总是由认识个别的和特殊的事物，逐步地扩大到认识一般的事物。”《中国革命战争的战略问题》中所说的“战争规律”是普遍的，“革命战争的规律”是特殊的，“中国革命战争的规律”是个别的。中国革命战争规律对革命战争规律来说是特殊形态，对战争规律来说是个别形态。在这里，显示着普遍、特殊、个别这三个范畴之间的关系。③

按：此两段见《释〈熔裁篇〉三准说》章附录二《文学创作过程问题》。王元化晚年回忆读黑格尔《小逻辑》与马克思《资本论》时的收获写道：“《小逻辑》给我最大的启迪，就是黑格尔有关知性问题的论述。这些论证精辟的文

---

① 马克思．资本论：第1卷［M］//中共中央马克思恩格斯列宁斯大林著作编译局．马克思恩格斯全集：第23卷．北京：人民出版社，1972：152.

② 王元化．文心雕龙创作论［M］．上海：上海古籍出版社，1979：200.

③ 王元化．文心雕龙创作论［M］．上海：上海古籍出版社，1979：202.

字对我的思想起了极大的解放作用。因为知性的分析方法，长期被视为权威理论，恐怕至今还有人奉行不渝。……这可以纠正我们按照习惯把认识分为感性和理性两类。……我们应该重新考虑德国古典哲学的说法，用感性—知性—理性的三段式去代替有着明显缺陷的感性—理性的两段式。”“马克思也是运用了感性—知性—理性三段式的。”①

《文心雕龙讲疏》（第 213 页）仅保留首句“黑格尔关于普遍性、特殊性、个别性三范畴辩证关系的论述是他的逻辑学概念论（或译总念论）的精华”，余皆删除。《读文心雕龙》（第 200 页）同《文心雕龙讲疏》。

（十四）《资本论》第三卷称巴尔扎克“对现实关系有着深刻理解”

> 不过，还有一种情况，这就是恩格斯所说的巴尔扎克在他作品中“不得不违反他的阶级同情和政治偏见”。恩格斯把这一点称为“现实主义最伟大的胜利之一，巴尔扎克老人最伟大的特点之一”。这是不是可以作为创作行为的不自觉的表现？过去，以卢卡奇为代表的现代修正主义文艺思潮正是把这种情况作为现实主义可以突破反动世界观的例证。可是只要我们对巴尔扎克的作品仔细地加以分析，就可以看出巴尔扎克的世界观不是反动的，而是矛盾的，这种矛盾就反映在他的作品中。世界观是一个极复杂的现象，它也包括了对于社会生活中现实关系的认识。而《资本论》第三卷就曾经称巴尔扎克“对于现实关系有着深刻理解而著名于世”。巴尔扎克正是自觉地凭借着这种对于社会生活现实关系的深刻理解，才取得现实主义的伟大胜利。②

---

① 王元化．读黑格尔［M］．北京：新星出版社，2006：3-4.

② 王元化．文心雕龙创作论［M］．上海：上海古籍出版社，1979：231-232.《资本论》第三卷一段相关文字为：“以对现实关系具有深刻理解而著名的巴尔扎克，在他最后一部小说《农民》里，切当地描写了一个小农为了保持住一个高利贷者对自己的厚待，如何情愿白白地替高利贷者干各种活，并且认为，他这样做，并没有向高利贷者献出什么东西，因为他自己的劳动不需要花费他自己的现金。这样一来，高利贷者却可以一箭双雕，他既节省了工资的现金支出，同时又使那个由于不在自有土地上劳动而日趋没落的农民，越来越深地陷入高利贷的蜘蛛网中。”（中共中央马克思恩格斯列宁斯大林著作编译局．马克思恩格斯全集：第 25 卷［M］．北京：人民出版社，1975：47-48.）《资本论》第一卷一段相关文字为：“从货币储藏的意义上进行积累，是十足愚蠢的行为。例如巴尔扎克曾经对各色各样的贪婪做了透彻研究。那个开始用积累商品的办法来储藏货币的高布塞克，在他笔下已经是老糊涂虫了。”（中共中央马克思恩格斯列宁斯大林著作编译局．马克思恩格斯全集：第 23 卷．北京：人民出版社，1972：646.）

按：此段见《释〈养气篇〉率志委和说》章附录二《创作行为的自觉性和不自觉性》。《文心雕龙讲疏》删订为：

> 不过，还有一种情况，这就是恩格斯所说的巴尔扎克在他作品中“不得不违反他的阶级同情和政治偏见。”恩格斯把这一点称为“现实主义最伟大的胜利之一，巴尔扎克老人最伟大的特点之一。”这是不是可以作为创作行为的不自觉的表现？只要我们对巴尔扎克的作品仔细地加以分析，就可以看出巴尔扎克的世界观在一定程度上存在着矛盾。过去，苏联的拉普派是否认这种矛盾的，我国的“主题先行论”和“形象图解论”也是否认这种矛盾的。但是，如果在以理论思维为特征的科学论著中尚且会出现体系和方法的分歧、原则和原则执行间的差距，那么，在艺术作品中就更可能产生世界观和艺术方法之间的矛盾了。但是，这样的艺术家必须是忠于艺术，锲而不舍追求真理的。①

其中笔者所标下划线的是新增文字，被删除的文字有“不是反动的，而是矛盾的”“以卢卡奇为代表的现代修正主义文艺思潮正是把这种情况作为现实主义可以突破反动世界观的例证”“这种矛盾就反映在他的作品中。世界观是一个极复杂的现象，它包括了对于社会生活中现实关系的认识。而《资本论》第三卷就曾经称巴尔扎克‘对于现实关系有着深刻理解而著名于世’。巴尔扎克正是自觉地凭借着这种对于社会生活现实关系的深刻理解，才取得现实主义的伟大胜利”等。

《读文心雕龙》（第230页）删订同《文心雕龙讲疏》。

（十五）“超利害关系的研究”与“无拘无束的科学研究”

> 车尔尼雪夫斯基曾经描述了德国古典哲学家的一条进步原则：“真理——是思维的最高目的；寻觅真理去，因为幸福就在真理里面，不管它是什么样的真理，它是比一切不真实的东西更好的；思想家的第一个责任就是，不要在随便什么结果之前让步；他应该为了真理而牺牲他最心爱的意见。迷妄是一切毁灭的来源；真理是最高的幸福，也是其他一切幸福的来源。”（《俄国文学果戈理时期概观》第六篇）当资产阶级古典经济学家还没有变成后来的庸俗经济学家那样，完全陷入阶级偏见之中的时候，他

---

① 王元化．文心雕龙讲疏［M］．上海：上海古籍出版社，1992：245.

们正如马克思所说是可以进行“超利害关系的研究”“无拘无束的科学研究”(《资本论》)的。上述马克思的观点同样可以说明“巴尔扎克老人最伟大的特点之一”。①

按：此段见《释〈养气篇〉率志委和说》章附录二《创作行为的自觉和不自觉性》。《文心雕龙讲疏》修订后如下：

车尔尼雪夫斯基曾经描述了德国古典哲学家的一条进步原则：“真理——是思维的最高目的；寻觅真理去，因为幸福就在真理里面，不管它是什么样的真理，它是比一切不真实的东西更好的；思想家的第一个责任就是，不要在随便什么结果之前让步；他应该为了真理而牺牲他最心爱的意见。迷妄是一切毁灭的来源；真理是最高的幸福，也是其他一切幸福的来源。”(《俄国文学果戈理时期概观》第六篇）当古典经济学家还没有变成后来的庸俗经济学家那样，完全陷入偏见之中的时候，他们是可以进行“超利害关系的研究”“无拘无束的科学研究”的。这也可以同样说明巴尔扎克为什么会在作品中违反了他的政治偏见。②

其中依然保留了“可以进行‘超利害关系的研究’‘无拘无束的科学研究’”句；删除文字为“资产阶级”“正如马克思所说”“(《资本论》)”“上述马克思的观点同样可以说明‘巴尔扎克老人最伟大的特点之一’”。带下线部分是新加文字。

《读文心雕龙》(第230页）修订同《文心雕龙讲疏》。

(十六)《资本论》第一版序言的“良箴”

从我开始写作本书的那天起，我就以马克思《资本论》第一版《序言》的

① 王元化．文心雕龙创作论［M］．上海：上海古籍出版社，1979：233. 该段引述“超利害关系的研究”与“无拘无束的科学研究”两句，《马克思恩格斯全集》第23卷版的《资本论》译文有所不同，两段相关文字为，其一：“我们的专家还是命运不好。当他们能够不偏不倚地研究政治经济学时，在德国的现实中没有现代的经济关系。而当这些关系出现时，他们所处的境况已经不再容许他们在资产阶级的视野之内进行不偏不倚的研究了。”其二：“现在的问题不再是这个或那个原理是否正确，而是它对资本是有利还是有害，方便还是不方便，违背警章还是不违背警章。不偏不倚的研究让位于豢养的文丐的争斗，公正无私的科学探讨让位于辩护士的坏心恶意。”(马克思．资本论：第1卷［M］//中共中央马克思恩格斯列宁斯大林著作编译局．马克思恩格斯全集：第23卷．北京：人民出版社，1972：16-17.)

② 王元化．文心雕龙讲疏［M］．上海：上海古籍出版社，1992：245-246.

最后一段话作为鞭策自己的良箴，现在我还要把它援引在下面：

> 任何的科学批评的意见我都是欢迎的。而对于我从来就不让步的所谓舆论的偏见，我仍然遵守伟大的佛罗伦萨诗人的格言：
>
> 走你的路，让人们去说话!①

按：此段见该书末《后记》。《文心雕龙讲疏》与《读文心雕龙》皆同。

三、小结：“物虽胡越，合则肝胆”

根据以上对引鉴《资本论》关系文字的梳理，再比较前后修订之异同程度，可归纳如下四种情况。

（一）前后相同，未有变化

此类最多，计有8条，占总数16条的半数。它们在上述资料梳理中的标题序号依次为第1、2、3、8、9、10、11、16条。其中前五条中的关键词分别为“专门名词”“人体解剖对猴体解剖是一把钥匙”“由抽象上升到具体的方法”等，它们显然都具有研究方法的意义。第11条（“把《资本论》改写成一部小说，但是失败了”）是说明“形象图解论”的偏失，意在纠正机械论思维方式，因而也有方法论意味。由此可见，在借鉴《资本论》研究方法的层面，王元化《文心雕龙》研究大体依然。

第16条所引为《资本论》第一版序言“良箴”，它在《资本论》原著中表达的是无畏“舆论偏见”，走科学研究道路的情志。作者是从“开始写作本书的那天起”就以此“鞭策自己”，而一直保持到最终版《读文心雕龙》。我们结合作者当年身处困厄而沉潜孤往的背景可以判断，他最为看重的是《资本论》求真知②的精神。

---

① 王元化．文心雕龙创作论［M］．上海：上海古籍出版社，1979：238.

② 作者晚年曾多次提到“求真知”精神，例如2001年所撰《人文精神与二十一世纪的对话》写道：“我曾谈到爱因斯坦、霍金以及季羡林《留德十年》中所表彰的德国科学家，那样一种忘我舍身、以真理作为人的最高幸福的气质，永远都不会失去光彩的。同时，历代中国知识分子疾虚妄、求真知、关怀天下、追求独立思想和自由精神，也永远不会失去光彩的。一方面，对知识和文化的信念，对真理和道义的担当，对人的自由命运的关心，永远都是人文知识分子的尊严所在，没有这些东西就没有人文的意义。另一方面，这些信念和追求并不只是一些光秃的冲动，而是有内容的，考虑后果的，负责任的。总之，既有积极的理性精神，又对理性的限度和责任有真实了解的知识人，才是二十一世纪真正有力量的知识人。”（王元化．沉思与反思［M］．上海：上海辞书出版社，2007：64.）

（二）保留引文，删除出处

如第4条中，修订版将“马克思论述人类劳动的一般特性时说”删除，而《资本论》那段文字——人类劳动是“人与自然之间的一个过程，在这个过程中，人由他自己的活动来引起、来调节、来统制人与自然之间的物质变换。人以一种自然力的资格，与自然物质相对立”——则依然以加引号方式引用。第15条同样，最初版的行文有：“他们正如马克思所说是可以进行‘超利害关系的研究’‘无拘无束的科学研究’（《资本论》）的。”修订后删除“正如马克思所说是”与括号中的“《资本论》”。这种情况或许表明，作者当时依然认为这些话精辟警策，因而依然以引号方式援引，至于它们是否出自《资本论》则未必十分重要了。

（三）明显删修，论意保留

如第5条，初版中是“正如马克思在《1857至1858年经济学手稿》中所指出：‘思想是不能脱离语言而存在的。’没有赤裸裸的思想，各种思想活动都是通过语言来进行的”，修订后删除“正如马克思所指出……”句，而保留了论意文字“没有赤裸裸的思想，各种思想活动都是通过语言来进行的”。第6条，初版引用马克思《资本论》论人类劳动不同于蜜蜂造蜂房的话，在修订版中是以作者本人直接阐述的方式表达，论意未变。第7条，论意是说明艺术与科学在掌握世界的方式上的不同，初版强调，“正如马克思在《政治经济学批判导言》中所指出的那样”，修订改版后该句删除，而论意依然。第12条，原文有“他（指黑格尔）认为被马克思视为揭露资本主义社会金钱万能的《雅典的泰门》是莎士比亚的失败之作”。修订后该句为“他认为《雅典的泰门》是莎士比亚的失败之作”，主干句意未变。

笔者以为之所以如此删修，原因在于：其中所论观点在20世纪六七十年代的当初背景中尚有争议，当初只承认以“马克思学说”为依据的立论，因此作者需要援引马克思著作中相关论据以支撑强化所论；而在进入20世纪90年代以后的理论背景则明显变化，当初一些有争议问题多已成为一般常识（例如艺术思维方式与科学思维方式之不同），因而不再有必要援引马克思之说来佐证。

（四）引文论意，一并删除

第13、14条属于此类，前者尤为显然，删除文字五百余字。其中不仅有“马克思《资本论》第一章关于价值形态的论述”“令人想起马克思《资本论》第一章中模仿黑格尔”，而且主要叙述的是恩格斯、列宁、毛主席诸“革命导师”的相关论述，其叙述语言更有“对唯心主义的彻底批判”“我们应该认真学习”之类明显的时代痕迹。王元化20世纪90年代反思的重要主题之一是

“意识形态化的启蒙心态”，他将这段意识形态色彩浓重的论述全部删除，表征了他“反思”以后的思想风貌与以前有所不同。

根据上述四种情况归纳，可得如下结论：

(1) 在作者《文心雕龙》研究的各修订版所引涉的《资本论》关系资料16条中，有8条依然保持并注明出处（第一类）；有2条依然援引，而删除出处(第二类)；有4条是删除所引，但论意依然（第三类）；有2条是一并删除引文与相关阐释。整体而言，在援引相关资料的层面上，《资本论》因素在王元化《文心雕龙》研究历程中始终存在；修订后数量减少而依然可观，印记潜默而特色蕴藉。

(2) 其中始终援引且标示《资本论》出处的8条，所涉皆为研究方法或学术精神方面（第一类）。这意味着王元化所重视与服膺的，主要是《资本论》所体现的研究方法与求真知的科学精神。

(3) 其中依然援引而略去出处的，以及删除援引而保留原先论意的，则表明他力图避免以引用经典代替分析论证的教条主义思维方式；也表明他比以往更自觉地认识到，在文艺创作法则方面，马克思的论说未必特别重要。

(4) 将涉及《资本论》方法论（普遍、特殊、个别的三范畴）相关论述的删除，表明王元化在被经典作家已经典范运用的方法论方面，即便这种方法曾经是他本人所服膺乃至心爱，但他还是不断再思，勇于反思。

需要指出，晚年作者在另两部著作中谈论黑格尔总念三环节写道：“这是我曾经多么赞赏的理论啊！可是，过去那么引起我喜悦之情的信念动摇了，破灭了。”① 另一方面他却依然强调：“不过这里必须说一下，我在反思中虽然有了这样的认识，但并不因此减少我对黑格尔总念三环节的服膺。他所说的普遍性、特殊性、个体性和我国先秦名辨哲学中的同类概念是可以相互印证的。……这是很值得探讨的有趣问题。”②

而《文心雕龙·比兴》篇有曰：

> 诗人比兴，触物圆览。物虽胡越，合则肝胆。③

① 王元化．沉思与反思［M］．上海：上海辞书出版社，2007：8.

② 王元化．读黑格尔［M］．北京：新星出版社，2006：8.

③ “物虽胡越，合则肝胆”二句，今译作：“外在的景物和内心的情感，虽然像南越北胡一般，远不相涉；但是如果作者能以比兴的手法，做适当的牵合，那就像人体内部的肝胆，休戚相关，密不可分了。”（王更生．《文心雕龙》全译本［M］．西安：三秦出版社，2021：248-249.）

刘勰此语谈论的是中国古典诗歌的创作技巧，而依循孔子《论语》中“告诸往而知来者”“始可与言《诗》已矣”① 的古例，我们可以引譬连类地说，其中已经提示了一种比较诗学的方法。那么,《文心雕龙》与马克思美学这两个分属“胡越”的文论体系能否合成“肝胆”？我们能否从马克思所关注的“世界文学”层面上找到两者之间相通或互补的方面？在回答这个问题的意义上，王元化的下述论断具有方法论的针对性：

> 必须注意将传统伦理道德的根本精神或理念，与其由政治经济及社会制度所形成的派生条件严格区别开来。不做这样的区分，任何道德继承都变成不必要的了。②

一方面，包括文艺理论在内的任何思想体系都有其赖以产生的社会形态(政治、经济、文化等类型)；另一方面，任何思想体系中也都内含某种超越具体社会形态的根本精神或理念。《文心雕龙》与马克思美学无疑都内含某种“根本精神或理念”。如果我们能够从这两个看来迥异的文论体系中提炼出各自的“根本精神或理念”，那么在这个层面上，我们可能找到两者“合则肝胆”的因缘所在。③

① 杨伯峻．论语译注［M］. 北京：中华书局，1988：9，25.

② 王元化．九十年代反思录［M］. 上海：古籍出版社，2000：184.

③ “马克思文论及其所属的整个马克思学说，在具有儒家文化传统的现代中国之所以能够普遍流传并被接受，它在世界范围中之所以迄今尤其在中国显示其持久强大的生命力，原因之一与两者间的这种相通之处不无关系：两者都渗透着审美情志，两者都自觉于社会关怀，更重要的是两者都以人文价值为最高理想。在面对全球化趋势的当代中国，《文心雕龙》与马克思美学诚可谓是：‘物虽胡越，合则肝胆’。”（论《文心雕龙》与马克思美学之相通［M］//陆晓光．读《资本论》. 北京：光明日报出版社，2022：74.)

第十四章

《文心雕龙》的“讽喻”与《资本论》的“反讽”

《文心雕龙》“比兴”篇有曰：“比则畜愤以斥言，兴则环譬以寄托讽。”① 两句表明“比兴”之义包含讽喻。讽喻（allegory）是含有讥讽意味的比喻（metaphor）。讽刺（satire）指用比喻、夸张等手法对人或事的负面内质进行揭露、批评或鞭挞。②《文心雕龙·书记》中的“刺者，达也，诗人讽刺，……若针之通结矣”肯定了讽刺对于诗歌创作的重要性。③ 广义地说，凡有谴责、针砭、教诲意味的诗文都有讽喻性。西方文学传统的希腊神话、伊索寓言等有讽喻性，中国文学传统的“主文而谲谏”“美刺”等更与讽喻密切相关。《资本论》初版序言即明确告白“我绝不用玫瑰色描绘”④，其叙事的显著表征即在于频繁使用了讽喻。

然而我们的考察还发现，《资本论》的讽喻不仅颇有迥异于《文心雕龙》“讽喻”之底色处，而且还表现为今人视为现代艺术特有之风格的“反讽”，甚至还包括《资本论》理论叙事特有的“怪喻”。本章依次讨论。

---

① 该二句今译作：“‘比’就是把积压于胸中的愤慨，发而为激切的言辞；‘兴’就是运用回环譬况的方式，来寄托讽谏的意旨。”（王更生．《文心雕龙》全译本［M］．西安：三秦出版社，2021：245.）

② “讽刺是文艺创作的一种手法。用讥刺和嘲讽来揭露、挖苦丑陋的落后事物和荒谬行为。”“讽刺文学指用夸张手法和嘲讽态度创作的文学作品。这类作品中的人物及事件，往往是作者否定、批评的对象，……如吴敬梓的《儒林外史》、鲁迅的《阿Q正传》、莫里哀的《伪君子》、马克·吐温的《竞选州长》等都是讽刺文学的优秀之作。”（辞海［M］．上海：辞书出版社，2009：516.）

③《文心雕龙》多有对讽刺艺术的肯定和强调，如：“楚国讽怨，则《离骚》为刺。”（明诗篇）“《诗》刺谗人，投畀豺虎。”（奏启篇）“炎汉虽盛，而辞人夸毗，诗刺道丧，故兴义销亡。”（比兴篇）“会义适时，颇益讽诫。”（谐隐篇）“楚襄宴集，而宋玉赋好色。意在微讽，有足观者。”（谐隐篇）

④ 马克思．资本论：第1卷［M］//中共中央马克思恩格斯列宁斯大林著作编译局．马克思恩格斯全集：第23卷．北京：人民出版社，1972：12.

一、《资本论》中的“讽喻”

《资本论》既有“畜愤以斥言”的一面（讽），又有“环譬以寄讽”的一面（喻），两者都贯穿于对雇佣劳动和资本的阐述中。其最鲜明特点是频繁使用了“牛马”和“吸血鬼”两类互为对象的讽喻。在这个意义上，《文心雕龙》“比兴”论与《资本论》讽喻叙事可有所比较。①

（一）“喂得最坏的马”和“优孟之谏葬马”

“牛马”是《资本论》论述雇佣劳动时最具代表性的比喻。牛马在历史上就是协助人力的役畜，它们是“会发声的工具”，奴隶与它们的区别只是“会说话”。② 因此，《资本论》“工作日”章比喻道：“奴隶主买一个劳动者就像买一匹马一样”，“在奴隶输入国，管理奴隶的格言是：最有效的经济，就是在最短的时间内从当牛马的人身上榨出最多的劳动”。③ 该章描述英国工厂童工“换班制度”（System of Relay）时特别指出：“在英语和法语中，Relay 都指到驿站换马。”④

“机器和大工业”章比较了不同历史时期作为劳动工具的“马”的不同：

> 在工场手工业时期遗留下来的一切大动力中，马力是最坏的一种，这部分地是因为马有它自己的头脑，部分地是因为它十分昂贵，而且在工场内使用的范围有限。但在大工业的童年时期，马是常被使用的。⑤

前一种是传统役畜之“马力”，后一种“大工业”中的“马”则是比喻雇佣劳动中的人力。马克思强调，这种“人马”受到格外待遇，首先是他们的劳动时间超过“12 小时”⑥：

---

① 本章部分内容初刊于《语文学刊》。

② 马克思．资本论：第 1 卷［M］//中共中央马克思恩格斯列宁斯大林著作编译局．马克思恩格斯全集：第 23 卷．北京：人民出版社，1972：222.

③ 马克思．资本论：第 1 卷［M］//中共中央马克思恩格斯列宁斯大林著作编译局．马克思恩格斯全集：第 23 卷．北京：人民出版社，1972：296.

④ 马克思．资本论：第 1 卷［M］//中共中央马克思恩格斯列宁斯大林著作编译局．马克思恩格斯全集：第 23 卷．北京：人民出版社，1972：310.

⑤ 马克思．资本论：第 1 卷［M］//中共中央马克思恩格斯列宁斯大林著作编译局．马克思恩格斯全集：第 23 卷．北京：人民出版社，1972：413.

⑥ 马克思．资本论：第 1 卷［M］//中共中央马克思恩格斯列宁斯大林著作编译局．马克思恩格斯全集：第 23 卷．北京：人民出版社，1972：457.

正像一匹马天天干活，每天也只能干 8 小时。这种力每天必须有一部分时间休息、睡觉，人还必须有一部分时间满足身体的其他需要，如吃饭、盥洗、穿衣等。①

这种“人马”常常是被“喂得最坏”的工具：

在租地农场主饲养的各种牲畜中，工人这种会说话的工具一直是受苦最深、喂得最坏和虐待得最残酷的了。②

这种“人马”的处境和命运还类似屠宰场中的牛羊：

1844 年的法令保证了他们让 11～13 岁的儿童每天劳动 10 小时的特权，……儿童们由于手指细巧而被杀戮，正如俄国南部的牛羊由于身上的皮和油而被屠宰一样。③

类似的比喻还有：“工场手工业把工人变成畸形物，……这正像在拉普拉塔各州人们为了得到牲畜的皮或油而屠宰整只牲畜一样。”④ “伦敦的各家书报印刷厂由于让成年和未成年的工人从事过度劳动而博得了‘屠宰场’的美名。”⑤由此可见，马克思一方面频繁地以“牛马”为比喻（环譬以寄讽），另一方面在每一个“牛马”比喻中都倾注了情感（“蓄愤以斥言”）。

我们回看《文心雕龙》“牛马”类用语和比喻，发现两者有鲜明反差。《文心雕龙》“牛”字仅一出，而“马”字则有十余出，两者皆正面形象。就“马”的比喻而言，它首先被视为与人的情感相通：

---

① 马克思．资本论：第 1 卷［M］//中共中央马克思恩格斯列宁斯大林著作编译局．马克思恩格斯全集：第 23 卷．北京：人民出版社，1972：259-260.

② 马克思．资本论：第 1 卷［M］//中共中央马克思恩格斯列宁斯大林著作编译局．马克思恩格斯全集：第 23 卷．北京：人民出版社，1972：740.

③ 马克思．资本论：第 1 卷［M］//中共中央马克思恩格斯列宁斯大林著作编译局．马克思恩格斯全集：第 23 卷．北京：人民出版社，1972：325.

④ 马克思．资本论：第 1 卷［M］//中共中央马克思恩格斯列宁斯大林著作编译局．马克思恩格斯全集：第 23 卷．北京：人民出版社，1972：399.

⑤ 马克思．资本论：第 1 卷［M］//中共中央马克思恩格斯列宁斯大林著作编译局．马克思恩格斯全集：第 23 卷．北京：人民出版社，1972：507.

朔风动秋草，边马有归心，气寒而事伤，此羁旅之怨曲也。(隐秀篇)

匹夫匹妇，亦配义矣。(指瑕篇)

缘此，马事与人事亦多有相通：

夫骥足虽骏，纆牵忌长，以万分一累，且废千里。(总术篇)

若两言相配，而优劣不均，是骥在左骖，驽为右服也。(俪辞篇)

然才冠鸿笔，多疏尺牍，譬九方堙之识骏足，而不知毛色牝牡也。(书记篇)

也缘此，“马”还是审美对象的范例：

绘事图色，文辞尽情，色糅而犬马殊形，情交而雅俗异势。(定势篇)

美玉屑之谭，清金马之路。(时序篇)

骏马是马类之秀杰，因此“骏”被作为优秀诗人风格的形容词：

意气骏爽，则文风清焉。(风骨篇)

若夫骏发之士，心总要术，敏在虑前，应机立断。(神思篇)

最堪玩味的是“优孟之谏葬马”的故事：

及优旃之讽漆城，优孟之谏葬马，并谲辞饰说，抑止昏暴。(谐隐篇)

据说春秋时期楚庄王酷爱养马，给那些爱马穿五彩锦衣，住金碧厅堂，吃美味枣肉。这些马却因太享受了，肥胖而死。该故事中的马所受“昏暴”，与《资本论》中“喂得最坏和虐待得最残酷”的“人马”①，可谓处于两个极端。

（二）“废物”与“神与物游”

“牛马”是役畜类动物，因此成为“劳动力”讽喻的代表性喻体。然而

① 马克思．资本论：第1卷［M］//中共中央马克思恩格斯列宁斯大林著作编译局．马克思恩格斯全集：第23卷．北京：人民出版社，1972：740.

《资本论》的“环譬”还包括“牛马”之外的动物、植物和无生命之物。下面是以“受到追捕的动物”比喻雇佣劳动力：

> 资本主义社会的这个规律，……它使人想起各种个体软弱的、经常受到追捕的动物的大量再生产。①

在动物世界中，昆虫类相对处于低端，且对人类有益虫害虫之分。马克思将失去生产资料的大批流民比喻为“蝗虫”：

> 由于资本和劳动的大量流动，……衣衫褴褛的爱尔兰人或者破落的英格兰农业工人就会像蝗虫一样成群地拥来。②

“机器和大工业”章则以“实验室的青蛙”比喻“无价值的生命体”：

> 生产过程的革命是靠牺牲工人来进行的。这就像解剖学家拿青蛙做实验一样，完全是拿无价值的生物体做实验。③

“所谓原始积累”章又将被驱赶出故乡的苏格兰土著居民盖尔人比喻为“过着半饱生活”的“两栖动物”：

> 他们的村庄全部被破坏和烧毁，他们的田地全都变成了牧场。……被赶到海边的那部分土著居民企图靠捕鱼为生。他们成了两栖动物，用一位英国作家的话来说，他们一半生活在陆上，一半生活在水上，但是两者合在一起也只能使他们过半饱的生活。④

可见在动物类比喻中，马克思的“环譬”与“斥言”也是合二为一的。

---

① 马克思．资本论：第1卷［M］//中共中央马克思恩格斯列宁斯大林著作编译局．马克思恩格斯全集：第23卷．北京：人民出版社，1972：707.

② 马克思．资本论：第1卷［M］//中共中央马克思恩格斯列宁斯大林著作编译局．马克思恩格斯全集：第23卷．北京：人民出版社，1972：726.

③ 马克思．资本论：第1卷［M］//中共中央马克思恩格斯列宁斯大林著作编译局．马克思恩格斯全集：第23卷．北京：人民出版社，1972：501.

④ 马克思．资本论：第1卷［M］//中共中央马克思恩格斯列宁斯大林著作编译局．马克思恩格斯全集：第23卷．北京：人民出版社，1972：799.

在生物世界中，植物较之动物处于低端，草本植物则又较之木本植物为低。《资本论》在论述农业工人处境时所用比喻是“人类的杂草”：

> 花尽量少的钱榨取尽量多的劳动，……林肯郡等地的已清除杂草的田地和人类的杂草，就是资本主义生产对立的两极。①

“所谓原始积累”章则以“野草”与“野兽”并列比喻：

> 苏格兰的贵族像拔除野草那样剥夺农民的家庭，像印第安人对野兽巢穴进行报复那样来对待村庄及居民。②

“杂草”或“野草”毕竟还属于自然界生命有机体。《资本论》“环譬以寄讽”还及于无生命之“物”。“简单再生产”章比喻雇佣工人生活资料的“消费”犹如给“机轮上油”：

> “他给自己添加生活资料，是为了维持自己劳动力的运转，正像给蒸汽机添煤加水，给机轮上油一样。”“工人的消费，……都是资本生产和再生产的一个要素，正像擦洗机器。”③

而他们一旦被资本抛弃出生产过程，就沦为无生命物最低端的“废物”：

> 他们就像废物一样被抛进阁楼、洞窟、地下室和最糟糕的街区的屋角里。④

与“废物”对应的是以“金锁链”比喻资本：“雇佣工人为自己铸造的金

① 马克思．资本论：第1卷［M］//中共中央马克思恩格斯列宁斯大林著作编译局．马克思恩格斯全集：第23卷．北京：人民出版社，1972：763-764.

② 马克思．资本论：第1卷［M］//中共中央马克思恩格斯列宁斯大林著作编译局．马克思恩格斯全集：第23卷．北京：人民出版社，1972：798.

③ 马克思．资本论：第1卷［M］//中共中央马克思恩格斯列宁斯大林著作编译局．马克思恩格斯全集：第23卷．北京：人民出版社，1972：627-628.

④ 马克思．资本论：第1卷［M］//中共中央马克思恩格斯列宁斯大林著作编译局．马克思恩格斯全集：第23卷．北京：人民出版社，1972：774.

锁链已经够长够重”①，两者之间有鲜明反差。《资本论》关于雇佣劳动叙事之“环譬”，其基本倾向是贬斥的。

我们再回看《文心雕龙》“比兴”喻体之“物”，发现也有鲜明反差。《文心雕龙》中的自然万物与人类之间首先是相互肯定共生的亲切关系。《原道》篇将大自然一切“物”都视为审美对象：

> 傍及万品，动植皆文……夫以无识之物，郁然有采，有心之器，其无文欤？②

《物色》篇描述了大自然对于人类的天然诗意：

> 情以物迁，辞以情发。一叶且或迎意，虫声有足引心。况清风与明月同夜，白日与春林共朝哉！

《神思》篇强调诗文创作首要法则在于：

> 思理为妙，神与物游。

《比兴》篇所举“称名也小，取类也大”的比喻，都是有益人类的“物”像：

> 故金锡以喻明德，珪璋以譬秀民，螟蛉以类教诲，蜩螗以写号呼，……皆比义也。

虽然“比之为义，取类不常”，但通常是以物类启发和教诲人事：

> “纤条悲鸣，声似竽籁”，此比声之类也；“祸之与福，何异纠纆”，此以物比理者也。

---

① 马克思．资本论：第 1 卷［M］//中共中央马克思恩格斯列宁斯大林著作编译局．马克思恩格斯全集：第 23 卷．北京：人民出版社，1972：678.

② 此数句今译作：“自然的文采，除天地日月山川之外，推而至于其他动植物，都有它们各自的文采，……这些没有灵性之物，尚且有华美的文采，而具备天地之心的人类，难道就没有文采吗?”（王更生．文心雕龙：全译本［M］．西安：三秦出版社，2021：3.）

概言之，《文心雕龙》“比兴”中的人与物之间都呈现一种亲切和谐的关系，诚可谓“物吾与也”（张载《西铭》① ）。换言之，古典诗文“比兴”与《资本论》阐述雇佣劳动所用“讽喻”，分别呈现的是色彩迥异的两个世界。

（三）“环譬以寄讽”与“物化劳动”

《资本论》也有将雇佣工人归为“人”类的比喻，然而却限于畸病人。在资本主义工场手工业初期：

> 剥削儿童的踪迹也就显现出来了。……但事实本身却像双头婴儿一样极为罕见。②
>
> 在德国，起初有人试图让一个纺纱工人踏两架纺车，要他同时用双手双脚劳动。这太紧张了。后来有人发明了脚踏的双锭纺车，但是，能同时纺两根纱的纺纱能手几乎像双头人一样罕见。③

而至马克思撰写《资本论》的时代，“阶级斗争在实践和理论方面采取了日益鲜明的和带有威胁性的形式”（第二版跋）④，强迫童工劳动已是普遍现象。缘此，整部《资本论》引用了英国官方1862—1867年逐年出版的“童工调查委员会报告”。

以“人类”比喻的另一例是“传染病纵队”，他们流动于各种建筑、筑路工程：

> 这是一支流动的传染病纵队，他们把天花、伤寒、霍乱、猩红热等疾病带到他们扎营的附近地区。⑤

《资本论》唯一亮色的比喻是“掘墓人”：

---

① 转见：郭齐勇．中国哲学史［M］．北京：商务印书馆，2021：341-342.

② 马克思．资本论：第1卷［M］//中共中央马克思恩格斯列宁斯大林著作编译局．马克思恩格斯全集：第23卷．北京：人民出版社，1972：303.

③ 马克思．资本论：第1卷［M］//中共中央马克思恩格斯列宁斯大林著作编译局．马克思恩格斯全集：第23卷．北京：人民出版社，1972：411.

④ 马克思．资本论：第1卷［M］//中共中央马克思恩格斯列宁斯大林著作编译局．马克思恩格斯全集：第23卷．北京：人民出版社，1972：17.

⑤ 马克思．资本论：第1卷［M］//中共中央马克思恩格斯列宁斯大林著作编译局．马克思恩格斯全集：第23卷．北京：人民出版社，1972：729.

随着大工业的发展，资产阶级赖以生产和占有产品的基础本身也就从它的脚下被挖掉了。它首先生产的是它自己的掘墓人。①

可见，《资本论》关于雇佣劳动的比喻，一方面贯穿理论叙事的始终，另一方面遍及牛马、杂草，以及“废物”“金锁链”“掘墓人”等。这些比喻之喻体都是向下降格，即以被贬斥的物比喻遭遇不幸而沦落的人，人与物处于一种互为损害、紧张敌对的关系。② 在这个意义上，《资本论》“畜愤以斥言”“环譬以寄讽”的叙事特色，与《文心雕龙》所言“讽喻”有所不同。因为《文心雕龙》所举“比兴”范例，人与自然对象都处于一种亲切和谐共生的关系中。例如：

“灼灼”状桃花之鲜，……“喓々”学草虫之韵。(物色篇)

这种与动物、植物相关的意境，构成了《文心雕龙》所论古典诗文各种比喻的基本色调。因此即便是“讽喻”，通常也是自然亲切、婉而成章。屈原情志与屈赋语言是最为激烈的：

楚国讽怨，则《离骚》为刺。(明诗篇)

然而“三闾忠烈，依《诗》制《骚》，讽兼比兴”（比兴篇)，因而仍无妨愉悦欣赏：

吟讽者衔其山川，童蒙者拾其香草。(辨骚篇)

总之，《文心雕龙》“比兴”及“讽喻”的各类意象中，无论是以物喻人还是以人比物，皆有自然亲切之韵。

由此我们再回看通常认为的马克思美学关键词“物化”或“异化”，当可有所新认知。马克思所谓的“物化”，即人与自然之关系的“异化”（alienation

① 马克思．资本论：第1卷［M］//中共中央马克思恩格斯列宁斯大林著作编译局．马克思恩格斯全集：第23卷．北京：人民出版社，1972：832. 马克思注明该语引自他与恩格斯合著的《共产党宣言》。

② 陆晓光．《文心雕龙》“物”字章句与马克思美学“物化”论［J］．文艺理论研究，2005（6）：63-68.

effect)，它意味着人与自然变得相敌对的一种社会关系，它首先出现于资本主义物质生产的雇佣劳动中。《资本论》同时使用了这两个关键词：

> 物的人格化与人格的物化的对立。①
>
> 劳动失去内容，……与工人相异化。②

“物化”与“异化”是对同一对象的分析语，两者的要义在青年马克思《1844年经济学哲学手稿》已有表述：“他创造的价值越多，他自己越没有价值、越低贱；工人的产品越完美，工人自己越畸形。”③“物化”的起点是劳动者“牛马”化，终点是人的“废物”化。就本文而言，上述比较不仅提供了一个认知马克思“物化”理论的新视角，而且有助于我们在现代语境中感悟古典诗文“比兴”意境的底色。

二、《资本论》中的“反讽”

反讽（irony）又称反语，它区别于讽刺（satire）的特征在于正话反说，即所表达的意思与字面意思相反，通常需要从上下文及相关语境来理解。中国古典诗学比较推重“讽刺”艺术，相对而言，西方现代诗歌更讲究“反讽”技巧。20世纪英国诗人美学家瑞恰兹（Ivor Armstrong Richards）认为，诗歌必须具有“反讽式观照”，后者指“通常互相干扰、冲突、排斥、互相抵消的方面，在诗人手里结合成为一个稳定的平衡状态”④。

《资本论》叙事的反讽特点不仅为后世瞩目，而且影响至今。例如20世纪《自由论》作者以赛亚·伯林（Isaiah Berlin），其最初著作《卡尔·马克思》的叙事风格被认为显然受到《资本论》的影响。该书评论者艾伦·赖安（Alan Ryan）在前言中写道：“《卡尔·马克思》给读者带来了许多欢乐，其中不小的

---

① 马克思．资本论：第1卷［M］//中共中央马克思恩格斯列宁斯大林著作编译局．马克思恩格斯全集：第23卷．北京：人民出版社，1972：133.

② 马克思．资本论：第1卷［M］//中共中央马克思恩格斯列宁斯大林著作编译局．马克思恩格斯全集：第23卷．北京：人民出版社，1972：708.

③ 马克思．1844年经济学哲学手稿［M］//中共中央马克思恩格斯列宁斯大林著作编译局．马克思恩格斯全集：第42卷．北京：人民出版社，1979：53.

④ 瑞恰兹（Ivor Armstrong Richards，1893—1979）英国美学家和诗人，毕业于英国剑桥大学，后留校任教。1930年曾来中国讲学，此后长期任美国哈佛大学教授。创立了语义学文艺批评和语义学美学。（朱立元．美学大辞典［M］上海：上海辞书出版社，2014：494，671.）

一点就是伯林描绘的反讽画面：它的主人公发动了一场对其一生努力构成质疑的历史戏剧。”① 然而《资本论》“反讽”叙事究竟表现如何，有何特质，迄今鲜见专题研讨。

马克思在《资本论》“所谓原始积累”章追溯“现在工人阶级的祖先”的一段论述中，谈到了“多么残酷的讽刺”：

> 亨利八世时期，1530年，允许年老和无劳动能力的乞丐行乞。但对身强力壮的流浪者则加以鞭打和监禁。他们要被绑在马车后面，被鞭打到遍体流血为止，然后要发誓回到原籍或最近三年所居住的地方去“从事劳动”。多么残酷的讽刺！②

末句的“多么残酷的讽刺”，英文版译作“What grim irony!”③ “irony”即现代汉语所称“反讽”④。

下面一段可谓《资本论》代表性的“反讽”之例：

> 让我们来赞美资本主义的公正吧！土地所有者、房主、实业家，在他们的财产由于进行“改良”，如修铁路、修新街道等而被征用时，不仅可以

---

① 以赛亚·伯林．卡尔·马克思［M］．李寅，译．上海：上海译文出版社，2018：11．该书中引用的反讽之一是马克思《路易·波拿巴的雾月十八日》语：“‘自由、平等、博爱’被换成了含义明确的词语：‘步兵、骑兵、炮兵！’”（同书，第180页）

② 马克思．资本论：第1卷［M］//中共中央马克思恩格斯列宁斯大林著作编译局．马克思恩格斯全集：第23卷．北京：人民出版社，1972：803．“机器与大工业”章中直接使用了“资本主义讽刺画”。（同书，第465页）

③ 英文企鹅版译文为：“Henry VIII, 1530: Beggars who are old and incapable of working receive a beggar' s licence. On the other hand, whipping and imprisonment for sturdy vagabonds. They are to be tied to the cart-tail and whipped until the blood streams from their bodies, then they are to swear on oath to go back to their birthplace or to where they have lived the last three years and to ‘put themselves’. What grim irony!”（Karl Marx. Capital Volue I,（Penguin Classics）［M］. tr. Ben Fowkes, London: Clays Ltd, St Ivespic, 1990: 896.）在线版该段译文末尾也是：“What grim irony!”

④ 郑易里，等．英华大词典［M］北京：商务印书馆，1984：730．《许倬云说美国》第十五章“未来的中国”开首也提到了美国学者的“反讽”：“起笔写这一章的时候，恰巧有一部新书出版，乃是哈佛大学美国史教授拉波尔（Jill Lepore）所写《如此真理：美国的历史》（*These Truth: A History of United States*），这本书几乎长达千页，对于美国的过去有深刻的反省。‘如此真理’这四个字，可以看出其以反讽的笔法来检讨美国立国的理想和实际之间的落差。该书思想深刻，文笔流畅，使人欣赏其文采，但也令人心情沉重。”（许倬云．许倬云说美国［M］．上海：上海三联书店，2020：321-323.）

得到充分的补偿，而且按照上帝的意旨和人间的法律，他们还要得到一大笔利润，作为对他们迫不得已实行“禁欲”的安慰。而工人及其妻子儿女连同全部家当却被抛到大街上来，如果他们过于大量地拥到那些市政当局要维持市容的市区，他们还要遭到卫生警察的起诉！①

上引首句的“赞美公正”与后面叙述的不公正之事实，两者构成鲜明反差，可谓完全符合所谓“反讽式观照”（相互“冲突、排斥”）的诗章结构。

《资本论》反讽叙事主要针对资本主义社会占主导地位的基本法则或核心价值观，马克思是在肯定其具有历史进步性的前提下加以反讽的。② 下面一段论述具有某种综合性：

劳动力的买和卖是在流通领域或商品交换领域的界限以内进行的，这个领域是天赋人权的真正乐园。那里占统治地位的只是自由、平等、所有权和边沁。自由！因为商品例如劳动力的买者和卖者，只取决于自己的自由意志。他们是作为自由的、在法律上平等的人缔结契约的。契约是他们的意志借以得到共同的法律表现的最后结果。平等！因为他们彼此只是作为商品所有者发生关系，用等价物交换等价物。所有权！因为他们都只支配自己的东西。边沁！因为双方都只顾自己。使它们连在一起并发生关系的唯一力量，是他们的利己心，是他们的特殊利益，是他们的私人利益。正因为人人只顾自己，谁也不管别人，所以大家都是在事物的预定的和谐下，或者说，在全能的神的保佑下，完成着互惠互利、共同有益、全体有利的事业。③

劳动力作为商品进行买卖，是资本主义生产方式区别于之前商品生产的最独特之处，这个独特之处也是资本主义基本价值观的客观来由。马克思逐一列

---

① 马克思．资本论：第 1 卷［M］//中共中央马克思恩格斯列宁斯大林著作编译局．马克思恩格斯全集：第 23 卷．北京：人民出版社，1972：725.

② “只有当生产资料和生活资料的所有者在市场上找到出卖自己劳动力的自由工人的时候，资本才出现；而单是这一历史条件就包含着一部世界史。因此，资本一出现，就标志着社会生产过程的一个新时代。”（马克思．资本论：第 1 卷［M］//中共中央马克思恩格斯列宁斯大林著作编译局．马克思恩格斯全集：第 23 卷．北京：人民出版社，1972：193.）

③ 马克思．资本论：第 1 卷［M］//中共中央马克思恩格斯列宁斯大林著作编译局．马克思恩格斯全集：第 23 卷．北京：人民出版社，1972：199.

举了这些基本价值观“天赋人权”“自由”“平等”“所有权”“边沁”（利己主义）①，并且逐一加上感叹号“!”。从整部《资本论》的批判倾向看，其反讽意味是不言而喻的。例如关于“平等”，马克思在另一处写道：“平等地剥削劳动力，是资本的首要人权。”② 关于“所有权”，另一处写道：“对‘神圣的所有权’进行最无耻的凌辱，对人身施加最粗暴的暴力，只要这是为建立资本主义生产方式的基础所需要的，政治经济学家就会以斯多葛派的平静的心情来加以观察。”③ 关于“自由”，马克思在此前的分析中又指出：

> 货币所有者要把货币转化为资本，就必须在商品市场上找到自由的工人。这里所说的自由，具有双重意义：一方面，工人是自由人，能够把自己的劳动力当作自己的商品来支配；另一方面，他没有别的商品可以出卖，自由得一无所有，没有任何实现自己的劳动力所必需的东西。④

劳动力“自由得一无所有”，这一警句彰显了马克思的反讽特色。《资本论》对“自由”的反讽可谓最是频繁。下面是摘自“工作日”章及“机器与大工业”章的诸例：

> “自由”工人由于资本主义生产方式的发展，在社会条件的逼迫

---

① 杰里米·边沁（Jeremy Bentham，1748—1832），英国功利主义哲学的代表人物。边沁把他的功利主义学说称之为“道德生理学”。（边沁．道德与立法原理导论［M］．时殷弘，译．北京：商务印书馆，2002：6.）“自然把人类置于两位主人公——快乐和痛苦——的主宰之下。只有它们才指示我们应当干什么，决定我们将要干什么。是非标准、因果联系，俱由其定夺。”（同书第58页）“功利原理是指这样的原理：它按照看来势必增大或减小利益有关者之幸福的倾向，亦即促进或妨碍此种幸福的倾向，来赞成或非难任何一项行动。我说的是无论什么行动，因而不仅是私人的每项行动，而且是政府的每项措施。”“不理解什么是个人利益，谈论共同体的利益便毫无意义。”（同书第59页）“在对待所有政治和道德论题的方式方面，边沁的著作引起了一场静悄悄的革命。思想习惯焕然一新，整个政论界大都不知激励来自何处，却充满了新精神。”（同书第43页）

② 马克思．资本论：第1卷［M］//中共中央马克思恩格斯列宁斯大林著作编译局．马克思恩格斯全集：第23卷．北京：人民出版社，1972：324.

③ 马克思．资本论：第1卷［M］//中共中央马克思恩格斯列宁斯大林著作编译局．马克思恩格斯全集：第23卷．北京：人民出版社，1972：798.

④ 马克思．资本论：第1卷［M］//中共中央马克思恩格斯列宁斯大林著作编译局．马克思恩格斯全集：第23卷．北京：人民出版社，1972：192.

下，……为了一碗红豆汤出卖自己的长子继承权。①

孤立的工人，“自由”出卖劳动力的工人，在资本主义生产的一定成熟阶段上，是无抵抗地屈服的。②

从前工人出卖他作为形式上自由的人所拥有的自身的劳动力。现在他出卖妻子儿女。他成了奴隶贩卖者。③

资本主义的伪善者们，……他们把这种兽行名之曰“劳动自由”。④

近几年来（特别是1866年和1867年）惨祸发生的次数和规模越来越大（有时一次竟牺牲200~300名工人）。这就是“自由”资本主义生产的美妙之处。⑤

《资本论》对“自由贸易”也有所反讽：

自由贸易实质上是假货贸易。……法国化学家舍伐利埃在一篇论商品“掺假”的文章中说，他所检查过的600多种商品中，很多商品都有10、20甚至30种掺假的方法。⑥

---

① 马克思．资本论：第1卷［M］//中共中央马克思恩格斯列宁斯大林著作编译局．马克思恩格斯全集：第23卷．北京：人民出版社，1972：301.

② 马克思．资本论：第1卷［M］//中共中央马克思恩格斯列宁斯大林著作编译局．马克思恩格斯全集：第23卷．北京：人民出版社，1972：331.

③ 马克思．资本论：第1卷［M］//中共中央马克思恩格斯列宁斯大林著作编译局．马克思恩格斯全集：第23卷．北京：人民出版社，1972：434.

④ 马克思．资本论：第1卷［M］//中共中央马克思恩格斯列宁斯大林著作编译局．马克思恩格斯全集：第23卷．北京：人民出版社，1972：434.

⑤ 马克思．资本论：第1卷［M］//中共中央马克思恩格斯列宁斯大林著作编译局．马克思恩格斯全集：第23卷．北京：人民出版社，1972：549.

⑥ 马克思．资本论：第1卷［M］//中共中央马克思恩格斯列宁斯大林著作编译局．马克思恩格斯全集：第23卷．北京：人民出版社，1972：278.“熟读圣经的英国人虽然清楚地知道，一个人除非由于上帝的恩赐而成为资本家、大地主或领干薪者，否则就必须汗流满面来换取面包。但他不知道，他每天吃的面包中含有一定量的人汗，并且混杂着脓血、蜘蛛网、死蟑螂和发霉的德国酵母，更不用提明矾、砂砾以及其他可口的矿物质了。”（同书，第279页）

《资本论》反讽叙事的另一个聚焦点是“资本的献媚者”①。下面的描述性章句都包含着“反讽式关照”结构（由两个通常互相冲突、排斥的要素构成）：

罗雪尔先生以真正哥特谢德的天才发现，……罗雪尔之流把资本家用来辩护自己占有已存在的剩余价值时表面上说得过去的理由，歪曲成剩余价值产生的原因。②

——其中“真正哥特谢德的天才”与“歪曲”构成反讽。

1836年的一个早晨，以经济学识和文体优美著称的纳骚·威·西尼耳，……这位教授竟把这种东西叫作“分析”！③

——其中“以经济学识和文体优美著称”与加引号的“分析”构成反讽。

1860—1861年，伦敦建筑工人……发表了一项声明，声明讽刺地指出，一位最贪婪的“建筑业老板”——某个摩·佩托爵士——负有“德高望重的名声”。④

——其中“最贪婪的‘建筑业老板’”与“负有‘德高望重的名声’”相互反衬。

现代资产阶级的平庸，从它的“大思想家”的水平上就可以测量出来。⑤

---

① 马克思．资本论：第1卷［M］//中共中央马克思恩格斯列宁斯大林著作编译局．马克思恩格斯全集：第23卷．北京：人民出版社，1972：834.

② 马克思．资本论：第1卷［M］//中共中央马克思恩格斯列宁斯大林著作编译局．马克思恩格斯全集：第23卷．北京：人民出版社，1972：244. 约翰·克里斯多夫·哥特谢德（1700—1766），德国作家和批评家，18世纪德国早期启蒙运动代表人物。（同书“人名索引”，第887页）

③ 马克思．资本论：第1卷［M］//中共中央马克思恩格斯列宁斯大林著作编译局．马克思恩格斯全集：第23卷．北京：人民出版社，1972：251-252.

④ 马克思．资本论：第1卷［M］//中共中央马克思恩格斯列宁斯大林著作编译局．马克思恩格斯全集：第23卷．北京：人民出版社，1972：262.

⑤ 马克思．资本论：第1卷［M］//中共中央马克思恩格斯列宁斯大林著作编译局．马克思恩格斯全集：第23卷．北京：人民出版社，1972：566.

——其中“平庸”与“大思想家”相互矛盾。

其实，在这个“资本家的乐园”里，只要最必要的生活资料的价格发生微小的变动，就会引起死亡和犯罪数字的变动！①

——其中“死亡和犯罪”反讽了“资本家的乐园”。

资本主义最美妙的地方，就在于它不仅不断地再生产出雇佣工人本身，而且总是与资本相适应地生产出雇佣工人的相对剩余人口。……但是在殖民地，这个美丽的幻想破灭了。②

——其中“美丽的幻想破灭了”反讽了“最美妙的地方”。

值得一提的是“反讽”也是首位现代派诗人波德莱尔（Charles Pierre Baudelaire，1821—1867）作品的最显著特征。这位法国诗人去世该年（1867 年）正值《资本论》初版之际。波德莱尔代表作《恶之花》（*Les Fleurs Du Mal*）的书名就有鲜明反讽色彩。③ 下面是其中的《凶手的酒》中反讽“自由”的一段：

我自由了，独来而独往！/今晚我定要喝个烂醉；/那时，不害怕，也不后悔，/我要倒下去，躺在地上//昏昏地睡觉，像一只狗！/让那装着烂泥和石子，/轮盘非常沉重的车子，/让那来势汹汹的货车，//压碎我的罪恶的脑袋，/或者轧断了我的胸脯……④

诗中主人公是一名工厂劳动者，他的“自由”意象是喝醉酒“像一只狗”，躺在马路上任凭货车碾压。《恶之花》与《资本论》不约而同地反讽了资本主

---

① 马克思．资本论：第 1 卷［M］//中共中央马克思恩格斯列宁斯大林著作编译局．马克思恩格斯全集：第 23 卷．北京：人民出版社，1972：737.

② 马克思．资本论：第 1 卷［M］//中共中央马克思恩格斯列宁斯大林著作编译局．马克思恩格斯全集：第 23 卷．北京：人民出版社，1972：838.

③ 波德莱尔仅晚生于马克思（1818 年生）三年。《恶之花》的“恶”，原文为“Mal”，这个字在法文中有邪恶、罪恶、疾病、痛苦等多种含义。“《恶之花》实际上是一部对腐朽的资本主义社会进行揭露、控诉，因而也是进行反抗的诗集。”（皮埃尔·波德莱尔．恶之花［M］．钱绮春，译．北京：人民文学出版社，1991：3.）

④ 皮埃尔·波德莱尔．恶之花［M］．钱绮春，译．北京：人民文学出版社，1991：259.

义生产条件下一无所有的劳动者的“自由”。此外如：

“哦，卑贱的伟大，崇高的屈辱。”①

“恶魔的工作，常常做得非常出色。”②

“撒旦，愿光荣和赞美都归于你。”③

这些诗章与《资本论》反讽性章句的结构高度相吻，如出一辙。波德莱尔还在《一本禁书的题词》中告诫读者：

你如果没有在长者撒旦那里学过修辞，

扔掉吧，你将不会理解。④

三、《资本论》中的“怪喻”

《资本论》中另有一类很独特的比喻，因为在现今的语文学和美学词汇中无以名之，姑以“怪喻”称之。

马克思在首章的论述“商品的拜物教性质及其秘密”专节中写道：

人脑的产物表现为赋有生命的、彼此发生关系并同人发生关系的独立存在的东西。在商品世界里，人手的产物也是这样。我把这叫作拜物教。⑤

“商品拜物教”是《资本论》独创术语。为加以说明，马克思进行了多重的比喻性描述：

---

① 皮埃尔·波德莱尔．恶之花［M］．钱绮春，译．北京：人民文学出版社，1991：62.

② 皮埃尔·波德莱尔．恶之花［M］．钱绮春，译．北京：人民文学出版社，1991：186.

③ 皮埃尔·波德莱尔．恶之花［M］．钱绮春，译．北京：人民文学出版社，1991：300.

④ 皮埃尔·波德莱尔．恶之花［M］．钱绮春，译．北京：人民文学出版社，1991：374.

⑤ 马克思．资本论：第1卷［M］//中共中央马克思恩格斯列宁斯大林著作编译局．马克思恩格斯全集：第23卷．北京：人民出版社，1972：89.

> “交换价值似乎是一个形容语的矛盾”，犹如“圆形的方”“木制的铁”。①
>
> “它作为价值总是不可捉摸的”②，具有“幽灵般的对象性”③。
>
> “对商品的分析表明，它是一种很古怪的东西，充满形而上学的微妙和神学的怪诞。”④

马克思用“圆形的方”“木制的铁”“幽灵般的对象性”等形容“商品”表象所蕴含的“秘密”；同时强调了这个“秘密”特有的超出人们常识的“古怪”和“神学的怪诞”。在这个意义上，我们甚至有理由说《资本论》创制了一种前所未有的比喻——“怪喻”。⑤ 这种“怪喻”之怪的最鲜明表现当推“所谓原始积累”章“魔杖”的比喻：

> 它像挥动魔杖一样，使不生产的货币具有了生殖力，这样就使它转化为资本。⑥

问题还在于，这种“怪喻”旨在形容“商品的谜”，而后者则是贯穿于整

---

① 马克思．资本论：第1卷［M］//中共中央马克思恩格斯列宁斯大林著作编译局．马克思恩格斯全集：第23卷．北京：人民出版社，1972：49. “用木头做桌子，木头的形状就改变了。可是木头还是木头，还是一个普通的可以感觉的物。但是桌子一旦作为商品出现，就变成一个可以感觉而又超感觉的物了。它不仅用它的脚站在地上，而且在对其他一切商品的关系上用头倒立着，从它的木脑袋里生出比它自动跳舞还奇怪得多的幻想。”马克思自注：“我们想起了，当世界其他一切地方好像静止的时候，中国和桌子开始跳起舞来，以激励别人。”（同书第87~88页）

② 马克思．资本论：第1卷［M］//中共中央马克思恩格斯列宁斯大林著作编译局．马克思恩格斯全集：第23卷．北京：人民出版社，1972：61.

③ 马克思．资本论：第1卷［M］//中共中央马克思恩格斯列宁斯大林著作编译局．马克思恩格斯全集：第23卷．北京：人民出版社，1972：51.

④ 马克思．资本论：第1卷［M］//中共中央马克思恩格斯列宁斯大林著作编译局．马克思恩格斯全集：第23卷．北京：人民出版社，1972：87.

⑤ 《文心雕龙·辨骚》有“谲怪”语，今译谓“迂曲怪诞”。（王更生．文心雕龙：全译本［M］．西安：三秦出版社，2021：6.）《铭箴》篇有“吁可怪矣”，今译谓“真是咄咄怪事”。（同书第69页）《封禅》篇“诡言遁辞，故兼包神怪”，今译谓“诡谲的言论”“神奇怪诞的事物”。（同书第146页）

⑥ 马克思．资本论：第1卷［M］//中共中央马克思恩格斯列宁斯大林著作编译局．马克思恩格斯全集：第23卷．北京：人民出版社，1972：823. 马克思这个“挥动魔杖”的比喻是否也与现代世界文学中所称“魔幻现实主义”（Magic realism）的起源有所关联？这是另一个有趣课题。“作为一种文学现象，魔幻现实主义产生于拉丁美洲，是有其深刻的社会、历史和时代原因的。”

部《资本论》分析历程的最基本对象。例如“交换过程”章的结束语是：

> ……因此，货币拜物教的谜就是商品拜物教的谜，只不过变得明显了。①

《资本论》第三卷是具有总结性的综合考察卷，该卷又写道：

> 在这里，资本的拜物教形态和资本拜物教的观念已经完成。②

仅此可见，马克思对“拜物教”之谜的揭示贯穿于整部《资本论》的分析历程：商品—货币—资本。因此，《资本论》第一卷首章针对“商品”表象的一系列“怪喻”也就更有某种特殊性。

就马克思对“资本”的分析而言，它包括“产业资本”“商业资本”“土地资本”以及“生息资本”诸形式。“在所有这些形式中，最完善的物种是生息资本。”③ 因此《资本论》第三卷总结道：

> 在生息资本上，资本关系取得了最表面、最富有拜物教性质的形式。④

并非偶然的是，《资本论》第三卷关于“生息资本”的论述中多次使用了类似前述第一卷“商品”章出现的“怪喻”。兹略述如下。

例一：“就像公证人的手续费、甜菜和音乐的关系一样”。

---

① 马克思．资本论：第1卷［M］//中共中央马克思恩格斯列宁斯大林著作编译局．马克思恩格斯全集：第23卷．北京：人民出版社，1972：111. 马克思引述了近代著名航海家哥伦布（1451—1506）对金子的顶礼膜拜：“金子真是一个奇妙的东西！谁有了它，谁就成为他想要的一切东西的主人。有了金子，甚至可以使灵魂升入天堂。”（同书，第151页）

② 马克思．资本论：第3卷［M］//中共中央马克思恩格斯列宁斯大林著作编译局．马克思恩格斯全集：第25卷．人民出版社，1975：442.

③ “在这里，我们看到的是资本的最初起点——货币，以及G-W-G′这个公式，而这个公式已经被归结为它的两极G—G’。创造更多货币的货币。这是被缩减成了没有意义的简化式的资本最初的一般公式。”（马克思．剩余价值理论［M］//中共中央马克思恩格斯列宁斯大林著作编译局．马克思恩格斯全集：第26卷（第三册）［M］北京：人民出版社，1975：500.）

④ 马克思．资本论：第3卷［M］//中共中央马克思恩格斯列宁斯大林著作编译局．马克思恩格斯全集：第25卷．北京：人民出版社，1975：440.

> 每年可供支配的财富的各种所谓源泉，属于完全不同的领域，彼此之间毫无共同之处。它们互相之间的关系，就像公证人的手续费、甜菜和音乐的关系一样。①

这段话是针对庸俗经济学关于“收入及其源泉”所给出的“三位一体”公式。后者的确切表述是：“资本—利息，土地—地租，劳动—工资”②。因此，上引“手续费、甜菜和音乐”三者，分别指谓“三位一体”公式中的三要素：

(1)“公证人的手续费”(“资本—利息”)；

(2)“甜菜”(土地—地租)；

(3)“音乐”(劳动—工资)。

手续费、甜菜、音乐这三者都是比喻，然而却显然是“属于完全不同的领域，彼此之间毫无共同之处”的比喻。三者相对于具有同一性的各种“资本”范畴显得不伦不类，而与前述“商品”章所形容的“圆形的方”“木制的铁”十分相似。马克思以此三者来形容庸俗经济学“资本”观念的迷乱，并且再度强调：这是一个“乍一看来极为神秘的社会形式”③。

例二：“和‘黄色的对数’一样不合理”。

> 一般说来，价格只是价值的一定表现；而“劳动的价格”是和“黄色的对数”一样不合理的。但在这里，庸俗经济学家才感到真正的满足，因为他现在终于达到了资产者的深刻见解，即认为他为劳动支付货币；还因为，正好是这个公式和价值概念的矛盾，使他免除了理解价值的义务。④

---

① 马克思．资本论：第3卷［M］//中共中央马克思恩格斯列宁斯大林著作编译局．马克思恩格斯全集：第25卷．北京：人民出版社，1975：920.

② 马克思．资本论：第3卷［M］//中共中央马克思恩格斯列宁斯大林著作编译局．马克思恩格斯全集：第25卷．北京：人民出版社，1975：919. 马克思对这个所谓“三位一体”做了批判性分析：“在这个公式中，利润，这个作为资本主义生产方式特征的剩余价值形式，就幸运地被排除了。”（同页）“资本，土地，劳动！但资本不是物，而是一定的、社会的、属于一定历史社会形态的生产关系，它体现在一个物上，并赋予这个物以特有的社会性质。”（同书，第920页）

③ 马克思．资本论：第3卷［M］//中共中央马克思恩格斯列宁斯大林著作编译局．马克思恩格斯全集：第25卷．北京：人民出版社，1975：920.

④ 马克思．资本论：第3卷［M］//中共中央马克思恩格斯列宁斯大林著作编译局．马克思恩格斯全集：第25卷．北京：人民出版社，1975：924. 同页编译者注：其中“价格只是价值的一定表现”句，“参见《资本论》第一卷第589~593页”。

其中“价值”与“价格”的区别，也是马克思“剩余价值理论”的关键所在。① 马克思以“黄色的对数”比喻庸俗经济学的“价格”观。这一比喻的怪异性在于，“黄色”是人们凭视觉可以直观，“对数”则是相当抽象的高等数学概念②，在一切理论成就中，未必再有什么像17世纪下半叶微积分的发明那样被看作人类精神的最高胜利了。③ 两者不仅“属于完全不同的领域，彼此之间毫无共同之处”，而且其比喻的怪异性更有甚于“圆形的方”和“木制的铁”。

例三：“就像梨树的属性是结梨一样”。

马克思至少两度使用了这个比喻：

> 在生息资本上，社会关系最终成为一种物即货币同它自身的关系。货币本身在可能性上已经是会自行增殖的价值，并且作为这样的价值被贷放，而贷放就是这种独特商品的出售形式。创造价值，提供利息，成了货币的属性，就像梨树的属性是结梨一样。（中略）④

> 像生长表现为树木固有的属性一样，生出货币［γόκοs（利息）］似乎是资本在这种货币形式上固有的属性。⑤

相关研究表明，“梨树”的历史至少已有三千年。荷马史诗“《奥德赛》中有3处提到了梨、苹果、葡萄、无花果等果树”。我国《诗经》中“有6篇提到梨

---

① 《资本论》第一卷分析“劳动力的价值”与“劳动的价格”之深刻区别后写道：“因此可以懂得，为什么劳动力的价值和价格转化为工资形式，即转化为劳动本身的价值和价格，会具有决定性的意义。这种形式掩盖了现实关系，正好显示出它的反面。工人和资本家的一切法权观念，资本主义生产方式的一切神秘性，这一生产方式所产生的一切自由幻觉，庸俗经济学家的一切辩护遁词，都是以这个表现形式为依据的。”（马克思．资本论：第1卷［M］//中共中央马克思恩格斯列宁斯大林著作编译局．马克思恩格斯全集：第23卷．北京：人民出版社，1972：591.）

② 对数的发明是数学史上的重大事件，恩格斯曾经把对数的发明和解析几何的创始、微积分的建立称为17世纪数学的三大成就。

③ 恩格斯．自然辩证法［M］//中共中央马克思恩格斯列宁斯大林著作编译局．马克思恩格斯选集：第3卷．北京：人民出版社，1972：565.

④ 马克思．资本论：第3卷［M］//中共中央马克思恩格斯列宁斯大林著作编译局．马克思恩格斯全集：第25卷．北京：人民出版社，1975：441.

⑤ 马克思．资本论：第3卷［M］//中共中央马克思恩格斯列宁斯大林著作编译局．马克思恩格斯全集：第25卷．北京：人民出版社，1975：443.

(甘棠、樣、杜等)"①，而“生息资本”的历史充其量是数百年。显而易见，梨树生梨是基于自然规律的现象，资本则是人类社会特有的历史现象。而《资本论》开首的“商品”章就已经指出政治经济学的研究对象不是“自然形式”：

如果把资产阶级生产方式误认为是社会生产的永恒的自然形式，那就必然会忽略价值形式的特殊性，从而忽略商品形式及其进一步发展——货币形式、资本形式等的特殊性。因此，我们发现，经济学家对于货币即一般等价物的完成形态的看法是极为混乱和矛盾的。(中略)②

《资本论》第一卷分析历程中又不断强调了政治经济学范畴的所指不是“永恒的自然现象”。例如“机器与大工业”章：

政治经济学正沉醉于一个令人厌恶的定理，一个连每个相信资本主义生产方式的永恒的自然必然性的“慈善家”都感到厌恶的定理……③

再如“绝对剩余价值和相对剩余价值”章：

李嘉图从来没有考虑到剩余价值的起源。他把剩余价值看作资本主义生产方式固有的东西，而资本主义生产方式在他看来是社会生产的自然形式。④

又如“劳动力价格和剩余价值的量的变化”章：

马尔萨斯……用永恒的自然规律去解释这种“人口过剩”……⑤

---

① 梨哥说梨 | 梨史源流三千年 [EB/OL]. 个人图书馆，2020-05-10.

② 马克思. 资本论：第1卷 [M] //中共中央马克思恩格斯列宁斯大林著作编译局. 马克思恩格斯全集：第23卷. 北京：人民出版社，1972：98.

③ 马克思. 资本论：第1卷 [M] //中共中央马克思恩格斯列宁斯大林著作编译局. 马克思恩格斯全集：第23卷. 北京：人民出版社，1972：490.

④ 马克思. 资本论：第1卷 [M] //中共中央马克思恩格斯列宁斯大林著作编译局. 马克思恩格斯全集：第23卷. 北京：人民出版社，1972：563.

⑤ 马克思. 资本论：第1卷 [M] //中共中央马克思恩格斯列宁斯大林著作编译局. 马克思恩格斯全集：第23卷. 北京：人民出版社，1972：579.

“资本主义积累的一般规律”章：

一旦工人因此试图来消除或削弱资本主义生产的那种自然规律，这时，资本和它的献媚者政治经济学家就大吵大叫起来，说这是违反了“永恒的”和所谓“神圣的”供求规律。(中略)①

“所谓原始积累”章：

要使资本主义生产方式的“永恒的自然规律”充分表现出来，……就需要经受这种苦难。②

《资本论》第二卷的一例是：

这种拜物教把物在社会生产过程中获得的社会的经济的性质，变为一种自然的、由这些物的物质本性产生的性质。③

又《资本论》第三卷的一例是：

它们（劳动资料）在资本主义生产过程中获得的、为一定历史时代所决定的社会性质，也就成了它们自然的、可以说是永恒的、作为生产过程的要素天生就有的物质性质了。④

马克思1859年出版的《政治经济学批判》中也述及：

李嘉图还把劳动的资产阶级形式看成社会劳动的永恒的自然形式。他让原始的渔夫和原始的猎人一下子就以商品所有者的身份，按照物化在鱼

① 马克思．资本论：第1卷［M］//中共中央马克思恩格斯列宁斯大林著作编译局．马克思恩格斯全集：第23卷．北京：人民出版社，1972：702.

② 马克思．资本论：第1卷［M］//中共中央马克思恩格斯列宁斯大林著作编译局．马克思恩格斯全集：第23卷．北京：人民出版社，1972：829.

③ 马克思．资本论：第2卷［M］//中共中央马克思恩格斯列宁斯大林著作编译局．马克思恩格斯全集：第24卷．北京：人民出版社，1972：252.

④ 马克思．资本论：第3卷［M］//中共中央马克思恩格斯列宁斯大林著作编译局．马克思恩格斯全集：第25卷．北京：人民出版社，1975：934.

和野味的交换价值中的劳动时间的比例交换鱼和野味。在这里他犯了时代错误，他竟让原始的渔夫和猎人在计算他们的劳动工具时去查看1817年伦敦交易所通用的年息表。①

由此看来，《资本论》所使用的"怪喻"，从第一卷的"圆形的方""木制的铁"，到第三卷的"就像梨树的属性是结梨一样"等，都贯穿了一个基本思想："资本不是物，而是一定的、社会的、属于一定历史社会形态的生产关系。"②

进而言之，《资本论》之所以独创性地使用了"圆形的方""木制的铁"等一系列"怪喻"，其底层逻辑在于人类社会劳动特有的"价值"这一堪称"阿睹"③ 的历史形式：

劳动产品作为价值，只是生产它们时所耗费的人类劳动的物的表现，这一发现在人类历史上划了一个时代，但它决没有消除劳动的社会性质的物的外观。……在受商品生产关系束缚的人们看来，无论在上述发现以前或以后，都是永远不变的，正像空气形态在科学把空气分解为各种元素之后，仍然作为一种物理的物态继续存在一样。④

其中"在受商品生产关系束缚的人们看来"句中的"束缚"，其指涉还包括语源学意义上的词语表象。兹举下面三例。

(1)"第一根棍子"与"股票"(stock)

"绝对剩余价值的生产"章一条注释中提到有论者将现代"生息资本"(股票)起源追溯至原始人狩猎所用"第一根棍子"(stock)：

根据这种非常合乎逻辑的理由，托伦斯上校在野蛮人用的石头上发现了资本的起源："在野蛮人用来投掷他所追逐的野兽的第一块石头上，在他

① 马克思．政治经济学批判［M］//中共中央马克思恩格斯列宁斯大林著作编译局．马克思恩格斯全集：第13卷．北京：人民出版社，1962：50.

② 马克思．资本论：第3卷［M］//中共中央马克思恩格斯列宁斯大林著作编译局．马克思恩格斯全集：第25卷．北京：人民出版社，1975：920.

③ "顾长康画人，或数年不点目精。人问其故。顾曰：四体妍蚩本无关于妙处，传神写照正在阿堵中。"（北京大学哲学系美学教研室．中国美学史资料选编：上［M］. 北京：中华书局，1980：175.）

④ 马克思．资本论：第1卷［M］//中共中央马克思恩格斯列宁斯大林著作编译局．马克思恩格斯全集：第23卷．北京：人民出版社，1972：91.

用来打落他用手搞不到的果实的第一根棍子上，我们看到占有一物以取得另一物的情形，这样我们就发现了资本的起源。”（罗·托伦斯《论财富的生产》）①

马克思进一步推演了这种高见的言外之意：

根据那第一根棍子“stock”，也许还可以说明，为什么英语中“stock”和资本是同义词。②

然而马克思同时指出：

根据小麦的味道，我们尝不出它是谁种的，同样，根据劳动过程，我们看不出它是在什么条件下进行的：是在奴隶监工的残酷的鞭子下，还是在资本家的严酷的目光下；是在辛辛纳图斯耕种自己的几亩土地的情况下，还是在野蛮人用石头击杀野兽的情况下。③

在马克思看来，英语中“stock”［资本（股份）］的词源曾经是“棍子”是一回事④，它作为政治经济学的重要范畴则是另一回事。因为两者之间经历了非常不同的经济形式的转化历程。撇开这个历史因素就很容易将两者混为一谈。“缺乏概念的地方，字眼就及时出现。”⑤

（2）“资本的最初含义是牲畜”

《经济学手稿（1857—1858年）》述及“资本”的法语语源：

资本的最初含义是牲畜，至今在法国南部，往往由于缺乏资本而订立

---

① 马克思．资本论：第1卷［M］//中共中央马克思恩格斯列宁斯大林著作编译局．马克思恩格斯全集：第23卷．北京：人民出版社，1972：209.

② 马克思．资本论：第1卷［M］//中共中央马克思恩格斯列宁斯大林著作编译局．马克思恩格斯全集：第23卷．北京：人民出版社，1972：209.

③ 马克思．资本论：第1卷［M］//中共中央马克思恩格斯列宁斯大林著作编译局．马克思恩格斯全集：第23卷．北京：人民出版社，1972：209.

④ 英语“stock”的古义指树干、根株、木桩、木棍等。（郑易里，等．英华大词典［M］．北京：商务印书馆，1984：1368.）

⑤ 马克思．资本论：第1卷［M］//中共中央马克思恩格斯列宁斯大林著作编译局．马克思恩格斯全集：第23卷．北京：人民出版社，1972：84.

的分成制契约恰恰例外地被称为 Bail de bestes à Cheptel（牲畜租赁契约）。假如写成蹩脚的拉丁文来，那么，我们的资本家或 Capitales Homines（主要人物）便成了“que debent censum de capitite”（按牲畜头数交税的人）。①

“牲畜”指人类牧养的动物，但是“资本是一种社会关系。它是一种历史的生产关系”②。

《政治经济学批判》（1859 年）中则述及“货币”范畴与动物表象的关系：

俄国提供了价值符号自然产生的鲜明实例。当兽皮或皮货在俄国用作货币的时候，这些不经久不方便的物质和它作为流通手段之间发生了矛盾，于是就形成了一种用打上印记的小块熟皮代替这种物质的习惯，小块熟皮变成了可以兑换兽皮和皮货的凭证。后来它们称作戈比，变成银卢布等分的单纯符号，在某些地方以一直用到 1700 年彼得大帝命令把它们换成国家发行的小铜币为止。③

其中作为“价值符号”的“兽皮或皮货”，显然来源于动物。

（3）中国《古钱币上的“羊”》

近年，我国货币学界有“一个新奇的观点”。《钱币里的中国史》（2021 年）认为：

羊很有可能是以物换物的最初单位。古时候的中国人们更喜欢吃羊肉，无论是“羹”“鲜”还是“美”都与羊有关，羊在早期人类心中地位非凡。④

又中钞区块链技术研究院《古钱币上的“羊”》一文写道

早在春秋时期，当时流通使用的铲状货币——空首布上就有“羊”字

① 马克思．1857—1858 年经济学手稿［M］//中共中央马克思恩格斯列宁斯大林著作编译局．马克思恩格斯全集：第 46 卷（上册）．北京：人民出版社，1979：518.

② 马克思．资本论：第 1 卷［M］//中共中央马克思恩格斯列宁斯大林著作编译局．马克思恩格斯全集：第 23 卷．北京：人民出版社，1972：835.

③ 马克思．政治经济学批判［M］//中共中央马克思恩格斯列宁斯大林著作编译局．马克思恩格斯全集：第 13 卷．北京：人民出版社，1962：108.

④ 清秋子．钱币里的中国史［M］．北京：时代华文书局，2021：9-10.

出现。丁福保所著《历代古钱图说》上就刊载有一枚春秋早期的空首布拓片，其上有一清晰的"羊"字。拓图旁说明："羊，地名。《殷墟书契前编》卷二第四十四页：'田于羊'。"这是现今所见最早出现"羊"字的钱币。①

"钱币圈"相关研究者又称羊是中国"自然货币"时期"最早的钱"：

称为"自然货币"，因为它不是人造的，是自然界里现成的东西。②

由此看来，将"货币"范畴的内涵理解为"自然之物"，这种观念在中外古代货币史上也是由来已久，根深蒂固。难怪《资本论》初版序言要预告："分析商品的部分是最难理解的。"③ 也难怪《资本论》叙事需要借助"怪喻"这一说明方式。

---

① 古钱币上的"羊"［EB/OL］. 中钞区块链技术研究院微信号，2015-03-11."空首布"是我国最早的金属铸币之一。

② 中国最早的货币是"羊"［EB/OL］. 钱币圈，2017-08-08.

③ 马克思 . 资本论：第 1 卷［M］//中共中央马克思恩格斯列宁斯大林著作编译局 . 马克思恩格斯全集：第 23 卷 . 北京：人民出版社，1972：7.

第十五章

《资本论》译介者河上肇的《陆放翁鉴赏》

河上肇（1879—1946）是日本最初译介马克思《资本论》著述的第一代学者，也是中国现代史上最早接受马克思学说者群体的中介来源之一。河上肇著作在 20 世纪 60 年代以前的汉译出版物中有近 20 种。① 从李大钊到毛泽东、周

① 据吕元明《河上肇著作在中国》与日本学者一海知义《河上肇与中国》的“河上肇与中国革命家”章，汉译出版物中河上肇著作如下：

（1）1919 年刊登于中文报刊的《马克思主义唯物史观》《共同生活与寄生生活》等论文；

（2）林直道翻译的《贫乏论》（原著《贫乏物语》）；

（3）商务印书馆出版的《救贫丛谈》（原著同上）；

（4）《近世经济思想史论》（原著名略同）；

（5）郭沫若翻译的《社会组织与社会革命》（原著名略同）；

（6）《资本主义经济学之史的发展》（原著名略同）；

（7）《马克思主义经济学》（原著《マルクス主义经济学》）；

（8）《经济学大纲》上篇（原著名略同）；

（9）《劳资对立的必然性》（原著《阶级斗争の必然性と其の必然的转化》）；

（10）《人口问题批评》（原著《人口问题批判》）；

（11）《资本论入门》（原著同名）；

（12）《马克思主义经济学基础理论》（原著《マルクス主义经济学の基础原理》）；

（13）《新社会科学讲话》（原著《第二贫乏物语》）；

（14）《社会组织与社会革命》（原著《第二贫乏物语》，重版）；

（15）《资本论入门》上册（原著《第二贫乏物语》，战后 1951 年重版）；

（16）《资本论》下册（原著《第二贫乏物语》）；

（17）《河上肇自传》（原著《自叙传》）；

（18）仲民翻译的《经济学大纲》上卷（原著《自叙传》，改译）。

恩来等，中国共产党第一代领导人大多都读过他的著作。① 相对而言，中国学界较少知道他还是一位才情横溢的“汉诗人”和风格卓著的中国古典诗词研究者。管见所及，在中国文学研究领域的汉语出版物中罕见其踪影。②

河上肇在日本所称“满洲事变”（我国称“九·一八事变”）后的1933年1月，因其共产党人“非法”身份而被军政当局逮捕入狱，五年牢狱刑满后，1937年6月被释放“观察”，其时59岁。③ 此后他在迄至1946年病逝的近九年中，专心致志于三项文字工作：一是诗歌创作，其中包括汉诗一百数十首；二是研读中国南宋抗金诗人陆游《剑南诗稿》并作成《陆放翁鉴赏》，该书堪称日本汉文学史上第一部以陆游为对象的专著；三是撰写《自叙传》，其中随处可见对中国古典诗歌的学养和情愫。日本学界因此以“汉诗人河上肇”称之。④

就河上肇的《陆放翁鉴赏》而言，其中下面一段堪称作者情志的告白：

---

① 河上肇的中国学生王学文（1895—1985）为著名的马克思主义经济学家、教育家。王学文于1910年赴日本留学，1921年考入京都帝国大学经济学部，1925年毕业后在大学部当研究生。1927年回国后加入中共，1937年赴延安，先后任中共中央党校班主任、中共中央马列学院副院长兼教务处处长并讲授政治经济学、延安日本工农学校教员、陕甘宁边区银行顾问，并被选为中共七大代表。新中国成立后长期在中共中央宣传部工作，并在北京大学、中央党校讲授政治经济学。曾任中国科学院哲学社会科学部委员、教育部政治经济学教学委员会主任委员、中国《资本论》研究会名誉会长等职。撰有《河上肇〈经济学大纲〉引言》《关于河上肇的〈经济学大纲〉》《马克思论资本主义社会的工资、价格和利润》《论新民主主义的经济形式》《社会主义经济的理论体系》《社会主义制度下的商品和价值规律》《马克思主义政治经济学的出发点与资产阶级政治经济学的出发点》《马克思主义政治经济学的实践性》等。（王学文．王学文经济文选［M］．北京：中国时代经济出版社，2011：1-5.）

② 本章所据资料是笔者2006年在日本神户大学任客座教授时所搜集，初载上海《社会科学》2009年第1期，标题为《〈资本论〉日译者与古典诗人陆游的邂逅——河上肇〈陆放翁鉴赏〉介评》。该论文被翻译为日文，译者滨中仁，见《時新中国文藝雑誌·火鍋子》2011年初夏第77号、2011年冬第78号，由日本翠书房出版。中国的日本文学研究者吕元明前辈20世纪70年代曾撰文介评河上肇对中日文化交流的贡献：“在历史上，某些人物虽然只是在十年、二十年时间里，对社会产生过思想影响，然而这种思想影响却颇值得后世纪念。在中日文化交流史上，日本早期马克思主义政治经济学的著名学者河上肇，就是这样一位人物。”“河上肇的大半生遭受到日本帝国主义的野蛮压迫。他曾被解职、逮捕、囚身牢狱。为了表达自己的愤怒和不满，他以汉诗的形式表达自己的感情，……他在狱中，细读过陶渊明、李商隐、白居易、王维、苏东坡等人的诗。河上肇以忧国志士的姿态，去理解往古诗人的创作。出狱后，河上肇写了《陆放翁鉴赏》，实际上是以这位中国南宋爱国诗人自况。”（吕元明．河上肇的著作在中国［J］．吉林师范大学学报，1979（2）：119-120.）

③ 一海知义．河上肇年谱［M］//河上肇．河上肇全集：别卷．东京：岩波书店，1982：252-258.

④ 一海知义．河上肇与中国［M］．东京：岩波书店，1982：229.

我在序言中说过，我作为马克思主义者而相信唯物论。但是我认为，除了研究心象与外物之关系的科学之外，还别有一种以自己之心认识自己之心的特殊学问（暂且名之为道学）。我还认为，无论是儒教、佛教、基督教等，其核心就是这种意义上的道学。我因此而对古来道人们怀抱敬意，因此而对集诗人、志士、道人于一身的放翁倍感亲切。在我那些所谓左翼文献的书籍被官府没收后的今天，我为能够与放翁相遇而深感庆幸并感谢。①

《文心雕龙·序志》曰："傲岸泉石，咀嚼文义。文果载心，余心有寄。"②本章主要研讨河上肇《陆放翁鉴赏》的"为文之用心"。③

一、何以"最爱放翁诗"？

陆游是中国古代流传诗歌于后世最多的诗人之一，其《剑南诗稿》中诗歌数量近万首。《陆放翁鉴赏》中选读的计有500余首，卷帙500多页。④ 比较起古今中日流行的《唐诗三百首》，河上肇以陆游一位诗人为对象的《陆放翁鉴赏》，可谓是情有独钟了。该书目录如下：

---

① 河上肇．陆放翁鉴赏［M］//河上肇．河上肇全集：第20卷．东京：岩波书店，1984：266．"昭和十七年（1942年）三月，其所藏《资本论》初版被官府没收，之后他忍痛将所藏《国富论》初版出卖，换得若干汉诗文典籍。"（寿岳文章《后记》，同书第530~531页）

② 王更生．文心雕龙：全译本［M］．西安：三秦出版社，2021：342．

③ "夫'文心'者，言为文之用心也。"（王更生．文心雕龙：全译本［M］．西安：三秦出版社，2021：336．）

④ 河上肇．陆放翁鉴赏［M］//河上肇．河上肇全集：第20卷．东京：岩波书店，1984．本文所据即该文本，引用所标页码皆出该书。

放翁鉴赏之七——放翁诗话三十章①

由目录可见，其中主要部分是诗歌鉴赏，但还包括词的鉴赏、诗歌的日译，以及陆游诗话等。就目录顺序而言，首先是诗歌鉴赏，并且诗歌鉴赏各部又按陆游晚年的年龄段为顺序进行编排。这个独特的编排形式本身不无意味。因为河上肇鉴赏陆游诗的动机之一是以晚年陆游人生道路为榜样（详后）。

中国古典诗人在日本影响最大者历来首推白居易，河上肇自述在撰写《陆放翁鉴赏》之前的监狱期间“读破”过陶渊明、白居易、苏东坡等古典大家的诗文。② 因此首先一个问题是，他为什么会对陆游诗歌情有独钟？作为长期研究《资本论》，并以马克思主义经济学者而著称的河上肇，他是在出狱后的六十岁之际转入汉诗研究，下面一首创作于这个转折点：

《六十初学诗》（1938 年 1 月 26 日）
偶会狂澜咆勃时，艰难险阻备尝之。
如今觅得金丹术，六十衰翁初学诗。③

河上肇在其《闲人诗话》中又告白：转入研习汉诗的“最主要原因是，汉字汉文在某些场合最适合表达自己的思想感情”④。另一个原因是在他“六十衰翁初学诗”约三年后的 1941 年 4 月 24 日，他得到友人赠送的中国商务印书馆国学基本丛书版《陆放翁集》全四册，其时喜而赋诗曰：“放翁诗万首，一首值

① 河上肇．陆放翁鉴赏［M］//河上肇．河上肇全集：第 20 卷．东京：岩波书店，1984：5.

② 一海知义．河上肇年谱［M］//河上肇．河上肇全集：别卷．东京：岩波书店，1982：255.

③ 河上肇．诗歌集·诗话集·狱中手记［M］//河上肇．河上肇全集：第21卷．东京：岩波书店，1984：62.

④ 河上肇．诗歌集·诗话集·狱中手记［M］//河上肇．河上肇全集：第21卷．东京：岩波书店，1984：243.“河上肇是在日本发动侵华战争的背景中开始研习汉诗，而汉诗的故乡正是中国。在这个特殊背景下他选择转入汉诗，仅就其形式而言就不无意味。如果说马克思学说具有关怀与批判社会现实的品格，那么汉诗形式对于河上肇不会仅仅是回避严酷现实的逃遁之术；如果说马克思学说还包含着反对帝国主义战争的本质要求，那么河上肇视汉诗为‘金丹术’，应该是出于他在严酷背景中坚持抵抗帝国主义战争的情志。”（陆晓光．“汉诗人”河上肇的文化抵抗：《资本论》最初日译者的侧面像［J］．华东师范大学学报，2007（5）：23-31.）

千金。"① 翌年的1942年5月7日又写了题为《放翁》的短诗，该诗小序云：

日夕亲诗书，广读诸家之诗，然遂最爱《剑南诗稿》。②

他的"最爱"至少是因为，比较起其他中国古典大诗人的作品，陆游诗对于当时的河上肇来说，最能表达他的心志。进而言之，陆游生活在南宋中原受北方金国入侵的时期，他在当时朝廷属于抗战派，其诗歌中也有大量抒发抗金情志的作品；陆游作为抵抗外来侵略的中国古代抗战诗人，在风格特点方面，其他中国古代一流诗人未必具有或相对逊色，而对于河上肇来说，却是最能借以寄托、最具现实意义，因而最能引起共鸣的。

然而河上肇的"最爱放翁诗"并非仅仅出于其反对帝国主义战争的思想和信念，同时也是基于其深切的古典汉文学情怀与艺术素养。虽然他撰写《陆放翁鉴赏》是在晚年六十岁以后，但是与陆游诗歌的最初邂逅早在少年时代就开始了。《陆放翁鉴赏》下面一段述及此事：

《曾仲躬见过适遇予出，留小诗而去次韵》(二首之一)
地僻原无俗客来，蓬门只欲为君开。
山横翠黛供诗本，麦卷黄云足酒材。

[河上肇鉴赏]"蓬门只欲为君开"，我少年时，在海滨傍山的亲戚别庄的门上木匾，看到刻有这个七字句。当时只是感觉真是个好诗句，如今才知这个诗句是出于放翁此诗。古昔之人的风流倜傥，实在令我们今人感慨。③

"少年时"的河上肇还未必知道陆游其人，当时更显然不知道他所见门匾上"蓬门只欲为君开"的七言句出自陆游，然而他已经深深感受到该诗句的魅力。这表明他自幼对汉诗就具有某种堪称敏锐的鉴赏力。日本有学者认为，河上肇的汉文学兴趣"不仅与其受教育之背景有关，更是出于他对东洋文雅风格所具

① 河上肇．诗歌集·诗话集·狱中手记［M］//河上肇．河上肇全集：第21卷．东京：岩波书店，1984：78.

② 河上肇．诗歌集·诗话集·狱中手记［M］//河上肇．河上肇全集：第21卷．东京：岩波书店，1984：89.

③ 河上肇．陆放翁鉴赏［M］//河上肇．河上肇全集：第20卷．东京：岩波书店，1984：59-60.《陆放翁鉴赏》于所选陆游每一首诗后大都有相当详细的字词注释等。

有的先天性爱好”①。这个说法并非没有根据。六十岁后的河上肇在写《陆放翁鉴赏》时，依然清晰记得少年时代看到该诗句时的感动情景，可见当年他对该诗句的印象之深。就该诗整体而言，诗人身居偏僻乡野，乡野周围环山翠绿，住宅外面是金秋麦浪；主人饮酒作诗，悠然自适，静候诗友。晚年河上肇读此全诗而被“古昔之人的风流倜傥”所感动，其感动应该不限于少年时的印象了，已经升华为对古典汉诗境界的仰慕与向往了。

河上肇认为该诗是放翁六十岁在故乡隐居期间所作，据钱仲联《剑南诗稿校注》考订，该诗作于陆游六十一岁。② 两者小有差异而大体接近。重要的是，与陆游当时是隐居中写该诗的情境相类，河上肇鉴赏该诗时也在隐居中（其时他诗歌创作的落款都是“闭户闲人”），并且也年逾花甲（其时六十三岁）。仅由此鉴赏者与鉴赏对象的处境与年龄相近就不难想见，他对诗中“蓬门只欲为君开”的感触，是怀抱着寻觅知音而终于相见的喜悦。“蓬门只欲为君开”——如果说在当时侵华战争背景中，河上肇是日本学者中仰慕中国古典抗金诗人陆游的凤毛麟角者，那么陆游诗歌对于当时日本也确实犹如汉诗世界中的一个“蓬门”，这个“蓬门”如今受到一位来自远方的知音君子的造访。千年以前作古的陆放翁如果地下有知，想必他会特别欢迎河上肇造访“蓬门”的吧。③

《陆放翁鉴赏》中，作者表达仰慕心情而最具象征意味的当推如下一段：

《系舟》（二首其二）

地旷月明铺素练，霜寒河浅拂青绡。

手扶万里天坛杖，夜过前村禹会桥。

［河上肇鉴赏］天坛，山顶平坦可祭天处。万里天坛杖，意谓从万里之高的山顶上借以走下来的拄杖。禹会桥，会稽山上大禹庙。据《辞源》，涂山之南有禹会村，即古之禹墟。如此看来，禹会桥指会稽附近桥之名。会稽在放翁家附近。“手扶万里天坛杖”——在铺满皎皎明月光的古桥上，老

---

① 寿岳文章．陆放翁鉴赏后记［M］//河上肇．河上肇全集：第20卷．东京：岩波书店，1984：530.

② “此诗淳熙十二年春作于山阴。”（陆游．剑南诗稿校注：三［M］．钱仲联，校注．上海：上海古籍出版社，1985：1311.）该年陆游为“61岁”。（陆游．剑南诗稿校注：八［M］．钱仲联，校注．上海：上海古籍出版社，1985：4627.）

③ “蓬门”典出杜甫诗《客至》“蓬门今始为君开”。（陆游．剑南诗稿校注：三［M］．上海：上海古籍出版社，1985：1311.）

诗人正独自安静地踯躅而行，这姿影真是美极了。①

古往今来，欣赏乃至仰慕陆游诗文的志士仁人不在少数，但是特别对已经老衰而不得不拄杖前行的放翁形象发出“这姿影真是美极了”的赞叹，这在迄今所有关于陆游诗文的研究资料中却是鲜有。仅此足见河上肇鉴赏放翁诗的特色之一斑。如果把放翁拄杖攀登的“万里天坛”视为一种高远的精神境界，把通往大禹庙的禹会桥视为中国文化的某种象征，那么河上肇对这首诗的赞叹就更意味深长了。“这姿影真是美极了!”——我们通观整部《陆放翁鉴赏》而可以说，这声赞叹不仅表达了河上肇对抗金诗人陆游的仰慕，也不仅蕴含着他对中国古典诗歌世界的高山仰止的心仪，更意味着老年河上肇正在他的实际生活中拄杖前行，效仿陆游，努力攀登着他所面对的险峻高山。

二、特爱放翁梅花诗

就具体的吟咏对象而言，《陆放翁鉴赏》收录最多的是涉及梅花意象的诗章。其中之一是：

《偶怀小益南郑之间怅然有赋》

西戎梁州鬓未丝，嶓山漾水几题诗。

剑分苍石高皇迹，巖拥朱门老子祠。

烧兔驿亭微雪夜，骑驴栈路早梅时。

登临不用频悽断，未死安知无后期。

［河上肇鉴赏］第三联是我最喜爱的诗句之一。文字极其平易，而情趣无尽。赵翼《瓯北诗话》：“或以其平易近人，疑其炼少。抑知所谓炼者，不在奇险诘曲，惊人耳目，而在言简意深，胜人千百，此真炼也。放翁工夫精到，出语自然老洁，他人数言不能了者，只用一二语了之。此其炼在句前而不在句下也。观者并不见其炼之迹，乃真炼之至矣。”该诗第三联可谓正其例者。“烧兔驿亭微雪夜，骑驴栈路早梅时”，我于此两句，吟咏无数遍而趣味无尽。②

① 河上肇．陆放翁鉴赏［M］//河上肇．河上肇全集：第20卷．东京：岩波书店，1984：232-233.

② 河上肇．陆放翁鉴赏［M］//河上肇．河上肇全集：第20卷．东京：岩波书店，1984：250-252.

虽然陆游该诗并非以吟咏梅花为主题，其中仅第三联“烧兔驿亭微雪夜，骑驴栈路早梅时”两句涉及梅花，但是河上肇欣赏该诗而最关注的却是该两句，并且称之为“我最喜爱的诗句之一”。他对该诗的鉴赏显然是情有独钟。

陆游该诗是晚年回忆壮年时“西戎梁州”军旅生涯而发的感慨，末句“未死安知无后期”表明，晚年的陆游依然期望有机会再度参加抗金事业。因此，诗中吟咏所及的梅花，无疑不属“孤芳自赏”一类，而寄托着不屈不挠的心志抱负。该诗中的情怀与河上肇当时心思相通。晚年河上肇也经常回忆他引以为豪的少壮时代的经历，例如他在一首《题自画像》汉诗小序中回忆往事：“余年二十六岁时，初号千山万水楼主人，连载社会主义评论于《读卖新闻》。”其诗曰：

夙号千山万水楼，如今草屋似扁舟。
相逢莫怪名殊实，万水千山胸底收。①

诗中可见，老年河上肇虽然身在草屋隐居，却依然壮怀未息。因此，正是由于这种处境和心志的相通，河上肇才会对陆游该诗中的“早梅”意象格外倾心会意。

河上肇对该两句的鉴赏主要集中谈论文字上的“极其平易”。然而平心而论，“烧兔驿亭微雪夜，骑驴栈路早梅时”这两句诗在语言方面未必称得上平易典范。该两句至少包含“烧兔”“驿亭”“雪夜”“骑驴”“栈路”“早梅”六个意象，作为诗歌语言，称其“情趣无尽”是中肯的，而如果以接近日常生活语言的“平易”风格衡量之，则该两句相距甚远。但是，河上肇对该两句“吟咏无数遍而趣味无尽”，他对其中表达意象的一连串特殊词语自然是熟悉备至，烂熟于心，因此其中与日常语言颇有距离的一连串词语，在他读来却是毫无滞碍，流畅自然。在这个意义上，他的未必准确的“极其平易”之评，恰恰是十分真切地表出了他对这两句诗的“最爱”。

河上肇对这个包含“梅花”意象的对句的“最爱”，在他一首题为《感谢此邂逅》（1941 年 8 月 2 日）的日语诗歌中可得印证。兹将该日语诗歌汉译如下：

---

① 河上肇．诗歌集·诗话集·狱中手记［M］//河上肇．河上肇全集：第21卷．东京：岩波书店，1984：70-71.

雨过风落迹，月照入山村，置身寂静中，刑余帝京边，
借得一檐蜗庐，闭门可以谢客。
居住已五年，屡屡与，陆放翁，一千年前的宋朝人，邂逅相逢。
渭南文集五十卷，剑南诗稿八十五卷，诗歌一万首，
何其幸，炮声震动乾坤时，在此红尘万丈巷，独自侍前辈。
骑驴在栈路，早梅报晓，烧兔驿亭，爱微雪之夜，安安静静，
我心渐如，太古之民。

[河上肇自注]“烧兔驿亭微雪夜，骑驴栈路早梅时”，此为陆放翁诗中佳句，余爱诵者之一也。①

这首诗整体上是抒发获得陆游诗文全集的喜悦兴奋心情，其末章特别化用了陆游诗中这个对句。可见对于河上肇而言，该两句堪称是陆游诗文整体风格或意义的象征。值得注意的是，该诗是在叙述“炮声震动乾坤时”的语境中化用该两句诗的，其中在“微雪之夜”而“安安静静”绽开的“早梅”意象，显然蕴含着抵抗“炮声”的意味。

梅花是中国古代文人气骨的象征，“早梅”则可谓寒冬梅花中的先驱者。在陆游该两句诗中，“早梅”出现于“微雪夜”，其意蕴有耐寒冷、耐寂寞、耐黑暗。这个意象对于身处侵华战争背景而以蛰居草屋、沉潜古典之方式进行孤独抵抗的河上肇处境和心境来说，正是恰如其分而非此不足以表现的。因此，抗金诗人陆游吟咏梅花的其他诗歌在《陆放翁鉴赏》中频频出现，就是十分自然的了。例如《赠惟了侍者》：

雪中僵卧不须悲，彻骨清寒始解诗。一等人间闲草木，月窗君看早梅枝。②

其中，“早梅”也是生长于“雪中”。河上肇评点曰：“以诗交往，真是令我羡慕。”（第120页）他所羡慕的无疑是与具有“早梅”气骨的诗人的交往。又如《晚兴》：

① 河上肇．诗歌集·诗话集·狱中手记［M］//河上肇．河上肇全集：第21卷．东京：岩波书店，1984：80-81.

② 河上肇．陆放翁鉴赏［M］//河上肇．河上肇全集：第20卷．东京：岩波书店，1984：118.

一声天边断雁哀，数蕊篱外蚤梅开，幽人耐冷倚门久，送月堕湖归去来。①

其中的“蚤梅”即“早梅”，其意蕴也是不惮孤独寂寞寒冷。河上肇评点曰：“我出生的故乡家中庭院，有生长很久的梅树，正月季节它通常是花满枝头。不过比起这首诗中的梅花，那还称不上早开之梅。”② 这里的比较未必不包含河上肇仰慕陆游的潜意识：我故乡中的早梅，较之放翁诗歌中的早梅，多少是有点逊色，因此我才特爱陆游诗中的咏梅意境。

陆游《剑南诗稿》近万首，河上肇《陆放翁鉴赏》才五百余首。因此对于同一题目或者意境类似的诗歌，一般需要加以筛选。但是陆游题为《梅花绝句》的十首组诗，在《陆放翁鉴赏》中却是一反通例而全部照收。河上肇的理由是，这些梅花诗“虽然多少有高低之别，但我难以取舍割爱，故全部照录不遗”。笔者这里也一并抄录以见河上肇对陆游梅花诗的难以割爱：

（其一）凛凛冰霜晨，皎皎风月夜。南山有飞仙，来结寻梅社。
（其二）忆昔西戎日，夜宿仙人原。风吹野梅香，梦绕江南村。
（其三）锦城梅花海，十里香不断。醉帽插花归，银鞍万人看。
（其四）低空银一钩，糁野玉三尺。愁绝水边花，无人问消息。
（其五）蔺荃古所贵，梅乃晚见称。盛衰各有时，类非人力能。
（其六）子欲作梅诗，当造幽绝境。笔端有纤尘，正恐梅未肯。
（其七）清霜彻花骨，霜重骨欲折。我知造物意，遣子世味绝。
（其八）士穷见节义，木槁自芬芳，坐同万物春，赖此一点香。
（其九）南村花已繁，北坞殊未动。更赊一月期，待我醉春瓮。
（其十）山月缟中庭，幽人酒初醒。不是怯清寒，愁踏梅花影。③

此外，《陆放翁鉴赏》所录的以梅花为吟咏对象的诗至少还有《探梅》、《置酒梅花下作短歌》、《红梅》（二首）、《定风波·进贤道上见梅赠王伯寿》、

① 河上肇．陆放翁鉴赏［M］//河上肇．河上肇全集：第 20 卷．东京：岩波书店，1984：240.

② 河上肇．陆放翁鉴赏［M］//河上肇．河上肇全集：第 20 卷．东京：岩波书店，1984：240.

③ 河上肇．陆放翁鉴赏［M］//河上肇．河上肇全集：第 20 卷．东京：岩波书店，1984：161-164.

《梅花》等。

三、"佐佐木久的解说从根本上搞错了"

《陆放翁鉴赏》写道："如果放翁仅仅是一位擅长欣赏风花雪月的诗人，我对他就不会有什么大兴趣。"① 河上肇从陆游诗中"早梅"等意象中读出的是其中的心志寄托，而他本人也是从自己的心志寄托来选择和鉴赏陆游诗境的。因此，一方面，他的鉴赏带有自觉鲜明的主体情志的色彩；另一方面，也正因此，陆游诗中某种隐而未显的意蕴在具有相通情志的河上肇面前变得豁然明朗。例如他对下面一首的鉴赏：

《己酉元日》
夜雨解残雪，朝阳开积阴。
桃符呵笔写，椒酒过花斟。
巷柳摇风早，街泥溅马深。
行宫放朝贺，共识慕尧心。②

该诗是陆游六十五岁在朝廷任职期间所写。③ 从表面文字看，大体是陆游作为在任朝廷官员而写的贺年诗。与宫廷礼节相关的贺年诗在古代中国属于应制应酬之作，因此该诗在中国学者关于陆游诗的评论和选本中，历来不受特别重视。例如《陆游资料汇编》中收录了 285 名古代学者的陆游评论，其中无一提到该诗。今人疾风的《陆放翁诗词选》（300 多首）④ 未选此诗；钱锺书《宋诗选注》中选陆游诗较其他宋代诗人为最多（27 首），⑤ 也未录此诗。河上肇本人也认为"该诗未必是放翁诗中特别优秀之作"。然而《陆放翁鉴赏》中不但收

① 河上肇．陆放翁鉴赏［M］//河上肇．河上肇全集：第 20 卷．东京：岩波书店，1984：265.

② 河上肇．陆放翁鉴赏［M］//河上肇．河上肇全集：第 20 卷．东京：岩波书店，1984：96.

③ "此诗淳熙十六年正月作于临安。"（陆游．剑南诗稿校注：三［M］．钱仲联，校注．上海：上海古籍出版社，1985：1571.）其《陆游年表》又记其该年朝廷任官事："正月，除礼部郎中。四月，兼膳部。七月，兼实录院检讨官。十一月，被劾罢官返乡里。此后十三年，常在山阴家居。"（陆游．剑南诗稿校注：八［M］．钱仲联，校注．上海：上海古籍出版社．1985：4628.）

④ 疾风．陆放翁诗词选［M］．杭州：浙江人民出版社，1982.

⑤ 钱锺书．宋诗选注［M］．北京：人民文学出版社，2016：9-11.

录此诗，而且对该诗的释评文字篇幅之长堪称突出。直接原因是当时一位日本学者对该诗做过解释，河上肇的鉴赏是一篇针对性的驳论。兹全部译出如下：

[河上肇鉴赏] 该诗未必是放翁诗中特别优秀之作，但是佐佐木久氏《汉诗新研究》(1942年刊①) 特别选录了这一首。下面是佐佐木久的一段解说，姑且先予抄录：

“这大体是一首贺年诗。元旦的贺年之诗，任何国家都有不少。汉诗中也是如此。虽然时代不同，风习有异，陆放翁该诗中的正月气氛与我们日本人的所感有所差异，然而其时适逢凉闇②，作者却依然真切地表现出太平亲和的意趣。积阴，长冬的阴气。桃符，桃木所制神符，元日贴于门上。椒酒，掺入山椒及其他药味的屠苏酒之类。放朝贺，指因逢凉闇而取消朝贺礼仪。全诗的大意是：一夜的雨水融解了残雪，早晨太阳出来，天气转成一片晴朗。元旦来临了，诗人呵气把冰冷的笔弄暖，开始写庆贺元旦的桃符。然后穿过花下，斟满椒酒。举目窗外望去，巷柳依风摇曳，满是泥泞的街路上马蹄疾驰。今年因天子居丧而免去朝贺之礼，因此人们都在家中追思古昔的尧舜之德。——这首诗以平淡的笔触敏锐准确地捕捉住了元旦的节日气氛：这是多么吉祥温馨的一天！街头的节日气氛仅以‘街泥溅马深’一句，便生动传达而出。虽然恰逢天子居丧之礼，但是市民喜迎新春的希望，却在诗中尽现无遗。”

上引佐佐木久对该诗的解说，我总觉得有些不对劲的味道，在此不能不辩。该诗放翁自注“以亮阴免贺礼”。亮阴，天子之居丧也。呵笔，意同呵冻、呵砚等，因天气依然寒冷，故砚墨寒气如有冰。椒酒，《四民月令》：“正月之旦，进酒降神毕，与室家大小坐已故先祖前，子孙各以椒酒上其家长。”椒酒者，置椒于酒中。过花，佐佐木久解作“穿过花下”。但是，元旦之晨，一家全体在祖先灵像前，如何能将敬奉家长的椒酒“穿过花下”而斟之？如此而斟酒，很是奇怪。诗句的意思其实是，元旦之日，虽曰春节，却依然寒冷，因而会“桃符呵笔写”，当时还没有到鲜花开放的时节。因此，“花”当是指为花椒而非鲜花。所谓花椒，是落叶灌木，在山野自生

① 原著标写的是日本年号“昭和十七年”，本文作者改之。后同此。

② 凉闇（涼闇）：《辞源》释“諒闇”，“也作亮陰、梁闇、涼陰。有二说，一说为天子、诸侯居丧之称；一说为居丧之所，即凶廬”。（商务印书馆编辑部．辞源［M］．北京：商务印书馆，1979：2899.）又释“涼陰”：“古代国君居丧之称。”（商务印书馆编辑部．辞源［M］．北京：商务印书馆，1979：1810.）

自长；香气浓烈，其果实与茎之皮部，皆可作香料。椒之种类虽多，其香气浓烈者为花椒。杨万里诗序有曰“吾家之酒，名芳烈者曰椒花雨”，所据即此。因之，我解“过花”为大量加入花椒。“巷柳摇风早”，佐佐木久解作巷间柳树受风摇曳。如此则“早”字成赘余。我以为该句应读作巷间柳树临风而早早摇曳。意思是，青柳受春风吹拂，虽然感觉是像春天，却毕竟为时尚早，春天实际未到。“街泥溅马深”，因夜雨融化残雪，早晨道路一片泥泞。如此，巷柳、街泥两句，说的是虽然春天已临，却依然寒冷；虽然日光启照，却道路泥泞。由是，元旦而逢天子居丧期的矛盾气氛就自然溢出。本来，该诗开首第一联的夜雨与朝阳、第二联的呵笔与过花，都给人以阴差阳错、冷热反衬、吉凶未卜的不安感。其首联是说：今日晨光照耀，昨夜却是雨水淅沥。第二联意思是：虽然斟酌着芳烈的椒酒，砚中墨水却如冰冻般寒冷。这些意象表现的都是天子居丧的不幸与节日相逢冲突的气氛。总之，我以为佐佐木久以“吉祥温馨的节日气氛”解释该诗，从根本上搞错了。①

由上文可见，其一，两者在结论上的区别是，佐佐木久认为该诗是写元旦恰逢天子居丧，而节日喜庆气氛依然浓郁，“这是多么吉祥温馨的一天”；河上肇则认为，诗中表现的恰恰是“与节日相冲突的气氛”，是“阴差阳错、冷热反衬、吉凶未卜的不安感”。其二，在词语注释层面上，河上肇的更为详细落实，其所据有《四民月令》典据和杨万里诗序等。今查钱仲联《剑南诗稿校注》②（这是汉语出版物中对该诗有所注解的唯一文献），其中对该诗仅注词语所出典籍，而未释诗意；另外，其中释“椒酒”所引《四民月令》与河上肇同。因此至少可以说，河上肇对该诗之意境的解释堪为一说，并且是比佐佐木久更有依据而详具的一说。

但是问题在于，为什么河上肇对被他本人视为“未必是放翁诗中特别优秀之作”的该诗如此重视，甚至花费比其他“优秀之作”更多的篇幅来讨论？为什么他又会做出与佐佐木久显然相反的解读？笔者以为深层原因在于当时的战争背景与河上肇反对战争的心志。

佐佐木久对该诗的解说见于其 1942 年出版的《汉诗新研究》，从书名可见，

① 河上肇．陆放翁鉴赏［M］//河上肇．河上肇全集：第 20 卷．东京：岩波书店，1984：96-98.

② 陆游．剑南诗稿校注：三［M］．钱仲联，校注．上海：上海古籍出版社，1985：1571.

该书研究范围是整个“汉诗”，而非针对陆游诗的专门研究；如前所说，该诗历来并不被认为是陆游诗风的代表作。因此，佐佐木久在《汉诗新研究》这一范围广泛的书中特别选择陆游这首《己酉元日》，应该有其特别原因和意图。从该书出版时间的背景看，1942 年的元旦之前正是日本发动太平洋战争一个月不到（日本偷袭珍珠港事件是在 1941 年 12 月 7 日），在这个背景中，他特别选择陆游该首写元旦所感的诗，并且以“这是多么吉祥温馨的一天”来解释该诗，至少就当时战争愈发扩大因而更加严酷的时代气氛而言，读来显然是与现实的真实感受格格不入，除非完全无视严酷战争背景，或者刻意粉饰现实。正因此，当时的河上肇读佐佐木久对该诗的解释后，会感到“我总觉得有些不对劲的味道”。河上肇对该诗的重新考释见于《放翁鉴赏之二——六十后半的放翁诗》，该集完稿的落款时间是 1943 年 11 月 6 日①，即太平洋战争爆发第二年。值得注意的是，该落款中还特别加写一句：“战争仍在激烈进行中。”《陆放翁鉴赏》共有七个分集，每一分集的末尾都有完成时间的落款文字，而强调“战争仍在激烈进行中”的落款却唯此一处。这个特别的落款可以印证他为什么对佐佐木久“多么吉祥温馨的一天”的解释感觉“不对劲”。陆游是在痛惜宋朝北方江山沦陷的背景中写该元旦诗的，而河上肇则是在愤慨日本军国主义对外扩张战争的背景中读该诗的。河上肇对陆游抵抗侵略的诗歌精神不但认同而且钦敬敬仰，并且此时他已经通读过陆游所有诗歌，这种基本倾向以及通读陆游所有诗歌而产生的鉴赏力，自然会使他对佐佐木久的解释产生怪异之感，因而自然会发问：忧愤江山沦落的陆游在当时元旦节日中果真会有“吉祥温馨”的感受吗？换言之，河上肇对该诗的解读建立在对陆游其人精神的深切了解和对陆游诗歌的整体把握之基础上。正因此，他才能够从陆游该首相对含蓄的诗歌中解读出蕴含于表面词句下的意味。退而言之，即便河上肇对该诗的解释只是众多可能解释之一，即便佐佐木久的解释未必毫无理由，而河上肇恰恰做出符合其批判和抵抗侵略战争之心志的解释，这更有力地印证了他“最爱放翁诗”。河上肇批评佐佐木久的解释是“从根本搞错了”。这个尖锐批评所针对的可能不仅是佐佐木久对该诗的注释文字，更是其注释文字后面粉饰战争甚至美化侵略的意图。

下面是河上肇在撰写《陆放翁鉴赏》时期中所写的两首汉诗，从中可见他本人在当时战争背景中直接表达的沉痛哀戚，以及他为什么会凭直觉而判断“多么吉祥温馨的一天”之说是“根本搞错了”：

---

① 原文落款时间为“昭和十八年”，即 1943 年。所引的佐佐木久氏《汉诗新研究》出版于“昭和十七年”，即 1942 年，1941 年 12 月 7 日爆发日本偷袭珍珠港事件。

《腥风不已》(1940年3月2日)

战祸未收时未春，天荒地裂鸟鱼瞋。

何幸潜身残简里，腥风吹屋不吹身。①

《兵祸何时止·二首其二》(1944年9月19日)

早晓厨下蛰虫声，独抱清愁煮野羹。

不知兵祸何时止，垂死闲人万里情。②

四、“以放翁为榜样生活下去”

河上肇“最爱放翁诗”，不仅体现在他借助鉴赏陆游诗歌而寄托抵抗日本侵略战争的心志，更体现于他的生活目标及其实践追求中。换言之，他在陆游诗歌中看到的是陆游其人，而后者不仅是他欣赏和仰慕的对象，更是生活的榜样和精神力量的源泉。陆游诗歌对于晚年河上肇的人生意义，在《陆放翁鉴赏》的几乎每一篇章中可见。这里我们仅看《陆放翁鉴赏》各分集的前言，因为河上肇在这些前言中，把放翁各年龄阶段的诗歌对他当时生命和生活的意义，开首就直接告白并和盘托出了。

《陆放翁鉴赏》中关于诗歌鉴赏的四个分集大体是按陆游年龄增长而进行编排，但是河上肇写各集的时间却前后参差。这里循前者之顺序观其各部前言。先看《放翁鉴赏之一·六十岁前后的放翁诗》前言：

> 这里选出的是放翁58~63岁的五年中所作，计一百二首。63岁的年龄可谓相当老了，放翁诗中亦有“吾死亦已迫”之类的句子，然而他此后的生命却延续了二十多年。在此期间，他的居所也屡屡变更。从他该时期诗中可见，有“白头宁复仕”之类的句子，其时他在家居六年之后的62岁时再度出任严州府知；五年后他受斥回归故乡山阴，重返家居生活。尽管如

① 河上肇．诗歌集·诗话集·狱中手记［M］//河上肇．河上肇全集：第21卷．东京：岩波书店，1984：71.

② 河上肇．诗歌集·诗话集·狱中手记［M］//河上肇．河上肇全集：第21卷．东京：岩波书店，1984：155.

此，他在年届80余高龄时再度出仕。① 故赵翼有曰：“仕而已，已而仕，出处之迹屡屡更。”然而同是在该时期的诗中，有“书生之事堪绝悲，横得虚名毁亦随”“饱知宦游无多味，莫恨为农老故乡”，又有“笑中犹如白刃霜”“谗波如崩山”等。从这类诗句中不难想象，他的仕宦生涯未必愉快。当然，放翁生涯的大半是在故乡镜湖之畔的家园中度过。由此看来，他的仕途不遇，适成使他倾心诗歌创作的不可缺少的动因。……②

该集选录的是陆游58~63岁期间的诗歌。与此对照，河上肇在59岁（1937年）时被释出狱，60岁（1938年）学写汉诗，63岁（1941年）开始写《陆放翁鉴赏》，65岁（1943年）完成《放翁鉴赏之一》。③ 可见，河上肇从59岁出狱到他写成《陆放翁鉴赏》该集的65岁，这一时期大体与该集中陆游58~63岁的年龄段重合。河上肇出狱后过的是“闭户闲人”式的隐居生活，而上面“前言”中也强调了陆游由仕宦而转入隐居的生活；河上肇是在隐居生活中才开始倾心投入汉诗创作与研究，而上面前言中也突出了放翁“仕途不遇，适成使他倾心诗歌创作的不可缺少的动因”。由此不难推断，河上肇之所以将陆游该年龄段的诗歌专门集为鉴赏之一部，其隐含的动机是对照自己同一年龄期的生活。他对放翁该时期诗歌的鉴赏，也同时意味着他以放翁为镜子观照、对比、评价和激励自己的生活。

---

① 钱仲联《陆游年表》记陆游62岁（淳熙十三年）：“春，有知严州之命。赴临安，入见孝宗。”此与河上肇“62岁时再度出任严州府知”说同。又记65岁（淳熙十六年）时，“十一月被劾罢官还乡，此后十三年，常在山阴家居”。此与河上肇“五年后他受斥回归故乡山阴”说异。又记75岁（庆元五年）时，“在山阴，致仕，为文系衔，称中大夫，直华文阁”。78岁（嘉泰二年）时，“五月，宁宗宣召陆游以原官提举佑神观兼实录院同修撰兼同修国史。六月，至临安。十二月，除秘书监”。79岁时，“正月，任宝谟阁待制。四月，修史成，请致仕。除提举江州太平兴国宫。五月归山阴”。（日本学者注称：“最后出仕是在78~79岁。”）80岁时，“在山阴，为文系衔，称太中大夫，充实谟阁待制，致士，山阴县开国子。领半薪”。84岁时，“在山阴。二月，实谟阁待制半薪被剥夺。本年为文，都无系衔，盖已被劾落职”。（参阅：陆游．剑南诗稿校注：八［M］．钱仲联，校注．上海：上海古籍出版社，1985：4631-4633.）

② 河上肇．陆放翁鉴赏［M］//河上肇．河上肇全集：第20卷．东京：岩波书店，1984：6.

③ 一海知义．河上肇年谱［M］//河上肇．河上肇全集：别卷．东京：岩波书店1982：252-258. 又据《陆放翁鉴赏》各部落款时间等记载，该时期的1941年河上肇先后完成《放翁词鉴赏·二十首》《古稀的放翁》《放翁绝句十三首和译附杂诗七首》《放翁诗话三十章》等；1942年写成《唐五代四大名家词鉴赏·六十一首》《放翁词释评·二十首续》《唐五代词鉴赏·十七首》《宋词鉴赏·十四首》《八十四岁的放翁》等。

再看《放翁鉴赏之二·六十后半的放翁诗》前言：

> 我今年已进入六十五岁，放翁在六十五岁之际究竟写了怎样的诗？在此之前，他的诗我已一首一首读了下来，迄今已读至放翁六十九岁末的诗。《古稀之年的放翁》已于前年写成，之后写的就是本集。六十五岁开始，不知不觉就会进入七十之年。我也想如此不知不觉地生活下去。（1943 年 11 月 6 日，战争仍在激烈中，闭户闲人）①

上面这段短短的文字是该集前言的全部。从中可见河上肇特别关注的问题是：面对“战争仍在激烈中”的时势，自己在 65 岁时应该如何生活？放翁该年龄时是如何生活的呢？如果说放翁在隐居与创作中不知不觉进入 70 岁，那么我也应该像他那样“不知不觉地生活下去”。

再看《放翁鉴赏之三·古稀的放翁诗》前言：

> 关于放翁七十岁时所作的诗，据《剑南诗稿》卷二十九至卷三十一所载，总数多达约二百六十一首。放翁是整个唐宋朝代写诗最多者，而其古稀之年依然能写诗如此之多。这里从其二百六十一首中选出七十四首，以春夏秋冬四季秩序排列。虽然所选都限于其一年中作品，然而按序读来，其人品胸襟之特色却是十分鲜明。前后相续的各首诗歌之意境，犹如自叙传的一系列片段，也给人以某种独特的散文性美感。我除了吟味各首诗的意境，对整体的氛围与风格也有兴趣。此稿于昭和十六年夏写毕。（1941 年 8 月 18 日誊清）②

河上肇关注的是整体中的部分，而对该部分，除于各首诗关注其中“人品胸襟”方面外，又格外关注整体上“犹如自叙传”的意味。这种视角说明，他的鉴赏与其说是对陆游诗歌的意境感兴趣，不如说是对通过陆游诗歌而了解其人生活历程更感兴趣。当时河上肇是 63 岁，“古稀”（70 岁）年龄对于他是不久的将来，因此他对“古稀的放翁”感兴趣，其潜在动机也是期望像陆游那样精神充实地度过晚年吧。

---

① 河上肇．陆放翁鉴赏［M］//河上肇．河上肇全集：第 20 卷．东京：岩波书店，1984：85.

② 河上肇．陆放翁鉴赏［M］//河上肇．河上肇全集：第 20 卷．东京：岩波书店，1984：246.

这一潜在动机的最直白最鲜明的表述见于《放翁鉴赏之四·八十四岁的放翁诗》前言：

> 我于去年八月完成《古稀的放翁》，今年仿此，又写了《八十四岁的放翁》。我今年正好六十四岁，距八十四岁尚有二十年。我是难以像放翁那样生命长久的；即便长久，也难以像他那样精神和肉体都保持良好。但是我一直羡慕放翁那精神矍铄的姿态，并乐意以放翁为榜样继续生活二十年。怀抱这种想法，我一首首地阅读了放翁八十四岁的诗。……（1942 年 10 月 6 日）①

“以放翁为榜样继续生活”，这句话既是该集前言的中心之旨，也是整部《陆放翁鉴赏》的共通心志。虽然河上肇后来未能如他所期望的那样生命长久，他并没有活到陆游那样的八十四岁，但是自他撰写《陆放翁鉴赏》的 1941 年至其去世的 1946 年，其生命历程却无疑是在以放翁为榜样，从放翁诗中汲取精神力量的自觉追求中走完。在他去世前一年的 66 岁之际，他先后写了下面两首“辞世”汉诗：

> 《辞世试作》（1945 年 4 月 2 日）
> 六十七年波澜多少，上不愧天莞尔就死。②

> 《拟辞世》（1945 年 5 月 4 日）
> 多少波澜，六十七年。
> 浮沉得失，任众目怜。
> 俯不愧地，仰不负天。
> 病卧及久，气渐坦然。
> 已超生死，又不繫船。③

---

① 河上肇．陆放翁鉴赏［M］//河上肇．河上肇全集：第 20 卷．东京：岩波书店，1984：322.

② 河上肇．诗歌集·诗话集·狱中手记［M］//河上肇．河上肇全集：第 21 卷．东京：岩波书店，1984：172.

③ 河上肇．诗歌集·诗话集·狱中手记［M］//河上肇．河上肇全集：第 21 卷．东京：岩波书店，1984：176.

其中的欣慰与坦然，无疑包含着完成《陆放翁鉴赏》的喜悦，以及对自己晚年以放翁为楷模的生活历程的自我肯定。

作为日本最早译介马克思《资本论》的学者，河上肇晚年对陆游诗歌的钟情和放翁精神的心仪，根本原因在于他反对日本侵华战争的情志。换言之，河上肇《陆放翁鉴赏》意味着，在反对帝国主义战争这一理念上，河上肇在马克思学说与陆游诗歌之间发现了某种精神相通。如果说在河上肇与陆游诗歌邂逅之前，其反对日本侵略战争的精神力量主要来自对马克思学说的信念，那么当他无法继续从事马克思学说研究之后①，当他倾心投入鉴赏陆游的诗歌世界之后，支撑他的精神力量则增加了一个新的古典汉文学的因素。战后以深刻反省日本侵略战争而著称的历史学者家永三郎认为，河上肇是日本那个年代数量很少的“坚持思想节操”、保持了“马克思主义者风范”的代表性学者。② 河上肇晚年从中国古典陆游诗歌中汲取精神力量，这意味着他的《陆放翁鉴赏》不仅从一个战争年代日本学者的角度，实践了古典汉诗文的现代价值与跨国意义，而且从一位《资本论》著名译介者的角度，提示了古典汉诗文与现代马克思学说之间的精神相通性。

---

① 河上肇在1937年之前写的《狱中赘语》中说：“我研究马克思学说始于约1904或1905年，迄今已历三十余年，我在学术上的信念是经历水火相煎的年代而确立起来的。”（河上肇．河上肇全集：第21卷［M］．东京：岩波书店，1984：435.）他出狱后私人所藏《资本论》等约640余册的“左翼”书籍皆被没收。（一海知义．河上肇年谱［M］//河上肇．河上肇全集：别卷．东京：岩波书店，1982：261.）

② 家永三郎．太平洋战争［M］．东京：岩波书店，1987：266.

第十六章

《资本论》与“鲁滨逊故事”

《鲁滨逊历险记》是18世纪英国作家丹尼尔·笛福（Danier Defoe，1660—1731）的著名杰作。法兰克福学派的阿多诺在《启蒙辩证法》一书中将《鲁滨逊历险记》与荷马史诗《奥德修斯》相提并论：“无论是奥德修斯，还是鲁滨逊，都是脱离集体的孤独水手。……他们已经体现了资本主义的经济原则。”①

恩格斯当年在与友人通信中特别提到马克思对“鲁滨逊”故事的熟晓：“马克思讲的鲁滨逊，是真正的鲁滨逊，即丹尼尔·笛福原书中的鲁滨逊，连次要的情节——从难船上抢救出来的零碎物件等都是从原书里取来的。他后来又有了他的星期五，他是一个遭遇船难的商人，如果我没有记错的话他当时还贩卖奴隶。总之，这是一个真正的‘资产者’。”②

马克思当年还研读过笛福的其他著述，他曾向爱好军事理论的恩格斯推荐：“丹尼尔·笛福的《一个骑兵的回忆》中的以下几段话也许会使你感兴趣：……”③ 更重要的是，马克思在《资本论》中多次引述笛福的经济学观点，例如“货币或商品流通”章的一条注释中引述了“丹尼尔·笛福《论公共信贷》（1710年伦敦版）”的一段话：“交易的性质在这里改变了，现在不是以货换

---

① 马克思·霍克海默，西奥多·阿道尔诺．启蒙辩证法［M］．渠敬东，曹卫东，译．上海：上海人民出版社，2003：70.

② 恩格斯．致考茨基［M］//中共中央马克思恩格斯列宁斯大林著作编译局．马克思恩格斯全集：第36卷．北京：人民出版社，1972：210-11．转见：马克思恩格斯论文学与艺术：二［M］．陆梅林，辑注．北京：人民文学出版社，1983：441.

③ 马克思．致恩格斯［M］//中共中央马克思恩格斯列宁斯大林著作编译局．马克思恩格斯全集：第2卷．北京：人民出版社，1972：41．转见：马克思恩格斯论文学与艺术：二［M］．陆梅林，辑注．北京：人民文学出版社，1983：444-445．恩格斯“以极大的精力对战争和军队等问题进行了专门研究。……与马克思共同创立了马克思主义军事理论体系”。

货，不是供货和进货，而是出售和支付，一切交易……都表现为纯粹的货币业务。”①

以上诸例表明，《鲁滨逊历险记》不仅是欧洲近代资产阶级启蒙思想的代表作，而且也具有政治经济学的意义。本章循此试作研讨。

一、“鲁滨逊故事”与政治经济学原理

《资本论》第一卷首章“商品”论的最后一节小标题是“商品的拜物教性质及其秘密”，其中一部分内容以鲁滨逊故事为例分析阐明：

> 既然政治经济学家喜欢谈论鲁滨逊的故事，那么就先来看看孤岛上的鲁滨逊吧。不管他生来如何简朴，他终究要满足各种需要，因而要从事各种有用劳动，如做工具、制家具、养羊驼、捕鱼、打猎等。关于祈祷一类事情我们就不谈了，因为我们的鲁滨逊从中得到快乐，他把这类活动当作休息。尽管他的生产职能是不同的，但是他知道，这只是同一个鲁滨逊的不同活动形式，因而只是人类劳动的不同方式。需要本身迫使他精确地分配自己执行各种职能的时间。在他的全部活动中，这种或那种职能所占比重的大小，取决于他为取得预期效果所要克服的困难的大小。经验告诉他这些。而我们这位从破船上抢救出表、账簿、墨水和笔的鲁滨逊，马上就作为一个道地的英国人开始记起账来。他的账本记载着他所有的使用物品、生产这些物品所必需的各种活动，最后还记载着他制造这种种一定量的产品平均耗费的劳动时间。鲁滨逊和构成他自己创造的财富的物之间的全部

① 马克思．资本论：第1卷［M］//中共中央马克思恩格斯列宁斯大林著作编译局．马克思恩格斯全集：第23卷．北京：人民出版社，1972：161．“资本主义积累的一般规律”章，马克思在注释中列举了最早的以笛福为首的“人口原理”研究者名单：“假如读者想提醒我们不要忘了1789年发表《人口原理》的马尔萨斯，那我也要提醒你们，他这本书最初版本不过是对笛福、詹姆斯·斯图亚特爵士、唐森、富兰克林、华莱士等人的小学生般肤浅的和牧师般拿腔做调的剽窃，其中没有一个他独自思考出来的命题。”（同书，第676页）“工作日”章：“举一个例子……一个叫鲁滨逊的人——也是纺纱厂主，他如果不是埃斯克里奇的星期五，至少也是他的亲戚。”（同书，第321页）在马克思《政治经济学批判（1857—1858年草稿）》中也有一段引述：“‘能够交换’这一点对于生存在社会中的人来说是重要的，‘就像能够生产对于鲁滨逊·克鲁索来说是重要的一样。’”（中共中央马克思恩格斯列宁斯大林著作编译局．马克思恩格斯全集：第46卷（下册）［M］．北京：人民出版社，1980：369.）

关系是如此简单明了，价值的一切本质上的规定都包含在这里了。①

这段话至少有如下要点：

(1) 鲁滨逊故事是当时政治经济学家津津乐道的话题，因此马克思也就此故事而接着谈。

(2) 马克思主要聚焦分析的是鲁滨逊所从事的“各种有用劳动”。

(3) 马克思将鲁滨逊的劳动视为人类劳动的一个缩影，他的劳动“只是同一个鲁滨逊的不同活动形式，因而只是人类劳动的不同方式”。

(4) 马克思根据鲁滨逊故事所描述的相关细节而强调他是一个“道地的英国人”。

(5) 马克思的分析结论是：“鲁滨逊和构成他自己创造的财富的物之间的全部关系是如此简单明了，价值的一切本质上的规定都包含在这里了。”

这里我们主要研讨马克思对“鲁滨逊故事”高度重视及其分析的独特处。

在上引这段论述的页底有一条马克思的注释：

> 甚至李嘉图也离不开他的鲁滨逊故事。“他让原始的渔夫和原始的猎人一下子就以商品所有者的身份，按照物化在鱼和野味的交换价值中的劳动时间的比例交换鱼和野味。在这里他犯了一个错误，他竟让原始的渔夫和猎人在计算他们的劳动工具时，去查看 1817 年伦敦交易所通用的年息表。看来，除了资产阶级社会形式以外，‘欧文先生的平行四边形’是他所知道的唯一的社会形式。”②

这条注释中加引号的内容引用的是马克思本人 1859 年出版的《政治经济学批判》“商品”章的一段话。③ 该注释表明，马克思分析的独特性首先在于，此前的政治经济学家通常把鲁滨逊故事视为代表了人类生产活动的范型，这个范

① 马克思．资本论：第 1 卷［M］//中共中央马克思恩格斯列宁斯大林著作编译局．马克思恩格斯全集：第 23 卷．北京：人民出版社，1972：93-94.

② 马克思．资本论：第 1 卷［M］//中共中央马克思恩格斯列宁斯大林著作编译局．马克思恩格斯全集：第 23 卷．北京：人民出版社，1972：93. 关于马克思提及的“欧文先生的平行四边形”，欧文在阐述他的社会改革的空想设计方案时证明：从经济上以及建立家庭生活的观点看，最适当的是建筑平行四边形的或者正方形的住宅区。（《资本论》注释，同书第 854 页）

③ 马克思．政治经济学批判［M］//中共中央马克思恩格斯列宁斯大林著作编译局．马克思恩格斯全集：第 13 卷．北京：人民出版社，1962：50-51.

型可以解释人类有史以来一切生产活动的基本法则。马克思则指出这种观念是由于极度缺乏历史知识而来的“一个错误”。

该《政治经济学批判》的导言中下面一段也与鲁滨逊故事相关：

> 我们越往前追溯历史，个人，也就是进行生产的个人，就显得越不独立，越从属于一个更大的整体。……孤立的一个人在社会之外进行生产——这是罕见的事，偶然落到荒野中的已经内在地具有社会力量的文明人或许能做到——就像许多个人不在一起生活和彼此交谈而竟有语言发展一样，是不可思议的。①

这段论述进一步表明，马克思评论“鲁滨逊故事”的聚焦点是——“孤立的个人”观。

《资本论》“商品”章在对“鲁滨逊故事”的分析评论后，紧接着是一段关于中世纪生产方式的叙事，这段叙事所针对的正是“孤立的个人”观：

> 现在，让我们离开鲁滨逊的明朗的孤岛，转到欧洲昏暗的中世纪去吧。在这里，我们看到的，不再是一个独立的人了，人都是互相依赖的：农奴和领主，陪臣和诸侯，俗人和牧师。物质生产的社会关系以及建立在这种生产的基础上的生活领域，都是以人身依附为特征的。但是正因为人身依附关系构成该社会的基础，劳动和产品也就用不着采取与它们的实际存在不同的虚幻形式。它们作为劳役和实物贡赋而进入社会机构之中。在这里，劳动的自然形式，劳动的特殊性是劳动的直接的社会形式，而不是像在商品生产基础上那样，劳动的共性是劳动的直接的社会形式。徭役劳动同生产商品的劳动一样，是用时间来计量的，但是每一个农奴都知道，他为主人服役而耗费的，是他本人的一定量的劳动力。缴纳给牧师的什一税，是比牧师的祝福更加清楚的。②

---

① 马克思.《政治经济学批判》导言［M］//中共中央马克思恩格斯列宁斯大林著作编译局.马克思恩格斯选集：第2卷.北京：人民出版社，1972年：87.“孤立的个人是完全不可能有土地财产的，就像他不可能会说话一样。……在这里，个人决不能像单纯的自由工人那样表现为单个的点。”（马克思.1857—1858年经济学手稿［M］//中共中央马克思恩格斯列宁斯大林著作编译局.马克思恩格斯全集：第46卷（上册）.北京：人民出版社，1979：483.）

② 马克思.资本论：第1卷［M］//中共中央马克思恩格斯列宁斯大林著作编译局.马克思恩格斯全集：第23卷.北京：人民出版社，1972：94.

其中“不再是一个独立的人了，人都是互相依赖的”句，与“鲁滨逊故事”所表现的“孤立的人”，两者显然鲜明反差。

《资本论》“商品”章紧接着又以资本主义生产方式之前“农民家庭”的劳动方式为例阐明人类的“共同劳动”：

要考察共同劳动即直接社会化的劳动，我们没有必要回溯到一切文明民族历史初期都有过的这种劳动的原始形式。这里有个更近的例子，就是农民家庭为了自身的需要而生产粮食、牲畜、纱、麻布、衣服等的那种农村家长制生产。对于这个家庭来说，这种种不同的物都是它的家庭劳动的不同产品，但它们不是互相作为商品发生关系。生产这些产品的种种不同劳动，如耕、牧、纺、织、缝等，在其自然形式上就是社会职能，因为这是这样一个家庭的职能，这个家庭就像商品生产一样，有它本身的自然形成的分工。家庭内部的分工和家庭各个成员的劳动时间，是由性别年龄上的差异以及随季节而改变的劳动的自然条件来调节的。但是，用时间来计量的个人劳动力的耗费，在这里本身就表现为劳动本身的社会规定，因为个人劳动力本来就只是作为家庭共同劳动力的器官而发挥作用的。①

显然，其中对农民家庭“共同劳动”的分析，也与“鲁滨逊故事”所描述的图景迥然不同。在这段论述中的“原始形式”句后，马克思还加了一条注，这条注也引自马克思前此所写的《政治经济学批判》：

近来流传着一种可笑的偏见，认为原始的公社所有制是斯拉夫族特有的形式，甚至只是俄罗斯的形式。这种原始形式我们在罗马人、日耳曼人、克尔特人那里都可以见到，直到现在我们还能在印度人那里遇到这种形式的一整套图样，虽然其中一部分只留下残迹了。仔细研究一下亚细亚的尤其是印度的公社所有制形式，就会得到证明，从原始的公社所有制的不同形式中，怎样产生出它的解体的各种形式。例如，罗马和日耳曼的私人所

① 马克思．资本论：第1卷［M］//中共中央马克思恩格斯列宁斯大林著作编译局．马克思恩格斯全集：第23卷．北京：人民出版社，1972：94-95.

有制的各种原型，就可以从印度的公社所有制的各种形式中推出来。①

这条注释中的关键词是“原始的公有制形式”，马克思依次提到了斯拉夫族的、俄罗斯的、亚细亚的，尤其是印度的“公社所有制”，并据此强调欧洲“罗马和日耳曼的私有制”原型，其实也是原始公社所有制的转换形式。

“商品”章在展望未来社会的生产方式时再度讲到了鲁滨逊故事：

> 最后，让我们换一个方面，设想有一个自由人的联合体，他们用公共的生产资料进行劳动，并且自觉地把他们许多个人劳动力当作一个社会劳动力来使用。在那里，鲁滨逊的劳动的一切规定又重演了，不过不是在个人身上，而是在社会范围内重演。鲁滨逊的一切产品只是他个人的产品，因而直接是他的使用物品。这个联合体的总产品是社会的产品。这些产品的一部分重新用于生产资料。这一部分仍旧是社会的。而另一部分则作为生活资料由联合体成员消费。②

马克思这里所说的“鲁滨逊的劳动的一切规定又重演了”，是相对于他前面分析的鲁滨逊“从事各种有用劳动”（做工具、制家具、养羊驼、捕鱼、打猎等）而言的。前面他指出这些不同种类的劳动“只是同一个鲁滨逊的不同活动形式，因而只是人类劳动的不同方式”。因为在马克思看来，流落到荒岛上的鲁滨逊一开始就是一个“已经内在地具有社会力量的文明人”，因此他的劳动堪称人类“社会劳动力”的一个时代性缩影。这个缩影意味着，即便在未来的“自由人的联合体”中，依然会有“人类劳动的不同方式”，虽然它会不断延伸转化为新的形式。

以上表明，马克思之所以相当重视鲁滨逊故事，首先是因为它关系到政治经济学的基本原理。对鲁滨逊故事的不同理解，至少从一个侧面表征了马克思

---

① 马克思．资本论：第1卷［M］//中共中央马克思恩格斯列宁斯大林著作编译局．马克思恩格斯全集：第23卷．北京：人民出版社，1972：94-95. 该条注释所据见：马克思．政治经济学批判［M］//中共中央马克思恩格斯列宁斯大林著作编译局．马克思恩格斯全集：第13卷．北京：人民出版社，1962：2.

② 马克思．资本论：第1卷［M］//中共中央马克思恩格斯列宁斯大林著作编译局．马克思恩格斯全集：第23卷．北京：人民出版社，1972：95.

政治经济学与古典政治经济学的基本区别。① 进而言之，就马克思以鲁滨逊故事为借鉴而展望的“自由人的联合体”而言，其美学内涵在《1844年经济学哲学手稿》中已经有所表达：“人与人之间的兄弟情谊在他们那里不是空话，而是真情，并且他们那由于劳动而变得坚实的形象向我们放射出人类崇高精神之光。”②

二、“鲁滨逊故事”与“启蒙经济学”

《〈政治经济学批判〉导言》中的“鲁滨逊故事”还涉及18世纪启蒙思想对古典经济学深刻影响的问题。该导言第一节以“十八世纪鲁滨逊故事”为开端：

> 在社会中进行生产的个人，——因而，这些个人的一定的社会性质的生产，自然是出发点。被斯密和李嘉图当作出发点的单个的独立的猎人和渔夫，应归入十八世纪鲁滨逊故事的毫无想象力的虚构，鲁滨逊故事决不像文化史家设想的那样，仅仅是对极度文明的反动和想要回到被误解了的自然生活中去。同样，卢梭通过契约来建立天生独立的主体之间的相互关系和联系的社会契约论，也不是奠定在这种自然主义的基础上的。这是错觉，只是美学上大大小小的鲁滨逊故事的错觉。这倒是对于十六世纪以来就进行准备而在十八世纪大踏步走向成熟的“市民社会”的预感。在这个自由竞争的社会里，单个的人表现为摆脱了自然联系等，后者在过去历史时代使他成为一定的狭隘人群的附属物。这种十八世纪的个人，一方面是封建社会形式解体的产物，另一方面是十六世纪以来新兴生产力的产物，而在十八世纪的预言家看来（斯密和李嘉图还完全以这些预言家为依据），这种个人是一种理想，它的存在是过去的事；在他们看来，这种个人不是

---

① 《资本论》第三卷中也强调了不能将鲁滨逊式的“反常的孤立的人的简单劳动过程”与社会化的劳动混为一谈：“不把生产关系看作历史性的东西的见解，……这种见解建立在一种混同上面，这就是，把社会的生产过程，同反常的孤立的人没有任何社会帮助也必须进行的简单劳动过程相混同。”（马克思．资本论：第3卷［M］//中共中央马克思恩格斯列宁斯大林著作编译局．马克思恩格斯全集：第25卷．人民出版社，1975：999.）

② 马克思．1844年经济学哲学手稿［M］//中共中央马克思恩格斯列宁斯大林著作编译局．马克思恩格斯全集：第42卷．北京：人民出版社，1979：140. 正是在该手稿中，马克思提出了一系列美学命题：“劳动创造了美”（同书第93页）；“人也按照美的规律来建造”（同书第97页）；“在社会主义的人看来，整个所谓世界历史不外是人通过人的劳动而诞生的过程”（同书，第131页）。

历史的结果，而是历史的起点。因为，按照他们关于人类天性的看法，合乎自然的个人并不是从历史中产生的，而是由自然造成的。这样的错觉是到现在为止的每个新时代所具有的。斯图亚特在许多方面同十八世纪对立并作为贵族比较多地站在历史的基础上，从而避免了这些局限性。①

这段论述的主要论点至少包括：

(1)“鲁滨逊故事”与卢梭的《社会契约论》代表了“18世纪的个人”观。

(2) 这种18世纪的个人观其实是“16世纪以来新兴生产力的产物”，它是“历史的结果”。

(3) 然而这种18世纪的个人观却“被斯密和李嘉图当作出发点”，当作“历史的起点”，后者的经济学理论“完全以这些预言家为依据”。

(4) 从“18世纪的个人”观到斯密和李嘉图的古典经济学都陷入了“美学上大大小小的鲁滨逊故事的错觉”。

(5) 唯一较多“避免了这些局限性”的是斯图亚特。②

---

① 马克思.《政治经济学批判》导言［M］//中共中央马克思恩格斯列宁斯大林著作编译局.马克思恩格斯选集：第2卷.北京：人民出版社，1972年：86-87.

② 斯图亚特与卢梭是同龄人（都出生于1712年），两者距《鲁滨逊漂流记》问世年代最近（相距约半个世纪）。马克思1859年《政治经济学批判》称他为“建立了资产阶级经济学整个体系的第一个不列颠人詹姆斯·斯图亚特爵士”。（中共中央马克思恩格斯列宁斯大林著作编译局.马克思恩格斯全集：第13卷［M］.北京：人民出版社，1962：47.）“他不仅把作为产业的劳动同实在劳动区别开来，而且也同劳动的其他社会形式区别开来。他认为，这种劳动是资产阶级形式的，是同它的古代形式和中世纪形式相对立的。……他详细地证明，只是在资产阶级生产时期，商品才成为财富的基本的元素形式，转移才成为占有的主要形式，因此，生产交换价值的劳动只能是资产阶级性质的。”（同书第4~49页）《资本论》第一卷“协作”章称他为“善于看出各种生产方式的社会特征的詹姆斯·斯图亚特爵士”。（马克思.资本论：第1卷［M］//中共中央马克思恩格斯列宁斯大林著作编译局.马克思恩格斯全集：第23卷.北京：人民出版社，1972：369.）“分工与工场手工业”章称赞“詹姆斯·斯图亚特爵士最清楚地阐明了这一点。他的著作比《国富论》早出版10年，但是至今仍很少有人知道它”。（同书，第390~391页）“所谓原始积累”章：“正如詹姆斯·斯图亚特爵士正确地指出的……”（同书第786页）马克思《剩余价值理论》首章标题是“詹姆斯·斯图亚特爵士”。（中共中央马克思恩格斯列宁斯大林著作编译局.马克思恩格斯全集：第26卷（第一册）［M］.北京：人民出版社，1972：11.）马克思《政治经济学批判（1857—1858年草稿）》中赞扬“斯图亚特则最先把分工和交换价值的生产看作同一回事，并且他不同于其他经济学家而值得称赞的是，他把这一点看作社会生产和社会物质变换的以特殊历史过程为媒介的形式”。（中共中央马克思恩格斯列宁斯大林著作编译局.马克思恩格斯全集：第46卷（下册）［M］.北京：人民出版社，1980：470-471.）

就上引马克思论述所涉人物而言，按生平年代先后为：

丹尼尔·笛福（Daniel Defoe，1660—1731），其《鲁滨逊漂流记》首次出版于1719年。①

让-雅克·卢梭（Jean-Jacques Rousseau，1712—1778），其《论人类不平等的起源和基础》首版于1755年，《社会契约论》则首版于1762年。

詹姆斯·斯图亚特（James Denham Steuart，1712—1780），其《政治经济学原理研究》初版于1767年。

亚当·斯密（Adam Smith，1723—1790），其《国富论》初版于1776年。

大卫·李嘉图（David Ricardo，1772—1823），其代表性著作《政治经济学及赋税原理》初版于1817年。

上面诸代表性人物中，卢梭距《鲁滨逊漂流记》问世年代最近（相距约半个世纪）。我们以卢梭为线索讨论马克思批评的“鲁滨逊故事的错觉”。

卢梭的《社会契约论》不仅是欧洲启蒙思想的代表性著作，而且曾经对中国近现代文化产生深刻影响。② 但是该书写于卢梭另一部著作《论人类不平等的起源和基础》之后，而马克思批评的“天生独立的主体”③ 正是《论人类不平等的起源和基础》的主题，在这个意义上可以说，《社会契约论》的理论依据很大程度上来自《论人类不平等的起源和基础》。

卢梭根据想象的原始森林中“孤独的野蛮人”来说明“天生独立的主体”的起源：

---

① “此书1719年出版后，立即受到热烈欢迎，到该年8月就已重印了四次。”（丹尼尔·笛福．鲁滨逊历险记［M］．黄杲炘，译．上海：上海译文出版社，1997：Ⅱ.）《鲁滨逊历险记》“为笛福赢得了欧洲及英国小说之父、海上冒险小说创始人的美名”。（同书，第Ⅲ页）

② 卢梭该书旧译《民约论》。“《民约论》与近代中国有着极为密切的关联”，它所奠下的话语理念，“构成了近代中国行进的主旋律”。（邬国义．《民约论》早期译本合编与资料汇辑［M］．上海：上海古籍出版社，2021：1.）何兆武指出：该书“终究起过进步的历史作用”，“同时也要看到，卢梭并没有超出他自己时代的和阶级的局限。他理想中的永恒正义和理性王国，归根结底，只是资产阶级民主革命时期代表小资产阶级（小私有者）的利益和要求的呼声……”（卢梭．社会契约论［M］．何兆武，译．北京：商务印书馆，1987：1-2.）“卢梭和启蒙学者曾经起过非常革命的作用，但他们的目的是要建立资产阶级的民主共和国，而这正是现代社会主义所要批判和摒弃的。”（曾枝盛．卢梭及其在马克思主义中的地位［J］．马克思主义与现实，2012（3）：11-17.）

③ 马克思．《政治经济学批判》导言［M］//中共中央马克思恩格斯列宁斯大林著作编译局．马克思恩格斯选集：第2卷．北京：人民出版社，1972：86-87.

孤独的、清闲的并且时常会遭到危险的野蛮人……①

散处在森林里并杂居于群兽之中的人类……没有一定住所，谁也不需要谁，一生之中彼此也许遇不上两次，互不相识，互不交谈……②

《资本论》对18世纪流行的启蒙方法的批评之一是“随意思考”。③ 这个批评所针对的症状在《论人类不平等的起源和基础》中也颇为明显。下面一段是卢梭追溯农业起源的论述，其依据完全是由“假定”构成：

对于农业，我们将持什么说法呢？……假定由于人类大量的繁殖，以至自然产品已经不足以养活他们（我顺便指出，这种假定足以证明当时人们的生活方式对于人类毕竟是很有益的）；假定虽然没有炼铁厂和制造厂，耕种的工具已由天上掉到野蛮人手里；假定这些人已经克服了他们所普遍具有的、对于继续不断的劳动无比的厌恶；假定他们已经学会很早就预见到他们的需要；假定他们已经猜想出应该怎样耕种土地、播散种子、栽植树木；假定他们已经发明了磨麦和酿酒的技术（所有这些事情，想必是神明教会了他们的，因为很难想象人类最初自己是怎么学会这些技术），即使是这样的话，如果他们耕耘的收获会被第一个无意中走来、看中这些收获的人或野兽抢走，试问，谁还会那么愚蠢，肯于自寻苦恼从事耕耘呢？尤其是当他们准知道他们劳动的成果越为他们所需要反而越不会得到的时候，试问，谁还肯终生从事于艰苦的劳动呢？总之，在这种情况下，即在土地还没有被分配，也就是说，自然状态还没有被消灭以前，如何能使人乐于耕种呢？④

这段约400字的论述中连用了十个“假定”句（包括“如果”“想必”）。紧接着该段后面的更有超出“农业”领域的“倘若”句：

① 卢梭．论人类不平等的起源和基础［M］．李常山，译．北京：商务印书馆，1996：81.

② 卢梭．论人类不平等的起源和基础［M］．李常山，译．北京：商务印书馆，1996：88.

③ “随意思考……这是十八世纪流行的启蒙方法，其目的是要在人们还不能解释人的关系的谜一般的形态的生产过程时，至少暂时把这种形态的奇异外观除掉。”（马克思．资本论：第1卷［M］//中共中央马克思恩格斯列宁斯大林著作编译局．马克思恩格斯全集：第23卷．北京：人民出版社，1972：109-110.）

④ 卢梭．论人类不平等的起源和基础［M］．李常山，译．北京：商务印书馆，1996：87.

倘若我们假定野蛮人在思维艺术上……倘若我们也仿效哲学家们的榜样……总之，倘若我们假定野蛮人在精神方面……试想一想……试想一想……①

如此密集的“假定”“倘若”“试想一下”的句式表明，马克思批评的18世纪启蒙方法的“随意思考”，在卢梭该书表现得相当典型。② 中译本于此注释为“卢梭所表示的观点是：在土地私有制没有出现以前，农业的出现是不可想象的。他限于当时资产阶级的思想范畴，认为在自然状态中，只有一些孤独的个人，因此他不能设想远在私有制在历史上出现以前，已经有公社所有制的形式”③。

然而卢梭对其“假定”式思想方法却相当自信，因为在他看来，与他同时代的哲学家们“没有一个人曾经追溯到自然状态，……他们本身就不曾处于自然状态”④，而卢梭则曾为此专门孤身到“日耳曼森林深处沉思默想”，他是在森林中想象人类历史：

啊！人啊，不论你是什么地方人，不论你的意见如何，请听吧！这是你的历史，我自信我曾经读过它；但不是在你的那些喜欢撒谎的同类所写的书籍里读的，而是在永不撒谎的大自然里读的。⑤

卢梭还参阅了“一切可能利用的事实”，包括当时已有的“旅行家们的记述”。但是因为“没有一个旅行家的记述描写过一个孤独的野蛮人的生活”，所以“这些事实是与我所研究的问题毫不相干”⑥。

卢梭的《论人类不平等的起源和基础》问世于《鲁滨逊漂流记》三十年后。如果说笛福通过小说首次表达了18世纪的“孤独的个人”观，那么卢梭则

---

① 卢梭．论人类不平等的起源和基础［M］．李常山，译．北京：商务印书馆，1996：87-88.

② “意翻空而易奇，言徵实而难巧。”（王更生．文心雕龙：全译本［M］．西安：三秦出版社，2021：184.）两句今译为：“由于凭空翻腾，所以容易光怪离奇；而形诸文辞后，由于必须与事实相征验，便难以从中取巧了。”（同书，第185页）

③ 卢梭．论人类不平等的起源和基础［M］．李常山，译．北京：商务印书馆，1996：88.

④ 卢梭．论人类不平等的起源和基础［M］．李常山，译．北京：商务印书馆，1996：71.

⑤ 卢梭．论人类不平等的起源和基础［M］．李常山，译．北京：商务印书馆，1996：72.

⑥ 卢梭．论人类不平等的起源和基础［M］．李常山，译．北京：商务印书馆，1996：71-72.

是在“启蒙思想”领域首次提出了“天生独立的主体”说。卢梭曾建议“每个正在成长的男孩子首先应该读这本书”①，这意味着卢梭本人的“随意思考”也接受过鲁滨逊故事的影响②。这里还需要指出，卢梭与笛福同样，也研究过政治经济学，《资本论》引述过卢梭的《论政治经济学》。③

《资本论》对古典经济学的批评是以盛赞“古典经济学的伟大贡献”④ 以及“亚当·斯密的巨大功绩”⑤ 等为前提。而由马克思对启蒙思想家卢梭的“随意思考”的批评，我们还注意到《资本论》中多次使用了“启蒙经济学”这一术语，虽然该术语与“古典经济学”的所指在很大程度上是同一对象，却别有一种批评的意味。例如：

(1)“银行经济学家千方百计地要人相信货币事实上是真正的资本，就

① 丹尼尔·笛福．鲁滨逊历险记［M］. 黄杲炘，译．上海：上海译文出版社，1997：III-V.

② 《社会契约论》“论原始社会”章又称：“一切社会中最古老的而又唯一自然的社会，就是家庭。然而孩子也只有在需要父亲养育的时候，才依附于父亲。”（卢梭．社会契约论［M］. 何兆武，译．北京：商务印书馆，1987：9.）其中完全无视了“母亲”。卢梭的“原始社会家庭”说与《鲁滨逊历险记》中没有女性的故事倒是相当契合。而在卢梭百年后的瑞士学者巴霍芬《母权论》中，第一次指出“父亲”社会之前早有远为悠久的“母系”社会。“在共产制家庭经济中，妇女统治的发现，乃是巴霍芬的第三大贡献。”（恩格斯．家庭、私有制和国家的起源［M］//中共中央马克思恩格斯列宁斯大林著作编译局．马克思恩格斯选集：第4卷．北京：人民出版社，1972：44.）对妇女的轻视，“是18世纪启蒙时代所流传下来的最荒谬的观念之一”。（恩格斯同书，第43页）卢梭又根据他所想象的原始社会家庭而推演现代社会制度，“我们不妨认为家庭是政治社会的原始模型：首领就是父亲的影子，人民就是孩子的影子；并且每个人都生而自由、平等，他只是为了自己的利益，才会转让自己的自由”。（卢梭．社会契约论［M］. 何兆武，译．北京：商务印书馆，1987：9-10.）其中的“不妨认为……”亦是一种“假定”说。

③ 《资本论》“所谓原始积累”章引用了卢梭《论政治经济学》中模拟资本家口吻的一句话，“资本家说：‘如果你们把你们仅有的一点东西交给我，作为我辛苦指挥你们的报酬，我就让你们得到为我服务的荣幸。’（参见让·雅克·卢梭的《论政治经济学》，1760年日内瓦版）”（马克思．资本论：第1卷［M］//中共中央马克思恩格斯列宁斯大林著作编译局．马克思恩格斯全集：第23卷．北京：人民出版社，1972：815.）马克思以此说明中世纪小生产亚麻手工业与资本主义工场手工业的区别：前者是自己种植亚麻并为自己纺织的劳动，后者则是“聚集在一个资本家手中，他叫别人为自己纺织”。（同书，第814页）

④ 马克思．资本论：第3卷［M］//中共中央马克思恩格斯列宁斯大林著作编译局．马克思恩格斯全集：第25卷．北京：人民出版社，1975：939. 其又盛赞法国“重农学派的巨大贡献”。（同卷第884页）

⑤ 马克思．剩余价值理论［M］//中共中央马克思恩格斯列宁斯大林著作编译局．马克思恩格斯全集：第26卷（第一册）［M］. 北京：人民出版社，1972：66.

像启蒙经济学千方百计地要人们相信货币不是资本一样。”①

(2) “当启蒙经济学专门考察‘资本’时，它是极为轻视金和银的，把它们看作资本的事实上最无关紧要和最无用处的形式。”②

(3) “(威尔逊) 他不理解，资本的不同形式，首先是资本的货币形式会具有这样重要的意义，这是和启蒙经济学家的观点完全相反的。”③

(4) “金银和其他商品一样，本身也是商品 (启蒙经济学家以有这种认识而感到骄傲)。”④

以上诸例至少表明，马克思使用“启蒙经济学”并非偶然随意，该词似还带有某种贬义意味。下面一段贬义意味更明显：

(5) “这个体系的封建主义外观——完全像启蒙时代的贵族腔调——必然会使不少封建老爷成为这个实质上是宣告在封建废墟上建立资产阶级生产制度的体系的狂烈拥护者和传播者。”⑤

尤其值得注意的是下面一例：

(6) “兰盖并不是社会主义者。他反对他同时代的启蒙运动者的资产阶级自由主义理想，……他的一句反对孟德斯鸠的话‘法律的精神就是所有权’，就表明了他的见解的深刻。”⑥

西蒙·尼古拉·兰盖 (Simon-Nicolas-Henri Linguet，1736—1794) 是18世

① 马克思．资本论：第3卷［M］//中共中央马克思恩格斯列宁斯大林著作编译局．马克思恩格斯全集：第25卷．北京：人民出版社，1975：525.

② 马克思．资本论：第3卷［M］//中共中央马克思恩格斯列宁斯大林著作编译局．马克思恩格斯全集：第25卷．北京：人民出版社，1975：649.

③ 马克思．资本论：第3卷［M］//中共中央马克思恩格斯列宁斯大林著作编译局．马克思恩格斯全集：第25卷．北京：人民出版社，1975：657.

④ 马克思．资本论：第3卷［M］//中共中央马克思恩格斯列宁斯大林著作编译局．马克思恩格斯全集：第25卷．北京：人民出版社，1975：975.

⑤ 马克思．剩余价值理论［M］//中共中央马克思恩格斯列宁斯大林著作编译局．马克思恩格斯全集：第26卷（第一册）．北京：人民出版社，1972：27-28.

⑥ 马克思．剩余价值理论［M］//中共中央马克思恩格斯列宁斯大林著作编译局．马克思恩格斯全集：第26卷（第一册）．北京：人民出版社，1972：367.

纪法国历史学家和经济学家①，孟德斯鸠（1689—1755）则是欧洲启蒙运动的代表人物。《资本论》第一卷多处引述了兰盖的著述，其中之一也是其《民法论》中对孟德斯鸠的批评：

(7)“兰盖只用‘法的精神就是所有权’这样一句话，就把孟德斯鸠幻想的‘法的精神’推翻了。”②

马克思这里所称“孟德斯鸠幻想”，应该也可归入他所批评的“十八世纪流行的启蒙方法”③。下面一段也是引述兰盖对“启蒙思想”的批评：

(8)“兰盖就工人问题向法国启蒙运动者们大声呼吁：‘难道你们没有看见，这一大群羊的驯服，直率地说，绝对顺从，创造了牧人的财富？请相信我，为了他（牧人）的利益，为了你们的利益，甚至为了它们（羊）自己的利益，还是让它们抱定它们历来的信念：相信一只向它们吠叫的狗要比所有的羊加在一起都强大吧。让它们一看见狗的影子就不知所以地逃跑吧。大家都可以由此得到好处。你们可以更容易地把它们赶去剪毛。它们可以更容易地避免被狼吃掉的危险。诚然，它们避免这种危险，只是为了给人当食物。但是，自从它们一进入畜栏，它们的命运就已经注定如此了。在谈论把它们从畜栏引出去以前，你们应当先把畜栏即社会砸毁。’”④

“启蒙经济学”这一特殊用语至少表明，马克思对古典经济学的批评也同时是对“启蒙思想”的批评，因为两者在思想方法上具有某种共性。这种共性从

① 西蒙·尼古拉·兰盖（Simon-Nicolas-Henri Linguet，1736—1794），法国历史学家和经济学家，对资产阶级的自由和资本主义所有制关系进行了批判的分析。（《资本论》第一卷“人名索引”，第894页）《资本论》第一卷引涉兰盖处为第261、319、371、676、806页。

② 马克思．资本论：第1卷［M］//中共中央马克思恩格斯列宁斯大林著作编译局．马克思恩格斯全集：第23卷．北京：人民出版社，1972：676.

③ “随意思考……这是十八世纪流行的启蒙方法。”（马克思．资本论：第1卷［M］//中共中央马克思恩格斯列宁斯大林著作编译局．马克思恩格斯全集：第23卷．北京：人民出版社，1972：109.）

④ 马克思．剩余价值理论［M］//中共中央马克思恩格斯列宁斯大林著作编译局．马克思恩格斯全集：第26卷（第一册）［M］．北京：人民出版社，1972：373.

《资本论》第三卷下面一段可见一斑：

(9)“甚至古典经济学的最优秀代表——从资产阶级的观点出发，必然是这样——也还或多或少地被束缚在他们曾经批判地予以揭穿的假象世界里，因而，都或多或少地陷入不彻底性、半途而废和没有解决的矛盾中。”①

以上考察表明，“鲁滨逊故事”与政治经济学的影响关系大体是：笛福—卢梭—“启蒙经济学”—古典经济学—《资本论》。

《资本论》中的“启蒙经济学”之所以值得关注，不仅因为它迄今为我国学术界较少留意，还因为它在经济学研究领域不乏被误用的歧义。② 因此，至少作为一个不啻经济学领域的重要问题，该术语值得进一步研讨。

三、作为资产阶级“劳动”英雄的鲁滨逊

马克思《剩余价值理论》述及古希腊罗马轻视劳动的观念：“单是‘劳动者’这个名称，就会使亚里士多德和凯撒感到被侮辱了。”③ 卢卡奇《审美特性》中强调人类“最简单的劳动实践”是审美发生学的基石，但是这个基石长期以来被忽略无视；“在近代资产阶级艺术理论中，这种根源在于，他们害怕承认在对现实的反映中，劳动是根本环节”④。

然而《共产党宣言》指出：

① 马克思．资本论：第3卷［M］//中共中央马克思恩格斯列宁斯大林著作编译局．马克思恩格斯全集：第25卷．北京：人民出版社，1975：939.

② 例如我国一位著名经济学家在使用“启蒙经济学”这一术语进行批评时写道：“刘晓庆懂不懂经济？不懂，不懂经济，就没法理解周围发生的事情。虽然你也能活得很好，也能赚钱，但是你不明白这个世界，就好像不明白这个宇宙，它是怎么产生的，它已经活了多少年，将来会变成什么样，难道你不想知道吗？”（茅于轼．我们为什么提倡经济学启蒙［J］．企业文化，2004（5）：60-61.）

③ 马克思．剩余价值理论［M］//中共中央马克思恩格斯列宁斯大林著作编译局．马克思恩格斯全集：第26卷（第1册）．北京：人民出版社，1975：299.

④ 卢卡奇．审美特性：上［M］．徐恒醇，译．北京：社会科学文献出版社，2015：179.

资产阶级在历史上曾经起过非常革命的作用。①

这个“非常革命的作用”应该也包括《鲁滨逊历险记》的作用，因为其中塑造了西方现代文学史上第一位劳动英雄的形象。鲁滨逊在孤岛上生活了“二十八年两个月零九天”②，他几乎每一天都在劳动中度过，并且他主要从事物质生产领域中的劳动。兹从如下诸方面讨论为什么可以说鲁滨逊这一文学人物堪称“劳动”英雄。

（一）善于“制造工具”的鲁滨逊

《资本论》称引过富兰克林（1706—1790）给人下的定义：“‘a tool making animal’，制造工具的动物。”③ 该定义的思想资源还可追溯到早于富兰克林近半个世纪的《鲁滨逊历险记》。

首先，鲁滨逊进入孤岛之初，从破船上抢救各类生活必需品后，最看重的是劳动工具：

在我心目中还有更重要的东西，首先就是以后要到岸上用到的工具。我找了好多时间，终于看到了那木匠的工具箱，这真是我的一大收获，对我来说，当时它比整整一箱黄金更有价值。④

鲁滨逊抢救出的工具还包括“两把锯子、一柄斧头、一个铁锤”⑤，以及

① 马克思，恩格斯．共产党宣言［M］//中共中央马克思恩格斯列宁斯大林著作编译局．马克思恩格斯选集：第1卷．北京：人民出版社，1972：253.《鲁滨逊历险记》问世于18世纪。马克思称“鲁滨逊一类故事”所表征的，“实际上，是对于十六世纪以来就做了准备而在十八世纪大踏步走向成熟的‘市民社会’的预感”。两者都是“十六世纪以来新兴生产力的产物”。（马克思．1857—1858年经济学手稿［M］//中共中央马克思恩格斯列宁斯大林著作编译局．马克思恩格斯全集：第46卷（上册）．北京：人民出版社，1979：18.）在马克思方法论的视域中，鲁滨逊的崇尚劳动也是由此而来。循此考察，16世纪德国宗教改革家马丁·路德翻译《圣经》时首次以“世俗劳动”解释“天职”（［德］Beruf→［英］Calling）；马克斯·韦伯据此指出：“这种天职概念为全部新教教派提供了核心教义。”（马克斯·韦伯．新教伦理与资本主义精神［M］．彭强，黄晓京，译．西安：陕西师范大学出版社，2002：55-56.）“劳动必须被当作一种绝对的自身目的，当作一项天职来从事。但是，这样一种态度绝对不是天然的产物，……它只能是长期而艰苦的教育的结果。”（同书第44页）《鲁滨逊历险记》在崇尚劳动方面无疑曾经发挥了文学的教育作用。

② 丹尼尔·笛福．鲁滨逊历险记［M］．黄杲炘，译．上海：上海译文出版社，1997：203.

③ 马克思．资本论：第1卷［M］//中共中央马克思恩格斯列宁斯大林著作编译局．马克思恩格斯全集：第23卷．北京：人民出版社，1975：204.

④ 丹尼尔·笛福．鲁滨逊历险记［M］．黄杲炘，译．上海：上海译文出版社，1997：36.

⑤ 丹尼尔·笛福．鲁滨逊历险记［M］．黄杲炘，译．上海：上海译文出版社，1997：36.

“小铁钉、千斤顶、一二十把小斧子、最有用的工具磨刀石等”①。

其次，鲁滨逊对“工具”有相当进步的启蒙意识：

> 这里我必须说的是：理性既然是数学的根本源头，那么只要以理性去观察和检验每件事物，只要对事物做出最有理性的判断，任何人迟早有可能熟练地掌握各种技艺。我生来不曾使用过任何工具，然而凭着自己的劳动、勤勉和动脑筋想办法，过了一段时间之后，我终于到了需要什么就能做什么的地步——如果有合适的工具，情况更其如此；不过，就算是没有什么合适的工具，我也能制作许多东西。②

其中的关键词是“理性”与“工具”（两者都出现三次），这表明鲁滨逊的“工具”观自觉地以“理性”为思想基础，而“理性”正是18世纪启蒙思想的核心关键词。恩格斯论启蒙思想的历史贡献时曾指出：“在法国为行将到来的革命启发过人们头脑的那些伟大人物本身都是非常革命的。他们不承认任何外界的权威，……一切都必须在理性的法庭面前为自己的存在作辩护或者放弃存在的权利。”③ 虽然恩格斯这段话是针对法国启蒙思想家而言，但是其中的“理性”却是在英国的“鲁滨逊故事”中更早提出。④

---

① 丹尼尔·笛福．鲁滨逊历险记［M］．黄杲炘，译．上海：上海译文出版社，1997：39.

② 丹尼尔·笛福．鲁滨逊历险记［M］．黄杲炘，译．上海：上海译文出版社，1997：48.

③ 恩格斯．反杜林论［M］//中共中央马克思恩格斯列宁斯大林著作编译局．马克思恩格斯选集：第3卷．北京：人民出版社，1972：56.

④ 恩格斯论18世纪法国启蒙运动时还提到另两位同时代人物：“社会主义的最初代表摩莱里和马布利也是属于启蒙学者之列的。”（恩格斯．反杜林论［M］//中共中央马克思恩格斯列宁斯大林著作编译局．马克思恩格斯选集：第3卷．北京：人民出版社，1972：56.）“在18世纪已经有直接的共产主义理论（摩莱里和马布利）。”（同书第58页）“在十六世纪和十七世纪已经有理想社会制度的空想的描写，而在十八世纪已经有直接共产主义理论（摩莱里和马布利）。”（参见恩格斯的《社会主义从空想到科学的发展》第406页）其中的马布利（G. Mably，1709—1785，同书“人名索引”第668页）也晚于笛福约半个世纪。在中文语境中，启蒙运动的代表人物通常认为包括伏尔泰（Voltaire，1694—1778）、孟德斯鸠（Baron de Montesquieu，1689—1755）、卢梭（Jean-Jacques Rousseau，1712—1778）、狄德罗（Denis Diderot，1713—1784）等。这四位中，最早出生者伏尔泰晚于笛福三十多年。又《辞海》释“启蒙运动”的第一义项是“指18世纪法国资产阶级革命以前，法国资产阶级进步思想家如伏尔泰、卢梭、狄德罗等人所进行的文化教育运动……”，第二义项是“指18世纪德国资产阶级思想家如莱辛、赫尔德等人的思想在当时所造成的社会影响和社会变动”。后者的代表人物莱辛（G. E. Lessing，1729—1781）与赫尔德（J. G. Herder，1744—1803）的出生年更晚于笛福至少近70年。

更重要的是，鲁滨逊故事的主人公在孤岛上的各种“劳动”主要依靠了擅长“制造工具”。仅以获取粮食的劳动而言，其过程包括诸多工序，每一工序的特殊劳动都有赖于相应的特殊工具。诸如：开垦（锄头）—播种（耕犁）—收割（镰刀）—搬运（编筐）—贮藏（陶罐）—捣碎麦粒（石臼）—去除麸糠（筛子）。这一系列特殊劳动所必需的各种特殊工具，鲁滨逊居然都逐一做成了。

尤其是鲁滨逊在孤岛上生活的第四年“烘出了大麦做的面包”。[①] 烘面包的最后一道工序必须有炉子：

> 这倒是叫我真的大伤脑筋了，我先用黏土做了几个盘子，它们宽度大而深度小——直径约两英尺，深度不超过九英寸——随后像烧制其他陶器一样，把它们烧好了，就放起来备用；我还做了些算不得怎么方正的砖坯，把它们烧制后，砌成一块专门用来烧火的砖地；待到要烘制面包时，我便在这砖地上烧起一堆大火。……[②]

炉子的制作至少包括黏土—盘子—砖坯—砖地—烧火等工序，每一道工序都需要特殊工具和专门技巧。这意味着制作炉子也基于综合使用工具的能力。鲁滨逊由此制作成“世界上最好的炉子”，也由此“烘出了大麦做的面包”。[③] 中国古代思想家荀子有曰：“君子生非异也，善假于物也。”[④] 鲁滨逊亦可谓善假于物的“君子”乎。

（二）鲁滨逊的“工作日”

鲁滨逊在孤岛上生活了“二十八年两个月零九天”，几乎每一天都在劳动中度过。唯一例外的仅仅一天，这一天他因病而喝了自制的“浸有烟叶的朗姆酒”：

> 一觉醒来，看看那阳光，准已是第二天下午三点左右——不过现在我倒认为，那一天我那一觉也有可能睡了两夜一天，几乎睡到第三天的下午三点；因为几年后我发现，我在一个一个星期所记的日记里漏掉了一天，要不是因为我多睡了一天，我就没有办法解释这个情况了。[⑤]

---

① 丹尼尔·笛福．鲁滨逊历险记［M］．黄杲炘，译．上海：上海译文出版社，1997：90.
② 丹尼尔·笛福．鲁滨逊历险记［M］．黄杲炘，译．上海：上海译文出版社，1997：89.
③ 丹尼尔·笛福．鲁滨逊历险记［M］．黄杲炘，译．上海：上海译文出版社，1997：90.
④ 梁启雄．荀子简释［M］．北京：中华书局，1983：3.
⑤ 丹尼尔·笛福．鲁滨逊历险记［M］．黄杲炘，译．上海：上海译文出版社，1997：68.

亚当·斯密《国富论》认为，劳动者一星期从事四天紧张工作后另三天必须闲暇休息，否则会产生可能“致命的职业上的疾病”①。以工场手工业时期的《国富论》劳动时间观衡量，鲁滨逊诚可谓是超级地“勤勉”了。②

《资本论》首章分析过鲁滨逊的“劳动时间”：“需要本身迫使他精确地分配自己执行各种职能的时间。在他的全部活动中，这种或那种职能所占比重的大小，取决于他为取得预期效果所要克服的困难的大小。”③ 小说中的鲁滨逊日记确实很重视对劳动时间的安排：

> 今天早上，我把时间安排了一下，规定了干活的时间，带枪出去的时间，睡觉的时间。也就是说，如果不下雨的话，我每天早晨带着枪出去，走上两三小时，接着是干活，干到十一点左右就有啥吃啥，填一下肚子；十二点到两点，我就睡个午觉，因为天气太热，到了傍晚再干一阵活。这一天和下一天的工作时间，全用在桌子上了。因为迄今为止，我在干活方面还是极差的。但是只要花时间，只要有必要，我不久便能手艺纯熟精湛，我相信，这一点对于任何人来说都是一样。④

这段规划叙事中“时间”一词六出。转化成作息时间表，大体是：

上午：6：00—9：00“带枪出去的时间”（狩猎）；“走上两三个小时”
9：00—11：00　“干活的时间”（做桌子）；“干到十一点左右”
11：00—12：00　“有啥吃啥，填一下肚子”（午餐）
中午：12：00—2：00　“睡个午觉”

---

① 亚当·斯密．国民财富的性质和原因的研究：上卷［M］．郭大力，王亚南，译．北京：商务印书馆，2005：76.

② “切记下面的格言：……勤奋和节俭，……对年轻人立身处世最为有益。”（马克斯·韦伯．新教伦理与资本主义精神［M］．于晓，陈维纲，等译．北京：生活·读书·新知三联书店，1987：34.）“富兰克林所有的道德观念都带有功利主义的色彩。……守时、勤奋、节俭都有用，所以都是美德。”（同书第36页）“他在其自传中所做的回答用上了这条古训：‘你看见办事殷勤的人么，他们必站在君王面前。’（圣经·箴言·二十二章二十九节）”（同书第37页）“宗教必然同时产生勤奋和节俭，而这两者只能产生财富。”（同书第168页）

③ 马克思．资本论：第1卷［M］//中共中央马克思恩格斯列宁斯大林著作编译局．马克思恩格斯全集：第23卷．北京：人民出版社，1972：93.

④ 丹尼尔·笛福．鲁滨逊历险记［M］．黄杲炘，译．上海：上海译文出版社，1997：51.

下午：2：00—4：00　“因为天气太热”（休闲）

4：00—6：00　“干活的时间”（继续做桌子）

晚上：6：00—翌日　晚餐、休闲、“睡觉的时间”等

其中，劳动时间主要分两部分：一是“带枪出去的时间”，长度是“走上两三小时”。二是“干活的时间”，上午九点“干到十一点左右”（约2小时）；“到了傍晚再干一阵活”（约2小时）。以上合计一天劳动时间约7小时。

《资本论》“工作日”章写道：

> 人在一个24小时的自然日内只能支出一定量的生命力。正像一匹马天天干活，每天也只能干8小时。这种力每天必须有一部分时间休息、睡觉，人还必须有一部分时间满足身体的其他需要，如吃饭、盥洗、穿衣等。①

马克思之所以用“马力”的劳动时间比拟“人力”的劳动时间，是因为“在大工业的童年时期，马是常被使用的”②。由此看来，对于18世纪工场手工业时代的鲁滨逊而言，他规划的每天劳动7小时，接近于当时一匹马通常的“8小时”工作量，因而亦可谓相当勤勉了。

然而“机器和大工业”章又比较了资本主义不同历史时期“工作日”长度的不同：

> 资本经历了几个世纪，才使工作日延长到正常的最大极限，然后超过这个极限，延长到12小时自然日的界限。此后，自十八世纪最后三十多年大工业出现以来，就开始了像雪崩一样猛烈的、突破一切道德界限的冲击。③

由资本主义大工业时代“12小时”工作日的长度再回看鲁滨逊规划的7小时工作日，后者确实可谓反映了资本主义童年时期的劳动时间观。在这个意义

① 马克思．资本论：第1卷［M］//中共中央马克思恩格斯列宁斯大林著作编译局．马克思恩格斯全集：第23卷．北京：人民出版社，1972：259-260.

② 马克思．资本论：第1卷［M］//中共中央马克思恩格斯列宁斯大林著作编译局．马克思恩格斯全集：第23卷．北京：人民出版社，1972：413.

③ 马克思．资本论：第1卷［M］//中共中央马克思恩格斯列宁斯大林著作编译局．马克思恩格斯全集：第23卷．北京：人民出版社，1972：308.

上也可以说，鲁滨逊作为欧洲18世纪文学中新兴资产阶级劳动英雄的形象，就其每天工作日的长度而言，也具有历史的典型性。

（三）“样样事情自己做”的鲁滨逊

我国20世纪60年代流行有一首儿歌，歌词中的一段是：

> 我有一双勤劳的手，勤劳的手，
> 样样事情都会做，都会做……
> 自己的事情自己做，自己做……

由此回瞻《鲁滨逊漂流记》很容易发现，其中的主人公正是一位“样样事情自己做”的模范人物。鲁滨逊进入孤岛后的故事情节主要由各种各样的劳动过程构成。兹略举其中十种：

（1）狩猎

“第一次外出，就发现岛上有野山羊”，“第一次朝它们开枪就打死了一头母山羊”。后来又发现有“类似野兔的动物和狐狸”。由此，“我的食品比雷登霍尔市场还要丰富”①。

（2）捕鱼

“五月四日，我出去钓鱼，但是我敢吃的鱼却一条也没有钓到。却钓到了一条小鲯鳅。”“尽管如此，我经常钓到不少的鱼，简直是我爱吃多少就有多少。”②

（3）采集

“现在，我觉得我得干很多采集和搬运的活，因为我已打算把葡萄、酸橙和柠檬搬运回去贮存起来，供我雨季取用”，“我采集了大量的葡萄，堆在一处；接着又采了些葡萄，堆在另一处，再摘了许许多多的酸橙和柠檬……”③

（4）农耕

“我就凭那把木头铲子，努力开垦了一块地，把这地分成了两片，就开始下种了”，“通过这次尝试，我就成了种田一事的行家里手，知道了什么时候播种

---

① 丹尼尔·笛福．鲁滨逊历险记［M］．黄杲炘，译．上海：上海译文出版社，1997：44，79．译注：“雷登霍尔市场”是作者写该书及在此之前几个世纪里，伦敦最大的食品市场。

② 丹尼尔·笛福．鲁滨逊历险记［M］．黄杲炘，译．上海：上海译文出版社，1997：60．

③ 丹尼尔·笛福．鲁滨逊历险记［M］．黄杲炘，译．上海：上海译文出版社，1997：72．

最为合适，而且也知道每年有两次播种季节，两次收获季节”。①

（5）植树

“那些木桩都是我用附近的一些树上砍来的树枝做的，现在竟然全都成活了，不免又惊又喜。”“我又插下了两排树（也可以叫木桩）；它们长得很快，不久就把我的住处隐蔽得很好了。”②

（6）畜牧

“圈这一块地，我花了三个月左右的时间，在这道树篱还没有完成前，我挑了那里最好的一片地方，把三只小羊拴在那儿；为了使它们不要见了我就怕，我时常让它们在我身边吃草，而且尽可能近些，让它们习惯起来。”③

（7）木匠

“我做这块木板时，耐心地付出了大量的时间和劳动。”“早晨我出去转了阵，便回来继续做桌子，结果虽不称心，但毕竟是做成了，而且不久我的手艺就能把它改进一番。”④

（8）裁缝

“我用兽皮做成的第一件东西是一顶大帽子，它毛皮在外，有利于挡雨；这帽子做得很不错，所以我又用这种皮做了一身皮衣，就是说，做了一件上衣和一条齐膝的裤子。”⑤

（9）造房

“沿着这半圆弧的内缘，我竖起了两排坚实的木桩围栅；我把这些桩深深地打进地里，直打到一根根大头在上的桩稳稳地竖立在那儿，露出地面约五英尺半，顶部都削得尖尖的。两排木桩之间，距离不超过六英尺。”⑥

（10）造船

“为了真正做成一条船，我还得把这木料的中间部分挖空，而这个活又让我花了近三个月时间。这一回我倒没有用水，硬是花了死工夫用锤子和凿子干的，终于做成了一只很漂亮的独木舟。它很大，足以容纳二十六人，所以也就足以

---

① 丹尼尔·笛福．鲁滨逊历险记［M］．黄杲炘，译．上海：上海译文出版社，1997：75-76.

② 丹尼尔·笛福．鲁滨逊历险记［M］．黄杲炘，译．上海：上海译文出版社，1997：76.

③ 丹尼尔·笛福．鲁滨逊历险记［M］．黄杲炘，译．上海：上海译文出版社，1997：108.

④ 丹尼尔·笛福．鲁滨逊历险记［M］．黄杲炘，译．上海：上海译文出版社，1997：49，51.

⑤ 丹尼尔·笛福．鲁滨逊历险记［M］．黄杲炘，译．上海：上海译文出版社，1997：99.

⑥ 丹尼尔·笛福．鲁滨逊历险记［M］．黄杲炘，译．上海：上海译文出版社，1997：42.

把我和我的全部东西都装上。”①

此外鲁滨逊还进行过费时长久的挖山开洞、筑墙妨侵、掘沟引水等工程级别的劳动②，他甚至还曾“把烟叶浸在兰姆酒中”而制成医疗药物③。“最使我自豪的一项成就，最使我欣喜的一种发现，是我试制烟斗的成功。”④

（四）鲁滨逊劳动的“根本缺点”

马克思对作为“现代经济学的起点”的“劳动”范畴有如下论说：

> 对任何种类的劳动同样看待，以各种实在劳动组成的十分发达的总体为前提，……在资产阶级社会的最现代的存在形式——美国，这种情况最为发达。所以，在这里，“劳动”“劳动一般”，直截了当的劳动这个范畴的抽象，这个现代经济学的起点，才成为实际真实的东西。⑤

马克思这里以当时美国社会存在的“任何种类的劳动”为范例，分析“劳动一般”这个范畴的现实依据。由此反观鲁滨逊在孤岛上进行的各种形式的具体劳动，我们可以说，该小说已经在文学想象的领域中演绎了“劳动”这个“这个现代经济学的起点”。

然而孤岛上鲁滨逊的劳动却有一个“根本缺点”⑥，就是他不能也不懂协作。而《资本论》“协作”章指出：

> 较多的工人在同一时间、同一空间（或者说同一劳动场所），为了生产同种商品，在同一资本家的指挥下工作，这在历史上和逻辑上都是资本主义生产的起点。⑦

---

① 丹尼尔·笛福．鲁滨逊历险记［M］．黄杲炘，译．上海：上海译文出版社，1997：93.

② 丹尼尔·笛福．鲁滨逊历险记［M］．黄杲炘，译．上海：上海译文出版社，1997：53，55，93.

③ 丹尼尔·笛福．鲁滨逊历险记［M］．黄杲炘，译．上海：上海译文出版社，1997：69.

④ 丹尼尔·笛福．鲁滨逊历险记［M］．黄杲炘，译．上海：上海译文出版社，1997：106.

⑤ 马克思．1857—1858年经济学手稿［M］//中共中央马克思恩格斯列宁斯大林著作编译局．马克思恩格斯全集：第46卷（上册）．北京：人民出版社，1979：42.

⑥ “根本缺点”是马克思批评古典经济学的用语：“古典政治经济学的根本缺点之一，就是它始终不能从商品的分析，而特别是商品的价值的分析中，发现那种正是使价值成为交换价值的价值形式。”（马克思．资本论：第1卷［M］//中共中央马克思恩格斯列宁斯大林著作编译局．马克思恩格斯全集：第23卷．北京：人民出版社，1972：98.）

⑦ 马克思．资本论：第1卷［M］//中共中央马克思恩格斯列宁斯大林著作编译局．马克思恩格斯全集：第23卷．北京：人民出版社，1972：358.

鲁滨逊故事的这个根本缺点无疑也影响于18世纪启蒙思想的“孤立的个人”观。就此而言，马克思对古典经济学的批评也是切中肯綮而相当严厉的：“被斯密和李嘉图当作出发点的单个的独立的猎人和渔夫，应归入十八世纪鲁滨逊故事的毫无想象力的虚构。”①

此外，《资本论》“商品”章注意到鲁滨逊是一位新教徒：“关于祈祷一类事情我们在这里就不谈了，因为我们的鲁滨逊从中得到快乐，他把这类活动当作休息。”② 而马克斯·韦伯在《新教伦理与资本主义精神》中强调：

> “清教徒的精神气质就是合乎理性地组织资本与劳动。”③
>
> “以资本主义方式合乎理性地组织工业劳动是直到从中世纪过渡到近代之后才为人所知。”④

作为劳动英雄的孤岛鲁滨逊这一文学形象，即便从“新教伦理”视角衡量也有很大短板。马克斯·韦伯还特别指出：“艰苦劳动精神的觉醒，……不应在任何意义上与启蒙运动联系起来。”⑤ 这又意味着，作为西方启蒙思想资源的鲁滨逊故事，在《新教伦理与资本主义精神》一书中被忽略不计，这并非偶然。⑥

四、“道地的英国人”鲁滨逊

《资本论》第一版序强调：“我要在本书研究的，是资本主义生产方式以及

---

① 马克思．《政治经济学批判》导言［M］//中共中央马克思恩格斯列宁斯大林著作编译局．马克思恩格斯选集：第2卷．北京：人民出版社，1972：86.

② 马克思．资本论：第1卷［M］//中共中央马克思恩格斯列宁斯大林著作编译局．马克思恩格斯全集：第23卷．北京：人民出版社，1972：93.

③ 马克斯·韦伯．新教伦理与资本主义精神［M］．于晓，陈维纲，等译．北京：生活·读书·新知三联书店，1987：130.

④ 马克斯·韦伯．新教伦理与资本主义精神［M］．于晓，陈维纲，等译．北京：生活·读书·新知三联书店，1987：163.

⑤ 马克斯·韦伯．新教伦理与资本主义精神［M］．于晓，陈维纲，等译．北京：生活·读书·新知三联书店，1987：30.

⑥ 韦伯曾以清教徒笛福为例说明新教伦理与英国国教伦理的区别：“笛福曾经建议用联合抵制银行贷款和撤回储蓄的办法来回击对待异端观念者的迫害。这两种资本主义态度的不同在很大程度上是与宗教上的差异并行的。直到十八世纪，反对者们还一再嘲笑不从国教者（Nonconformists）是小店主精神的化身，指责他们毁掉了老英国的种种理想。”（同书，第141页）但是韦伯对“鲁滨逊故事”未置一词。原因当在于孤岛上鲁滨逊的“独立精神”与“合乎理性地组织工业劳动”的伦理需要颇相矛盾。

和它相适应的生产关系和交换关系。到现在为止，这种生产方式的典型地点是英国。因此，我在理论阐述上主要用英国作为例证。”① 因此鲁滨逊作为英国小说中的主人公更具有某种典型性。我们再进一步分析考察这个独特的人物形象。

（一）戴“手表”并“记账”的鲁滨逊

《资本论》称鲁滨逊是一个“道地的英国人”，这句话颇堪玩味：

我们这位从破船上抢救出表、账簿、墨水和笔的鲁滨逊，马上就作为一个道地的英国人开始记起账来。②

其中“从破船上抢救出表”，是指图表，仪器类的仪表，抑或钟表类的手表？《鲁滨逊漂流记》中译本相应叙事为：“三四个罗盘、几件计算用的仪器，日晷，望远镜，海图和有关航海的一些书籍……”③ 其中未及“手表”。之所以提出这个问题，不仅是因为前述鲁滨逊对每天“劳动时间”的规划都是以“小时”计，还因为在笛福及其鲁滨逊时代，钟表乃是古典手工业的“典型例子”。④

但是小说描写鲁滨逊在岛上遭遇地震时的感受：

我的脚刚从梯子上踏到地面，便清楚地知道是发生可怕的地震了，因为在八分钟的时间里，我脚下的地面震动了三次……⑤

其中的“八分钟”，应该是没有“手表”的人难以准确感受到的，尤其是在面临危急情况时。

查郭大力、王亚南所译《资本论》，相关句为：

曾从破船救出表，账簿，笔和墨水的鲁滨逊，不久就变成一个十足的

① 马克思．资本论：第1卷［M］//中共中央马克思恩格斯列宁斯大林著作编译局．马克思恩格斯全集：第23卷．北京：人民出版社，1972：8.

② 马克思．资本论：第1卷［M］//中共中央马克思恩格斯列宁斯大林著作编译局．马克思恩格斯全集：第23卷．北京：人民出版社，1972：93-94.

③ 丹尼尔·笛福．鲁滨逊历险记［M］．黄杲炘，译．上海：上海译文出版社，1997：46.

④《资本论》举为“典型例子”的有德国钟表手工业：精致复杂的钟表曾经是“纽伦堡手工业者的个人制品”。（马克思．资本论：第1卷［M］//中共中央马克思恩格斯列宁斯大林著作编译局．马克思恩格斯全集：第23卷．北京：人民出版社，1972：380.）

⑤ 丹尼尔·笛福．鲁滨逊历险记［M］．黄杲炘，译．上海：上海译文出版社，1997：57.

英吉利人，开始登记各种账目了。①

其中的“表”，也未必指“手表”。

又查日文版译文：

> わがロビンソンは、時計や帳簿やインクやぺんを難破船から救いだしていたので、やがて自分自身のことを帳面につけ始める。②

其中的“時計”，意谓“钟表”。

又查企鹅英文版：

> Our friend Robinson Crusoe learns this by experience, and having saved a watch, ledge, ink, and pen from the shipwreck, he soon begins, like a good Englishman, to keep a set of books. ③

其中“a watch”，汉译可以是一个手表（或怀表）。

由此，18世纪初笛福（1660—1731）笔下的鲁滨逊，至少就其戴手表的人物形象而言，确实可谓“道地的英国人”。

手表对于鲁滨逊之所以重要，还因为：“要记住，时间就是金钱!”（富兰克林语）④《资本论》“商品”章分析鲁滨逊故事的聚焦点之一也是“劳动时间”：

> 尽管他的生产职能是不同的，但是他知道，这只是同一个鲁滨逊的不同活动形式，因而只是人类劳动的不同方式。需要本身迫使他精确地分配自己执行各种职能的时间。⑤

---

① 马克思．资本论：第1卷［M］．郭大力，王亚南，译．上海：上海三联书店，2011：321.

② カール・マルクス．資本論：第3巻［M］．日本马克思恩格斯全集刊行委员会．东京：大月书店，1972：103.

③ Karl Marx. Capital Volue I,（Penguin Classics）［M］. tr. Ben Fowkes, London: Clays Ltd, St Ivespic, 1990: 170.

④ 马克斯·韦伯．新教伦理与资本主义精神［M］．彭强，黄晓京，译．西安：陕西师范大学出版社，2002：19.

⑤ 马克思．资本论：第1卷［M］//中共中央马克思恩格斯列宁斯大林著作编译局．马克思恩格斯全集：第23卷．北京：人民出版社，1972：94.

其中“精确地分配……时间”，也与戴手表的鲁滨逊形象相吻合。马克思又强调：

> 他的账本记载着他所有的使用物品、生产这些物品所必需的各种活动，最后还记载着他制造这种种一定量的产品平均耗费的劳动时间。①

其中记载“平均耗费的劳动时间”的“账本”的重要性，在《资本论》中也有相应考察。例如关于商务劳动：

> 劳动时间除了耗费在买卖上外，还耗费在簿记上；此外，簿记又耗费物化劳动，如钢笔、墨水、纸张、写字台、事务所费用。因此，在这种职能上，一方面耗费劳动力，另一方面耗费劳动资料。这里的情况和买卖时间完全一样。②

其中述及的“簿记”“钢笔”“墨水”三项，也与马克思对鲁滨逊“从破船救出表，账簿，笔和墨水”的分析相吻合。

> 在中世纪，我们只在修道院中发现农业的账簿。但是，我们知道，在远古的印度公社中，已经有一个农业记账员。在那里，簿记已经独立为一个公社官员的专职。由于这种分工，节约了时间、劳力和开支。但是，生产和记载生产的簿记，终究是两回事，就像给船装货和装货单是两回事一样。充当记账员的那一部分公社劳动力，是从生产中抽出来的。他执行职能所需的各种费用，不是由他自己的劳动来补偿，而是由公社产品的扣除来补偿的。只要做些适当的修改，资本家的簿记人员的情况，就和印度公社的记账员的情况相同。③

① 马克思．资本论：第1卷［M］//中共中央马克思恩格斯列宁斯大林著作编译局．马克思恩格斯全集：第23卷．北京：人民出版社，1972：94.
② 马克思．资本论：第2卷［M］//中共中央马克思恩格斯列宁斯大林著作编译局．马克思恩格斯全集：第24卷．北京：人民出版社，1972：150.
③ 马克思．资本论：第2卷［M］//中共中央马克思恩格斯列宁斯大林著作编译局．马克思恩格斯全集：第24卷．北京：人民出版社，1972：151.

其中述及古代印度公社的“记账员”、中世纪“农业的账簿”，以及现代的“资本家的簿记”。由此可见，马克思对“簿记”（账本）问题进行过专题的历史考察。他之所以特别注意到鲁滨逊从破船救出的各种有用物品中包括“表，账簿，笔和墨水”，也是基于其政治经济学研究的所见所识。

马克思还强调：

> 簿记对资本主义生产，比对手工业和农民的分散的生产更为必要，对公有生产，比对资本主义生产更为必要。①

由此看来，马克思之所以称鲁滨逊为“道地的英国人”，还因为英国是资本主义生产方式的“典型地点”，由此他注意到作为英国人的鲁滨逊更懂得“账簿”的重要性。

（二）“内在地具有社会力量”的鲁滨逊

马克思对小说《鲁滨逊漂流记》的另一个评断是，这是一个关于“已经内在地具有社会力量的文明人偶然落到荒野”的故事。② 卢卡奇曾据此分析鲁滨逊的劳动能力：“即使是鲁滨逊单独地在他的岛上所进行的这种物质交换，也是作为一个具体社会的成员，作为社会发展某一阶段的人。”③ 我们循此考察，发现鲁滨逊最初是“家庭”这一具体社会的成员。小说中最初数页首先讲述的是他离家出走的故事：

> “一六三二年，我生于约克城的一户好人家，……是本城的大户。”（第1页）
>
> “我一心只想出海，这一愿望，不仅使我坚决抵制父亲的意愿，甚至违抗父命，也使我对母亲和一切亲友的央求和规劝充耳不闻。”（第2页）
>
> “我父亲既有眼光，处世又认真，很早看出了我的打算，便郑重其事地给了我一番忠告。他因为患有痛风病，只能老待在他那房间里；一天上午，他把我叫到他屋里，满腔热诚地就这个问题对我做了劝诫。他问我，除了一心想出去闯荡，我还有什么理由撇下双亲，远离自己的故土?”（第3页）

---

① 马克思．资本论：第2卷［M］//中共中央马克思恩格斯列宁斯大林著作编译局．马克思恩格斯全集：第24卷．北京：人民出版社，1972：152.

② 马克思．1857—1858年经济学手稿［M］//中共中央马克思恩格斯列宁斯大林著作编译局．马克思恩格斯全集：第46卷（上册）．北京：人民出版社，1979：21.

③ 卢卡奇．审美特性：下［M］．徐恒醇，译．北京：社会科学文献出版社，2015：1037.

“我已经十八岁了……让我去海外闯荡一次”，“差不多一年后，我终于离家出走了。”（第 4 页）

“我相信，从来没有一个年轻的冒险家，其不幸的生涯开始得比我早，持续的时间比我长。”（第 5 页）①

鲁滨逊故事的主人公出生于 17 世纪英国一个“大户”人家，他是在 18 岁后“离家出走”的。由此看来，这位主人公确实一开始就不是“孤立的人”。

马克思曾经将人类生产方式揭示为三个大的发展阶段：其一是以“人的依赖关系”为基础的自然共同体；其二是推重“以物的依赖性为基础的人的独立性”；其三是“建立在个人全面发展”基础上的“自由人联合体”。② 所有前现代社会的人与共同体，“它们都以个人尚未成熟、尚未脱掉同其他人的自然血缘联系的脐带为基础”③。就此而言，鲁滨逊的“离家出走”在西方现代历史上可谓具有某种标志性。④

进一步考察，可以发现鲁滨逊在流落到荒岛之前还经历过五种“社会关系”

---

① 丹尼尔·笛福．鲁滨逊历险记［M］．黄杲炘，译．上海：上海译文出版社，1997：1-5.

② 马克思．1857—1858 年经济学手稿［M］//中共中央马克思恩格斯列宁斯大林著作编译局．马克思恩格斯全集：第 46 卷（上册）．北京：人民出版社，1979：104.

③ 马克思．资本论：第 1 卷［M］//中共中央马克思恩格斯列宁斯大林著作编译局．马克思恩格斯全集：第 23 卷．北京：人民出版社，1972：371.《资本论》另一处比喻道：在前现代社会，“正像单个蜜蜂离不开蜂房一样，以个人尚未脱离氏族或公社的脐带这一事实为基础”。（同页）

④ 中国现代文学思想家鲁迅在《娜拉走后怎样》也提出过类似问题，而与鲁迅同时代的沈从文幼年也渴望出走湘西：“那时节我正坐在沅水支流一条小河边大石头上，面对一派清波，做白日梦。如今居然已生活在二十年前的梦里……”（沈从文．烛虚［M］//沈从文．沈从文全集：第 12 卷．太原：北岳文艺出版社，2002：21-22.）沈从文代表作《边城》中的主人公翠翠也时常做“白日梦”，只是因为不忍丢下唯一的亲人爷爷，才终于没有“出走”。《边城》里关于“白日梦”有描写：翠翠做的第一次“白日梦”是在五月端阳，祖父带着翠翠到城里河边看划船，祖父去见一个老朋友，翠翠在河边等待祖父却许久未见人，翠翠便无端地有了几次可怕的念头：“假若爷爷死了？”“爷爷死了呢？”两年后，爷爷在渡船上忙碌，翠翠看着黄昏又做起了“白日梦”：“‘我要坐船下桃源县过洞庭湖，让爷爷满城打锣去叫我，点了灯笼火把去找我。’她便同祖父故意生气似的，很放肆地去想这样一件不可能的事情，她且想象她出走后，祖父用各种方法寻觅她皆无结果，到后如何躺在渡船上。人家喊：‘过渡，过渡，老伯伯，你怎么的！不管事！’‘怎么的！翠翠走了，下桃源县了！’‘那你怎么办？’‘那怎么办吗？拿了把刀，放在包袱里，搭下水船去杀了她！’”（沈从文．沈从文全集：第 8 卷［M］．太原：北岳文艺出版社，2002：89-91.）

的形式。下面标题是根据小说叙事而进行的概括。

(1) 第一次是受雇水手

“我终于离家出走了。……正好我有个伙伴正要乘他的父亲的船去伦敦，他用招引水手时常见的办法怂恿我一起去，也就是说一路上不用我花一个子儿。……我登上了那艘去伦敦的船只。”① 这次出海，鲁滨逊在“积水四英尺”的船底，“一心一意地”干过抽水的劳作。②

(2) 第二次是合伙商人

“因为口袋里有了钱，身上穿了体面衣裳，我在船上就总要当衣冠楚楚的体面人。”“船长听我讲到要想出去见见世面后，就答应我说，……如果我有钱能置办些货物带上的话，那么他可以提供一切方便，只要我带得适可而止；他还认为，我也许能找到一些资助。我快活地接受了他这份好意。……我赚了相当多的钱。”③

(3) 第三次是“可怜的奴隶”

由于遇到了土耳其海盗，“我们全都做了俘虏。……我却因为年轻又灵活，符合那海盗船长的需要，就被作为他的私人的战利品而留了下来，成了他的奴隶。我突然由一个商人沦为可怜的奴隶。……每当出海，他总是把我留下来照管他那小小的菜园子，给他的家里干那些家奴干的苦活。我一心一意想逃走……想设法恢复自由。”④

(4) 第四次是“自由人”

鲁滨逊利用为主人出海捕鱼的机会，“带了一个小家伙苏里”出逃。遇到了葡萄牙人的海船，船长“愿意签一张票据给我，以八十个比索（西班牙银币）的代价买那条船”，“他又提出要买苏里，愿意出六十个比索。……我就把苏里让给了船长”。“凡是我想卖掉的东西，他都买下……带着这笔资产，我在巴西上了岸。”⑤

(5) 第五次是种植园主

鲁滨逊在巴西“买下了一大片生荒地”，先后种过粮食、烟叶、甘蔗等。⑥

---

① 丹尼尔·笛福. 鲁滨逊历险记［M］. 黄杲炘，译. 上海：上海译文出版社，1997：4.

② 丹尼尔·笛福. 鲁滨逊历险记［M］. 黄杲炘，译. 上海：上海译文出版社，1997：10.

③ 丹尼尔·笛福. 鲁滨逊历险记［M］. 黄杲炘，译. 上海：上海译文出版社，1997：11.

④ 丹尼尔·笛福. 鲁滨逊历险记［M］. 黄杲炘，译. 上海：上海译文出版社，1997：13.

⑤ 丹尼尔·笛福. 鲁滨逊历险记［M］. 黄杲炘，译. 上海：上海译文出版社，1997：24.

⑥ 丹尼尔·笛福. 鲁滨逊历险记［M］. 黄杲炘，译. 上海：上海译文出版社，1997：25.

“我到巴西已快四年，我的种植园办得颇有成绩。”① 听说参加合伙“偷运黑奴”的话，“可以分到同样数目的黑奴”。于是我“撇下大有希望的发家前景，竟又去参加一次艰险万端的远航”②。

以上可见，小说中的鲁滨逊不仅是“已经内在地具有社会力量的文明人”，也不仅经历过相当程度的社会历练，而且其性格已经颇有老牌英国人的特色。

（三）“圈地”的鲁滨逊

《资本论》“所谓原始积累”章追溯过英国近代风靡全国的“圈地”运动历史：

> 它开始于十五世纪末，在十六世纪还在继续下去，……十八世纪的进步表现为：法律本身现在成了掠夺人民土地的工具，……这种掠夺的议会形式就是“公有地圈地法”。③

马克思述评了多位经济学家的相关著述，其中之一是18世纪出版的斯蒂芬·阿丁顿牧师（Stephen Addington，1729—1796）《赞成和反对圈地的论据的探讨》（1772年版）书中的考察：

> 4~5个富有的畜牧业主侵吞了不久前圈围的大片领土，这些土地以前是在20~30个租地农民和同样数目的较小的所有者以及其他居民的手里。所有这些人和他们的家属，从自己占有的土地上被赶走；同他们一起被赶走的，还有替换他们做工以维持生活的许多其他户人家。④

其中的关键词包括“畜牧业”和“圈围的大片领土”。

笛福是18世纪人，其时英国圈地运动已有至少200年历史，缘此《鲁滨逊漂流记》也有“圈地”故事。鲁滨逊在孤岛上的“第十一个年头”，想到弹药用完无法狩猎，“如果还指望吃到羊肉”，办法只有一个，“就是找个地方，用树

---

① 丹尼尔·笛福．鲁滨逊历险记［M］．黄杲炘，译．上海：上海译文出版社，1997：28.

② 丹尼尔·笛福．鲁滨逊历险记［M］．黄杲炘，译．上海：上海译文出版社，1997：29.

③ 马克思．资本论：第1卷［M］//中共中央马克思恩格斯列宁斯大林著作编译局．马克思恩格斯全集：第23卷．北京：人民出版社，1972：793.

④ 马克思．资本论：第1卷［M］//中共中央马克思恩格斯列宁斯大林著作编译局．马克思恩格斯全集：第23卷．北京：人民出版社，1972：794.

或木桩严严实实地围起来，让圈在里面的跑不出去，让外面的跑不进来”①。

孤岛鲁滨逊圈地有两个“道地的英国人”特色。

其一是范围以大为美：“我选定的地方是一片平坦而开阔的草原，有两三条清冽的小溪流淌其上，而且草原的一端树木葱茏，树篱和木桩将至少绵延两英里长，……即使要树篱十英里长，我也有足够的时间去做。”

这个大圈地构想显然超出了鲁滨逊的实际需要。他自己也承认“这范围大得几乎疯狂”。不过比起托马斯·摩尔（ThomasMore，1478—1535）《乌托邦》中记述的“囊括几千英亩土地，用篱笆或栅栏圈围起来”② 的规模，毕竟是小巫见大巫。

鲁滨逊后来考虑到羊在如此大范围中活动，与“在整个岛上乱跑并无多大区别”，“今后我要捉它们时，哪里还捉得住”③，所以只好缩小规划。

其二是以“美洲殖民地”为范：“我选定的地方完全符合这些要求。简直就是我们在美洲殖民地称为萨凡纳的那种热带草原……”④

萨凡纳（Savannah）为美国佐治亚州大西洋岸港口城市，因萨凡纳河而得名。英语里将南方殖民地的热带草原称为“萨凡”。萨凡纳市始建于 1733 年，是当时英国殖民地乔治亚省首府。“到南北战争开始时，有近 70%的南方奴隶实际上是在佐治亚州以西的地区劳作。”⑤ 看来笛福在萨凡纳市建市的十年前就已经知道英国人在美洲圈地殖民的盛况。⑥

（四）鲁滨逊的梦想与反思

孤岛鲁滨逊“圈第一块地时，花了三个月左右的时间”。之后又完成了“五六块圈地”⑦。某日傍晚他对着领地内的羊群做白日梦：

> 我坐在桌子前，俨然是这整个岛的君王和主宰：我属下臣民的生死存亡，完全由我说了算。我可以把它们吊死，开膛剖肚，可以给它们自由，

---

① 丹尼尔·笛福．鲁滨逊历险记［M］．黄杲炘，译．上海：上海译文出版社，1997：107-108.

② 马克思．资本论：第 1 卷［M］//中共中央马克思恩格斯列宁斯大林著作编译局．马克思恩格斯全集：第 23 卷．北京：人民出版社，1972：805.

③ 丹尼尔·笛福．鲁滨逊历险记［M］．黄杲炘，译．上海：上海译文出版社，1997：108.

④ 丹尼尔·笛福．鲁滨逊历险记［M］．黄杲炘，译．上海：上海译文出版社，1997：107.

⑤ 萨凡纳（Savannah）［EB/OL］．百度百科。

⑥ 《鲁滨逊漂流记》首次出版于 1719 年。（丹尼尔·笛福．鲁滨逊历险记［M］．黄杲炘，译．上海：上海译文出版社，1997：Ⅱ.）

⑦ 丹尼尔·笛福．鲁滨逊历险记［M］．黄杲炘，译．上海：上海译文出版社，1997：108.

也可以剥夺它们的自由，而且我的所有臣下中没有一个谋反的。①

鲁滨逊梦想的权力包括拥有对被殖民者“开膛剖肚”的“自由”。此外，“我是这里至高无上的君主，对这岛国拥有主权；……我可以毫无问题地把这主权传下去，就像任何一个英国的领主把他的采邑原封不动地传下去一样”②。

然而鲁滨逊也反思过“西班牙人”曾经的暴行。他在孤岛上第一次发现土著人时，一度想以火枪炸药的武器优势而攻击之。但是他纠结于这样做是否“人道”的问题：

迄今为止，他们根本就碰不到我的一根毫毛，完全不知道我的存在，所以也不可能打我的主意；在此情况下，我若是对他们发动袭击，那就没有道理了。如果我这样做是对的，那么西班牙人在美洲犯下的种种暴行也就是对的，他们杀掉千千万万个当地土著的做法也就是对的了：那些土著尽管尚未开化，崇拜的也只是偶像，而且在他们的习俗中，有些仪式相当野蛮残忍，例如用活人向偶像献祭等，但是对于西班牙人，他们并没有犯下什么罪行，却几乎被赶尽杀绝；说起这件事，不要讲欧洲所有其他的基督教国家，就连西班牙人自己，也是深恶痛绝，认为这是一次血腥的屠杀，是灭绝人性的暴行，是上帝和人类绝对不能认可的；而正是由于这事，只要一提西班牙人这个词，那么无论是具有人道思想的人，还是具有基督同情心的人，无不感到毛骨悚然；就好像西班牙国王之所以赫赫有名，就是

---

① 丹尼尔·笛福．鲁滨逊历险记［M］．黄杲炘，译．上海：上海译文出版社，1997：109．“我来到这荒岛上已经十个多月了。……我开始对这海岛做一次专门考察，……我看到一片一片的草地，它们开阔而平坦，令人见了心旷神怡，这些草地一直延伸到看来永无水淹之虞的高地，而在草地和高地之间的斜坡上，我看见还长有许多烟草，它们的叶子碧绿，茎儿非常粗壮，还有其他多种植物，都是我不曾见过的……”（第71页）

② 同书，第72页。马克思《剩余价值理论》指出：“英国人有一种从他们的殖民地得来的观点。……在那里，殖民者一开始就不是谋生，而是建立商业企业——具有决定意义的，在位置既定的条件下自然是肥力，在肥力既定的条件下自然是土地的位置。”“他们的出发点从一开头就不是决定于产品，而是决定于出卖产品。李嘉图和其他英国著作家把这种从殖民地得来的观点，也就是从本身已经是资本主义生产方式的产物的人们那里得来的观点，移到了世界历史的整个进程中来，他们像他们的殖民者一样，一般地把资本主义生产方式看作农业的先决条件，其所以如此，就是因为，他们在这些殖民地，一般说来，只是在更加鲜明的形式上，在没有同传统关系斗争的情况下，因而在没有被弄模糊的形式上，发现了在他们本国到处可以看到的资本主义在农业中占统治地位的同样现象。”（马克思．剩余价值理论［M］//中共中央马克思恩格斯列宁斯大林著作编译局．马克思恩格斯全集：第26卷（第二册）［M］．北京：人民出版社，1973：265.）

因为出产一种人，他们对于不幸的人们根本就不讲仁义，根本就没有一点儿怜悯之心，而根据公认的观点，这正是气度恢宏、心胸宽大的标志。①

经过这次反思，鲁滨逊认识到“绝不能采取攻击土著的措施”②。由此看来，鲁滨逊的底线是要与“西班牙人”曾经的暴行划清界限。③

五、“鲁滨逊故事”与“美学”

马克思在分析鲁滨逊故事时特别谈到了“美学”。我们再回瞻下面这段重要论述：

在社会中进行生产的个人，——因而，这些个人的一定社会性质的生产，当然是出发点。被斯密和李嘉图当作出发点的单个的孤立的猎人和渔夫，属于十八世纪的缺乏想象力的虚构，这是鲁滨逊一类的故事，这类故事绝不像文化史家想象的那样，不过表示对极度文明的反动和要回到被误解了的自然生活中去。这同卢梭的通过契约来建立天生独立的主体之间的相互关系和联系的社会契约论一样，也不是以这种自然主义为基础的。这是假象，只是大大小小的鲁滨逊一类故事所造成的美学上的假象。④

上引末句“鲁滨逊一类故事所造成的美学上的假象”这一论断意味着，马克思首先将鲁滨逊故事归结于美学领域，据此才加以政治经济学论域的分析。

---

① 丹尼尔·笛福．鲁滨逊历险记［M］．黄杲炘，译．上海：上海译文出版社，1997：125.

② 丹尼尔·笛福．鲁滨逊历险记［M］．黄杲炘，译．上海：上海译文出版社，1997：126.

③ 《许倬云说美国》书中也讲到与鲁滨逊故事相关的“圈地”：“白人到达后，圈划土地据为己有，而且不断扩张。于是，冲突就不可避免了。白人凭借枪械、火药，驱赶只有弓箭、标枪的原住民，反客为主掠夺了原住民生活的空间。”又说及西班牙和美国的两度“侵略”：“在太平洋西岸，美国的海军和民兵合击西班牙在今日加利福尼亚州的殖民地，将圣地亚哥到旧金山之间的土地纳入美国版图。这些明明是侵略的行为，却因当地的居民很多已经是美国过去的移民，乃以人民的名义，自称符合‘昭昭天命’的任务。”（许倬云．许倬云说美国［M］．上海：上海三联书店，2020：298.）“据估计，在白人进入新大陆时，美洲的人口可能是两千五百万到三千万之间，其中三分之一生活在墨西哥湾周边。西班牙人进入这个广大地区后，基于单一的信仰，将原住民视为异教徒和应该被摧毁的对象。白人的愚昧毁灭了这些新大陆原住民文化的遗存，也完全毁灭了他们的文字。”（同书，第28页）

④ 马克思．1857—1858年经济学手稿［M］//中共中央马克思恩格斯列宁斯大林著作编译局．马克思恩格斯全集：第46卷（上册）．北京：人民出版社，1979：18.

如前所述，因为几乎所有的古典经济学理论都以鲁滨逊故事所表现的“单个的人”（“单个的孤立的猎人和渔夫”）作为出发点，都将18世纪才可能出现的“个人”观作为其理论依据，所以马克思才对这个“鲁滨逊故事”十分重视，并首次加以唯物史观的分析。在马克思看来，美学上的鲁滨逊故事是一回事，政治经济学将这个故事作为理论依据则是另一回事。前者的想象不能替代后者的历史考察。古典经济学的根本缺点正是缘此而来。因此马克思以李嘉图为例，“在这里他犯了时代错误，他竟让原始的渔夫和猎人在计算他们的劳动工具时去查看1817年伦敦交易所通用的年息表”①。

然而就马克思将鲁滨逊故事首先规定为“美学”而言，这一评断却堪称提示了一种美学研究的新思路和方法。② 笔者这样说的理由还因为，据聂锦芳对“马克思的文本世界”的专题考察和梳理，《资本论》前期著述至少包括：

1857 年　《〈政治经济学批判〉导言》
1857 年　美学笔记
1857—1858　《1857—1858 年草稿》
1858—1859　《政治经济学批判（第一分册）》③

其中“美学笔记”一项，表明马克思撰写该《〈政治经济学批判〉导言》期间专门研思过美学问题。虽然迄今中文出版界未见该笔记的汉译本，但是相关研究表明：“《美学笔记》是1857年上半年马克思所做的55页笔记中的非常重要的一部分。与马克思的大部分原稿一样，现存于荷兰阿姆斯特丹国际社会

① 马克思．政治经济学批判［M］//中共中央马克思恩格斯列宁斯大林著作编译局．马克思恩格斯全集：第13卷．北京：人民出版社，1962：51.

② 康德也述及鲁滨逊：“出于因为与人类为敌而厌世，或是出于因为把人类当作自己的敌人来害怕的恐人症（怕见人），而逃避人类，这一方面是丑恶的，一方面也是可鄙的。然而，有一种（所谓十分不情愿的）厌世，对于这种厌世的气质倾向往往随着年龄的增长而来到许多思想正派的人的内心，这些人虽然就好意来说是充分博爱的，但却由于长期的悲伤的经验而远离了人类的愉悦，例如隐居的偏好，和幻想家的愿望，但愿能在一个偏远的乡居度其一生，或者（在年轻的人士那里）梦寐以求在某个不为外界所知的孤岛上与小家庭一起过日子的福气，都为此提供了证据，这都是《鲁滨逊漂流记》式的小说家和诗人们非常懂得利用的题材。”（康德．判断力批判［M］．邓晓芒，译．杨祖德，校．北京：人民出版社，2002：116.）

③ 聂锦芳．清理与超越：重读马克思文本的意旨、基础与方法［M］．北京：北京大学出版社，2005：48-49.

史研究所档案馆中。影印件现存于俄罗斯现代史保管和研究中心。"① 该项研究还指出：

《美学笔记》主要是马克思对费舍《美学或美的科学》一书的摘要。②

笔者由其中的著者"费舍"而追溯到中国美学界前辈朱光潜《谈美书简》的下面一段话：

十九世纪以来，西方美学界最大的流派是以费肖尔父子为首的新黑格尔派，他们最大的成就在于对移情作用的研究和讨论。③

其中被称为"新黑格尔派"的"费肖尔"（Robert Vischer，1847—1933）应该就是"费舍"。这意味着朱光潜不仅知道马克思该美学笔记，而且对费肖尔父子与黑格尔美学之关系也曾有所考察。

朱光潜《谈美书简》在回忆当年因介绍费肖尔移情说而受批评时还写道：

在1859年左右移情派祖师费肖尔的五卷本《美学》刚出版不久，马克思就在百忙中把它读完而且做了笔记，足见马克思并没有把它一笔抹煞。④

其中的"1859年"也正是马克思《政治经济学批判》的出版年。⑤

朱光潜在更早出版的《西方美学史》中有专章述评"审美的移情说"，其中介绍的首位代表人物就是罗伯特·费肖尔（Robert Vischer，1847—1933）。这

① 程远．《美学笔记》：一部未受到足够重视的马克思重要文本［J］．山东社会科学，2016（9）：79-83.

② 程远．《美学笔记》：一部未受到足够重视的马克思重要文本［J］．山东社会科学，2016（9）：79-83.

③ 朱光潜．谈美书简［M］．南京：江苏文艺出版社，2007：56．"所谓'移情'（Einfühhlung）指人在聚精会神中观照一个对象（自然或艺术作品）时，由物我两忘到物我同一，把人的生命和情趣'外射'或移注到对象里去，使本无生命和情趣的外物仿佛具有人的生命活动，使本来只有物理的东西也显得具有人情。最明显的事例是观照自然景物以及由此产生的艺术作品。我国诗词里咏物警句大半都显出移情作用。例如'相看两不厌，唯有敬亭山'（李白）、'感时花溅泪，恨别鸟惊心'（杜甫）……"（同书第56~57页）

④ 朱光潜．谈美书简［M］．南京：江苏文艺出版社，2007：61．亦见：朱光潜．谈美书简：美学拾穗集［M］：北京：中华书局，2013：58.

⑤ 前引聂锦芳《马克思的文本世界》中所述为"1857年　美学笔记"。

位美学家的父亲弗列德里希·费肖尔（Friedrich Theodor Vischer，1807—1887）是黑格尔派中一个重要的美学家，著有一部六卷本的《美学》巨著。朱光潜于此又注释强调：

> 据《马克思恩格斯论文艺》法文本《序文》第六五页，马克思在此书刚出版后，曾于1857—1858年仔细读过这部巨著，并做过大量笔记。①

以上资料表明，朱光潜是中国美学界最初对马克思该《美学笔记》有所阅读的研思者；而正是这位研思者在晚年提出了以《资本论》为思想资源的“劳动”美学预言。②

朱光潜的美学预言显然也受到《资本论》“商品”章关于鲁滨逊故事的分析的启发。因为如前所述，正是在“商品”章，马克思首次从“人类劳动”这一范畴的视角解读了鲁滨逊故事的积极内涵。循此，笔者试从以下两方面进一步讨论“鲁滨逊故事”的美学意义。

其一，“吃、喝、穿、住”与“美学”。

恩格斯曾经把他和马克思的文艺批评标准概括为“美学和历史的观点”③。他在《在马克思墓前的讲话》中的相关表述是：“人们首先必须吃、喝、住、穿，然后才能从事政治、科学、艺术、宗教等；所以，直接的物质的生活资料的生产，从而一个民族或一个时代的一定的经济发展阶段，便构成基础。……因而，也必须由这个基础来解释，而不是像过去那样做得相反。”④《资本论》谈论孤岛鲁滨逊的第一句话是：

> 不管他生来如何简朴，他终究要满足各种需要，因而要从事各种有用劳动，如做工具、制家具、养羊驼、捕鱼、打猎等。⑤

---

① 朱光潜．西方美学史：下卷［M］．北京：人民文学出版社，1979：601.

② 朱光潜．谈美书简［M］．南京：江苏文艺出版社，2007：40. 参阅：陆晓光．《资本论》与朱光潜“未来美学”预言［J］．上海文化，2019（12）：18-26，125.

③ 恩格斯．诗歌和散文中的德国社会主义［M］//中共中央马克思恩格斯列宁斯大林著作编译局．马克思恩格斯全集．第2卷．北京：人民出版社，1957：257.

④ 恩格斯．在马克思墓前的讲话［M］//中共中央马克思恩格斯列宁斯大林著作编译局．马克思恩格斯选集：第3卷．北京：人民出版社，1972：574.

⑤ 马克思．资本论：第1卷［M］//中共中央马克思恩格斯列宁斯大林著作编译局．马克思恩格斯全集：第23卷．北京：人民出版社，1972：93.

鲁滨逊进入孤岛后第一个念头正是考虑“首先必须吃、喝、住、穿”。小说中的叙事是：“我不由得想要上船去，至少我还可以弄回一些供我使用的必需品。”① 由此他第一天就开始从事“有用劳动”了。他的劳动首先是搬运工，搬运的首先是满足“吃、穿、住”等必需品。例如——

关于“吃”：

“我的第一个发现是，船上的食粮还是干干的，没有被水浸过，完全可供食用；接着，我去了面包房，把饼干装满了口袋后，便一边吃一边察看别的东西。”②

“在第一只箱子，我装满了食物，包括面包、米、三大块荷兰干酪、五块腌羊肉——这都是我们船上的主食，还有些本用来喂家禽的欧洲谷物。”③

关于“喝”：

“我想找淡水喝，便离开岸边走了二百来码，倒真是找到了淡水，使我大为高兴；我喝了水……”④；“我竟然找到了三大桶朗姆酒”⑤；“根据自己的情况，我感到选合适的地方得考虑这样几点：第一，要有益于健康，要有淡水……”⑥

关于“穿”：

“我游到这船上来时，只穿着长袜和一条长及膝盖的麻布裤子。既然如此，我不得不搜寻些衣服了，结果虽找到了不少，却只能先挑些眼下急需的……”⑦“我还把能够找到的男人衣物都拿好了。”⑧

关于“住”：

“我又拿了一张备用的斜桁帆、一个吊床和一些床上用品；把这些都装上我新做的木筏之后，又都好端端地运到岸上，心里着实感到高兴非凡。”⑨“我还先用帆布和锯成的支杆撑起个小帐篷；凡是我认为经不起日晒雨淋的东西，我都搬到这帐篷里，然后又把空箱子和木桶围在帐篷周围，算是防备野人或野兽突然袭击的一道工事。”⑩

---

① 丹尼尔·笛福．鲁滨逊历险记［M］．黄杲炘，译．上海：上海译文出版社，1997：34.
② 丹尼尔·笛福．鲁滨逊历险记［M］．黄杲炘，译．上海：上海译文出版社，1997：35.
③ 丹尼尔·笛福．鲁滨逊历险记［M］．黄杲炘，译．上海：上海译文出版社，1997：36.
④ 丹尼尔·笛福．鲁滨逊历险记［M］．黄杲炘，译．上海：上海译文出版社，1997：34.
⑤ 丹尼尔·笛福．鲁滨逊历险记［M］．黄杲炘，译．上海：上海译文出版社，1997：40.
⑥ 丹尼尔·笛福．鲁滨逊历险记［M］．黄杲炘，译．上海：上海译文出版社，1997：42.
⑦ 丹尼尔·笛福．鲁滨逊历险记［M］．黄杲炘，译．上海：上海译文出版社，1997：36.
⑧ 丹尼尔·笛福．鲁滨逊历险记［M］．黄杲炘，译．上海：上海译文出版社，1997：39.
⑨ 丹尼尔·笛福．鲁滨逊历险记［M］．黄杲炘，译．上海：上海译文出版社，1997：39.
⑩ 丹尼尔·笛福．鲁滨逊历险记［M］．黄杲炘，译．上海：上海译文出版社，1997：39.

关于“工具”：

“特别是那批铁制品，偏偏是我又觉得它们对我大有用处。……待到退潮以后，我总算把那一段段锚链大多弄了回来，又把一部分铁制品打捞起来，但是干得艰苦万分……”①

鲁滨逊流落孤岛后的第一天没有吟诵早他一百年出生的莎士比亚的著名诗句“to be or not to be”，而是毫不犹豫地、急迫地搬用吃、喝、穿、住等必需品。“他虽然没有意识到这一点，却把它说了出来。”② 马克思在《资本论》中评论富兰克林“劳动”观所说的这句话，对于《鲁滨逊漂流记》的作者笛福而言，也是适合的。

其二，金币何以变成“废物”？

鲁滨逊当初目标是“发财”：“当初我离家出走，想入非非地妄图发财，顽固不化地拒绝一切忠告……”③ 这个发财目标也具有历史的标志性。马克思在考察古典经济学的“货币”学说时写道：

> 在十六、十七世纪这个现代资产阶级社会的童年期，一种普遍的求金欲驱使许多国家的人民和王公组织远征重洋的十字军去追求黄金的圣杯。同样，现代世界的最初解释者即货币主义的创始人宣布金银即货币是唯一的财富。他们正确地说出了资产阶级社会的使命就是赚钱。（中略）④

对于18世纪的鲁滨逊而言，所谓“发财”就是拥有大量金币。因为他的航海家前辈哥伦布（1451—1506）已经说过：

> 金子真是一个奇妙的东西！谁有了它，谁就成为他想要的一切东西的主人。有了金子，甚至可以使灵魂升入天堂。⑤

---

① 丹尼尔·笛福．鲁滨逊历险记［M］．黄杲炘，译．上海：上海译文出版社，1997：40.

② “富兰克林没有意识到，既然他‘用劳动’来估计一切物的价值，也就抽掉了各种互相交换的劳动的差别，这样就把这些劳动化为相同的人类劳动。他虽然没有意识到这一点，却把它说了出来。”（马克思．资本论：第1卷［M］//中共中央马克思恩格斯列宁斯大林著作编译局．马克思恩格斯全集：第23卷．北京：人民出版社，1972：65.）

③ 丹尼尔·笛福．鲁滨逊历险记［M］．黄杲炘，译．上海：上海译文出版社，1997：11.

④ 马克思．政治经济学批判［M］//中共中央马克思恩格斯列宁斯大林著作编译局．马克思恩格斯全集：第13卷．北京：人民出版社，1962：148.

⑤ 马克思．资本论：第1卷［M］//中共中央马克思恩格斯列宁斯大林著作编译局．马克思恩格斯全集：第23卷．北京：人民出版社，1972：151.

也因为鲁滨逊的英国前辈莎士比亚在《雅典的泰门》戏剧中已经“把货币的本质描绘得十分出色”①，其中一段是：

> 金子！黄黄的、发光的、宝贵的金子！
> 只这一点点儿，就可以使黑的变成白的，丑的变成美的；
> 错的变成对的，卑贱变成尊贵，老人变成少年，懦夫变成勇士。
> 吓！你们这些天神们啊！……②

其中“丑的变成美的”句，堪称对“金子”与“美”之间魔幻般关系的中肯揭示。马克思的解说是：

> 依靠货币而对我存在的东西，我能付钱的东西，即货币能购买的东西，就是我——货币持有者本身。货币的力量多大，我的力量就多大。货币的特性就是我——货币持有者的特性和本质力量。因此，我是什么和我能够做什么，这决不是由我的个性来决定的。我是丑的，但是我能给我买到最美的女人。可见，我并不丑，因为丑的作用，丑的吓人的力量，被货币化为乌有了。③

马克思的解说至少表明，“金子”作为“货币”的魅力，其突出表征是它可以“买到最美的女人”，因而理应也是美学研究的重大问题。可以说，正是在“货币”这个关乎现代美学的重大问题上，鲁滨逊故事从一个崭新视角提出了新问题。因为鲁滨逊自从流落荒岛的第一天开始，他的货币观发生了骤变。《鲁滨逊漂流记》中至少三次讲述了孤岛鲁滨逊对“金币”的新感觉。

第一次是他在破船上抢救有用物品时看到：

> 在另一个抽屉里，我看见一些钱币，有欧洲的，有巴西的，有比索的，

---

① 马克思 . 1844 年经济学哲学手稿［M］//中共中央马克思恩格斯列宁斯大林著作编译局 . 马克思恩格斯全集：第 42 卷 . 北京：人民出版社，1979：151.

② 马克思 . 资本论：第 1 卷［M］//中共中央马克思恩格斯列宁斯大林著作编译局 . 马克思恩格斯全集：第 23 卷 . 北京：人民出版社，1972：152.

③ 马克思 . 1844 年经济学哲学手稿［M］//中共中央马克思恩格斯列宁斯大林著作编译局 . 马克思恩格斯全集：第 42 卷 . 北京：人民出版社，1979：152-153.

有金币，有银币，总值约为三十六个英镑。看到这些钱币，我不禁苦笑了一下，大声说道，“都报废了！你们还有什么用？对我来说，真是啥也不值了，对，已不值得把你们带上岸去；你们的整整一堆，还抵不上一把餐刀；我是不会用上你们了；你们留在船上，以后沉到海底去吧，因为你们同怪物一样，不值得拯救你们的命。”但后来转而一想，我还是用帆布把这些钱包了起来带走……①

这段内心叙事中提到了“钱币”“比索”②“金币”“银币”“英镑”等，这表明主人公前此相当熟悉并十分重视它们。但是鲁滨逊现在有了新感觉：它们“都报废了”，它们现在“同怪物一样”。鲁滨逊显然是第一次惊讶地发现货币另有一种“啥也不值”的陌生面貌，但是他纠结一阵后还是将它们带上了孤岛。

鲁滨逊第二次看到金币时的新感觉是：

唉！还不是一堆糟糕又肮脏的废物，空放在那儿，对我一点儿用处也没有！我常常寻思，宁可用一大把金钱去换一大堆烟斗，或是换个手推磨来磨麦；不，我甚至愿意拿出全部的钱，去换一些在英格兰只值六便士的芜菁种子和胡萝卜种子，要不就换一把豌豆或蚕豆，哪怕换一瓶墨水也好。可现在这笔钱在我这里，我既没有用处，也得不到好处，只是空搁在一只抽屉里，到了雨季时，我那洞穴里的潮气还会使它们长霉；现在就算我那抽屉里装满了钻石，情况也一样，它们既然毫无用处，对我也毫无价值了。③

这次是将金币与烟斗、手推磨、胡萝卜种子等有直接使用价值的物品做比较后，他的新感觉比第一次更深切。这些钱现在成为“一堆糟糕而又肮脏的废物”，并且是“毫无价值了”。因为此时鲁滨逊已经在孤岛上从事过各种“有用的劳动”，在这些劳动过程中他发现这些金银居然没有一次派得上用处。

第三次是鲁滨逊在一条遇难的西班牙船上看到了金钱：

在我拉出箱中的抽屉时，我发现三大口袋的比索，总共有一千一百枚

① 丹尼尔·笛福. 鲁滨逊历险记［M］. 黄杲炘，译. 上海：上海译文出版社，1997：41.

② 比索（peso）是一种主要在前西班牙殖民地国家所使用的一种货币单位。

③ 丹尼尔·笛福. 鲁滨逊历险记［M］. 黄杲炘，译. 上海：上海译文出版社，1997：95.

> 左右；而且一个口袋里还有金子，那是用纸包着的六枚叫作达布隆的金币和几根小金条，据我估计，总共约一磅重。……对我根本就一无用处。在我眼中，这些钱无异于我脚下的泥土；我宁愿用它们换三四双英国产的鞋袜，因为我这双脚已有许多年没有穿过鞋袜了。实在是非常需要它们。①

这次鲁滨逊面对的是数量更多的“金币”，然而它们“无异于我脚下的泥土”。这一次的新感觉已经接近于莎士比亚戏剧中对金子的诅咒了——“来，该死的土块，你这人尽可夫的娼妇……”②

如前所述，鲁滨逊当初离家出走是为了“发财”，发财的标志是拥有大量金币。为什么他进入孤岛后对金币的感觉会发生 180 度的骤变？为什么“金子”在孤岛鲁滨逊的眼中会突然变成“一堆糟糕又肮脏的废物”？就此问题而言，小说《鲁滨逊漂流记》作为资产阶级的史诗，其意义还在于提出了一个具有典型性的现代美学问题。晚于鲁滨逊（1660—1731）半个世纪的康德（1724—1804）美学和黑格尔（1770—1831）美学都没有研讨过这个问题。马克思政治经济学的如下论点至少提供了解答该问题的方法论思路：

因为金银具有“美学属性”：“它们的美学属性使它们成为满足奢侈、装饰、华丽、炫耀等需要的天然材料，总之，成为剩余和财富的积极形式。它们可以说表现为从地下世界发掘出来的天然的光芒，银反射出一切光线的自然的混合，金则专门反射出最强的色彩红色。而色彩的感觉是一般美感中最大众化的形式。”③

也因为金银的“价值”来源于“劳动”：“有一种商品在历史过程中取得了特权地位，这就是金。”④ 金子所以成为货币的典型形式，首先“因为它本身是

---

① 丹尼尔·笛福．鲁滨逊历险记［M］．黄杲炘，译．上海：上海译文出版社，1997：140-141.

② 马克思．资本论：第 1 卷［M］//中共中央马克思恩格斯列宁斯大林著作编译局．马克思恩格斯全集：第 23 卷．北京：人民出版社，1972：152.

③ 马克思．政治经济学批判［M］//中共中央马克思恩格斯列宁斯大林著作编译局．马克思恩格斯全集：第 13 卷．北京：人民出版社，1962：145.

④ 马克思．资本论：第 1 卷［M］//中共中央马克思恩格斯列宁斯大林著作编译局．马克思恩格斯全集：第 23 卷．北京：人民出版社，1972：85.

劳动产品”①，“在一定时间内生产一定量的金要耗费一定量的劳动”②。

更因为金银的魅力在于“社会关系”。马克思在“商品的拜物教性质及其秘密”专节中揭示：金币之所以成为某种万能的形式，其秘密归根结底在于：

> 这只是人们自己的一定的社会关系，但它在人们面前采取了物与物的关系的虚幻形式。③

如果说“金币”所蕴藏的“社会关系”属性是整部《资本论》中最难理解的环节④，那么孤岛鲁滨逊金币观的骤然转变，正好提供了一个感性具体而有说服力的文学的和美学的范例——因为其时鲁滨逊本能地意识到，他的社会关系已经被“孤岛”完全隔绝了。

---

① 马克思．资本论．第1卷［M］//中共中央马克思恩格斯列宁斯大林著作编译局．马克思恩格斯全集：第23卷．北京：人民出版社，1972：116.

② 马克思．资本论：第1卷［M］//中共中央马克思恩格斯列宁斯大林著作编译局．马克思恩格斯全集：第23卷．北京：人民出版社，1972：117.“假定有人从秘鲁地下获得一盎司银并带到伦敦来，他所用的时间和他生产一蒲式耳谷物所需要的时间相等，那么，前者就是后者的自然价格；假定现在由于开采更富的新矿，获得两盎司银像以前获得一盎司银花费一样多，那么在其他条件相同的情况下，现在一蒲式耳谷物值10先令的价格，就和它以前值5先令的价格一样便宜。”（同书，第110页）

③ 马克思．资本论：第1卷［M］//中共中央马克思恩格斯列宁斯大林著作编译局．马克思恩格斯全集：第23卷．北京：人民出版社，1972：89.

④《资本论》初版序言：“分析商品的部分是最难理解的。”（马克思．资本论：第1卷［M］//中共中央马克思恩格斯列宁斯大林著作编译局．马克思恩格斯全集：第23卷．北京：人民出版社，1972：7.）

第十七章

“文明的庸俗化”与“人文金融学”

一、“文明的庸俗化”与“人文主义”

上海美术馆2005年曾为文艺美学家王元化举办“清园书屋笔札展”，同年王元化读展览会留言簿后撰《关于文明的物质化、庸俗化与异化的通信》一文，该文初为与海外学者林毓生的通信。其中一段关于两个“十年”比较的文字有点沉痛：

> 大约是十年前，我被出版社邀请到新华书店签名售书。我意外地发现，那些读者都是在人生、文化上有着追求的，他们的求知欲很强，品位也比较高，决不像展览会留言簿上所反映的那么无知、低级、庸俗。仅仅前后不过十年，这里的文化衰败和人的素质下降就这样迅速，我不禁想到赫尔岑那样的问题：“这是谁之过?”①

时在美国的友人林毓生三个月后郑重回信，该回信以“世界不再令人着迷”为题，收入王元化《沉思与反思》。两位人文学者虽然视域有差异，但都表达了对“文明的庸俗化”的殷忧。王元化该通信提出了赫尔岑式的“谁之过”问题。林毓生复函也主要是回答这个提问。其要义至少有如下三项。

(1) 关于“市场”

> 全球化的经济，一方面给世界各地的许多人带来了生活的改善和便利，但另一方面使得整个世界变成了市场，一切以赚钱为目的，精神、境界、

① 王元化．“世界不再令人着迷”：关于文明的物质化、庸俗化与异化的通信［M］//王元化．沉思与反思．上海：上海辞书出版社，2007：65-71.

格调、品位当然都顾不到、谈不到了。(中略)①

林毓生所见主要是美国式“市场”，因而这番话首先意味着美国式“市场”与“谁之过”问题有所关联。就在林毓生说“市场”的第二年（2006年），美国发生了波及全美的“次级房贷危机”②。而在中国大陆，则相应地出现了被称为“房奴”的大面积社会现象。

(2) 关于“工具理性”

林毓生推重马克斯·韦伯：

> 从韦伯的观点来看，资本主义所主导的社会，其最大特征是“工具理性”，它排斥一切阻挡、抑制其推展的思想、文化、道德、社会素质。大家为了赚钱，会绞尽脑汁，想方设法，以达目的。“工具理性”愈发达，“价值理性”愈萎缩。结果是，“世界不再令人着迷”。人间的活动自然均将物质化、动物化了。(中略)③

林毓生将文明的“物质化、动物化”归咎于“工具理性”。后者在我国经济学教科书中也是关键词，例如：“金融工具是指形成一方的金融资产并形成其他方的金融负债或权益工具的合同。金融工具包括金融资产、金融负债和权益工具。……”④ 这是否意味着，中国的“金融工具”与美国的“工具理性”，两者都有“物质化、动物化”趋向？

似乎巧合的是，翌年出版的一部经济学著作中也有一个章节是以“世界不再令人着迷”为标题。其中特别提到了十年前（1997年）发源于美国的金融危机：该年“最重大的恶性事件是席卷亚洲各国的金融风暴。一个叫乔治·索罗斯的美国投资家在未来十多年里一直被亚洲政治家们视为带有邪恶色彩的金融巨鳄”，“这场金融风暴从1997年开始，历时四个多月，对亚洲各国和所有产业都造成了重大影响”。⑤

---

① 王元化．“世界不再令人着迷”：关于文明的物质化、庸俗化与异化的通信［M］//王元化．沉思与反思．上海：上海辞书出版社，2007：68.

② 美国次级房贷危机［EB/OL］．360百科。

③ 王元化．“世界不再令人着迷”：关于文明的物质化、庸俗化与异化的通信［M］//王元化．沉思与反思．上海：上海辞书出版社，2007：69.

④ 金融工具是什么［EB/OL］．东奥会计在线，2019-10-18.

⑤ 吴晓波．激荡三十年：中国企业（1978—2008）（下）［M］．北京：中信出版社，2008：116-119.

亚洲金融危机在中国周边国家一一发作，景象之惨烈令人胆战心惊，金融资本主义和全球化展现出了它凶狠和强大破坏性的一面。①

(3) 关于“专家”

林毓生还引述了当年韦伯对未来社会殷忧的名言：

> 专家们没有灵魂，纵欲者没有心肝，这个废物却在自己的想象中以为它已经达到前所未有的文明水平。②

其中的“专家”一词，在当代汉语中也已经衍生出新的流行词——“砖家”③。由此看来，林毓生的复函不仅颇有力度，而且相当程度上可谓不幸而言中。

值得注意的是林毓生对马克思学说的评论：“人在资本主义笼罩之下，只有异化之一途。早期马克思确是看到了真相。不过马克思思想无法解决问题；世界上其他思想家也都尚未能够提出真正有效的解决办法来，人类正处于‘无解’的状态!”④ 这一“无解”的评断对于在美国处于小众而十分边缘地位的“马克思主义”而言，至少是直观而坦诚的表达，但是对于林毓生当年经常造访的当代中国，可以理解为一种真切企望。

王元化与林毓生《关于文明的物质化、庸俗化与异化的通信》作于2005年，在此之前有一个前奏，这就是世纪之交关于“史华慈遗笔”的如下三篇文章：

---

① 吴晓波．激荡三十年：中国企业（1978—2008）（下）[M]．北京：中信出版社，2008：121.

② 王元化．“世界不再令人着迷”：关于文明的物质化、庸俗化与异化的通信 [M] //王元化．沉思与反思．上海：上海辞书出版社，2007：70. 其中所引见解参见：马克斯·韦伯．新教伦理与资本主义精神 [M]．于晓，陈维纲，等译．北京：生活·读书·新知三联书店，1987：143.

③ “砖家”的英文释义为：“Another name of specialist, one who specializes in talking nonsense.”

④ 王元化．“世界不再令人着迷”：关于文明的物质化、庸俗化与异化的通信 [M] //王元化．沉思与反思．上海：上海辞书出版社，2007：68.

(1) 本杰明·史华慈[①]《中国与当今千禧年主义：太阳底下的一桩新鲜事》(1999年英文)[②]；

(2) 林毓生《史华慈遗笔导读》(2001年)；

(3) 王元化《史华慈遗笔中的人文关怀》(2002年)。

上面三篇文章曾并载于中国大陆2002年11月出版的《人文东方：旅外中国学者研究论集》一书。[③]

史华慈《中国与当今千禧年主义：太阳底下的一桩新鲜事》一文的开首是：

> 中国实在没有理由为了当今西方的千禧年主义（millenarianism）感到兴奋。[④]

林毓生《史华慈遗笔导读》写道：“1999年夏天，……他的心思却深深地被正在美国出现的一个日益严重的现象——如脱缰野马般失控的消费主义和物

---

① 本杰明·史华慈（Benjamin I. Schwartz，1916—1999）是美国当代著名中国学家。“史华慈掌握12种语言：英语、希伯来语、法语、德语、意大利语、西班牙语、葡萄牙语、日语、俄语、拉丁语、中文及意第绪语（Yiddish）。”“长期以来，他一直是哈佛大学东亚和中国问题研究方向的学术负责人。”“史华慈关于当代中国问题研究的著作主要有：《中国共产主义运动和毛的崛起》（*Chinese communism and the Rise of Mao*，1951）、《中国共产主义历史文献》（*A documentary of Chinese communism*，1952，与费正清等学者合作编选）、《共产主义在中国：变化中的意识形态》（*Communism and China：ideology in flux*，1968）、《中国及其他问题》（*China and other matters*，1996）。”“史华慈对当代中国问题研究的最大特点，就在于对美国中共党史的开创意义的研究。他是美国学术界最早展开对中共党史和毛泽东思想研究的专家。”（朱政惠．美国中国学史研究［M］．上海：上海古籍出版社，2004：219-220.）“中国思想史研究是史华慈中国问题研究的又一重要领域。代表作为《寻求富强：严复和西方》（*In search of wealth and power：Yan Fu and the West*，1964）、《古代中国的思想世界》（1985）等。”“史华慈试图用比较的方法探讨西方思想影响下的中国学术，包括日本、印度相应情况下的中国近代问题。他希望通过这样的比较，沟通和阐述人类文化发展的共同思想经验。在史华慈看来，中西文化虽然不同质，但跨文化的理解是可能的。”（同书，第226页）

② 校订者林毓生注：“作者是在一九九九年十月八日完成此文的。”“史华慈这篇论文是他在过世之前三十七天完成的最后一篇学术著作，由我在一九九九年十月十一日至十二日于威斯康星州麦迪逊市举行的会议中代为宣读。”（陆晓光，邵东方．人文东方：旅外中国学者研究论集［M］．上海：上海文艺出版社，2002：3.）

③ 陆晓光，邵东方．人文东方：旅外中国学者研究论集［M］．上海：上海文艺出版社，2002：1-16. 亦见：陆晚光．王元化文稿：文化卷［M］．北京：中央编译出版社，2017：15-34.

④ 陆晓光，邵东方．人文东方：旅外中国学者研究论集［M］．上海：上海文艺出版社，2002：8.

质主义——所占据。在史先生看来，这种消费主义和物质主义借其自我喂养来生长的特点，加上其强度愈演愈烈以及其凌驾四方的冲击力，显示着一个令人深感不安的新现象正在世界上崛起。”①

导读中又强调：这位“严肃而犀利的思想家，在纪元第二个一千年末与即将到来的第三个一千年之交，对于他所察觉到（从美国开端，但势将蔓延至世界各地）的一个全新的普世现象的涵义进行反思，……”②

王元化《史华慈遗笔中的人文关怀》一文中说：“我想，史华慈的看法大概是，消费主义与物质主义将会造成精神上的真空世界。所以，他才在遗笔中向世人发出他的告诫的。”③ 该文卒章的末句表达了“感激之情”：

> 我是怀着深深的感激之情来读史华慈教授这篇遗笔的。④

史华慈遗笔未满五千字⑤，其中的第一关键词“物质主义”出现不下十次。例如：

> 随着经济学家眼中的美景——全球化市场经济终将把我们带到无限的经济成长的境地，我们现在可以谈论一种像是彻头彻尾的“物质主义”末世救赎论的东西了。⑥

史华慈所谓“彻头彻尾的‘物质主义’末世救赎论”，用马克思《资本论》的关键词表述，亦即“拜物教”：“要找一个比喻，我们就得逃到宗教世界的幻

① 陆晓光，邵东方. 人文东方：旅外中国学者研究论集［M］. 上海：上海文艺出版社，2002：3.

② 陆晓光，邵东方. 人文东方：旅外中国学者研究论集［M］. 上海：上海文艺出版社，2002：4.

③ 陆晓光，邵东方. 人文东方：旅外中国学者研究论集［M］. 上海：上海文艺出版社，2002：16.

④ 陆晓光，邵东方. 人文东方：旅外中国学者研究论集［M］. 上海：上海文艺出版社，2002：16.

⑤ 王元化：“毓生寄给我的史华慈遗笔，虽仅四千字，但也艰深难读。”（陆晓光，邵东方. 人文东方：旅外中国学者研究论集［M］. 上海：上海文艺出版社，2002：8.）

⑥ 陆晓光，邵东方. 人文东方：旅外中国学者研究论集［M］. 上海：上海文艺出版社，2002：10.

境中去。……我把这叫作拜物教。"①

然而史华慈遗笔具有鲜明的独创性，后者集中表现为提出了"人文主义"，后者出现不下十五次。例如：

> 事实上，我们从过去继承下来的绝大部分资讯，是以人文主义对于人类行为的性质所做的预设为基础的。这种资讯不是建立在"物质主义"的因果之上，而是建立在人文主义的脾性之上，……必须以人文主义的观点来看待。②

再如：

> 物质力量绝对不能替代人类依据人文主义的观点去理解其自身的幸福所做的长久以来的努力。③

又如：

> （人类需要）继续抵制一种思想——这种思想认为我们对于自然界的人文主义的态度必须完全让位给由"物质主义的"办法来解决所有人类的问题。④

显而易见，史华慈的批判"物质主义"，旨在呼唤"人文主义"。就此而言，林毓生《导读》的关键词堪称更有概括力——"排它性物质主义宗教"：

> "物质主义末世救赎论"或排它性物质主义宗教（exclusive religion of materialism），果真能够带来那样的拯救吗？这是史华慈先生的论文所蕴含

---

① 马克思．资本论：第1卷［M］//中共中央马克思恩格斯列宁斯大林著作编译局．马克思恩格斯全集：第23卷．北京：人民出版社，1972：89.

② 陆晓光，邵东方．人文东方：旅外中国学者研究论集［M］．上海：上海文艺出版社，2002：13.

③ 陆晓光，邵东方．人文东方：旅外中国学者研究论集［M］．上海：上海文艺出版社，2002：12.

④ 陆晓光，邵东方．人文东方：旅外中国学者研究论集［M］．上海：上海文艺出版社，2002：13.

的关键问题。①

较之史华慈的“物质主义末世救赎论”，林毓生导读的“排它性物质主义宗教”，至少更适合于非宗教背景的中文语境读者。该术语中“排它”的实质是排斥人文主义：“史华慈从排它性物质主义宗教所产生非人化的影响（the dehumanizing effects）中看到……”②

林毓生导读中的下面一段话尤其警策：

> 物质主义，作为一项偶像崇拜，只是一种完全没有宗教基本真实性的、自我欺骗的、异化的“宗教”而已。③

其中“异化的‘宗教’”这一措辞与马克思《资本论》“商品”章的表述非常相似：“要找一个比喻，我们就得逃到宗教世界的幻境中去。……我把这叫作拜物教。”④

《资本论》评赞过“著名的富兰克林”的一项贡献：“他看出了价值的本质，……他虽然没有意识到这一点，却把它说了出来。”⑤ 马克思这个评语，对于林毓生提出的“排它性物质主义宗教”而言，也是庶几近之的吧。

二、“文明的庸俗化”与“房奴”现象

王元化与林毓生该通信写于2005年，因此其中所说“仅仅前后不过十年”，是指2005年前的十年。循此考察，当今中国有点普遍化的“房奴”现象，也发

---

① 陆晓光，邵东方．人文东方：旅外中国学者研究论集［M］．上海：上海文艺出版社，2002：5.

② 陆晓光，邵东方．人文东方：旅外中国学者研究论集［M］．上海：上海文艺出版社，2002：6.

③ 陆晓光，邵东方．人文东方：旅外中国学者研究论集［M］．上海：上海文艺出版社，2002：7.

④ 马克思．资本论：第1卷［M］//中共中央马克思恩格斯列宁斯大林著作编译局．马克思恩格斯全集：第23卷．北京：人民出版社，1972：89.

⑤ 马克思．资本论：第1卷［M］//中共中央马克思恩格斯列宁斯大林著作编译局．马克思恩格斯全集：第23卷．北京：人民出版社，1972：65.

生于几乎同一时期。① “房奴”是教育部2007年8月公布的171个汉语新词之一②，其意思为住房的奴隶。“房奴”之“奴”显然与“文化衰败和人的素质下降”问题直接关联。

“房奴”英文名为“mortgage slave”，直译为抵押贷款奴。《中国日报》给出的例句：Mortgage slave is adopted to describe those people whose mortgage payment is more than half of their monthly salary（抵押贷款奴适合于描述那些每月必须偿付的抵押贷款数超过其月薪之半者）。③

“房奴”的日语是“住宅ローンで首が回らない人”④。直译可作：因住房贷款而头脑回转不了的人。或者：因住房贷款而头晕眼花的人。又或者：因住房贷款而抬不起头的人。由此看来，汉语新词“房奴”不是来源于日文。

“房奴”又称“按揭房奴”。语文学者指出：“‘按揭’是英文Mortgage的粤语音译，最初起源于西方国家，本意属于英美平衡法体系中的一种法律关系，后于20世纪90年代从香港引入内地房地产市场，……‘按揭’是新的外来语。”⑤

与“房奴”相关的“负翁”新词也来自香港，并且可以追溯到20世纪末的金融危机：“1997年亚洲金融危机发生，给香港的经济带来巨大的灾难性后果，经济长期不景气，失业率高居不下，房产跳楼，股票套牢。直到2007年才恢复到1997年危机前的水平。很多人因为贷款购楼和炒股一夜之间从百万富翁到负

---

① “‘房奴’新词最初开始使用估计在2003年以后。在房价不断攀升的2005年到2006年第一季度，市场上已经无法找到中低价格的房地产，导致很多购房者背上了沉重的还贷负担；同时中国人民银行2004年、2006年先后宣布的加息，进一步加重了人们对房贷负担的担忧。高房价和对高利率的双重担忧导致人们担心会像奴隶一样为银行工作，所以‘房奴’这个词应运而生，成为房地产泡沫的象征，同样的词还有‘负翁’。”（房奴[EB/OL]. 360百科。）

② “教育部2007年8月16日在其官方网站发布了《中国语言生活状况报告（2006）》，列出了171条汉语新词语选目，奔奔族、独二代、返券黄牛、国际高考移民、换客、交强险、梨花体、晒客、学术超男等收录其中。”

③ 房奴（mortgage）[EB/OL]. 英语点律（Chinadaily. com. cn），2009-08-25.

④ 该句中的“ローン”，是英语loan（借贷）的片假名音译。

⑤ 按揭是什么意思[EB/OL]. 语文网，2024-05-31.

债百万，戏称‘负翁’，‘负翁’常与‘房奴’紧密联系。”①

上述相关描述表明，“房奴”现象的产生与蔓延期，也正是在前述2005年王元化和林毓生通信前的“不过十年”间。

进一步考察，“房奴”现象与马克思当年分析的“为投机而建筑”的现象也不无相似处。《资本论》第二卷比较过资本主义“建筑业”的两种历史形式：

在资本主义生产不太发达的阶段，……在给私人建造房屋时，私人要分期垫款给建筑业主。因此，事实上他是按照房屋的生产过程的进度，一部分一部分地支付房屋的代价。而在发达的资本主义时期，……建筑业主只是在例外的情况下才为个别私人定造房屋。他的职业是为市场建筑整排的房屋或市区。(中略)②

紧接着马克思举出“为投机而建筑”的典型案例：

① 与此伴生的相关研究有马修·德斯蒙德（Matthew Desmond）编著，胡䜣谆、郑焕升翻译的《扫地出门：美国城市的贫穷与暴利》一书。据该书封页介绍，本书作者是美国普林斯顿大学社会学系教授，2016年被评为“影响全美政治议题的五十位人物”之一。该书聚焦威斯康星州最大城市密尔沃基的贫困社区，“将八个绝境边缘美国家庭的故事娓娓道来”。其中之一的“阿琳是一位单身妈妈，在为一间破败公寓缴纳房租后，每个月只剩20美元养活自己和两个儿子”，因此毫无悬念地“也失去了栖身之所”。该书评还提供了如下数据，“其实，当一个家庭支出的80%用来缴纳房租之时，住房显然就成为贫穷之源。美国尽管有着看似完善的社会福利体系，但是刚发给穷人的救济款，转手就被拿去交日益高涨的房租。在美国，100多年来人们达成了这样的共识：家庭支出中，住房支出只有在三成以下，生活方能维持。否则，穷人每天都会面对住房的噩梦”。“自从2008年美国经历金融危机后，其实行的按揭贷款政策使得租房者急剧增多。但是从很多报告显示来看，美国人的平均薪资按时薪来算仅有15美元。这样的薪资水平，远不能支付高额的房租。例如美国房租最贵城市之一的旧金山，虽然是一座经济繁荣的国际大都市，但对于美国穷人而言，这里根本就没有容身之所。”下面一段则述及“体面的中产者”：“据统计，当下在美国大城市，必须保持每个月收入在8313美元的情况下，才能够付得起高昂的房租。这样的收入水平，是美国中产者的收入水准。可是，连收入稳定、生活体面的中产者都觉得‘租不起’，更何况大批的低收入群体呢?”作者由此而发的感叹也很有新意，“我们在道听途说的报道中，形成了这样的认知：美国人对‘家’的观念淡薄，对住房满不在乎。很显然，这违背了最基本的逻辑常识，……其实，很多美国人把拥有属于自己的住房，作为奋斗的梦想，人们对于暖心之‘家’的渴望是共通的、永恒不变的。这是社会稳定的刚需，也是人性的基本渴求。”（陈华文《美国穷人的住房之困：很多穷人常常因为交不起房租被驱逐》）

② 马克思．资本论：第2卷［M］//中共中央马克思恩格斯列宁斯大林著作编译局．马克思恩格斯全集：第24卷．北京：人民出版社，1972：260.

资本主义生产怎样使伦敦的房屋建筑业发生变革，可以用1857年一个建筑业主在银行法委员会所提出的证词来说明。他说，在他青年时代，房屋大都是定造的，建筑费用在某些阶段完工时分期付给建筑业主。为投机而建筑的现象很少发生。近四十年来，这一切都改变了。现在，建筑业主不再是为顾客，而是为市场从事建筑。以前，一个建筑业主为了投机，也许同时建筑三四栋房屋；现在，他却必须购买大块地皮，在上面建筑一二百栋房屋，因此他经营的企业，竟超出他本人的财产二十倍到五十倍。这笔基金用抵押的办法借来；钱会按照每栋房屋的建筑进度，付给建筑业主。一旦发生危机，分期垫款就会停止支付，整个企业通常就会停顿；最好的情况，是房屋停建，等情况好转再建；最坏的情况，就是半价拍卖了事。现在，任何一个建筑业主不从事投机建筑，而且不大规模地从事这种建筑，就得不到发展。建筑本身的利润是极小的；建筑业主的主要利润，是通过提高地租，巧妙地选择和利用建筑地点而取得的。几乎整个贝尔格雷维埃和泰伯尼厄以及伦敦郊区成千上万的别墅，都是用估计有人要房屋这种投机办法建筑起来的。(中略)①

① 马克思．资本论：第2卷［M］//中共中央马克思恩格斯列宁斯大林著作编译局．马克思恩格斯全集：第24卷．北京：人民出版社，1972：260-261.《资本论》第三卷“建筑地段的地租”章也引述了这个案例，在迅速发展的城市内，特别是在像伦敦那样按工厂方式从事建筑的地方，建筑投机的真正主要对象是地租，而不是房屋。……伦敦一个大建筑家爱德华·卡普斯向银行法委员会所提出的证词中说：“我相信，一个人要想发迹，单靠公平交易是不行的……除此之外，他还必须从事建筑投机，而且必须大规模地进行；因为，建筑业主从建筑本身取得的利润是很小的，他通过提高地租，取得他的主要利润。例如，他租用一块地皮，每年付租300镑；当他按照精密的建筑计划，在这块土地上面建筑起适当等级的房屋时，他每年就能由此得400镑或450镑，而他的利润与其说来源于在许多情况下他几乎完全不加考虑的建筑物利润，不如说来源于每年增加100镑或150镑的地租。”这里不要忘记，在通常以九十九年为期的租约期满以后，土地以及土地上的一切建筑物，以及在租佃期间通常增加一两倍以上的地租，都会从建筑投机家或他的合法继承人那里，再回到原来那个土地所有者的最后继承人的手里。（中共中央马克思恩格斯列宁斯大林著作编译局．马克思恩格斯全集：第25卷［M］．北京：人民出版社，1975：872-873.）马克思在该章还强调大城市高昂房租是资本主义“级差地租”的最典型表现，其特征在于：“特别是对贫民进行最无耻的剥削方面的优势，因为贫民对于房租，是一个比波托西银矿对于西班牙，更为富饶的源泉。”（同书，第871页）其中“波托西银矿”指16世纪西班牙在美洲玻利维亚南部开采的银矿，后者曾经是世界最大银矿，今已列入联合国《世界遗产名录》。“这种土地所有权，在和产业资本结合在一个人手里时，实际上可以使产业资本从地球上取消为工资而进行斗争的工人的容身之所。在这里，社会上一部分人向另一部分人要求一种贡赋，作为后者在地球上居住的权利的代价，因为土地所有权本来就包含土地所有者剥削土地，剥削地下资源，剥削空气，从而剥削生命的维持和发展的权利。”（同书，第871页）

上引案例中的“近四十年来，这一切都改变了”句，在时间上也恰巧与我国20世纪80年代以来房地产的迅猛发展相吻合（也是“近四十年”）。① 其中又四度强调了“为投机而建筑”，并且是“大规模”的新特征。

如果说《资本论》只是分析了资本主义生产方式与“建筑投机商”之来由的关系，那么恩格斯所著《论住宅问题》则更是直接提出了“房奴”的问题。该书引述马克思女儿爱琳娜·马克思-艾威林的一段美国见闻：

> 在堪萨斯城内，或者确切些说，是在城郊，我们看见一些可怜的小木房，每幢木房大致有3个房间，小木房所处地段还很荒僻；地皮价值600美元，面积正好可以容一幢小房子；小房本身又值600美元，所以为了获得到处是烂泥的荒郊中离城里一个钟头路程的一所倒霉的小房子，总共要费去4800马克。②

恩格斯于此评论：

> 这样，工人就必须负起沉重的抵押债务，才能得到这种住房，于是他们就真正变成了自己主人的奴隶；他们被自己的房屋拴住了，不能离开，只好同意接受向他们提出的任何劳动条件。③

显然，恩格斯评论中所称“被自己的房屋拴住了”的“奴隶”，亦即今日

① “1984年国家颁布了《国民经济行业分类标准代码》，首次正式将房地产列为独立的行业。我们所熟知的万科、保利、招商等房地产公司和银行系统也是在这一年崭露头角，这一年房地产终于有了正式身份。”

② 恩格斯．论住宅问题［M］北京：人民出版社，2019：30.

③ 恩格斯．论住宅问题［M］北京：人民出版社，2019：30.

所称“房奴”。①

三、“文明的庸俗化”与“庸俗经济学”

“庸俗化”是王元化《关于文明的物质化、庸俗化与异化的通信》的风格性关键词。该文标题中的“物质化”（物化）与“异化”是学界熟知的《资本论》术语，其实“庸俗化”也是。《资本论》第二版跋：

---

① 恩格斯《论住房问题》在今日之中国也可以读作“论‘房奴’问题”。兹略举数端。
(1) 关于“分期偿付”：“蒲鲁东建议把承租人变成分期付款的买主，把每年交付的房租算作分期偿付住房价值的赎款，而承租人经过一定时期后便成为这所住房的所有者。这种在蒲鲁东看来很革命的办法，现今已在世界各国被投机公司采用着。”（恩格斯．论住宅问题［M］．北京：人民出版社，2019：29.）我国“房奴”定义是：“指城镇居民抵押贷款购房，在生命黄金时期中的20到30年，每年用占可支配收入的40%至50%甚至更高的比例偿还贷款本息，从而造成居民家庭生活的长期压力，……甚至让人感到奴役般的压抑。”（参见中国日报网）
(2) 关于“房奴”数量：“住宅问题有一个优点，即它并不仅仅是有关工人的问题，而是‘同小资产阶级有极大的利害关系’，因为‘真正中间阶级’由此所受的痛苦同无产阶级‘一样厉害，也许还更厉害些’。”（同书，77~78页）而据“焦点房地产网的一项最新调查，我国32.18%的人月供占到了收入的50%以上，成为名副其实的‘房奴’。他们在享受有房一族的心理安慰的同时，也承受着‘一天不工作，就会被世界抛弃’的精神重压”。并且，“对很多人来说，购房已不是个人行为，甚至是一个家庭、一个家族在供房。有人用‘六一模式’概括全家供房的情景：六个人，青年夫妻、男方父母、女方父母用多年的积蓄共同出资，在城市里买一套房”。（参见百度文库《房奴现象分析》）
(3)“只能是一种枷锁”：“对于我们大城市工人来说，迁徙自由是首要的生活条件，地产只能是一种枷锁。”（同书，45~46页）“这里我们清楚地看到：在比较早的历史阶段上曾经是工人较好生活基础的东西——农业与工业的结合，占有房屋、园圃和田地，住房有所保障——现在在大工业的统治下，不仅成了工人最沉重的枷锁，而且成了整个工人阶级最大的不幸，成了工资无比低于正常水平的基础，并且不仅个别工业部门和个别地区是这样，全国各地也是这样。”（同书第11页）而在我国：“很多按揭买房的人自称为‘蜗牛’一族，不敢轻易换工作，不敢娱乐、旅游，害怕银行涨息，担心生病、失业，更没时间好好享受生活。他们常常戏称自己正在坚定地叩响‘忧郁症’的大门，甚至一只脚已经迈了进去。”（《房奴——当代汉语新词汇》）
(4)“房价上涨了300倍”：与当今中国“房奴”相比，当年德国“被自己的房屋拴住了的奴隶”更有小巫见大巫的区别。因为当年承租人“陆续交付的租金可能达到原来成本价格的两倍、三倍、五倍以至于十倍”。（同书，80页）——而当今我国有经济学家惊呼：“1980年到现在为止，房价大概是（涨了）300倍。”（朱少平：房价40年涨了300倍［Z］．网易视频，2023-06-29.）“十分明显，现代国家不能够也不愿意消除住房灾难。国家无非是有产阶级即土地所有者和资本家用来反对被剥削阶级即农民和工人的有组织的总权力。”（恩格斯．论住宅问题［M］．北京：人民出版社，2019：66.）

> 从1820年到1830年，在英国，这是李嘉图的理论庸俗化和传播的时期。(中略)①

其中“理论庸俗化和传播的时期”是十年间（从1820年到1830年），王元化该文批评的“庸俗化”恰巧也是“前后不过十年”：

> 充斥在报纸、杂志、戏剧、舞台上的，大都是一些低级庸俗的文字和图像。……（以前的读者）决不像展览会留言簿上所反映的那么无知、低级、庸俗。……仅仅前后不过十年，这里的文化衰败和人的素质下降就这样迅速，我不禁想到赫尔岑那样的问题：“这是谁之过?”②

王元化批评的“庸俗化”主要针对的是文艺美学领域中的“文化衰败”现象，并且该词是王元化文艺美学批评生涯中的一贯用语。例如：

> 《阿Q正传》改编成的剧本有两个，和原作精神相差之远，无异南辕北辙。到底是为了考虑观众只能接受嘻嘻哈哈的庸俗的滑稽，还是编者、导演、演员对阿Q都有些误解呢？我只是为阿Q的原著者感到悲哀。(中略)(1945年《关于阿Q》)③

> 胡适在日记中有时竟会流露出一些令人惊讶的肤浅看法，很可能与这种庸俗进化观点有关。比如说莎士比亚“他那举世钦仰的*Hamlet*（《哈姆雷特》），我实在看不出什么好处来!”又如他说过：《红楼梦》算不得是一部好小说，“因为它没有一个plot”。他的审美趣味实在是有问题的。（中略）（1998年《胡适与京剧偶记》）④

---

① 马克思．资本论：第1卷［M］//中共中央马克思恩格斯列宁斯大林著作编译局．马克思恩格斯全集：第23卷．北京：人民出版社，1972：16.

② 王元化．“世界不再令人着迷”：关于文明的物质化、庸俗化与异化的通信［M］//王元化．沉思与反思．上海：上海辞书出版社，2007：65-66.

③ 王元化．关于阿Q［M］//陆晓光．王元化文稿：文学卷．北京：中央编译出版社，2017：59. 王元化另有一篇标题为《庸俗胜利了》（1950年）的文章：“契诃夫在《三姊妹》中，没有把娜塔霞写成一个天生的邪恶的性格。这完全是一个有血有肉的人物。可是你愈看下去，就愈感到她的庸俗、虚伪、自私。”(同书，第71页)

④ 王元化．胡适与京剧偶记［M］//陆晓光．王元化文稿：文化卷．北京：中央编译出版社，2017：197.

上面两例的“庸俗的滑稽”与“庸俗进化观点”，批评对象分别是《阿Q正传》的戏剧改编与胡适的哈姆雷特论，撰写时间则分别是1945年与1998年，其间经过了半个世纪。

“庸俗化”还是我国改革开放以来王元化文章中常用的学术文化批评术语，例如：

> 我们必须防止并纠正把理论联系实际做简单化、庸俗化的理解。……我觉得我们应当把基础理论和应用学科看作水涨船高的关系，倘使在基础理论十分落后的情况下，应用科学也不会有突出的成果和表现。（1988年《哲学社会科学规划的制定》）①

——这里直接使用了“庸俗化”一词。

> 加强与国内企业界的合作，使企业给予文化事业一定支持，而文化单位也给企业提供文化上的辅助（但这并不是用广告文学办法并据报酬的多寡来为企业家树碑立传，要杜绝买卖声誉的庸俗作风）。（1988年《有关发展上海文化事业建议书》）②

——这里的“庸俗作风”亦有“庸俗化”的意思。

下面是20世纪90年代王元化对“庸俗进化观”的反思：

> 对激进主义的批判是我这几年的反思之一。……过去我并未接触这方面问题，也许无形之中对激进主义倒是同情的。仔细分析，这也是由于受到五四庸俗进化观的影响。（1994年《关于近年的反思答问》）③

下面一例写于21世纪初，也对“庸俗进化观”进行了反思：

---

① 陆晓光．王元化文稿：文化卷［M］．北京：中央编译出版社，2017：342.

② 陆晓光．王元化文稿：文化卷［M］．北京：中央编译出版社，2017：332. 同年王元化《论传统与反传统：为五四精神一辩》一文中写道：“当时一些马克思主义者受到苏联庸俗社会学的机械论和日本福本主义极‘左’思潮的很大影响。”（同书第160页）

③ 陆晓光．王元化文稿：文化卷［M］北京：中央编译出版社，2017：204.

五四时期对于中国传统伦理道德的批判是在急于求成的心态下，在你死我活的思维模式下，在“新的就是好的”这样庸俗进化观的价值取向下，把批判简单化了。(2003 年《道德及其现代价值》——答《上海党史与党建》记者问)①

“庸俗化”作为王元化文艺美学批评的风格性关键词，其思想资源直接来自马克思的《资本论》。下面引述《资本论》跋文具有代表性的两段：

当马克思批评当时的庸俗经济学的时候，曾说：“超利害关系的研究没有了，代替的东西是领津贴的论难攻击，无拘无束的科学研究没有了，代替的是辩护论（Apologotik）者的歪曲的良心和邪恶的意图。”（1982 年《学术良心》）②

《资本论》还说“超利害关系的研究”和“无拘无束的研究”是存在的，只是在庸俗经济学出现后才消失。这种研究，也是没有阶级烙印的。(2004 年《我的三次反思》)③

上面两例引述都提到了“庸俗经济学”④。看来，马克思所谓“庸俗化”是针对“庸俗经济学”而发，王元化则是将之引入了文艺美学领域。

进一步考察发现，“庸俗经济学”这一术语也是贯穿马克思政治经济学著述的风格性术语。《资本论》下面一段关于政治经济学历史的评述特别提到了“庸俗经济学”：

---

① 陆晓光．王元化文稿：文化卷［M］. 北京：中央编译出版社，2017：4. “我认为‘五四’精神当然要继承，但‘五四’的一些缺陷（如意图伦理、功利主义、激进情绪、庸俗进化观点等）是不应该继承的。”(《我的三次反思》，同书第 483 页)

② 陆晓光．王元化文稿：思辨卷［M］. 北京：中央编译出版社，2017：391.

③ 陆晓光．王元化文稿：文化卷［M］. 北京：中央编译出版社，2017：481.

④《资本论》跋文还强调了德国“庸俗经济学”的来由：“在德国，直到现在，政治经济学一直是外来的科学。……德国的政治经济学教授一直是学生。别国的现实在理论上的表现，在他们手中变成了教条集成。”(马克思．资本论：第 1 卷［M］//中共中央马克思恩格斯列宁斯大林著作编译局．马克思恩格斯全集：第 23 卷．北京：人民出版社，1972：15.)“德国人……始终只是学生、盲从者和模仿者，是外国大商行的小贩。”(同书，第 18 页)

> 在这里，我断然指出，我所说的古典政治经济学，是指从威廉·配第以来的一切这样的经济学，这种经济学与庸俗经济学相反，研究了资产阶级生产关系的内部联系。而庸俗经济学却只是在表面的联系内兜圈子，它为了对可以说是最粗浅的现象做出似是而非的解释，为了适应资产阶级的日常需要，一再反复咀嚼科学的经济学早就提供的材料。在其他方面，庸俗经济学则只限于把资产阶级生产当事人关于他们自己最美好世界的陈腐而自负的看法加以系统化，赋以学究气味，并且宣布为永恒的真理。(《资本论》“商品”章)①

其中，威廉·配第（Willian Petty，1623—1687）是英国古典政治经济学的创始人②，迄止李嘉图（1772—1823），英国古典政治经济学走过了近200年的历程。“庸俗经济学”与古典政治经济学是“相反”的关系，马克思对前者十分敬重，对后者则相当贬斥，因为后者只是“为了适应资产阶级的日常需要”，其理论特征是“陈腐而自负”。

《资本论》跋文中也特别提到了“庸俗经济学”：

> 他们聚集在庸俗经济学辩护论的最浅薄的因而也是最成功的代表巴师夏的旗帜下。③

弗雷德里克·巴师夏（Frédéric Bastiat，1801—1850）是法国人，其生年略早于马克思（1818—1883）。④ 巴师夏作为“庸俗经济学”的代表人物，显然已

---

① 马克思．资本论：第1卷［M］//中共中央马克思恩格斯列宁斯大林著作编译局．马克思恩格斯全集：第23卷．北京：人民出版社，1972：98.

② 威廉·配第（Willian Petty，1623—1687），马克思称他是“英国政治经济学之父”。(马克思．政治经济学批判［M］//中共中央马克思恩格斯列宁斯大林著作编译局．马克思恩格斯全集：第13卷．北京：人民出版社，1962：42.)

③ 马克思．资本论：第1卷［M］//中共中央马克思恩格斯列宁斯大林著作编译局．马克思恩格斯全集：第23卷．北京：人民出版社，1972：18.

④ 弗雷德里克·巴师夏（Frédéric Bastiat，1801—1850），《资本论》中多处批判并嘲讽了以巴师夏为代表的庸俗经济学：“现代自由贸易贩子巴师夏之流的错觉。”（马克思．资本论：第1卷［M］//中共中央马克思恩格斯列宁斯大林著作编译局．马克思恩格斯全集：第23卷．北京：人民出版社，1972：98，76.）“巴师夏先生……真是滑稽可笑”“像巴师夏这样的经济学侏儒”（同书，第98~99页）；“他们对政治经济学和基督教一窍不通，就像机智的巴师夏……一样”（同书，第448页）；他们是“如此惊人地缺乏批判能力和如此假装博学”。(同书，第618页)

经是一个“后”古典政治经济学的新现象。

再进一步考索发现，《资本论》第四卷《剩余价值理论》（共三册计1800页）是一部主要评述古典政治经济学历史发展的著述，其终结处有一个长达百余页的“附录”，总标题为“收入及其源泉。庸俗政治经济学”，该附录堪称整部《剩余价值理论》的总结性部分。其小标题之一是“古典政治经济学和庸俗政治经济学的本质区别”①，其中一段写道：

> 古典政治经济学的缺点和错误是：它把资本的基本形式，即以占有别人劳动为目的的生产，不是解释为社会生产的历史形式，而是解释为社会生产的自然形式，不过它自己通过它的分析开辟了一条消除这种解释的道路。②

马克思这里对古典政治经济学的局限性及其历史贡献做出了概要的评价。紧接着是对“庸俗政治经济学”的评论：

> 庸俗政治经济学的情况就完全不同了，正当政治经济学本身由于它的分析而使它自身的前提瓦解、动摇的时候，正当政治经济学的对立面也已经因此而多少以经济的、空想的、批判的和革命的形式存在的时候，庸俗政治经济学开始嚣张起来。因为政治经济学和由它自身产生的对立面的发展，是同资本主义生产固有的社会矛盾以及阶级斗争的现实发展齐头并进的。只是在政治经济学达到一定的发展程度（在亚当·斯密以后）和形成稳固的形式时，政治经济学中的一个因素，即作为现象观念的单纯的现象复写，即它的庸俗因素，才作为政治经济学的特殊表现形式从中分离出来。③

这段关于古典政治经济学与庸俗政治经济学的比较性评论至少有如下要点：（1）庸俗政治经济学是古典政治经济学的“对立面”；

---

① 马克思．剩余价值理论［M］//中共中央马克思恩格斯列宁斯大林著作编译局．马克思恩格斯全集：第26卷（第三册）．北京：人民出版社，1975：554-580.

② 马克思．剩余价值理论［M］//中共中央马克思恩格斯列宁斯大林著作编译局．马克思恩格斯全集：第26卷（第三册）．北京：人民出版社，1975：556.

③ 马克思．剩余价值理论［M］//中共中央马克思恩格斯列宁斯大林著作编译局．马克思恩格斯全集：第26卷（第三册）．北京：人民出版社，1975：556-557.

（2）庸俗政治经济学在古典政治经济学代表人物亚当·斯密之后“开始嚣张起来”；

（3）庸俗政治经济学的产生是由于“资本主义生产固有的社会矛盾以及阶级斗争的现实发展”。

由上大体可见，王元化文艺美学的风格性术语“庸俗化”，其来源是《资本论》对“庸俗经济学”的批评，后者凝聚了马克思对“剩余价值理论”全部历史及其当代变异形态的综合研究。这一关键词诚可谓是良有以也。①

四、“人文金融学”与“劳动创造了美”

“人文金融学”是当代中国经济学界表达反思性认知的一个新术语。中国“金融学”专业网页中如下一句话理应受到人文学界关注：

> 金融是人文学科（Art），而非自然科学（Science）。②

该网页除述及“金融工程学”“数理金融学”等十多种门类外③，还有一段第一人称的叙事：

> 我读金融学博士时的一个同窗是意大利人，他本科学的是物理，之所以选择金融，是因为期望金融能成为20世纪后期的物理学。11年后的今天，事情并没有像他当初预期的那样，……金融学经历了对物理和数学的狂热期后，回归到了基本面分析的基础上。

作者还提问：

---

① 马克思在该附录中对庸俗经济学的理论症结的分析，参阅本书前面“《资本论》中的‘怪喻’”节。

② 金融学［EB/OL］. 百度百科。

③ 该网页述及的金融学专业门类诸如：行为金融学（Behavioral Finance，简称BF）、金融市场学（Financial Market，简称FM）、公司金融学（Corporate Finance，简称CF）、金融工程学（Financial Engineering）、金融经济学（Financial Economics）、投资学原理（Investment Principles）、货币银行学（Money，Banking and Economics）、国际金融学（International Finance）、公共财政学（Public Finance）、保险学（Insurance Finance）、数理金融学（Mathematical Finance）、金融计量经济学（Financial Econometrics），以及由金融和法学交叉而形成的法和金融学（Law and Finance）等。

为什么高深的数学和物理方法在金融研究中作用有限呢?

该网页末尾还特别引述了2013年诺贝尔奖得主、美国经济学家罗伯特·席勒(Robert J. Shiller)的话:“至今为止人类对资产价格波动逻辑的认知,还是相当肤浅的,与我们真正把握其内在规律的距离,仍然非常遥远!”① 看来作者提出的问题也是当今世界范围的政治经济学的普遍性问题。

然而这个问题就其核心内容而言,其实早在马克思《资本论》开篇的“商品”章就已经提出。例如:

“交换价值似乎是一个形容语的矛盾”,它犹如“圆形的方”“木制的铁”。②

“形容语的矛盾”首先是一个属于人文学科的语言学问题。马克思在“商品的拜物教性质及其秘密”专节中对这个“矛盾”进一步描述:

最初一看,商品好像是一种很简单很平凡的东西。对商品的分析表明,它却是一种很古怪的东西,充满形而上学的微妙和神学的怪诞。……例如,用木头做桌子,木头的形状就改变了。可是木头还是木头,还是一个普通的可以感觉的物。但是桌子一旦作为商品出现,就变成一个可以感觉而又超感觉的物了。它不仅用它的脚站在地上,而且在对其他一切商品的关系上用头倒立着,从它的木脑袋里生出比它自动跳舞还奇怪得多的幻想。③

马克思于此还特别提到了当时欧洲传说的中国:

我们想起了,当世界其他一切地方好像静止的时候,中国和桌子开始跳起舞来,以激励别人。④

---

① 金融学[EB/OL].百度百科。

② 马克思.资本论:第1卷[M]//中共中央马克思恩格斯列宁斯大林著作编译局.马克思恩格斯全集:第23卷.北京:人民出版社,1972:49.

③ 马克思.资本论:第1卷[M]//中共中央马克思恩格斯列宁斯大林著作编译局.马克思恩格斯全集:第23卷.北京:人民出版社,1972:87-88.

④ 马克思.资本论:第1卷[M]//中共中央马克思恩格斯列宁斯大林著作编译局.马克思恩格斯全集:第23卷.北京:人民出版社,1972:88.中文版注释:“在欧洲,1848—1849年革命失败以后,出现了一个极黑暗的政治反动时期。当时欧洲国家的贵族热衷于降神术,特别是桌子灵动术。而这时,在中国爆发了太平天国革命运动。”(同书,第854页)

所谓“中国和桌子开始跳起舞来”，至少在语言文字层面上也触及中国文学艺术的“舞蹈”类。

“商品”章结尾处特别强调了这个“矛盾”与自然科学方法的关系：

> 直到现在，还没有一个化学家在珍珠或金刚石中发现交换价值。可是那些自命有深刻的批判力、发现了这种化学物质的经济学家，却发现物的使用价值同它们的物质属性无关，而它们的价值倒是它们作为物所具有的。①

“发现了化学物质的经济学家”——这个表述在语言形式上类似于“木制的铁”“圆形的方”。

政治经济学研究中为什么会出现这个“形容语的矛盾”现象呢？就马克思对这个矛盾的直接解答而言，最简洁的见于“机器和大工业”章的下面一段分析：

> 数学家和力学家说，工具是简单的机器，机器是复杂的工具。某些英国经济学家也重复这种说法。他们看不到二者之间的本质区别，甚至把简单的机械力如杠杆、斜面、螺旋、楔等也叫作机器。的确，任何机器都是由这些简单的力构成，不管它怎样改装和组合。但是从经济学的观点来看，这些说明毫无用处，因为其中没有历史的要素。②

马克思指出，在政治经济学领域中，“数学家和力学家”的研究方法缺陷在于“没有历史的要素”。显然属于“人文学科（Art）”。

以上追溯表明，我国“金融学”专业网页作者提出的论断——“金融是人文学科（Art），而非自然科学（Science）”——这一反思性命题从一个非常重要的侧面表征了中国政治经济学已经走近《资本论》思想世界的核心区域。这个核心区域就是对“拜物教”的分析和批判。

整部《资本论》先后揭示了拜物教的三种历史形式：“商品拜物教”—

① 马克思．资本论：第1卷［M］//中共中央马克思恩格斯列宁斯大林著作编译局．马克思恩格斯全集：第23卷．北京：人民出版社，1972：100.

② 马克思．资本论：第1卷［M］//中共中央马克思恩格斯列宁斯大林著作编译局．马克思恩格斯全集：第23卷．北京：人民出版社，1972：409.

"货币拜物教"—"资本拜物教"。[①] 就这个拜物教的终极形式而言，它所拜之"物"是将"资本"幻想为自然之物或天然之物。"资本"这一范畴包括"产业资本""商业资本""土地资本"以及"生息资本"诸形式。"在所有这些形式中，最完善的物种是生息资本。"[②] 因为：

在生息资本上，资本关系取得了最表面、最富有拜物教性质的形式。[③]

《资本论》第四卷《剩余价值理论》末尾附录的标题为"收入及其源泉：庸俗政治经济学"，该附录堪称对生息资本的一部专论。[④] 其中也写道：

---

① 《资本论》首章末节的标题"商品的拜物教性质及其秘密"。(马克思．资本论：第1卷［M］//中共中央马克思恩格斯列宁斯大林著作编译局．马克思恩格斯全集：第23卷．北京：人民出版社，1972：87-101.)"货币"是"商品"的发展形式，"货币拜物教的谜就是商品拜物教的谜"(同书，第111页)；资本是"生出货币的货币(money which begets money)"(同书，第177页)，因而货币拜物教的迷也是资本拜物教的迷。

② 马克思．剩余价值理论［M］//中共中央马克思恩格斯列宁斯大林著作编译局．马克思恩格斯全集：第26卷(第三册)．北京：人民出版社，1975：500.

③ 马克思．资本论：第3卷［M］//中共中央马克思恩格斯列宁斯大林著作编译局．马克思恩格斯全集：第25卷．北京：人民出版社，1975：440."由于资本与利息的关系在外表上呈现为货币生货币的关系，这个外表遮蔽了利息实际来自雇佣劳动的秘密，从而在货币持有者头脑中产生了幻觉；又由于生息资本与生产资本及商业资本不同，它完全不直接介入生产与流通过程，而表现为纯粹的'货币生货币'形式，因此'在生息资本这个形式上，再也看不到它的起源的任何痕迹了'，'拜物教的观念完成了'。"(陆晓光．《资本论》的结构艺术与马克思美学实践［J］．华东师范大学学报，2007(1)：55-62.)

④ 《资本论》第四卷的《剩余价值理论》最初是由马克思的学生卡尔·考茨基编辑出版。"他对马克思的手稿做了许多删改和变动。"(中共中央马克思恩格斯列宁斯大林著作编译局．马克思恩格斯全集：第26卷(第一册)［M］．北京：人民出版社，1974：451.)"《剩余价值理论》的章节标题大部分是由俄文版编者拟定的。"(同书第452页)该卷第三册末尾"附录"的总标题为《收入及其源泉：庸俗政治经济学》，其中七节的小标题中皆有"生息资本"或"利息"这两个属于当代"金融学"领域的关键词。又，其中引述的古典经济学家的相关论点包括："一个用借贷来牟利的人，应该把一部分利润付给贷款人，这是不言而喻的自然公道的原理"(参见吉尔巴特《银行业的历史和原理》1834年伦敦版)(同书第599页)以及"拥有金银有很大的优越性，因为它提供了选择有利的购买时机的可能，它逐渐导致银行家行业的产生……"(参见弗·威·纽曼《政治经济学讲演集》1851年伦敦版)(同书第597页)。这些关于银行借贷原理的著述显然也属于当代"金融学"的题中之义。中文版编者写道："这样一来，马克思就逐渐地越出了作为自己著作的历史批判部分的《剩余价值理论》的直接对象范围。""马克思著作的全部历史批判部分以此结束。"(同书第634~625页)该"附录"计有101页，其篇幅超过共62页的《共产党宣言》。(中共中央马克思恩格斯列宁斯大林著作编译局．马克思恩格斯选集：第1卷［M］．北京：人民出版社，1972：228-286.)鉴于该"附录"之于金融学原理的重要性，笔者以为标题可作《论庸俗经济学与生息资本》。

> 在生息资本上，资本取得了它的最彻底的物的形式，它的纯粹的拜物教形式，剩余价值表现为一种完全丧失了它自身的东西。资本——作为物——在这里表现为价值的独立的源泉，表现为价值的创造者。(中略)①

马克思以“最彻底的物的形式”“纯粹的拜物教形式”等最高级形容词来描述生息资本特性。简言之，它是整个“商品—货币—资本”世界的建筑大厦的顶点（Top)。

为什么生息资本堪称“纯粹的拜物教形式”呢？因为：

> 在这个形式上，利润的源泉再也看不出来了，资本主义过程的结果也离开了生产过程本身而取得了独立的存在。在G-W-G′中，还包含有中介过程。在G—G'中，我们看到了资本的没有概念的形式，看到了生产关系的最高度的颠倒和物化。②

其中的关键处在于生息资本这一特殊形式“离开了生产过程本身而取得了独立的存在”。换言之，生息资本完全脱离了物质生产领域中制造各种有用产品的实体经济中的“劳动”。

这段论述比较了两种资本运动形式：“G-W-G′”（商品—货币—商品）与“G—G'”（货币—货币生息)。③ 前者是以生产商品的劳动为中介的资本增殖过程；后者则是没有这一中介的“钱能生钱”过程——就像“圣父与圣子”。④ 就前者而言，它是马克思对“资本”实际运动轨迹的高度抽象之概括：

---

① 马克思．剩余价值理论［M］//中共中央马克思恩格斯列宁斯大林著作编译局．马克思恩格斯全集：第26卷（第三册）．北京：人民出版社，1975：554.

② 马克思．剩余价值理论［M］//中共中央马克思恩格斯列宁斯大林著作编译局．马克思恩格斯全集：第26卷（第三册）．北京：人民出版社，1975：412.

③《资本论》中相关字母都是德语的缩写，其含义是——（1）G：货币；（2）W：商品；(3) G'：更多的货币。此外如：c：不变资本；v：可变资本；m：剩余价值；P：生产资本；Pm：生产资料；A：劳动力。

④ 马克思．资本论：第1卷［M］//中共中央马克思恩格斯列宁斯大林著作编译局．马克思恩格斯全集：第23卷．北京：人民出版社，1972：177.

资本的总公式：G-W-G′。①

这个总公式包括产业资本、商业资本、土地资本，以及人力资本。就其中的“产业资本”而言，它的中介“W”可以是玻璃、空调、手机等制造业生产“商品”的劳动；就“商业资本”而言，它的中介可以是外卖、快递、物流等流通领域中传递“商品”的劳动；就“土地资本”而言，它的中介不仅包括“农业工人”，甚至还可以是“自然本身的生产力”（如四季植物的自然生长等）；② 就“人力资本”③ 而言，有生命的人的活劳动本身是资本增殖的最重要来源。因为：

资本是死劳动，它像吸血鬼一样，只有吮吸活劳动才有生命，吮吸的活劳动越多，它的生命就越旺盛。④

由此可见，“资本的总公式：G-W-G′”所概括的诸资本特殊形式中的“W”，其所指涉的首先是商品生产世界各种实体经济中的“劳动”。但是唯独“G—G'”所代表的生息资本（货币—货币生息）的运动轨迹是例外，其中没有“W”所代表的实体经济中的“劳动”：

在这个行为中，这种中介过程消失了，看不见了。⑤

资本因投在特殊生产领域或流通领域而具有的一切特殊形态，在这里

---

① 马克思．资本论：第2卷［M］//中共中央马克思恩格斯列宁斯大林著作编译局．马克思恩格斯全集：第24卷．北京：人民出版社，1972：60.

② “土地，或者说自然，是地租即土地所有权的源泉，——这具有充分的拜物教性质。但是，由于把使用价值和交换价值随意地混淆起来，通常的观念就还有可能求助于自然本身的生产力来解释地租，而这种生产力借助某种魔术在土地所有者身上人格化了。”（马克思．剩余价值理论［M］//中共中央马克思恩格斯列宁斯大林著作编译局．马克思恩格斯全集：第26卷（第三册）．北京：人民出版社，1975：500.）

③ 人力资本（Human Capital）是西方经济学概念，……是体现在劳动者身上的资本。如劳动者的知识技能、文化技术水平与健康状况等。

④ 马克思．资本论：第1卷［M］//中共中央马克思恩格斯列宁斯大林著作编译局．马克思恩格斯全集：第23卷．北京：人民出版社，1972：260.

⑤ 马克思．剩余价值理论［M］//中共中央马克思恩格斯列宁斯大林著作编译局．马克思恩格斯全集：第26卷（第三册）［M］．北京：人民出版社，1975：506.

都消失了。①

资本是以一种好像是价值的独立源泉的形式出现。②

因此马克思以反讽的语调再度强调：

在所有这些形式中，最完善的物种是生息资本。在这里，我们看到的是资本的最初起点——货币，以及G-W-G′这个公式，而这个公式已经被归结为它的两极G—G’。创造更多货币的货币。这是被缩减成了没有意义的简化式的资本最初的一般公式。③

马克思所称“最完善的物种”，是反讽生息资本范畴遮蔽了其来源于“劳动”的轨迹；马克思所谓“没有意义的简化式”则是指其完全脱离了“劳动”这一创造价值的源泉。若沿用传统的政治经济学的分析框架则可知，发达国家20世纪八九十年代国内的产生已经移出，而其原来的上层建筑是在原来占据全球产业资本最大份额的经济基础之上所构建和演进的。历史地看西方自由主义思想和自由主义政体，则主要是西方国家工业化初期在地化的产业资本以自由主义的思想和运动与重商主义的王权斗争的结果。可见，当产业资本大量移出以后，西方的中产阶级运动本质上不再具有原来劳工阶级争取权益斗争提出的自由民主人权等理念之内生正义性。因而，在西方大量占有发展中国家劳动者剩余价值和资本化回流利益的同时，其虽标榜自由民主，却不再具有内生于早期市民运动与后期劳工斗争的所谓“普世价值”，也因此易于被改写为垄断金融资本所利用的“新自由主义”。④ 虽然马克思所有政治经济学著述中都没有使用“金融学”这一术语，但是其中所论“生息资本”正是现代金融学的主要研究

① 马克思．剩余价值理论［M］//中共中央马克思恩格斯列宁斯大林著作编译局．马克思恩格斯全集：第26卷（第三册）［M］．北京：人民出版社，1975：514.

② 马克思．剩余价值理论［M］//中共中央马克思恩格斯列宁斯大林著作编译局．马克思恩格斯全集：第26卷（第三册）［M］．北京：人民出版社，1975：517.

③ 马克思．剩余价值理论［M］//中共中央马克思恩格斯列宁斯大林著作编译局．马克思恩格斯全集：第26卷（第三册）［M］北京：人民出版社，1975：500.

④ 温铁军，等．八次危机：中国的真实经济（1949—2009）［M］．北京：东方出版社，2013：258.

对象。① 由此我们不仅可以说“金融是人文学科（Art）”，而且还可以进一步说：金融学理论的底层逻辑应该是——创造价值的实体经济中的“劳动”。

由此我们再回瞻马克思最初进入政治经济学研究领域所关注的问题：

> 首先，劳动对工人来说是外在的东西。也就是说，不属于他的本质；因此，他在劳动中不是肯定自己，而是否定自己。不是感到幸福，而是感到不幸，不是自由地发挥自己的体力和智力，而是使自己肉体受折磨、精神受摧残。因此，工人只有在自己劳动之外才感到自在，而在劳动中则感到不自在。他在不劳动时感觉舒畅，而在劳动中则感觉不舒畅。因此，他的劳动不是自愿的劳动，而是被迫的强制劳动。因此，这种劳动不是满足一种需要，而只是满足劳动以外的那种需要的一种手段。劳动的异己性完全表现在，只要肉体的强制或其他的强制一停止，人们就会像逃避瘟疫一样逃避劳动。外在的劳动，人在其中使自己外化的劳动，是一种自我牺牲、自我折磨的劳动。最后，对工人来说，劳动的外在性表现在：这种劳动不是他自己的，而是别人的；劳动不属于他；他在劳动中也不属于他自己，而是属于别人。②

这段三百余字的论述中连续出现了 20 个“劳动”。紧接着马克思提到了“宗教”：

> 在宗教中，人的幻想、人的头脑和人的心灵的自己的活动对个人发生作用是不取决于他个人的。也就是说，是作为某种异己的活动，神灵的或魔鬼的活动的；同样，工人的活动也不是他自己的活动。他的活动属于别人，这种活动是他自身的丧失。③

马克思当初虽然还没有使用“拜物教”这一术语，但是至少上面这段论述

---

① “金融、金融学均为现代经济产物。……它作为一门独立的学科，最早形成于西方，叫‘货币银行学’。近代中国的金融学，是从西方介绍来的，有从古典经济学直到现代经济学的各派货币银行学说。”“20 世纪 50 年代末期以后，‘货币信用学’的名称逐渐被广泛采用。”

② 马克思．1844 年经济学哲学手稿［M］//中共中央马克思恩格斯列宁斯大林著作编译局．马克思恩格斯全集：第 42 卷．北京：人民出版社，1979：93-94.

③ 马克思．1844 年经济学哲学手稿［M］//中共中央马克思恩格斯列宁斯大林著作编译局．马克思恩格斯全集：第 42 卷．北京：人民出版社，1979：94.

已经为《资本论》的“拜物教”概念提供了前奏。由此我们可以说，整部《资本论》对“拜物教”的批判，也就是对无视、轻视、蔑视“劳动”的“生息资本”特有之宗教的批判。

《1844年经济学哲学手稿》的批判聚焦于旧有经济学的“片面的”劳动观：

> 不言而喻，国民经济学把无产者，即既无资本又无地租、只靠劳动而且是靠片面的、抽象的劳动为生的人，仅仅当作工人来考察，因此，它才会提出这样一个论点：工人完全和一匹马一样，只应得到维持劳动所必需的东西。国民经济学不考察不劳动时的工人，不把工人作为人来考察；它把这种考察交给刑事司法、医生、宗教、统计表、政治和乞丐管理人去做。……劳动在国民经济学中仅仅以谋生活动的形式出现。①

如果说马克思当初对“国民经济学”② 的批判还仅仅限于“片面的”劳动观，那么在前述《资本论》对生息资本的分析中，马克思则已经透彻地揭示了它完全“离开了生产过程本身”的实质。因此，当代马克思主义金融学作为“人文学科（Art）”，首先需要批判“离开了生产过程本身”的“拜物教”。

马克思最初进入政治经济学领域所发现的最主要问题是：

> 劳动为富人生产了奇迹般的东西，但是为工人生产了赤贫。劳动创造了宫殿，但是为工人创造了贫民窟。劳动创造了美，但是使工人变成畸形。劳动用机器代替了手工劳动，但是使一部分工人回到野蛮的劳动，并使另

---

① 马克思.1844年经济学哲学手稿［M］//中共中央马克思恩格斯列宁斯大林著作编译局.马克思恩格斯全集：第42卷.北京：人民出版社，1979：56.“劳动本身，不仅在目前的条件下，而且一般只要它的目的仅仅在于增加财富，它就是有害的、造孽的，这是从国民经济学家的阐发中必然得出的结论，尽管他并不知道这一点。”（同书，第55页）

② “‘国民经济学’是当时德国人对英国人和法国人称作政治经济学的资产阶级政治经济学采用的概念。德国人认为政治经济学是一门系统地研究国家应该采取哪些措施和手段来管理、影响、限制和安排工业、商业和手工业，从而使人民获得最大福利的科学。因此，政治经济学也被等同于国家学（Staatswissenschaft）。英国经济学家亚·斯密认为，政治经济学是关于物质财富的生产、分配和消费的规律的科学。随着斯密主要著作的问世及其德译本的出版，在德国开始了一个改变思想的过程。”（马克思.1844年经济学哲学手稿［M］.北京：人民出版社，2000：193.）

一部分工人变成机器。劳动生产了智慧，但是给工人生产了愚钝和痴呆。①

其中的“劳动创造了美”也可谓是对无视物质生产领域“劳动”的旧美学观的批判。如果承认这一思想堪称为后世美学提供了前所未有的划时代新命题，那么我们有理由说，整部《资本论》的研究，也是对这一划时代美学新命题的底层逻辑的研究——为什么“劳动创造了美，但是使工人变得畸形”？从而，当代马克思主义金融学作为“人文学科（Art）”，也尤其需要将“劳动创造了美”纳入自己的专业研究视域。

马克思最初进入政治经济学研究领域所提出的最著名美学命题是“人也按照美的规律来制造”：

动物只按照它所属的那个物种的标准和需要去制造，而人却知道怎样按照每一个物种的标准来生产，而且知道怎样到处把本身固有的标准运用到对象上来制造，因此，人还按照美的规律来制造。②

由此我们再回瞻马克思的“劳动”范畴，可以说其核心内涵正是在于“按照美的规律来制造”。从而，整部《资本论》也就具有了为一种划时代新美学提供理论基础的奠基意义。

马克思的“经济学哲学”并非偶然地提到劳动者与审美及艺术的关系：

忧心忡忡的穷人甚至对最美丽的景色都没有什么感觉；贩卖矿物的商人只看到矿物的商业价值，而看不到矿物的美和特性；他没有矿物学的感觉。③

如果你想得到艺术的享受，那你就必须是一个有艺术修养的人。④

因为人类劳动不仅是创造政治经济学意义上的价值的核心主体，而且也是

① 马克思．1844年经济学哲学手稿［M］//中共中央马克思恩格斯列宁斯大林著作编译局．马克思恩格斯全集：第42卷．北京：人民出版社，1979：93.

② 这里引用的是朱光潜的修订译文。（朱光潜．谈美书简：美学拾穗集［M］．北京：中华书局，2013：34.）

③ 马克思．1844年经济学哲学手稿［M］//中共中央马克思恩格斯列宁斯大林著作编译局．马克思恩格斯全集：第42卷．北京：人民出版社，1979：126.

④ 马克思．1844年经济学哲学手稿［M］．北京：人民出版社，2000：146.

创造审美意义上的价值的核心主体。也因为马克思的“经济学哲学”为人类展望了未来社会的美学理想：“人与人之间的兄弟情谊在他们那里不是空话，而是真情；并且他们那由于劳动而变得坚实的形象向我们放射出人类崇高精神之光。”① 在这个意义上我们还可以说，马克思主义美学也理应有所参与政治经济学这一“人文学科（Art）”的研究与建设。②

---

① 马克思 . 1844 年经济学哲学手稿［M］//中共中央马克思恩格斯列宁斯大林著作编译局 . 马克思恩格斯全集：第 42 卷 . 北京：人民出版社，1979：140.

② 20 世纪 80 年代初我国美学界有论者指出：“艺术的研究成为一门真正的科学，应当是以经济学成为一门真正的科学为前提的。”（郑涌 . 历史唯物主义与马克思的美学思想［M］//程代熙 . 马克思《手稿》中的美学思想讨论集 . 西安：陕西人民出版社，1983：160.）数年后另一位著名美学家也强调：“人类制造和使用工具的劳动生产，即实实在在的改造客观世界的物质活动；我认为这才是美的真正根源。”（李泽厚 . 美学四讲［M］北京：生活·读书·新知三联书店，1989：73.）亦见该书新版：李泽厚 . 美学四讲［M］. 武汉：长江文艺出版社，2019：67.

第十八章

关于《资本论》与“文心”的研思笔记

一、《资本论》的文学世界

《资本论》的理论叙事同时呈现了一个内涵丰富而色彩鲜明的文学世界。数年前出版的一部专著中写道：“浏览过《资本论》第一卷的读者，应该都会对马克思的文采与广博的文学知识印象深刻。在论战著作《福格特先生》中，马克思更是将文学素养发挥得淋漓尽致，不仅援引了莎士比亚、但丁、西塞罗、维吉尔、塞万提斯、歌德、海涅、拜伦、席勒、伏尔泰、雨果等经典的对白、情节和人物，更信手拈来，穿插了许多中古高地德语的诗歌作品。马克思之所以对《福格特先生》这种相对次要的作品耗费不成比例的写作精力与修辞技巧，反映了马克思人格中两个重要的面向。首先，是他‘终其一生都极为重视作品的风格与结构’，且对论敌作品的平庸乏味深感不耐；其次，不论对手名气地位如何，他总是试图‘摧毁对方’，尽可能‘让对方无法反驳自己的主张，以迫使对方俯首称臣’。而运用近乎炫学的文学知识与修辞来强化论证的力道，正是马克思在古典社会科学家中独树一帜的风格。”①

这位研究者从“文学知识”的视角论证马克思“独树一帜的风格”，其理由还在于：“除了马克思，社会学领域所谓的几位古典大家（涂尔干、韦伯、齐美尔）都有一定的文学底子，但没有人像马克思那样信手拈来，将各类文学典故及文句紧密镶嵌在论证结构中。”②

---

① 万毓泽.《资本论》完全使用手册［M］. 台北：联经出版社，2018：11.“文学修饰了他的个人生活与私人事务；……他通过文学来确认、阐述自己的新观点；成熟的马克思试图建立的体系如果没有为文学和其他艺术留下稳固、突出的位置，他觉得这样的体系是不会完整的；晚年的马克思则不断从文学作品中得到精神的滋养、游戏的材料、论战的弹药。”（同书第 80 页）

② 万毓泽.《资本论》完全使用手册［M］. 台北：联经出版社，2018：79.

这位研究者的下述论点尤有所见：

> 他绝不只是在这些文学作品中寻求美学的愉悦而已。透过这些作品，他试图让自己感受孕育这些作品的社会条件，并了解他永无机会造访的国家有哪些社会现象与看法。①

这意味着文学典故还具有政治经济学历史资料的意义。

对于笔者而言，考察《资本论》文学世界有助回答的问题是：为什么是马克思创立了剩余价值学说，为什么《资本论》的影响远远超出政治经济学的专业范围？《共产党宣言》描述“世界市场”的同时特别提到了“世界文学”②，而这种同时性或同构性在《资本论》叙事中随处可见。这意味着马克思在批判性研究资本主义生产方式的同时，对文学世界的价值还怀抱特殊期望。无论如何，至少对于非经济学专业的读者而言，由这些“文学知识”构成的文学世界有助于其走近《资本论》，有助于其感触《资本论》独特内涵之所在。英国戏剧家萧伯纳（George Bernard Shaw，1856—1950）在19世纪80年代初期读了《资本论》后说：“从那个时刻起，我变成一个在世界上有事可做的人。”③《资本论》的美学魅力也在于其中呈现的“世界文学”。④

二、《文心雕龙》与延安

“《文心雕龙》与延安”这个话题，即便对于《文心雕龙》研究者而言，也可能是不无陌生而突兀的。提出这个话题是因为，范文澜、周扬、张光年三位相关人物都受过延安文化的洗礼。

---

① 万毓泽．《资本论》完全使用手册［M］．台北：联经出版社，2018：80.

② “资产阶级，由于开拓了世界市场，使一切国家的生产和消费都成为世界性的了。……物质的生产是如此，精神的生产也是如此。各民族的精神产品成了公共的财产。民族的片面性和局限性成为不可能，于是由许多种民族的和地方的文学形成了一种世界文学。”（马克思，恩格斯．共产党宣言［M］//中共中央马克思恩格斯列宁斯大林著作编译局．马克思恩格斯选集：第1卷．北京：人民出版社，1972：254-255.）

③ 安妮特·T. 鲁宾斯坦．英国文学的伟大传统：下［M］．陈安全，高逾，曾丽明，等译．上海：上海译文出版社，1998：370. “然而，从一开始我们就发现他对马克思的理解有一个致命的缺陷，……萧伯纳几乎不可能接受甚至不能想象工人阶级的领导能力。”（同书，第370页）

④ 此条笔记原稿摘自本书作者“〈资本论〉美学研究”课题（项目批准号11BZW018）的结项书（华东师范大学，2015年12月）。

范文澜（1893—1969），1917 年毕业于北京大学，后赴日本留学。1921 年回国在南开大学、北京大学、北京师范大学、辅仁大学等教授中国文学。1939 年加入中国共产党。“1940 年 1 月，范文澜带着 30 多箱书籍来到延安，任马列学院历史研究室主任。”1942 年出版《中国通史简编》后，“毛主席非常高兴，对范文澜说：‘我们党在延安又做了一件大事……我们共产党人对于自己国家几千年的历史，不仅有我们的看法，而且写出了一部系统的、完整的中国通史。这表明我们中国共产党对于自己国家几千年的历史有了发言权，也拿出了科学的著作了。’”①

范文澜 1925 年在天津出版《文心雕龙讲疏》，后改名为《文心雕龙注》，由人民出版社于 1958 年出版。笔者及同龄人在 20 世纪 80 年代初所读恐怕都是人民出版社 1978 年的该书第 6 次印刷本（上下册，计 761 页）。

周扬（1908—1989），1928 年毕业于上海大夏大学（今华东师范大学），同年冬留学日本。1930 年回上海投身左翼文化运动。1937 年到延安，历任陕甘宁边区教育厅长、鲁迅艺术文学院副院长、延安大学校长等。1983 年在中国《文心雕龙》学会成立大会上，周扬高度评价：“《文心雕龙》是一个典型，古代的典型，也可以说是世界各国研究文学、美学理论最早的一个典型，它是世界水平的，是一部伟大的文艺、美学理论著作……它确是一部划时代的书，在文学理论范围内，它是百科全书式的。”② 该次会议上周扬被推重为《文心雕龙》学会名誉会长。③ 其时王元化发言题目是《中国古代文论研究和建立民族化的马克思主义文艺理论问题》。④

张光年（1913—2002）笔名光未然，《黄河大合唱》作者。出生于湖北，1929 年加入中国共产党，1931 年入学武昌中华大学中文系（今华中师范大学中文系），1939 年到延安，同年创作组诗《黄河大合唱》。1949 年后历任《剧本》《文艺报》《人民文学》主编、中国戏剧家协会党组书记、中国作家协会党组书记、中国共产党中央顾问委员会委员等。张光年 20 世纪 60 年代初曾在《文艺报》译讲《文心雕龙》，晚年“88 岁高龄冒险动了一次大手术之后，仍然孜孜

---

① 资料来源：百度百科。

② 戚良德.《文心雕龙》是一部什么书［N］. 光明日报，2021-12-06.

③ 徐庆全．“花开两朵缘一枝”：王元化、牟世金与《文心雕龙》学会的成立——以王元化致周扬两封未刊信为主的疏考［J］. 文史哲，2021（4）：154-165.

④ 王元化．中国古代文论研究和建立民族化的马克思主义文艺理论问题：座谈纪要［J］. 文史哲，1983（1）：55-63.

不倦地完成了《骈体语译〈文心雕龙〉》的创作，完成了他一生的夙愿”①。

三、王元化“三读”与《资本论》

“三读”是王元化晚年对他三本书的简称。② 依次为《读黑格尔》（2006）、《读文心雕龙》（2007）、《读莎士比亚》（2008）。③

《读文心雕龙》“从我青年时代问学于汪公严先生开始接触本书起”，它的“酝酿是在四十年代，写作是在六十年代，出版则是七十年代，至于再重新加以校订，作为今天这样的本子出版则是二十一世纪的第四个年头了”④。其间先后有六个修订版。⑤

《读黑格尔》始于20世纪50年代，原稿是当年笔记。“我读的第一本黑格尔的书，是一九五四年三联书店初版印行的贺译《小逻辑》。这是根据中华人民共和国成立前的商务本子重印的。”⑥ “一九五六年九月七日上午第一次读毕。”“一九五六年十一月一日下午第二次读毕。此次历时两个多月，做了十一册笔记。”“一九七四年十月二十九日第三次读毕。”⑦ “我最初读《美学》，已是二十世纪七十年代了。……这本读《美学》的笔记大约作于一九七六年。”⑧

《读莎士比亚》是王元化与张可的合著，前身是《莎剧解读》，其中“收入

---

① 张光年．骈体语译《文心雕龙》［M］．武汉：华中师范大学出版社，2017. 参阅：陈文新．何以要用骈体白话翻译《文心雕龙》：读张光年《骈体语译文心雕龙》［J］．长江文艺评论，2019（5）：3.

② “这本《读文心雕龙》，最初以《文心雕龙创作论》为书名，于一九七九年初版问世，印行了两版后，一九九二年更名为《文心雕龙讲疏》，又印行了四版。现经我重新加以校订，再次更名为《读文心雕龙》，和《读黑格尔》《读莎士比亚》，简称“三读”，列入《清园丛书》。”（王元化．读文心雕龙［M］．北京：新星出版社，2007：1.）

③ 该三书的出版年分别为：《读黑格尔》（新星出版社2006年11月），《读文心雕龙》（新星出版社2007年12月），《读莎士比亚》（上海书店出版社2008年1月）。

④ 王元化．读文心雕龙［M］．北京：新星出版社，2007：1-2.

⑤ 六个版本分别为：《文心雕龙创作论》（初版，上海古籍出版社1979年）、《文心雕龙创作论》（第二版，上海古籍出版社1984年）、《文心雕龙讲疏》（上海古籍出版社1992年）、《文心雕龙讲疏》（改订版，广西教育出版社2004年）、《文心雕龍講疏》（日本汲古书院2005年）、《读文心雕龙》（新星出版社2007年）。（参阅：陆晓光．有情志有理想的学术：王元化的《文心雕龙》研究［M］//2008年度上海市社会科学界第六届学术年会文集（哲学·历史·文学学科卷）．上海：人民出版社，2008.）

⑥ 王元化．读黑格尔的思想历程［M］//王元化．读黑格尔．南昌：百花洲文艺出版社，1997：1.

⑦ 王元化．读黑格尔的思想历程［M］//王元化．读黑格尔．北京：新星出版社，2006：1-2.

⑧ 王元化．读黑格尔［M］．北京：新星出版社，2006：1.

了张可和我共同翻译的西方有关莎剧的评论”①。“是我和张可在二十世纪五十年代末六十年代初共同工作的一点纪念。”② 更早的是张可译《莎士比亚研究》(上海译文出版社于1982年出版，王元化跋)。

《读莎剧时期的回顾》写道：“抗战初期，商务已出版了梁实秋翻译的几本莎剧。我读了梁译的《丹麦王子哈姆雷特之悲剧》。……二十世纪五十年代初，我以它为题，写了一篇探讨哈姆雷特性格的文章。这篇文章没有发表，一直保存到二十世纪六十年代初。我将它和那时写的论奥瑟罗、李尔王、麦克佩斯编在一起，作为《论莎士比亚四大悲剧》中的第一篇。张可将这部近十万字的稿子，用娟秀的毛笔小楷誊抄在朵云轩稿笺上，再用磁青纸做封面，线装成一册。”③

以上三书，都与王元化读《资本论》有交集。

例如《读莎剧时期的回顾》写道：“我将自己的阅读范围很快集中在三位伟大作者的著作方面，这就是马克思、黑格尔、莎士比亚。……这是我一生中读得最认真也受益最大的时候。”④

再如《读黑格尔的思想历程》一文记述：“这次所写的十一册笔记连同差不多时期所写的读《资本论》第一卷的十来本笔记……”⑤

又如《我的三次反思》，“我把我的全部攻读集中在三位大家身上：马克思《资本论》(第一卷)、黑格尔《小逻辑》、《莎士比亚戏剧集》。有关前两种，我写了数十本笔记，这些笔记现分别藏在上海档案馆和上海图书馆内”⑥。

并且，王元化所读正是“郭、王合译的《资本论》”。⑦

---

① 王元化．莎剧解读：序［M］//歌德，等．莎剧解读．张可，元化，译．上海：上海教育出版社，1998：1.

② 王元化．莎剧解读：跋［M］//歌德，等．莎剧解读．张可，元化，译．上海：上海教育出版社，1998：393.“我把当时分别译出的莎剧评论，誊抄在两厚册笔记本上，共有四百五十多页，我们对这项工作是抱着一种虔敬认真的态度的，这也可以说是一种敬业精神罢。”(该书同页)

③ 王元化．读莎剧时期的回顾［M］//王元化．九十年代反思录．上海：上海古籍出版社，2000：264-265.

④ 王元化．读莎剧时期的回顾［M］//王元化．九十年代反思录．上海：上海古籍出版社，2000：275.

⑤ 王元化．读黑格尔［M］．北京：新星出版社，2006：2.“两年前我将它们全部捐赠给上海档案馆了。”(同页)

⑥ 王元化．我的三次反思［M］//陆晓光．王元化文稿：文化卷．北京：中央编译出版社，2017：481.

⑦ 王元化，张可．读莎士比亚［M］．上海：上海书店出版社，2008：304.

四、“文学经典也是马克思主义的重要来源”

和建伟博士论文《马克思与西方经典作家关系研究》的选题缘起之一是，当初笔者正在做国家社科项目“《资本论》美学研究”，期望亦获教学相长。

该论文开题之前逐一考察了《马克思恩格斯全集》(中文版50卷本)，作者由此获得关于课题对象的“一个混沌的关于整体的表象”（马克思《政治经济学批判导言》语）。这个“整体的表象”细部之一是，梳理出马克思引涉巴尔扎克小说不下于十部（《高布塞克》《农民》《不出名的杰作》《言归于好的麦尔摩特》《生意人》《乡村教士》《表妹培蒂》《贝姨》《失去的幻想》《大名鼎鼎的戈迪萨尔》等)。作者又由此聚焦于但丁、莎士比亚、歌德、巴尔扎克四位经典作家，分别做成四位经典作家专题资料汇辑（近16万字)。

论文完成后受到评阅者的肯定之一是：“将四位经典作家中的人物、意象、主题、语言风格，与马克思的重要哲学、经济学、政治学论著的相关方面进行互文观照，揭示了其人文精神的来源、内蕴和文学表达形式。这些创新成果填补了国内研究的空白，在方法论方面也有重要的启示意义。”

马克思的文艺思想大都表现为对文学经典的评论，其语境则通常是正在研究并为之焦虑的某个问题。因此，将马克思相关的文学评论转换为某个依然需要研讨的问题，不仅是一种领略经典文学魅力的特殊视角，而且可望获得有当下意义的新知。该书论述巴尔扎克部分所提问题是：“马克思何以高度赞扬巴尔扎克?”“何以推荐巴尔扎克《玄妙的杰作》?”就后者而言，这项研讨回应了英国学者弗朗西斯·惠恩（Francis Wheen）21世纪初出版的《〈资本论〉传》，后者以巴尔扎克（Honoré · de Balzac)《玄妙的杰作》为“导言”标题①，该书卷末结句是：“马克思仍然能够成为21世纪最有影响力的思想家。”②

该书序论中还提出了下面一个新论点：

> 传统观点认为，马克思主义有三个来源，分别是德国古典哲学、英国古典政治经济学和法国空想社会主义学说。基于文学经典在马克思论著中

---

① 巴尔扎克《玄妙的杰作》书名又译“未名的杰作”，惠恩该书导论开首写道：“1867年2月，就在《资本论》第一卷交付给出版商之前，卡尔·马克思劝说弗里德里希·恩格斯读读巴尔扎克所写《未名的杰作》（*The Unknown Masterpiece*)。他说，这个故事本身就是杰作，‘充满了值得玩味的讽刺’。”（惠恩．马克思《资本论》传［M］．陈越，译．北京：中央编译出版社，2009：1.）

② 惠恩．马克思《资本论》传［M］．陈越，译．北京：中央编译出版社，2009：188.

> 的重要地位，从某种意义上说，文学经典或许也是马克思主义的一个比较重要的来源。

一位评阅者写道：“认为世界文学经典也是马克思主义的重要来源之一，这是一个重大发现，具有创新开拓的意义。”另一份评阅书认为，作者“比较充分地论证了‘西方文学经典是马克思主义的一个重要来源’的观点”。

该论文的这一新论点也支持了近年来笔者所探讨的问题。这个问题是：马克思主义在中国语境中是否以及缘何具有特殊生命力。我认为重要原因之一在于马克思学说与中国优秀文化传统之间具有相通互补的潜力。中国传统文化信念包括“大道之行也，天下为公”（《礼记·礼运》），而马克思学说的理想是共产主义；“四海之内，皆兄弟也”（《论语·颜渊》），而马克思有“世界公民”意识及“自由人联合体”构想；“大学之道在明明德，在亲民”（《礼记·大学》），而推重人民群众的创造力是马克思主义基本原理的题中之义；中国文明是世界历史上唯一的非宗教文明，而马克思主义则是现代世界“普遍体系中唯一的世俗思想体系”（美国学者詹明信语）；尤其是，中国还是世界上诗文传统最为悠久丰富的国家，而马克思不仅推重欧洲经典文学的“永久魅力”，并且对“世界文学”充满期待。如果说马克思著述中的文学世界与中国“文以载道”的悠久传统有所相通，那么阐明前者也有助于发展后者的当代意义。①

五、“各照隅隙，鲜观衢路”

《文心雕龙》批评前人“各照隅隙，鲜观衢路”的偏仄②，而郭绍虞先生却以“照隅室”为斋名。王元化《记郭绍虞》一文称：“绍虞先生反其意用之，不仅在于这两个字和他的本名谐音，而且寓有其他命意。他的《中国文学批评史·自序》有一段话说得很明白：‘（我）愿意详细地照隅隙，而不能粗鲁地观衢路。’这意思是说，宁可详细地从事一些个案的具体研究，而不愿粗率地从事抽象的理论概括。”③ 王元化之所以推重郭绍虞的“照隅隙”，因为这是“观衢路”的必要前提。

《记郭绍虞》还强调了“照隅隙”方法的特殊意义：因为当时“正盛行着

---

① 参阅：和建伟．马克思人文精神与西方经典作家关系研究：以但丁、莎士比亚、歌德、巴尔扎克为中心［M］．北京：中国致公出版社，2019：2-3.

② 王更生．文心雕龙：全译本［M］．西安：三秦出版社，2021：338-339.

③ 王元化．人物·书话·纪事［M］．北京：人民文学出版社，2006：73-74.

以简单的概括手段”作为宏观研究的依据。因此，“对于绍虞先生的学术著作都应从这种角度去领会，不能不去注意它们的针对性”①。

这个“针对性”亦即王元化多处批评的“空疏”学风。例如1983年《文心雕龙创作论》第二版跋中指出：有一种舆论偏见的表现是，“愈是空疏，愈是理智上衰竭无能，就愈显出一种压倒千古大哲的虚骄之气”②。1997年《莎剧解读》跋回忆：“二十世纪五十年代末六十年代初”，“在那些年代里，文科的资料工作也作得较好。可是不久资料工作不再受到重视了，从而形成一种以引证代替论证而不从论据进行论断的空疏学风”③。

然而时至数十年后的今日，如果说某一学问领域中的“各照隅隙”已经事倍功多，乃至临近题乏剩义之境，那么学问家是否也可着力开拓“观衢路”的另一面？后者也正是王元化当年所期望：“一个萝卜一个坑，……谁也不肯越雷池一步，放开眼界，关心一下自己那个小天地以外的广大世间。这种情况倘不急速扭转，将会使我们的研究者成为恩格斯所说的‘分工的奴隶’。早在一千多年前，刘勰就已感叹前代和同代那些‘各照隅隙，鲜观衢路’的理论家，‘各执一隅之解，欲拟万端之变，所谓东向而望，不见西墙也’。我很怀疑目前我们那种分工细到这种地步的研究方法，到底会出怎样的成品，会有怎样的功效？”④

六、毛泽东与“综合研究法”

王元化在1979年提出过著名的“综合研究法”：“我想在《文心雕龙》研究方面做些新的尝试。我首先想到的是三个结合，即古今结合、中外结合、文史哲结合。”该想法“萌生于马克思《政治经济学批判导言》”，“我把这种方法称作综合研究法”⑤。

近期笔者感触到，这一方法的最早提倡者可能是延安时期的毛泽东。兹略举数例。

1941年《驳第三次“左”倾路线》：“要认识现时中国革命的性质是什么，就必须从中国社会是特殊的半殖民地半封建的社会这一点出发”，并“加以具体的分析与综合的调查研究，才能做出肯定的结论。稍一离开这种方法，稍一不

① 王元化．人物·书话·纪事［M］．北京：人民文学出版社，2006：74.
② 王元化．文心雕龙讲疏［M］．上海：上海古籍出版社，1992：318.
③ 歌德，等．莎剧解读［M］．张可，元化，译．上海：上海教育出版社，1998：396.
④ 王元化．文学沉思录［M］．上海：上海文艺出版社，1983：55.
⑤ 王元化．文心雕龙讲疏［M］．上海：上海古籍出版社，1992：322.

合该事该人的实际，就没有法子做出正确的结论”。①

1941 年 5 月《改造我们的学习》：“对于国内和国际的各方面，对于国内和国际的政治、军事、经济、文化的任何一方面，我们所收集的材料还是零碎的，我们的研究工作还是没有系统的。”“为此目的，就要像马克思所说的详细地占有材料，加以科学的分析和综合的研究。”②

1941 年 9 月《关于农村调查》，“这里特别要注意的是分析。应该是分析而又综合，就是在第二步骤的分析中，也有小的综合。古人说：文章之道，有开有合。这个说法是对的。苏东坡用‘八面受敌’法研究历史，用‘八面受敌’法研究宋朝，也是对的。今天我们研究中国社会，也要用个‘四面受敌’法，把它分成政治的、经济的、文化的、军事的四个部分来研究，得出中国革命的结论”。“我上面刚才讲的分析法和综合法，就是用这观点。”③

1942 年 2 月《反对党八股》：“一篇文章或一篇演说，如果是重要的带指导性质的，总得要提出一个什么问题，接着加以分析，然后综合起来，指明问题的性质，给以解决的办法，这样，就不是形式主义的方法所能济事。”④

以上，如果说毛泽东当初提倡“分析法和综合法”首先旨在“改造我们的学习”，那么王元化后来提出的“综合研究法”，则是主要期望“改造我们的学术”。

七、“诗者，持也”与“五个始终坚持”

笔者从“上海基层党建”网页读到“建党百年前夕”国家领导人集体学习的报道。其中述及“习近平总书记提出了‘五个始终坚持’的要求：始终坚持科学理论指导、始终坚持理想信念、始终坚持初心使命、始终坚持光荣革命传统、始终坚持推进自我革命”⑤。这段话强化了笔者近年读《习近平谈治国理政》的一个感觉。“始终坚持”也是贯穿该书三卷的关键词。例如下面摘录。

第三卷出版说明中有“必须长期坚持的指导思想”；目录有“坚持和加强党的全面领导”“坚持和完善中国特色社会主义制度”“坚持以人民为中心”“坚持党对国家安全工作的绝对领导”“坚持底线思维，着力防范化解重大风险”

---

① 毛泽东．驳第三次“左”倾路线：节选［M］//毛泽东文集：第 2 卷．北京：人民出版社，1993：346.

② 毛泽东．改造我们的学习［M］//毛泽东选集：第 3 卷．北京：人民出版社，1959：797，800.

③ 毛泽东．关于农村调查［M］//毛泽东文集：第 2 卷．北京：人民出版社，1993：381.

④ 毛泽东．反对党八股［M］//毛泽东选集：第 3 卷．北京：人民出版社，1959：840.

⑤ 参见上海基层党建网。

“长期坚持、不断丰富发展新时代中国特色社会主义经济思想”“为新时代坚持和发展中国特色社会主义提供宪法保障”“坚持以全面依法治国新理念新思想战略为指导，坚定不移走中国特色社会主义法治道路”“把人民政协制度坚持好，把人民政协事业发展好”“坚持不懈推进‘厕所革命’”“重整行装再出发，以永远在路上的执着把全面从严治党引向深入”“持续推动全党不忘初心、牢记使命”等。①

第二卷出版说明中有“坚持和发展中国特色社会主义”；目录有“坚持和发展中国特色社会主义，实现中华民族伟大复兴的中国梦”“坚定不移贯彻新发展理念”“坚持精准扶贫、精准脱贫，坚决打赢脱贫攻坚战”“坚持依法治国和以德治国相结合”“坚定不移推进党风廉政建设和反腐斗争”“坚持党的领导、加强党的建设是国有企业的独特优势”“毫不动摇坚持我国基本经济制度，推动各种所有制经济健康发展”“坚定对中国特色社会主义政治制度的自信”“保持和增强党的群团工作和群团组织的政治性、先进性、群众性”“坚持以人民为中心的创作导向”“坚持和巩固党对意识形态工作的领导”“坚定文化自信”“坚持‘一国两制’，推进祖国统一”“坚持和平发展，促进合作共赢”。②

第一卷出版说明中有“坚定不移深化改革开放”；目录有“毫不动摇坚持和发展中国特色社会主义”“坚持和运用好毛泽东思想活的灵魂”“坚持法治国家、法治政府、法治社会一体建设”“坚持总体国家安全观，走中国特色国家安全道路”“坚持理性、协调、并进的核安全观”“坚持亲、诚、惠、容的周边外交理念”。③此外，该卷末章首篇“发扬钉钉子精神，一张好的蓝图一干到底”的标题④，显然也是“坚持”的比喻。

笔者留意到这个“坚持”，也缘于读《文心雕龙》。其《明诗》篇曰：“诗者，持也，持人情性。”“持之为训，有符焉尔。”⑤ 据学界考辨：“《文心雕龙》提出‘持性情’说，《毛诗正义》提出‘持人之行’，《艺概》提出‘持己’

① 习近平．习近平谈治国理政：第3卷［M］．北京：外文出版社，2020：1-11.

② 习近平．习近平谈治国理政：第2卷［M］．北京：外文出版社，2017：1-10.

③ 习近平．习近平谈治国理政：第1卷［M］．北京：外文出版社，2014：1-7.

④ 习近平．习近平谈治国理政：第1卷［M］．北京：外文出版社，2014：9.

⑤ 该数句今译为：“诗，是执持的意思。就是说，诗可以执持人们性情之正，不使其流荡放轶。”“用‘持’字来训释‘诗’的定义，相信是绝对符合孔子的意思的。”（王更生．文心雕龙：全译本［M］．西安：三秦出版社，2021：32.）

‘持世’等。”①

八、钱谷融释“具体之所以具体”

《钱谷融论文学》不止一次引鉴了马克思《政治经济学批判导言》的“具体之所以具体”说。其中《艺术的魅力》一文指出“艺术形象”首要特点在于它的“具体性”，“什么叫具体性呢？马克思在《政治经济学批判导言》中说：‘具体之所以为具体，因为它是许多规定的总结，因而是复杂物的统一（Einheit des Mannigfa tigen）。’”②

钱先生紧接着阐释：“艺术形象主要是人物形象，写人必须写出他的性格，而人的性格是复杂的，在不同的场合，不同的条件下会有不同的表现。但表现尽管多种多样，其间又必然有着内在的统一。因为人也是马克思所说的‘复杂物的统一’。”③

又紧接着以文学作品为例：“譬如《子夜》写吴荪甫，不但写他在厂里的情况，也写他在家里的情况；不但写他跟几个实力比他小的资本家的关系，也写他跟赵伯韬这样的买办资本家的关系；不但写他办事顺利时候的态度，也写他在遭受挫折时候的态度。……这就使我们感到这个人写得很具体，仿佛可以触摸得到一样。”④

钱谷融该文落款是“1978年6月”。翌年10月初版的王元化《文心雕龙创作论》也有专篇研讨，题为《关于“由抽象上升到具体”的一点说明》。其中写道：“作为政治经济学科学方法起点的感性认识是一种‘混沌的关于整体的表象’，这和作为艺术思维起点的感性认识是现实生活的可感觉的具体形象有着显

① 吴从祥．“诗者，持也”考辨［M］//中国诗经学会，河北师范大学．诗经研究丛刊：第27辑．北京：学苑出版社，2015. 该文摘要称：“因‘诗’从‘寺’声，而‘持’为‘寺’后起字，故‘寺’将‘诗’与‘持’关联在一起了。此外，‘诗’有‘持’义。在此基础之上，《诗纬》提出‘诗者，持也’之说，进一步将‘持’具体化为‘自持其心’和‘扶持邦家’，从而进一步发展了儒家《诗》教理论。《诗纬》‘诗者，持也’观点对后世影响深远。”

② 钱谷融．艺术的魅力［M］//钱谷融．钱谷融论文学．上海：华东师范大学出版社，2008：188. 该书原注：“马克思，《政治经济学批判》，人民出版社，1955年版，第163页。”钱谷融《论托尔斯泰创作的具体性》一文的引鉴进一步发挥了马克思的“具体之所以为具体”说，见该书第235~258页。

③ 钱谷融．艺术的魅力［M］//钱谷融．钱谷融论文学．上海：华东师范大学出版社，2008：188.

④ 钱谷融．艺术的魅力［M］//钱谷融．钱谷融论文学．上海：华东师范大学出版社，2008：189.

著的区别。虽然两者都属于感性范畴的表象，但是这两种表象的性质是各异其趣的。”①

王元化注意到艺术“形象”与科学“表象”之间的同中有异。他指出：“人物形象的表情、姿态、举止、谈吐……种种外在的特征，思想感情的复杂微妙的表达方式，以及他们的经历、遭遇、周围环境和别人接触时所产生的形体反应等这类具体的细节，对于政治经济学家来说，都是无关宏旨的。……倘使我们不去探讨这两种不同表象的区别，而只是简单地用从感性到理性的认识共同规律笼统地把艺术和科学的思维活动一律相绳，那么我们就不可能对形象思维的探索再深入一步。”②

今按：十多年后对海德格尔存在主义美学的相关研究表明，马克思《政治经济学批判导言》使用的“表象”一词，在德文原版中为“Vorstellung”，其意蕴包括“感觉、知觉、印象、概念、范畴等”，因而它与英语“image”（形象）有相通。③

九、诗学“意象”与政治经济学“表象”

张弘教授《意象的构成及本质》一文可能是首次将西方“意象”理论引进中国文论而综合研讨的力作。其中将诗歌“意象”分析为三个层次：“心象”“语象”“喻象”。④ 郭豫适序文评赞：“这是一个很好的见解，是一个有益于推动中西文化对话和交流的具有建设性的见解，与当年王国维关于中学西学可以‘互相推动’的观点是一致的。”⑤

郭先生还指出该文独创性首先在于：“运用西方理论中有关‘意象’的知识和方法来对我们所熟知的古代‘意象’概念做了新的补充和解释。”⑥ 笔者循此读去，发现其中引涉的论者至少有如下20多位（按文中出现顺序）：意象主义领袖庞德、女诗人艾米·劳韦尔、《普林斯顿诗歌与诗学百科全书》、亚里士多德、高尔顿爵士、萨特、分析哲学家赖尔、弗洛伊德、皮亚杰、梅洛-庞蒂、弗

---

① 王元化．文心雕龙创作论［M］．上海：上海古籍出版社，1979：150.

② 王元化．文心雕龙创作论［M］．上海：上海古籍出版社，1979：150-151.

③ 张弘．临界的对垒［M］．长春：吉林人民出版社，2000：467.

④ 张弘．临界的对垒［M］．长春：吉林人民出版社，2000：462-463.

⑤ 郭豫适．临界的对垒：序［M］//张弘．临界的对垒．长春：吉林人民出版社，2000：3.

⑥ 郭豫适．临界的对垒：序［M］//张弘．临界的对垒．长春：吉林人民出版社，2000：3-4.

莱、休谟、黑格尔、洛克、康德、普莱斯、索绪尔、维特根斯坦、德里达、中世纪学者阿贝拉尔、勒戈夫、卡夫卡、普鲁斯特、英美新批评派、艾略特、雪莱、新批评家兰瑟姆等。

该文第五节专门讨论了马克思《政治经济学批判导言》的一段有关"表象"的方法论："如果我从人口着手，那么这就是一个混沌的关于整体的表象，……直到我最后又回到人口，但是这回人口已是一个具有许多规定和关系的丰富的总体了。"① 张弘指出："马克思所谈的从抽象上升到具体的过程，是就普遍思维规律而言的，因此也应该包括科学思维。但至少在艺术哲学或诗学理论的范围内，意象就是这样一个具有许多规定和关系的更加丰富的'具体总体'。"②

郭先生强调这是张弘"学习马克思有关思维过程和方法的自得的体会"，表现了"对所研究事物的深入钻研和思索"③。这一结论令笔者油然想到王元化《文心雕龙创作论》的《释〈比兴篇〉拟容取心说——关于意象、表象与概念的综合》的一个附录，题为《关于"由抽象上升到具体"的一点说明》："作为政治经济学科学方法起点的感性认识是一种'混沌的关于整体的表象'，这和作为艺术思维起点的感性认识是现实生活的可感觉的具体形象有着显著的区别。虽然两者都属于感性范畴的表象，但是这两种表象的性质是各异其趣的。……"④ 如果说王元化已经意识到诗学"意象"与政治经济学"表象"之间的异同关系并有所阐明，那么张弘该文则试图进而揭示这种关系的母语背景。中文所称"意象"的西语语源为："英语 image，法语 l'emage，拉丁语 imago，在精神图像的意义上，正与德语 Vorstellung 同义，但 Vorstellung 一般通译为'表象'，其实

---

① 马克思．政治经济学批判导言［M］//中共中央马克思恩格斯列宁斯大林著作编译局．马克思恩格斯选集：第2卷．北京：人民出版社，1972年：103.

② 张弘．临界的对垒［M］．长春：吉林人民出版社，2000：472.

③ 郭豫适．评张弘《临界的对垒》［M］//郭豫适．半砖园文集．南京：江苏古籍出版社，2009：567.

④ 王元化．文心雕龙创作论［M］．上海：上海古籍出版社，1979：150-151．"作为政治经济学科学方法起点的表象的性质也是外界所给予的感性材料，不过这些外界感性材料所构成的表象往往采取了思想（观念）的形式。例如，马克思所说的'人口'这一'混沌的关于整体的表象'就是明显的例子。此外，我们还可以举出：忿怒、希望等。这些表象都是我们感觉所熟悉的，但它们也都是以普遍的思想形式呈现出来。至于文学艺术家从外界所摄取的表象，却并不采取这种普遍的思想形式。人物形象的表情、姿态、举止、谈吐……种种外在的特征，思想感情的复杂微妙的表达方式，以及他们的经历、遭遇、周围环境和别人接触时所产生的形体反应等这类具体的细节，对于政治经济学家来说，都是无关宏旨的。……倘使我们不去探讨这两种不同表象的区别，而只是简单地用从感性到理性的认识共同规律笼统地把艺术和科学的思维活动一律相绳，那么我们就不可能对形象思维的探索再深入一步。"（同书，同页）

二者是一个意思。”① 马克思的《政治经济学批判导言》正是以德文撰写。

十、“历史与逻辑结合方法的第二种形式”

上海基层党建网“世界读书日”报道述及习近平总书记1997年在《福建论坛》发表“论《〈政治经济学批判〉序言》的时代意义”。② 恰巧很多年前笔者读博期间也曾在《福建论坛》发表过一篇论文，题为《关于古代文艺心理学思想研究的思考——兼论历史与逻辑方法的第二种形式》③。兹摘数段。

“许多学科中的大家一般都同时是谙熟该学科知识发展史的人，……梁启超的清学史研究是如此，马克思的剩余价值学说史研究同样如此。”

“马克思受黑格尔启发，但是扬弃了其唯心主义与带有机械强制性的三段论模式。在《资本论》中，他从资本主义经济最基本的细胞，即商品出发，论述了其经由货币到资本的发生、发展过程。由于构成整个资本主义经济有机体的‘商品’这一最基本单位同时也是该有机体在历史上的最初发展形态，并且处于它之上的各个层次与分支的结构关系与历史上各发展阶段的顺序有着一种对应关系；从而，对商品历史发展的描述过程，也就同时成为逻辑地表述资本主义经济结构与规律的过程。如同恩格斯所赞扬的那样，马克思的这些著作是完满运用历史与逻辑结合方法的典范。”

但是“文艺心理的规律自从人们开始从事文艺活动的那一天起，就连同其各个方面和全部复杂性客观地存在了。它并不像资本的运动那样，有一个以商品为细胞的发生发展过程。先秦诗人的创作与清代诗人的创作，其经历的心理活动之复杂程度不会有根本性差别。同时，人们对这种文艺心理现象的认识并没有按照先认识其中的某一基本层次，尔后进入对某一较高层次的这一进程展开。有关资料无数次地表明，同一个属于文艺心理范围的问题，常常被不同时代、相隔遥远的文论家们不断探究。例如宋代严羽的‘别材别趣’说，在清代王士祯、沈德潜的诗论中仍被讨论。至今文艺学家还在解释不已的创作个性问题，早在先秦时的《易传》中就有了文字表述”。

因此“研究对象的性质决定方法的选择。既然古代文艺心理思想研究这一课题的对象是古人的某方面认识，而非这种认识的客观对象本身，既然古人对

① 张弘．临界的对垒［M］．长春：吉林人民出版社，2000：467.

② “1997年习近平在《福建论坛（经济社会版）》发表‘论《〈政治经济学批判〉序言》的时代意义’。”（参见上海基层党建网）

③ 陆晓光．关于古代文艺心理学思想研究的思考：兼论历史与逻辑方法的第二种形式［J］．福建论坛，1987（2）：30-36.

文艺心理问题的认识史与文艺心理规律本身之间并没有一种历史—逻辑的同构关系，那么显然，在这里照搬《资本论》的那种方法是不妥当的”。

今按：以上分析比较，也是当年拙论文之所以探讨“历史与逻辑方法的第二种形式”的缘由。今天可以进一步说，在荷马史诗的创作心理与鲁迅小说的创作心理之间，很难说存在着一种类似“商品—货币—资本”的发展历程和逻辑进程。

十一、马克思与《神曲》

但丁是马克思所爱诸诗人中的第一位。马克思回答长女燕妮的提问时表示，“喜爱的诗人：但丁（Dante Alighieri）、埃斯库罗斯（Aeschylus）、莎士比亚（William Shakespeare）、歌德（Johann Wolfgang von Goethe）”①。李卜克内西（Karl Liebknecht）《忆马克思》说：“《神曲》这本书他几乎全都背得出。”② 然而据调查，我国但丁研究论文近200篇，马克思与《神曲》的关系却鲜有关注。

《资本论》与《神曲》的关系，至少有如下数端。

（1）1859年《〈政治经济学批判〉序言》中，马克思引用《地狱篇》诗句以表达其决心，“在科学的入口处，正像在地狱的入口处一样，必须提出这样的要求：‘这里必须根绝一切犹豫；这里任何怯懦都无济于事。’”③

（2）《资本论》初版序末尾写道，“任何科学批评的意见我都是欢迎的。而对于我从来就不让步的所谓舆论的偏见，我仍然遵守伟大的佛罗伦萨诗人的格言：‘走你的路，让人们去说罢！’”（末句见《神曲·炼狱篇》第5首）④

（3）在说明货币原理时，马克思联想到了《神曲·天堂篇》圣彼得对但丁的提问：“这个铸币经过检验，重量成色完全合格，但告诉我，你钱袋里有吗？”⑤

（4）在“工作日”章，马克思叙述童工悲惨处境时，也想到了《神曲》中的地狱：“如果但丁还在，他一定会发现，他所想象的最残酷的地狱也赶不上这

---

① 该《自白》见：中共中央马克思恩格斯列宁斯大林著作编译局．马克思恩格斯全集：第31卷［M］．北京：人民出版社，1972：709.

② 威廉·李卜克内西．忆马克思［M］//保尔·拉法格等．回忆马克思恩格斯．马集，译．北京：人民出版社，1973：66.

③ 马克思．政治经济学批判［M］//中共中央马克思恩格斯列宁斯大林著作编译局．马克思恩格斯全集：第13卷．北京：人民出版社，1962：11.

④ 马克思．资本论：第1卷［M］//中共中央马克思恩格斯列宁斯大林著作编译局．马克思恩格斯全集：第23卷．北京：人民出版社，1972：13.

⑤ 马克思．资本论：第1卷［M］//中共中央马克思恩格斯列宁斯大林著作编译局．马克思恩格斯全集：第23卷．北京：人民出版社，1972：121-122.

种制造业中的情景。”①

此外，《马克思恩格斯全集》中多有引涉《神曲》处。例如：

第8卷第629页，马克思引但丁诗句讽刺《泰晤士报》：“‘你将懂得，别人家的面包是多么含着苦味，别人家的楼梯是多么升降艰难。’幸运的但丁！他也是‘属于被称为政治流亡者的可怜的一类的人’，但是他没有受到像《泰晤士报》这样的攻击！”

第17卷第524页，马克思致《东邮报》编辑，“阁下：但丁在他的不朽的诗篇中说过，对放逐者的最残酷的折磨之一，是必须跟各种败类打交道。当我不得不跟查理·布莱德洛先生那样的家伙进行一个时期公开辩论的时候，我深刻地体会到这段怨言的正确性。”

第35卷第72~73页，马克思致恩格斯信：“硫磺蒸汽使治疗室内昏暗不清；……吸入以特殊方法喷射出来的含有硫磺的蒸汽；每个人从头到脚都用橡皮裹住；吸完之后大家一个接一个地围着桌子行军，这是但丁《地狱》中的无罪的场面。”②

十二、关于“莎士比亚”译名

魏策策《莎士比亚在近现代中国——思想的视角》书中考论，由英文“Shakespeare”到汉语“莎士比亚”的历程，堪称译名翻译研究的“极佳个案”。③ 这是一个“规范和雅化”的历程，“代表着20世纪初期中国对待异族文化的态度，反映出中国学人作为接受主体对他国文化的度量标准，本质上也是中国学人对自我文化和地位的一种审视”④。

其间先后出现过不下十多种译名。例如：

1839年——沙士比阿，林则徐组织翻译的《四洲志》。

1856年——舌克斯毕，英国传教士慕维廉（William Muirhead）所译《大英国志》。

---

① 马克思．资本论：第1卷［M］//中共中央马克思恩格斯列宁斯大林著作编译局．马克思恩格斯全集：第23卷．北京：人民出版社，1972：275-276.

② 本文摘录参阅：和建伟．马克思人文精神与西方经典作家关系研究：第二章［M］．北京：中国致公出版社，2019：29-78.

③ 魏策策．莎士比亚在近现代中国——思想的视角［M］．北京：生活·读书·新知三联书店，2022：85.

④ 魏策策．莎士比亚在近现代中国——思想的视角［M］．北京：生活·读书·新知三联书店，2022：87.

1879 年——舍克斯毕尔，郭嵩焘访问英国观摩莎剧时的译名。

1882 年——沙斯皮耳，美国牧师谢卫楼（Davelle Z. Sheffield）《万国通鉴》。

1886 年——筛斯毕尔，传教士罗伯特·赫德（Robert Hart）、艾约瑟（Joseph Edkin）编译的《西学启蒙十六种》。

1894 年——狭士丕尔，严复翻译的赫胥黎（Thomas Henry Huxle）《天演论》。

1896 年——显根思皮尔，李鸿章出访英国期间所称。

1902 年——莎士比亚，梁启超《饮冰室诗话》。

1903 年——沙基斯庇尔，英国传教士李提摩太（Timothy Richard）主编的《广学类编》。

1904 年——夏克思芘尔，英国传教士李思·伦白（John Lambert Rees）辑译的《万国通史》。

1907 年——叶斯壁，该年世界社出版的《近世界六十名人画传》中有《叶斯壁传》。

1908 年——沙克皮尔，该年山西大学堂译书院出版的《世界名人传略》有《沙克皮尔传》。①

此外还有"昔士比亚"、"索士郿亚"（马君武）、"狭士比亚"（周作人）、"萧思璧"（胡适）② 等。

该书作者的评论也饶有兴味。例如：

（1）郭嵩焘因为不通英文，所以其所记人名多音译，他的"舍克斯毕尔"英译相对准确，最契合"Shakespeare"的发音。

（2）英美传教士所译"舌克斯毕""筛斯比尔"等，在汉字的选择上没有顾及中国文化的特点。

（3）梁启超 1902 年始用"莎士比亚"译名，但是经过一段时期的比较、筛选历程后才脱颖而出。③ 主要是因为该译名顺口并有美好的意蕴，能塑造一个正面、高大、优秀的形象。④

---

① 魏策策. 莎士比亚在近现代中国——思想的视角［M］. 北京：生活·读书·新知三联书店，2022：83-85.

② 魏策策. 莎士比亚在近现代中国——思想的视角［M］. 北京：生活·读书·新知三联书店，2022：87.

③ 魏策策. 莎士比亚在近现代中国——思想的视角［M］. 北京：生活·读书·新知三联书店，2022：85-86.

④ 魏策策. 莎士比亚在近现代中国——思想的视角［M］. 北京：生活·读书·新知三联书店，2022：88.

（4）日语译名为“シェイクスビア”，发音与“莎士比亚”很接近，不排除国人从日语音译莎翁名字的途径。①

（5）“莎”字具有女性的柔美，似乎不宜用作男性之名；但相较于“沙”字的“沙土、沙弥”之意，“莎”字反倒有某种华丽的气息，符合莎士比亚戏剧的气质。在中国文化中，如“软草平莎过雨新”“莎衫筠笠，正是村村农务急”等诗句中，“莎”有莎草、蓑衣等意义，也富有生活气息。②

（6）WilliamShakespeare 的英文名的敲定也有过波折，最终是本·琼生（Ben Jonson）在1623年出版的莎剧全集中以 Shakespeare 称之，后世遂逐渐定型。“Shakespeare”的英文含义为“挥矛或挥鱼叉”。③

十三、路德把“这一切描写得绘声绘色”

马丁·路德（Martin Luther，1483—1546）是欧洲早期新教创始人，《资本论》多处批判新教论者，却也颇有称引处。④ 尤其在《剩余价值理论》中，居然有长达十多页的专节评述。⑤ 其中有一处赞曰“这是对一般资本家的绝妙的写照”，被评赞的是路德的下面之说：

所以，世界上再也没有比守财奴和高利贷者更大的敌人了（恶魔除

---

① 魏策策．莎士比亚在近现代中国——思想的视角［M］．北京：生活·读书·新知三联书店，2022：87.

② 魏策策．莎士比亚在近现代中国——思想的视角［M］．北京：生活·读书·新知三联书店，2022：88. 苏轼《浣溪沙·徐州石潭谢雨，道上作五首》之一：“软草平莎过雨新，轻沙走马路无尘。何时收拾耦耕身？日暖桑麻光似泼，风来蒿艾气如薰。使君元是此中人。”宋代卢炳《减字木兰花·莎衫筠笠》：“莎衫筠笠，正是村村农务急。绿水千畦，惭愧秧针出得齐。风斜雨细，麦欲黄时寒又至。馌妇耕夫，画作今年稔岁图。”

③ 魏策策．莎士比亚在近现代中国——思想的视角［M］．北京：生活·读书·新知三联书店，2022：82. 该书还指出：“起名在中国是极具审美意味的事。……中国人在人名的用字上有明显的倾向性，在文从字顺的基础上尽可能做到形、音、意皆美，不但要富于音韵美，还要内蕴深刻。”（第83页）“‘Shakespeare’代表着作为先进文明的西学，其初入中国时已经具有世界性声誉，所以，必须有相当的名实匹配；虽然对 Shakespeare 其人其作品所知甚少，但是名不正则言不顺，而莎士比亚的大名趋于稳定后，反过来也促进了他的形象更深入人心。”（同书第89页）

④ 《资本论》第一卷有五处称引马丁·路德。见：马克思．资本论：第1卷［M］//中共中央马克思恩格斯列宁斯大林著作编译局．马克思恩格斯全集：第23卷．北京：人民出版社，1972：155，218，343，650，822.

⑤ 马克思．剩余价值理论［M］//中共中央马克思恩格斯列宁斯大林著作编译局．马克思恩格斯全集：第26卷（第三册）．北京：人民出版社，1975：586-597.

外），因为他想成为支配一切人的上帝。……从而使他能独占一切，人人都把他奉为上帝，去领受他的恩赐，永远成为他的奴隶。这时，他的心在欢跳，血在畅流，他披上貂皮长外套，戴上金链指环，穿着华丽的衣服，擦擦油嘴，让人看来俨如尊贵的虔诚者，比上帝自己还仁慈得多，比圣母和一切圣徒还友爱得多……高利贷者是一个庞大可怕的怪物，像一只蹂躏一切的恶狼，比任何卡库斯、格里昂或安泰都厉害。但他却装出一副虔诚的样子。（中略）①

马克思另一处的赞词曰："这一切描写得绘声绘色，同时也确切地抓住了旧式高利贷和一般资本的性质……"② 被评赞的是路德的如下之说：

然而海格立斯必然会听到公牛的吼声和俘虏的叫声，甚至到悬崖峭壁中去搜寻卡库斯，把公牛从恶汉手中拯救出来。所谓卡库斯就是指盗窃、抢劫和吞食一切的虔诚的高利贷者这个恶汉。他不承认自己做了恶事，并且认为谁也不会找到他，因为公牛是被倒着牵回他的洞穴去的，从足迹看来公牛似乎是被放走了。高利贷者正是想这样愚弄整个世界，似乎他带来了利益，他把公牛给了世界，其实他夺取了公牛并把它独吞了……（中略）③

在这里，路德将对高利贷的强烈谴责与对荷马史诗典故的独创性解读有机结合在一起了。

今按：中国读者比较熟悉的是《资本论》对莎士比亚戏剧的称引，以及《1844年经济学哲学手稿》的著名赞词——"莎士比亚把货币的本质描绘得十分出色"④。与此比照，《剩余价值理论》中对路德的评述较少被注意。有论者指出马丁·路德"也是出色的文学家、语言学家、诗人和音乐家"⑤。那么，即

① 马克思．剩余价值理论［M］//中共中央马克思恩格斯列宁斯大林著作编译局．马克思恩格斯全集：第26卷（第三册）．北京：人民出版社，1975：596.

② 马克思．剩余价值理论［M］//中共中央马克思恩格斯列宁斯大林著作编译局．马克思恩格斯全集：第26卷（第三册）．北京：人民出版社，1975：597.

③ 马克思．剩余价值理论［M］//中共中央马克思恩格斯列宁斯大林著作编译局．马克思恩格斯全集：第26卷（第三册）．北京：人民出版社，1975：596.

④ 马克思．1844年经济学哲学手稿［M］//中共中央马克思恩格斯列宁斯大林著作编译局．马克思恩格斯全集：第42卷．北京：人民出版社，1979：151，152.

⑤ 麟剑的人类史．西欧文艺复兴文学之八：德国文学［EB/OL］．个人图书馆，2020-09-01.

便是从欧洲文学史的视角，也是可以有所欣赏的。

十四、路德的“绝妙写照”

一方面，“莎士比亚把货币的本质描绘得十分出色”①。另一方面，路德把“旧式高利贷和一般资本的性质”描写得“绘声绘色”，堪称“绝妙的写照”。②“资本”是“货币”的发展形式，在这个意义上，路德描绘的难度至少不亚于莎士比亚。缘此我们可以从文学层面感触路德的“绝妙写照”。兹略说如下数端“叙事技巧”。

（1）形象描写

“现在每年在每一次莱比锡博览会上要收取10古尔登，就是说每一百收取30，有人还加上瑙堡集市，因此，每一百要收取40，……为此，他不必拿他的身体或商品去冒险，也不必去劳动，只是坐在炉边，烤苹果吃。”③ 末句“坐在炉边烤苹果吃”句，显然属于文学描写。

（2）新色对比

“但是，拿别人的东西，偷窃或抢劫别人，是一种无耻生涯，这种人，对不起，就叫作盗贼，通常要处以绞刑；而高利贷是高尚的盗贼，坐在安乐椅上，因此，人们称他们为坐在安乐椅上的强盗。”④ 其中将“盗贼”与“高利贷”对比，堪称新义。《文心雕龙》：“辞反正为奇。……则新色耳。”⑤

（3）引经据典

“亚里士多德在《政治学》中说：高利贷是违反自然的，因为它取得的总是比给予的多。这就废除了一切美德的手段和尺度，即所谓的对等交换，算数上的相等……”⑥ 引用历史典古，这也是中国古代诗文创作的常用技巧。

---

① 马克思．1844年经济学哲学手稿［M］//中共中央马克思恩格斯列宁斯大林著作编译局．马克思恩格斯全集：第42卷．北京：人民出版社，1979：151，152.

② 马克思．剩余价值理论［M］//中共中央马克思恩格斯列宁斯大林著作编译局．马克思恩格斯全集：第26卷（第三册）．北京：人民出版社，1975：596，597.

③ 马克思．剩余价值理论［M］//中共中央马克思恩格斯列宁斯大林著作编译局．马克思恩格斯全集：第26卷（第三册）．北京：人民出版社，1975：588.

④ 马克思．剩余价值理论［M］//中共中央马克思恩格斯列宁斯大林著作编译局．马克思恩格斯全集：第26卷（第三册）．北京：人民出版社，1975：595.

⑤ 刘勰．文心雕龙·定势［M］//王更生．文心雕龙：全译本．西安：三秦出版社，2021：3.

⑥ 马克思．剩余价值理论［M］//中共中央马克思恩格斯列宁斯大林著作编译局．马克思恩格斯全集：第26卷（第三册）．北京：人民出版社，1975：595.

(4)“文如勾锁”

“现在，在莱比锡，一个有100佛罗伦的人，每年可以收取40，这等于每年吃掉一个农民或一个市民。如果他有1000佛罗伦，每年就会收取400，这等于每年吃掉一个骑士或一个富有的贵族。如果他有10000佛罗伦，每年就会收取4000，这等于每年吃掉一个富有的伯爵。如果他有100000佛罗伦（这是大商人必须具有的），每年就会收取40000，这等于每年吃掉一个富有的国君。如果他有1000000佛罗伦，每年就会收取400000，这等于每年吃掉一个大的国王。为此，他不必拿他的身体或商品去冒险，……所以，一个强盗坐在家里，可以在十年内吃掉全世界。”① 王元化《思辨录》称龚自珍有篇杂文“像剥笋一样，层层深入，文如钩锁，义若连环。……就写法来说，这篇批评也是值得我们注意的。”②

(5)“像寄生虫那样”

“高利贷像寄生虫那样紧紧地吸在它身上，使它虚弱不堪。高利贷吮吸它的膏脂，使它筋疲力尽，……由此产生了民众对高利贷的憎恶。”③ 这里的“寄生虫”比喻，是马克思述评路德后的发挥。④

十五、《查特莱夫人的情人》与《资本论》

《共同构建人与自然生命共同体》一文指出：“人类进入工业文明时代以来，在创造巨大物质财富的同时，也加速了对自然资源的攫取，打破了地球生态系统平衡，人与自然深层次矛盾日益显现。”⑤ 这番话指出的矛盾在出生于英国矿

---

① 马克思．剩余价值理论［M］//中共中央马克思恩格斯列宁斯大林著作编译局．马克思恩格斯全集：第26卷（第三册）．北京：人民出版社，1975：587-588.（编者注）“马克思这段引文是从路德另一部著作《给牧师们的谕示：讲道时要反对高利贷》（1540年）中摘出的。马克思在后面第Ⅲ点考察了这一著作。”（同书第627页）

② 王元化．思辨录［M］. 上海：上海古籍出版社，2004：123.

③ 马克思．剩余价值理论［M］//中共中央马克思恩格斯列宁斯大林著作编译局．马克思恩格斯全集：第26卷（第三册）．北京：人民出版社，1975：589-590.

④ 路德论述中还包括“对话”叙事方式，例如“常常会发生下述情况：我，汉斯，借给你，巴塔扎尔，100古尔登，条件是到米迦勒节时，我必须收回来；如果你耽误了，我就会因此遭受损失。米迦勒节到了，你没有偿还我这100古尔登。我没有钱支付，法官就逮捕我，把我投入监狱，或使我遭受其他不幸。……谁应该承担或赔偿这种损失呢？”“好吧，这里单从世俗和法律方面来谈谈这个问题……”（同书，第594~595页）这里采取的对话方式，应该可以追溯到柏拉图的《文艺对话录》。

⑤ 习近平．共同构建人与自然生命共同体——在“领导人气候峰会”上的讲话［EB/OL］. 新华网，2021-04-21.

工家庭的 20 世纪著名作家戴维·赫伯特·劳伦斯（David Herbert Lawrence，1885—1930）小说中，也有典型化描述。

《查特莱夫人的情人》的矿区附近，有一片“老橡树环立着”的树林，林中有“矮树、香木、雪球树，和一堆淡紫色的荆棘”；“这里未被污！而全世界却都被污了”。（第八章）所以两位年轻主人公在这里偷着做爱。但是从小树林边缘“赤裸的山坡”上，主人公看到：“达瓦斯哈煤区的灯光又尖锐又刺眼！”“多么令人难解的含着恶意的光辉！”主人公忧心忡忡：“再也没有僻静的地方，世界再也不容隐遁者了。”（第十章）

因为“那里是令人难以置信的可怕环境。康妮听得见矿坑里筛子机的嚓嚓声，起重机的喷气声，载重机的换轨时的响声，和火车头粗哑的汽笛声。……风从那里吹来的时候——这是常事——屋里便充满了腐土经焚烧后的硫磺臭味。甚至无风的时候，空气里也带着一种地窟下的什么恶味。甚至在黄花上，也铺着一层煤灰，好像是恶天降下的黑甘露”。（第二章）

下面是一段关于矿工住宅的描写：

> 矿工们黝黑的村舍是平着行人道起的。狭小得像百多年前的矿工住宅一样。……当你进入这街面的时候，你便要立刻忘记那开阔的起伏的原野。这原野上还有着富堡和大厦耸立着，但是和鬼影一般了。（第十一章）

“百多年前的矿工住宅”，应该是 1830 年之前。马克思《资本论》中多处引述过当时英国工厂视察员的调查报告，其中之一指出，矿山开采主们为节省成本而把大量矿工塞进一间间拥挤小屋里，这些小屋甚至“没有厕所”。① 另一处引述了一位公共卫生医生斯蒂文斯（Dr. Stevens）的调查报告：“我奉命视察了德勒穆联合教区大部分的大矿山村落…… 除了极少数例外，所有的村落都没有采取过任何措施来保障居民的健康……工人不得不接受处于传染病影响下的住房，作为他的工资的一部分。他自己一点儿也无能为力。无论从哪一方面看，他都是一个农奴。”② 还有一处提供了相关数据：

> 1865 年在大不列颠有 3217 个煤矿和 12 个视察员。约克郡的一个矿主

① 马克思．资本论：第 1 卷［M］//中共中央马克思恩格斯列宁斯大林著作编译局．马克思恩格斯全集：第 23 卷．北京：人民出版社，1972：731.

② 马克思．资本论：第 1 卷［M］//中共中央马克思恩格斯列宁斯大林著作编译局．马克思恩格斯全集：第 23 卷．北京：人民出版社，1972：731.

自己曾计算过，撇开视察员的纯事务性的工作（而这就占用了他们的全部时间）不说，每个矿山10年才能被视察一次。无怪近几年来（特别是1866年和1867年）惨祸发生的次数越来越大（有时一次竟牺牲200~300名工人)。这就是“自由”资本主义生产的美妙之处。①

十六、和歌《乱发》与马克思《致燕妮》

青年马克思作有大量抒情诗《致燕妮》。② 近日读日本近代女歌人与谢野晶子作品集《乱发》(由尤海燕翻译，北京联合出版公司于2020年6月出版)，有所感焉。

与谢野晶子（よさのあきこ，1878—1942）一生作有五万多首和歌③，《乱发》是她初恋之结晶。其中最著名一首是咏歌“黑发”的，如下：

(原文)
その子二十櫛に流るる黒髪の
おごりの春の美しきかな
(汉译)
那姑娘双十华年
插梳上黑发流动
发正浓
春正酣④

---

① 马克思．资本论：第1卷［M］//中共中央马克思恩格斯列宁斯大林著作编译局．马克思恩格斯全集：第23卷．北京：人民出版社，1972：549.

② “青年马克思在1833—1837年写的诗歌……《爱之书》第一部和第二部，以及第三本《歌之书》都是马克思献给未婚妻燕妮·冯·威斯特华伦的。”“献给燕妮的抒情诗，多半是用十四行诗的形式写成的。”“大家知道，1836年秋马克思同他童年时代的女友、政府枢密顾问官路德维希·冯·威斯特华伦的女儿燕妮瞒着她的父母秘密订了婚。在他们订婚以后过了七年才结婚。马克思同自己心爱的姑娘经常不在一起，他把自己的离情别绪浇铸在诗歌里。”（中共中央马克思恩格斯列宁斯大林著作编译局．马克思恩格斯全集：第40卷［M］．北京：人民出版社，1982：944.）

③ 与谢野晶子．乱发［M］．尤海燕，译．北京：北京联合出版公司，2020：11.

④ 与谢野晶子．乱发［M］．尤海燕，译．北京：北京联合出版公司，2020：2.

译者评说：“热情奔放地讴歌爱情”[①]，“不禁让人想起千年前的和泉式部”。后者也咏歌过：“不知枕上黑发散，最念轻抚乱发人。”“让晶子成名的大胆奔放、热情浪漫，其实也只不过是承袭了千年前恋爱女性的特质而已。”[②]

大冈信（おおおかまこと，1931—2017）《日本的诗歌》中指出：“在表现爱情上，不可或缺的手段就是和歌。”[③] 据该书所述，更早的《万叶集》编纂者大伴家持（おおとものやかもち），他的恋人笠女郎（かさのいらつめ）[④] 也咏及“头发”：

（原文）

わが思ひを人に知るれや玉くしげ

開き明けつと夢にし見ゆる

（汉译）

心事似是被人知

梦见君开梳妆匣

（解说）你是不是向别人吹嘘我和你恋爱了呢？我梦见我珍藏木梳的木匣盖子被你打开了。

（注释）“头发对于女性来说极端重要。在日本古代文学中，女性的头发是女性身体的重要象征，也是性的表现。”[⑤]

笔者由此回瞻青年马克思的《致燕妮》，注意到其中一首中也是专题咏歌“乌黑的头发”：

你悄悄送给我一绺

你的乌黑的头发，

那精编巧结的发圈，

是爱情织出的宝物。

---

① 与谢野晶子．乱发［M］．尤海燕，译．北京：北京联合出版公司，2020：6.

② 与谢野晶子．乱发［M］．尤海燕，译．北京：北京联合出版公司，2020：13.

③ 大冈信．日本的诗歌：其骨骼和肌肤［M］．尤海燕，译．北京：商务印书馆，2022：7.

④ 大冈信．日本的诗歌：其骨骼和肌肤［M］．尤海燕，译．北京：商务印书馆，2022：64.

⑤ 大冈信．日本的诗歌：其骨骼和肌肤［M］．尤海燕，译．北京：商务印书馆，2022：66-67.

一丝丝的头发，
编结得那么紧，
里面有你的名字这爱情的象征，
仿佛来自美好天国的呼唤。
名字里我听到天使的气息，
名字里蕴藏着温柔的情意，
名字里我听见了神的宣召，
名字里闪着天国的光辉。
这名字羞怯地蕴藏在
你乌黑卷发的环框里。①

看来，为恋爱的“和歌”与马克思的《致燕妮》，两者之间的距离并非遥不可及。而事实上，马克思对日本也并非一无所知。例如《资本论》有一处讲道：“日本有纯粹封建性的土地占有组织和发达的小农经济，同我们的大部分充满资产阶级偏见的一切历史著作相比，它为欧洲的中世纪提供了一幅更真实得多的图画。”②

十七、“和歌”美学补遗黑格尔《美学》

大冈信《日本的诗歌》一书中的论点对于黑格尔《美学》的读者而言可能非常陌生：

> 比起西欧艺术重视的视觉、听觉等非常容易测量、能够明确分节的感觉，在人体更加幽深黑暗的内部蠢动着的触觉、味觉和嗅觉等感觉，的确是一直受到了更多的重视。③

① 马克思．惜别的晚上：致燕妮［M］//中共中央马克思恩格斯列宁斯大林著作编译局．马克思恩格斯全集：第40卷．北京：人民出版社，1982：427.

② 马克思．资本论：第1卷［M］//中共中央马克思恩格斯列宁斯大林著作编译局．马克思恩格斯全集：第23卷．北京：人民出版社，1972：785.

③ 大冈信．日本的诗歌：其骨骼和肌肤［M］．尤海燕，译．北京：商务印书馆，2022：99.

> 比起视觉和听觉来，内脏感觉般的触觉、味觉和嗅觉更加受到重视。①

上两段中所强调的“触觉、味觉和嗅觉”，正是被黑格尔排斥的对象。其《美学》第一卷序文关于“美的理念”之界说：“艺术的感性事物只涉及视、听两个认识性的感觉，至于嗅觉、味觉和触觉，则完全与艺术欣赏无关。……这三种感觉的快感并不起于艺术的美。”②

黑格尔《美学》第三卷论“各门艺术的体系”的序言中，再度排斥“触觉、味觉和嗅觉”：“用手摸女神雕像的滑润的大理石并不能算是艺术的观照或欣赏。因为通过触觉，……只是触及另一个感性的个体以及它的重量、硬度、软度和物质的抵抗力；……一件艺术作品也不是可以凭味觉来接受的，……味觉的培养和精锐化只有对食品及其烹调或是对对象的化学属性的检定，才是可能的和必要的。……至于嗅觉，也不是艺术欣赏的器官，因为事物只有本身在变化过程中，在受空气的影响而放散中，才能成为嗅觉的对象。”③

黑格尔排斥“触觉、味觉和嗅觉”的主要理由是，此三种感觉缺乏“精神”要素。然而《日本的诗歌》一书力图解明的，正是这三种感觉比视觉与听觉具有“更能深深吸引和打动我们”的精神性：

> 触觉、味觉和嗅觉在暗、深和不分明的性质上，都有着相通的共性。它们都是只要排除杂念就能变得无限敏锐的感觉，从外侧却无法正确地进行衡量。可是，无论哪种感觉都有着极其真实的存在感，在某种意义上，它们都是比视觉和听觉更能深深吸引和打动我们的感觉。④

由上比照可以说，“和歌”提供了一个进一步研讨黑格尔《美学》的新视角。没有迹象表明黑格尔写过恋爱诗。因此大冈信《日本的诗歌》一书关于女性与和歌之特殊关系的论述尤其值得注意。

其一，和歌是女性的发明。和歌主要以平假名书写，“平假名因为具有曲线美，所以成了女性们爱用的文字。因此，平假名又名‘女手’，即‘女子写的

---

① 大冈信. 日本的诗歌：其骨骼和肌肤［M］. 尤海燕，译. 北京：商务印书馆，2022：114.

② 黑格尔. 美学：第一卷［M］. 朱光潜，译. 北京：商务印书馆，1982：48-49.

③ 黑格尔. 美学：第三卷（上）［M］. 朱光潜，译. 北京：商务印书馆，1982：13.

④ 大冈信. 日本的诗歌：其骨骼和肌肤［M］. 尤海燕，译. 北京：商务印书馆，2022：99.

字'，'女性的笔迹'等意。"“假名文字的发明和女性在文学上的跃进，是平安时代的一大特征。”①

其二，和歌首先是女性的诗歌。“如果将女性作者从和歌的历史中排除出去的话，就会等于谈论没有心脏的人一样。”② “和歌是没有女性就无法存在的诗。”③

其三，和歌是恋爱的必要方式。“在表现爱情上，不可或缺的手段就是和歌。甚至可以说，男女之间如果不通过和歌就不可能进行恋爱。因此，男性们也不得不学会熟练地使用这种假名文字了。”④

其四，爱情是古典和歌的最高境界。“女性诗人比男性诗人更倾向于打破同质美学的藩篱。……在和歌中，女性能够成为比男性更加有力的表现者。”⑤“对于某些天才的女性诗人来说，爱情的和歌甚至就是她全部人生的概括或者象征。”⑥

其五，“和歌”是独一无二的。“这样的事实，比如在中国诗歌的历史上和欧洲文明诸国的诗歌历史上，几乎都不会见到。可以说，日本诗歌传统的一大特征就在于此。”⑦

我们由此回瞻黑格尔《美学》，第二卷中“爱情的概念”专节有曰：“爱情在女子身上特别显得最美，因为女子把全部精神生活和现实生活都集中在爱情里和推广成为爱情，她只有在爱情里才找到生命的支持力；如果她在爱情方面遭遇不幸，她就会像一道光焰被第一阵狂风吹熄掉。”⑧ 黑格尔还承认男女思维方式的差异：“爱情并不像荣誉那样往往依靠思考和知解力的诡辩，而是植根于

---

① 大冈信．日本的诗歌：其骨骼和肌肤［M］．尤海燕，译．北京：商务印书馆，2022：7，8.

② 大冈信．日本的诗歌：其骨骼和肌肤［M］．尤海燕，译．北京：商务印书馆，2022：19.

③ 大冈信．日本的诗歌：其骨骼和肌肤［M］．尤海燕，译．北京：商务印书馆，2022：62.

④ 大冈信．日本的诗歌：其骨骼和肌肤［M］．尤海燕，译．北京：商务印书馆，2022：7.

⑤ 大冈信．日本的诗歌：其骨骼和肌肤［M］．尤海燕，译．北京：商务印书馆，2022：18.

⑥ 大冈信．日本的诗歌：其骨骼和肌肤［M］．尤海燕，译．北京：商务印书馆，2022：63.

⑦ 大冈信．日本的诗歌：其骨骼和肌肤［M］．尤海燕，译．北京：商务印书馆，2022：19.

⑧ 黑格尔．美学：第二卷［M］．朱光潜，译．北京：商务印书馆，1979：327.

心情里，性别既然在这里起作用，所以同时也建立在精神化的自然关系的基础上。”① 奇怪的是，黑格尔却依然将女性尤其重视的“精神化”感觉排除于美学殿堂之外。

我们从中国古今诗歌中似也不难发现“嗅觉、味觉和触觉”与女性的特殊关系。例如：

死生契阔，与子成说。执子之手，与子偕老。（《诗经·邶风·击鼓》）

——此中有“执手”之触觉。

维士与女，伊其将谑，赠之以勺药。（《诗经·郑风·溱洧》）

——此中有香草“勺药”之嗅觉。

轻轻的一个吻，已经打动我的心。（邓丽君《月亮代表我的心》）

——此中似更有非物质的味觉。

十八、“和歌”美学与马克思“全面的本质”

大冈信《日本的诗歌》一书中强调了和歌的艺术特征：“比起西欧艺术重视的视觉、听觉等非常容易测量、能够明确分节的感觉，……触觉、味觉和嗅觉等感觉，的确是一直受到了更多的重视。”② 前此笔者已经指出“触觉、味觉和嗅觉”这三种感觉是被黑格尔《美学》明确排斥的对象。现在进一步讨论，这可能也是青年马克思超越黑格尔美学的重要方面。

马克思《1844年经济学哲学手稿》是学界公认的美学著述。其中有如下一段话著名论述：

人以一种全面的方式，也就是说，作为一个完整的人，占有自己的全面的本质。人同世界的任何一种人的关系——视觉、听觉、嗅觉、味觉、

① 黑格尔．美学：第二卷［M］．朱光潜，译．北京：商务印书馆，1979：326.

② 大冈信．日本的诗歌：其骨骼和肌肤［M］．尤海燕，译．北京：商务印书馆，2022：99.

> 触觉、思维、直观、感觉、愿望、活动、爱，——总之，他的个体的一切器官，正像在形式上直接是社会的器官的那些器官一样，是通过自己的对象性关系，即通过自己同对象的关系而占有对象。①

马克思的人的“全面的本质”概念包括十一个要素（视觉、听觉、嗅觉、味觉、触觉、思维、直观、感觉、愿望、活动、爱）。其中不仅包括被黑格尔《美学》推重的“视觉、听觉”这两种审美感觉，而且也包括被黑格尔《美学》排斥的“嗅觉、味觉、触觉”三要素。

马克思还进一步加以哲学层面的发挥：

> 只是由于人的本质客观地展开的丰富性，主体的、人的感觉的丰富性，如有音乐感的耳朵，能感受形式美的眼睛，总之，那些能成为人的享受的感觉，即确证自己是人的本质力量的感觉，才一部分发展起来，一部分产生出来。因为，不仅五官的感觉，而且连所谓精神感觉、实践感觉（意志、爱等），一句话，人的感觉、感觉的人性，都只是由于它的对象性存在，由于人化的自然，才产生出来的。五官感觉的形成是以往全部世界历史的产物。②

上段话中，马克思虽然首先肯定了“有音乐感的耳朵，能感受形式美的眼睛”，但是他继而提出的“人的感觉的丰富性”“人的本质力量的感觉”“感觉的人性”等新概念，却显然超出了黑格尔《美学》仅仅承认的“视、听两个认识性的感觉”③。

马克思还并非偶然地聚焦于两性关系：

> 人和人之间的直接的、自然的、必然的关系是男女之间的关系。……

① 马克思.1844年经济学哲学手稿［M］//中共中央马克思恩格斯列宁斯大林著作编译局.马克思恩格斯全集：第42卷.北京：人民出版社，1979：123.其中“感觉”一词，后来译作“情感”。（见：中共中央马克思恩格斯列宁斯大林著作编译局.1844年经济学哲学手稿［M］.北京：人民出版社，2005：85.）

② 马克思.1844年经济学哲学手稿［M］//中共中央马克思恩格斯列宁斯大林著作编译局.马克思恩格斯全集：第42卷.北京：人民出版社，1979：125-126.“人不仅通过思维，而且以全部感觉在对象世界中肯定自己。”（同书第125页）

③ 黑格尔.美学：第一卷［M］.朱光潜，译.北京：商务印书馆，1982：48-49.

这种关系表明人的自然的行为在何种程度上成了人的行为。①

青年马克思此时已经与燕妮成婚，并一起寓居巴黎。上述美学论说很可能也融入了他与燕妮的恋爱体验，这应该是一个研讨《1844 年经济学哲学手稿》的意趣横生的新视角。笔者由此注意到，也是在与燕妮恋爱期间，马克思写过一首题为《黑格尔》的讽刺诗，其中一段如下：

请原谅我们这些短小诗篇，
对这阴沉的旋律也别见嫌，
我们已陷入黑格尔的学说，
无法来摆脱他的美学观点。②

由此看来，和歌美学不仅与青年马克思对黑格尔美学的批评有所一致，而且还有助于现代人拓展并深化美学视域。朱光潜晚年在解说马克思关于人的“全面的本质”概念（十一种要素）时指出，“旧心理学只研究视、听、嗅、味、触五种感官，并且只谈五官的认识功能”③。但是朱光潜没有特别指出黑格尔《美学》排斥“嗅、味、触”三种感觉的局限。

并非偶然的是，卢卡奇《审美特性》的“自然美问题”章中研讨过青年马克思诗歌《致燕妮》的特殊意义，其论点之一是，用常规艺术尺度来衡量爱情中的审美难免削足适履：“在这里重要的是要承认，对所爱女性的映像从这种艺术家的高度来审视是少见的，甚至连照相所达到的相似性也不认同。”因为爱情

① 马克思．1844 年经济学哲学手稿［M］//中共中央马克思恩格斯列宁斯大林著作编译局．马克思恩格斯全集：第 42 卷．北京：人民出版社，1979：119．“如果你在恋爱，但没有引起对方的反应，也就是说，如果你的生命表现没有使你成为被爱的人，那么你的爱就是无力的，就是不幸。”（同书第 155 页）

② 马克思．献给父亲的诗册［M］//中共中央马克思恩格斯列宁斯大林著作编译局．马克思恩格斯全集：第 40 卷．北京：人民出版社，1982：652.

③ 朱光潜．谈美书简：美学拾穗集［M］．北京：中华书局，2013：193.

中的审美“相对所有审美观点是完全陌生和异质的”①。

卢卡奇当时未能了解日本和歌。今天我们似可补充说，和歌美学可能是例外，不仅因为“在表现爱情上，不可或缺的手段就是和歌”②，还因为和歌美学的“陌生和异质”正是在于：“比起视觉和听觉来，内脏感觉般的触觉、味觉和嗅觉更加受到重视。”③

---

① 卢卡奇．审美特性：下［M］．徐恒醇，译．北京：社会科学文献出版社，2015：1025. 卡尔·马克思在一封情书中有力而明晰地表达了这种感情：“我对你的爱情，只要你远离我身边，就会显出它的本来面目，像巨人一样的面目。在爱情上集中了我的所有精力和全部感情。我又一次感到自己是一个真正的人，因为我感到了一种强烈的热情。现代的教养和教育带给我们的复杂性以及使我们对一切主客观印象都不相信的怀疑主义，只能使人变得渺小、孱弱、啰嗦和优柔寡断。然而爱情，不是对费尔巴哈的‘人’的爱，不是对摩莱肖特的‘物质的交换’的爱，不是对无产阶级的爱，而是对亲爱的即对你的爱，使一个人成为真正意义上的人。”是什么使这封信成为对我们极其重要的文献？正是它的作者本人。因为正是卡尔·马克思由他的生活的这种重要关系中也排除了对无产阶级——这是他整个生活事业的基础——的爱，并正是在这一爱情中看到他的最独特的个人的自我认同的可能性。显然正是在这里——在伟大爱情的直接真实的现实中——它不是关系到《资本论》的作者，不是关系到革命无产阶级的领袖，而是关系到两个人，即卡尔·马克思和燕妮·冯·威斯特华伦的个体人格，这绝不是伟大的革命家、特殊意义的学者以此置他的生活事业于不顾，而是在生活本身中找到了一个阿基米德点，由这一点出发他可以作为个体人格被确证和证明。对于我们的目的，只要对于这一事实做出结论就足够了。当然，由同一个人的如此分化的生活倾向的同时存在和效应中会形成一系列问题，首先是道德的和伦理的，但不止这些，连爱的激情也必然适应于每一个体的、社会活动的人的整体性，并与他的其他活动相协调。但这是每个人都可以理解的……（同书，第1023~1024页）这种生活情结在他的直接存在之中与审美有什么关联？在恋爱者的语言应用中，“美”这个概念不断出现，它与审美有什么关系？……在上面援引的马克思的书信中关于这一点也可以找到很有趣的地方，他就他夫人的肖像写道：“你的照片纵然照得不高明，但对我却极有用；现在我才懂得，为什么‘阴郁的圣母’，最丑陋的圣母像，能有狂热的崇拜者，甚至比一些优美的像有更多的崇拜者。”（原注：马克思．致燕妮·马克思［M］//中共中央马克思恩格斯列宁斯大林著作编译局．马克思恩格斯全集：第29卷．北京：人民出版社，1972：512，515.）在这里重要的是要承认，对所爱女性的映像从这种艺术家的高度来审视是少见的，甚至连照相所达到的相似性也不认同。这涉及一个想象的起始点，以便对远离的爱人的此在构成一个象征。对于热爱者在他的激情对象上所考察的那些相对所有审美观点是完全陌生和异质的。（同书，第1024~1025页）它的简单存在就足以说明这一事实：一个被爱者的“美”与一个可描绘或被描绘的女人身体的审美可能性无关……因为这种爱恋定居并停留在个体性中。这种爱恋越真实，就越少被提高到审美。（同书，第1025页）

② 大冈信．日本的诗歌：其骨骼和肌肤［M］．尤海燕，译．北京：商务印书馆，2022：7.

③ 大冈信．日本的诗歌：其骨骼和肌肤［M］．尤海燕，译．北京：商务印书馆，2022：114.

十九、中日之间的“吴越同舟”

很多年前读过日本九州大学中国文学教授合山究（ごうやま きわむ）先生赠阅的《故事成语》，对其中述及的“吴越同舟”成语在中日文化之间的差异印象深刻。该成语说的是两个相互为敌的族群在同一条船上齐心协力的故事。据合山究该书所述，在日语中它的所指通常是：即便在同一地点、同一场合，双方也是冷淡疏远、各做其事。“例如，在城市中心地带，我们时常会看到对立政党的候补者们各自做竞选演说，这样的事情通常就被称为‘呉越同舟で政見を訴えた’。”但是“吴越同舟”典出《孙子兵法》：“夫吴人与越人相恶也，当其同舟而济，遇风，其相救也如左右手。”又《孔丛子》说：“吴越之人，同舟济江，中流遇风波，其相救如左右手者，所患同也。”

合山究教授由此评说：“中国与日本，即便是出典相同的成语，在意味或用法上，却仍有某种歧义。中日关系虽然堪称同文同种，相互之间却未必很容易完全理解对方。这一点，从‘吴越同舟’成语的使用差异上，似也可见一斑。”① 笔者当时感触是，这种同中之异，应该就是“橘生淮南则为橘，生于淮北则为枳”② 的原理所导致的吧。

近日浏览到赵启正教授（国务院新闻办原主任）的视频讲话，题为“我们还是要努力把中日友好扶持起来”。其中也特别提到“吴越同舟”：“前几年，我曾经请中国画家，根据中国成语‘吴越同舟’画了几幅国画，赠送给几位日本朋友。在日本，‘吴越同舟’是常用的一个成语，但是很多人并不知道这句话是来自中国的《孙子兵法》。它是说，当时吴越两国是敌视的，但是吴越两国的民众在过河的时候，遇到了暴风雨，他们忘记了彼此曾经是敌人，他们同舟共济，大家撑着船，掐出进入船的水，最后战胜了风暴。我觉得这个故事，对中日之间特别适合。我跟日本朋友介绍了这个故事的来由，日本朋友也是很赞成的。”③

上引末句“日本朋友也是很赞成的”表明，中日之间对“吴越同舟”涵义的理解和使用有了新的发展。

王元化 1983 年受中国社会科学院委派率团访问日本期间，合山究先生是九州大学的接待者之一，后来也是笔者在日本学习期间的长者。笔者与赵启正教授也

---

① 合山究．故事成语［M］．东京：讲谈社，1991：67-70.

② “橘生淮南”成语出自《晏子春秋·杂下之六》：“婴闻之：橘生淮南则为橘，生于淮北则为枳，叶徒相似，其实味不同。所以然者何？水土异也。”比喻环境变了，事物的性质也变了。

③ 赵启正．我们还是要努力把中日友好扶持起来［EB/OL］．澎湃新闻，2022-09-06.

因王元化之缘而有过一面之雅，是在王元化曾经住过的瑞金医院，受到有关“民间外交”与“公共外交”方面的教益，因此对该讲话视频尤感欣喜而共鸣。①

二十、“中国故事”与合山究《故事成语》

赵启正该视频讲话的下面一段也颇有启发性：“公共外交，是每个中国人，每个日本人都可以进行的，只要有机会接触对方，就可以交流。交流就可以讲讲本国的故事，可以解答对方的问题，这是最有效的一种解疑释惑的方法。”②

---

① 赵启正《亚洲的发展与中国》（2000年6月8日在东京第六届“亚洲的未来”论坛上的演讲）中有曰：“50年来两国人民的睦邻友好是主流。中日关系发展到今天来之不易，这主要归功于两国人民，归功于两国具有远见卓识的政治家和各界人士的努力。”（赵启正．向世界说明中国：赵启正演讲谈话录［M］．北京：新世界出版社，2005：51.）

② 赵启正．我们还是要努力把中日友好扶持起来［EB/OL］．澎湃新闻，2022-09-06．笔者据视频记录全文为：我觉得，（我们）自己要积极地了解对方，学习对方的文化，传递自己的文化，了解对方的见解，传递自己的见解，我们新一代的年轻人要成为朋友。在中日关系较好的那些时刻，我对福田康夫先生说，中日关系并不牢固，比较脆弱，必须双方来维护，我说就如同一个盆栽，如果你不适当地浇水和给予阳光，它就萎缩了，盆栽终归是脆弱的，如果将来这个盆栽成长得很好，我们不妨把它移到、还原到土地上去。他说，是这样的，中日关系太脆弱了，我们得共同来扶植。的确是，中日关系比我们原来预期的，进步是很慢的，甚至也可以说是退步的。但是我们并不因此气馁，我们还要努力把中日友好扶植起来。在谈到中日友好对中国的影响时，特别是在中日恢复邦交，以及日本天皇访问中国之后，那当时是中日关系较好的一个时期，我们都共同回忆这段时期，愿意继续把中日关系推向前进。中日关系的改善，希望还是在双方的民众，如果民众之间有友好的感情，会对政府有重大的影响。前几年，我曾经请中国画家，根据中国成语“吴越同舟”，画了几幅国画，赠送给几位日本朋友，在日本，“吴越同舟”是他们常用的一个成语，但是很多人并不知道这句话是来自中国的《孙子兵法》，它是说，当时吴越两国是敌视的，但是吴越两国的民众在过河的时候，遇到了暴风雨，他们忘记了彼此曾经是敌人，他们同舟共济，大家撑着船，掐出进入船的水，最后战胜了风暴，我觉得这个故事，对中日之间特别适合。我跟日本朋友介绍了这个故事的来由，日本朋友也是很赞成的。公共外交，是每个中国人、每个日本人都可以进行的，只要有机会接触对方，就可以交流。交流就可以讲讲本国的故事，可以解答对方的问题，这是最有效的一种解疑释惑的方法。这里不需要过多的政治词汇，不需要某些条条框框，只是讲自己真实的感觉，真实的感情，就可以了。北京—东京论坛虽然开了十七期了，参加的人很多了。但是终归，对更广泛的，比如对大学生们，或者是其他年轻人，还是距离遥远的。我也曾经试图在论坛中分别地，比如说我到东京大学，他们到北京大学，与学生们座谈，这也做过，效果也好，最好还可以继续发扬。所以在公众的往来中，青年的往来，应该被列为重点，所以我说北京—东京论坛，今后如何能使中日双方青年参与，这也应该作为一种方向和办法。我也将继续地，在中日双方会谈的时候，提出这个见解来，我相信能得到大家的拥护。对于中日关系十分认真和有贡献的人，日本老一辈的日本人、政治家中也有，如参加过中日恢复邦交谈判的二阶堂进先生，又如当过日本官房长官的野中广务先生，都跟我有经常的、很深的谈话。这样的老一代的日本政治家，现在大多也不在世了，我们要有新的朋友，新的友好人士出现，这是我们的愿望。

其中“讲讲本国的故事”①，也正是合山究《故事成语》一书研讨的课题，虽然作者是日本学者。就该书序言与后记而言，其所见至少有如下方面：

其一，中国是“故事成语之国”。

“中国曾被称为文字之国，而在某个层面上，也可以进而称之为故事成语之国。”

“中国究竟有多少成语呢？就此问题而言，只能回答说是几乎无限之多。”“试以案头辞典为例：《中国成语大辞典》（上海辞书出版社，1987 年）载成语一万八千余条；《万条分类成语辞典》（湖北教育出版社，1990 年）载九千五百余条。实际生活中使用的成语数量，可谓有无数之多。”②

其二，“故事成语”是中国语的精华和特色所在。

“故事成语也堪称是汉语的精华所在，它表征了汉语的独特风格，是世界上各种语言中唯有汉语所具的特色。”

“旧时代的知识人，他们的一生可谓名副其实地是在故事成语的海洋中畅游而度过。这个传统迄今依然一脉相传，可以并不夸张地说，能否掌握并娴熟运用故事成语，乃是成为知识人的一个基础条件。”③

其三，“故事成语”蕴含着中国人的灵魂。

“故事成语是从古昔人们的烦恼、痛苦、喜悦、悲伤、爱憎、斗争等实际生活中产生，经历了悠久历史地洗刷和世世代代的锤炼，凝聚了无数人的共鸣，因而它还堪称蕴含着中国人的灵魂。”

“对于中国人而言，一条条故事成语，都相当于古昔人们精心炼制的一粒粒灵丹，因而也是后人面对生活磨难而必不可少的依托。”④

其四，日语何以称“故事成语”？

值得注意的还在于，合山究先生之所以研究中国的“故事成语”，首先是缘于中日语言之差异。

“‘故事成语’这个汉字词汇，在日语中是惯用语。它已深入日本人的语言

---

① “讲好中国故事，传播好中国声音，阐释好中国特色。”（习近平．提高国家文化软实力［M］//习近平．习近平谈治国理政．北京：外文出版社，2014：162.）又习近平《实现中华民族伟大复兴是海内外中华儿女共同的梦》（2014 年 6 月 6 日）：“中华文明有着 5000 多年的悠久历史，……希望大家继续弘扬中华文化，不仅自己要从中汲取精神力量，而且要积极推动中外文明交流互鉴，讲述好中国故事，传播好中国声音，促进中外民众相互了解和理解，为实现中国梦营造良好环境。”（同书，第 64 页）

② 合山究．故事成语［M］．东京：讲谈社，1991：275.

③ 合山究．故事成语［M］．东京：讲谈社，1991：9.

④ 合山究．故事成语［M］．东京：讲谈社，1991：9-10.

世界。然而有点意外的是，在中国却很少被使用。”①

“这是因为，……中国汉语所称的‘成语’，几乎无不包含‘故事’（典故），没有故事（典故）的成语是难以想象的。缘此，‘成语’一词的本义就包含着日语所称‘故事成语’的内涵。”②

“日语中的‘成語’类似英语的‘idioms’（惯用句）或‘sentence’（句子），它未必包含故事（典故）。因此，日语为准确表达汉语的‘成语’之意，就有必要加以‘故事’的前缀。”③

（以上所引资料为笔者据原著抄译）

二十一、由高考语文试题“价值”所想到

2021 年高考语文试卷的其中一题（上海卷）的关键词有及“价值”，读来联想到政治经济学问题。该题如下：

“有人说，经过时间的沉淀，事物的价值才能被人们认识；也有人认为不尽如此。你怎么看？请写一篇文章，谈谈你的思考。”（要求自拟题目，不少于 800 字）

“价值”也是《资本论》分析“商品”的关键词，并且“商品”章是“最难理解的”（马克思语）。试题中“事物的价值”外延包括“商品的价值”，然而对后者的认识却不仅仅需要“时间的沉淀”。该题通达处在于包容并乐意批阅“有人认为不尽如此”。

《资本论》初版序指出：“以货币形式为其完成形态的价值形式，是极无内容和极其简单的。然而两千年来人类智慧在这方面进行探讨的努力，并未得到什么结果，而对更有内容和更复杂的形式的分析，却至少已经接近成功。”④ 其中强调人类智慧对商品“价值”的认识经过了“两千年”时间的沉淀。马克思追溯到古希腊，例如亚里士多德说过，“没有等同性，就不能交换；没有可通约性，就不能等同”；但是亚里士多德“到此就停留下来了”⑤。

为什么人类对“极其简单”的“商品价值”的认知如此滞后呢？马克思于

① 合山究．故事成语［M］．东京：讲谈社，1991：273.

② 合山究．故事成语［M］．东京：讲谈社，1991：273.

③ 合山究．故事成语［M］．东京：讲谈社，1991：273-274.

④ 马克思．资本论：第 1 卷［M］//中共中央马克思恩格斯列宁斯大林著作编译局．马克思恩格斯全集：第 23 卷．北京：人民出版社，1972：7-8.

⑤ 马克思．资本论：第 1 卷［M］//中共中央马克思恩格斯列宁斯大林著作编译局．马克思恩格斯全集：第 23 卷．北京：人民出版社，1972：74.

此使用了一个著名比喻：“因为已经发育的身体比身体的细胞容易研究些。”①因此，“人体解剖是猴体解剖的钥匙”②。

不过更值得注意的是，《资本论》初版序中如下一段不甚著名的叙事：

> 在德国，直到现在，政治经济学一直是外来的科学。……从 1848 年起，资本主义生产在德国迅速地发展起来，现在是它的欺诈盛行的时期。但是我们的专家还是命运不好。当他们能够不偏不倚地研究政治经济学时，在德国的现实中没有现代的经济关系。而当这些关系出现时，他们所处的境况已经不再容许他们在资产阶级的视野之内进行不偏不倚的研究了。③

这意味着，由“商品细胞”发展而来的成熟的资本主义生产关系，只有当人们身处其中时，才可能对它有所认知；并且，只有当人们身处其中而又能超越“资本”逻辑时，才可能对它做“不偏不倚的研究”。

二十二、李大钊在日本

之前读到《以青春之我，创建青春之国家——在日本追寻青年李大钊奋斗身影》一文④，其中诸多事项可记，兹述如下三项：

（1）在早稻田大学历史纪念馆里的“一堵醒目的名人名言墙上”，镌有李大钊当年“用一腔热血书万言”的大字，该“万言”即后来发表在《新青年》上的《青春》，由此“敲响了无数国人心头觉醒的晨钟”。——可见日本大学也不无“红色”文化渊源。

（2）李大钊赴日本前毕业于北洋法政学堂，其时已经积极学习日语，“并在 1913 年将日本人中里弥之助（中里介山，なかざと かいざん）的《托尔斯泰主义的纲领》翻译成中文，发表在自己创办的杂志《言治》第一期上”——托尔

---

① 马克思．资本论：第 1 卷［M］//中共中央马克思恩格斯列宁斯大林著作编译局．马克思恩格斯全集：第 23 卷．北京：人民出版社，1972：8.

② 马克思．政治经济学批判导言［M］//中共中央马克思恩格斯列宁斯大林著作编译局．马克思恩格斯选集：第 2 卷．北京：人民出版社，1972：108.

③ 马克思．资本论：第 1 卷［M］//中共中央马克思恩格斯列宁斯大林著作编译局．马克思恩格斯全集：第 23 卷．北京：人民出版社，1972：16.

④ 载《参考消息》6 月 11 日“百年初心：寻访海外红色印记”专栏。作者署名是该报驻东京记者郭丹。

斯泰也是“劳动主义”的创导者①，因此李大钊的“以劳动者为本位”说②，很可能也吸收了托尔斯泰思想的因素。

（3）李大钊自述在留日期间“对自己影响较深”的是安部矶雄（あべ いそお）教授。后者当时是李大钊居住的基督教青年会寓所管理人。“在早稻田大学图书馆坐落的小院内，我们在一棵樱花树下看到了一尊半身铜像，面带笑容，充满亲和力。铜像的背后写着：早稻田大学棒球部创始人——安部矶雄。”安部矶雄“更是从基督教立场最早把社会主义引入日本的先驱。他积极宣扬社会主义，并于1901年与幸德秋水（こうとくしゅうすい）、片山潜（かたやません）等五位著名的社会主义运动者一起创立了日本社会民主党。他们反对日俄战争，积极宣扬‘女性解放’”。日本的李大钊研究者认为：“安部矶雄的思想触发了李大钊向社会主义思想的转变。”——看来李大钊在日本期间也吸收了“基督教立场”的社会主义思想。

“安部矶雄”之姓名，笔者2006年在日本神户大学客座任教期间初有印象。当时在该校图书馆看到一套厚重的由家永三郎（いえながさぶろう）等人主编的《日本和平论大系》（全20卷）。其中收有安部矶雄《社会民主党宣言》《周刊平民新闻》，以及幸德秋水《20世纪之怪物 帝国主义》、“片山潜的反战论”等。

---

① “1918年，杜亚泉撰《劳动主义》，称许行之言深合孔子之旨，与子路迥别，是劳动主义者。……在这个问题上他所赞同的不是孔孟，而是托尔斯泰在《我的忏悔》中所倡导的体脑结合‘四分法’。”（王元化．杜亚泉与东西文化问题论战［M］//陆晓光．王元化文稿：文化卷．北京：中央编译出版社，2017：196-197.）托尔斯泰《忏悔录》中写道：“我长久地处于精神失常的状态，这种状态是我们——最放任和最有学问的人所特有的，这不是口头上讲，事实如此。但由于我对真正的劳动人民有一种奇怪的生理上的好感，我便理解他们，并且看到，他们不像我们想象的那样愚蠢。”（列夫·托尔斯泰．忏悔录［M］．冯增义，译．上海：译林出版社，2012：79.）“创造生活的劳动人民的行动在我看来是唯一真正的事业。我明白了，这种生活所具有的意义是真理，所以我就接受了它。”（同书，第85页）“那些人的性格、智力、受教育程度以及社会地位千差万别，全然不似我这般无知，他们知道生死的意义，平静地劳作，忍受着贫穷和苦难。他们有的活着，有的死去，在这过程中，他们看到的是善良，而不是虚空。”（同书，第88页）

② 李大钊当初在北京大学说：“以劳动者为本位，这正是个人主义向社会主义人道主义过渡的时代。”（李大钊．我的马克思主义观［M］//李大钊．李大钊选集．北京：人民出版社，1959：176.）

二十三、李大钊后人如是说

网页上浏览到“李大钊之孙李建生讲述中共建党故事受欢迎”①。其中述及李大钊留学日本早稻田大学政治本科期间：“他聆听了日本进步人士安部矶雄、幸德秋水、河上肇等关于马克思主义和社会主义的讲座，更是接触到了英、日文的《资本论》《共产党宣言》等关于社会主义、共产主义的书籍。”由此评断：“从大钊先烈的留学过程可以看出，有实践意义的、系统的马克思主义早期在中国的传入，不是从俄国和俄文学习到的，而是在日本通过英、日文接受的。”

今按：这个评断的理由还可以补充如下三项：

其一，第一个中文版《共产党宣言》（1920 年陈望道译）主要是据日文本翻译。李大钊留日期间聆听学习的安部矶雄、幸德秋水等，都是《共产党宣言》的最早日译者。

其二，李大钊于 1919 年发表《我的马克思主义观》论文，其中详细引用了三部马克思主义著作：《哲学的贫困》《共产党宣言》《政治经济学序言》。据德国学者李博（Wolfgang Lippert）的考察，这些引文在篇幅上与河上肇同年发表《马克思社会主义理论的大概》中的引用重合，在选词上也紧紧依照之。李大钊也引用了河上肇。因此，“毫无疑问，李大钊所引用的内容来自对河上肇的文章的两次翻译”②。

其三，李大钊于 1907 年夏考入天津北洋法政专门学堂读书 6 年，其间已经学习日文并将日本人中里弥之助的《托尔斯泰主义的纲领》译成中文。其后又留学日本（1913 年至 1916 年）。相关研究则表明，早在 1903 年前，日语文献中已经出现马克思学说的术语体系。例如“社会主义、共产主义、资本主义、帝国主义、封建主义、阶级斗争、生产资料、生产方式、生产力、生产关系、劳动、劳动力、政治经济学、私有财产、人民、唯物主义、形而上学”等。（同上书）

二十四、普列汉诺夫美学与《资本论》

因读由徐恒醇翻译的《审美特性》（上下卷），而又重读了曹葆华翻译的

① 由文竹．李大钊之孙李建生讲述中共建党故事受欢迎［EB/OL］．红色江山网，2021-03-13.

② 李博．汉语中马克思主义术语的起源与作用［M］．赵倩，王草，葛平竹，译．北京：中国社会科学出版社，2003：94.

《普列汉诺夫美学论文集》，因为两者都论及审美意识与劳动的关系。

就卢卡奇美学与《资本论》关系而言，他在完成《审美特性》一书的二十多年前就说过，“谁若能以真正用心的态度通读并读懂马克思的《资本论》和其他著作，他会发现：从包罗万象的整体观点来看，马克思的一些意见比那些毕生从事美学研究的反资本主义浪漫派的著作更深入地进入了问题的本质”①。与此相应，《审美特性》前言写道：“如果认为将马克思主义经典作家的言论加以搜集和系统排列就可以产生一部美学，或者至少是构成美学的一个完整骨骼，只要加入连贯的说明文字就能产生一部马克思主义美学，那就完全是无稽之谈了。”② 可以说，整部《审美特性》是自觉地、系统地以《资本论》为方法而撰写的美学专著。③

就普列汉诺夫（Georgii Valentlnovich Plekhanov，1856—1918）美学而言，我国学术界至少在30年前就推他为马克思主义美学奠基人。④ 原因之一是普列汉诺夫在其美学代表作《没有地址的信》的首篇就告白：“在这里我毫不含糊地说，我对于艺术，就像对于一切社会现象一样，是从唯物史观的观点来观察的。”⑤

但是就普列汉诺夫美学与《资本论》关系而言，笔者前此却未曾注意。这次重读，发现至少如下两处直接述及《资本论》。

其一，“《资本论》的作者所给予的形式”。

普列汉诺夫在讨论劳动与艺术起源之关系时，引述了德国学者卡尔·毕歇尔（Karl Bücher，1847—1830）《国民经济方面的四篇论文》中的论点：“游戏先于劳动，而艺术先于有用物品的生产。”然后普列汉诺夫对读者写道：

> 现在您明白了，为什么我请求您认真对待毕歇尔的话：这些话对于我所捍卫的历史理论有着最密切的关系。如果游戏真是先于劳动，而艺术真是先于有用物品的生产，那么对历史的唯物主义解释，起码在《资本论》

---

① 卢卡奇．马克思恩格斯美学论文集引言［M］//中国社会科学院外国文学研究所．卢卡奇文学论文集：Ⅰ．北京：中国社会科学出版社，1981：281.

② 卢卡奇．审美特性：上［M］．徐恒醇，译．北京：社会科学文献出版社，2015：5.

③ 陆晓光．卢卡奇美学与《资本论》［J］．中国美学研究，2019（2）：185-202，286.

④ “由马克思、恩格斯奠定的马克思主义美学，只有到了普列汉诺夫时期，才具有缜密的学术性和完整的系统性。”（楼昔勇．普列汉诺夫美学思想研究［M］．上海：上海人民出版社，1990：4.）

⑤ 普列汉诺夫．没有地址的信［M］//普列汉诺夫．普列汉诺夫美学论文集（Ⅰ）．曹葆华，译．北京：人民出版社，1983：309.

> 的作者所给予的形式下，是经不住事实的批判的，而我的全部议论也一定得颠倒过来：我就必须说，经济依存于艺术，而不是艺术依存于经济。①

其中直接提到了“《资本论》的作者所给予的形式”。普列汉诺夫据此还对康德美学提出了批评：“因此，康德的定义 Schön ist das ohne alles Interesse wohlgefällt（美是没有任何利害关系而喜爱的东西）——是不正确的。”②

其二，“那位德国作家说得很对”。

《没有地址的信》第四篇引述了当时出版的一部人类学著作《黑暗大陆游历记》的一段述评：“奴役妇女对于人口增长是不无影响的，在马可洛洛部落里，拥有许多牲畜的富有的老头子，娶了所有漂亮的年轻女子做老婆；没有牲畜的，即一无所有的年轻人，不得不做单身汉，或者不得不满足于嫁不到富人的丑女子。这种情况大概是道德非常败坏的根源。因此，孩子的数量减少了。”③ 普列汉诺夫引述后评论道：

> 那位德国作家说得很对：抽象的繁殖法则只是对于动物和植物才存在着。④

该句页底的编者注：“德国作家指卡尔·马克思，这句话见《资本论》第 1 卷，人民出版社 1963 年版，第 695 页。”今查《马克思恩格斯全集》第 23 卷的《资本论》第一卷，该句出自“资本主义积累的一般规律”章关于“人口规律”的一段论述：

> 工人人口本身在生产资本积累的同时，也以日益扩大的规模生产出使他们自身成为相对过剩人口的手段。这就是资本主义生产方式特有的人口规律。事实上，每一种特殊的、历史的生产方式都有其特殊的、历史地起作用的人口规律。抽象的人口规律只存在于历史上还没有受过人干涉的动

---

① 普列汉诺夫．没有地址的信［M］//普列汉诺夫．普列汉诺夫美学论文集（I）．曹葆华，译．北京：人民出版社，1983：374.

② 普列汉诺夫．没有地址的信［M］//普列汉诺夫．普列汉诺夫美学论文集（I）．曹葆华，译．北京：人民出版社，1983：409.

③ 普列汉诺夫．没有地址的信［M］//普列汉诺夫．普列汉诺夫美学论文集（I）．曹葆华，译．北京：人民出版社，1983：423.

④ 普列汉诺夫．没有地址的信［M］//普列汉诺夫．普列汉诺夫美学论文集（I）．曹葆华，译．北京：人民出版社，1983：423.

植物界。①

末句的“抽象的人口规律……”，应该也就是普列汉诺夫所引称的“抽象的繁殖法……”。

以上两例表明，普列汉诺夫也是以《资本论》为思想资源来进行他所称之为“唯物史观”新美学的研究的。因此我们有理由说，以《资本论》为方法研究美学问题最初是发端于普列汉诺夫；换言之，在以《资本论》为方法研究美学的意义上，普列汉诺夫堪称是卢卡奇的先驱者。②

二十五、《革命文艺的拓荒者楼适夷》

该书原稿题为《楼适夷研究——中国革命文艺“拓荒”者》，是2012年前笔者提交的博士学位论文。作者李秀卿读博时正值王元化研究中心筹建之初，缘此也承担了诸多协助工作，尤其是协助了王元化档案图书资料的编目，笔者作为当年主事人首先要感谢作者。在此过程中发现，芥川龙之介（あくたがわりゅうのすけ）小说集《罗生门》的译者楼适夷，不仅是日本文学研究的开拓者，也是与王元化交往密切的中国现代革命文学的早期人物。楼适夷1926年（21岁）加入中共，王元化1938年（18岁）加入中共。③ 李秀卿读博前发表过芥川龙之介研究论文，当时建议作者考量“楼适夷研究”作为博士论文选题的可能性，是基于这一背景。

从李秀卿当初提交的调查报告中得知，楼适夷革命文艺生涯长达七十余年，他亲历并参与了诸如“五四”、“左联”、抗战、解放战争，以及新中国成立后一系列重大文艺活动。“楼适夷一生著译丰富，共创作翻译各类作品600余篇（部），译著51部，……特别是译著，从20世纪30年代起就被不断重版、再版，一直持续到2008年，部分译著堪称经典。”楼适夷以近一个世纪的辛勤耕

---

① 马克思．资本论：第1卷［M］//中共中央马克思恩格斯列宁斯大林著作编译局．马克思恩格斯全集：第23卷．北京：人民出版社，1972：692.

② 卢卡奇肯定了这位先驱者的研究成果：“虽然普列汉诺夫引用的人种志学资料部分已经陈旧，但他在实质上是完全正确的。”（卢卡奇．审美特性：上［M］．徐恒醇，译．北京：社会科学文献出版社，2015：196.）卢卡奇还举例说，“关于文身，他指出：‘野蛮人最初看到了文身的好处，后来——很久以后——才开始体验到看见经过文身的皮肤时的审美的快感。’”（同页。中译者注：该例见普列汉诺夫《论艺术》，三联书店1964年，第16页）

③ 楼适夷．致王元化信十封［J］．新文学史料，2002（3）：8.（王元化．致楼适夷：十二通［M］//王元化．清园书简．武汉：湖北教育出版社，2003：590-607.）

耘，以作家、翻译家、编辑出版家的三重身份和丰硕成果，“为促进国际文化交流、借鉴外来文化以繁荣我国文学创作做出了重要贡献”①。而“目前还没有一本专门以楼适夷为研究对象的学术专著，表明楼适夷研究还在零敲碎打阶段。现在应该是我们就其在我国现代文艺史上的重要地位做出全面评估的时候了”②。该报告还附有三个资料整编录：一是“楼适夷年谱简编”，二是“楼适夷著译编年”，三是“楼适夷研究资料目录”。笔者也由此初步了解了该课题的研究意义。

由于所属专业是中文学科的“比较文学”，作者在整理资料过程中注意到楼适夷翻译的特点：

> 楼译外国文学作品中，以俄苏为主，但没有任何资料可以证明楼适夷学习过俄语。如何解释这一问题？我经过分析思考，认为楼译非直接原文翻译，而是转译。具体实现转译的方式则是两条途径：一是通过世界语转译，二是通过日语转译。所以有研究者在研究资料中称楼适夷是俄国文学翻译家或者到日本专攻俄国文学是不正确的。

这表明作者的前期调查不仅在资料搜集整理方面颇役心力，而且已经有所发现。

我们的初衷是将这一课题与王元化研究中心的工作结合起来，探讨中国现代文学思想的某方面轨迹。楼适夷是中共老党员，“他入党时间还略早于同时期一些后来比他更著名的战友（冯雪峰、周扬、夏衍）”。“他的著译都是在颠沛流离的革命斗争和繁重的行政工作之余完成的。”那么，楼适夷何以能够如此坚执于文字工作？其生涯及作品的独特性何在？有哪些足以提供后人启迪的方面？楼适夷翻译作品是多国的，其散多的翻译有无选择尺度或倾向？楼适夷是作家、翻译家、编辑出版家，其多种活动有无内在统一性？楼适夷与王元化两位前辈何以惺惺相惜？等等。作者三年后提交的论文回答了这些问题。笔者作为第一

① 楼适夷（1905—2001）去世后，《人民日报》第四版转发新华社 4 月 28 日电的讣告（近 500 字），这里所引是该讣告的末句。（参阅：新华社．讣告［N］．人民日报，2001-05-21：4.）

② 摘自李秀卿当时博士论文的开题报告。（参阅：李秀卿．革命文艺的拓荒者楼适夷［M］．成都：四川大学出版社，2012：7.）

读者，他的研究过程也是我不断受教益的过程。①

二十六、《挪威的森林》中文版“热”

笔者2006年在日本神户大学客座任教期间，曾对村上春树（むらかみはるき）著名小说《挪威的森林》有所研读，并在该校学刊上发表一篇近两万字的专题论文。② 当时之所以做此项研究，原因之一是有感于此前中国大陆的村上春树小说“热”。下面数据摘自当时拙论中的考察。

> 相关研究称：村上春树作品在日本的总发行量多年前已超1500万册，其中《挪威的森林》则越出700万部的巨数，平均每30个日本人购有一部；在中国，该小说的汉译发行量也在三年前达到40万册。③ 虽然这个数字远远少于日本发行量，但是相对于中国当代小说发行量已经堪称巨数了。网络世界的情况则有点反客为主。笔者上网以google日文与中文分别搜索相关词条。日文网页中“ノルウェイの森”（“挪威的森林”的日文原名）得162，000条，中文网页中汉译书名“挪威的森林”得741，000条；中文网为日文网的4. 5倍多。这表明，该小说在中文网页中的“热”度已远

① 参阅：李秀卿．革命文艺的拓荒者楼适夷［M］. 成都：四川大学出版社，2012：1-304.

② 陆晓光．消费社会的难题：“放开手脚”解读《挪威的森林》中文版之“热”［J］. 神户大学国际文化学部纪要（第25号），2006（4）.

③ 关于《挪威的森林》在中国的出版发行量，中国大陆相关论文有不同说法：2000年的统计数字是“30万册”（林少华．村上春树何以为村上春树［J］. 译林，2000（2））；2003年的数字是“40万册”（周淑茹．写在青春的边缘上：析《挪威的森林》畅销之原因［J］. 黄石高等专科学校学报，2003（1）：48-50.）又关于《挪威的森林》在日本的出版发行量，中国大陆至少有三种不同说法：一说认为截至1999年10月，发行量为“446万册”（孙树林．井·水·道：论村上春树文学中的老子哲学［J］. 日本研究，2001（4）：85-91.）日本人口数为1.2亿多，因此这个数字符合“在日本平均每30人拥有一本《挪威的森林》”之说（李静宜．孤独的释放与安置：村上春树和他的《挪威的森林》［J］. 新闻爱好者，2002（7）：35.）又一说认为“700万册”（周淑茹．写在青春的边缘上：析《挪威的森林》畅销之原因［J］. 黄石高等专科学校学报，2003（1）：48-50.）还有一说认为“1500万册”（叶岗．迷失自我的象征性森林：《挪威的森林》赏析［J］. 名作欣赏，2002（3）：43-46.）查日本相关网页，据一个名叫“Wolfman's Blog”的艺术网站，其2005年2月11日上贴的评论写道：“这部作品上下卷合为一部，迄今发行已超过700万部，如此受普遍欢迎实在罕见，令人惊愕。”此处“700万部”与上引“700万册”吻合。该小说的日文原版式分为上、下两册，因此中国研究者的“1500万册”之说，也可能是两册为一部的“超过700万部”的讹说。

超其母国日本。又日文网页中"村上春樹"1，190，000条，中文网页中"村上春树"1，052，250条（含繁体字2250条）。两者比照，后者为前者的约九成（0.89）。这位日本小说家之名在中文网络中的出现频率相当接近其在母国频率，如此现象应该也可谓"热"。由此看来，村上春树的代表作《挪威的森林》不仅在现实世界中，而且更在网络世界中，已然成为一大片跨国界、多层次的"森林"景观。

中国是马克思主义话语占主导地位的国家，因此在中文网络中以马克思话语为参照系比较，可能使我们有更切中国语境的发现。笔者曾于2004年11月上中文google网以关键词方式搜索比较，结果是，"村上春树"214，000条，逼近"马克思"的218，000条；"挪威的森林"53，600条，接近"资本论"31，800条的两倍。约一年后的现在再度上网搜索，发现两组的数量都各增长了一位数，即由原来的数十万位增长至百多万位，或从原来的万位增长至数十万位——中文网页搜索"马克思"（含繁体字"馬克思"）得1，350，000条，与"村上春树"1，052，250条同位数层面接近而略多。"资本论"（含繁体字"資本論"）得161，000条，远远低于"挪威的森林"741，000条，后者是前者的4.5倍多。如此看来，这道源出日本小说的"森林"风景，在中国特色的网络语境中不仅未曾褪色，相反是与时俱进而"热"度持续。

再比照日文网页中的马克思话语。在中文网页中，"村上春树"的出现频率（1，052，250条）略少于"马克思"（1，350，000条），前者为后者的近八成（78%）。而在日文网页中"村上春樹"1，190，000条，"マルクス"（"马克思"的日文名）1，750，000条，前者为后者的七成弱（68%）。从这两个数据看，日文网络中的"村上春樹"与"马克思"之比仅差中文网络之比的一成。

二十七、"大家通人"与《文心雕龙》

近年网上数次浏览到"龚鹏程"之名，但其与《文心雕龙》关系则是后来得知。"澎湃新闻"专题书评《读龚鹏程〈文心雕龙讲记〉》（作者陈特）开首两句是："龚鹏程先生是当世少有的大家通人"，"龚先生曾批评以淹博著称的钱锺书先生论学往往显得‘不当行’，并隐然以博且当行自诩”①。遂油然想到曾经读到余英时说钱锺书的一句话：“只能在小的点上求胜负，大的地方讲不清楚的。”②

书评介绍：龚氏“研探《文心雕龙》逾三十载”，“早在20世纪80年代，他就发表了相关论文”，其由广西师范大学出版社于2021出版的《文心雕龙讲记》的初版原题为《文心雕龙讲疏》（台湾学生书局2020年）。这与王元化于1992年由上海古籍出版社出版的《文心雕龙讲疏》的书名不谋而合。

百度称龚先生1956年生于台北，博士毕业于“台湾师范大学国文研究所”③。遂又联想到该校前任王更生（1928—2010）先生曾有《“文心雕龙学”

① 陈特．读《文心雕龙讲记》｜刘勰的“门面语”与“真心话”［EB/OL］．上海书评，2021-08-12.

② “他的治学方向，可以说早年接受晚清遗老的影响太深，就是专门在小的地方，精到的地方，要跟人家较胜负，要超过别人。……他要在这个上面求胜。求胜只能在这些小的点上求胜负，大的地方讲不清楚的。”（余英时．谈钱锺书：与傅杰的问答［M］//余英时．师友记往：余英时怀旧集．北京：北京大学出版社，2013：135.）“也可以说，他注重的是中西相同之处。他很少讲相异之处。相异之处，就是要讲一个大的背景，大的架构。……我几乎找不到他讲中西相异的地方。因为相异的地方很难讲。”（同书第136页）不过笔者在钱锺书《宋诗选注》中感触到至少有一种超越“在小的点上求胜负”的迹象。该书序文有一段引述“毛泽东同志《延安文艺座谈会上的讲话》早指出”的话，这段话是：“人民生活中本来存在着文学艺术原料的矿藏，这是自然形态的东西，是粗糙的东西，但也是最生动、最丰富、最基本的东西；在这点上说，它们使一切文学艺术相形见绌，它们是一切文学艺术的取之不尽、用之不竭的唯一源泉。……实际上，过去的文艺作品不是源而是流，是古人和外国人根据他们彼时彼地所得到的人民生活中的文学艺术原料创造出来的东西。我们必须继承一切优秀的文学艺术遗产，批判地吸取其中一切有益的东西，作为我们从此时此地的人民生活中的文学艺术原料创造作品时候的借鉴。有这个借鉴和没有这个借鉴是不同的，这里有文野之分，粗细之分，高低之分，快慢之分。……但是继承和借鉴决不可以变成替代自己的创造，这是决不能替代的。”（原注：《毛泽东选集》第三卷第882页，人民出版社出版）紧接着钱钟书写道，“宋诗就可以证实这一节所讲的颠扑不破的真理，表示出诗歌创作里把‘流’错认为‘源’的危险。这个危险倾向在宋以前早有迹象，但是在宋诗里才大规模发展，具备了明确的理论，变为普遍的空气压力，以至于罩盖着后来的元明清诗。我们只要看六朝锺嵘的批评‘殆同书抄’，看唐代皎然的要求‘虽欲经书，而离书生’，看清代袁枚的嘲笑‘天涯有客太詅痴，误把抄书当作诗’，就明白宋诗里那种习气有多么古老的来头和多么久长的后裔。”（钱锺书．宋诗选注［M］．北京：人民文学出版社，2016：11-12.）

③ 龚鹏程，江西吉安人，1956年生于台北。是当代著名学者和思想家。台湾师范大学国文研究所博士毕业，……现为北京大学中文系教授。2019年，龚鹏程先生就任山东大学文学院专任讲席教授。现任卢森堡欧亚大学马来西亚校区校长。

在台湾》一文①。21世纪初王更生曾莅临华东师范大学专题讲演，迄今印象深刻的是他对“经史子集”如数家珍，对台湾教育忧心忡忡，语调颇见“沉郁顿挫”，亦所谓“通晓古今”者乎。据载“经王更生教授指导而获得博士、硕士学位的计有30余人”②。

更早的伍叔傥（1897—1966）在台大中文系“讲授陶谢诗及《文心雕龙》”时，亦“兼台湾师范大学国文系教授”③。伍叔傥《文心雕龙讲义》中有“谈五言诗”专题。④而《读龚鹏程〈文心雕龙讲记〉》的评论之一是：“真正吸引作者和读者的‘五言流调’，是以‘古诗’与建安诗为高峰。”⑤

伍叔儻“自束发受书，辄好吟咏，初爱汉晋五言”⑥。他去世十多年后被评选为香港诗人的“托塔天王”。⑦又伍叔傥曾师从黄侃，后者是《文心雕龙》早期研究者。但是伍叔傥的学生钱谷融先生却成为现代文学批评家，并以《论“文学是人学”》著称于世。⑧——其间亦可见《文心雕龙》“观衢路”之迹乎？⑨

笔者缘此书评而读龚鹏程该书，感触确实颇多“观衢路”之迹。例如书中“对当前文学理论研究的反省”的附录篇写道：“台湾跟大陆一样，文学比经济更深地镶嵌在依附世界体系的生产和消费关系中，自己根本缺乏生产力，没什么自己的产品，只能做代工、加工、批发、零售、代理，一个只能消费或代理的文论界，能有什么作为？”⑩

---

① 《文心雕龙学综览》编委会．文心雕龙学综览［M］．上海：上海书店出版社，1995：29.

② 王更生（台湾师范大学教授）。

③ 伍叔傥．伍叔儻集［M］//温州文献丛刊．合肥：黄山书社，2011：628-629.

④ 伍叔傥．伍叔儻集［M］//温州文献丛刊．合肥：黄山书社，2011：212.

⑤ 陈特．读《文心雕龙讲记》｜刘勰的“门面语”与“真心话”［EB/OL］．上海书评，2021-08-12.

⑥ 伍叔傥．伍叔儻集［M］//温州文献丛刊．合肥：黄山书社，2011：589.

⑦ 伍叔傥．伍叔儻集［M］//温州文献丛刊．合肥：黄山书社，2011：583.

⑧ 陆晓光．读钱谷融序《伍叔儻集》［N］．文汇报，2019-10-25.

⑨ “各照隅隙，鲜观衢路。”语出《文心雕龙·序志》。（王更生．文心雕龙：全译本［M］．西安：三秦出版社，2021：338-339.）

⑩ 龚鹏程．文心雕龙讲记［M］．桂林：广西师范大学出版社，2021：493.

附录一：读中国政治经济学（札记）

一、“工人阶级”今何在

《“工人阶级”今何在》一文①，对于属于“工人阶级的一部分”的知识分子，似尤可读。兹录数条。

（一）关于《中华人民共和国宪法》与《中国共产党章程》

我国《中华人民共和国宪法》总纲的第一条规定，“中华人民共和国是工人阶级领导的、以工农联盟为基础的人民民主专政的社会主义国家”。

《中国共产党章程》总纲开篇就指出，“中国共产党是中国工人阶级的先锋队，同时是中国人民和中华民族的先锋队”。

“毛泽东在《中国社会各阶级的分析》一文中曾指出，工人阶级是中国新的生产力的代表者，是近代中国最进步的阶级，是革命运动的领导力量。”②

（二）关于“工人阶级的一部分”

毛泽东早在1949年3月党的七届二中全会上就提出，工人阶级、农民阶级和广大的革命知识分子是人民民主专政的“革命力量和基础力量”。随后同一时期，刘少奇更具体地指出，教员、记者、演员等文化教育工作者、工程师、技师等职员都是“雇佣劳动者”，从事“脑力劳动”，是工人阶级的一部分。

1956年1月，周恩来代表中央在知识分子问题会议上提出，“知识分子的绝大多数已经为社会主义服务，已经是工人阶级的一部分”。

1978年，邓小平在全国科学大会上针对“文革”时期“阶级斗争扩大化”错误强调指出，我国知识分子“绝大多数已经是工人阶级和劳动人民自己的知识分子，因此可以说，已经是工人阶级的一部分”。

---

① “工人阶级”今何在［EB/OL］. 澎湃新闻，2021-12-24.

② “工人阶级”今何在［EB/OL］. 澎湃新闻，2021-12-24.

（三）关于“党的十八大以来”

2013年，在同全国劳动模范代表座谈并发表重要讲话时，习近平强调：“坚持和发展中国特色社会主义，必须全心全意依靠工人阶级、巩固工人阶级的领导阶级地位，充分发挥工人阶级的主力军作用。”

2015年，习近平在庆祝“五一”国际劳动节暨表彰全国劳动模范和先进工作者大会上的讲话中又旗帜鲜明地指出：“不论时代怎样变迁，不论社会怎样变化，我们党全心全意依靠工人阶级的根本方针都不能忘记、不能淡化，我国工人阶级地位和作用都不容动摇、不容忽视。”

此外，如下叙事也关涉“知识分子”：

“新中国成立之初，全国职工的总数约809万人。”其时“工人阶级主要指产业工人，如制造、建筑、运输等行业的劳动者。”“当时劳动统计对职工的定义是‘职员和工人’，机关事业单位、商业单位的劳动者被称为职员。”——其时“知识分子”尚未纳入“劳动者”范畴。

“1956年年底社会主义改造基本完成之后，产业工人的数量已达4651万人。”“职员也被纳入工会管理，成为工人阶级的组成部分。”“工会成为机关、企事业单位中工人阶级的群众组织。”“我国只剩下工人阶级和农民阶级两大阶级，以及知识分子阶层，形成了‘两阶级和一阶层’的社会结构。”——其时“知识分子阶层”尚未进入“工人阶级和农民阶级”。

1978年改革开放迄至2019年，“数以亿计的农民工加入工人队伍。我国工人队伍的总规模，已从1.8亿人发展到5.8亿人，占全国从业人员的比重也从29.5%提高到74.9%。”以中国打工者为主体的“新工人阶级”在新世纪第一个10年已经成为世界工人阶级中最庞大的群体（发达国家制造业劳动总量不足一亿），中国也随之从最大的小有产阶段国转变为突然拥有2亿新生工人阶级的国家。①“在所有农民工中，受过高中教育的比例达16.7%，大专及以上文化程度占12.2%，其中流动外出打工的农民工文化程度更高，大专及以上达到16.5%。”——这意味着“知识分子”已相当程度成为“工人阶级的一部分”。

然而具有特殊重要位置的“制造业工人群体”，近十年来占比却呈下降趋势。非私营单位占比“持续下降至最低点22.33%”；私营企业及个人就业占比“持续下降至最低点13.59%”。尤其是制造业出现“用工荒”，人力资源和社会保障部发布的“2021年第一季度全国招聘排行”显示，在最缺工的100个职业

① 温铁军．八次危机：中国的真实经验1949—2009［M］．北京：东方出版社，2013：257.

中，有42个属于生产制造。“这是一个很大的危险。”

原因之一是“90后”青年的择业观念发生很大改变：

> 我国目前每年800多万高等教育毕业生，进入工业企业的比例很低。缓解制造业“缺工”，需要企业、劳动者和政府职能部门的协同努力。

上引末句吁请“协同努力”，某大学去年提倡“科学、工程、艺术三面一体”的新文科①，其中似也蕴含“工人阶级的一部分”自觉意识。

2022年1月8日

二、“精致的利己主义”与“粗糙的国民经济学”

很多年前北京大学钱理群教授惊呼：“我们的一些大学，包括北京大学，正在培养一些‘精致的利己主义者’。”由此提出了“是谁造就了精致利己主义者”的问题。② 带着这个问题，笔者注意到马克思在写于《1844年经济学哲学手稿》之前的《詹姆斯·穆勒〈政治经济学原理〉一书摘要》中，使用过“粗糙的国民经济学”这一组合词：

> 粗糙的国民经济学的盲目信仰紧紧抓住感觉得到的、摸得着、看得见的钱袋不放，并因此而相信贵金属的绝对价值，把对它的占有看作唯一现实的财富。③

马克思是将“粗糙的”与“精致的”这两个形容词互文使用的：

> 现代国民经济学是在货币本质的抽象性和普遍性中把握货币本质的，……它用精致的盲目信仰代替粗糙的盲目信仰。④

---

① 钱旭红．推动新文科发展，培养具有卓越思维的人才［N］．文汇报，2021-02-17（第3版）．

② 钱理群．精致利己主义［EB/OL］．百度百科，2017-02-08.

③ 马克思．詹姆斯·穆勒《政治经济学原理》一书摘要［M］//中共中央马克思恩格斯列宁斯大林著作编译局．马克思恩格斯全集：第42卷．北京：人民出版社，1979：20.

④ 马克思．詹姆斯·穆勒《政治经济学原理》一书摘要［M］//中共中央马克思恩格斯列宁斯大林著作编译局．马克思恩格斯全集：第42卷．北京：人民出版社，1979：21.

马克思又是在追溯“货币”的历史形式时使用“粗糙”与“精致”二词的。为什么“货币”的历史形式有“粗糙”与“精致”之区别？循此探究，得如下认知。

最初的货币是物物交换。所以《资本论》举例说：“巴尔扎克曾经对各色各样的贪婪做了透彻研究。那个开始用积累商品的办法来储藏货币的高布塞克，在他笔下已经是老糊涂虫了。”①

而后的货币是贵金属。所以《资本论》以莎士比亚《雅典的泰门》台词为范例：“金子！黄黄的、发光的、宝贵的金子！”②

再后的货币是纸币。“纸币和许多纸的货币代表（像汇票、支票、借据等）是作为货币的货币的较为完善的存在，是货币的进步发展中的必要的因素。”③《资本论》又举《威尼斯商人》夏洛克的振振有词：“我的行为没有越轨，我要求我的权利！那就是契约上规定的罚金和抵押品！”④

最后的货币是“信贷”。“信贷不再把货币价值放在货币中，而把它放在人的肉体和人的心灵中。”⑤“像夏洛克一样，认为‘诚实的人’，就是‘有支付能力的人’。”⑥ 所以越有钱就越诚实，金融大鳄最诚实。“信贷只提供给已经富裕的人。”至于其他人，“不仅简单地判决他是贫穷的，而且还在道德上判决他不配得到信任，不配得到承认，因而是社会的贱民，坏人”⑦。

可见，马克思追溯的“货币”经历了物物交换—贵金属—纸币—契约—信贷等多种历史形式，这个过程也确实可谓是一个从“粗糙”向“精致”发展的过程。

又进一步注意到，《詹姆斯·穆勒〈政治经济学原理〉一书摘要》中也使

① 马克思．资本论：第1卷［M］//中共中央马克思恩格斯列宁斯大林著作编译局．马克思恩格斯全集：第23卷．北京：人民出版社，1972：646.

② 马克思．资本论：第1卷［M］//中共中央马克思恩格斯列宁斯大林著作编译局．马克思恩格斯全集：第23卷．北京：人民出版社，1972：152.

③ 马克思．詹姆斯·穆勒《政治经济学原理》一书摘要［M］//中共中央马克思恩格斯列宁斯大林著作编译局．马克思恩格斯全集：第42卷．北京：人民出版社，1979：21.

④ 马克思．资本论：第1卷［M］//中共中央马克思恩格斯列宁斯大林著作编译局．马克思恩格斯全集：第23卷．北京：人民出版社，1972：319.

⑤ 马克思．詹姆斯·穆勒《政治经济学原理》一书摘要［M］//中共中央马克思恩格斯列宁斯大林著作编译局．马克思恩格斯全集：第42卷．北京：人民出版社，1979：23.

⑥ 马克思．詹姆斯·穆勒《政治经济学原理》一书摘要［M］//中共中央马克思恩格斯列宁斯大林著作编译局．马克思恩格斯全集：第42卷．北京：人民出版社，1979：22.

⑦ 马克思．詹姆斯·穆勒《政治经济学原理》一书摘要［M］//中共中央马克思恩格斯列宁斯大林著作编译局．马克思恩格斯全集：第42卷．北京：人民出版社，1979：23.

用了“利己”这一关键词：

> 在私有权关系的范围内，社会的权力越大，越多样化，人就变得越利己，越没有社会性，越同自己固有的本质相异化。①

“人就变得越利己”这一比较型的句式，应该也就是针对了从“粗糙”向“精致”的发展过程。

马克思还力图勾勒这个“人就变得越利己”过程的特殊方法：

> 在这里，掠夺和欺骗的企图必然是秘而不宣的，因为我们的交换无论从你那方面或从我这方面来说都是自私自利的，因为每一个人的私利都力图超过另一个人的私利，所以我们就不可避免地要设法互相欺骗。……在这场斗争中，谁更有毅力，更有力量，更高明，或者说，更狡猾，谁就胜利。如果身强力壮，我就直接掠夺你。如果用不上体力了，我们就相互讹诈，比较狡猾的人就欺骗不太狡猾的人。……每一方都已在自己的判断中欺骗了对方。②

马克思不仅使用了“自私自利”这一关键词，而且还以“掠夺”“欺骗”“狡猾的”“高明的”等多个形容词来阐明其特殊方法。尤其是“秘而不宣”的评断，好像有点接近今人所称“潜规则”。

在《詹姆斯·穆勒〈政治经济学原理〉一书摘要》20多年后初版的《资本论》中，马克思进一步描述了这个“自私自利”的“货币”的顶级形式：

> 在每次证券投机中，每个人都知道暴风雨总有一天会到来，但是每个人都希望暴风雨在自己发了大财并把钱藏好以后，落到邻人头上。我死后哪怕洪水滔天！这就是每个资本家和每个资本家国家的口号。③

---

① 马克思．詹姆斯·穆勒《政治经济学原理》一书摘要［M］//中共中央马克思恩格斯列宁斯大林著作编译局．马克思恩格斯全集：第42卷．北京：人民出版社，1979：29.

② 马克思．詹姆斯·穆勒《政治经济学原理》一书摘要［M］//中共中央马克思恩格斯列宁斯大林著作编译局．马克思恩格斯全集：第42卷．北京：人民出版社，1979：35.

③ 马克思．资本论：第1卷［M］//中共中央马克思恩格斯列宁斯大林著作编译局．马克思恩格斯全集：第23卷．北京：人民出版社，1972：299.

与此顶级形式相比较，我国学者所称“精致的利己主义”，似乎反而显得有点“温情脉脉”了。

2022年4月30日

三、《国富论》的“农工商”顺序

《国富论》对“商人”颇有异议。例如下面一段：

> 无论哪一个国家，通过工商业而获得资本，除非其某一部分已在土地上耕作与改良事业上得到保障和实现，总是极不确定的财产。说商人不一定是某一特定国家的公民，这句话真是不错。究竟在何处营业的问题，在他似乎没有多大意义；如果他们对甲国感到一种厌恶，哪怕顶微小，亦可使他把资本从甲国迁到乙国，跟着资本的迁移的资本所维持的产业，亦必移动。在资本尚未散在地面上，成为建筑物，成为土地永久改良物以前，那资本决不能说属于某一国。据说汉萨同盟①大部分都市都拥有很大财富，这财富如今到哪里去了呀，除了在十三世纪、十四世纪模糊的历史中外，真是一点痕迹也没有留下。甚至它们中某些城市究竟坐落在什么地方，其中有些拉丁文名称究竟属于欧洲的哪些都市，也不易确定。②

这是说商人秉性喜好流动迁移，其中“这财富如今到哪里去了呀”句，与当今中国网上常听说的将巨额资金“润出”海外之说，很是相似。

《国富论》紧接着从“农业”视角反证“商业”的不可靠：

> 但是，十五世纪末十六世纪初意大利所遭的灾祸，虽然使伦巴迪亚和托斯卡纳所属各城市的工商业大为衰弱，但这些地方至今仍为欧洲人口密

① 在线资料：汉萨同盟是德意志北部城市之间形成的商业、政治联盟。汉萨（Hanse）一词，德文意为“公所”或者“会馆”。13世纪逐渐形成，14世纪达到兴盛，加盟城市最多达到160个。1367年成立以吕贝克城为首的领导机构，有汉堡、科隆、不来梅等大城市的富商、贵族参加，拥有武装和金库。1370年战胜丹麦，订立《斯特拉尔松德条约》。同盟垄断波罗的海地区贸易，并在西起伦敦，东至诺夫哥罗德的沿海地区建立商站，实力雄厚。15世纪转衰，1669年解体。

② 亚当·斯密．国民财富的性质和原因的研究：上卷［M］．郭大力，王亚南，译．北京：商务印书馆，2005：383.

> 度最大、土地耕作最良的地方。……弗兰德至今仍为欧洲财富最多、人口最稠密、耕作最进步的地方。战争与政治上的一般变革，可以容易地使以商业为唯一来源的富源趋于耗竭。通过比较可靠的农业改良而产生的富源就比较持久得多，除了由于敌对蛮族的侵凌而引起的持续一二百年之久的比较激烈的大变动，如罗马帝国崩溃前后西欧的大变动外，其他事件都破坏不了。①

其所举例证意在说明，“可靠”而“持久”的富源总是出现在“土地耕作最良的地方”“耕作最进步的地方”。我国著名经济学家温铁军等人多年来一直呼吁重视三农问题，倡导加强乡村建设②，这一思路看来与《国富论》的所识有相通。

《资本论》第三卷“关于商人资本的历史考察”章也支持了《国富论》的见识。其中写道：“不是商业使工业发生革命，而是工业不断使商业发生革命。商业的统治权现在也是和大工业的各种条件的或大或小的优势结合在一起的。例如，我们可以拿英国和荷兰来比较一下。荷兰作为一个占统治地位的商业国家走向衰弱的历史，就是一部商业资本从属于工业资本的历史。”③ 马克思显然强调了实体工业之于虚体商业的决定性意义。

以上似可表明，中国古代经济的“农工商”顺序未必没有当代性意义。

2023 年 4 月 2 日

四、《国富论》说“经济内循环”

“经济内循环”是数年前国家高层提出的新思路中的新概念，意在“通过激

---

① 亚当·斯密．国民财富的性质和原因的研究：上卷［M］．郭大力，王亚南，译．北京：商务印书馆，2005：383.

② “2003 年中国提出‘三农问题重中之重’。”“胡锦涛总书记在中央农村工作会议上首次提出把解决好‘三农’问题作为全党工作的重中之重。”（温铁军，等．大事年表［M］//八次危机：中国的真实经验 1949—2009. 北京：东方出版社，2013：296.）“毛泽东在 20 世纪 50 年代推进国家资本原始积累之初遭遇乡建领袖梁漱溟出于维护农民利益的反对，因梁乃学界前辈，因而毛泽东有雅量地批之为‘妇人之仁’，后在推进农村合作化之初又有中央农工部邓子恢、杜润生提出不同意见，邓、杜两人则更被直接批为‘小脚女人’。据此可知，此三人皆有不忍之心而应该得名为中国 50 年代的‘女性主义者’。”（同书，温铁军自序，第 12 页）

③ 马克思．资本论：第 3 卷［M］//中共中央马克思恩格斯列宁斯大林著作编译局．马克思恩格斯全集：第 25 卷．北京：人民出版社，1975：372.

发和做大内需，弥补外部需求的疲弱和不足，减轻外部需求波动对国内宏观经济的冲击”①。《国富论》虽然没有使用“经济内循环”术语，但是也论述过当时中国经济的“内循环”特点。例如下面一段：

> 中国幅员是那么广大，居民是那么多，气候是各种各样，因此各地方有各种各样的产物，各省间的水运交通，大部分又是极其便利，所以单单这个广大国内市场，就够支持很大的制造业，并且容许有很可观的分工程度。就面积而言，中国的国内市场，也许并不小于全欧洲各国的市场。②

其中两度强调的“中国的国内市场”，应该就是讲古代中国的“经济内循环”特征。上段论述还概括了中国经济内循环的客观条件之要素：

（1）“幅员是那么广大”；

（2）“居民是那么多”；

（3）“气候是各种各样，因此各地方有各种各样的产物”；

（4）各省之间的水运交通“极其便利”。

今按：这些要素在当代中国是更显著了。

值得注意的是，《国富论》是将中国“经济内循环”作为当时欧洲各国可望而不可期的范型而加以比照的：

> 在幅员不像中国那么广大而国内贸易不像中国那么有利的国家，制造业亦常需要国外贸易来支持。设无广阔的国外市场，那在幅员不大仅能提供狭小国内市场的国家，或在国内各省间交通不方便而国内某地生产物不能畅销国内各地的国家，制造业就没有好好发展的可能。③

今按：这意味着一个统一的中国与一个由相互独立的诸多国家构成的欧洲，前者具有不可比拟的巨大优势。正是因为欧洲缺乏这个优势，无法实施“经济内循环”，所以欧洲国家的“制造业亦常需要国外贸易来支持”。

---

① 2020年5月23日，两会期间，习近平总书记就强调要“逐步形成以国内大循环为主体、国内国际双循环相互促进的新发展格局”。

② 亚当·斯密．国民财富的性质和原因的研究：上卷［M］．郭大力，王亚南，译．北京：商务印书馆，2005：247.

③ 亚当·斯密．国民财富的性质和原因的研究：上卷［M］．郭大力，王亚南，译．北京：商务印书馆，2005：247.

《国富论》紧接着又进一步展望并看好中国。因为当时“中国比欧洲任何国家富裕得多”①，所以：

> 假设市场之外，再加上世界其余各地的国外市场，那么更广大的国外贸易，必能大大增加中国的制造品，大大改进其制造业的生产力。如果这种国外贸易品，有大部分由中国经营，则尤其有这种结果。通过更广泛的航行，中国人自会学得外国所用各种机械的使用术与建造术，以及世界其他各国技术上、产业上其他各种改良。②

今按：其中所称“再加上世界其余各地的国外市场”及“更广大的国外贸易”，亦可谓与今日中国所称“双循环”的发展思路有所吻合——“逐步形成以国内大循环为主体、国内国际双循环相互促进的新发展格局”③。

2023 年 3 月 27 日

五、人口生育是基础生产力

“人口”是马克思《政治经济学批判·导言》的首要聚焦点：

> 当我们从政治经济学方面观察某一国家的时候，我们从该国的人口、人口的阶级划分、人口在城乡海洋的分布、在不同生产部门的分布，输出和输入，全年的生产和消费，商品价格等开始。④

其中三度使用了“人口”关键词。紧接着是比较两种从“人口”出发的研究方法：

> 如果我从人口着手，那么这就是一个混沌的关于整体的表象，经过更

---

① 亚当·斯密．国民财富的性质和原因的研究：上卷［M］．郭大力，王亚南，译．北京：商务印书馆，2005：182.

② 亚当·斯密．国民财富的性质和原因的研究：上卷［M］郭大力，王亚南，译．北京：商务印书馆，2005：247.

③ 2020 年 4 月 10 日，在中央财经委员会第七次会议上，习近平总书记强调要构建以国内大循环为主体、国内国际双循环相互促进的新发展格局。

④ 马克思．《政治经济学批判》导言［M］//中共中央马克思恩格斯列宁斯大林著作编译局．马克思恩格斯选集：第 2 卷．北京：人民出版社，1972 年：102.

切近的规定后，我就会在分析中到达越来越简单的概念，从表象的具体达到越来越稀薄的抽象，直到我达到一些最简单的规定。于是行程又得从那里回过头来，直到我最后又回到人口，但是这回人口已不是一个混沌的关于整体的表象，而是一个具有许多规定和关系的丰富的总体了。第一条道路是经济学在它产生时期在历史上走过的道路。……后一种显然是科学上正确的方法。①

显然，其中所述两种方法都是从“人口”出发，马克思新方法之特征不在于另设出发点，而在于经过一系列分析的行程，“最后又回到人口”。紧接着又举例：

最简单的经济范畴，如交换价值，是以人口、以在一定关系中进行生产的人口为前提的；也是以某种形式的家庭、公社或国家为前提的。②

“交换价值”是“商品”的内核，《资本论》分析起点是“商品”；因而上段论述表明，整部《资本论》也可谓是“以人口为前提的”。

此外，在上述《导言》的十多年前，马克思与恩格斯合写的《德意志意识形态》③ 中，亦聚焦于“人口”与“生产力”起点之关系。例如：

任何人类历史的第一个前提无疑是有生命的个人的存在。因此第一个需要确定的具体事实就是这些个人的肉体组织，以及受肉体组织制约的他们与自然界的关系。……任何记载都应当从这些自然基础以及它们在历史进程中由于人们的活动而发生的变更出发。④

---

① 马克思．《政治经济学批判》导言［M］//中共中央马克思恩格斯列宁斯大林著作编译局．马克思恩格斯选集：第2卷．北京：人民出版社，1972年：103.

② 马克思．《政治经济学批判》导言［M］//中共中央马克思恩格斯列宁斯大林著作编译局．马克思恩格斯选集：第2卷．北京：人民出版社，1972年：103.

③ “《德意志意识形态》是马克思和恩格斯于1845—1846年合写的一部著作。……收入本选集的是该书第一卷的第一章。马克思和恩格斯在这一章里叙述了历史唯物主义的基本原理，论证了人们的社会存在决定人们的社会意识的原理，阐述了生产力和生产关系的发展的客观规律，提出了无产阶级为了建立自己的阶级统治，必须首先夺取政权的重要原理。”（马克思，恩格斯．德意志意识形态［M］//中共中央马克思恩格斯列宁斯大林著作编译局．马克思恩格斯选集：第1卷．北京：人民出版社，1972：717.）

④ 马克思，恩格斯．德意志意识形态［M］//中共中央马克思恩格斯列宁斯大林著作编译局．马克思恩格斯选集：第1卷．北京：人民出版社，1972：24.

这意味着“这些个人的肉体组织”是最初“生产力”的前提，亦即“自然基础”。

> 个人是什么样的，这取决于他们进行生产的物质条件。这种生产第一次是随着人口的增长而进行的。①

这里的“这种生产第一次”，其前提也是“随着人口的增长”。下面直接论及“生产力”与“生育”之关系：

> 这样，生命的生产，无论是自己生命的生产（通过劳动），或他人生命的生产（通过生育）——立即表现为双重关系：一方面是自然关系，另一方面是社会关系……这种共同活动方式本身就是“生产力”。②

这里是明确将“生产”划分为“劳动”与“生育”两个相辅相成的“双重关系”，“生产力”则是指由这种双重关系构成的“共同活动方式”。在这个意义上不仅可以说人口生育也是生产力，而且可以说人口生育是基础生产力；并且，这种生产力应该也是今人常说的“科学技术是第一生产力”的前提和基础。笔者之所以提出并强调“人口生育是基础生产力”这一唯物史观的题中之义，也是企望有助于从基础理论的层面深切认识目前已经出现的“人口危机”问题。③

2023 年 7 月 8 日

六、“生育”：我国唯物史观盲区？

马克思与恩格斯共著的《德意志意识形态》一书首次系统阐述了唯物史观。④ 其中也首先强调了人类历史的“前提”：

“我们首先应当确定一切人类生存的第一个前提，……为了生活，首先就需

① 马克思，恩格斯．德意志意识形态［M］//中共中央马克思恩格斯列宁斯大林著作编译局．马克思恩格斯选集：第 1 卷．北京：人民出版社，1972：25.

② 马克思，恩格斯．德意志意识形态［M］//中共中央马克思恩格斯列宁斯大林著作编译局．马克思恩格斯选集：第 1 卷．北京：人民出版社，1972：34.

③ 人口危机警报：我国出生率创历史新低，经济与社会面临巨大挑战［EB/OL］．网易新闻，2023-05-23.

④ 刘洋．《德意志意识形态》对历史唯物主义基本原理的阐述［J］．辽宁省社会主义学院学报，2015（4）：8-14.

要衣、食、住，以及其他东西。因此第一个历史活动就是生产满足这些需要的资料，即生产物质生活本身。"① ——这个"前提"是被我国唯物史观的学习者所熟知的。

"第二个事实是，……满足需要的活动和已经获得的为满足需要用的工具又引起新的需要，这种新的需要的产生是第一个历史活动。从这里立即可以明白，德国人的伟大历史智慧是谁的精神产物。"② ——这里所谓"新的需要"，是指"精神生产"的"前提"。中国古语曰："仓廪实而知礼节，衣食足而知荣辱。"③

紧接着强调，"一开始就纳入历史发展过程的第三种关系就是：每日都在重新生产自己生命的人们开始生产另外一些人，即增殖。"④ ——这里所谓"增殖"是指人类自身的再生产，亦即旨在延续并增加人口的"生育"。⑤

对上面三者关系的总结是：

> 不应当把社会活动的这三个方面看作是三个不同的阶段，而只应看作是三个方面，……是三个"因素"。从历史的最初时期起，从第一批人出现时，三者就同时存在着，而且就是现在也还在历史上起着作用。⑥

由上大体可以确认，历史唯物主义有三个基本"因素"：物质生产、作为"精神生产"前提的"新的需要"，以及延续发展前两者的"生育"（"增殖"）。

然而在我国有关"历史唯物主义"的教科书解说中，"生育"似乎处于被忽略状态中。例如最新版《辞海》称：

> 历史唯物主义亦称唯物史观。由马克思和恩格斯在19世纪中叶创立。《德意志意识形态》是它形成的主要标志。同历史唯心主义相反，历史唯物主

---

① 马克思，恩格斯．德意志意识形态［M］//中共中央马克思恩格斯列宁斯大林著作编译局．马克思恩格斯选集：第1卷．北京：人民出版社，1972：32.

② 马克思，恩格斯．德意志意识形态［M］//中共中央马克思恩格斯列宁斯大林著作编译局．马克思恩格斯选集：第1卷．北京：人民出版社，1972：32-33.

③ 管子·牧民［M］//诸子集成：五．北京：中华书局，1954：1.

④ 马克思，恩格斯．德意志意识形态［M］//中共中央马克思恩格斯列宁斯大林著作编译局．马克思恩格斯选集：第1卷．北京：人民出版社，1972：33.

⑤ 另一处写道："生命的生产，无论是自己生命的生产（通过劳动），或他人生命的生产（通过生育）——立即表现为双重关系。"（同书第34页）

⑥ 马克思，恩格斯．德意志意识形态［M］//中共中央马克思恩格斯列宁斯大林著作编译局．马克思恩格斯选集：第1卷．北京：人民出版社，1972：33-34.

义认为：历史的主体是现实的人，他们的本质和活动受制于所处的物质生活条件；社会生活本质上是实践的，物质生活的生产方式决定社会生活、政治生活和精神生活的一般过程；不是社会意识决定社会存在，而是社会存在决定社会意识，社会意识又能动地反作用于社会存在；社会发展有其自身规律，是一个自然历史过程；生产关系和生产力之间的矛盾、上层建筑和经济基础之间的矛盾，是推动一切社会发展的基本矛盾，在阶级社会中表现为阶级矛盾和阶级斗争；人民群众是历史的创造者，社会发展和人自身的发展是辩证的历史的统一。历史唯物主义的创立，第一次把社会历史的研究奠定在科学的基础上。它是无产阶级政党的战略和策略的理论基础，在实践中不断发展。①

今按：《辞海》解说似乎很全面，然而却完全未及“生育”之义。②

2023 年 7 月 10 日

---

① 辞海编辑委员会．辞海［M］．上海：辞书出版社，2009：1125. 该《辞海》1999 年版（第 175 页）的该词条略同，后者增加了末句的“在实践中不断发展”。

② （百度百科）“历史唯物主义”网页述及十四条“主要方面的内容”：

（1）生产是历史一切社会进步的尺度，社会生产力的发展水平决定人类社会的进程。

（2）与生产力一定发展相适应的生产关系，构成一定的社会形态和经济结构的现实基础，它规定着社会形态的主要特征。

（3）一定的社会形态是一定的经济基础和一定的上层建筑的统一，经济基础的性质决定上层建筑的变更。上层建筑又服务和反作用于经济基础。

（4）一切社会制度、社会形态都是人类社会从低级到高级的无穷的发展过程中的一些暂时阶段，没有永恒的社会制度和形态，社会制度的发迹是社会基本矛盾发展的结果。社会关系要在一定的物质条件下从旧社会的基础中成熟，在它们的所容纳的全部生产力发挥出来之前，社会形态是不会灭亡的。

（5）现实存在的具体社会形态都是复杂的，人类社会发展的每一个阶段都既有占支配地位的社会形态，又存在着其他社会形态的残余和萌芽。

（6）人类社会的一般总规律是从原始社会到奴隶、封建、资本主义再到社会主义和共产主义社会。这是一个自然的历史发展过程，社会生产力是推动社会历史前进的根本动力。

（7）人类社会历史是不以研究者的主观意识为转移的客观发展过程，具有一定的规律性……

（8）人类社会及其构成成分均以总体的体系方式存在，要从研究的对象的整体出发……

（9）在客观历史过程中，一切社会历史因素都是相互作用的。

（10）人类社会是有规律运动的，由低级向高级发展的，它显现为历史过程……

（11）社会历史事物的发展变化，有进化（改革）和革命两种方式。

（12）社会历史发展的根源是其种种复杂的内外部矛盾。

（13）在客观历史进程中，环境创造人，人又创造环境。

（14）社会历史的研究，不是一个简单的消极的反映过程，而是主客体之间相互渗透相互作用的辩证统一过程。

今按：上述十四条“主要方面的内容”亦全然未及“生育”之义。

七、"增值税"孰与"增殖税"

"增值"（la valeur ajoutée）与"增殖"（Value proliferation）①，都是现代汉语的外来语。

"增值税"是我国现有主要税法之名称；"增殖税"则是笔者读《资本论》"劳动过程和价值增殖过程"章后的遐思。"增值税"当初若译作"增殖税"，至少也是可以的。兹略说理由。

（一）会计网定义

"增值税是对销售货物或者提供加工、修理修配劳务以及进口货物的单位和个人就其实现的增值额征收的一个税种。"②

该定义中的两个"增值"分别改作"增殖"，完全无妨文义。

（二）"增值"指的是劳动产品中新增加的物有所值方面；"增殖"则强调这个新增价值与"劳动力"的关系

《资本论》"不变资本与可变资本"章：

> 产品的总价值超过产品的形成要素的价值总额而形成的余额，就是价值已经增殖的资本超过原预付资本价值而形成的余额。③

马克思所谓"可变资本"就是指"劳动力"。④ 因此，"增殖"意味着对

---

① 刘志洪．超越整体的混沌表象：资本逻辑系统结构的当代理解［J］．教学与研究，2019（1）：23-33．这篇文章使用了"value proliferation"（价值增殖）这一译词。

② 参见：境值税［EB/OL］．会计百科．

③ 马克思．资本论：第1卷［M］//中共中央马克思恩格斯列宁斯大林著作编译局．马克思恩格斯全集：第23卷．北京：人民出版社，1972：235．该段日文版中也使用"価値增殖"这一关键词："この生產物を形成する諸要素の価値総額を越える超過分は、最初に前貸しされた資本価値を越える価値增殖された資本の超過分である。"（カール・マルクス．資本論：第1卷［M］．日本マルクス＝エンゲルス全集刊行委員会 訳．东京：大月書店，1972：273.）

④ "变为劳动力的那部分资本，在生产过程中改变自己的价值。它在生产自身的等价物和超过这个等价物而形成的余额，剩余价值。这个剩余价值本身是可以变化的，是可大可小的。这部分资本从不变量不断变为可变量。因此，我把它称为可变资本。"（马克思．资本论：第1卷［M］//中共中央马克思恩格斯列宁斯大林著作编译局．马克思恩格斯全集：第23卷．北京：人民出版社，1972：235.）恩格斯对此高度评价说："这个区别提供了一把解决经济学上最复杂的问题的钥匙。"（马克思．资本论：第2卷［M］//中共中央马克思恩格斯列宁斯大林著作编译局．马克思恩格斯全集：第24卷．北京：人民出版社，1972：22.）

“劳动力”的重视。

(三) 更重要的是，“增殖税”有助表达对“活劳动”的敬意

马克思还将资本的“物化劳动”与劳动力的“活劳动”加以区别，并强调了后者的创造性：

> 资本只有一种生活本能，这就是增殖自身，……只有吮吸活劳动才有生命，吮吸的活劳动越多，它的生命就越旺盛。

不过对“活劳动”与资本“增殖”关系的认识，在资本主义生产方式当事人的头脑中却是被颠倒的：“可以举一个例子说明，资本主义生产所固有的并且成为其特征的这种颠倒，死劳动与活劳动、价值和创造价值的力之间的关系的颠倒，是如何反应在资本家头脑中的。……”①

我国相关网页称：“增值税征收通常包括生产、流通或消费过程中的各个环节，……理论上包括农业各个产业领域（种植业、林业和畜牧业）、采矿业、制造业、建筑业、交通和商业服务业等，或者按原材料采购、生产制造、批发、零售与消费各个环节。”②

权威文件述及的行业有③：

“交通运输、邮政、基础电信、建筑、不动产租赁服务”等；

“销售货物，销售加工修理修配、有形动产租赁服务”等；

“农产品、食用植物油、食用盐”；

“自来水、暖气、冷气、热水、煤气、石油液化气、天然气、二甲醚、沼气、居民用煤炭制品”；

“图书、报纸、杂志、音像制品、电子出版物”；

“饲料、化肥、农药、农机、农膜”；

“销售服务、无形资产、金融商品”等。

由此看来，“增值税”的纳税人主要是劳动者群体。正是在这个意义上，“增殖”比“增值”更能彰显“活劳动”之义，从而“增殖税”也更有助于培养、保持并不断强化收税人每年对新的“活劳动”的敬意。

---

① 马克思．资本论：第1卷［M］//中共中央马克思恩格斯列宁斯大林著作编译局．马克思恩格斯全集：第23卷．北京：人民出版社，1972：344-345.

② 增值税［EB/OL］．百度百科．

③ 参见《中华人民共和国增值税法》（2022年审议的关于增值税的法律法规）第十三条增值税税率。

又："增值税由国家税务局负责征收，税收收入中50%为中央财政收入，50%为地方收入。"① ——那么"增殖税"也有助于从地方到中央的公务员们增强"公仆"意识。

尤其是："增值税的收入占中国全部税收的60%以上，是最大的税种。"② ——这意味着中华人民共和国确实是以劳动人民为主体的国家。

此外，据说"增值税是法国经济学家莫里斯·落雷（Maurice Lauré）于1954年发明的，法国政府有45%的收入来自增值税。"③ 今按：《国际歌》的"是谁创造了世界"问答词，也是创始于法国，两者之间有无关联？

2023年7月18日

八、"工本"范畴：新时代经济学

《资本论》历史叙事主要论述了"商品—货币—资本"三范畴的演进历程。根据马克思的历史辩证法，"资本"范畴也将进一步转换。马克思确实多次展望过"由资本主义的生产方式向联合起来劳动的生产方式过渡"的前景④，最著名的是关于未来"自由王国"的展望："联合起来的生产者，将合理地调节他们和自然之间的物质变换，把它置于他们共同控制之下，而不让它作为盲目的力量来统治自己。……"⑤

然而整部《资本论》并没有提出未来社会的经济学范畴，马克思将这一任务留给了后人。从而，每一位认真阅读《资本论》的后人，想必都会有所期待。正是在这个意义上，笔者浏览到《用"工本论"解读华为模式简单明了》一文⑥，眼前不由为之一亮。

该文明确提出了"工本"这一前所未有的经济学新范畴：

> 华为模式的本质特征，在劳资关系上就是体现"以奋斗者为本"的根本要求。"以奋斗者为本"，也就是以员工为本，因而是以工为本，与一般

① 增值税［EB/OL］. 百度百科 .

② 增值税［EB/OL］. 百度百科 .

③ 环球青藤 . 增值税如何计算［EB/OL］. 百度知道，2020-09-23.

④ 马克思 . 资本论：第3卷［M］//中共中央马克思恩格斯列宁斯大林著作编译局 . 马克思恩格斯全集：第25卷 . 北京：人民出版社，1975：687.

⑤ 马克思 . 资本论：第3卷［M］//中共中央马克思恩格斯列宁斯大林著作编译局 . 马克思恩格斯全集：第25卷 . 北京：人民出版社，1975：926-927.

⑥ 微信公众号：钟建民的理论思考，2023-09-24.

企业以资本为本，是最本质的区别。

笔者将“工本”理解为以工作人（workers）为本。

> 工本的生产方式与资本的生产方式——资本雇佣劳动的生产方式——正好相反，是劳动者当家做主，是工本雇佣资产，而不是资本雇佣劳动。

作者自觉地将“工本”范畴作为“资本”范畴的进一步发展形式而提出。

> 华为奉行知本主义。以知识为本，表现为智力劳动的支配地位，知本体现高科技企业对资本经营的突破。……为了更大范围地体现社会主义生产方式的特征，用工本来取代知本，是十分必要的。

“工本”范畴包括智力与体力两方面的劳动，而重视两者的统一性，这也正是《资本论》所期望的：“生产过程的智力同体力劳动的分离，智力变成资本支配的劳动的权力，是在以机器为基础的大工业中完成的。”① 与马克思的期望相呼应，该文写道：“这一范畴，既适用于以手工操作与畜力为基础的农民劳动者，也适用于高科技产业的智力劳动者。”

作者对“工本”范畴还有进一步研思，“从经济学的角度，给工本的定义是：劳动价值化的能力，它是与资本相对应的一个基本范畴。社会主义条件下的劳动者与生产资料的结合是公共的生产资料与报酬劳动相结合，而能够体现这种关系的基本范畴，只能是工本”。这意味着，“工本”不是多项选择之一，而是各种可能性对象中的最恰。

“工本”范畴具有历史的连续性和必然性：“工本范畴的产生，源自十月革命以来的社会主义实践所产生的消费价值生产方式。当社会实现了生产资料公有制，人格化的资产者已经消灭，而且人们在资产所有方面的差别也已经消除。于是，劳动者作为生产主体出现了。那劳动者凭什么参加集体生产劳动并参与企业生产成果的分配呢？这里必然地产生了一个与资本相对应的经济学范畴，这就是工本。”——作者这里其实也提出了一个问题：为什么苏联的社会主义实践终于未能产生相应的“工本”经济范畴？

---

① 马克思．资本论：第1卷［M］//中共中央马克思恩格斯列宁斯大林著作编译局．马克思恩格斯全集：第23卷．北京：人民出版社，1972：464.

> 在建立劳权制度条件下（例如我国的人民公社），劳动者凭借投入的劳动参与企业生产成果的分配，因而即使在体力劳动为基础的传统企业也出现了生产劳动居支配地位起决定作用的工本生产方式。

作者对我国人民公社的历史经验，看来也有所研思和总结。

> 在一个利用公共生产资料满足消费需要的劳动结合体中，劳动者能够管理企业和参与分配的只能是他投入集体生产中的劳动量。假如这个劳动集体采用工分制对劳动投入量进行计工，那么，把这个劳动者在一定时期的工分累计量除以同期劳动集体的工分总量，就得到这个劳动者的工分比。这个工分比就是他参与企业管理和生产成果分配的凭借，这也就是量化的工本。这与股份制企业股东持有股份占企业股份总数的比例是量化的资本的道理是一样的。

作者将人民公社时期的“工分制”与现代企业的“股份制”加以比较，其中也可能包含相关层面的经济范畴的转换。

> 另一方面，二十一世纪出现的知识经济，由于知识在生产过程中的作用和地位有了极大的提高，客观上使生产劳动居于支配地位而起决定作用，这也决定了工本范畴产生的必然性。资金让位于知识，知识成为最宝贵的资源，从而使生产劳动取代生产资料取得了支配地位。于是，与“资本”相对应的“工本”范畴的出现，就成为必然的事情了。

这里所谓“知识经济”与“工本范畴”之间的必然性关系，应该是相对于社会主义制度才可能成立。在此范围之外，“知识经济”却很可能是依然臣服于“人格化的资本”，并为后者提供新一轮“资本增殖”。因为当初“资本”范畴的产生，正是因为出现了将科学技术转化为资本生殖力的现实基础。《资本论》指出：“生产上的智力在一个方面扩大了它的规模，正是因为它在许多方面消失了。局部工人所失去的东西，都集中在和他们对立的资本上面了。”①

---

① 马克思．资本论：第1卷［M］//中共中央马克思恩格斯列宁斯大林著作编译局．马克思恩格斯全集：第23卷．北京：人民出版社，1972：400.

既然“工本”是与“资本”相对应的范畴，那么也应该在运动过程中来理解它：

> 工本的运动与资本的运动相比较，特点是劳动力的生产与再生产主导了经济发展过程；而资本的运动是生产资料的生产与再生产主导了经济发展过程。

这里的“劳动力的生产……”句，其意应该是指“劳动者的生产……”，因为该文后面讲到“华为企业的生产过程实质就是劳动者联合起来，利用企业共有的资产或平台，通过自己劳动来满足自己的消费需要”。

文中又比较了“工本经营”与“资本经营”的异同：

> 工本经营则是利用相关生产资料，通过自己的劳动，从而形成消费价值，这是劳动者把自己的劳动力转化为活劳动，从而形成新价值的过程。因此，工本经营本质上就是劳动价值化的过程。

这也意味着，“工本经营”乃是劳动者不断创造并享有劳动价值的过程。

尤其重要的是，“工本”范畴的提出是切实结合了习近平新时代中国特色社会主义市场经济实践的范例。该文介绍：

> 在华为，任正非持股占比仅为1%，其余99%都是员工，在这里，从资产所有角度看华为就是全员所有，这里已经没有通常的老板与员工的区别。而更重要的是，每人配股的比例完全是按照你在企业中创造价值的作用或贡献状态等因素决定的，因此，华为的虚拟股份制本质上是一种劳动份额制。

笔者于此油然想到多年前读《陈伯海文集》中《论“自由人联合体”》的一段话：

> 依据马克思的提示，独立自主的人格与独立自主的财产权应是密切相关联的。……社会主义的要义虽在于废弃资本主义私有制，却不等于废弃一切个人的所有制。相反，要使集中在少数资本家手里的产权变为全社会人人皆有的产权，亦即人人都能拥有且可供其实际运作的“资本”，使人人都成为“资本家”（有产者），则社会的平等和个人的自由方得以在一定程

度上实现。[①]

今按：这段非常有前瞻性的理论表述，其末句的“人人都成为‘资本家’”，今天看来也可以进一步表述为“使人人都成为‘工本家’”。

2023 年 9 月 26 日

九、好莱坞罢工与“珍妮机”

光明网有一则题为《一万余名好莱坞编剧为生存罢工》的报道：“美国编剧工会与美国影视制作人联盟之间为期六周的合同谈判 2 日宣告破裂，约 1.15 万名好莱坞编剧走上罢工之路。”罢工参与者包括“网飞、亚马逊、苹果等新兴流媒体公司”[②]。

罢工缘起则是，“人工智能技术的发展”使得好莱坞传统影视行业的创作者们正在经历“一场罕见的生存危机”——“写作的未来危在旦夕”；“写作作为一种职业，生存正在受到威胁”；“对观众而言，一场‘剧荒’或许在所难免”。

报道还指出：“除了影视从业人员外，协助影视内容生产的司机、餐饮服务商、服装干洗工、木匠等相关行业都有可能受到罢工牵连。”

这条消息令人联想到近年来在中国媒体中出现的类似惊呼，例如：“机器人大军将席卷工厂，面对失业潮，有没有人能够‘幸免于难’?”[③] 在这个意义上，该报道提出了很有普遍性的问题：人工智能技术与传统影视业，“两者之间的矛盾是否不可调和？如何在满足快节奏、高效率的内容生产的同时，尊重创作者‘慢工出细活’的‘匠人精神’？现在好莱坞经历的一切，又一次向人们抛出了这些疑问”。

这个问题其实最早是马克思提出并给出解答的。《资本论》提到工业史上具有标志性意义的珍妮机（纺织工具机）的发明，“正是手工工具的这最后一部

---

① 陈伯海．中国文化研究［M］//陈伯海．陈伯海文集：第四卷．上海：上海社会科学出版社，2015：170-173.

② 一万余名好莱坞编剧为生存罢工［N］．新民晚报，2023-05-04（9）．“网飞”（Netflix），美国奈飞公司，简称“网飞”。是一家会员订阅制的流媒体播放平台，总部位于美国加利福尼亚州洛斯盖图。成立于 1997 年，曾经是一家在线 DVD 及蓝光租赁提供商，用户可以通过免费快递信封租赁及归还 Netflix 库存的大量影片实体光盘。

③ 机器人大军将席卷工厂，面对失业潮，有没有人能够“幸免于难”？［EB/OL］．网易，2023-02-15.

分，首先受到了工业革命的侵袭"①。马克思还具体分析比较了机器生产与工匠手工的不同：

> 人能够同时使用的工具的数量，受到人天生的生产工具的数量，即他自己身体器官的数量的限制。……相反地，珍妮机一开始就能用12~18个纱锭，织袜机同时可用几千枚织针，等等。②

"珍妮机"是英国人詹姆斯·哈格里沃斯（James Hargreaves）于1765年发明并"用他女儿的名字命名的一种纺纱机"③。"他发明'珍妮机'的原因之一是为减轻妻子在家纺纱的过度劳动。"此后，他"受到同业者威胁，其发明的机器被捣毁，住宅被焚烧，以至不得不背井离乡"④。由此可见，"珍妮机"的发明在当时纺织业所产生的震撼，绝不亚于今日好莱坞传统影视行业所感受到的"一场罕见的生存危机"。

然而马克思对机器与人类生活进步之关系的经典分析是如下一段：

> 同机器的资本主义应用不可分离的矛盾和对抗是不存在的，因为这些矛盾和对抗不是机器本身产生的，而是从机器的资本主义应用中产生的！因为机器就其本身来说缩短劳动时间，而它的资本主义应用延长工作日；因为机器本身减轻劳动，而它的资本主义应用提高劳动强度；因为机器本身是人对自然力的胜利，而它的资本主义应用使人受自然力奴役；因为机器本身增加生产者的财富，而它的资本主义应用使生产者变成需要救济的贫民；如此等等。⑤

显然，在马克思看来，机器的发明代表了人类支配自然力的胜利和进步，机器发明带来的问题不在于机器本身，而在于对机器的"资本主义应用"。因

---

① 马克思.资本论：第1卷［M］//中共中央马克思恩格斯列宁斯大林著作编译局.马克思恩格斯全集：第23卷.北京：人民出版社，1972：411.

② 马克思.资本论：第1卷［M］//中共中央马克思恩格斯列宁斯大林著作编译局.马克思恩格斯全集：第23卷.北京：人民出版社，1972：411.

③ 马克思.资本论：第1卷（中文版注释）［M］//中共中央马克思恩格斯列宁斯大林著作编译局.马克思恩格斯全集：第23卷.北京：人民出版社，1972：867.

④ 张友伦，李节传.英国工业革命［M］.天津：天津人民出版社，1980：31.

⑤ 马克思.资本论：第1卷［M］//中共中央马克思恩格斯列宁斯大林著作编译局.马克思恩格斯全集：第23卷.北京：人民出版社，1972：483.

此，问题在于改造资本主义“生产关系”。

2023 年 5 月 5 日

十、马斯克说“资本”与“权力”

笔者数次浏览到一位企业家讨论《资本论》的视频，大意为：“马克思和马斯克这两个人，八竿子打不到一块，时代不同，社会不同，相同的是，这两个人都很有名，对我们中国人来说，都像神一般的存在，他们都说过一句话，完全决定了我们不同的认知，乃至不同的命运。马克思说，剥削来自资本，资本来到世间，从头到脚，每个毛孔都流淌着肮脏的东西和血。马斯克说，剥削不是资本，如果没有权力的撑腰，资本只会讨好顾客和员工，哪敢恣意妄为。这两句话，你品，你细品。”① 该视频有点超越学院派思维的新意境，其中提出了“资本”与“权力”孰与轻重之问题。

受此启发而回瞻《资本论》，发现马克思追溯“资本来到世间”② 时也十分关注“权力”问题。兹举数例。

“所谓原始积累”章：“为资产阶级生产方式奠定基础的序幕，是在十五世纪最后三十多年和十六世纪最初几十年演出的。……对这个时代来说，货币是一切权力的权力。”③ ——这是说“资本”起源于货币的特殊“权力”。④

“货币转化为资本”章：“资本在历史上起初到处是以货币形式，……与地产相对立。”其具体表现是“以人身的奴役关系和统治关系为基础的地产权力和

---

① 视频人署名“马悦（洗之朗创始人）”。马悦，原杭州奥普浴霸 CEO，现任西安三花良治电器有限公司董事长。1989 年毕业于西安理工大学管理工程系，是中国家用电器商业协会市场专家委员会专家委员，首届中国营销人“金鼎奖”获得者。

② 《资本论》第 1 卷“所谓原始积累”章：“如果按照奥日埃的说法，货币‘来到世间，在一边脸上带着天生的血斑’，那么资本来到世间，每个毛孔都滴着血和肮脏的东西。”（马克思．资本论：第 1 卷［M］//中共中央马克思恩格斯列宁斯大林著作编译局．马克思恩格斯全集：第 23 卷．北京：人民出版社，1972：829.）其中“天生的血斑”句，引自奥日埃的《论公共信用及其古今史》（1842 年巴黎版），作者马利·奥日埃是法国新闻记者。（同页注）

③ 马克思．资本论：第 1 卷［M］//中共中央马克思恩格斯列宁斯大林著作编译局．马克思恩格斯全集：第 23 卷．北京：人民出版社，1972：786.

④ 百度：“权力（power）通常包括经济权力和政治权力两种。经济权力是指对物质财富的占有权、支配权、分配权和管理权。政治权力主要是指国家权力，也包括党派的权力和团体的权力。”

非人身的货币权力之间的对立"①。——这里提到了"地产权力"与"货币权力"的孰与轻重。

"机器和大工业"章："生产过程的智力同体力劳动的分离，智力变成资本支配劳动的权力，是在以机器为基础的大工业中完成的。"② ——这里提出了"资本支配劳动的权力"问题。

"工作日"章引述一位公共卫生医师的话："在整个女缝纫工阶级中都感受到了资本家的这种权力。如果一个女服装工揽到了一些顾客，那么由于竞争，她必须在家里拼死命地干，才能把顾客维持住。而且她必须让她的助手同样从事过度的劳动。"③ ——这里又述及"资本家的权力"与"顾客""女服装工"，以及"过度劳动"的关系。

此外，马克思还关注到"资本"与"国家政权"及"剩余劳动权利"的关系：

> 资本在它的萌芽时期，由于刚出世，不能单纯依靠经济关系的力量，还要依靠国家政权的帮助，才能确保自己榨取足够的剩余劳动权利。④

下面一段则是追溯当初英国从事奴隶贸易的"权利"：

> 英国获得了1743年为止每年供给西属美洲4800个黑人的权利，这同时又为英国的走私提供了公开的掩护。利物浦是靠奴隶贸易发展起来的。⑤

由上大体可见，该视频所称马斯克提出的问题，也是当年马克思有所关注

① 马克思．资本论：第1卷［M］//中共中央马克思恩格斯列宁斯大林著作编译局．马克思恩格斯全集：第23卷．北京：人民出版社，1972：167.

② 马克思．资本论：第1卷［M］//中共中央马克思恩格斯列宁斯大林著作编译局．马克思恩格斯全集：第23卷．北京：人民出版社，1972：464.

③ 马克思．资本论：第1卷［M］//中共中央马克思恩格斯列宁斯大林著作编译局．马克思恩格斯全集：第23卷．北京：人民出版社，1972：284.

④ 马克思．资本论：第1卷［M］//中共中央马克思恩格斯列宁斯大林著作编译局．马克思恩格斯全集：第23卷．北京：人民出版社，1972：301. 百度："权利（right）一般是指法律赋予人实现其利益的一种力量。与义务相对应，法学的基本范畴之一，人权概念的核心词，法律规范的关键词。"

⑤ 马克思．资本论：第1卷［M］//中共中央马克思恩格斯列宁斯大林著作编译局．马克思恩格斯全集：第23卷．北京：人民出版社，1972：828. 马克思引述的是约翰·艾金（John Aikin，1747—1822）《曼彻斯特市外三十至四十英里范围内的郊区》（1795年版）。

并十分重视的。

2023年4月8日

十一、许倬云比喻美国金融

许倬云《败坏的资本主义》一文①借鉴托马斯·皮凯蒂《21世纪资本论》讨论“财富总量”。文中说：“在今天美国，有许多号称是第三产业的谋生方式，例如各种服务业，提供生活必需事务的单位如中介业、律师、会计师等。他们并没有增加产品的真正价值，只是取得他们服务的收益。属于此类行业的还包括演艺、影视、体育等。所有这些服务业所得，都加在所有国家总财富之内——皮凯蒂认为这是不对的计算方式。”（中略）②

皮凯蒂显然受到马克思的影响。《资本论》第一卷注意到英国“仆役阶级”的增长：

> 大工业领域内生产力的极度提高，……使旧式家庭奴隶在“仆役阶级”（如仆人、使女、侍从等）的名称下越来越大规模地被生产出来。③

马克思于此反讽：“请看机器的资本主义应用获得了多么辉煌的结果!”④马克思的潜台词是，国民财富的真正创造者，亦即现代产业工人与农业工人，在此“辉煌结果”比照下，尤其黯然失色了。

但是马克思《剩余价值理论》中也区别过两种服务业：“例如，密尔顿创作《失乐园》得到五镑，他是非生产劳动者。相反，为书商提供工厂式劳动的作家，则是生产劳动者。……一个自愿卖唱的歌女是非生产劳动者。但是，同一个歌女，被剧院老板雇佣，老板为了赚钱而让她去歌唱，她就是生产劳动

---

① 许倬云．败坏的资本主义［EB/OL］．江南板桥，2022-04-04.

② 许倬云．许倬云说美国［M］．上海：上海三联书店，2020：312.

③ 马克思．资本论：第1卷［M］//中共中央马克思恩格斯列宁斯大林著作编译局．马克思恩格斯全集：第23卷．北京：人民出版社，1972：488. 第二版注：“从1861年到1870年，男仆役的人数几乎增加了一倍，增加到267671人。1847年看守狩猎场的人（在贵族的狩猎场）有2694人，而1869年有4921人。伦敦小市民家中使用的少女，俗称小奴隶（little slaveys）。”（同书第489页）

④ 马克思．资本论：第1卷［M］//中共中央马克思恩格斯列宁斯大林著作编译局．马克思恩格斯全集：第23卷．北京：人民出版社，1972：489.

者。”① 循此，服务业应该也可能是资本增殖的来源。

许倬云该文又视美国金融业为最厉害的服务业：

例如证券交易，……每天的交易量为数庞大，但是其实类似一个特技人员，将两三个玻璃瓶不断地在手上抛转，看上去几乎像无穷数量的玻璃瓶出现于空中。②

许倬云这个“像无穷数量的玻璃瓶出现于空中”的比喻同马克思批评庸俗经济学家的“生息资本”观的比喻，两者有异曲同工之妙。马克思的比喻是“像‘黄色的对数’一样不合理”③。许倬云这个比喻之妙，在于突出了一个“空”字：玻璃瓶是空心的，“无穷数量的玻璃瓶”意味无穷数量的空心物；并且这些玻璃瓶又被证券交易的“特技人员”抛转于“空中”。而马克思《剩余价值理论》中分析“生息资本”的独特性正好也具有“空”的特征。因为：

在这个形式上，利润的源泉再也看不出来了，资本主义过程的结果也离开了生产过程本身而取得了独立的存在。在G-W-G′中，还包含有中介过程。在G—G' 中，我们看到了资本的没有概念的形式，看到了生产关系的最高度的颠倒和物化。④

《资本论》第三卷也分析过“生息资本”概念的空心化特征：

在生息资本的场合，资本的运动被简化了；中介过程被省略了。⑤

① 马克思．剩余价值理论［M］//中共中央马克思恩格斯列宁斯大林著作编译局．马克思恩格斯全集：第26卷（第一册）［M］北京：人民出版社，1972：432.

② 许倬云．许倬云说美国［M］．上海：上海三联书店，2020：313.

③ 马克思．资本论：第3卷［M］//中共中央马克思恩格斯列宁斯大林著作编译局．马克思恩格斯全集：第25卷．北京：人民出版社，1975：924.

④ 马克思．剩余价值理论［M］//中共中央马克思恩格斯列宁斯大林著作编译局．马克思恩格斯全集：第26卷（第三册）［M］北京：人民出版社，1975：512.

⑤ 马克思．资本论：第3卷［M］//中共中央马克思恩格斯列宁斯大林著作编译局．马克思恩格斯全集：第25卷．北京：人民出版社，1975：443.

马克思于此还比喻道：这种观念“已经远远超过炼金术士的幻想”①。而前述许倬云的“玻璃瓶”比喻中，操作主体则是——“其实类似一个特技人员，将两三个玻璃瓶不断地在手上抛转，看上去几乎像无穷数量的玻璃瓶出现于空中”。

2022 年 5 月 22 日

十二、何以“美国人从来不使用农民一词”

托克维尔（Alexis-Charles-Henri Clérel de Tocqueville）在《论美国的民主》中说：“美国人从来不使用农民一词。他们之不用这个词，是因为他们不了解这个词的含义。在他们的印象中，不知什么是初民时期的无知、田野的单调和乡村的粗野。他们对文明早期阶级的那些恶习、鄙俗和粗犷，一概不知。”②

托克维尔这段话的首句是个事实判断，后面则是诠释语。《论美国的民主》上卷 1835 年问世③，《资本论》初版于 1867 年。因此显然，托克维尔的诠释是基于尚未读过《资本论》（马克思读过托克维尔④）。

《资本论》第一卷“所谓原始积累”章聚焦于英国农民问题。例如：“在原始积累的历史中，……对农业生产者即农民的土地的剥夺，形成全部过程的基础。……只有在英国，它才具有典型的形式，因此我们拿英国做例子。”⑤

该章小标题有“对农村居民土地的剥夺”，其中追溯了英国农民的近现代历史：

> “在英国，农奴制实际上在十四世纪末已经不存在了。当时，尤其是十五世纪，绝大多数人口是自由的自耕农，尽管他们的所有权还蕴藏在封建

---

① 马克思．资本论：第 3 卷［M］//中共中央马克思恩格斯列宁斯大林著作编译局．马克思恩格斯全集：第 25 卷．北京：人民出版社，1975：444.

② 托克维尔．论美国的民主：上卷［M］．董果良，译．北京：商务印书馆，2006：351-352.

③ 托克维尔．论美国的民主：上卷［M］．董果良，译．北京：商务印书馆，2006：i（译者序）.

④ “阿列克西斯·托克维尔（1805—1859），法国资产阶级历史学家和政治活动家，正统主义者和君主立宪制的拥护者。”（马克思．剩余价值理论［M］//中共中央马克思恩格斯列宁斯大林著作编译局．马克思恩格斯全集：第 26 卷（第一册）［M］北京：人民出版社，1972：483. 相关论述见同书第 232、273~274 页）

⑤ 马克思．资本论：第 1 卷［M］//中共中央马克思恩格斯列宁斯大林著作编译局．马克思恩格斯全集：第 23 卷．北京：人民出版社，1972：784.

的招牌后面。”①

“为资本主义生产方式奠定基础的变革的序幕，是在十五世纪最后三十多年和十六世纪最初几十年演出的。……大封建主通过把农民从土地上赶走，夺去他们的公有地的办法，造成了人数更多得无比的无产阶级。……对这一时代来说，货币是一切的权力。”②

“‘光荣革命’(1688—1689年)……对国有土地的盗窃达到了巨大的规模。……用这种欺骗的方法攫取的国有土地和从教会夺来的土地，既然在共和革命中没有再度失去，就构成现今英国寡头政治的贵族领地的基础。”③

然而：

“在十七世纪最后三十多年，还有五分之四的英国人是务农的。”④

“大约在1750年，自耕农消灭了，而在十八世纪最后几十年，农民公有地的最后痕迹也消灭了。”⑤ 代之而起的是真正的“租地农场主”。⑥

“十八世纪的进步表现为：法律本身现在成了掠夺人民土地的工具……”⑦

“对农民土地的最后一次大规模剥夺过程，是所谓的 Clearing of Estates（清扫领地，实际上是把人从领地上清扫出去）。‘清扫’是前面谈过的英

① 马克思．资本论：第1卷［M］//中共中央马克思恩格斯列宁斯大林著作编译局．马克思恩格斯全集：第23卷．北京：人民出版社，1972：784.

② 马克思．资本论：第1卷［M］//中共中央马克思恩格斯列宁斯大林著作编译局．马克思恩格斯全集：第23卷．北京：人民出版社，1972：786.

③ 马克思．资本论：第1卷［M］//中共中央马克思恩格斯列宁斯大林著作编译局．马克思恩格斯全集：第23卷．北京：人民出版社，1972：792.

④ 马克思．资本论：第1卷［M］//中共中央马克思恩格斯列宁斯大林著作编译局．马克思恩格斯全集：第23卷．北京：人民出版社，1972：785.

⑤ 马克思．资本论：第1卷［M］//中共中央马克思恩格斯列宁斯大林著作编译局．马克思恩格斯全集：第23卷．北京：人民出版社，1972：791.

⑥ “代之而起的是真正的租地农场主，他靠使用雇佣工人来增殖自己的资本，并把剩余产品的一部分以货币或实物形式作为地租交给地主。”（马克思．资本论：第1卷［M］//中共中央马克思恩格斯列宁斯大林著作编译局．马克思恩格斯全集：第23卷．北京：人民出版社，1972：811.）

⑦ 马克思．资本论：第1卷［M］//中共中央马克思恩格斯列宁斯大林著作编译局．马克思恩格斯全集：第23卷．北京：人民出版社，1972：793.

国的一切剥夺方法的顶点。”①

上述马克思的专题考察表明，英国资本主义的原始积累史，很大程度上也是农民的“消灭”史。仅此可见，当年主要来自英国农民的“美国人”之所以从来不使用“农民”一词，首先应该是其母语中“农民”的所指已经很大程度上蒸发了（蒸発してしまった）。

2022 年 5 月 30 日

十三、“旧的中国式的犁”

《资本论》第一卷引述文献中提及“旧的中国式的犁”：

> （奴隶制为基础的）这种生产方式的经济原则，就是只使用最粗糙、最笨重因而很难损坏的劳动工具。正因如此，直到南北战争爆发之前，墨西哥湾沿岸各蓄奴州一直使用旧的中国式的犁。这种犁像猪和鼹鼠那样掘地，但不能把地犁出沟来，不能把土翻过来。②

日文版该段中“旧的中国式的犁”译作“古代シナ的な構造の锄”，也描述了其“不细工”（粗陋）的特征。③

英文版则还强调了“旧的中国式的犁”（the old Chinese model）是该蓄奴州“唯一被发现的犁”（the only ploughs to be found），它无法做成犁沟（making fur-

---

① 马克思．资本论：第 1 卷［M］//中共中央马克思恩格斯列宁斯大林著作编译局．马克思恩格斯全集：第 23 卷．北京：人民出版社，1972：799.

② 马克思．资本论：第 1 卷［M］//中共中央马克思恩格斯列宁斯大林著作编译局．马克思恩格斯全集：第 23 卷．北京：人民出版社，1972：402.

③ 日文版的该段译作：“最も粗雑な、最も钝重な、しかしまだどうにもしようのないほど不细工だからこそなかなかこわれない労働用具だけを使用することが、この生産様式では経済的原則とされるのである。それだから、南北戦争が始まるまで、メキシコ湾沿岸の奴隷制诸州では、豚やもぐらのように土地をかき起こしはするが土を細かく割つたり掘り返したりはしない古代シナ的な構造の锄が見られたのである。”（カール・マルクス. 資本論：第 1 巻［M］. 日本マルクス=エンゲルス全集刊行委員会 訳．东京：大月書店，1972：257.）

rows)。①

以上三种译文给读者的共同印象是“旧的中国式的犁”相当粗陋而落后。

许倬云《汉代农业》中有关于“犁”的专项考察。其中写道：犁的原型仅仅是一种较大的耒。古文献经常提到“耦耕”，对“耦耕”最合理的解释就是由一个人拉经过改进了的耒，而另一个人将耒踩入土中。当耒有了能穿透土壤的切割刃时，它实际上就变成犁了。尖刃会逐渐发展成更为有效的犁铧。后脊最终发展成为犁板，也有助于翻起土壤。到这时犁就会太大，人拉不动，需要使用牛或许马了。……辉县出土的战国犁铧，就是这种带有铁铧刃的木犁。② ——这是说能够“翻起土壤”的中国犁，早在战国时代就已经相当先进。

《汉代农业》又指出：“在汉代的考古遗址中，发掘出了一些犁铧呈三角形、犁床厚重的大型犁。将犁铧改为锐角，提高了它的穿透力，也使深耕成为可能。东汉的犁比起西汉的犁所使用的耒，又有了明显的改进。”③ ——这又是说汉代的犁，已经具有“深耕”功能。

并且汉代的农具已经多种多样，“每一种都有非常独特的功能”，“包括各种用于锄、犁、耙、收割、脱粒等的农具”；“铁农具有锹、鹤嘴锄、犁、双齿锄、园艺锄、镰刀与长柄镰刀”等，“铁锹至少有四五种类型，每种都有特定的名称”④。

就“犁”这种特殊农具的大小而言，由于中国广袤疆域内存在地域差异，因而也相应地出现“大型犁”“中型犁”“最小的犁”等。对于小块土地上的农民：

> 如果想要最大限度地利用土地，同时又要保持良好的通风条件，并为

---

① 英文版该段译文为：“In the slave states bordering on the Gulf of the Civil War, the only ploughs to be found were those constructed on the old Chinese model, which turned up the earth like a pig or a mole, instead of making furrows.”（Karl Marx. Capital Volue I,（Penguin Classics）[M]. tr. Ben Fowkes, London: Clays Ltd, St Ivespic, 1990: 304.）

② 许倬云．汉代农业：中国农业经济的起源及特性［M］．王勇，译．桂林：广西师范大学出版社，2005：120.

③ 许倬云．汉代农业：中国农业经济的起源及特性［M］．王勇，译．桂林：广西师范大学出版社，2005：120.

④ 许倬云．汉代农业：中国农业经济的起源及特性［M］．王勇，译．桂林：广西师范大学出版社，2005：119.

良好的田间作业留下合理的工作空间，这种小型犁就非常关键了。①

由此看来，“小型犁”最适合“精耕细作”。很可能正是这种“旧的中国式的犁”流传到了美国，由于美国是大面积耕种，因此反而变得“不能把地犁出沟来，不能把土翻过来”了。

2022年11月25日

十四、“一亩三分地”与“四英亩”

“一亩三分地”这个汉语常用词，其来由据说与古代皇帝每年春耕时节举行的典礼相关。清朝“乾隆爷为鼓励农耕而建立的‘观耕台’，附近还开辟了‘一亩三分地’，皇上亲自扶犁耕种，为天下做个榜样”②。

《北京日报》（2022-02-25）标题文有《复工复产先守好自己的一亩三分地》，澎湃新闻（2022-03-30）标题文有《种好自己的“一亩三分地”》③，据说季羡林曾比喻西方知识分子就像中国古时的老农，“守着他们的一亩三分地，守着老婆孩子热炕头”④。——看来“一亩三分地”还是个历久弥新的古雅语。

毛泽东在《驳第三次“左”倾路线》（1941年）一文中指出：中国国情基本特点在于“地少人多”，“北方每人平均只有三亩地，在南方每人平均只有一亩地”⑤。

某湖南作者称：“我小时候，全家只有1.2亩地，其中三分旱地、九分水田，那九分水田是全家生计的基础，每一季收600~800斤谷子，一年早晚稻收1500斤谷子左右。”“那时还要上交公粮，……大概是总收成的30%。”⑥ ——看

---

① 许倬云．汉代农业：中国农业经济的起源及特性［M］．王勇，译．桂林：广西师范大学出版社，2005：121.

② 《中国古代建筑博物馆旅游攻略》：“观耕台建于清乾隆十九年（1754年），是皇帝亲耕完毕后观看王公大臣耕作之处。观耕台呈方形见方18米，高一层1.9米，四面各有台阶9级，台阶踏步由汉白玉条石砌成，侧面雕有莲花图案。”（《北京先农坛之皇帝观耕台》2022-04-24）

③ 艾平．种好自己的“一亩三分地”［EB/OL］．澎湃新闻，2022-03-30.

④ 生活就是美美哒．守好自己的一亩三分地［EB/OL］．简书，2018-12-10.

⑤ 毛泽东．驳第三次“左”倾路线［M］//中共中央文献研究室．毛泽东文集：第二卷．北京：人民出版社，1993：343.

⑥ 听新疆当地人说，平均每户有20亩地，我这个全家1.2亩地的眼红了［EB/OL］．风闻，2021-05-27.

来“一亩三分地”也表征了中国农业经济的基本状况。

《资本论》考察英国历史上“自耕农”土地状况时写道：

> “十五世纪英国，绝大多数人口是自由的自耕农。”他们“分有四英亩或更多一些的耕地和小屋”。①
>
> 十六世纪“劳动资料转化为资本的这一过渡时期中，立法也曾力图使农业雇佣工人的小屋保有4英亩土地”②。
>
> 十七世纪“还有五分之四的英国人是务农的”③。其时“克伦威尔还禁止在伦敦周围修建未附有4英亩土地的房屋”④。
>
> “在十八世纪上半叶，如果农业工人的小屋未附有1~2英亩土地，他还会到法院去控告。”⑤

以上马克思的考察表明，至少在18世纪以前，英国历史上“自耕农”拥有土地的基本数是每户“分有四英亩或更多一些的耕地”。

亩是中国的面积单位，英亩是英美的面积单位。1英亩等于6.075亩。相关描述称：中国的“1亩地就等于666.67平方米，大约就是长60米，宽10米的面积大小。一个标准的篮球场地大小是长28米，宽15米，也就是420平。一亩地的面积大约正好是篮球半场场地的面积的3倍”。由此计算：6.075亩×4英亩=24.3亩。

由此看来，英国传统自耕农拥有的4英亩土地，相当于中国土地的24亩3分地，几乎是“一亩三分地”的20倍！

2022年6月19日

---

① 马克思．资本论：第1卷［M］//中共中央马克思恩格斯列宁斯大林著作编译局．马克思恩格斯全集：第23卷．北京：人民出版社，1972：784，785.

② 马克思．资本论：第1卷［M］//中共中央马克思恩格斯列宁斯大林著作编译局．马克思恩格斯全集：第23卷．北京：人民出版社，1972：788.

③ 马克思．资本论：第1卷［M］//中共中央马克思恩格斯列宁斯大林著作编译局．马克思恩格斯全集：第23卷．北京：人民出版社，1972：785.

④ 马克思．资本论：第1卷［M］//中共中央马克思恩格斯列宁斯大林著作编译局．马克思恩格斯全集：第23卷．北京：人民出版社，1972：788.“1627年，罗杰尔·克罗克在丰特米尔的领地上修建一座小屋时，还因没有拨出4英亩土地作为小屋的永久附属物而被判罪；1638年，在查理一世的时候，还任命了一个皇家委员会来监督旧法律的实施，特别是关于4英亩土地的法律的实施。”（同书第788页）

⑤ 马克思．资本论：第1卷［M］//中共中央马克思恩格斯列宁斯大林著作编译局．马克思恩格斯全集：第23卷．北京：人民出版社，1972：789.

十五、三种“一无所有”

“一无所有”是20世纪80年代中国人耳熟能详的一首流行歌曲中的关键词。笔者由此注意到《资本论》与惠特曼《草叶集》中也说及“一无所有”，但是意境和内涵都有所不同。

（一）《资本论》中雇佣工人的“一无所有”

资本“必须在商品市场上找到自由的工人”，“这里所说的自由，具有双重意义：一方面，工人是自由人，能够把自己的劳动力当作自己的商品来支配；另一方面，他没有别的商品可以出卖，自由得一无所有”①。马克思对19世纪英国雇佣工人还加以形象描述：他们在资本面前“战战兢兢，畏缩不前”②。“被降低为靠低声下气地哀求别人施舍面包过活的穷汉。”③《资本论》引述公共卫生医师的报告中也特别提到：“农仆的生活费用固定在只够他活命的最低数额上，他除了生存所绝对必需的东西外，一无所有。”④

（二）新大陆欧洲移民的“一无所有”

惠特曼《斧头之歌》歌唱道：一座城池，“即使它只有几间破敝的茅屋，它仍然是全世界最伟大的城池”⑤。这意思几乎就是说，对于当时的美国拓荒者而言，即使一无所有，也不妨堪称“伟大”。托克维尔描述当年的美国人：“他们在进入新大陆的荒原时，只随身带来一部圣经、一把斧头和一些报纸。”“他周围的一切虽然原始粗鄙，但他本人，却可以说是十九世纪的劳动和经验的体现。”⑥ 惠特曼《斧头之歌》中确实咏歌了斧头可以“造成土地”：

> 欢迎大地上一切的土地，——各从其类，……
> 欢迎小麦与玉蜀黍的土地，欢迎葡萄藤的土地，欢迎糖与米的土地，
> 欢迎棉花的土地，欢迎马铃薯和甘薯的土地，……

---

① 马克思．资本论：第1卷［M］//中共中央马克思恩格斯列宁斯大林著作编译局．马克思恩格斯全集：第23卷．北京：人民出版社，1972：192.

② 马克思．资本论：第1卷［M］//中共中央马克思恩格斯列宁斯大林著作编译局．马克思恩格斯全集：第23卷．北京：人民出版社，1972：200.

③ 马克思．资本论：第1卷［M］//中共中央马克思恩格斯列宁斯大林著作编译局．马克思恩格斯全集：第23卷．北京：人民出版社，1972：473.

④ 马克思．资本论：第1卷［M］//中共中央马克思恩格斯列宁斯大林著作编译局．马克思恩格斯全集：第23卷．北京：人民出版社，1972：744.

⑤ 惠特曼．草叶集：上［M］．楚图南，李野光，译．北京：人民文学出版社，1987：344.

⑥ 托克维尔．论美国的民主：上卷［M］．董果良，译．北京：商务印书馆，2006：352.

欢迎无边的牧场，欢迎果树园和种植亚麻、大麻，以及养蜂的丰饶的土地；……

矿山的土地，雄伟的和险峻的矿石的土地，
煤、铜、铅、锡、锌的土地，
铁的土地，——斧头所造成的土地。①

（三）中国20世纪80年代流行歌曲的《一无所有》

这首歌收录于《新长征路上的摇滚》专辑，“开启了中国摇滚乐的时代”。首段是：

我要给你我的追求，
还有我的自由，
可你却总是笑我，
一无所有。

迄今听起来依然是满满的自信激情和欢乐，丝毫没有悲苦。是否因了老家保留着“一亩三分地”，享受着社会主义初级阶段的好？

中国20世纪90年代初期开始出现的大规模流动打工潮，农民工在差不多20年的高增长期间忍受了低工资，没有社会福利、失业保险、医疗保险……主要是因为他们仍然属于受小有产者家庭劳动力组合投资获取额外现金来追求家族综合收益最大化机制约束的劳动者。②

2020年7月

十六、“公共卫生百年”与《资本论》

《人文杂志》2021年第7期特设“公共卫生百年之思”专栏，编者按写道：“从2020年年初开始席卷全球的‘新冠疫情’显出公共卫生安全的极端重要性。2020年6月2日，习近平总书记主持召开专家学者座谈会并发表重要讲话，强调要构建起强大的公共卫生体系，足见我国政府对疫情防控的重视及对完善公共卫生的迫切需求。”该专栏同时刊发两篇论文：一是特邀北京大学经济与人类发展研究中心刘民权教授的《公共卫生百年回望与未来之思考》，另一是首次汉

① 惠特曼．草叶集：上［M］．楚图南，李野光，译．北京：人民文学出版社，1987：339.
② 温铁军．八次危机：中国的真实经验1949—2009［M］．北京：东方出版社，2013：256.

译百年前“国际公共卫生领域的巨匠温斯洛”发表在美国《科学》杂志上的《尚待开拓的公共卫生领域》。①

刘民权教授将世界公共卫生历史追溯到百年前这位“巨匠”：“公共卫生领域的百年发展自温斯洛 1920 年文发表至今的一百年中……”②

温斯洛该文开首就追溯其英国渊源的“约翰·西蒙爵士”，其中三度提及西蒙爵士，一次是在谈“贫困与疾病的关系”问题时说：“现今在公共卫生运动的发展中，有一种倒退的趋势，人们对环境产生了新的兴趣。但是这种环境与西蒙当时所应对的简单环境截然不同。”该文的卒章引用了“老约翰·西蒙爵士针对工业疾病所说的话”，作者强调这番话“同样适用于所有困扰人类的可预防疾病”，曰：

> 老约翰·西蒙爵士说：疾病像溃疡那样从根源上腐蚀着我们国家的实力，……这绝对是无法容忍的罪孽。能够纠正这种罪孽也许是人类机构能提供的最伟大的从善机会之一。③

今按：温斯洛格外推重的“老约翰·西蒙爵士”，亦即《资本论》多处引用的“西蒙医生”（Simon John，1816—1890）。据中文版注释，他是当年英国皇家枢密院《公共卫生报告》的主编。《资本论》第一卷中最长的一次引用篇幅连续四页，字数近 3000。④ 下面一句是片羽：

> 虽然我的职务上的观点仅限于医学方面，然而最普通的人道不允许我忽视这种灾祸的另外一面。⑤

---

① 徐斯文等译．尚待开拓的公共卫生领域［J］．查尔斯—爱德华·艾默里·温斯洛，著．人文杂志，2020（7）：10-16. 原英文文献为：C. -E. A. Winslow，“The Unite Field Public Health”，Science，51（1306），1920，pp. 23-33.

② 刘民权．公共卫生百年回望与未来之思考［J］．人文杂志，2021（7）：1-9.

③ 查尔斯-爱德华·艾默里·温斯洛．尚待开拓的公共卫生领域［J］．徐斯文，等译．人文杂志，2020（7）：10-16.

④《资本论》引用西蒙医师的文献材料见：马克思．资本论：第 1 卷［M］//中共中央马克思恩格斯列宁斯大林著作编译局．马克思恩格斯全集：第 23 卷．北京：人民出版社，1972：438，509，510，718，721，722，729，732，747-751.

⑤ 马克思．资本论：第 1 卷［M］//中共中央马克思恩格斯列宁斯大林著作编译局．马克思恩格斯全集：第 23 卷．北京：人民出版社，1972：723.

据此，“公共卫生”历史当可进一步追溯到一个半世纪之前的《资本论》所引，我国与世界公共卫生之关系的学术谱系，似也可勾勒为：英国西蒙医生主编—美国巨匠温斯洛—中国《人文杂志》该文。①

2021年6月26日

十七、“公共卫生也是一门艺术”

（续前）公共卫生“最经典的定义”来自百年前的美国“巨匠温斯洛”，“公共卫生是关于通过有组织的社区努力来预防疾病、延长寿命、促进身体健康和提高效益的科学与艺术”②。该定义的关键词是：“公共卫生是……科学与艺术。”

为什么也可以归为“艺术”？温斯洛的理由至少如下：

因为它是“有组织”地追求“高效益”的工作，当时这项工作“已经发展到每年可为国家挽救数十万生命的地步”。

也因为它是超大范围的“有组织”工作，“形势变化的逻辑和社会发展的趋势正把公共卫生运动推向比它的倡导者们梦想到的可能性更为广阔的未来”。

更因为它必须“把专业和社会有效地结合起来”：公共卫生医生“必须做得比医生的本职工作更多”；他们的知识技能必须是“工程师+”；他们“还必须拥有关于社会关系和社会机制的知识，而这是最好的医科学校也提供不了的课程”。

温斯洛还预言：未来的公共卫生运动会朝着“丰富范围的方向发展”。因此，“很显然一个同时受过医学和公共卫生训练的人作为公共卫生管理者是独具优势的”。

温斯洛启发了刘民权，刘民权指出：“我国充分发挥了在应对重大灾难方面的巨大体制优势：‘全国一盘棋’。这意味着国家可举全国之力帮助疫区应对疫情。”“‘全国一盘棋’强调的是中央决策和调集物资与人员的能力。”③

刘民权该文还发挥了温斯洛的经典定义：“它既是一门科学，也是一门艺术。”它“需注重干预措施的‘艺术性’，即如何更好地把科学与实践结合起来的艺术，如何更好地在缺乏相关科学知识的情况下展开干预行动的艺术，以及

---

① 关于“老约翰·西蒙爵士”与“公共卫生医师”的关系，参阅陆晓光著《读〈资本论〉》中的“《资本论》中的公共卫生医师们”章。

② 查尔斯-爱德华·艾默里·温斯洛．尚待开拓的公共卫生领域［J］．徐斯文，等译．人文杂志，2020（7）：10-16.

③ 刘民权．公共卫生百年回望与未来之思考［J］．人文杂志，2021（7）：1-9.

如何更好地在采取行动时把政府和社会各界力量组织起来的艺术"①。

今按：这里的"艺术"概念显然与通常理解的康德"纯艺术"格格不入，也超出了黑格尔"限于精神领域"（马克思语）的美学观；这样的"艺术"观在通常美学教科书中也未必能读到。也许缘此之故，刘民权该文还注意到温斯洛当年"甚至就如何设置大学学科和课程，提出了具体的建议"②。

2021年6月27日

十八、"制造工具"与"唯物史观"

《资本论》引述富兰克林定义"a toolmaking animal（制造工具的动物）"后写道：

> 各种经济时代的区别，不在于生产什么，而在于怎样生产，用什么劳动资料生产。劳动资料不仅是人类劳动力发展的测量器，而且是劳动借以进行的社会关系的指示器。在劳动资料中，机械性的劳动资料……更能显示一个社会生产时代的具有决定意义的特征。③

这段论述显然关涉"唯物史观"的重要问题，"劳动资料"（"工具"）的发展水平甚至被论断为"社会关系的指示器"。马克思紧接着注释：

> 直到现在，历史著作很少提到物质生产的发展，即整个社会生活以及整个现实历史的基础，但是，至少史前时期是在自然科学研究的基础上，而不是在所谓历史研究的基础上，按照制造工具和武器的材料，划分为石器时代、青铜时代和铁器时代的。④

首句的"直到现在，历史著作很少提到物质生产的发展"，意味着马克思当年所见文献资源中，富兰克林很可能是唯一提到"制造工具"的特例。

马克思在1846年《德意志意识形态》中已经指出："到现在为止我们都是

---

① 刘民权．公共卫生百年回望与未来之思考［J］．人文杂志，2021（7）：1-9.

② 刘民权．公共卫生百年回望与未来之思考［J］．人文杂志，2021（7）：1-9.

③ 马克思．资本论：第1卷［M］//中共中央马克思恩格斯列宁斯大林著作编译局．马克思恩格斯全集：第23卷．北京：人民出版社，1972：203.

④ 马克思．资本论：第1卷［M］//中共中央马克思恩格斯列宁斯大林著作编译局．马克思恩格斯全集：第23卷．北京：人民出版社，1972：204.

以生产工具为出发点，……所有制是现存生产工具的必然结果。”“在大工业中，生产工具和私有制之间的矛盾才第一次作为大工业所产生的结果表现出来。”①其中马克思未提及“富兰克林”。

翌年的1847年《哲学的贫困》又写道：“随着新生产力的获得，人们改变自己的生产方式，……手推磨产生的是封建主为首的社会，蒸汽磨产生的是工业资本家为首的社会。”② 其中虽然已经将“生产工具”视为“社会关系的指示器”，但是马克思也未提到“富兰克林”。

而在1859《政治经济学批判》中写道：“第一次有意识地、明白而浅显地把交换价值归结于劳动时间的分析，我们是在新世界的一个人那里发现的，……这个人就是本杰明·富兰克林。”③

由此看来，马克思是在确立唯物史观的十多年后，读到了富兰克林“人是制造工具的动物”之定义，因而格外称许地将之纳入“唯物史观”论域。

2021年9月6日

十九、“《资本论》不是很长的吗?”

毛泽东《反对党八股》所列“党八股的第一条罪状是“空话连篇，言之无物”:“现在是在战争的时期，我们应该研究一下文章怎样写得短些，写得精粹些。……把那些又长又臭的懒婆娘的裹脚，赶快扔到垃圾桶里去。”然而毛泽东紧接着提问：

> 或者有人要说：《资本论》不是很长的吗？那又怎么办？这是好办的，看下去就是了。俗话说：“到什么山上唱什么歌。”又说：“看菜吃饭，量体裁衣。”我们无论做什么事都要看情形办理，文章和演说也是这样。我们反对的是空话连篇言之无物的八股调，不是说任何东西都以短为好。④

---

① 马克思，恩格斯．德意志意识形态［M］//中共中央马克思恩格斯列宁斯大林著作编译局．马克思恩格斯选集：第1卷．北京：人民出版社，1972：72.

② 马克思．哲学的贫困［M］//中共中央马克思恩格斯列宁斯大林著作编译局．马克思恩格斯选集：第1卷．北京：人民出版社，1972：108.

③ 马克思．政治经济学批判［M］//中共中央马克思恩格斯列宁斯大林著作编译局．马克思恩格斯全集：第13卷．北京：人民出版社，1962：45.

④ 毛泽东．反对党八股［M］//中共中央文献研究室．毛泽东选集：第3卷．北京：人民出版社，1959：835.

《反对党八股》似乎有点突兀地提到《资本论》，尤其是毛泽东的自问自答："这是好办的，看下去就是了。"这表明他当年已经有所阅读《资本论》。

据《毛泽东的读书生活》，毛泽东曾自述长征途中"是在马背上学的马列主义"①。"到延安就发愤读书。"② 该书还述及："到了延安以后，毛泽东广泛地收集马列主义的书籍。……当时毛泽东阅读、圈划并做了批注的马列著作，现在保存在毛泽东故居的已经为数不多了"，列于首位的是"主要有《资本论》……"③"一九五四年，毛泽东又一次阅读《资本论》……"④ 该书附有毛泽东1954年写在《资本论》第一卷上两条批语的图片，其一是在版权页上的手迹：

> "1938
> 1867
> ——
> 在71年之后中国才出版"

另一是在目录页上的手迹：

> "1867年，距今87年"⑤

上面第一项的"1938年"，是写在1942年《反对党八股》的三年前。据上海三联书店2011年《资本论》卷首的"出版说明"："本书是依照郭大力、王亚南共同翻译，读书生活出版社1938年出版的我国第一部中文全译本《资本论》再版的。"该全译本"于1938年8、9月在沦陷区上海租界内秘密出版"。

---

① 逄（páng）先知．毛泽东读马列著作［M］//龚育之，逄先知，石仲泉．毛泽东的读书生活．北京：中央文献出版社，2003：26.

② 龚育之．从《实践论》谈毛泽东的读书生活［M］//龚育之，逄先知，石仲泉．毛泽东的读书生活．北京：中央文献出版社，2003：46.

③ 逄先知．毛泽东读马列著作［M］//龚育之，逄先知，石仲泉．毛泽东的读书生活．北京：中央文献出版社，2003：29.

④ 逄先知．毛泽东读马列著作［M］//龚育之，逄先知，石仲泉．毛泽东的读书生活．北京：中央文献出版社，2003：30.

⑤ 逄先知．毛泽东读马列著作［M］//龚育之，逄先知，石仲泉．毛泽东的读书生活．北京：中央文献出版社，2003：32.

毛泽东留下上引批注的《资本论》，应该正是该“秘密出版”本。

2022年1月16日

二十、“最与人性适合也最光荣的条件”

王元化《人性札记》近8000字，首句为：

> 《资本论》第三卷提出过“最与人性适合也最光荣的条件”。①

笔者也有所阅读第三卷，“最光荣”一词印象不深，因此对上句印象尤深。

查阅《马克思恩格斯全集》（第一版）第25卷所载《资本论》第三卷，发现该句可能引自论“自由王国”的下面一段：

> 这个领域内的自由只能是：社会化的人，联合起来的生产者，将合理地调节他们和自然之间的物质变换，把它置于他们共同控制之下，而不让它作为盲目的力量来统治自己；靠消耗最小的力量，在最无愧于和最合适于他们的人类本性的条件下来进行这种物质变换。②

末句中的“最无愧于和最合适于他们的人类本性的条件”，与王元化所引“最与人性适合也最光荣的条件”，两者句式结构相同，因而可能是不同版本的译文差异。

王元化与张可合作的《读莎士比亚》书中，述及50年代读过“郭、王合译的《资本论》”③。遂又查郭大力、王亚南译本，该段如下：

> 在这个领域内，自由不过是由这一点成立，即社会化的人，协合的生产者，合理地调节他们和自然的物质代谢机能，把自然放在他们的共同管理下，不让它当作一种盲目的力量来支配自己，却以最小的力的支出，在

---

① 王元化．文学沉思录［M］．上海：上海文艺出版社，1983：93-102.

② 马克思．资本论：第3卷［M］//中共中央马克思恩格斯列宁斯大林著作编译局．马克思恩格斯全集：第25卷．北京：人民出版社，1975：926-927.

③ 歌德，等．读莎士比亚［M］．元化，张可，译．上海：上海书店出版社，2008：304.

最与人性相照应相适合的条件下，实行这种机能。①

其中末句的“最与人性相照应相适合的条件下……”，也未见“最光荣”一词。

汉语“光荣”与日语“光栄”（こうえい）是类似词，遂又查日文版，相应译文如下：

> 自由はこの領域のなかではただ次のことにありうるだけである。すなわち、社会化された人間、結合された生産者たちが、盲目的な力によって支配されるように自分たちと自然との物質代謝によって支配されることをやめて、この物質代謝を合理的に規制し自分たちの共同的統制のもとに置くということ、つまり、力の最小の消費によって、自分たちの人間性に最もふさわしく最も適合した条件のもとでこの物質代謝を行なうということである。②

末句“人間性に最もふさわしく最も適合した条件”，其中也没有“光栄”。

又查企鹅出版社的英文《资本论》（Captal volue Ⅲ，tr. Ben Fowkes），该段英文如下：

> Freedom, in this sphere, can consist only in this, that socialized man, the associated producers, govern the human metabolism with nature in a rational way, bringing it under their collective control instead of being dominated by it as a blind power; accomplishing it with the least expenditure of energy and in condition most worthy and appropriate for their human nature. ③

---

① 中共中央马克思恩格斯列宁斯大林著作编译局．资本论：第3卷［M］．郭大力，王亚南，译．上海：上海三联书店，2011：614．该书第1卷“出版说明”（落款2009年3月）中写道：“我们这次再版所依据的样书是1948年8月在哈尔滨重印的。这次印刷时，译者对最初印刷时错排、误译的个别字句做了修正。”（第1卷首页）

② カール・マルクス．資本論：第3巻［M］．日本マルクス＝エンゲルス全集刊行委員会訳．东京：大月書店，1972：1051．

③ Karl Marx. Capital Volue I,（Penguin Classics）［M］. tr. Ben Fowkes, London: Clays Ltd, St Ivespic, 1991: 959.

——末句“in condition most worthy and appropriate for their human nature”，其中“worthy”的含义包括“可尊敬的”，有点近似“光荣”；“appropriate”的含义是“合适的；恰当的”。因而与王元化《人性札记》首句所引“最与人性适合也最光荣的条件”的句意相同。由此看来，王元化当年所读《资本论》第三卷，当是出于另一个较早的中译本。

2022年5月9日

二十一、“高度发达的资本主义”

对于自觉或不自觉认同“小资情调”的读者，“高度发达的资本主义社会”的话语未免有点高大滞重。然而确确实实，这个词语的爱用者乃至发明者以擅长写“百分之百恋爱小说”著称，并由此被奉为“小资偶像”的日本作家村上春树。在其中篇小说《舞！舞！舞!》①中，“高度发达的资本主义社会”新词至少出现了十一次。对于一部小说而非理论著作，该词的频度堪称突兀。那么，以这个看来与“百分之百恋爱”百分之百无缘的关键词为洞口，或许能够管窥这位小资作家的另一种姿态。笔者以中文google网搜索“村上春树”得1，052，250条，搜索“马克思”（含繁体字“馬克思”）得1，350，000条，两者同为百万巨数而接近。那么把“村上春树”与“马克思”连接起来讨论也并非无理。②

与作者大部分作品采用第一人称叙述同样，《舞！舞！舞!》中的主人公也是“我”——“我”是个34岁的单身男性，以写广告文字谋生，对自己的生活与环境经常进行反省思考。在小说中，“高度发达的资本主义社会”这个词语无一例外地发自这个“我”，或见于他与别人的对话，或见于他的内心独白。“我”的所思所想无疑投射了作者本人的意图和倾向。

该词的所指时代大体是1980年以后。《舞！舞！舞!》发表于1988年，叙事是现在时展开。作者有意让其中一位刑警人物强调20世纪80年代“现在”与前此20世纪70年代的重大区别：“现在不是1970年，没有闲工夫和你在这里玩什么反权力游戏。那样的时代早已过去了。”③

“资本主义”通常既可以在批判的意义上使用，也可以在“价值中立”的

---

① 村上春树．舞！舞！舞！［M］．林少华，译．上海：上海译文出版社，2002. 本文引涉皆出该译本。

② 陆晓光．“小资偶像”背后的马克思幽灵：读日本畅销作家村上春树《舞！舞！舞!》［J］．文镜，2004（8）．

③ 村上春树．舞！舞！舞！［M］．林少华，译．上海：上海译文出版社，2002：205.

意义上使用。前者如卡尔·马克思，后者如马克斯·韦伯。在《舞！舞！舞!》中，它作为"高度发达资本主义社会"的中心词，意味接近前者。且举数例——"犹如巨蚁冢般的高度发达资本主义社会"①；"我们生活在高度发达资本主义社会，浪费是最大的美德"②；主人公的自我感觉是"高度发达资本主义社会来临，自己在这种社会里孑然一身"③；主人公注意到一家超市店的莴苣保鲜时间超乎寻常，他的第一反应也是如此推断"说不定是闭店后店员把莴苣集中起来加以特殊训练的结果。果真如此我也决不惊讶——在高度发达资本主义社会什么事都有可能"④；主人公的老同学五反田在聊天时感叹，"同女人睡觉也可以光明正大地作为接待费报销，这世道非同小可"，主人公一言而蔽之，"高度发达资本主义社会"⑤。显然，主人公如此命名他所处的那个"高度"社会，如此不厌其烦、一以贯之地使用这个命名，是在有意地，乃至刻意地显示某种姿态。

"资本主义"作为一个理论术语，通常首先指谓的是一种生产方式，这个生产方式以资本为主体，以营利为目的。在马克思那里，这个生产方式还隐蔽地制约着各种社会观念的表象。《舞！舞！舞!》中的主人公对这个基本含义有所发挥：

> 一切都是在周密的计划下进行的，这就是所谓高度发达资本主义社会。投入最大量资本的人掌握最关键的情报，攫取最丰厚的利益。这并非某个人的缺德，投资这一行为本来就必须包含这些内容。投资者要求获得与投资额相应的效益。如同买半旧汽车的人又踢轮胎又查看发动机一样，投入一千亿日元资本的人必然对投资后的经济效益进行周密研究，同时搞一些幕后动作。在这一世界里公正云云均无任何意义，假如如此一一考虑，投资额要大得多。⑥

资本的大小决定权力格局和利益分配；资本的牟利性格不以投资者道德善恶为转移；资本是精于计算和善于谋划的，因此"公正云云"也按成本推

① 村上春树．舞！舞！舞！[M]．林少华，译．上海：上海译文出版社，2002：24.
② 村上春树．舞！舞！舞！[M]．林少华，译．上海：上海译文出版社，2002：25.
③ 村上春树．舞！舞！舞！[M]．林少华，译．上海：上海译文出版社，2002：36.
④ 村上春树．舞！舞！舞！[M]．林少华，译．上海：上海译文出版社，2002：157.
⑤ 村上春树．舞！舞！舞！[M]．林少华，译．上海：上海译文出版社，2002：183.
⑥ 村上春树．舞！舞！舞！[M]．林少华，译．上海：上海译文出版社，2002：75.

算——凡此种种，我们不难嗅出马克思政治经济学批判的气息。

“主义”这个词的本义是指某种最高理念，因此“资本主义”也可以是一个聚焦于思想观念或文化领域的概念。《舞！舞！舞!》中主人公所关注的看来正是这个层面，他如此发论：

> 资本这具体之物升华为一种概念，说得极端一点，甚至是一种宗教行为。人们崇拜资本所具有的勃勃生机，崇拜其神话色彩，崇拜东京地价，崇拜“奔驰”汽车那闪闪发光的标志。除此之外，这个世界上再不存在神话。①

这番议论的要点是，资本在消解古老神话和旧有宗教的同时又制造了新式神话与新式宗教。而这个论点依然伸发于马克思的视阈。《资本论》首次提出“拜物教”新概念——马克思认为，资本主义正是在对宗教信仰的改造中最深刻地表现出它无所不驭的魔力：“要找到一个比喻，我们就得逃到宗教世界的幻境中去。在那里，人脑的产物表现为赋有生命的、彼此发生关系并同人发生关系的独立存在的东西。……我把这叫作拜物教。”② 由此看来，主人公头脑中确实徘徊着马克思的幽灵。

这个幽灵在比《舞！舞！舞!》早一年发表的《挪威的森林》也有迹可寻，其中的大学生渡边读过《资本论》，赞赏马克思“整体思考”的方法。《挪威的森林》讲述的故事发生在20世纪60年代末至70年代初，主人公渡边当时对20世纪60年代末期的激进风潮持怀疑和疏离态度，“我要做的只有一件事情：对任何事情都不要想得过于深刻，对任何事物都保持一定距离”③。因为他意识到：“人们在呼喊变革，……然而这些无一不是虚构的毫无意义的背景画面而已。”④ 这些可以部分地解释为什么《挪威的森林》中未出现“高度发达资本主义社会”的话语。而《舞！舞！舞!》中，20世纪80年代主人公却是时时谈论，处处批判，乃至由今思昔而感叹“令人怀念的六十年代”⑤，甚至一百八十

---

① 村上春树．舞！舞！舞！[M]．林少华，译．上海：上海译文出版社，2002：74.

② 马克思．资本论：第1卷［M］//中共中央马克思恩格斯列宁斯大林著作编译局．马克思恩格斯全集：第23卷．北京：人民出版社，1972：89.

③ 村上春树．挪威的森林［M］．林少华，译．桂林：漓江出版社，1996：25.

④ 村上春树．挪威的森林［M］．林少华，译．桂林：漓江出版社，1996：258.

⑤ 村上春树．舞！舞！舞！[M]．林少华，译．上海：上海译文出版社，2002：186.

度转弯地赞叹那个“时代真是好极了”①。如果说《挪威的森林》与《舞！舞！舞!》中的两位主人公都有作者本人的投影，那么后者的转变自然应从日本20世纪80年代“高度发达资本主义”的新背景中寻求原因。②

2005年9月28日

二十二、“新时代《资本论》”

19世纪马克思《资本论》问世，10年前欧洲出现《21世纪资本论》。

---

① 村上春树．舞！舞！舞！［M］．林少华，译．上海：上海译文出版社，2002：75.

② 补记（2024年2月16日）：如果说“高度发达的资本主义”这一术语是村上春树该小说中的首创，那么其理论依据当可追溯到《资本论》第一卷。马克思写道：“资本无论在其发达的形式上或不发达的形式上，性质都是一样的。”这种共性在于：“只要资本家购买了工人的劳动力，工人就成为他的货币。”（马克思．资本论：第1卷［M］//中共中央马克思恩格斯列宁斯大林著作编译局．马克思恩格斯全集：第23卷．北京：人民出版社，1972：319.）马克思在论述“较高级劳动和简单劳动之间的区别”时指出：“在一切资本主义生产发达的国家中，工人阶级的体质已日趋孱弱和相当衰竭，因此，同很轻巧的细活相比，需要花很多力气的粗活常常成为较高级劳动，而细活反倒降为简单劳动。”（同书，第224页）“所谓原始积累”章指出：“单是在一极有劳动条件作为资本出现，在另一极有除了劳动力以外没有任何东西可以出卖的人，还是不够的。这还不足以迫使他们自愿地出卖自己。在资本主义生产进程中，工人阶级日益发展，他们由于教育、传统、习惯而承认这种生产方式的要求是理所当然的自然现象。发达的资本主义生产过程的组织粉碎一切反抗；相对过剩人口的不断产生把劳动的供给规律，从而把工资限定在与资本增殖需要相适应的轨道以内；经济关系的无声的强制保证资本家对工人的统治。”因此之故，“新兴的资产阶级……就需要并运用了国家权力。这是所谓原始积累的一个重要因素”。（同书，第806页）《资本论》第二卷论述资本主义建筑业的两种历史形式时也区别了“发达的”与“不太发达的”两个阶段：“在资本主义生产不太发达的阶段，……私人要分期垫款给建筑业主”，“而在发达的资本主义时期，……建筑业主只是在例外的情况下才为个别私人定造房屋”。（马克思．资本论：第2卷［M］//中共中央马克思恩格斯列宁斯大林著作编译局．马克思恩格斯全集：第24卷．北京：人民出版社，1972：260.）可见马克思是将他本人所处时代视为“发达的资本主义时期”。马克思《经济学手稿（1857—1858年）》中还从“劳动”范畴的视角将当时的美国称为“发达”之范例：“对任何种类的劳动同样看待，以各种实在劳动组成的十分发达的总体为前提，……在资产阶级社会的最现代的存在形式——美国，这种情况最为发达。”（中共中央马克思恩格斯列宁斯大林著作编译局．马克思恩格斯全集：第46卷（上册）［M］．北京：人民出版社，1979：42.）西方马克思主义美学论者沿用了马克思“发达资本主义”这一术语。例如德国学者本雅明代表作之一的书名是《发达资本主义时代的抒情诗人》（此书由张旭东、魏文生翻译，于1989年由生活·读书·新知三联书店出版）。又美国学者马尔库塞代表之一的书名为《单向度的人——发达工业社会意识形态研究》（此书由张峰、吕世平翻译，于1988年由重庆出版社出版）。由此看来，“高度发达的资本主义社会”这一村上春树小说《舞！舞！舞!》中首创的术语，也可谓从一个侧面表征了当代社会与马克思所处年代的某种划时代变迁。

“新时代《资本论》”则是比喻，比喻一部正在中国社会舞台上实践演进的大书。

这部大书首先集中表征了中国特色社会主义的历史进程。马克思当年预想：“联合起来的生产者，将合理地调节他们和自然之间的物质变换，把它置于他们共同控制之下。”① 1949 年《中国人民政治协商会议共同纲领》正是一个“联合”宣言。其中说：“中国人民民主专政是中国工人阶级、农民阶级、小资产阶级、民族资产阶级及其他爱国民主分子的人民民主统一战线的政权，而以工农联盟为基础，以工人阶级为领导。”②

这部大书也是 19 世纪《资本论》的续论，其标志性成果是“社会主义市场经济”理论。“党的十一届三中全会实行改革开放以后，我们破除所有制问题上的传统观念束缚，认为资本作为重要生产要素，是市场配置资源的工具，是发展经济的方式和手段，社会主义国家也可以利用各类资本推动经济社会发展。”③ 马克思、恩格斯没有设想社会主义条件下可以搞市场经济，“搞社会主义市场经济是我们党的一个伟大创造”④。

《新时代〈资本论〉》提出了“新的时代条件下资本理论研究”⑤ 新课题：“既不让‘资本大鳄’恣意妄为，又要发挥资本作为生产要素的功能。这是一个不容回避的重大政治和经济问题。”⑥“要为资本设置‘红绿灯’。……不是不要资本，而是要资本有序发展。”⑦

---

① 马克思．资本论：第 3 卷［M］//中共中央马克思恩格斯列宁斯大林著作编译局．马克思恩格斯全集：北京：第 25 卷．人民出版社，1975：926-927.

② 在线网页“百年党史百讲：中国人民政治协商会议共同纲领”：“《中国人民政治协商会议共同纲领》是建立新中国的‘临时大宪章’，它包含和凝结着几代中国人的建国理想和心血，是新旧民主主义革命斗争经验的总结，是全国各族人民意志和利益的集中体现。”

③ 习近平．依法规范和引导我国资本健康发展，发挥资本作为重要生产要素的积极作用［M］//习近平．习近平谈治国理政：第四卷．北京：外文出版社，2022：217-218.

④ 习近平．正确认识和把握我国发展重大理论和实践问题［M］//习近平．习近平谈治国理政：第四卷．北京：外文出版社，2022：211.

⑤ 习近平．依法规范和引导我国资本健康发展，发挥资本作为重要生产要素的积极作用［M］//习近平．习近平谈治国理政：第四卷．北京：外文出版社，2022：219.

⑥ 习近平．正确认识和把握我国发展重大理论和实践问题［M］//习近平．习近平谈治国理政：第四卷．北京：外文出版社，2022：211.

⑦ 习近平．正确认识和把握我国发展重大理论和实践问题［M］//习近平．习近平谈治国理政：第四卷．北京：外文出版社，2022：211.

《新时代〈资本论〉》还提出了“绿色低碳的生产方式和生活方式”① 等新概念。

马克思《资本论》序言说：“我要在本书研究的，是资本主义生产方式以及和它相适应的生产关系和交换关系。到现在为止，这种生产方式的典型地点是英国。因此，我在理论阐述上主要用英国作为例证。”②《新时代〈资本论〉》的“典型地点”则是中国。因为 21 世纪中国已然成为“全球制造业第一大国”③，并且“谷物总产量稳居世界首位”“制造业规模、外汇储备稳居世界第一”“一些关键核心技术实现突破”。④

2022 年 10 月 31 日

二十三、“脱贫攻坚”与新时代《资本论》

《资本论》揭示的现代经济规律之一是：

> 资产阶级运动在其中进行的那些生产关系的性质绝不是一致的单纯的，而是两重的；在产生财富的那些关系中也产生贫困；在发展生产力的那些关系中也发展一种产生压迫的力量。⑤

马克思还以希腊神话“赫斐斯塔斯的锲子把普罗米修斯钉在岩石上”的故事，来形容“同资本积累相适应的贫困积累”⑥。

法国学者托马斯·皮凯蒂《21 世纪〈资本论〉》通过大量“总体性质的”数据分析指出，《资本论》“对于 21 世纪的意义毫不逊色于其在 19 世纪的影响”。因为当代高度发达资本主义社会依然出现“99% 与 1%”的贫富分裂。⑦

---

① 中共二十大报告的第十节小标题是“推动绿色发展，促进人与自然和谐共生”。

② 马克思．资本论：第 1 卷［M］//中共中央马克思恩格斯列宁斯大林著作编译局．马克思恩格斯全集：第 23 卷．北京：人民出版社，1972：8.

③ 习近平．构建新发展格局、重塑新竞争优势［M］//习近平．习近平谈治国理政：第四卷．北京：外文出版社，2022：155.

④ 习近平．高举中国特色社会主义伟大旗帜 为全面建设社会主义现代化国家而团结奋斗：在中国共产党第二十次全国代表大会上的报告［EB/OL］．党建网，2022-10-26.

⑤ 马克思．资本论：第 1 卷［M］//中共中央马克思恩格斯列宁斯大林著作编译局．马克思恩格斯全集：第 23 卷．北京：人民出版社，1972：708.

⑥ 马克思．资本论：第 1 卷［M］//中共中央马克思恩格斯列宁斯大林著作编译局．马克思恩格斯全集：第 23 卷．北京：人民出版社，1972：708.

⑦ 托马斯·皮凯蒂．21 世纪资本论［M］．巴曙松，等译．北京：中信出版社，2014：258.

据此,《21世纪资本论》与《资本论》具有内在的逻辑关联。

与此鲜明对比的是:“在迎来中国共产党成立一百周年的重要时刻,我国脱贫攻坚战取得了全面胜利,现行标准下9899万农村贫困人口全部脱贫,835个贫困县全部摘帽,12.8万个贫困村全部出列,区域性整体贫困得到解决,完成了消除绝对贫困的艰巨任务,创造了又一个彪炳史册的人间奇迹!”①

“党的十八大以来,平均每年1000多万人脱贫,相当于一个中等国家的人口脱贫。”②

“改革开放以来,按照现行贫困标准计算,我国7.7亿农村人口摆脱贫困;按照世界银行国际贫困标准,我国减贫人口占同期全球减贫人口70%以上。”③

中共二十大报告总结了十年来经历的“具有重大现实意义和深远历史意义的三件大事”,其中之一是“完成脱贫攻坚”,“实现第一个百年奋斗目标”。④

这件大事的重大意义还在于:“实现了小康这个中华民族的千年梦想,我国发展站在了更高历史起点上。我们坚持精准扶贫、尽锐出战,打赢了人类历史上规模最大的脱贫攻坚战,全国八百三十二个贫困县全部摘帽,近一亿农村贫困人口实现脱贫,九百六十多万贫困人口实现易地搬迁,历史性地解决了绝对贫困问题,为全球减贫事业作出了重大贡献。”⑤ 并且,“从现在起,中国共产党的中心任务就是团结带领全国各族人民全面建成社会主义现代化强国、实现第二个百年奋斗目标”,其内容首先包括“全体人民共同富裕的现代化”。

由此回首,马克思在《资本论》初版三年后的致友人信中说:“在目前条件下,《资本论》的第二册在德国不能出版,这一点我很高兴,因为恰恰是在目前某些经济现象进入新的发展阶段,因而需要重新加以研究。”⑥ 马克思当年这段

---

① 习近平.在全国脱贫攻坚总结表彰大会上的讲话[M]//习近平.习近平谈治国理政:第四卷.北京:外文出版社,2022:125.

② 习近平.在全国脱贫攻坚总结表彰大会上的讲话[M]//习近平.习近平谈治国理政:第四卷.北京:外文出版社,2022:130.

③ 习近平.在全国脱贫攻坚总结表彰大会上的讲话[M]//习近平.习近平谈治国理政:第四卷.北京:外文出版社,2022:130.

④ 习近平代表第十九届中央委员会向党的二十大作报告[EB/OL].上海基层党建,2022-10-16.

⑤ 习近平代表第十九届中央委员会向党的二十大作报告[EB/OL].上海基层党建,2022-10-16.

⑥ 马克思.致斐迪南·多梅拉·纽文胡斯[M]//中共中央马克思恩格斯列宁斯大林著作编译局.马克思恩格斯《资本论》书信集.北京:人民出版社,1976:366.

话在今天也提示着后人，至少在“同资本积累相适应的贫困积累”问题上，面对百年来的中国新经验，《资本论》又一次进入“需要重新加以研究”的历史新阶段。

2022年10月29日

二十四、“精准扶贫”与“显微镜下的解剖”

（续前）《新时代〈资本论〉》在方法论上显示出某种青出于蓝而胜于蓝的习近平新时代中国特色。试作管窥。

《资本论》主要属于“理论的掌握世界的方式”①，其初版序的说明是：“分析经济形式，既不能用显微镜，也不能用化学试剂。二者都必须用抽象力来代替。而对资产阶级社会说来，劳动产品的商品形式，或者商品的价值形式，都是经济的细胞形式。在浅薄的人看来，分析这种形式好像是斤斤于一些琐事。这的确是琐事，但这是显微镜下的解剖所要做的那种琐事。”② 马克思以“显微镜下的解剖”比喻对“商品细胞”的分析方法，强调的是理论科学的精确性。

《新时代〈资本论〉》则属于“实践的掌握世界的方式”。并非偶然的是，习近平《在全国脱贫攻坚总结表彰大会上的讲话》中，关于方法论的论述也强调了精确性，其关键词是“精准扶贫”：

> ——坚持精准扶贫方略，用发展的办法消除贫困根源。我们始终强调，脱贫攻坚，贵在精准，重在精准。我们坚持对扶贫对象实行精细化管理、对扶贫资源实行精确化配置、对扶贫对象实行精确化扶持，……对症下药、精准滴灌、靶向治疗，……我们要求下足绣花功夫，扶贫扶到点上，扶到根上、扶到家庭，防止平均数掩盖大多数。③

---

① “整体，当它在头脑中作为被思维的整体而出现时，是思维着的头脑的产物，这个头脑用它所特有的方式掌握世界，而这种方式是不同于对世界的艺术的、宗教的、实践—精神的掌握的。”（马克思．政治经济学批判导言［M］//中共中央马克思恩格斯列宁斯大林著作编译局．马克思恩格斯选集：第2卷．北京：人民出版社，1979：104.）

② 马克思．资本论：第1卷［M］//中共中央马克思恩格斯列宁斯大林著作编译局．马克思恩格斯全集：第23卷．北京：人民出版社，1972：8.

③ 习近平．在全国脱贫攻坚总结表彰大会上的讲话［M］//习近平．习近平谈治国理政：第四卷．北京：外文出版社，2022：135.

其中连续十次使用了“精准”“精细”“精确”“对症下药”“靶向治疗”“下足绣花功夫”等同类形容词。无疑，“精准扶贫”首先是一个分析的过程，其次是一个具体操作的过程。因而这个历史过程中包含了马克思所称“好像是斤斤于一些琐事”的、难以估量的巨大工作量。

正是在此“精准”的基础上，“扶贫”对象的整体脉络和“脱贫”的具体路径变得清晰了。例如“建立了全国建档立卡信息系统”，明确了“扶持谁、谁来扶、怎么扶、如何退等问题”，“打出了一套政策组合拳，因村因户因人施策，因贫困原因施策，因贫困类型施策……”①

《资本论》撰写过程中至少参考了近800本专著、议会报告和蓝皮书资料等文献。②“精准扶贫”过程中则是：“全国累计选派25.5万个驻村工作队、300多万名第一书记和驻村干部，同近200万名乡镇干部和数百万村干部一道奋战在扶贫一线，鲜红的党旗始终在脱贫攻坚主战场上高高飘扬。”③ 仅此可见，正是通过这一“精准扶贫方略”指导下的、千百万人共同参加的、规模巨大的社会实践，中共实现了第一个百年奋斗目标，“完成脱贫攻坚，全面建成小康社会的历史任务”④。

马克思用“显微镜下的解剖”比喻对“商品细胞”的分析，今天我们也许可以用“北斗导航仪下的解剖麻雀”方法⑤，来比喻“精准扶贫方略”。

2022年11月3日

二十五、古典的“硕鼠”意象

不知道为了什么，两个古典“大老鼠”意象围绕着我。今试温故而知新。

其一是《国风·魏风·硕鼠》，全诗为：

---

① 习近平．在全国脱贫攻坚总结表彰大会上的讲话［M］//习近平．习近平谈治国理政：第四卷．北京：外文出版社，2022：135.

② 曼弗雷德·克利姆．马克思文献传记［M］．李成毅，等译．郑州：河南人民出版社，1992：277.

③ 习近平．在全国脱贫攻坚总结表彰大会上的讲话［M］//习近平．习近平谈治国理政：第四卷．北京：外文出版社，2022：133.

④ 习近平庄严宣告：中华大地全面建成了小康社会［EB/OL］．央广网，2021-07-01.

⑤ “过去常用的‘蹲点调研’‘解剖麻雀’的调研方法依然管用的。我们现在搞的各种试点，成功了再逐步推广，这就是‘解剖麻雀’的方法。”（习近平．努力成为可堪大用能担重任的栋梁之才［M］//习近平．习近平谈治国理政：第四卷．北京：外文出版社，2022：526.）

硕鼠硕鼠，无食我黍！三岁贯女，莫我肯顾。逝将去女，适彼乐土。乐土乐土，爰得我所。

硕鼠硕鼠，无食我麦！三岁贯女，莫我肯德。逝将去女，适彼乐国。乐国乐国，爰得我直？

硕鼠硕鼠，无食我苗！三岁贯女，莫我肯劳。逝将去女，适彼乐郊。乐郊乐郊，谁之永号？

朱熹《诗集传》点评："比也。民困于贪残之政，故托言大鼠害己而去之也。……"① 当代一位鉴赏者强调：这是一首古今公认的控诉剥削者的诗歌。诗中的"汝""我"，都不是单个的人，应扩大为"你们""我们"，所代表的是一个群体或一个阶层，提出的是谁养活谁的大问题。"逝将去女……"后四句，表现了诗人决断的态度和坚定决心。"代表着他们美好的生活憧憬，更标志着他们新的觉醒。正是这一美好的生活理想，启发和鼓舞着后世劳动人民为挣脱压迫和剥削不断斗争。"②

另一是《全唐诗》中的《官仓鼠》（作者曹邺）：

官仓老鼠大如斗，见人开仓亦不走。
健儿无粮百姓饥，谁遣朝朝入君口。

著名古典文学家刘永济评点："此刺贪也。鼠邪？贪官邪？二而一也。"③一篇网文分析道："此诗形象地勾画出官仓鼠不同凡鼠的特征和习性。它们不仅体量'大如斗'，而且胆子也很大——'见人开仓亦不走'。"又指出："官仓鼠是比喻那些只知道吮吸人民血汗的贪官污吏；而这些两条腿的'大老鼠'所吞食掉的，当然不仅仅是粮食，而是从人民那里搜刮来的民脂民膏。尤其使人愤慨的是，官仓鼠作了这么多孽，竟然可以有恃无恐，'谁遣朝朝入君口'？"④

重温上两诗后突然想到十八大以来的反腐关键词中的比喻。例如人民网一

① 朱熹．诗集传［M］．北京：中华书局，2018：102.
② 参见古诗文网。
③ 刘永济．唐人绝句精华［M］．北京：人民文学出版社，1981.
④ 在线网页：《官仓鼠》诗赏析 https：//baike. so. com/doc/6730120-6944419. Html.

篇《解读："要坚持'老虎''苍蝇'一起打"》[①] 认为："'老虎'是指'大的腐败'，高层、实权部门的贪污受贿，动辄上千万上亿，社会影响恶劣。""'苍蝇'这种腐败的特点是：涉及金额不大，但比较常见，影响面非常广，影响极其恶劣，像挪用救灾款、征地补偿款，以及城乡弱势群体民生性的款项，包括给中西部小学营养餐的补助。"

另有一篇文章标题是《反腐败要"老虎苍蝇蚊子"一起打》[②]，理由是"任由蚊子肆虐，百姓健康会受到侵害；反腐不打'蚊子'，或许'老虎苍蝇'宁愿委身下嫁当'蚊子'，因为'蚊子'是'反腐特区'"。

今按：以上"反腐"话语所及有"老虎""苍蝇""蚊子"诸意象，而未见"硕鼠"（官仓鼠），后者似更有历史性、古典性、针对性、综合性、普及性等意境。

2023 年 5 月 6 日

二十六、关于"会捉老鼠就是好猫"

恩格斯在《社会主义从空想到科学的发展》中说，"在法国为行将到来的革命启发过人们头脑的那些伟大人物，本身都是非常革命的。……那时，如黑格尔所说的，是世界用头立地的时代。最初，这句话的意思是：人的头脑以及通过头脑的思维发现的原理，要求成为人类的一切活动和社会结合的基础。后来这句话又有了更广泛的含义：同这些原理相矛盾的现实，实际上从上到下都被颠倒了。"[③]

恩格斯对黑格尔"世界用头立地的时代"这句话的阐释，意味着在辩证法视域中，一个命题的意义会随时代发展而变化。在这个意义上，我们可以回瞻曾经的"不管白猫黑猫，会捉老鼠就是好猫"。

据相关研究追溯，"会捉老鼠就是好猫"这句话最初来源于四川农村俗语；

---

① 习近平总书记在十八届中央纪委二次全会上指出："从严治党，惩治这一手决不能放松。要坚持'老虎''苍蝇'一起打，既坚决查处领导干部违纪违法案件，又切实解决发生在群众身边的不正之风和腐败问题。"（"要坚持'老虎''苍蝇'一起打"[N]. 新京报，2013-01-23.）

② 反腐败要"老虎苍蝇蚊子"一起打 全国政协委员："蚊子"是"反腐特区"[EB/OL]. 人民政协网，2014-07-11.

③ 恩格斯．社会主义从空想到科学的发展[M]//中共中央马克思恩格斯列宁斯大林著作编译局．马克思恩格斯选集：第 3 卷．北京：人民出版社，1972：404-405.

解放战争年代，刘伯承元帅将之创造性转化为军事术语。① 1962 年邓小平《怎样恢复农业生产》进一步将之转换为经济工作术语：“‘黄猫、黑猫，只要捉住老鼠就是好猫。’这是说的打仗。我们之所以能够打败蒋介石，就是不讲老规矩，不按老路子打，一切看情况，打赢算数。现在要恢复农业生产，也要看情况，就是在生产关系上不能完全采取一种固定不变的形式，看用哪种形式能够调动群众的积极性就采用哪种形式。”②

“文革”期间，“白猫黑猫”论被指责为“唯生产力论”而遭到批判。

1978 年十一届三中全会后，“白猫黑猫”论成为中国将社会工作重心转移到经济发展上的一个理论标志。

1986 年 1 月 6 日，“不管黑猫白猫，捉到老鼠就是好猫”这句话与邓小平头像一起被刊登在美国《时代》周刊上（Black cat or white cat, a good cat is one that catches mice）。

1992 年春天，88 岁的邓小平南行武昌、深圳和珠海。也就在那一年，“不管黑猫白猫，捉到老鼠就是好猫”成为坊间最流行的话语。

“‘白猫黑猫’论告诉人们，想问题办事情一切要从实际出发，而不是从条条框框出发；……‘白猫黑猫’论无疑倡导了一种实干精神。也正是这个理论的实干战略，开启了中国人的思想之门，保证了中国的社会稳定和经济发展，使改革开放取得了伟大成绩。”③

由上可见，“会捉老鼠就是好猫”这句话的内涵有一个历史变迁的过程：

四川农村俗语—刘伯承军事术语—邓小平农村工作术语—中国改革开放标志性话语—具有世界性影响的中国话语。

---

① 作者认为：“创造性转化是将概念从一个领域或行业带到另一个领域或行业，而创新性发展则是通过改善或重组现有方法或产品来提供更好的功能或优势。”（怎么区分创造性转化和创新性发展［EB/OL］. 百度经验，2023-04-20.）

② 邓小平 . 怎样恢复农业生产［M］//邓小平 . 邓小平选集：第一卷 . 北京：人民出版社，1994：323.

③ 参阅百度百科“白猫黑猫论”。笔者循此又读到：“1962 年 7 月 2 日，邓小平主持召开中共中央书记处会议，讨论干部平反、共青团工作、恢复农业等问题。在讨论如何恢复农业时，他指出，现在所有的形式中，农业是单干搞得好。不管是黄猫、黑猫，在过渡时期，哪一种方法有利于恢复，就用哪一种方法。总之，要实事求是，不要千篇一律。我们学习邓小平的辩证思维方法，就是要提高自己辩证思维的层次，提高自己的思想境界，并把这一辩证思维的方法运用到实践中去。讲真话、讲实话、讲管用的话，勇于实践、积极探索、善于总结、开拓创新，这些正是邓小平辩证思维光辉所带给我们取之不尽、用之不竭的宝贵精神财富。”（邓小平：要实事求是 不要千篇一律［EB/OL］. 邓小平纪念网，2019-02-01.）

笔者现在的问题是，随着恩格斯所称“同这些原理相矛盾的现实”的发展，这句话是否会“有更广泛的含义”？例如在我国当今反腐工作领域中，人们是否还可以说——“会捉硕鼠就是好猫”？①

2023年5月8日

① “创造性转化就是要按照时代特点和要求，对那些至今仍有借鉴价值的内涵和陈旧的表现形式加以改造，赋予新的时代内涵和现代表达形式，激活其生命力。创新性发展就是要按照时代的新进步新进展，对中华优秀传统文化的内涵加以补充、拓展、完善，增强其影响力和感召力。”（李新潮．创造性转化与创新性发展的辩证关系［EB/OL］．中国社会科学网，2021-03-25.）

附录二："中国式现代化"与中国文学（札记）

一、"中国式现代化"与"中国文学特点"

习近平总书记在二十大报告中明确提出了"中国式现代化"新思想："中国式现代化是人口规模巨大的现代化"，"是全体人民共同富裕的现代化"，"是物质文明和精神文明相协调的现代化"，"是人与自然和谐共生的现代化"，"是走和平发展道路的现代化"。其中诸多内涵之一的"精神文明"项，应该包括文史哲等学术文化领域。就后者而言，王元化 20 世纪 80 年代起多有探讨。

例如《从文化史的角度来研究文学》：

"我在编大百科《中国文学卷》时曾提到这样两个原则：第一，从比较中探索中国文学的特点；第二，从文化传统的背景上来探索形成这种特点的原因。我相信，如果我们这样去做，对一些长期晦暗不明、争论不清的问题可以理出一些头绪甚至有所突破。"①

"《文心雕龙》曾分析了齐梁以前的'九代'文学，认为每一个朝代的文学都有不同的特征。但这些不同朝代的社会却是同一性质的。王国维在《宋元戏曲史》中说，'一代有一代之文学'，文学发展总是渗透了时代的特点。"②

再如《杜亚泉与东西文化问题论战》：

"梁漱溟《东西文化及其哲学》中说：'假使中国的东西仅只同西方化一样便算可贵，则仍不及人家，毫无可贵！中国文化如有可贵，必在其特别之点，必须有特别之点才能见长！'"③

"陈寅恪的《王观堂先生挽词并序》也说到传统伦理的现代意义所在，他

---

① 王元化．传统与反传统［M］．上海：上海文艺出版社，1990：74.

② 陆晓光．王元化文稿：文学卷［M］．北京：中央编译出版社，2017：225. 该文原为 1986 年 4 月在《文心雕龙》学会第 2 届年会上讲话（《关于目前文学研究中的两个问题》）之部分。

③ 王元化．九十年代反思录［M］．上海：古籍出版社，2000：63.

说：'吾中国文化之定义，具于《白虎通》三纲六纪之说，其意义为抽象理想最高之境，犹希腊柏拉图所谓 idea（理念）者。'"①

新世纪初的《与德里达对话访谈录》中，还述及异中有同、和而不同等方面：

"不同民族在创造语言文字时，有的是拼音，有的是象形，有的是会意。有的是横写，从左到右。有的是竖写，从右到左。尽管千差万别，但不论哪一种形式的语言文字，都还是语言文字，而不能说某种是，某种却是语言文字以外的另一种东西。"②

"这种差异往往成为翻译的最大困难。但也不能说两者是无法沟通的。……比如中国古书中常常出现的'气'，就很难译成对应的外文。过去有人译作Quintessence，固然不准确，李约瑟译成 Vital Energy 也不惬恰，但外国美学中黑格尔说的'生气灌注'和中国画论中的'气韵生动'还是比较接近的。"③

今按：借鉴马克思《政治经济学批判导言》的方法论，如果将"中国式现代化"理念视为一个"具有许多规定和关系的丰富的总体"④，那么"中国文学特点"方面，应该也有一个如何在新时代进一步"现代化"的课题。

二、《释中国》与"中国式现代化"

20世纪90年代上海文艺出版社推出王元化、胡晓明、傅杰主编的四卷本《释中国》。封页："集百年经典文论，析民族血脉灵魂"。该书选辑了从章太炎、王国维以来一百余位学者论述中国历史文化问题的论文。《编后记》曰："民族的学术自信自立，必然最终关联文化自信，而文化自信终究必然是民族自立、文化新生的灵魂。"⑤ 兹摘数段。

陈独秀《东西民族根本思想之差异》称："东西洋民族不同，而根本思想亦各成一系，若南北之不相并，水火之不相容也。"双方有三大差异，第一是"西洋民族以战争为本位，东洋民族以安息为本位"。该文对此差异之东洋方面的评价为："民族而具如斯卑劣无耻之劣根性……"⑥

---

① 王元化．九十年代反思录［M］．上海：古籍出版社，2000：69.

② 王元化．清园近作集［M］．上海：文汇出版社，2004：30.

③ 王元化．清园近作集［M］．上海：文汇出版社，2004：30，32.

④ 马克思．政治经济学批判导言［M］//中共中央马克思恩格斯列宁斯大林著作编译局．马克思恩格斯选集：第2卷．北京：人民出版社，1972：103.

⑤ 胡晓明，傅杰．释中国：第四卷［M］．上海：上海文艺出版社，1998：2952.

⑥ 胡晓明，傅杰．释中国：第一卷［M］．上海：上海文艺出版社，1998：236-237.

钱穆《国史大纲·引论》则称："治国史之第一任务，在能于国家民族之内部自身，求得其独特精神之所在。"① "中国为世界上历史最完备之国家，若一民族文化之评价，与其历史之悠久博大成正比，则我华夏文化，于并世固当首屈一指。"②

钱穆还别有所议："谈者好以专制体制为中国政府诟病，不知中国自秦以来，立国规模，广土众民，乃非一姓一家之力所能专制。故秦始皇始一海内，而李斯、蒙恬之属，皆以游士擅政，秦之子弟宗戚，一无预焉。"③

冯契《中国传统哲学特点》强调："'五四'时期的一些先进人物，在十月革命的影响下，终于找到了马克思主义，以此作为解放中华民族的最好的思想武器。于是就开始了中国近代哲学的第二阶段革命，这也是中国哲学史上空前伟大的革命变革，与之相比，前一阶段的进化论不过是小小的前奏曲而已。"④

冯契对中国哲学史历程的一段概括是："在中国，奴隶制并不像古希腊罗马那样发展，资本主义也不像近代欧美各国那样发展；……这一社会发展的特殊性就规定了中国哲学发展进程有其不同于西方的特点。"⑤

唐君毅等在《为中国文化敬告世界人士宣言》中更有曰："西方人应向东方人学习之第五点是天下一家之情怀。人类最后必归于天下一家。东方人实更富于天下一家之情怀。中国人自来喜言天下与天下一家。为养成此情怀，儒家、道家、墨家、佛家之思想，皆有所贡献。"（中略）⑥

《释中国》编后记说："在文化与历史的互动进程中，中国文化应当发生一些主动的贡献，……这才是本书的作者们毕其一生的努力所共同企望的前景。"⑦

今按：上面管窥或可表明，《释中国》较早地注意到学术文化与"中国式现代化"的相关性。

2022年10月20日

三、多种类型的"资本主义精神"

马克斯·韦伯《新教伦理与资本主义精神》一书除讨论"新教伦理"外，

---

① 胡晓明，傅杰．释中国：第三卷［M］．上海：上海文艺出版社，1998：1450.
② 胡晓明，傅杰．释中国：第三卷［M］．上海：上海文艺出版社，1998：1440-1441.
③ 胡晓明，傅杰．释中国：第三卷［M］．上海：上海文艺出版社，1998：1453.
④ 胡晓明，傅杰．释中国：第二卷［M］．上海：上海文艺出版社，1998：836.
⑤ 胡晓明，傅杰．释中国：第二卷［M］．上海：上海文艺出版社，1998：837-838.
⑥ 胡晓明，傅杰．释中国：第四卷［M］．上海：上海文艺出版社，1998：2944.
⑦ 胡晓明，傅杰．释中国：第四卷［M］．上海：上海文艺出版社，1998：2953.

还比照了犹太教和英国国教等“资本主义精神”之特色。姑以“三教”称之。

就犹太教方面而言，它被称为“贱民资本主义（pariah-capitalism）类型”：

> 犹太人站在政治上大胆进取，敢于投机冒险的资本主义一方，一句话，他们的精神气质乃是贱民资本主义（pariah-capitalism）类型的。而清教徒的精神气质却是合乎理性地组织资本与劳动。它从犹太伦理中汲取的仅仅是适合这一目标的内容。①

犹太教资本主义的特色是“敢于投机冒险”，清教（新教的最主要类型）资本主义的特色则是“合乎理性地组织资本与劳动”。

“贱民资本主义（pariah-capitalism）类型”这个称谓看来是韦伯所独创，韦伯为什么会创制这个贬义如此严重的特殊词汇？下面一段论述提供了线索：

> 在清教徒的心目中，他们那个时代的犹太人乃是这样一种类型的资本主义代表人物：它卷入战争，政府条约，国家垄断，投机事业，王室的建设和财政计划，而凡此种种正是清教宗所严加谴责的。事实上，只要加以必要的保留，我们完全可以这样来大致地规定两者的区别：犹太资本主义乃是投机性的贱民资本主义，反之，清教资本主义则是资产阶级的劳动组织。②

犹太教资本主义的特征被概括为“投机性”，而这一点正是“清教宗所严加谴责的”。韦伯显然是后者的代言人，因而他会以“贱民”称之。确实，从“合乎理性地组织资本与劳动”的立场观之，“投机性”是最有害于创造价值之事业的要素。

就英国国教与清教的区别而言，韦伯比较道：

> 地主阶级，“快活的老英格兰”的代表，与有着极为不同的社会影响的清教徒集团之间的冲突，贯穿自十七世纪以来的整个英国社会。一方是尚未受到损害的天真未凿的生活享乐，一方是恪守律条的矜持的自我节制和

① 马克斯·韦伯．新教伦理与资本主义精神［M］．于晓，陈维纲，等译．北京：生活·读书·新知三联书店，1987：129-130.

② 马克斯·韦伯．新教伦理与资本主义精神［M］．于晓，陈维纲，等译．北京：生活·读书·新知三联书店，1987：238.

传统的伦理行为，这两种态度甚至在今天也是构成英国民族特点的不可分割的组成因素。①

韦伯这里指出了两者之间有"极为不同"的区别，由此而来的"冲突"贯穿于英国17世纪以来历史的三百年。

清教徒们拒绝与那些大资本主义鼓吹者、规划者发生任何联系，视他们为一个道德上可疑的阶层；另一方面，他们又为自己优越的中产阶级道德感到骄傲，这也构成了那些圈子里的人对他们施加迫害的真正原因。②

看来当初英国清教徒乘"五月花号"海船移师北美，也源起于与"英国国教"的矛盾。

同样，在北美殖民地，投机家企图利用契约奴仆的劳动建立种植园，以过上封建贵族的生活的愿望与清教徒们明确的中产阶级世界观形成鲜明的比照，贯穿了北美殖民地的早期历史。③

这里所述的"比照"，恐怕也与美国南北战争的缘由密切相关。

新罕布什尔和缅因州的殖民地是由信奉英国国教的大商人建立的，他们开辟了大型牧场。他们和清教徒之间几乎没有什么社会联系。④

看来两者之间的"不相与谋"迄今依然相当程度地存在。

我们发现，作为一条规律，最忠实的清教信徒属于正在从较低的社会

① 马克斯·韦伯. 新教伦理与资本主义精神［M］. 于晓，陈维纲，等译. 北京：生活·读书·新知三联书店，1987：136.

② 马克斯·韦伯. 新教伦理与资本主义精神［M］. 于晓，陈维纲，等译. 北京：生活·读书·新知三联书店，1987：141.

③ 马克斯·韦伯. 新教伦理与资本主义精神［M］. 于晓，陈维纲，等译. 北京：生活·读书·新知三联书店，1987：136.

④ 马克斯·韦伯. 新教伦理与资本主义精神［M］. 于晓，陈维纲，等译. 北京：生活·读书·新知三联书店，1987：246.

地位上升着的阶级，即小资产阶级和自耕农。①

韦伯发现的这条“规律”意味着，新教伦理在相当程度上也是“小资产阶级和自耕农”的伦理。《共产党宣言》所说“资产阶级在历史上曾经起过非常革命的作用”②，其主要承担者应该也就是韦伯所称这个“上升的阶级”吧。

此外，韦伯甚至还述及“中国和印度的政治取向的资本主义”③，以及“在世界各地流传了数千年的那种资本主义精神。这种资本主义从中国、印度、希腊、罗马、佛罗伦萨一直流传到今天……”④由此，韦伯总结道：所谓“资本主义精神”乃是“诸要素的复合体”，“根本没有必要把资本主义精神理解成仅仅只是我们这里所说的那种东西”⑤。

因此，下面著名的“韦伯式的问题”，在语言表述上似还可进一步提炼：

中国为什么没有发展出资本主义？这可以说是近几十年来世界史学界所共同关心的一个中心问题。⑥

更恰切的提法可能是：当初和当今的资本主义是否确如韦伯所说有多种类型？那么我国明清“资本主义萌芽”的特色何在？当今“中国特色社会主义”的历史来由？如此等等。

2024 年 1 月 6 日

四、“一つの中国文学史”

笔者三十年前博士论文中说：“古代中国文学……堪称世界文学史上独一

① 马克斯·韦伯. 新教伦理与资本主义精神［M］. 于晓，陈维纲，等译. 北京：生活·读书·新知三联书店，1987：136.

② 马克思，恩格斯. 共产党宣言［M］//中共中央马克思恩格斯列宁斯大林著作编译局. 马克思恩格斯选集：第 1 卷. 北京：人民出版社，1974：253.

③ 马克斯·韦伯. 新教伦理与资本主义精神［M］. 于晓，陈维纲，等译. 北京：生活·读书·新知三联书店，1987：148.

④ 马克斯·韦伯. 新教伦理与资本主义精神［M］. 于晓，陈维纲，等译. 北京：生活·读书·新知三联书店，1987：163.

⑤ 马克斯·韦伯. 新教伦理与资本主义精神［M］. 于晓，陈维纲，等译. 北京：生活·读书·新知三联书店，1987：33.

⑥ 余英时. 儒家伦理与商人精神［M］. 桂林：广西师范大学出版社，2008：235.

无二。"①

2014年出版的方汉文《比较文明学》称：古代中国信仰"演化出了自己独特的形态——非宗教的人文信仰"②。

——以上二书分别使用了"独一无二"与"独特"的同义词。

就笔者的"独一无二"说而言，来源之一是当年在日本期间所做学习笔记。下面数段译自《一つの中国文学史》③：

"中国文学史的形态较之其他地域文明中的文学史形态必然不同。"

"可以认为，对非虚构性素材的重视和对语言形式的讲究正是中国文学史的两大特点。这两个特点也许都可以从中国社会重视现实世界的普遍观念中去解释。……中国古代哲学从整体上讲是现实性的，它抑制人们对神灵及超自然的关心，而将视线集中于地上和人间生活。这种哲学精神同样也支配着中国的文学。"

"知识人还必须参与政治及哲学，文学与之相并而三位一体。三者中缺少任何一项，他就够不上知识人的资格。"

"文学创作并不是一种职业，而是普遍必需的教养。因此，在古代中国，文学家或者说文学参与者的数量也就特别多。唐代三百年中有诗流传于后的人数计有二千二百左右。宋代更多，将近有四千人。宋以后人数当可以万计乃至十万计。抒情诗与随笔散文之所以能作为文学的主要形式而不断延续发展，原因之一就在于有众多的参与者。"

"文学是人的必需修养这一观念是与其他传统观念共同存在的，因而文学逐渐被视为一种必须承担责任的语言形式。文学语言因此也就被赋予了关系到人类幸福的崇高意义。除了六朝文学以及后来产生的戏曲小说外，文学很少被当作文字游戏。……这种情况与日本短歌和俳句的作者情况不同。《尚书·舜典》：'诗言志'。又《诗大序》：'诗者，志之所之也。'这种经典的规定始终被作为准则而恪守不懈。"

"就文学而言，像中国那样专注于现实的人间生活，而对彼岸神的世界则采取漠视与压抑态度，这恐怕是世界其他地域不能匹比的。中国没有产生莎士比

---

① 陆晓光．中国政教文学之起源：先秦诗说论考［M］．上海：华东师范大学出版社，1994：1.

② 方汉文．儒教文明与宗教信仰［M］//方汉文．比较文明学：第四卷．北京：中华书局，2014：106.

③ 吉川幸次郎（よしかわ こうじろう）．一つの中国文学史［M］//吉川幸次郎．吉川幸次郎全集：第一卷．东京：筑磨书房，1968.

亚，而西方也难以期望产生司马迁与杜甫。”①

——以上末段所称中国文学之于“彼岸神的世界”之关系，与方汉文《比较文明学》所见“世界上唯一的非宗教的人文信仰”说，两者可谓殊途而同归。

2022 年 7 月 20 日

五、《比较文明学》的“误会”说

方汉文《比较文明学》第四卷《儒教文明与宗教信仰》有如下之说：

“中国儒学，在世界自古至今的信仰中是一个奇迹。”②

“对于多数西方人来说，没有宗教就等于没有信仰，因此，面对中国这样一个有高度文明的民族，这无论如何令人难以想象。”③

“其实这全是误会。中国是世界上最早有精神信仰的文明古国，而且它的信仰与众不同，长达两千多年的时间里，这种信仰演化出了自己独特的形态——非宗教的人文信仰——没有寺院、没有膜拜，甚至连神都没有，一种以儒学思想为中心的纯粹精神信仰。这是世界上唯一的可能是人数在一个国家中最多的非宗教信仰，这种信仰统治中国已经如此之久，甚至有些人并不知道自己就是这种信仰的实行者。”④

管见所及，该书首次提出了“非宗教的人文信仰”概念。

该书还进一步提出“历史疑团”问题：“为什么中国人长期以来选择了这样

---

① 吉川幸次郎．唯一的中国文学史［M］//徐中玉，郭豫适．古代文学理论研究：第 31 辑．上海：华东师范大学出版社：541-568. 译自筑摩书房于 1968 年出版的《吉川幸次郎全集》第 1 卷。原文落款是“一九六六年十月十五日”。《吉川幸次郎全集》第 1 卷另有《中国文学の環境》专论（第 278~290 页），其曰：“就地理环境而言，中国的沃野之大与欧陆等同，欧陆国家林立而中国四周有天然的屏障，乃形成一个独立空间，由黄河产生的文学传统在极少受到外来文学的影响，甚至于几乎没有外来文学存在的意识下，逐渐扩展到中华天下的各个角落。”（译文参阅：连清吉．日本京都中国学与东亚文化［M］. 台北：台湾学生书局，2010：137.）“中国文化之唯一性的形态也在与周边民族的往来后，更稳固地确立。……换句话说，与周边民族接触的结果，外族文化皆为中国文化所同化，中国文学是至高无上之存在的意识便形成民族的历史传统。不但如此，即使佛教与西学的传入，中国传统文学是唯一存在的信念也始终毫无动摇。”（同书第 138~139 页）

② 方汉文．儒教文明与宗教信仰［M］//方汉文．比较文明学：第四卷．北京：中华书局，2014：105.

③ 方汉文．儒教文明与宗教信仰［M］//方汉文：比较文明学：第四卷．北京：中华书局，2014：106.

④ 方汉文．儒教文明与宗教信仰［M］//方汉文．比较文明学：第四卷．北京：中华书局，2014：106.

一种信仰？并且在佛教、摩尼教、景教、伊斯兰教等世界性宗教历史上数度大规模进入中国时，儒学一直牢固地占据中心地位？"①

作者解答曰：早在夏商周三代，中国就已经出现"天帝"观念（卜辞中也有"上帝"的说法），这个"天帝"近似于西方的"上帝"（god），堪称中国"早期的一神教"。②

作者还认为，"从春秋到汉代，中国古代信仰发生了根本性的转变，从宗教性的天帝信仰转向了人文主义理想儒学为代表的信仰"③。

"从殷周的'天帝'到孔子所提倡的君子无疑是信仰的一大变动——从神转向人。"④

笔者以为可以补充的是，如果以毛泽东的"人民大众就是上帝"，以及当代中国"人民至上"核心价值观视角考量，那么王国维《殷周制度论》提出的观点也有启发性："中国政治与文化之变革，莫剧于殷、周之际。"⑤ 因为正是在周代的《诗·大雅》中，历史上第一次出现了对"上帝"的严重质疑：

"荡荡上帝，下民之辟。"（《大雅·荡》）

许渊冲译文：

"荡荡上帝（败坏法度的上帝），

God's influence spread vast,

下民之辟（却是百姓的暴君）。

Over people below."⑥

也正是在《诗·大雅》中，历史上第一次提出了"上帝"与"人民"孰先孰后的问题：

"厥初生民，时维姜嫄。"（《生民》）

"绵绵瓜瓞，民之初生。"（《绵》）

---

① 方汉文．儒教文明与宗教信仰［M］//方汉文．比较文明学：第四卷．北京：中华书局，2014：106.

② 方汉文．儒教文明与宗教信仰［M］//方汉文．比较文明学：第四卷．北京：中华书局，2014：109.

③ 方汉文．儒教文明与宗教信仰［M］//方汉文．比较文明学：第四卷．北京：中华书局，2014：114.

④ 方汉文．儒教文明与宗教信仰［M］//方汉文．比较文明学：第四卷．北京：中华书局，2014：125.

⑤ 王国维．殷周制度论［M］//谢维扬，房鑫亮．王国维全集：第 8 卷．杭州：浙江教育出版社，2010：303-320.

⑥ 许渊冲．许渊冲译诗经：雅［M］．北京：中国出版集团中译出版社，2021：394-395.

上两诗的主旨堪称世界文明史上最早的宣言："We are from the people"。

2022 年 7 月 18 日

六、"他们是否认真读过传统文论著作"

王元化 20 世纪 90 年代《致海外友人书》① 中，另有如下批评值得注意：

（1）"隔阂与偏见"

"西方文论传入中国以前，'比兴'之义始终是中国文论的核心问题。比兴说与模仿说的差异，即在中国重想象（亦即后来刘勰所谓'身在江湖，心存魏阙'的超越身观的神思），……文化背景不同，倘不破除隔阂与偏见，就很难真切体会这一点。"

（2）"他们是否认真读过传统文论著作"

"尊文所列举几位西方汉学家论断中国传统因无宗教的超越意识，故在艺术中只能'真实地表现实事'，这纯粹是从逻辑推理做出的结论，而在艺术鉴赏方面未下功夫，甚至可能并未亲炙。甚至我对他们是否认真读过传统文论著作也感到怀疑。"

（3）"这很少被人涉及"

"中国艺术的写意性与想象有着密切的关联，无论在文学、绘画、戏剧、音乐中都鲜明地显示了写意的特点。可是这很少被人涉及。""中国的义符文字，以目治、单音以及造句中以名词为主的特点，是和西方的音符文字不同的。中国传统艺术以写意为特点，也和中国文字的特点有着十分密切的关系。"

（4）"完全无视中国戏曲的不同"

"1950 年年初……苏联专家里斯列，强以斯坦尼斯拉夫斯基的体验派表演体系改造中国传统戏曲"，"他完全无视中国戏曲是和斯氏完全不同的以程式为手段的虚拟性的写意型表演体系，从而不能用斯氏体系对它强行进行改造"。

（5）"倘要升堂入室是多么困难"

"京戏充分体现了作为中国传统艺术的写意性。这种写意性和传统的绘画、音乐、书法等是相通的。布莱希特受京剧影响颇大，但他只从京剧中吸取'间隔效应'这一方面，而对其中的写意性则很少提及。可见理解异国文化，倘要升堂入室是多么困难的了。"

——以上第（3）项提到的"中国义符文字"，其实黑格尔在《历史哲学》

---

① 王元化．谈想象：致海外友人书［M］//陆晓光．王元化文稿：文化卷．北京：中央编译出版社，2017：82.

中有述及，但是黑格尔的评断依然很负面："中国因为语言和文字分了家，所以文字很不完善"，因为"他们没有二十五个音符"。①

2021 年 7 月 22 日

七、"中国人是笨拙到不能创造一个历法的"

黑格尔中国文化观中最令笔者惊诧者，是《哲学史讲演录》中的一句话："中国人是笨拙到不能创造一个历法的，他们好像是不能运用概念来思维的。"（贺麟、王太庆，译）② 另一本《历史哲学》中又说："几百年来，中国的日历都是由欧洲人编著的。"（王造时，译）③

黑格尔的"笨拙"说恰巧与笔者今年所读日本学者古川末喜（ふるかわすえま）新著《二十四节气与汉诗》的反差太鲜明了。

古川教授明言该新书受中国学者张培瑜与王双怀等的启发。前者所著《三千五百年历日天象》前言写道："中国自古以农业立国，至今仍重视发展农业。直接服务于农牧业生产的历法起源甚早，几千年得到很大发展，种类繁多，内容丰富，辛亥革命前，中国一直行用自己的历法。"④ 后者的《中华日历通典》前言开宗明义："从大量资料来看，中国历史上所颁行的历法都是阴阳合历。这种历法年有平闰，月有大小，二十四节气在历日中的位置也不固定，但她符合中国国情，对农业生产和人们日常生活具有重要的指导意义。""但我们现在用惯了公历，面对这些干支，很难立即弄清其中的含义。"⑤

而古川教授该新书的结论之一是："二十四节气"伴随着一年四季迎四方神（赤帝/夏/南、白帝/秋/西、黑帝/冬/北、青帝/春/东）的仪式。"以今日天文

① 黑格尔．历史哲学［M］．王造时，译．上海：世纪出版集团，2005：125，126.

② "中国人是笨拙到不能创造一个历法的，他们自己好像是不能运用概念来思维的；他们也显示出他们有些古老的仪器，而这些东西与他们日常作业配合不上的，——所以，最自然的猜测就是：这些东西乃是来自巴克特里亚。对印度和中国人的科学知识估计太高乃是错误的。"（黑格尔．哲学史讲演录：第一卷［M］．贺麟，王太庆，译．北京：商务印书馆，1983：275.）

③ "中国人又有很多被认为是大天文家。拉普拉斯曾经探讨他们在这一门的成就，发现他们对于日蚀月蚀有一些古代的记载和观测。但是这一些当然不能够构成为一种科学。而且这种观测又是很不切实，不能正式算作知识。例如在《书经》中，载有两次日蚀，相去一千五百年。要想知道中国天文学的实况，可以参考这个事实，就是几百年来，中国的日历都是由欧洲人编著的。"（黑格尔．历史哲学［M］．王造时，译．上海：世纪出版集团，2005：127.）

④ 张培瑜．三千五百年历日天象［M］．郑州：大象出版社，1990：1.

⑤ 王双怀，等．中华日历通典［M］．长春：吉林文史出版社，2006：1.

科学观之，这四方之神依次是太阳 90 度与黄经 45 度、黄经 135 度、黄经 225 度、黄经 315 度的时间点。各时间点亦即四季变化的开始，迎接四帝象征着迎接四季，迎接仪式是作为国家大事而进行。这一仪式持续了两千年以上。”这种仪式“恐怕难以纳入西欧近代理性主义思维方式的框架来理解。它毕竟是中国式的概念，中国式的思维方式”。与此比照：“西欧社会由于宗教根底深厚，中世纪日常生活主要使用教会历，在这个背景下，恐怕都不知道原初太阳历意味的吧。”①

“二十四节气”于 2016 年成为世界非物质文化遗产。孰是孰非，已有公认？

2021 年 7 月 23 日

八、新《鲁迅传》反思“西方化”

之前读王晓明教授《鲁迅传：无法直面的人生》（以下简称新《鲁迅传》），感触良多，需要沉淀。近日因读钱谷融先生早年《说水（述志）》等文，油然想到新《鲁迅传》序文中“反思”性的自述：

“……但是，我依然确信，鲁迅的思想，对于整个现代中国，有其不可替代的意义。而且，这‘现代中国’不仅指他那个时代的中国，也包括此刻，乃至以后相当长一段时间的中国。”②

该序文“反思”的主要是“西方化”问题。例如下面一条注释：

“世界各地都有自己的思想，其中只有——主要是——中世纪以后的西方，和 18 世纪以后全盘西方化了的地方的思想，才越来越以‘理论’为主要的表达方式。从这个角度看，鲁迅的许多散文和短篇小说，乃至他的复杂的人格和人生历程，都和他那为数不多的论说性的长文一样，可以被视为表达了他的思想的符号文本和生命载体的。”（中略）③

对于笔者，这段对“全盘西方化理论”的批评，也提出了《钱谷融论文学》是否蕴含“美学思想”的问题。

新《鲁迅传》作者更早地写于 2000 年的《〈鲁迅：自剖小说〉导言》④ 中，已经反思“西方化”或“西化”问题：

“自从 19 世纪中叶，西方资本主义、帝国主义和现代文化力量相伴着涌入

---

① 古川末喜．二十四節気で読みとく漢詩［M］．东京：文学通信，2020：226，228.

② 王晓明．鲁迅传：无法直面的人生［M］．北京：生活·读书·新知三联书店，2021：3.

③ 王晓明．鲁迅传：无法直面的人生［M］．北京：生活·读书·新知三联书店，2021：2.

④ （原注）《鲁迅：自剖小说》，上海文艺出版社 1994 年初版，列入该出版社的一套针对中学生的中国现代作家作品集。

中国，中国社会就不得不转离原有的历史轨道，被迫开始了追求‘现代化’的艰难历程。"①

"‘现代化’思潮在中国大地上一步步蔓延的过程，也就是中国人的头脑和生活一步步‘西化’的过程。越是认定‘西方’代表了整个人类‘发展’的方向，我们还越要主动地追求这种‘西化’。"②

该《导言》还述及"西方式概念"问题：

"但是，在充分明白中国不得不‘现代化’、中国人因此必然得搬用‘西方’式概念来理解自己这一几乎可以说是宿命的历史境遇的同时，我们却还应该知道事情的另外一面。"③

《导言》又述及"名不副实的观念"及"外来词汇的困境"问题：

"当越来越多的普通民众日益习惯于依照西方的事例来理解现实、判断未来的时候，中国社会确实多次悲惨地陷入了名实不副、观念与现实严重脱节的困境。"④

"一旦习惯于依靠外来的词汇展开思想，你或许会连近在眼前的危难都看不清楚。……以致在很多时候，知识界乃至整个社会不能恰当地应对自己的真实境遇。"⑤

今按：新《鲁迅传》的上述"反思"，客观上也触及中国美学界多年来陷入的"概念的躯壳"（周月亮《希望美学》语）之困境问题；对于笔者，则还意味着《钱谷融论文学》也蕴含着"中国式美学"之内涵的很大可能性。

2023年2月13日

九、鲁迅之问与王国维

"文化自信"问题可追溯到鲁迅1934年的《中国人失掉自信力了吗?》。该文被吾辈很多人熟知："我们从古以来，就有埋头苦干的人，有拼命硬干的人，

---

① 王晓明．鲁迅传：无法直面的人生［M］．北京：生活·读书·新知三联书店，2021：336.

② 王晓明．鲁迅传：无法直面的人生［M］．北京：生活·读书·新知三联书店，2021：336.

③ 王晓明．鲁迅传：无法直面的人生［M］．北京：生活·读书·新知三联书店，2021：337.

④ 王晓明．鲁迅传：无法直面的人生［M］．北京：生活·读书·新知三联书店，2021：337.

⑤ 王晓明．鲁迅传：无法直面的人生［M］．北京：生活·读书·新知三联书店，2021：337.

有为民请命的人，有舍身求法的人。……虽是等于为帝王将相作家谱的所谓‘正史’，也往往掩不住他们的光耀，这就是中国的脊梁。”① 今日再读，感觉亦可借此回瞻“晚清遗老”王国维。刍议如下。

“埋头苦干的人”——王国维生涯五十年，仅在历史学领域，“先后致力于历代古器物、甲骨文、齐鲁封泥、汉魏碑刻、汉晋简牍、敦煌唐写经、西北地理、殷周秦汉古史和蒙古史等的考释研究，还做了很多古籍的校勘注疏工作”。(《王国维全集·书信集》②，下同）没有“埋头苦干”精神不可能有如此成就。

“拼命硬干的人”——王国维 1898 年 22 岁时致信上海《时务报》③ 的友人，曰：“瓜分中国，各国兵舰云集于太平洋，其意实为叵测”，“常谓此刻欲望在上者变法，万万不能，唯有百姓竭力去做，做得到一分就算一分”④。可见他早有“竭力去做”志向。1919 年致罗振玉信：“今年何足疾之多也！维之足疾甚与戊戌年相似。”“盖已二十余年乃重发耶?”⑤ 可见他是在长期病患中“竭力去做”的。

“为民请命的人”——王国维多有哀“人民”语。如“外患日迫，民生日困，虽有智者，亦无以善其后”。(1998 年)⑥ “中国总是此中国，人民终是此人民，虽有圣者亦无可为计。”⑦ “古人所谓民之无辜，……语语若皆为今日发也。”⑧ “揆诸人民厌乱……不知尚有大英雄出起而定之者否?”（1916 年)⑨ “若世界人民将来尚有孑遗，则非采用东方之道德及政治不可也。”（1919 年)⑩

“舍身求法的人”——王国维入清华国学院之前曾授教于北京大学，不久愤而辞职。原因是后者作为“中华民国之国立大学”而有“不胜骇异”之举，“卤莽灭裂”地违反了“古今中外之法律”，“以学术为名，而行掠夺侵占之实，以自盈其囊橐”。⑪ 此事虽然够不上“舍身求法”，却好像有点“割席”而“求

① 鲁迅．中国人失掉自信力了吗［M］//鲁迅．鲁迅经典作品．北京：当代世界出版社，2007：121.

② 吴泽，刘寅生，袁英光．王国维全集·书信［M］. 北京：中华书局，1984：1.

③ 《时务报》1896 年 8 月 9 日在上海创刊，由黄遵宪、汪康年、梁启超创办，是中国人办的第一个杂志。

④ 吴泽，刘寅生，袁英光．王国维全集·书信［M］. 北京：中华书局，1984：2-3.

⑤ 吴泽，刘寅生，袁英光．王国维全集·书信［M］. 北京：中华书局，1984：296.

⑥ 吴泽，刘寅生，袁英光．王国维全集·书信［M］. 北京：中华书局，1984：9.

⑦ 吴泽，刘寅生，袁英光．王国维全集·书信［M］. 北京：中华书局，1984：61。

⑧ 吴泽，刘寅生，袁英光．王国维全集·书信［M］. 北京：中华书局，1984：62.

⑨ 吴泽，刘寅生，袁英光．王国维全集·书信［M］. 北京：中华书局，1984：76.

⑩ 吴泽，刘寅生，袁英光．王国维全集·书信［M］. 北京：中华书局，1984：284

⑪ 吴泽，刘寅生，袁英光．王国维全集·书信［M］. 北京：中华书局，1984：405-406.

法"的意思。

尤可注意者，王国维此前已"奉入直南书房之命"①。因此，鲁迅那句"掩不住他们的光耀"语，客观上可以包括王国维。

2021年7月26日

十三、"大禹治水"与"九州共同体"

"死去元知万事空，但悲不见九州同。"陆游《示儿》诗中的"九州"意识，最初源起于"大禹治水"。

《尚书·禹贡》首句："禹别九州，随山浚川。"意谓大禹以高山大川划分各地界域。王国维《古史新证》认为《禹贡》"或系后世重编，然至少亦必为周初人所作"。2002年从海外发现的青铜器遂公盨（xù）上有"天命禹敷土，随山浚川"等字。

《禹贡》称大禹在"十有三载"的治水过程中把"天下"分为九州，甲骨文的"州"字是三条竖线中有小点，像被多条大川包围的河中陆地，又像河流环绕的山陵高地。《说文解字》："水中可居曰州。"这也意味着"九州"之称源起于治水过程。

《禹贡》所记九州依次为：冀州、兖州、青州、徐州、扬州、荆州、豫州、梁州、雍州。司马迁《史记·夏本纪》所述"九州"顺序同《禹贡》。相关述评认为其时"九州"范围，北有燕山山脉、渤海湾和辽东，南至南海，西至甘肃接西域，东至东海。

《禹贡》历数"九州"后的一段文字曰："岷山导江，东别为沱，又东至于澧；过九江，至于东陵，东迤北，会于汇；东为中江，入于海。"译文为："从岷江开始疏导长江，向东另外分出一条支流称为沱江；又向东到达澧水；经过洞庭湖，到达东陵；再向东斜行向北，与淮河会合；向东称为中江，流进大海。"可见大禹治水过程是一个贯通九州，自北而南、由西入东的综合工程。

《禹贡》文尾称："九州攸同，四隩既宅，九山刊旅，九川涤源，九泽既陂，四海会同。"大意谓：九州由此统一了，四方的土地都可以居住了，九条山脉都伐木修路可以通行了，九条河流都疏通了水源，九个湖泽都修筑了堤防，四海之内畅通无阻了。

---

① 王国维《致神田喜一郎》（1923年5月11日）："弟于本月初奉入直南书房之命，目下料理行装即须北上，入都后寓所定后，再行奉告。"（吴泽，刘寅生，袁英光. 王国维全集·书信［M］. 北京：中华书局，1984：347.）

《禹贡》末句是："东渐于海，西被于流沙，朔南暨声教讫于四海。"大意谓：东方进至大海，西方到达沙漠，北方、南方，以及声教，都统一为四海之内。

马克思考察古代生产方式时指出："共同体本身是作为第一个伟大的生产力而出现。"①《资本论》写道："社会地控制自然力以便经济地加以利用，用人力兴建大规模的工程以便占有或驯服自然力，——这种必要性在产业史上起着最有决定性的作用。"② 由此看来，大禹治水，也是一个建构超级共同体以发展雄伟生产力的事业。

2022 年 12 月 19 日

十四、"大禹治水"与"命运共同体"

大禹治水之所以厥功巨伟，除英雄们卓越伟大的智慧、意志、"三过家门而不入"等优秀品质外，更因为这项超级治水工程事关"九州"所在各地各氏族各部落邦国等"共同体"的共同命运。

马克思考察亚细亚生产方式时发现：古代东方规模巨大的"更高的统一体"，是由无数"公社"细胞构成的。其形成原因首先是必须以宏大的"公共工程"应对特有自然环境的挑战：

> 气候和土地条件，特别是撒哈拉经过阿拉伯、波斯、印度和鞑靼区直至最高的亚洲高原的一片广大的沙漠地带，使利用渠道和水利工程的人工灌溉设施成了东方农业的基础。无论在埃及和印度，或是在美索不达米亚和波斯以及其他国家，都是利用河水的泛滥来肥田，……因此，亚洲的一切政府都不能不执行一种经济职能，即举办公共工程的职能。③
>
> 那些通过劳动而实际占有的公共条件，如在亚细亚各民族中起过非常重要作用的灌溉渠道，以及交通工具等，就表现为更高的统一体，即高居

---

① 马克思．1857—1858 年经济学手稿［M］//中共中央马克思恩格斯列宁斯大林著作编译局．马克思恩格斯全集：第 46 卷（上册）．北京：人民出版社，1979：495.

② 马克思．资本论：第 1 卷［M］//中共中央马克思恩格斯列宁斯大林著作编译局．马克思恩格斯全集：第 23 卷．北京：人民出版社，1972：561.

③ 中共中央马克思恩格斯列宁斯大林著作编译局．马克思恩格斯全集：第 9 卷［M］．北京：人民出版社，1965：145. 转见：吴泽．东方社会经济形态史论［M］//吴泽．吴泽文集：第三卷．上海：华东师范大学出版社，2002：60.

于各小公社之上的专业政府的事业。①

马克思未必知道中国早有过"大禹治水"的巨大工程，但这一分析也有助于说明"大禹治水"与"九州"作为中国古代"命运共同体"的产生原因。

法国历史学家托克维尔在《旧制度与大革命》中曾指出欧洲历史上严重缺乏"共同体"意识的问题：

> 我有机会研究了英、法、德诸国中世纪的政治制度。随着研究的深入，我十分惊异地看到，所有这些民族彼此不同，很少融合。②
>
> 封建欧洲长期被分割为几千个各类主权国。每国，以至于每个城市，当时互相隔绝，各行其是，所采取的办法和观点各不相同……③

托克维尔发现的古代欧洲"很少融合"，原因也许正是在于欧洲从未有过类似"大禹治水"的共同协作之伟大工程，虽然欧洲有过"诺亚方舟"的传说。

与此相关的是，马克思所见古代欧洲各种"共同体"的"巨大的共同工作"，其主要性质是"军事"，主要任务则是相互"战争"："一个共同体所遭遇的困难，只能是由其他共同体引起的，后者或是先已占领了土地，或是到这个共同体已占领的土地上来骚扰。因此，战争就或是为了占领生存的客观条件，或是为了保护并永久保持这种占领所要求的巨大的共同任务，巨大的共同工作。因此，这种由家庭组成的公社首先是按军事方式组织起来的。"④

由此，从世界历史观之，"大禹治水"还具有超越军事对抗以构建"命运共同体"的范例之义。而"人类命运共同体"这一当代理念，之所以由中国率先提出，也可谓良有以也。

2022年2月20日

十二、淮河边的"大禹精神"

数年前在安徽某高校讲课期间，得一年轻教授引导，拜访过附近涂山县的

① 马克思．1857—1858年经济学手稿［M］//中共中央马克思恩格斯列宁斯大林著作编译局．马克思恩格斯全集：第46卷（上册）．北京：人民出版社，1979：474.

② 托克维尔．旧制度与大革命［M］．冯棠，译．北京：商务印书馆，2019：56.

③ 托克维尔．旧制度与大革命［M］．冯棠，译．北京：商务印书馆，2019：281.

④ 马克思．1857—1858年经济学手稿［M］//中共中央马克思恩格斯列宁斯大林著作编译局．马克思恩格斯全集：第46卷（上册）．北京：人民出版社，1979：475.

大禹庙。涂山在淮河南岸，与北岸荆山隔水相望，据说当初大禹曾于此“导淮”。山下有“禹会村”考古遗址等，《史记》称“夏之兴也以涂山”。山上一堵新筑外墙上刻有“大禹精神”条幅，曰：

顾全大局 公而忘私的 奉献精神
艰苦奋斗 坚忍不拔的 创业精神
积极探索 勇于改革的 创新精神
尊重自然 因势利导的 科学精神
严明法度 公正执法的 法治精神
为政清廉 卑官菲食的 廉洁精神
民族融合 九州一家的 团结精神

笔者由以上七条初步感触“大禹精神”是个综合体并发现每条皆于文献有征。兹各举一二。

(1)“奉献精神”——《史记·夏本纪》：“禹伤先人父鲧功之不成受诛，乃劳身焦思，居外十三年，过家门不敢入。”

(2)“创业精神”——《庄子·天下篇》：“禹亲自操橐耜而九杂天下之川。腓无跋，胫无毛，沐甚雨，栉疾风，置万国。禹大圣也，而形劳天下也如此。”

(3)“创新精神”——历来有“鲧堵禹疏”说①，鲁迅《理水》中则强调大禹依靠集体智慧而创新：“我查了山泽的情形，征了百姓的意见，已经看透实情，打定主意，无论如何，非‘导’不可！这些同事，也都和我同意的。”②

(4)“科学精神”——《禹贡》全篇“导”字句如：“导菏泽”“导弱水”“导黑水”“导河”“导漾”“导江”“导沇水”“导淮”“导渭”“导洛”等。据说清代学者李振裕认为：“自禹治水，至今四千余年，地理之书数百家，莫有越《禹贡》之范围者。”

(5)“法治精神”——《史记》称大禹治水过程是“左准绳，右规矩”，“声为律，身为度”，“为纲为纪”。

(6)“廉洁精神”——《论语·泰伯》称大禹“菲饮食”“恶衣服”“卑宫室”“尽力乎沟洫”。《韩非子·五蠹》说大禹“身执耒锸，以为民先”。

---

① 李殿元．论“鲧堵禹疏”的兴起与历史真实［J］．阿坝师范高等专科学校学报，2014（2）：49-55.

② 《孟子》有曰：“禹闻善言则拜。”（焦循．孟子正义：公孙丑上［M］//诸子集成：第一册．北京：中华书局，1986：142.）

（7）"团结精神"——《史记》大禹"开九州，通九道"过程中，曾"命后稷予众庶难得之食。食少，调有余相给，以均诸侯"。可见治水过程也是构建"天下"共同体的过程。

2022 年 3 月 1 日

十三、江阴有个"舜过井"

帝舜是大禹同时代人物，后者治水是前者委派。《史记·五帝本纪》"舜，冀州之人也。舜耕历山"。《集解》注：历山"凡十一名，随州县分之。历山南有舜井"。又："越州余姚县有历山舜井，濮州雷泽县有历山舜井，……及妫州历山舜井，皆云舜所耕处，未详也。"① 看来帝舜造井与大禹治水，两者攸同。

笔者多年前得闻老家江阴有个"舜过井"，数月前驱车数百里专程探寻，果然不虚。该古井遗址在江阴城内青果路 14 号，临街而居。门外有石刻标牌，曰：

> 舜过井 江阴市文物保护单位 时代不详
> 江阴县人民政府一九八二年八月公布
> 江阴市人民政府二〇〇八年八月立

从门口向里面探去：约数百平方米的庭院，对面毗连着红木雕饰的一排窗棂（可能是书房），院内有兰花橘树香草等，地面铺鹅卵石，两侧青瓦白墙，左边竖有"舜过井"三字石碑，高约两米。井在院中央，八边圆形状，高 1 米，直径 1 米，井口约 0. 6 米。

庭院门楣上亦有"舜过井"三字，为旧时所刻。两侧毗连商业楼，右侧楼门旁招牌文字有"六品书院""星学院""叮咚艺术培训""（苹果）手机维修服务"等。左侧门楣标有"舜德楼"，玻璃门上有喷漆广告"诚聘精英"等。旁边有"楼层索引"，自上而下依次为："5F 人民公社概念湘菜""4F 蕾特恩专业祛痘国际连锁""3F 川渝又一村火锅烤肉自助""2F 喜禄潮汕牛肉火锅""1F 人民公社 专注湘菜二十年 给您生活好味道"。

——真是雅俗共赏，很有烟火气，感触到名副其实的"市井"了。笔者在网页上也曾浏览到清华大学某院内的"舜德楼"，该单位"拥有精密仪器……等四个全国重点学科"。

四千多年前的帝舜果真来过江阴吗？

---

① 司马迁．史记：第一册［M］．北京：中华书局，1985：32.

《史记》又称："舜乃……岁二月，东巡狩，至于岱宗"，"五月，南巡狩；八月，西巡狩；十一月，北巡狩。"又述其"五岁一巡狩，……决川"①。《集解》注："更为之定界，濬水害也。"② 又述其晚年"南巡狩，崩于苍梧之野"③。

——看来，江阴"舜过井"确有渊源可溯。

2022 年 3 月 16 日

十四、劳动模范的"舜耕历山"

《史记·五帝本纪》称："舜耕历山，渔雷泽，陶河滨，作什器于寿丘，就时于负夏。"④大意谓："舜在历山耕过田，在雷泽打过鱼，在黄河岸边做过陶器，在寿丘做过各种家用器物，在负夏跑过买卖。"由此观之，帝舜当初首先是位多面手意义上的劳动模范。

由于已入农耕时代，所以其中"舜耕历山"的影响最大。《史记正义》称：历山"凡十一名，随州县分之"⑤。而今人网文《舜耕"历山"到底在哪儿》（署名"高级神仙"）所见至少有 24 处。摘要如下。

（1）山东济南市历下区古称历山，见《水经注·济水》。

（2）济南城东也有历山，见唐代《封氏闻见记》卷八。

（3）济南钢城区也有，《蒙阴县志》："诸书不载，毋以蒙地偏小，独遗之耶!"

（4）鄄城县有历山庙村，见《濮州志》。

（5）泗水县历山村，见元代孟从仕《重修舜宫记》。

（6）诸城县历山，见清代《诸城县志古迹考》。

（7）山西洪洞县历山，见《山西通志》。

（8）山西垣曲县历山，见《嘉庆重修一统志》。

（9）山西永济市历山，见《水经注》。

（10）山西芮城县永乐镇有历山村。

（11）河北涿鹿县历山，见《魏书·世祖纪》。

---

① 司马迁．史记：第一册［M］．北京：中华书局，1985：24.

② 司马迁．史记：第一册［M］．北京：中华书局，1985：27.

③ 司马迁．史记：第一册［M］．北京：中华书局，1985：44.

④ 司马迁．史记：第一册［M］．北京：中华书局，1985：32. 其中"历山""雷泽""河滨""寿丘""负夏"等皆为地名。《史记集解》注末句："负夏，卫地"。《史记索隐》："就时犹逐时，若言乘时射利也。"（同书第 33 页）

⑤ 司马迁．史记：第一册［M］．北京：中华书局，1985：32.

（12）河北宁晋县历城村，见《河北通史（先秦卷）》。

（13）北京延庆区历山，见《延庆州志》。

（14）安徽淮南市历山，见《太平寰宇记》。

（15）池州历山，唐代诗人杜荀鹤有咏。

（16）祁门县历山，《读史方舆纪要》有载。

（17）和县历山，《淮南子》有载。

（18）河南濮阳县历山附近的徐镇即为舜帝出生的姚墟。

（19）湖北随州历山镇，《随州志》有载。

（20）湖南桑植县历山，《大清一统志·记顺府》有载。

（21）江苏无锡历山即惠山。《汉书·地理志》有载。

（22）浙江永康历山，《读史方舆纪要》有载。

（23）余姚历山，《余姚县志》有载。

（24）瑞安历山，宋代诗人林景熙《喜监簿得陶山舜田》有咏。

——以上该网文所列 24 处"历山"，尚不包括笔者考察所见的"舜过山"。

2022 年 3 月 17 日

十五、江阴也有"舜过山"

探访"舜过井"之前，笔者在网上浏览到江阴还有个"舜过山"，两者应是姐妹篇。缘此同日下午即由城内"舜过井"转赴城外"舜过山"。

沿芙蓉大道向西南驱车约 20 千米，再穿过一段乡间公路，即到舜过山下。此处公路旁一幢青砖白墙二层楼，顶部有"舜泽农庄"四个红字，一旁广场显豁处竖有两个红色标牌，其一是"党建引领乡村振兴"，另一为"新时代 文明实践站"。于是驻车而下，徜徉观摩半小时。因是"疫情"期间，人迹稀少，不过此行应该可以说已经到过"舜过山"了。遂按预定返程。

回程后意犹未尽，又在网上徜徉一番，别有滋味：

"舜过山，亦称舜耕山、舜哥山，因舜帝曾路过并亲耕于此，故而得名。它坐落在常州市武进区焦溪镇与江阴市申港镇交界处。""1962 年划归常州武进县。"

一篇网名为"多多爷爷"的《舜过山上看历史》写道：

"骑友们纷纷登上舜过山最高峰摘星台，常州市武进区和江阴市的风光一览无余。""脚下的查家湾是常州市最知名的美丽乡村，……村里的果园连成片，钢条栅栏围成园，园内散养的草鸡满地跑，一派田园风光。一面白墙上三行大字引我注目：'农村最有看头，农民最有干头，农业最有奔头。'"

“山上现有舜井，景点介绍舜井千年不干，但见井水清晰深感奇怪，这山顶上哪儿来水的?”

“舜过山更因季札而出名，……延陵季子是江阴、武进共尊的人文始祖。季子92岁终老葬于江阴申港，墓前有孔子所书的十字篆文碑，碑文是：‘呜呼有吴延陵季子之墓’。……常州市人民公园有季子石雕坐像，常州市中心一条主干道叫延陵路。”

“本意是重阳登高望远的，一路上来去骑行60多千米，爬上舜过山顶，锻炼了身体，又体会了众多历史人文典故，看到江南农村美丽新气象，真的值。”

——至此，突然想到华东师范大学中文系的徐中玉与钱谷融，两位先生分别出生于江南的江阴与武进，其间恰巧联袂着“舜过山”。

2022年3月18日

十六、《沁园春·雪》与周诗之“文采”

毛泽东《沁园春·雪》的下阕是专题咏史：

> 江山如此多娇，引无数英雄竞折腰。惜秦皇汉武，略输文采；唐宗宋祖，稍逊风骚。一代天骄，成吉思汗，只识弯弓射大雕。俱往矣，数风流人物，还看今朝。

其中述及的“无数英雄竞折腰”，印证了中国历史上不乏“英雄史诗”题材。值得注意的是，其中依次提到秦皇、汉武、唐宗、宋祖，以及元代成吉思汗等雄才大略者，却未及历史上更早且是中国诗文发源地的周代英雄人物。

余冠英注释《诗经·大雅》时注意到其中的史诗性，例如：

《公刘》篇题解：“这是周人叙述历史的诗篇之一，歌咏公刘从部迁豳的事迹。第一章写起程之前。第二章写初到豳地，相土安民。第三章写营建都邑。第四章写宴饮群臣。第五章写拓垦土田。第六章写继续营建。”①

《绵》篇题解：“这是周人记述其祖先古公亶父事迹的诗。周民族的强大始于姬昌时，而基础的奠定由于古公亶父。本诗前八章写亶父迁国开基的功业，从迁岐、授田、筑室直写到驱逐混夷。末章写姬昌时代君明臣贤，能继承亶父的遗烈。”②

---

① 余冠英．诗经选［M］．北京：中华书局，2012：253.

② 余冠英．诗经选［M］．北京：中华书局，2012：253.

《生民》篇题解："这是周人记录关于他们的始祖后稷的传说，歌咏其功德和灵迹的诗。第一章写姜嫄履迹感孕的神异。第二章写后稷诞生的神异。第三章写后稷被弃而不死的神异。第四章写后稷在幼年所表现的对农艺的天赋才能。第五、六章写后稷对农业的伟大贡献。第七、八章写祭祀。"①

尤其是下面两个题解则直接使用了"史诗"一词：

《皇矣》篇："周族史诗之一。从大王开辟岐山，大伯王季德行美好，写到文王伐密伐崇取得胜利。"②

《大明》篇："周族史诗之一。叙述王季娶大任，文王娶大姒以及武王伐纣取胜。"③

由此回瞻毛泽东的《沁园春·雪》，虽然该诗发表于1945年的重庆一报刊，但是其创作是1936年长征抵达陕北后，而陕西省正是周朝历史的发源地。因此，毛泽东该诗中恰恰未及周代英雄人物未必是偶然。

又孔子《论语》说："郁郁乎文哉，吾从周!"④ 可见古人历来认为周代是相当有文采的。

又王国维《殷周制度论》提出过"中国政治与文化之变革，莫剧于殷周之际"之说。其说认为周代制度变革的内质是："其旨则在纳上下于道德，而合天子、诸侯、卿大夫、士、庶民以成一道德之团体。"而周代新制度的制作者正是周朝英雄之一的周公："此种制度，固亦由时势之所趋，然手定此者，实唯周公。"最关键的是王国维前所未有地指出：

> 原周公所以能定此制者，以公于旧制本有可以为天子之道，其时又躬握天下之权，而顾不嗣位而居摄，又由居摄而致政，其无利天下之心，昭昭然为天下所共见。故其所设施，人人知为安国、定民人之大计，一切制度，遂推行而无所阻矣。⑤

其中所称颂的"无利天下之心"这一关键语，似与毛泽东延安时期盛赞的"毫不利己，专门利人"精神有所相通。毛泽东早先在北大图书馆工作过，很可

① 余冠英．诗经选［M］．北京：中华书局，2012：259.

② 大雅·皇矣//《诗经》全文鉴赏大辞典［EB/OL］．百度文库（baidu.com）.

③ 大雅·大明//《诗经》全文鉴赏大辞典［EB/OL］．百度文库（baidu.com）.

④ 杨伯峻．论语译注［M］．北京：中华书局，1988：28.

⑤ 王国维．殷周制度论［M］//谢维扬，房鑫亮．王国维全集：第8卷．杭州：浙江教育出版社，2009：316-317.

能读到过王国维该文，因而会对周代“文采”与“风骚”刮目相看。此所以《沁园春·雪》咏史而未及周代英雄乎。

2022年9月9日

十七、《诗·大雅》与“史诗”

学术界通常认为中国没有足以媲美《伊利亚特》与《奥德赛》的史诗作品。尹虎彬《史诗观念与史诗研究范式转移》较早提出质疑：中国早期知识人谈到史诗往往“取例”西方，并据此比附评断中国古典文学。例如：王国维曾慨叹中国没有像荷马那样“足以代表全国民之精神”的大作家；中国“叙事的文学（谓叙事诗、诗史、戏曲等，非谓散文也），尚在幼稚之时代”。[①] 胡适《白话文学史》认为：“故事诗（Epic）在中国起来得很迟，这是世界文学史上一个很少的现象。”陈寅恪论明清弹词时，把《再生缘》与印度和希腊史诗做比较，仅认为文体上有相同：“外国史诗中宗教哲学之思想，其精深博大，虽远胜于吾国弹词之所言，然止就文体而论，实未有差异。”[②] 缘此：

> 中国学术界迄今把中国史诗认定为少数民族文艺样式，其中藏族的《格萨尔》、蒙古族的《江格尔》和柯尔克孜族的《玛纳斯》是“中国三大传统史诗”。[③]

汉文学似乎从一开始就与“史诗”无与焉。

管见所及，较早突破这一“取例”西方之“史诗”观的是余冠英，他在注释《诗经·大雅》时多处强调其中的“史诗”性，例如《公刘》题解：“这是周人叙述历史的诗篇之一，歌咏公刘从邰迁豳的事迹。第一章写起程之前。第二章写初到豳地，相土安民。第三章写营建都邑。第四章写宴饮群臣。第五章

---

① 尹虎彬．史诗观念与史诗研究范式转移［J］．中央民族大学学报，2008（1）：124-131．尹虎彬（1960—2020），生于辽宁宽甸，朝鲜族。1982年6月在中央民族学院（中央民族大学）获文学学士学位，毕业后留校任教。师从民间文艺学家钟敬文、刘魁立教授，生前任中国社会科学院研究生院少数民族文学系主任、中共中国社会科学院民族学与人类学研究所纪委书记、副所长。

② 尹虎彬．史诗观念与史诗研究范式转移［J］．中央民族大学学报，2008（1）：124-131．其中所引文献依次为：王国维《教育偶感》（《静庵文集》）、王国维《文学小言》（《静庵文集》第169页）、胡适《白话文学史》、陈寅恪《论再生缘》（《陈寅恪先生文史论集》上卷，第365-367页）。

③ 尹虎彬．史诗观念与史诗研究范式转移［J］．中央民族大学学报，2008（1）：124-131．

写拓垦土田。第六章写继续营建。"①

再如《绵》题解："这是周人记述其祖先古公亶父事迹的诗。周民族的强大始于姬昌时，而基础的奠定由于古公亶父。本诗前八章写亶父迁国开基的功业，从迁岐、授田、筑室直写到驱逐混夷。末章写姬昌时代君明臣贤，能继承亶父的遗烈。"②

又如《生民》题解："这是周人记录关于他们的始祖后稷的传说，歌咏其功德和灵迹的诗。第一章写姜嫄履迹感孕的神异。第二章写后稷诞生的神异。第三章写后稷被弃而不死的神异。第四章写后稷在幼年所表现的对农艺的天赋才能。第五、六章写后稷对农业的伟大贡献。第七、八章写祭祀。"③

余冠英又在下面两个题解中直接使用了"史诗"一词：

《皇矣》题解："周族史诗之一。从大王开辟岐山，大伯王季德行美好，写到文王伐密伐崇取得胜利。"④

《大明》题解："周族史诗之一。叙述王季娶大任，文王娶大姒以及武王伐纣取胜。"⑤

（以上摘自博士课程讲义：《诗·大雅》与荷马史诗的比较）

2022 年 7 月 27 日

十八、日本学者赞《大雅》

整部《诗三百》无疑堪称世界文学史上最初的"高峰"。⑥ 不仅因为它与荷马史诗同样成书于世界史初期的"轴心时代"，更因为早在中国汉代它已经成为名副其实的"诗经"。汉代《诗·大序》称："正得失，动天地，感鬼神，莫近于《诗》。"⑦《诗三百》从此成为后世历代服膺并遵奉的《诗经》。但是就《诗经》这部作品集本身的构成而言，也许我们还可以进一步将其中的《大雅》部比作这一大片高峰中的最高峰。

---

① 余冠英．诗经选［M］．北京：中华书局，2012：266.

② 余冠英．诗经选［M］．北京：中华书局，2012：253.

③ 余冠英．诗经选［M］．北京：中华书局，2012：259.

④ 大雅·皇矣//《诗经》全文鉴赏大辞典［EB/OL］．百度文库（baidu. com）.

⑤ 大雅·大明//《诗经》全文鉴赏大辞典［EB/OL］．百度文库（baidu. com）.

⑥ "高峰"的比喻，典出《习近平在文艺工作座谈会上讲话》："改革开放以来，我国文艺创作迎来了新的春天，产生了大量脍炙人口的优秀作品。同时，也不能否认，在文艺创作方面，也存在着有数量缺质量、有'高原'缺'高峰'的现象。"（习近平．在文艺工作座谈会上讲话［EB/OL］．新华网，2015-10-15.）

⑦ 毛诗序［M］//郭绍虞．历代文论选：第一册．上海：上海古籍出版社，1980：63.

笔者这样说最初是受到日本汉学家岡村繁教授（おかむろ｜げそ，1922—2014）的启发。前此笔者所受相关课程及所读相关著述中，印象是《诗经》中的《国风》部才堪称最精华部分。因为《国风》荟萃的主要是民间诗歌，其中多有最底层的劳动者之歌，并且《史记》赞美屈原《离骚》时比较道：“《国风》好色而不淫，《小雅》怨诽而不乱，若《离骚》者，可谓兼之矣。”① 司马迁未提及《诗经》的《大雅》部。然而拙译岡村繁《周汉文学史考》书中却别有一种见解，该书首章“《诗经》溯源”之第一节的小标题为“《诗经》的精髓——大雅”。其中全文引述《大雅》之首的《文王》篇后评论道：

> 这首诗确实写得豪迈雄劲。在近达六十句的篇章中，诗人回顾了周朝创业者往昔的光辉，满怀激情地讴歌了承受天命的文王之盛德，并赞美了辅佐文王的众多重臣和藩属们的勋劳。同时，诗中还居安思危，自警天命无常和殷鉴不远，谆谆教诲君臣们必须继承周朝创业先祖的崇高精神。诗中回荡着庄严而激扬的旋律，而这种旋律正是随赤子之心跳动而来，凝聚着思祖忧国的一片深切情怀。②

这段评论中连续使用了“豪迈雄劲”“光辉”“满怀激情”“盛德”“勋劳”“崇高精神”“庄严而激扬”“赤子之心”“深切情怀”等近十个高度赞美的形容语，这些形容语所指显然属于现代美学所称“崇高”或“壮美”的范畴。康德《判断力批判》论“崇高”范畴写道：

> “崇高的情感……它作为激动并不显得像是游戏，而是想象力的工作中的严肃态度。”③
>
> “崇高是与之相比一切别的东西都是小的东西。”④
>
> “每种具有英勇性质的激情，……都是在审美上崇高的。”⑤
>
> “崇高在任何时候都必须与思想境界发生关系。”⑥

① 毛诗序［M］//郭绍虞．历代文论选：第一册．上海：上海古籍出版社，1980：85.

② 岡村繁．周汉文学史考［M］//岡村繁．岡村繁全集：第1卷．陆晓光，译．上海：上海古籍出版社，2002：9.

③ 康德．判断力批判［M］．邓晓芒，译．杨祖德，校．北京：人民出版社，2002：83.

④ 康德．判断力批判［M］．邓晓芒，译．杨祖德，校．北京：人民出版社，2002：88.

⑤ 康德．判断力批判［M］．邓晓芒，译．杨祖德，校．北京：人民出版社，2002：113.

⑥ 康德．判断力批判［M］．邓晓芒，译．杨祖德，校．北京：人民出版社，2002：144.

中国美学中"崇高"范畴的另一种译词为"壮美"。① 后者最初为中国最早读康德美学的王国维所创制："美之为物有两种：一曰优美，一曰壮美。"② 据赵万里《王静安先生年谱》，王国维于1899年从日本学者田冈佐代之著作中初知德国哲学家康德、叔本华等人名，其时始"萌研治西洋哲学之念"；继于1902年至1907年的五年间沉浸研读"德国人作品"。③ 王国维所读首先是康德的《判断力批判》（"汗德之《纯理批评》"）。④

以上美学视角的追溯表明，只要我们承认并确论《诗经》"大雅"部的作品确实堪称具有"崇高"风貌，那么冈村繁提出的"《诗经》的精髓——大雅"之说是可以成立的。

这里再引述冈村繁论述的如下两段：

> 洋溢在《文王》中的这种激越诗情贯穿于其后的《大雅》各篇中，成为整个《诗经·大雅》部分的主导精神。例如，从《大明》篇到《卷阿》的前十七篇，都是以赞美文王为首的往昔周室之盛德为主题，属于回顾性的颂德诗。接着的《民劳》至《柔桑》五篇，主要为反映天运不济和时世艰难的诤谏诗。其中有对当时周王之昏庸的针砭，有对为政者之暴虐行径的谴责，还有对黎民百姓艰苦生活的同情忧愤，更有对周王醒悟改过、辅臣尽忠献身的热切期盼。最后部分的《崧高》至《常武》五篇是显彰诗，它们针对的是周室的诸侯大臣们，赞扬并勉励他们夙夜无怠，奉事效忠天子，做周王的最坚强支柱。⑤

---

① 康德美学的"崇高"范畴亦译作"壮美"："康德美学理论的一个重要贡献是区分了'优美'和'壮美'。""在宗白华直接由德文版翻译的《判断力批判》上卷（商务印书馆，1964年）中，虽然在多数场合这两个术语被译为'美'和'崇高'，但有时又译为'优美'和'壮美'（如该书第30、108、112页等）。……邓晓芒的《判断力批判》中译本（人民出版社，2002年）则完全放弃'优美'和'壮美'而一律采用'美'和'崇高'。在朱光潜的《西方美学史》（人民文学出版社，1979年）中，这两个术语也是分别对应于'美'和'崇高'。"（陈晓平．对"优美""壮美"概念的澄清与拓展——从功能系统的角度审视康德的美学概念［J］．西部学刊，2015（8）：5-9.）

② "优美"与"壮美"之别最初由王国维《红楼梦评论》中提出。参见：朱立元．美学大辞典［M］．上海：上海辞书出版社，2014：54-55.

③ 赵万里．静安先生年谱［M］//谢维扬，房鑫亮．王国维全集：第20卷．杭州：浙江教育出版社，2010：403-482.

④ 王国维读康德《判断力批判》的过程，参阅：陆晓光．王国维读《资本论》年份辨［N］．文汇报，2011-06-13.

⑤ 冈村繁．周汉文学史考［M］//冈村繁．冈村繁全集：第1卷．陆晓光，译．上海：上海古籍出版社，2002：9-10.

——可见岡村繁赞扬的不仅是《大雅》的《文王》篇，更是整部《大雅》诸诗的卓越风格。

> 要而言之，《大雅》主要篇章都是感时忧国之诗，各篇都呼唤于危难中死守周室所承天命，吁请君臣们继承先祖的创业精神以同舟共济，强调天子应当归返并重振与天命相符的为君之道，大臣藩屏们则必须竭尽辅翼之责。①

——又可见岡村繁之所以推重“大雅”风格，核心在于它们都是“感时忧国之诗”。由此想到了诗圣杜甫《春望》的名句：“感时花溅泪，恨别鸟惊心。”

尤其创意显著的是下面一段：

> 以往人们在考察《诗经》时，无论中国或日本，通常都注目于前半部的多姿多彩、趣味盎然的十五国风。……我以为《诗经》的精髓当属《大雅》诸篇，因此首先应当注目的是如上所述洋溢在《大雅》基调中的、以周王朝为中心的创作精神，并且以此为考察的基准。②

这意味着岡村繁的“大雅”论首先相对于日本汉学界“以往”对《诗经》的旧说是别有新识的。这一新识还吸取了诸多同时代日本汉学家的研究成果。该书写道：“从古代起，中国和我国都有很多关于《诗经》的研究著作，重要名著和论文不暇枚举。其中直接使本文受到很大教益的是我国近代学者们崭新的研究成果，如目加田诚《诗经》（1933 年东京日本评论社刊）、松本雅明《诗经诸篇之研究》（1958 年东京东洋文库刊）、铃木修次《中国古代文学论——〈诗经〉的文学性》（1977 年东京角川书店刊），以及最近的白川静《诗经研究（通论篇）》（1981 年京都朋友书店刊）等。”③

岡村繁还明确指出，他该书小标题“诗经的精髓——大雅”首先是发挥了

---

① 岡村繁．周汉文学史考［M］//岡村繁．岡村繁全集：第 1 卷．陆晓光，译．上海：上海古籍出版社，2002：10.

② 岡村繁．周汉文学史考［M］//岡村繁．岡村繁全集：第 1 卷．陆晓光，译．上海：上海古籍出版社，2002：10.

③ 岡村繁．周汉文学史考［M］//岡村繁．岡村繁全集：第 1 卷．陆晓光，译．上海：上海古籍出版社，2002：47.

目加田诚译注《诗经》（1933年日本评论社刊）中的创意。冈村繁直接引用了目加田诚该书中的核心论点：

> 惟《大雅》方可称曰周诗之精髓。其雄浑壮大，恰可继今日传世之周代青铜器，令吾人惊叹遥想。其线条之粗犷深刻，其气魄之壮伟恢宏，几为后世所不可企及者。①

冈村繁接着写道："我对此评价完全共鸣赞同。《大雅》中的诗歌确实像周王朝的青铜器那样，奔突洋溢着当时艺术精神的伟力。可以说，只是到了《大雅》各篇的出现，《诗经》的诗篇才开始堪与具有豪气高韵的《书经》各篇相比肩。"②

这段引述文的原作者目加田诚也是王元化所钦敬的。目加田诚1994年5月初去世，王元化在悼文中追思："十一年前，我由中国社会科学院委派，率团访问日本，有幸拜识先生，亲炙先生仁者之风。次年中国文心雕龙学会暨复旦大学联合举办中日学者文心雕龙研讨会，先生不顾已届八十高龄，欣然命驾，再次得聆謦欬，深受教益。"③

2022年7月29日

十九、许渊冲译《大雅》为"史诗"

"史诗"一词是现代汉语外来语，源于西语的"epics"。荷马史诗英文为"Homer′s epics"。十多年前我国学界曾有如下展望：

> 在全球化背景下，史诗观念与史诗研究范式正在突破东西方文明的藩篱。亚里士多德以来的西方古典诗学的史诗范例和诗学范式，正在由主流话语变为一家之言。④

---

① 冈村繁．周汉文学史考［M］//冈村繁．冈村繁全集：第1卷．陆晓光，译．上海：上海古籍出版社，2002：4-5.

② 冈村繁．周汉文学史考［M］//冈村繁．冈村繁全集：第1卷．陆晓光，译．上海：上海古籍出版社，2002：5.

③ 王元化．悼目加田诚［M］//王元化．清园近思录．北京：中国社会科学出版社，1998：235.

④ 尹虎彬．史诗观念与史诗研究范式转移［J］．中央民族大学学报，2008（1）：124-131.

这个很有预见的展望今天看来已经成为事实。笔者这样说是受到两年前出版的由许渊冲翻译的《诗经》的启发，其中的“大雅”部译名为“Book of Epics”。《大雅》计31篇，分列为三类：“文王之什”（10篇）、“生民之什”（10篇）、《荡之什》（11篇）。许渊冲又将三者依次译作“First Decade of Epics”（第一史诗）①、“Second Decade of Epics”（第二史诗）②、“Third Decade of Epics”（第三史诗）。③

就《大雅》具体各篇的题解而言，许渊冲频繁使用了“epic ode”（史诗之歌）与“ode”（赞歌）④ 这两个与西方史诗密切相关的术语。鉴于整部“大雅”都是记载周代祖先人物的诗歌，因此这两个术语的所指显然都具有指谓周代历史之义。兹将许渊冲《大雅》译本中使用“epic ode”（史诗之歌）的相关题解摘录如下，以期进一步讨论。

（1）《文王》篇

“This was first epic ode celebrating King Wen（1184-1134B. C）.”⑤

（这是第一首颂扬周文王的史诗。中文网题解：“歌颂文王受天命建立周朝，后王当以殷为鉴，效法文王。”⑥ ）

（2）《大明》篇

“This epic ode celebrated King Ji who married Princess Ren of Yin; King Wen who married Xin; and King Wu who overthrew the dynasty of Shang in 1121 B. C. ” ⑦

（这首史诗之歌讲述了王季娶大任，文王娶大姒以及武王伐纣取胜。中文网题解：“周族史诗之一。叙述王季娶大任，文王娶大姒以及武王伐纣取胜。”）

（3）《绵》篇

“This epic ode narrated the beginning and subsequent growth of the House of Zhou. ”⑧

① 许渊冲. 许渊冲译诗经：雅［M］. 北京：中译出版社，2021：293.

② 许渊冲. 许渊冲译诗经：雅［M］. 北京：中译出版社，2021：343.

③ 许渊冲. 许渊冲译诗经：雅［M］. 北京：中译出版社，2021：395.

④ 例如《大雅·思齐》篇题解：“This was an ode sung in praise of the virtue of King Wen and the excellent character of his grandmother Ren and his wife Si.”（许渊冲. 许渊冲译诗经：雅［M］. 北京：中译出版社，2021：319.）大意为：这是一首赞歌，赞颂文王以及他的祖母任和妻子的优秀品格。

⑤ 许渊冲. 许渊冲译诗经：雅［M］. 北京：中译出版社，2021：293.

⑥ 大雅·文王//《诗经》全文鉴赏大辞典［EB/OL］. 百度文库（baidu. com）.

⑦ 许渊冲. 许渊冲译诗经：雅［M］. 北京：中译出版社，2021：298.

⑧ 许渊冲. 许渊冲译诗经：雅［M］. 北京：中译出版社，2021：305.

（这首史诗之歌叙述了周族的开始和随后的发展。中文网题解："这是周人记述其祖先古公亶父事迹的诗。周民族的强大始于姬昌时，而基础的奠定由于古公亶父。本诗前八章写亶父迁国开基的功业，从迁岐、授田、筑室直写到驱逐混夷。末章写姬昌时代君明臣贤，能继承亶父的遗烈。"）

(4)《棫朴》篇

"This epic ode celebrated King Wen using talents in war and in the pre-war sacrifice and breeding or cultivating them the war." ①

（中文网题解："这首史诗之歌颂扬了周文王能任用贤人，征伐诸侯，治理四方。"）

(5)《皇矣》篇

"This epic ode showed the House of Zhou to sovereignty of the kingdom and the achievement of King Tai, his son King Ji and his grandson King Wen who conquered the Mi tribe and Chong State in 1135 B. C." ②

（中文网题解："周族史诗之一。从大王开辟岐山，大伯王季德行美好，写到文王伐密伐崇取得胜利。"）

(6)《文王有声》篇

"This epic ode was sung in praise of King Wen and King Wu." ③

（这首史诗之歌赞颂了文王与武王的功勋；中文网题解："赞美文王迁丰，武王迁镐，有利于周王朝的巩固和发展。"）

(7)《生民》篇

"This epic ode was sung in praise of Hou Ji, the Lord of Corn, legendary founder of the House of Zhou." ④

（这首史诗之歌赞颂了周族的传奇创始人后稷。中文网题解："这是周人记录关于他们的始祖后稷的传说，歌咏其功德和灵迹的诗。"）

(8)《公刘》篇

"This epic ode told the story of Duke Liu, the second legendary hero of the House of Zhou, who moved from Tai to Bin in 1796 B. C." ⑤

（这首史诗之歌讲述了周王朝的第二位传奇英雄公刘的故事，他于公元前

---

① 许渊冲．许渊冲译诗经：雅［M］．北京：中译出版社，2021：313.
② 许渊冲．许渊冲译诗经：雅［M］．北京：中译出版社，2021：321.
③ 许渊冲．许渊冲译诗经：雅［M］．北京：中译出版社，2021：337.
④ 许渊冲．许渊冲译诗经：雅［M］．北京：中译出版社，2021：343.
⑤ 许渊冲．许渊冲译诗经：雅［M］．北京：中译出版社，2021：365.

1796 年从邰迁豳。中文网题解：“这是周人叙述历史的诗篇之一，歌咏公刘从邰迁豳的事迹。”）

（9）《崧高》篇

“This epic ode celebrated the appointment by King Xuan of the brother of his mother to be the Count of Shen and defender of the sourth border of the kingdom.” ①

（这首史诗之歌颂扬了周宣王任命他母亲的兄弟为申伯爵和周朝最南边地区的保卫者。中文网题解：“申伯封于谢，周宣王大加赏赐。尹吉甫写诗表示赞美，并为申伯送行。”）

（10）《烝民》篇

“This epic ode celebrated the virtue of Premier Shan Fu and his despacth to the east to fortify the capital of the State of Qi（modern Shandong Province）. Like the preceding ode, this was also made by General Ji Fu to present to his friend on his depature from the court.”②

（这首史诗之歌赞颂了仲山甫的美德，他受命东向赴任，以巩固齐国（今山东省）的首都。中文网页题解：“周宣王派仲山甫至齐筑城，尹吉甫写诗送别，赞美仲山甫才高德美，宣王能任贤使能。”）

（11）《韩奕》篇

“This epic ode celebrated the Marquis of Han, his investiture and King Xuan’s charge to him.” ③

（这首史诗之歌赞颂了韩侯、他的授职和宣王对他的嘱咐。中文网题解：“赞美韩侯朝周受赐，娶妻归韩，并被任命为统率北方诸侯的方伯。”）

（12）《江汉》篇

“This epic ode celebrated an expedition in 825 B. C. against the southern tribes of the Huai.” ④

（这首史诗之歌颂扬了公元前 825 年对淮河南部部落的远征。中文网题解：“赞扬周宣王命令召伯虎讨伐淮夷，建立武功，受到赏赐。”）

（13）《常武》篇

“This epic ode celebrated an expedition of King Xuan agaist the State of Xu, a

---

① 许渊冲．许渊冲译诗经：雅［M］．北京：中译出版社，2021：433.

② 许渊冲．许渊冲译诗经：雅［M］．北京：中译出版社，2021：441.

③ 许渊冲．许渊冲译诗经：雅［M］．北京：中译出版社，2021：447.

④ 许渊冲．许渊冲译诗经：雅［M］．北京：中译出版社，2021：455.

northern tribe of the Huai." ①

（这首史诗之歌赞颂了周宣王对淮河北方部落徐国的一次远征。中国网题解："赞美周宣王亲征徐国，平定叛乱。"）

以上表明，许渊冲翻译的《大雅》（31篇）中，有13篇的题解分别直接使用了"epic"。仅此而言，《诗·大雅》已经显示出其复数的史诗之面貌（epics）。由于许渊冲该译本是面向世界读者而撰写的，因而我们初步可以说，《诗·大雅》已然成为"世界文学"视域中的一部中国史诗作品集（Chinese epics）。

笔者提出这一评断的原因还在于，相关学界似乎迄今尚未意识到汉文学其实也很可能是世界"史诗"的最初发源地之一。"史诗"论题似乎仅仅限于中国少数民族文学的视域和论域。例如百度网页仅仅关注中国史诗的"民间"性、"民俗学"性，以及"少数民族口传"性，其曰：

> 我国史诗研究起步更晚一些，较为系统的研究开始于20世纪80年代中期。中国学术界把史诗认定为民间文艺样式，这还是1949年以后的事情。……20世纪80年代后，学术界开始把史诗作为民俗学的一种样式来研究，其中受人类学派的影响最大。进入20世纪90年代中期以后，学者们开始树立"活形态"的史诗观，认为中国少数民族史诗属于口头传统的范畴。其中，藏族的《格萨尔》、蒙古族的《江格尔》和柯尔克孜族的《玛纳斯》并称为"中国三大传统史诗"。②

中国民族文学网站也强调：

> 我国北方和南方的少数民族有着悠久的史诗演唱传统。著名的三大史诗（格萨尔、江格尔、玛纳斯），结构宏伟，情节曲折，内涵丰富，都是几十万诗行的鸿篇巨制，可以当之无愧地跻身人类最伟大的史诗之列。我国各民族史诗传统形态多样，对于揭示史诗形成和演化规律，对于把握史诗传承和变异规律，对于理解史诗传播和接受过程，对于阐释史诗在特定社会中的形态和功能，都提供了独一无二的前提条件。③

---

① 许渊冲. 许渊冲译诗经：雅［M］. 北京：中译出版社，2021：461.
② 参见百度百科"史诗"词条。
③ 中国史诗［EB/OL］. 中国民族文学网 · 中国社会科学院民族文学研究所（cssn. cn）.

其中也完全未述及汉文学与中国史诗起源之关系的可能性。

（原为2016年11月博士课程讲义）

二十、许渊冲译“靡不有初”与“上帝”

“靡不有初，鲜克有终”典出《诗经·大雅》的《荡》篇，后者是一首箴谏诗。诗人借古讽今，警告周厉王接受殷王朝灭亡的历史教训，改弦更张。① 许渊冲译诗题《荡》为“Warnings”。其译文包括古典汉语、现代汉语和英文，提供了一种“咀嚼文义”的新方式。

全诗八章，该两句见首章，首章如下：

荡荡上帝，下民之辟。疾威上帝，其命多辟。天生烝民，其命匪谌。靡不有初，鲜克有终。（《大雅·荡》）

许渊冲译文如下：

荡荡上帝（败坏法度的上帝），
God's influence spreads vast,
下民之辟（却是百姓的暴君）。
Over people below.
疾威上帝（上帝行为太暴虐），
God's terror strikes so fast;
其命多辟（政令邪僻多不正）。
He deals them blow on blow.
天生烝民（上天生下众百姓），
Heaven gives people birth,
其命匪谌（他的政令不真诚）。
On whom he'd nor depend.
靡不有初（凡事都有个开头），

① “‘靡不有初，鲜克有终。’实现中华民族伟大复兴，需要一代又一代人为之努力。中华民族创造了具有5000多年历史的灿烂文明，也一定能够创造出更加灿烂的明天。”（习近平．在纪念中国人民抗日战争暨世界反法西斯战争胜利70周年大会上的讲话［M］//习近平．习近平谈治国理政：第二卷．北京：外文出版社，2017：447.）

At first they're good on earth,
鲜克有终（很少能够有结果）。
But few last to end. ①

今按：诗中的"上帝"（God）与"下民"（people），两者间呈现出相当严重的紧张关系。据此上下文，"靡不有初，鲜克有终"两句意思，应该首先是期望克服这种紧张关系。该诗末章可谓提出了如何克服紧张关系的方法：

人亦有言："颠沛之揭，枝叶未有害，本实先拨。"殷鉴不远，在夏后之世。

许渊冲译文：

人亦有言（古人有话这样讲）：
Know what say people blessed：
"颠沛之揭（树木倒下根出土），
When a tree's fallen down，
枝叶未有害（枝叶还没受损伤），
Its leaves may still be green，
本实先拨（树根却已先遭殃）。"
But roots exposed to view.
殷鉴不远（以殷为鉴不太远），
Let Xia's downfall be seen，
在夏后之世（就在夏王朝廷上）。
As a warning to you！②

今按：首句译作"Know what say people blessed"，看来诗人是从人民（people）的语言中汲取了智慧。"树木倒下根出土，枝叶还没受损伤，树根却已先遭殃"三句又表明，诗人最看重的是深入泥土的树根。因为枝叶来自树根，所以"上帝"来自"人民"（God comes from the people）。

① 许渊冲．许渊冲译诗经：雅［M］．北京：中译出版社，2021：394-395.
② 许渊冲．许渊冲译诗经：雅［M］．北京：中译出版社，2021：400-401.

将《诗·大雅》“人民”思想资源与林肯著名演说中“三民”思想做比较，我们发现两者间有重要之异同。相同处在于，林肯提出的“of the people”“by the people”“for the people”（民有、民治、民享）①，三者可望在《诗·大雅》中找到相互“接枝”（林毓生语②）的资源。不同处则在于，《诗·大雅》的“厥初生民”（“来自人民”≈“from the people”）的思想，则是林肯演说中阙如的。由此或许可以说，两者间某种程度呈现出“四民主义”与“三民主义”的差异。

从许渊冲对“靡不有初，鲜克有终”等诗章的解读和英译，我们还发现：《诗·大雅》中的“下民”（people）与“上帝”（God），两者间呈现相当严重的紧张关系，克服这种紧张关系的根本途径，则是不要只见树上的茂盛枝叶，而务必更重视泥土下的树根。简言之，不要“忘本”。因为“树木倒下根出土，枝叶还没受损伤，树根却已先遭殃”。这个比喻说明了：枝叶来自树根，“上帝”来自“人民”（God comes from the people）。因此，“from the people”（来自人民），堪称是《诗·大雅》“四民主义”思想的根基或纲领之所在。

由此再回瞻林肯的葛底斯堡演说，其中下面一段就显得尤其瞩目：

“that this nation, under God, shall have a new birth of freedom——and that government of the people, by the people, for the people, shall not perish from the earth.”

相关中文翻译为：

“（我们）要使国家在上帝福佑下得到自由的新生，要使这个民有、民治、民享的政府永世长存。”③

——其中的“under God”（在上帝福佑下），堪称是统领全句的关键词。

因此，如果说林肯该演说中缺乏“from the people”（来自人民）的义项，那么这首先是因为，其中已经有了“under God”（在上帝福佑下）的观念。“from the people”是自下而上，“under God”是自上而下，两者都堪称“根本理念”

---

① 译匠．林肯葛底斯堡演说（中英文对照）［EB/OL］．搜狐网，2017-10-31．

② “虽然我们传统中没有民主的观念与制度，但却有许多资源可以与平等观念‘接枝’。例如儒家性善的观念可以与平等观念‘接枝’，黄宗羲的‘有治法而后有治人’的观念可以与法治的观念‘接枝’。”（林毓生．中国传统的创造性转换［M］．北京：生活·读书·新知三联书店，2011：323.）

③ 译匠．林肯葛底斯堡演说（中英文对照）［EB/OL］．搜狐网，2017-10-31．

（王元化语①）。

据载中国"三民主义"说的首创者孙中山是基督徒，因而他当然也是"under God"。

毛泽东抗日战争时期所作《愚公移山》演讲中，则对"上帝"观念做了新的解说："我们也要努力奋斗下去，我们也会感动上帝的。这个上帝不是别人，就是全中国的人民大众。"② 由此看来，"from the people"与"under God"，两者之间当也可以创造性转化。

2022年7月17日

二十一、《诗经·大雅》堪比荷马史诗

《史诗观念与史诗研究范式转移》一文还指出：

> 谈起史诗的时候，我们比较熟悉的是从黑格尔到马克思、恩格斯对史诗的论述，他们是从哲学和美学的高度，从人类的社会历史发展的角度来认识史诗的。……这些论述是从文艺学的外部特征出发的。③

这段话提示了应该进入文艺学的"内部"来讨论"史诗"问题。受此启发，多年前笔者曾专题考察《诗经·大雅》与荷马史诗的类似性。④ 当时聚焦点之一是两者"人物众多"的共性。下面是粗陋所见。

就人物众多而言，《伊利亚特》主要人物除阿喀琉斯、阿伽门农、赫克托耳以及提出"木马计"的奥德修斯之外，还有阿喀琉斯的好友帕特洛克罗斯、阿喀琉斯之母忒提斯、阿伽门农的弟弟墨涅拉奥斯；赫克托耳的弟弟帕里斯、赫克托耳之父的特洛伊老王、其母的赫卡柏、其妻的安德洛玛克，以及斯巴达王

---

① "谈到传统伦理道德时，必须注意将其根本精神或理念，与其由政治经济及社会制度所形成的派生条件严格地区别开来。不做这样的区分，任何道德继承都变成不必要的了。每一种道德伦理的根本精神，都是和当时由政治经济及社会制度所形成的派生条件混在一起的，或者也可以说，前者是体现在后者形态中的。倘使我们不坚持形式和内容是同一的僵硬观点，就应该承认它们两者是有区别的、可分的。"（王元化．思辨录［M］. 上海：上海古籍出版社，2004：10.）

② 毛泽东．愚公移山［M］//毛泽东选集：第3卷．北京：人民出版社．1953：1101-1104.

③ 尹虎彬．史诗观念与史诗研究范式转移［J］. 中央民族大学学报，2008（1）：124-131.

④ 陆晓光．《诗经·大雅》与荷马"史诗"［Z］. 中国比较文学2017年年会（开封河南大学）.

后海伦、帕里斯妻子俄诺涅等。“神灵”形象则有“金苹果”女神埃里斯、美神阿佛洛狄忒、智慧神雅典娜、海神波塞冬等。《奥德修斯》中其他人物有奥德修斯的妻子、儿子、女仆、乳媪和老狗；奥德修斯海上冒险历程遇见的有吃人的独眼巨人、会唱歌的女妖塞壬等，还有水手、牧猪奴、农夫、求婚的贵族青年、诱人的荡妇等。其中主要人物有二十多位。

由此回瞻《诗经·大雅》，发现其较之荷马史诗可谓并无逊色。兹将《大雅》中心人物即周文王之外的其他人物列举如下：

（1）周始祖后稷及其母姜嫄。（《生民》篇）

（2）从邰迁豳营建都邑的公刘。（《公刘》篇）

（3）带领周人由豳迁居“岐下”的古公亶父，即周文王的祖父。（《绵》篇）

（4）“维德之行”的王季与其妻，文王的父母。（《大明》《皇矣》篇）

（5）文王之妻，“大姒嗣徽音，则百斯男”。（《思齐》篇）

（6）文王之子武王“矢于牧野”（《大明》篇）、“武王成之”（《文王有声》篇）、“受天之祜，四方来贺”（《下武》篇）。

（7）武王之子的“成王之孚，下土之式。永言孝思，孝思维则”（《下武》篇），及其“之纲之纪，燕及朋友”（《假乐》篇）。

（8）周王某祭祀：“鸢飞戾天，鱼跃于渊。岂弟君子，遐不作人？”（《旱麓》篇）

（9）周王某爱民：“泂酌彼行潦，挹彼注兹，可以濯罍（lěi）。岂弟君子，民之攸归。”（《泂酌》篇）

（10）周王某礼贤下士：“蔼蔼王多吉人，维君子命，媚于庶人。”（《卷阿》篇）

（11）无道之厉王：《民劳》《板》《荡》《抑》《桑柔》诸篇是厉王时期所作。

（12）某贤士箴谏：“民亦劳止，汔可小康。……王欲玉女，是用大谏。”（《民劳》篇）

（13）某臣刺谏厉王：“殷鉴不远，在夏后之世！”（《荡》篇）

（14）宣王之中兴（《云汉》《崧高》《烝民》《韩奕》《江汉》《常武》是宣王时期所作）。

（15）贤臣申伯：“王命申伯：式是南邦！”“申伯之德，柔惠且直。揉此万邦，闻于四国。”（《崧高》篇）

（16）贤臣仲山甫：“王命仲山甫，城彼东方。”（《烝民》篇）

（17）贤臣尹吉甫：“吉甫作诵，其诗孔硕，其风肆好，以赠申伯。”（《崧高》篇）

（18）韩侯朝周受赐命："王锡韩侯，其追其貊。奄受北国因以其伯。"（《韩奕》篇）

（19）召伯虎受宣王之命伐淮夷："匪安匪游，淮夷来求""王命召虎：式辟四方""矢其文德，洽此四国"。（《江汉》篇）

（20）亡国之君周幽王。（《瞻卬》《召旻》是幽王时期所作）

（21）卿士芮良夫哀叹厉王昏庸暴虐："乱生不夷，靡国不泯。"（《桑柔》篇）

（22）某臣讽刺周幽王宠爱褒姒："人有土田，女反有之。……乱匪降自天，生自妇人。"（《瞻卬》篇）

（23）某臣箴刺周幽王任用小人将至亡国："召公日辟国百里，今也日蹙国百里。於乎哀哉！维今之人，不尚有旧！"（《召旻》篇）

（24）老臣卫武公告诫周平王："敬慎威仪，维民之则""於乎小子，告尔旧止。听用我谋，庶无大悔"。（《抑》篇）

（25）此外，周朝另有两位著名的开国功臣即周公与召公，他们所管辖地区的诗歌被汉代学者编列于整部《诗经》之首的《国风》部之首，即《周南》与《召南》，两者又统称"二南"。①

以上摘录所涉人物不下三十位。因而就"人物众多"这一史诗叙事之重要特征而言，《诗经·大雅》已然毫不逊色于荷马史诗。

（原为2016年11月博士课程讲义）

二十二、《离骚》与《诗·大雅》

《史记·屈原传》称："《国风》好色而不淫，《小雅》怨诽而不乱，若《离骚》者，可谓兼之矣。"其说迄今堪称金玉良言。然而司马迁没有说及《大雅》。如果我们以《诗·大雅》中凝重深切强烈自觉的"民"意识为视角，可能进一步发现《离骚》还兼有《大雅》诗意的最亮色。兹摘《离骚》中相关章句，并拟参考译文奉讨论。

---

① 《魏书·儒林传》，梁武帝问于李业兴曰："《诗·周南》王者之风，系之周公；《召南》仁贤之风，系之召公。何名为系？"对曰"郑注《仪礼》曰：昔太王、王季居于岐阳，躬行《召南》之教，以兴王业。及文王，行今《周南》之教，以受命作邑于酆，分其故地，属之二公。"武帝又问："若是，故地应自统摄，何由分封二公？"业兴曰："文王为诸侯时，所化之本国，今既登九五之尊，不可复守诸侯之地，故分封二公。"清代《诗经》学者曾辨析考量过这一问答。（王先谦．诗三家义集疏：上［M］．吴格，点校．北京：中华书局，1987：2.）

“长太息以掩涕兮，哀民生之多艰。”

（今译）长声叹息而泪流满面，为老百姓多灾多难而哀伤。①

“怨灵修之浩荡兮，终不察夫民心。”

（今译）怨恨那君王（楚怀王）太荒唐，始终不能体察人民的心愿。②

“民生各有所乐兮，余独好修以为常。”

（今译）人民各有所爱所乐，我独爱修行且习以为常。③

“皇天无私阿兮，览民德焉错辅。”

（今译）天帝光明正大不偏私，发现庶民中的有德者就请他辅助。④

“瞻前而顾后兮，相观民之计极。”

（今译）先圣察古今之变，意识到万民的愿望。⑤

“民好恶其不同兮，唯此党人其独异！”

（今译）庶民的好恶本来不相同，这帮小人却奇特而怪异。⑥

以上《离骚》“民”意识章句计6条。

---

① 习近平总书记《在文艺工作座谈会上的讲话》（2014年10月15日）中也引述了这句诗：“我国久传不息的名篇佳作都充满着对人民命运的悲悯、对人民悲欢的关切，以精湛的艺术彰显了深厚的人民情怀。《古诗源》收集的反映远古狩猎活动的《弹歌》，《诗经》中反映农夫艰辛劳作的《七月》、反映士兵征战生活的《采薇》、反映青年爱情生活的《关雎》、探索宇宙奥秘的《天问》、反映游牧生活的《敕勒歌》、歌颂女性英姿的《木兰诗》等，都是从人民生活中产生的。屈原的‘长太息以掩涕兮，哀民生之多艰’，杜甫的‘安得广厦千万间，大庇天下寒士俱欢颜’‘朱门酒肉臭，路有冻死骨’，李绅的‘谁知盘中餐，粒粒皆辛苦’，郑板桥的‘些小吾曹州县吏，一枝一叶总关情’，等等，也都是深刻反映人民心声的作品和佳句。”（习近平．习近平在文艺工作座谈会上的讲话［EB/OL］．中国共产党新闻网，2015-10-15.）

② 1998年上海古籍出版社出版的董楚平《楚辞译注》第12页译此两句为：“怪只怪君王荒唐得厉害，总是不体察人家的心怀。”该书注曰：“民生，人生。先秦的‘民’字，含义有很大的伸缩性。《离骚》中六个‘民’字，含义很不一致，当视上下文的语意口气而定。”（同书第13页）

③ 董楚平．楚辞译注［M］．上海：上海古籍出版社，1998：15．译此两句为：“每个人都有自己的乐处，我已经习惯于衣冠楚楚。”

④ 董楚平．楚辞译注［M］．上海：上海古籍出版社，1998：19．译此两句为：“皇天啊光明正大，看谁好就扶助他上马。”又注曰：“民，人，此处指君主。”（同书第22页）

⑤ 董楚平．楚辞译注［M］．上海：上海古籍出版社，1998：19．译此两句为：“把历史前后思量，看出了万民的愿望。”又注曰：“相观，同意连用。民，万民众生。计，计虑。极，目的。计极，愿望、要求。”（同书第22页）

⑥ 董楚平．楚辞译注［M］．上海：上海古籍出版社，1998：30．译此两句为：“天下人固然各有所爱，这里的小人却特别古怪。”又注曰：“民，人。”（同书第31页）

此外如《哀郢》句：

"皇天之不纯命兮，何百姓之震愆？民离散而相失兮，方仲春而东迁。"

（今译）老天爷你变了心肠，为什么叫百姓遭殃？妻离子散，人民家破人亡，正当二月啊逃难东方！①

又《天问》句：

"帝降夷羿，革孽夏民。"

（今译）天帝派后羿来到尘寰，为的是替夏民去灾除患。②

又《抽思》句：

"愿摇起而横奔兮，览民尤以自镇。"

（今译）有时我真想远走他乡，看人民苦难又压下此想。③

又《怀沙》句：

"民生禀命，各有所错兮。定心广志，余何所畏惧兮？"

（今译）人民各自禀受天命，成败寿夭早已注定；安一安神，开一开心，我又何必受怕担惊？④

又《九歌·少司命》句：

"竦长剑兮拥幼艾，荪独宜兮为民正。"

（今译）挺长剑，抱儿童，只有您最能保护老百姓！⑤

以上《离骚》及《哀郢》《天问》等诸篇"民"意识章句合计 11 条。

2022 年 7 月 26 日

---

① 董楚平．楚辞译注［M］．上海：上海古籍出版社，1998：140. 译此四句为："老天爷你变了心肠，为什么叫百姓遭殃？妻离子散，家破人亡，正当二月啊逃难东方！"又注曰："不纯命，天命失常。""震愆，犹动乱；愆，错乱。""方，正当于；仲春，夏历二月。"（同书第 142 页）

② 董楚平．楚辞译注［M］．上海：上海古籍出版社，1998：96. 译此两句为："上帝派后羿来到尘寰，为的是替夏民去灾除患。"（同书第 97 页）

③ 董楚平．楚辞译注［M］．上海：上海古籍出版社，1998：147. 译此两句为："有时我真想远走他乡，看人民苦难又压下此想。"又注曰："摇起，急起。《方言》：'摇，疾也。'"又"览，看。尤，苦难。自镇，强自镇静。"（同书第 148 页）

④ 董楚平．楚辞译注［M］．上海：上海古籍出版社，1998：162. 译此四句为："人生在世各有天命，成败寿夭早已注定；安一安神，开一开心，我又何必受怕担惊？"又注曰："错，同措，安排。"

⑤ 董楚平．楚辞译注［M］．上海：上海古籍出版社，1998：63. 又注曰"竦，挺耸。艾，《孟子》注：'美好也。'幼艾，美好的儿童。正，主宰"。（第 64 页）

二十三、“无伤大雅”与“勿伤大雅”

“无伤大雅”与“勿伤大雅”，这两个现代汉语常用词都以“大雅”为尺度做价值判断，区别在于前者提倡多样性，后者则强调多样性必须有底线。笔者印象中，两者都是现代汉语的成语。日前查《辞海》（2009年版）有“无伤大雅”词条；并且《辞海》与《辞源》的“大雅”词条都将之列述为该词第三义项的句例。① 但是“勿伤大雅”未见《辞源》与历年来不断修订的《辞海》诸版。缘此，王元化晚年提倡的“勿伤大雅”说尤需重视。

《文汇报》2007年5月27日、6月3日先后刊载该报学林版主编刘绪源的访谈文《元化先生说“三国”：勿伤大雅》，其中说及诸葛孔明的追求在某种意义上代表了我国“千古学人”的风范，例如：

> 淡泊宁静之教不仅道出了儒道两家的共同点，且亦道出了千古学人应有态度，所谓“平淡的生活与高远的思想”（Plain living and high thinking），实中外学人应有之风致。
>
> 诸葛亮代表着一种精神素质，代表着我们文化中一些好的方面，虽然他不是没有局限。但一定要把他说成是待价而沽，是想到蜀国去占一个高位，这我认为是缺乏说服力的。

紧接着王元化语重心长地说道：

> 原有的文化中的好的东西，精华的东西，我们不要去抹杀它，不要去动这个根本。或者说，不要伤“大雅”。这是我的一点儿希望。②

值得注意的是，王元化这里所用的是“不要伤‘大雅’”，因此，该文标题的《元化先生说“三国”：勿伤大雅》，应该也缘于访谈者刘绪源的慧识。

半年后王元化出版《人物小记》（东方出版中心，2008年）时，又将该文作为“小引”而进一步说明：

---

① 辞海编辑委员会．辞海［M］．上海：辞书出版社，2009：309-310．又见该《辞海》1999年版第761页。（商务印书馆编辑部．辞源［M］．北京：商务印书馆，1979：671．）

② 刘绪源．元化先生说“三国”：勿伤大雅［N］．文汇报，2007-05-27．

> 今年七、八月在我住院期间，请朋友代我整理的文章分别发表在《文汇报》的《学林》和《笔会》上，前者题目是《王元化谈论语》，后者是《元化先生说三国》（正题是《勿伤大雅》）。我重新发表十多年前的旧作，并非为发表而发表，实在也含有针砭时弊之意。①

可见"勿伤大雅"乃是王元化"十多年前"（20世纪90年代）就用心思考的问题，并且是自觉感应着思想文化界存在的某种"时弊"性问题。

王元化该书"小引"中还特别强调前此《文汇报》刘绪源访谈文标题中的"勿伤大雅"是"正题"，并且进一步补充道：

> 过去学人论赞请葛亮之文多矣，文天祥就义前就曾以诸葛亮为楷模，称"或为出师表，鬼神泣壮烈"。在他以前，杜甫曾写了多首颂扬诸葛亮的诗。直到最近才发表的梁漱溟晚年回答艾恺问"最佩服什么人"时，回答是"诸葛亮"。② 现在那些妄图一手将传统推倒的人，使我不由得想起荀子所描述的麇集稷下的那些嬛薄少年，③ 其无知与妄自尊大，真可谓蚍蜉撼大树，可笑不自量了。④

以上追溯，也是笔者数年前在主编《王元化文稿》时，将该文标题冠以"勿伤大雅"的缘由。⑤

2022年7月24日

二十四、"概念化""字眼""整词儿"

日前浏览到周月亮教授《希望美学（上）》视频中批评"学院派"美学的瓶颈在于"太概念化"，成了"概念的躯壳"。于我心有戚戚焉。

《资本论》也使用概念，整部《资本论》主要是通过"商品""货币""资

---

① 王元化．人物小记［M］．上海：东方出版中心，2008：1.

② 艾恺（Guy Salvatore Alitto，1942年—），意大利裔汉学家，1975年获美国哈佛大学哲学博士学位，师从费正清、史华慈，在梁漱溟研究上堪称第一人，现任芝加哥大学历史教授。著有《最后的儒家》《这个世界会好吗?》《吾曹不出如苍生何》《南京十年的乡村建设》《世界范围内的反现代化思潮》等。

③ 嬛薄（qióng báo）：指轻薄，不庄重；犹浇薄。

④ 王元化．人物小记［M］．上海：东方出版中心，2008：2.

⑤ 王元化．勿伤大雅［M］//陆晓光．王元化文稿：思辨卷．北京：中央编译出版社，2017：438-441.

本”等一系列概念（范畴）而展开。但是20世纪美国某著名学者却从中读出了“将感情和理性成功地结合在一起的最高超的艺术”，“经济理论冰冷的事实，用大量热气腾腾的言辞表达出来，以致得到的不是它自己自然具有的热度”①。这意味着《资本论》的使用“概念”，同时也显示了一种“艺术”化或“热气腾腾”化的倾向。

《资本论》还区别了“概念”与“字眼”的不同，例如其中批评道：“没有一个学派比蒲鲁东学派更会滥用‘科学’这个字眼了，因为‘缺乏概念的地方，字眼就及时出现。’”——马克思这里引用了歌德《浮士德》中的经典台词。②

“概念”与“字眼”的区别关乎思维方式。马克思写道：“商品固有的、内在的交换价值似乎是一个形容语的矛盾，犹如‘圆形的方’‘木制的铁’一类的矛盾。”③ ——“圆形的方”，这类“字眼”显然自相矛盾。

《资本论》“商品”章结语写道：“直到现在，还没有一个化学家在珍珠或金刚石中发现交换价值。可是那些自命有深刻批判力的经济学家，却发现物的使用价值同它们的物质属性无关……。在这里，我们不禁想起善良的道勃雷，他教导巡丁西可尔说：‘一个人长得漂亮是环境造成的，会写字念书才是天生的本领。’”④ ——末句引用了莎士比亚台词，该台词表明，“字眼”与“概念”的区别还在于前者常常颠倒混乱。

近年网上流传对“整词儿”现象的批评。相关标题如：

国家养那些只会“整词儿”的专家有什么用！⑤
有种“整词儿”叫“竞赛式考评”⑥
不怀好意地“整词儿”丝毫要不得！⑦

---

① 熊彼特．资本主义、社会主义和民主［M］．吴良健，译．北京：商务印书馆，1999：42，47.

② 马克思．资本论：第1卷［M］//中共中央马克思恩格斯列宁斯大林著作编译局．马克思恩格斯全集：第23卷．北京：人民出版社，1972：84，854.

③ 马克思．资本论：第1卷［M］//中共中央马克思恩格斯列宁斯大林著作编译局．马克思恩格斯全集：第23卷．北京：人民出版社，1972：51.

④ 马克思．资本论：第1卷［M］//中共中央马克思恩格斯列宁斯大林著作编译局．马克思恩格斯全集：第23卷．北京：人民出版社，1972：101. 该台词出自莎士比亚戏剧《无事烦恼》。

⑤ 吴敬琏．国家养那些只会“整词儿”的专家有什么用！［EB/OL］．知乎（zhihu.com），2023-07-03.

⑥ 毛建国．有种“整词儿”叫“竞赛式考评”［N］．新京报，2016-11-16.

⑦ 不怀好意地“整词儿”丝毫要不得！［EB/OL］．红歌会网，2021-10-09.

某报评论员文章写道："前段时间看到武大教授吕德文一篇文章《调查研究要'想事'，不要'想词'》，他主张调查研究要有明确的问题意识，不能无中生有，不能用大而化之的概念和'大词'去覆盖具体现象。——调查研究如此，评论写作、作文写作更是如此，有深度的好文章，文字和文本不是'写'出来的，不是从现成的'语料库'里找出来的，而是在问题意识的驱动下生成的。如果没有问题驱动和问题灵魂，想靠词语去驱动，那叫'整词儿'。整词儿，编憋挤，让写作如'便秘般'痛苦，读者更痛苦。"①

此外，某学前教育刊物的一篇文章标题是《告别"整词儿"，回归幼儿教育原点》。其"摘要"说："审视幼儿教育领域不难发现，'整词儿'现象也是存在的，甚至有愈演愈烈的趋势。"②

那么，美学界是否也有与"整词儿"类似的现象或作风呢？

2023 年 2 月 6 日

二十五、"整词儿"的"审美意象"论？

"概念化""字眼""整词儿"，三者也可以是褒义词。因为黑格尔《小逻辑》由"概念"构成；陈寅恪说"凡解释一字即是作一部文化史"③，且中国古诗最讲究平仄押韵对仗用典等"整词儿"技巧。在这个意义上，管见所及，当今美学界似可推"审美意象"论为有代表性。

《论美与意象的关系》一文的作者自我介绍说，"我从 1997 年开始提出：'审美意象就是我们通常所说的美。'最近几年，我一直在论文中持'美是意象'的观点来论述审美意象问题，也引发了同行们的讨论和商榷。……这些讨论和商榷意见启发并推动了我的进一步思考"④。

——作者研究"审美意象"已有二十多年，并且乐意进一步接受"讨论和商榷"以再思。

兹以"概念化""字眼""整词儿"三者考量其所长。

---

① 曹林．整词儿［N］．羊城晚报，2023-07-02.

② 王浩．告别"整词儿"，回归幼儿教育原点［J］．幼儿教育，2022（13）：1.

③ 陈寅恪 1936 年 4 月给沈兼士回信评论沈氏《"鬼"字原始意义之试探》一文时说："凡解释一字即是作一部文化史。"（侯旭东．字词观史：从陈寅恪"凡解释一字即是作一部文化史"说起［J］．北京大学学报（哲学社会科学版），2020，57（4）：88-98.）

④ 朱志荣．论美与意象的关系［J］．社会科学，2022（2）：186-192.

（一）关于“概念化”

“‘意象’作为中国古代美学思想中的重要概念，正越来越被美学界所重视。”

“现代美学中的‘美’的概念，用的是西方美学中的‘美’的含义。”

“我们在现代美学中讨论‘美’的概念，主要以西方美学中常用的‘美’的概念为基础……”

“我们将中国古代的意象概念引入到现代美学理论之中……”

“美学中的‘美’作为名词，是抽象的概念……”

“我们日常说花是美的，但花与美是截然不同的概念。”

“美的形态不等于抽象的概念……”

“美与意象的概念是对等的……”

“我们所讨论的‘意象’概念，源自中国古代美学思想……”

“美的概念的各种资源无论出自古今，……都可以被我们用来进行美学理论建构。”

——以上所摘不下10段，其中皆有“概念”“抽象的概念”之关键词。

（二）关于“字眼”

“‘美’字的使用，……虽然与审美意义上的‘美’有着直接、间接的关系，但是中国古代‘美’的含义与现代美学中‘美’的含义并不相同。”

“我们需要把日常用语中的‘美’与美学研究中的‘美’区分开来。……古汉语中的‘美’字的含义，与现代美学学科中作为本体的‘美’是有区别的。”

“学界有人把指称具有潜在审美价值的对象的‘美’字，与作为美学本体意义的‘美’混为一谈。”

——以上三段中加引号的“美”字不下10个，皆为强调该字的“字眼”。

（三）关于“整词儿”

《论美与意象的关系》开首的“摘要”计二百多字，其中出现不下20个专业“词儿”。例如：“美学”“意象”“审美活动”“主体”“存在”“普遍性”“个体”“感悟”“判断”“创造”“感性形态”“物我交融”“能动”“统一”“本体”“现象”“创构”“审美价值”“共相”“抽象”“具体”等。该“摘要”末句还强调：“正是在这个意义上，我认为‘美是意象’。”

——以上“摘要”可见，作者相当擅长借助“概念”以及“字眼”进行

“整词儿”的工作。

笔者之所以提出讨论，也是因为这个“整词儿”作风可能与当下所说的“形式主义”不无某种类似。①

2023年2月7日

二十六、“不到延安非好汉”

标题句是笔者数年前的一时兴到语，其后时有温故而习新。近日或问理由，遂追寻思绪来由。在电脑中找出2009年中央党校学习一个月期间的笔记，主题为“如何用马克思主义中国化最新成果指导教学科研工作”。其间有一星期是到延安，笔记有如下一段纪实：

“在延安干部学院除听讲相关专题报告外，还有‘现场体验’等教学活动。后者包括：拜谒黄帝陵，参观洛川会议、延安纪念馆、凤凰山、杨家岭、枣园、宝塔山、桥儿沟（六届六中地址）、王家坪、抗日军政大学……”

延安有黄帝陵——当时留下深刻印象。

黄帝是中华民族始祖，距今五千年；延安黄帝陵是《史记》记载，也是历代华人祭拜之所；黄帝陵前有“黄帝手植柏”，“是世界上最古老的柏树”。1961年3月黄帝陵被国务院公布为第一批全国重点文物保护单位，编为“第一号”。2006年，清明公祭轩辕黄帝典礼活动列入第一批国家级非物质文化遗产名录。

鲁迅早年留日期间所写《自题小像》诗曰：“灵台无计逃神矢，风雨如磐暗故园．寄意寒星荃不察，我以我血荐轩辕。”诗中“轩辕”即指黄帝。

延安有“鲁艺”（鲁迅艺术文学院），毛泽东说“我跟鲁迅的心是相通的”。“鲁迅没有参加过长征，但他与长征有着休戚相关、甘苦与共的血肉联系。”②

“在中国共产党领导层，最早提出毛泽东和鲁迅有思想默契的，是周恩来。他在1945年说，‘鲁迅的许多思想和毛主席的思想一致’。毛泽东自己的表达，则更为感性。1949年访问苏联时，他对工作人员说，‘我就是爱读鲁迅的书，鲁迅的心和我们是息息相通的’。”③

---

① “形式主义、官僚主义既是思想问题、作风问题，也是政治问题，同我们党的性质宗旨和优良作风格格不入。习近平总书记高度重视解决形式主义、官僚主义问题，强调从讲政治的高度来审视、从思想利益的根源上来破解。这为杜绝形式主义、官僚主义指明了治本之策。”（秦培如．从根源上破解形式主义官僚主义［EB/OL］．人民网，2020-12-31.）

② 吕岩．“我跟鲁迅的心是相通的”［EB/OL］．中国共产党新闻网，2016-10-17.

③ 陈晋．毛鲁之心，何以相通［EB/OL］．党史频道．人民网，2013-10-14.

但是迄今少有论者从延安黄帝陵背景讨论毛泽东与鲁迅何以“心相通”问题。对笔者而言这个新发现也意味着，“延安—黄帝陵”堪称首屈一指的马克思主义中国化的引力场。

黄帝也是道家始祖。《庄子·大宗师》：“夫道，……黄帝得之，以登云天。”《黄帝内经》是中国最早医学典籍。司马迁《史记》以“黄老”并称，“黄老之学”为黄帝之学和老子之学的合称，也是黄帝为首。

王国维《屈子文学之精神》称“屈子南人而学北方之学者也”，又称南方学派“所常称道”者首先是“黄帝”①，由此看来，对于距离延安比较遥远的南方文人学士，尤其堪称“不到延安非好汉”。

2022 年 6 月 16 日

二十七、莫言“呐喊”与“脱贫攻坚”

2012 年《莫言诺贝尔文学奖颁奖词》的汉译文称：

> “莫言的家乡是一个无数美德与最卑鄙冷酷交战的地方。那些敢于去的人，等待你们的将是一次踉跄的文学冒险。中国以及世界何曾被如此史诗般的春潮所吞噬？在莫言的作品中，世界文学发出的巨吼淹没了很多同代人的声音。”
>
> “在莫言的作品中，一个被人遗忘的农民世界在我们的眼前崛起、生机勃勃，即便是最刺鼻的气体也让人心旷神怡。”
>
> “他是继拉伯雷和斯威夫特之后，也是继我们这个时代的加西亚·马尔克斯之后比很多人都更为滑稽和震撼人心的作家。”②

其中使用了“巨吼”一词。恰巧一百年前的鲁迅出版了小说集《呐喊》。③并且，莫言的“巨吼”不仅是发自“农民世界”，不仅是“震撼人心”，而且被

① 王国维．屈子文学之精神［M］//谢维扬，房鑫亮．王国维全集：第十四卷．杭州：浙江教育出版社，2009：97-101.

② 诺贝尔委员会对莫言的颁奖词［EB/OL］．搜狐网。

③ 1923 年 8 月 3 日，鲁迅的第一本小说集《呐喊》由北京新潮社出版，其中收录了鲁迅 1918 年至 1922 年间发表的 14 篇小说，包括《狂人日记》《孔乙己》《阿 Q 正传》等。“《呐喊》是中国现代小说开端与成熟的标志，表现出对民族生存浓重的忧患意识和对社会变革的强烈渴望，奠定了鲁迅在中国现代文学史和现代文化史上的地位。”（鲁迅短篇小说集《呐喊》［EB/OL］．百度百科．）

认定为"世界文学发出的巨吼"，全世界都听到了莫言"巨吼"的声音。

莫言《获诺奖感言》一开始谈论的是"饥饿"：

> "我记忆中最早的一件事，是提着家里唯一的一个热水瓶去公共食堂打开水。因为饥饿无力，失手将热水瓶打碎，……"
>
> "我记得最深刻的一件事是一个中秋节的中午，我们家难得地包了一顿饺子，每人只有一碗。正当我们吃饺子时，一个乞讨的老人，来到了我们家门口，……"①

在莫言成名作《透明的红萝卜》（1985 年）② 中，"那个浑身漆黑、具有超人的忍受痛苦的能力和超人的感受能力的孩子，是我全部小说的灵魂"③。这位主人公的原型曾因饥饿而偷过生产队的一颗红萝卜。④

莫言的《天堂蒜薹之歌》⑤ 也发表于 20 世纪 80 年代，取材于现实生活中发生的真实事件。小说"多角度多侧面地描写了农民当时当下的生存状态，以及由此引发的悲剧故事"⑥。

莫言获诺奖前夕所写《饥饿与尊严》中说：

> 母亲没读过书，不认识文字，她一生中遭受的苦难，真是难以尽述。战争、饥饿、疾病，在那样的苦难中，是什么样的力量支撑她活下来，是什么样的力量使她在饥肠辘辘、疾病缠身时还能歌唱？⑦

著名"三农"问题专家李昌平曾于 2000 年 3 月上书国家领导人，述说"农

① 诺贝尔委员会对莫言的颁奖词［EB/OL］. 搜狐网。

② 1985 年莫言 30 岁，在《中国作家》第二期发表中篇小说《透明的红萝卜》引起反响。1986 年，小说集《透明的红萝卜》由作家出版社出版。

③ 莫言．获诺奖感言［EB/OL］. 中国新闻网，2012-12-08.

④ "譬如《透明的红萝卜》中那个自始至终一言不发的孩子，我的确曾因为干过一件错事而受到过父亲的痛打，我也的确曾在桥梁工地上为铁匠师傅拉过风箱。"（莫言《获诺奖感言》）

⑤ 2012 年莫言获得诺贝尔文学奖后，诺贝尔奖官网摘录了《天堂蒜薹之歌》一章节，作为对莫言作品的介绍，并且从 1988 年创作之后被翻译成多国文字语言销往西方多个国家。

⑥ 张掖阅读．天堂蒜薹之歌［EB/OL］//莫言的 10 部最经典作品．搜狐网，2017-07-21.

⑦ 莫言．饥饿与尊严［J］. 党政论坛，2011（6）：48-49.

民真苦，农村真穷，农业真危险”①。莫言的“呐喊”在时间上早了十多年。

百度“脱贫攻坚”词条称：“2015年11月23日，中共中央政治局审议通过《关于打赢脱贫攻坚战的决定》。”“2021年2月25日，全国脱贫攻坚总结表彰大会在京隆重举行，习近平庄严宣告：我国脱贫攻坚战取得了全面胜利；② 同年3月9日，联合国秘书长古特雷斯致函习近平祝贺中国脱贫攻坚取得重大历史性成就 。”③

这个“重大历史性成就”，似也与莫言小说的“呐喊”不无关系。

2023年4月16日

二十八、《人文东方：旅外中国学者研究论集》

本书所收论文的作者主要为中国改革开放以来出国留学旅居海外并学有所成的人文领域的学者。改革开放以来出国留学者众多，他们或学经济科技，或读社会人文，无论他们学成后作何选择，由于与祖国大陆的天然联系，其工作和研究客观上构成了广义的中国发展的一个特殊部分。以管见所及，迄今国内对于出国留学攻读社会人文者群体的关注明显少于对出国留学攻读经济科技者群体的关注。如果说精神文明的建设与物质文明的建设同样是中国现代化发展事业所不可偏倾的一翼，如果说中国学术文化的价值早已不囿于本土域内，她的发展也同时是旅外学者的期盼和追求，如果说在全球化格局中海外学者的传播和研究正在构成中国学术文化发展的一个特殊部分，并且可能起某种特殊参照或借鉴作用的话，那么我们有理由比以往更多更自觉地关注海外的中国学术文化状况，尤其是关注与祖国有天然联系的旅外中国人的中国学术文化研究。本书期望借此从一个侧面展示旅外中国人文学者这一群体的本土情愫与学术风貌。

旅外中国人文学者由于他们出身中国文化的背景，这种背景通常构成他们

---

① 李昌平：三农问题专家。男，汉族，1963年4月生于湖北省监利县。……2000年3月，致信朱镕基总理，反映当地面临的突出问题。此信引起中央对三农问题的关注。（参见百度百科“李昌平”词条）

② “在迎来中国共产党成立一百周年的重要时刻，我国脱贫攻坚战取得了全面胜利，现行标准下9899万农村贫困人口全部脱贫，835个贫困县全部摘帽，12.8万个贫困村全部出列，区域性整体贫困得到解决，完成了消除绝对贫困的艰巨任务，创造了又一个彪炳史册的人间奇迹！”（习近平．习近平谈治国理政：第四卷［M］. 北京：外文出版社，2022：125.）

③ 联合国秘书长古特雷斯致函习近平祝贺中国脱贫攻坚取得重大历史性成就［EB/OL］. 新华网，2021-03-09.

在异域生存攸关的"identity"（身份性质），他们对祖国文化潜藏着一种中国本土学者未必能够同样深切感受到的挥之不去的母体情结；对于他们，研究中国学术文化通常不仅仅是一种专业或职业的技能操作，而同时带有文化认同和身份确证的或潜在或自觉地意识。因此，即便是与本土学者似乎以同样方式讨论同样论题，即便是这种讨论似乎并不涉及价值问题，但从作者主观方面言之，其阐说可能包含着超出中国本土学者所感所论的意蕴；从客观方面言之，同样的论题在异域环境中的提出，本身意味着中国学术文化引力场的世界性延伸。这两者都理应受到中国本土学术文化界的重视。

由于身处异域的文化环境和在异文化环境中的研读积累，旅外学者对中国学术文化的研究较之中国国内大部分学者一般具有直接、本真的"跨文化"视域的特点。一方面，当一个在异文化环境中呼吸生息的主体考察中国学术文化论题时，他的考察本身已经直接构成一种跨文化活动；他的考察可能不仅包含对不同文化之差别的知性思考，而且包含对不同文化之差别的感性体验，后者是囿于本土文化环境中的人所不易具体感知的。由于这种感性体验的浸润，他在知性思考层面可能更具有某种"跨文化比较"的真实性。另一方面，正如当代不少哲学家所强调的那样，文化首先是一种语言现象。在这个意义上，本真的跨文化视域意味着需要掌握两种不同文化的语言。在本书所收录的中文表述的论文中我们不难发现，不仅诸多论题具有直接的跨文化性质，而且诸多论者所据以论证的资料来源是跨语言的。这种文本形式上的跨语言特点显示出旅外学者学术风貌的某方面特征。从中国本土学术文化研究的角度视之，这种特征未必不同时包含其某方面短处，但至少对于中国本土有兴趣于比较文学或比较文化的研究者，它应当可谓具有独特的意义。①

2002 年 7 月 12 日

① 以上摘自 20 多年前出版的一部编著：陆晓光，邵东方．人文东方：旅外中国学者研究论集［M］. 上海：上海文艺出版社，2002：6-8. 该编著由王元化任顾问，该书扉页是施蛰存、徐中玉、钱谷融三位前辈的题签，钱谷融的题签为："人文东方，源远流长。"

跋

本书是海内外首部以《资本论》为对象做美学专题和综合研究的著作。课题的学术缘起见本书绪论所述，这里再从个人经历方面略作补充。

一

笔者曾担任大学中文系主干课程“马列文论”的主讲人近二十年。这门课当初是为适应新中国特色社会主义计划经济时代的社会需求而开设，20 世纪 90 年代前期笔者承接这门课程时正值我国向社会主义市场经济体制转轨的年代。因此，通行教科书与社会变迁之间的滞后是不难想见的。如何对这门课的教学内容加以创新性发展，想必也是全国高校每一位“马列文论”课程的任教者都不得不面对的新课题。在这个意义上，本书是作者在大学“马列文论”课程岗位上长期勉力应对本职工作之挑战的“凝聚”物（海德格尔释《农鞋》术语①）。

本书作者在中学毕业后的 1970 年代初曾进入上海电焊机厂工作六年，虽然该厂在 20 世纪 90 年代后“转轨”而去，但是对于本书作者而言却是留下了精神遗产。精神遗产之一是“认真看书学习，弄通马克思主义”②。近日回望尚得留存的当年日记，发现其中颇有与本课题有所关联的印记。兹摘录其中一则落款为“1973 年 8 月 6 日”的片段：

在看马列的书时自己不解的一个问题，马克思在自己所处的那个资

① 见本书第 164 页。

② “认真看书学习，弄通马克思主义”，提出者毛泽东，提出时间 1970 年 8 月 31 日在党的九届二中全会上。（参阅：胡晓琛. 跟随伟人学马列［EM/OL］. 中共中央党史和文献研究院，2020-04-28.）

本主义鼎盛时代曾经阐述过这样的思想：无产阶级要取得政权单在一个国家内是不能成功的。《共产党宣言》写道："联合的行动，至少是各文明国家的联合一致的行动，是无产阶级获得解放的首要条件之一。"列宁后来根据对发展到了帝国主义阶段的资本主义世界的分析而指出：社会主义将在帝国主义某一个薄弱环节取得胜利，而其余的国家在一个相当长的时期内还将是资本主义社会。列宁的这一新论断创造性地发展了马克思主义。

据现在的解释，马克思、列宁在这个问题上的见解都是对的。为什么马克思是对的呢？因为：1. 在当时的时代条件下中，马克思的结论是与客观相符合的；2. 由于历史条件的限制，马克思未能也不可能得出列宁后来的新结论。

这个问题使我联想到另一个问题。

武装夺取政权，用暴力推翻现存的资本主义制度，这是马克思在当时没有原子弹的条件下所阐述的思想。……根据这一思想，在想象中对现今出现了原子弹这一毁灭性武器的时代走向做推测，就不免会发现这样一个矛盾：无产阶级进行暴力革命必然引起资产阶级的拼命抵抗，资产阶级拼命抵抗的结局很可能使其丧心病狂地投掷原子弹。这样一来，整个地球上便一切都化为乌有，那么"共产主义"也就自然无从寻求了。

由于对这个问题尚未理解，对修正主义者们今天的罪恶本质，我当然也就看得不透了。

上面所说的问题，在今后的学习中是可以逐步理解的。因为我的不理解，根本原因就在于学习不够。(中略)

今天读来，这条日记不啻在文字表述上相当稚拙。然而，试图通过"认真看书学习"来解答自己一时"不理解的问题"，这正是当年普遍倡导的"弄通马克思主义"的思想方法。由此，本课题的研究也可以追溯到作者 50 多年前所接受的"弄通"之思想方法。

二

青年马克思的博士论文题目是《德谟克里特的自然哲学和伊壁鸠鲁的自然哲学的差别》，其中聚焦研讨了"原子偏离直线运动"的哲学意义。德谟克里特

(Democritus，前460年—前370年）是“伟大的古希腊唯物主义哲学家，原子论的创始人之一”①。稍后的伊壁鸠鲁（Epicurus，前341年-前270年）则被马克思推重为“最伟大的希腊启蒙思想家”②。双方“都以激烈的论战方式驳斥相反的观点”③。就德谟克里特而言，“他把一切都归结为必然性”④，他的“必然性”概念是以“原子的直线运动”为依据，后者意味着万事万物的因果律。德谟克里特名言：“我发现一个新的因果联系比获得波斯王国的王位还要高兴！”⑤而伊壁鸠鲁在哲学史上率先肯定了“偶然性”范畴的重大意义。马克思指出：“在承认原子偏离直线这一点上，伊壁鸠鲁与德谟克里特不同了。”⑥

马克思在分析中还强调：

> 在原子中未出现偏斜的规定之前，原子根本还没有完成。追问这种规定的原因，也就是追问使原子成为原理的原因。⑦

因此，“伊壁鸠鲁的原子偏斜说改变了原子王国的整个内部结构，因为在偏斜中形式的规定性显现出来了，而原子概念中所包含的矛盾也实现了。……而德谟克里特则只认识到它的物质存在”⑧。

马克思还据此赞扬了伊壁鸠鲁“偏斜运动”说的思想解放意义：

> 因此，正像原子从直线中抽象出来，偏离直线，从而从自己的相对存在，从直线中解放出来那样，整个伊壁鸠鲁哲学到处都脱离了具有局限性的定在，……⑨

---

① 马克思．德谟克里特的自然哲学和伊壁鸠鲁的自然哲学的差别［M］//中共中央马克思恩格斯列宁斯大林著作编译局．马克思恩格斯全集：第40卷（人名索引）．北京：人民出版社，1982：957. 他“精通物理学、伦理学、数学，百科全书式的各种科目，各种艺术。”（同书，第201页）

② 同上，第242页。

③ 同上，第205页。

④ 同上，第203页。

⑤ 同上，第206页。

⑥ 同上，第209页。

⑦ 同上，第213页。

⑧ 同上，第217页。

⑨ 同上，第214页。“偏斜运动打破了‘命运的束缚’”。（同书，第213页）

笔者之所以回瞻马克思这篇博士论文，不仅因为当年本人撰写博士论文①之初阅读过它，也因为今天追溯起来，本课题的立意和完成在某种程度上也可谓是缘于作者学习生涯也经历过“原子偏离直线的运动”：例如从早年工厂工作多年后“偏离”到大学校园读书，又从国内高校任教“偏离”到海外访学多年。本书所据文献中的日文版《资本论》（东京：大月书店，1972 年）是在神户大学任客座教授期间寻觅而得，又本书第十六章所论“作为资产阶级‘劳动’英雄的鲁滨逊”节，其旨趣也缘于作者本人在海外“漂流”过程中亲历过“物质生产领域”的劳动（打工）。《资本论》“机器和大工业”章提出过一个前瞻性的“生死攸关的问题”，这就是：“用那种把不同社会职能当作互相交替的活动方式的全面发展的个人，来代替只是承担一种社会局部职能的局部个人。”② 本书作者对“全面发展”的追求，也包括在海外多次的“打工”经历。在此也要感谢当年曾经提供各种“打工”机会的海外友人，虽然一直以来是“相忘于江湖”。

三

尤其要感谢华东师范大学中文系原党总支书记马鼎三（1934—2023）老师。本书作者 90 年代早期在海外亲历“原子偏离直线的运动”后回国，曾受到热诚帮助与厚重指教，十多年后又得赠一本题为《护短集》的新书。其中有一篇是马老师 20 世纪 60 年代从大学回农村老家省亲途中所遇的纪事，小标题为“一块月饼能救命吗?”，摘引如下：

> 我一个人到了河边渡口，一看河里涨起了大水，浮边浮沿，过了河就是我的村庄，渡船却留在了对岸。河边草丛边上坐了一位老大娘，模模糊糊看不清面目。没等我开口，她先轻声慢语地问：兄弟，是想过河吧？看来不等天亮不会有人来摆渡了，这么大的水！

① 笔者的博士论文题目是：中国政教文学之起源——先秦诗说论考［M］. 上海：华东师范大学出版社，1994：1-199.

② 马克思．资本论：第 1 卷［M］//中共中央马克思恩格斯列宁斯大林著作编译局. 马克思恩格斯全集：第 23 卷. 北京：人民出版社，1972：534-535.

我问她是哪庄的？告诉我是东北庄的，到河南走闺女家，听说家里小孙子病重了就连忙往家赶，谁知道涨水了，过不了河。真是急死人了！听她一说我也为她老人家着急了。就问她是啥病，她说这孩子四五岁都没生过病，还不是饿得撑不住了！她一边喃喃抽泣，一边诉说，四五天前家里就断顿了，只吃点青红芋叶子哄哄肠肚，孩子咽不下去，想来想去还是到闺女家看看，想多少弄点吃的救急。哪知道闺女家也是有一顿无一顿地吃着青庄稼了。闺女哭着把我送出了村庄。她有啥办法呢！这时老人家已经泣不成声了。我忍不住眼泪夺眶而出，在掏手帕时，无意碰到了包袱，骤然想起包袱里还有一块吃剩下的月饼，是学校食堂做的，很普通的大众化点心。此时此刻我想老人家不会嫌弃，就翻出来放在老人家手上。她一惊，问是什么东西，告诉她是一只不太好的月饼，她看看手里的月饼，然后反复地打量我，于是慢慢地站起来弯腰给我跪下。可把我吓了一大跳，连忙搀起老人家。她却双手捧着月饼作揖连连，口称谢谢救命的恩情！我别过脸去，再也抑制不住自己的眼泪……①

"一块月饼能救命吗?"——这显然是一个有关"偶然性"范畴的问题。由此想来,《护短集》作者的心路历程中也有过对偶然性事件的深切体验。本书作者经历"原子偏离直线的运动"后有幸受到伊壁鸠鲁式的帮助指教，应该并非出于偶然。谢谢马老师!

本书作为国家社科基金项目（项目批准号 11BZW018）起始于 2011 年 7 月 1 日，迄今已历十多年。三年前（2021 年中共建党一百周年）出版的《读〈资本论〉》② 是可谓本课题的前期成果。之所以历时十多年，原因之一是笔者在本职教学工作之外同时承担了所在学校的王元化研究中心与东方文化研究中心的筹建与主事工作。今天回瞻，这两项工作也堪称"《资本论》美学研究"课题的实践性努力。期间得到复旦大学学术委员会主任闻玉梅先生的来函勉励。华东师范大学校友殷一璀同志、上海社科院文学研究所原所长陈伯海先生、华东师范大学原副校长郭豫适先生，以及原上海电焊机厂老团委书记李胜才同志等对笔者的研究工作都有所关心。本课题的成书过程还得到年轻一代中文系原

① 马鼎三．沉痛的往事//护短集［M］．香港：新知出版社，2006：20-21.

② 陆晓光．读《资本论》［M］．北京：光明日版出版社，2021：1-302.

党委书记余佳同志等的协助。责编王佳琪同志的专业精神也协同印证了本书提出的“工作美学”原理。一并致谢。

是为跋。

2024 年 6 月 16 日（父亲节）

2024 年 11 月 30 日修订

本书前期成果得到国家社科基金立项资助

·政治与哲学书系·

《资本论》美学研究

（上册）

陆晓光｜著

光明日报出版社

图书在版编目（CIP）数据

《资本论》美学研究：上下册 / 陆晓光著 .
北京：光明日报出版社，2025. 1. -- ISBN 978 - 7 - 5194 - 8412 - 5

Ⅰ. A811. 23；B83

中国国家版本馆 CIP 数据核字第 2025XN9946 号

《资本论》美学研究（上下册）

《ZIBENLUN》MEIXUE YANJIU（SHANG XIA CE）

著　　者：陆晓光

责任编辑：杨　娜　　责任校对：杨　茹　李学敏

封面设计：中联华文　　责任印制：曹　净

出版发行：光明日报出版社

地　　址：北京市西城区永安路 106 号，100050

电　　话：010-63169890（咨询），010-63131930（邮购）

传　　真：010-63131930

网　　址：http：//book. gmw. cn

E － mail：gmrbcbs@ gmw. cn

法律顾问：北京市兰台律师事务所龚柳方律师

印　　刷：三河市华东印刷有限公司

装　　订：三河市华东印刷有限公司

本书如有破损、缺页、装订错误，请与本社联系调换，电话：010-63131930

开　　本：170mm×240mm

字　　数：892 千字　　印　　张：43. 5

版　　次：2025 年 1 月第 1 版　　印　　次：2025 年 1 月第 1 次印刷

书　　号：ISBN 978 - 7 - 5194 - 8412 - 5

定　　价：158. 00 元（上下册）

劳动是一切有劳动能力的公民的光荣职责。

——《中华人民共和国宪法》(2018)

序

蒋述卓

晓光兄是我的博士同学，我们在1985年8月同时进入导师王元化先生的门下，是王先生门下五位门生中最早的一批，第二年吴琦幸从华东师大古籍研究所徐震锷先生门下转入王先生的门下。我们两人被分配在华东师大的第五宿舍四楼的一间宿舍里一起住了三年。他是上海本地人，又是本校本系徐中玉先生指导的硕士直接考上来的，熟门熟路，自然对我有许多关照。每逢周末他就回家了，给我留下更多可以补补觉的空间。我们经常讨论学术上的问题，有时还拉上隔壁哲学系的高瑞泉，还有住宿舍东头的教育系的丁钢和历史系的张鸿雁以及数学系的同学等。神聊之后到了深夜，我们还会拉出床底下藏着的电炉来，煮点面条，放两个鸡蛋做消夜。那时候没有内卷，只有情谊和相互照顾，各学科的博士生之间相互串门，为跨学科提供了很好的条件。

毕业之后，我到了广州，也是南方以南了，两人虽有书信问候，但较少见面，我去上海开会，偶尔会与他吃顿饭见个面，相互间都知道一切安好，也就各自安心了。2011年他以《〈资本论〉美学研究》为题申请到了国家社会科学基金项目的立项，我自然很为他高兴。当然也挺为他担忧，他长期做的是中国古代文学理论研究，博士论文写的是《中国政教文学之起源——先秦诗说论考》，如今有这样的跨度是不容易的呀！

他是一个慢性子的人，很能坐冷板凳，不求闻达，正如他会下围棋，一坐两小时不动，不急不躁，这是我很佩服他的地方。记得毕业时他送我一副围棋，希望我有朝一日也下下围棋，但我始终只是围棋观看者，没有深入下去。他的项目早已结题了，但有关《资本论》美学研究的书到现在才拿出来出版，其间也已经有了十年的时光。十年磨一剑，用在他身上，刚刚好！

他之所以选择这样一个具有学术难度的题目，自然有他对导师王元化先生的尊重和对导师学术传统的传承，因为王先生在《文心雕龙》研究中有16处提到马克思《资本论》，是中国人文学术界最早认真研读《资本论》者，王先生最早将《资本论》与中国古典美学经典《文心雕龙》做相互联系的研究，并采取《资本论》的研究方法做指导。看完晓光兄的书稿，我方知道，做这样的研究他是早有想法，而且是心有情愫的。他做这样的研究完全是出于喜欢，是一个“非生产劳动者”，他的写作与出版，不需要去评职称拿“称号”，书出来也拿不到多少版税，可能还要花一定的出版经费才能使书与读者见面。他的写作完全是马克思所说的密尔顿“像春蚕吐丝一样而写作”，是一种美学的创造。

所以，他从劳动入手去讨论美学。从劳动创造了美的角度，他援用美学家朱光潜对马克思《资本论》的理解：劳动范畴是理解美学客观性的钥匙，艺术就是一种生产劳动。在“绪论”里，他开宗明义地论述了《资本论》与美学的关系，提出《资本论》蕴含着丰富而深刻的美学思想。写作此书的意义与价值就在于他揭示了马克思的政治经济学思想与美学的紧密关系，也在于他揭示了马克思《资本论》的原理与中华优秀传统文化中的古典美学有着相互契合的地方。这十分符合当下研究“第二个结合”的学术态势。

精彩的地方就在于他对于中国古代美学中的经典“庖丁解牛”的解读和分析，他从庖丁解牛的劳动性质去讨论《资本论》中的“劳动”范畴，认为庖丁的解牛是强体力劳动和手工业者，但因为庖丁的长期劳动使他成为专门的职业性劳动，到后来因为掌握了解牛的规律，还使他的工作兼具了艺术性，在他身上的劳动就有了与美学相吻合的地方：手工艺活动既是劳动，也是艺术。《文心雕龙》中的“雕”和它所追求的境界“龙”的文艺，也就被视为潜在的具有手工劳动乃至匠人制作的基因。《文心雕龙》中的有关文艺制作论的论述就具有了与“劳动创造美”相契合的地方。这就是从中国语境去理解马克思主义文艺理论的高明之处，超越了那种中西相隔的疏离。

或许是下围棋的缘故，晓光兄喜欢辨析概念，让读者沿着他的思路前行，写作上的思维缜密是他的优长。在书中，他用“上编”讨论“劳动美学”，用“中编”讨论“工作美学”，其根据就来自恩格斯在第四版《资本论》讲商品的价值时区别劳动的两种性质，即创造使用价值的并具有一定质的劳动叫作 work，以与 Labour 相对；创造价值并且只在量上被计算的劳动叫作 labour，以与 work 相对。晓光依此区别并创造了“劳动美学”（labour aesthetics）和“工作美学”（work aesthetics）这两个范畴，并在“庖丁解牛”的寓言叙事与《资本论》创作过程的相似度上做出了五方面的比较，借以说明这就是“工作美学”，一种脑力劳动的创造性劳动。马克思曾经把《资本论》的创作称为“我的劳动”，这显然就是一种属于脑力劳动的“工作美学”。

为了进一步证明《资本论》是一种创造性劳动，晓光兄还从《资本论》的结构艺术、思辨之美、叙事风格、人格化叙事的独创性等，强化了马克思“工作美学”的卓越表征。其中他说道，“重视《资本论》结构艺术，至少部分原因在于其本人的审美情愫”。在说到《资本论》的思辨之美时，他从思辨概念的清晰之美、思辨术语的准确之美、思辨方法的逻辑力量之美、思辨叙述的“文若钩锁”之美，道出了《资本论》思辨之美是一杯清水式的清澈之美，这便是《资本论》创作的独照之境。

至于他在每编之后都附有他的一些研思笔记，甚至在书最后还附上“札记”，这自然也是想效仿与继承导师王元化先生的学术传统。王先生在他的不少著作中也是这么做的，表明他不拘泥于所谓宏大的体系，书中那种附录式的做法，目的在于可以发挥自己的发散性思维，让写作有更好的延续性和辐射性。从这一点说，晓光兄对老师学术传统的继承是花了心思的。当然，从整体上说，晓光兄的这种跨学科与跨界的研究法，也是从王先生的综合研究法得来的。学术上的薪火相传，就这样在导师与弟子们的相续相传中得以实现。

其实，我觉得晓光兄还是写得太长了，舍不得将多年来的研究割爱，全书近 700 页，确实有些长了，尽管他告诉我已经删去十几则研思笔记……当然这只是我的感觉而已，不一定准确。

奔跑吧，兄弟！虽然年过古稀，我们在传承王先生的学术传统上还有更长更远的路要走，要跑。更要保持身心的健康，握手！

2024 年 4 月 9 日于暨南大学草就

本书作者附记

《〈资本论〉美学研究》课题十多年前作为国家社科基金项目立项后，闻得受到时任评审委员的蒋述卓教授的力荐，遂有知音之感念；日前书稿打印之际又读到述卓兄刚发表的论文《“‘第二个结合’是又一次的思想解放”的超越性》(《南方日报》2024-03-17)，其中一段写道：“习近平总书记指出：‘马克思主义和中华优秀传统文化来源不同，但彼此存在高度的契合性。’正是在这个逻辑点上，中国共产党人既是马克思主义的坚定信仰者和践行者，又是中华优秀传统文化的忠实继承者和弘扬者。”今天回瞻，这“第二个结合”也正可谓我们导师王元化先生长期不懈的学术追求，以及本书立意的初衷所在。

本书打印成稿后也报告于作者所在华东师范大学的现任党委书记梅兵教授，并得勉励。因为多年前梅兵教授作为副校长关心过王元化研究中心的工作，也因为数年前又聆听过梅兵书记的“建党百年示范党课第一讲”，由此得知《资本论》首部中文全译本的译者郭大力先生当年是华东师范大学前身大夏大学的校友。本书也期望有所赓续这个优良传统。

本书内容在某种程度上可能超出了通常认为的“中文系”专业范围，原因也缘于作者当初与述卓兄在“华东师大的第五宿舍四楼的一间宿舍里一起住了三年”的期间，忝任过上海市政协委员，当时与王元化、钱谷融等前辈一起在数次年会期间关注并研讨过超出中文专业范围的问题；虽然做得未必很好，甚至有过失误，但其时的印记可能潜移默化地为本课题视域提供了思想养料。

沪上青山石斋

2024 年 4 月 10 日

目　录
CONTENTS

下编 《资本论》与“文心”

绪　论

第一节　中国美学中的《资本论》①

《资本论》与美学之间的关系并不是一个陌生话题。我国文艺理论和美学研究论著中多有涉及或引鉴《资本论》。我们首先要对最初提出“尊劳主义”的李大钊表达敬意：

> 我觉得人生求乐的方法，最好莫过于尊重劳动。一切乐境，都可由劳动得来；一切苦境，都可由劳动解脱。……晓得劳动的人，实在不知道苦是什么东西。譬如身子疲乏，若去劳动一时半刻，顿得非常的爽快。……免苦的好法子，就是劳动。这叫做尊劳主义。②

一、文艺美学论著中的《资本论》

老一辈学者中，朱光潜曾预言，《资本论》“对未来美学的发展具有我们多数人还没有想象到的重大意义”③。宗白华晚年译介过德国学者的《马克思美学思想里的两个重要问题》，其中讨论的主要是《资本论》“劳动”范畴与“理解

---

① 本文为国家社科项目（批准号 11BZW018）成果《〈资本论〉美学研究》的绪论之一，初刊于《语文学刊》2019 年第 3 期。

② 李大钊．现代青年活动的方向［M］//李大钊．李大钊选集．北京：人民出版社，1959：160.

③ 朱光潜．艺术是一种生产劳动［M］//朱光潜．谈美书简．南京：江苏文艺出版社，2007：40.

审美客观性的钥匙”之关系。① 蔡仪认为《资本论》对“劳动二重性”的分析，其美学意义超越了《巴黎手稿》。② 李泽厚最早的《论美感、美和艺术》论文采用了“类似《资本论》的‘从抽象到具体’的研究方法”③。高尔泰《论美》强调“美的王国是一个自由王国”，“自由的王国只是在由必须的和外在目的规定要做的劳动终止的地方才开始”。其“自由”的思想资源显然来自《资本论》。④ 蒋孔阳曾以《资本论》逻辑思维“光辉典范”比照说明艺术思维特征。⑤ 20 世纪 80 年代我国改革开放以后，就笔者有限视域所见，陆梅林主编的《马克思恩格斯论文学艺术》系统地摘编了马克思和恩格斯著述中与文艺美学相关的资料，出自《资本论》的条目有不下 35 条，其中之一是李卜克内西（Wihelm Liebknecht，1826—1900）的评论：

---

① 该文是宗白华（1897—1986）去世前于 1985 年所译。其中一段为：“马克思写道：‘在劳动者方面表现于不安定的形式里的，现在作为静的品质，在存在的形式里，表现于产品方面。’”（见《资本论》第 1 卷德文本第 189 页）宗白华．宗白华全集：第 4 卷［M］．合肥：安徽教育出版社，2008：610，614.

② 蔡仪写道：“马克思对于产生价值的劳动作了科学的分析，提出了‘劳动二重性’的学说。”“我们认为正是由于这一发现，商品两种价值的根源得到了科学的说明，而剩余价值学说的理论因此奠定了坚实的基础。”蔡仪．蔡仪文集：第 4 卷［M］．北京：中国文联出版社，2002：375.

③ 李泽厚早年写道，巴尔扎克“凭借着形象思维典型化而创造的葛朗台老头这一巨大的艺术形象，就跟《资本论》凭着逻辑思维的抽象所分析的资本家一样，深刻地反映了社会生活的本质，同样达到了人类认识的理性高级阶段”。李泽厚．论美感、美和艺术——兼论朱光潜的唯心主义美学思想［J］．哲学研究，1956（5）：31.

④ 高尔泰．论美［M］．兰州：甘肃人民出版社，1982：57. 该书还写道：“有多少自由就有多少艺术。但是另一方面，这种自由又不是无限的，它必须在一个共同的基础上统一起来。正像一个乐音的升降变化必须服从统一的主旋律，没有一个主旋律，乐音的变化就变成了噪音的不协调，就不再是美与艺术了。我们现在提倡文艺创作在‘四项基本原则’的基础上统一起来，是正确的和必要的，是完全符合美与艺术的规律的。”（第 76 页）该书总结：“人类的历史，正在由地方史的综合，转化为统一的世界史。……实践证明，只有马克思主义，才能完成这个伟大任务。……马克思所提出的共产主义理想，正是在尊重个别差异的基础上统一起来的‘自由人的公社’。进入这个公社，是人类从必然王国向自由王国的飞跃。这一飞跃是人的胜利，也是美的胜利。”（第 77 页）所谓“自由人的公社”，亦即《资本论》提出的“自由人的联合体”。1986 年《美是自由的象征》（人民文学出版社）一书中又写道：“在马克思的著作中，‘劳动’这个词具有深广的实践意义，不同于通常所谓的‘干活’等。”其理论依据为《资本论》关于“专属于人的劳动”的论述（第 6 页）。该书关于“自由王国”的论述见第 20、69、115 页。

⑤ 蒋孔阳．形象思维与艺术构思［J］．文学评论，1978（2）：25-33.

> 《资本论》的风格是很难了解的，但这本书所阐明的论题难道是容易懂得么？风格不仅表现其人，也表现其物，它必须使它本身适应于探讨的对象。……谁抱怨《资本论》的风格之难，难于了解甚至沉重，只不过表明他承认自己是个懒汉或没有思维能力而已。①

王若水在《谈谈异化问题》中说："金钱本来是死的东西，倒过来把人统治住了。物把人统治住了。马克思把这个叫作劳动的异化。马克思就按照这一条思路，研究政治经济学，写了《资本论》，并且得出结论，要消灭异化，就要消灭剥削。经济的异化是其他一切异化的根源。"② 李思孝认为，马克思研究政治经济学而提出的"人体解剖对猴体解剖是一把钥匙"的著名方法论，对于研究文艺在阶级社会发展的一般情况，"也是有帮助的"③。纪怀民、陆贵山等编文艺理论教材在阐释"劳动创造了美"命题时，引述《资本论》相关论述为依据："劳动资料是劳动者置于自己和劳动对象之间、用来把自己的活动传导到劳动对象上去的物或物的综合体。劳动者利用物的机械的、物理的和化学的属性，以便把这些物当作发挥力量的手段，依照自己的目的作用于其他的物。"④ 董学文在《马克思与美学问题》中引用《资本论》是"金和银，一旦从地底下出来，就是一切人类劳动的直接化身"，以说明劳动产品潜在的审美属性。⑤ 复旦大学中文系文艺理论教研室编著的《马克思主义理论发展史》，强调了《资本论》一段论述的方法论意义："要研究精神生产和物质生产之间的联系，首先必须把这种物质生产本身不是当作一般范畴来考察，而是从一定的历史形式来考察。"⑥ 叶朗推荐"十部美学读物"的首部即《资本论》。⑦ 童庆炳等编著的

---

① 马克思恩格斯论艺术：二［M］. 陆梅林，辑注. 北京：人民文学出版社，1983：331.

② 王若水. 谈谈异化问题［J］. 新闻战线，1980（8）：8-13.

③ 李思孝. 马克思恩格斯美学思想浅说［M］. 上海：上海文艺出版社，1981：256.

④ 纪怀民，陆贵山，周忠厚，等. 马克思主义文艺论著选讲［M］. 北京：中国人民大学出版社，1982：7. 所引《资本论》语见《马克思恩格斯全集》第23卷，第203页。

⑤ 董学文. 马克思与美学问题［M］. 北京：北京大学出版社，1983. 所引内容转引自资本论：第1卷［M］. 北京：人民出版社，1974：111.

⑥ 复旦大学中文系文艺理论教研室. 马克思主义理论发展史［M］. 北京：中国文联出版公司，1995：28. 所引《资本论》语见中共中央马克思恩格斯列宁斯大林著作编译局. 马克思恩格斯全集：第26卷（第一册）［M］. 北京：人民出版社，1972：925.

⑦ 叶朗. 胸中之竹：走向现代之中国美学［M］. 合肥：安徽教育出版社，1998. 除《资本论》外，另九部美学读物为康德《判断力批判》、席勒《审美教育书简》、黑格尔《美学》、贡布里希《艺术发展史》、叶燮《原诗》、刘熙载《艺概》、王国维《人间词话》、朱光潜《诗论》、宗白华《美学散步》。

《马克思与现代美学》多处引鉴《资本论》观点，其中之一是："为生产而生产……也就是发展人类天性的财富这种目的本身。"① 郑涌《马克思美学思想论集》认为，《资本论》对于马克思主义美学体系的建立具有"理论意义和逻辑意义"②。冯宪光认为马克思美学的"理论原点"包含《资本论》。③ 周忠厚等编的《马克思主义文艺学思想发展教程》认为，马克思的政治经济学研究与文艺美学密切相关，"尤其是在《资本论》中，蕴含了丰富的文艺学思想"④。刘纲纪在《〈周易〉美学》中强调，《资本论》率先阐述了生态美学的基本思想，即"把古代农业文明的优点与近代工业文明的优点结合起来，创造一种新的文明"⑤。朱立元认为美学根本问题在于《资本论》提出的"历史地变化的人的本性"；马克思的《巴黎手稿》和《资本论》中都有精湛的美学表述。⑥ 曾繁仁在《生态美学导论》中认为《资本论》揭示了资本主义对工人与土地的"双重破

---

① 童庆炳，程正民，李青春，等．马克思与现代美学［M］．北京：高等教育出版社，2001：33. 其所引内容见中共中央马克思恩格斯列宁斯大林著作编译局．剩余价值理论：第2卷［M］．北京：人民出版社，1972：124.

② 郑涌．马克思美学思想论集［M］．北京：中国社会科学出版社，1985.

③ 冯宪光认为，20世纪各种马克思主义文艺学和美学的共有的几个理论原点是："1.《1844年经济学哲学手稿》等著作中关于人类审美特性的人类学观点；2.《〈政治经济学批判〉序言》等论著中关于文学艺术属于社会上层建筑、意识形态的观点；3.《资本论》《1858年手稿》等著作中关于艺术生产的观点。"冯宪光．文学理论：视点、形态、问题［J］．社会科学战线，2001（2）：92-95.

④ 周忠厚，邹贤敏，印锡华，等．马克思主义文艺学思想发展史教程［M］．北京：中国人民大学出版社，2002：49.

⑤ 刘纲纪．《周易》美学［M］．武汉：武汉大学出版社，2006：56. 该书还认为马克思"劳动创造了美，却使劳动变得畸形"的思想意味着对劳动者身体解放的关切，堪称"一种身体美学"，它不同于资本逻辑下的"身体规训"。参见曾繁仁．刘纲纪教授有关《周易》生命论美学研究的重要价值与意义［J］．中南民族大学学报，2013，33（1）：140-143；肖朗．中国传统文化与马克思主义的会通：从《〈周易〉美学》看刘纲纪的美学贡献［J］．马克思主义美学研究，2017，20（1）：82-88，4-5.

⑥ 朱立元．美学［M］．北京：高等教育出版社，2006．"马克思明确承认存在着普遍的、一般的人，……这一思想马克思不但在早期而且在其成熟著作《资本论》中也有清晰的阐述。"朱立元．从新时期到新世纪："文学是人学"命题的再阐释：兼论马克思主义文艺理论的人学基础［J］．探索与争鸣，2008（9）：4-10，2.

坏”；“资本主义生产同时破坏了一切财富的源泉”①。陈伯海美学论著的核心范畴是“自由”，其思想资源则主要是《资本论》“自由人联合体”命题与毛泽东诗词“万类霜天竞自由”的思想。② 马驰强调《资本论》对资本主义的研究深入人与自然相互关系的领域，其中对“环境恶化”的深刻批判“预示着许多当今的生态学思想”③。

就20世纪80年代以后新一代学者所论而言，栾栋出版有《美学的钥匙》。④ 邓志远在《马克思恩格斯文艺理论史简说》一书中研讨了《资本论》提出的问题：作为同一种劳动的文艺创作，为什么“可以是生产劳动，也可以是非生产劳动”⑤。赵兵《论〈资本论〉中形象思维方法的运用》一文认为，《资本论》中的形象思维方法给读者提供了“一个充分发挥想象的空间”⑥。谭好哲在《艺术与人的解放——现代马克思主义美学的主题学研究》书中，在论述卢卡奇“物化”范畴时注意到《资本论》作为思想资源的特殊价值：“在这个世界里，

① 曾繁仁．生态美学导论［M］．上海：商务印书馆，2010：126. 所引内容见中共中央马克思恩格斯列宁斯大林著作编译局．资本论［M］．北京：人民出版社，1975：553. 关于人与自然之关系，“几乎所有生态马克思主义者都会强调《资本论》第1卷中一段话的重要性。这段话是：‘资本主义生产使它汇集在各大中心的城市人口越来越占优势，这样一来，它一方面聚集着社会的历史动力，另一方面又破坏着人与土地之间的物质变换，也就是使人以衣食形式消费掉的土地的组成部分不能回归土地，从而破坏土地的持久肥力的永恒的自然条件。这样，它同时破坏城市工人的身体健康和农村工人的精神生活。……’”（万毓泽．《资本论》完全使用手册［M］．台北：联经出版社，2018：137.）

② 陈伯海作于2002年的《论“自由人联合体”》写道：“在人身奴役制度被解除的情况下，……当‘活的劳动’普遍提升到高智力主导的水平之上，就有可能对‘物化’形态的资本形成优势控制，……遂有可能取得‘自由人’的资格，且得通过相互协作以组合成‘自由人联合体’了。”（陈伯海．中国文化研究［M］//陈伯海．陈伯海文集：第四卷．上海：上海社会科学出版社，2015：170-173.）“自由作为人的本性，同时便是人生意义的最高体现。”（同书第五卷《哲思与审美》第170页）“毛泽东《沁园春·长沙》词……可视以为新生命哲学自由观的发凡起例。”（同书第186页）。

③ 马驰．论生态学马克思主义及其对我国生态美学研究的启迪［J］．黑龙江社会科学，2011（1）：98-104. 该文还认为：“马克思的分析深入到了较为深层的资本主义生产方式和土地私有制。这给人以深刻的启示，并有助于驳倒生态主义把生态危机看做工业生产和人口过剩的直接后果的观点。”

④ 栾栋．美学的钥匙［M］．西安：陕西人民出版社，1983.

⑤ 邓志远．马克思恩格斯文艺理论史简说［M］．广州：中山大学出版社，1999：196.《资本论》所提出的该问题，见中共中央马克思恩格斯列宁斯大林著作编译局．马克思恩格斯全集：第26卷（第一册）［M］．北京：人民出版社，1972：432.

⑥ 赵兵．论《资本论》中形象思维方法的运用［J］．西南民族大学学报，2003（8）：55-57.

资本先生和土地太太作为社会的人物，同时又直接作为单纯的物，在兴妖作怪。"[①] 刘晨晔《休闲：解读马克思思想的一项尝试》提出"休闲"具有劳动解放和艺术创造的双重意义；其思想资源包括《资本论》"工作日"章。[②] 汪正龙《关于马克思主义美学理解与重建的方法论思考》认为，马克思提出过许多与审美和艺术有关的"准问题"，"《资本论》中对商品拜物教和货币拜物教的论述等，都属于与美学研究密切相关的'准问题'"[③]。

正是在上述文艺美学研究的基础上，2006 年北京"马克思主义美学与当代中国和谐社会建设"会议纪要强调："马克思在包括《资本论》的许多重要论著和书信中，都谈到了美学和文学艺术问题。"[④] 这一判断与上述诸多美学论著所涉《资本论》互文见义，表明中国美学界在《资本论》具有重大美学意义的问题上已然形成共识。

---

① 谭好哲．艺术与人的解放：现代马克思主义美学的主题学研究［M］．济南：山东大学出版社，2005：103. 其中所引《资本论》语见中共中央马克思恩格斯列宁斯大林著作编译局．马克思恩格斯全集：第 25 卷［M］．人民出版社，1975：38.

② 刘晨晔．休闲：解读马克思思想的一项尝试［M］．北京：中国社会科学出版社，2008. 该书第二章第二节标题为"劳动——休闲解放与人类解放"，第五章第一节为"休闲的创造"。

③ 汪正龙．关于马克思主义美学理解与重建的方法论思考［J］．湖北大学学报，2008（3）：45-49. 此外，"台湾也有类似的现象。近几年来，从左翼视角针砭资本主义体制的著作，如托马斯·皮凯特的《21 世纪〈资本论〉》等著作引起不少读者注意；2014 年皮凯特来台的访问甚至座无虚席……""台湾解严后，对马克思的研究已不再是禁忌，民间及学界也开始引进'西马''新马''后马'等各种思潮。马克思的《资本论》就是在这种氛围下，由时报文化出版公司在 1990 年引进台湾。2004 年还成立了台湾《资本论》研究会。"（万毓泽．《资本论》完全使用手册［M］．台北：联经出版社，2018：8-9.）

④ 程朝霞．"马克思主义美学与当代中国和谐社会建设"学术研讨会在北京香山召开［EB/OL］．中国文学网，2006-10-27. 该年互联网上一位署名"半佛半仙"的博客读《资本论》笔记系列，其标题中有"《资本论》是形象思维的文学宝藏"（Capital：A Literary Repertory of Imagery Thinking）、"《资本论》是一本美学经典"（Capital is a classic of aesthetics）等。其中还提道："2003 年在中国有过一项向著名学者发出的问卷调查，50 多份经济学家的答卷表明，《资本论》是被推荐得最多的书目。他们一致认为这不仅是一部经济学经典，同时也是一部哲学、历史乃至文学经典。"（在线资料）该年还出版过一本王泓远编著的《艺术资本论》，目录中有"劳动是马克思主义的核心""马克思科学艺术思维的继承创新""《资本论》是一个科学艺术整体""《资本论》钟声的音乐艺术""《资本论》人格化的戏剧艺术""《资本论》劳动的绘画艺术""《资本论》文体结构的建筑艺术""《资本论》的传播艺术"等。

二、《巴黎手稿》美学研究与《资本论》

《资本论》是一部政治经济学巨著。通常认为，马克思为这部著作倾注了长达40年之久的心力。① 众所周知，这部巨著的最初成果是《1844年经济学哲学手稿》（简称《巴黎手稿》）。《巴黎手稿》在我国美学界历来被认为是一部典范的“美学”手稿。早在20世纪50年代初我国学术界首次“美学大讨论”时期，该手稿就已经作为马克思主义美学的基本思想资源，其后20世纪80年代的“美学热”也是以该书为美学问题的研讨所据。“《巴黎手稿》主导着中国近半个世纪的美学思想资源和理论价值取向。”② 就笔者有限视域所见，20世纪80年代迄今，美学界关于《巴黎手稿》的专题著述达十余种之多：

《马克思〈手稿〉中的美学思想讨论集》，程代熙，陕西人民出版社，1983年；

《马克思手稿中的美学问题》，《马列文论研究》编辑部，黑龙江人民出版社，1984年；

《〈1844年经济学哲学手稿〉试析》，韩学本，兰州大学出版社，1988年；

《异化和哲学美学问题——巴黎〈手稿〉新探》，汤龙发，湖南人民出版社，1988年；

《蒋孔阳美学艺术论集》，蒋孔阳，江西人民出版社，1988年③；

《当代中国美学新学派——蒋孔阳美学思想研究》（论文集），朱立元，复旦大学出版社，1992年；

---

① 自《1844年经济学哲学手稿》至马克思去世的1883年，前后历时40年。

② 章辉．《巴黎手稿》与实践美学［J］．学术研究，2006（12）：110-14，148．“蔡仪1978年给我们硕士研究生上的第一课，既不是美学原理，也不是艺术概论，更不是美的本质之类的经典论题，而是马克思的《1844年经济学哲学手稿》。蔡老讲的是《手稿》，要我们读的是《手稿》，要我们研究的也是《手稿》。”许明．蔡仪的精神遗产［J］．文艺理论与批评，2007（1）：35-43.

③ 蒋孔阳是20世纪80年代形成的“实践美学”派的主要代表人物，其“学派规模”超出了另一位代表人物李泽厚。“他们的主要理论来源是马克思的《1844年经济学哲学手稿》和恩格斯的《自然辩证法》。”（汪济生．必须正视马克思恩格斯在人与动物界定问题上的区别：从实践派美学的一个理论窘境谈起［J］．学术月刊，2004（7）：85-89.）

《美的感悟》，朱立元，华东师范大学出版社，2001 年①；

《走向现实的美学——〈巴黎手稿〉美学研究》，张伟，人民出版社，2004 年；

《〈手稿〉的美学解读》，王向峰，辽宁大学出版社，2006 年；

《“巴黎手稿”与当代中国美学理论形态建构》，杨庙平，中国社会科学出版社，2013 年；

《马克思“巴黎手稿”再研究》，刘秀萍，中国人民大学出版社，2013 年；

《“巴黎手稿”再研究》，聂锦芳，中央编译出版社，2014 年。

此外，围绕《巴黎手稿》美学问题的论文更是难计其数，以致产生了综述各家论点的专题论文。毛崇杰关于 1983 年美学争鸣的专文中写道：

> 在这一年里为了纪念马克思逝世 100 周年，围绕着马克思《1844 年经济学哲学手稿》的美学论文不仅在数量上超过了以往，在质量上也达到一个新的高度。②

仅此可以想见，所谓 20 世纪 80 年代“美学热”，相当程度上也就是“《手稿》热”。其后又有章辉《〈巴黎手稿〉与实践美学》③、张剑《国内〈巴黎手稿〉美学思想研究综述》④、周维山《论中国当代美学对〈1844 年经济学哲学手稿〉的接受》等，后者写道：

> 《1844 年经济学哲学手稿》与中国当代美学之间有着不解之缘。从其 20 世纪三四十年代较早被引用，到五六十年代广为知晓，再到 80 年代的研究热，乃至 90 年代以来的重读热等，可以说每次《手稿》研究都促进了中国当代美学的发展。虽然关于《手稿》的地位充满争议，但它却为中国当

---

① 该书目录有“马克思的《巴黎手稿》与美学问题”“《巴黎手稿》的历史地位与美学意义”“《巴黎手稿》与美的本质、规律问题”等标题。

② 毛崇杰．围绕《1844 年经济学哲学手稿》的美学争论［M］//中国文学研究年鉴（1984）．中国社会科学院文学研究所．北京：中国文联出版社，1985：64. 该年同题论文另有潘家森. 马克思的《1844 年经济学哲学手稿》对美学的启示［J］. 中国社会科学，1983（2）：55-79.

③ 章辉．《巴黎手稿》与实践美学［J］. 学术研究，2006（12）：110-114，148.

④ 张剑．国内《巴黎手稿》美学思想研究综述［J］. 商，2015（2）：118，112.

> 代美学所接受。其中，既有《手稿》本身的原因，也有西方马克思主义与苏联《手稿》审美讨论成果译介的影响，又有中国当代美学发展的内在逻辑。中国当代美学虽然形成了不同的理论流派和观点，但是《手稿》却几乎为各家各派所共同接受，甚至直接参与到各自的理论建构中。①

由此可见，中国美学界与《巴黎手稿》的关系可谓历时长久，而20世纪80年代的“《手稿》热”延续至今则已40多年。2018年出版的一部论著中写道：

> 多数研究者已经不再倾向将前期与后期的马克思简单对立，而是试图在理论上将《资本论》和《1844年经济学哲学手稿》中的马克思统一起来；但同时又不将马克思后期的经济学著作化约为某种“异化”理论。②

基于《巴黎手稿》为《资本论》前期成果这一学界已然公认之事实，我们可以说，以前者为主要思想资源的“美学热”，折射或表征了《资本论》的美学内涵，虽然迄今未见一部专题研讨《资本论》美学意义的论著。③

事实上《巴黎手稿》“美学热”中也频频涉及对该书与《资本论》关系的研讨。《巴黎手稿》核心术语是“异化”。1980年一位著名学者指出：“异化这个概念在欧洲已经流行了好几十年了，讨论得非常热闹。……我们国家在1964年周扬同志在中国科学院哲学社会科学学部作报告时，讲过一回异化的问题。但是，后来有一个很长时期没有进行研究了。经过‘文化大革命’，我觉得这个

① 周维山．论中国当代美学对《1844年经济学哲学手稿》的接受［J］．中外文化与文论，2015（2）：288-306.

② 万毓泽．《资本论》完全使用手册［M］．台北：联经出版社，2018：78.

③ 我国政治经济学领域的《资本论》研究看来是另一种面貌。据西南财经大学出版社于2008年出版的《中国〈资本论〉年刊（第5卷）》介绍，“马克思《资本论》中揭示的商品社会或市场经济听基本原理和规律，在更高层次和更大范围内得到了印证。全国高等财经院校《资本论》研究会汇集了一大批研究《资本论》的专家、学者，他们自研究会成立至今的24年中，坚持宣传和传播《资本论》的思想，坚持学术研究与改革实践相结合，坚持学术研究与教学相结合，坚持学术研究与学科建设、人才培养相结合，有力地推动了《资本论》的学习和研究”。“在全国高等财经院校《资本论》研究会2007年学术年会上，来自全国28所高等院校的近50名代表交流了过去一年来研究马克思《资本论》的最新成果。这些成果紧扣科学发展观的时代主题，进一步深入探讨了劳动价值理论、所有制理论、资本理论、分配理论等，还就社会主义新农村建设、收入差距、‘三农’问题、和谐社会的建立、《资本论》的研究与教学、马克思主义经济学与西方经济学的比较等问题进行了探讨与交流。这些成果与过去的成果相比，内容更丰富、更全面、更深入。”

问题的现实意义突出起来了。"① 其后又有中共党史研究者强调，《巴黎手稿》中的"异化"术语也多处见于《资本论》，只不过中译本是用"疏远""离开"等普通词语来翻译。②

三、我国"实践美学"与《资本论》

其实即便撇开"异化"译词的歧义，《巴黎手稿》与《资本论》之间的连续性也显而易见。大凡切实读过这两部著述的人都不会否认，两者研究的都是资本主义生产方式中特有的"劳动"问题。如果说前者提出了触目惊心的"劳动"异化问题，那么后者的剩余价值理论则更深入揭示了"劳动"何以异化的原因。事实上，美学界对《巴黎手稿》的最初讨论就注意到其中关于"劳动"的论述。例如陆梅林在《马克思主义美学的崛起》一文中认为，马克思在这部《手稿》中"把物质生产的劳动实践归结为事物的始因"，"马克思的'美的规律'无疑是指物质生产来说的"③。朱狄在《马克思〈1844 年经济学哲学手稿〉对美学的指导意义究竟在哪里》一文中指出，"马克思是从人类最基本的实践活动出发来讲美的规律的，而并不是从审美活动出发来讲美的规律的。这里所指的'生产'，并非指艺术生产，而是指物质生产"④。郑涌在《历史唯物主义与马克

① 王若水．谈谈异化问题［J］．新闻战线，1980（8）：8-13.

② 党史学者龚育之在回忆文章中曾述及 1983 年周扬在《关于马克思主义的几个理论问题》起草过程中涉及的"异化"问题，"周扬要我就这个问题专门向王学文同志请教。王是老一辈马克思主义经济学家，……我特地上他家去请教这个问题，他跟我说了一大篇话，解释什么是异化，马克思怎么讲异化问题，他认为马克思后来还用过异化概念。我以为这就算谈清楚了。可是，第二天或是第三天，王学文同志又把我叫去，翻开了一大堆书在书桌上。他指出了马克思《资本论》第三卷和其他著作中多处使用了异化概念的地方。他有一大发现：这些地方，在马克思的原文中，用的是异化这个概念，但是，中译者不了解，把这个专门的哲学术语当作普通词汇，用了'疏远''离开'一类的普通词语来翻译，所以在中译本上就看不到'异化'的字样了。对于王老这一番考证，我很佩服。告诉周扬后，周扬也说，到底是专家。后来文章中就没有采用马克思只在早期用过异化概念的说法"。（龚育之．几番风雨忆周扬［J］．百年潮，1997（3）：14-34.）王学文（1895—1985），中共地下情报人员。1910 年赴日本留学，1921 年考入京都帝国大学经济学部，受教于著名的马克思主义经济学家河上肇。新中国成立后，长期在中共中央宣传部工作。周扬《关于马克思主义的几个理论问题》一文的起草过程，参见王元化《为周扬起草文章始末》。（陆晓光．王元化文稿：文化卷［M］．北京：中央编译出版社，2017：122-128.）

③ 程代熙．马克思《手稿》中的美学思想讨论集［M］．西安：陕西人民出版社，1983：138，146.

④ 程代熙．马克思《手稿》中的美学思想讨论集［M］．西安：陕西人民出版社，1983：133.

思的美学思想》一文中还写道："艺术的研究成为一门真正的科学，应当是以经济学成为一门真正的科学为前提的。"① 而最初提出"实践美学"的李泽厚在《美学四讲》中也强调，他所理解的《巴黎手稿》所谓"自然的人化"，是指"人类制造和使用工具的劳动生产，即实实在在的改造客观世界的物质活动；这才是美的真正根源"②。以上诸家所谈对象都是《巴黎手稿》而未及《资本论》，然而所阐释的"劳动"（或"生产"）之义却客观上触及《资本论》主题，因而客观上印证了《巴黎书稿》与《资本论》之间的连续性。借用《资本论》首章分析"商品"与"劳动产品"之关系的一个评断，我们可以说，"他们没有意识到这一点，但是他们这样做了"③。

进入新世纪后的中国马克思学说研究者更有自觉意识。有学者考证指出，马克思著述文献中包括 1857 年写的《美学笔记》（手稿），而在此前一年其著述有《〈政治经济学批判〉导言》（1857），在此之后又有《1857—1858 年草稿》（1857—1858）和《政治经济学批判（第一分册）》（1858—1859）。④ 美学界则有论者指出："事实上，《资本论》及其手稿对异化问题的新探索，与早期《手稿》异化观之间，绝不是'断裂'关系，而是继承创新关系。"⑤ 这一新认知在某种程度上也是基于对 20 世纪 80 年代后形成的"实践美学"理论的再思或反思。反思触及的问题之一是"实践美学"所据文献和思想资源方面的缺陷，这个缺陷就是偏重《巴黎手稿》而轻忽《资本论》。一位论者在题为《经典马克思主义美学的经典所在》文中写道：

> 在后来的经济学著作包括《资本论》中，马克思和恩格斯始终认为"物质生产"或"物质实践"容易造成人的异化。所以，他们倡扬废除私有制，主张人的物质生活与人的精神生活和谐完美统一。他们理想的共产主义社会中，人们在劳动中自由地发挥自己的体力和智力，实现自己生命的伟大价值或崇高意义，从而劳动对人而言从根本上成为"审美生产"或

---

① 程代熙．马克思《手稿》中的美学思想讨论集［M］．西安：陕西人民出版社，1983：160.

② 李泽厚．美学四讲［M］．北京：生活·读书·新知三联书店，1989：73．"技术美正是美的本质的直接披露。"（李泽厚．美学四讲［M］．武汉：长江文艺出版社，2019：77.）

③ 马克思．资本论：第 1 卷［M］//中共中央马克思恩格斯列宁斯大林著作编译局．马克思恩格斯全集：第 23 卷．北京：人民出版社，1972：90.

④ 聂锦芳．马克思的文本世界：对马克思 53 部重要著述的写作与出版情况的梳理、考证［M］//聂锦芳．清理与超越：第三章．北京：北京大学出版社，2005：49-50.

⑤ 王东，林锋．《资本论》异化观新探：与《1844 年手稿》异化观的比较研究［J］．江海学刊，2007（3）：22-28，238.

“审美实践”，具有了一种解放与快乐的性质及特点。①

该文将“物质生产”与“审美生产”两个范畴加以区别，认为前者具有“异化”属性，后者才是“按照美的规律的建造”的劳动；前者是《巴黎手稿》的主题，后者是《资本论》的要旨。因而在“青年马克思”之后的《资本论》中有着更深入而丰富的“经典”资源。该文还指出：“以李泽厚为代表的实践美学的根本弊端，主要表现在对马克思《1844年经济学哲学手稿》等著作中有关美学思想的阐释与解读上，这种情况迄今没有改变。”② 如果说没有改变的原因在于偏重《巴黎手稿》而轻忽《资本论》的话，那么该文支持了笔者上述的考察所见：中国美学界迄今已出版十多部关于《巴黎手稿》主题的论著，美学界在理论上也已经意识到《资本论》美学意义并不逊色于《巴黎手稿》，然而迄今却并无一部以《资本论》为对象的美学论著。

这一事实当然并不意味着文艺批评界和学术界对与本课题相关问题的无视。就马克思美学关注的“劳动”而言，笔者有限视域所知之一是黄纪苏、祝东力主编的《艺术手册——未来生长点》，其中载有标题为“‘劳动崇拜’与‘劳动

① 张梦中．经典马克思主义美学的经典所在［J］．美与时代（下半月），2009（1）：20-25．该论文的基本论点是：“从物质实践出发解释人类审美欣赏活动的本质、特点和规律，不构成经典马克思主义美学的经典所在。从人的自我实现角度确认‘审美实践’，从‘审美实践’出发解释人类审美是马克思主义美学的经典所在。”“我们有责任在21世纪恢复马克思主义美学的本来面貌，找到经典马克思主义美学的经典所在。”该文所据文献主要为1844年马克思《詹姆斯·穆勒〈政治经济学原理〉一书摘要》：“诚然，劳动是劳动者的直接的生活来源，但同时也是他的个人存在的积极实现。”（中共中央马克思恩格斯列宁斯大林著作编译局．马克思恩格斯全集：第42卷［M］．北京：人民出版社，1979：28.）作者评断：“这里所谓‘个人存在的积极实现’，就是人的自我实现、自我确证，即‘审美生产’或‘审美实践’。”“在《1844年经济学哲学手稿》中，马克思进一步论述了自己的这种审美实践伟大思想。”这一新美学思想“将引起美学的一场深刻变革”。马克思主义本质上不是一种“吃饭哲学”，而应是一种以“审美生产”或“审美实践”为核心范畴的“精神哲学”；“不是一种物本文化，而应是一种人文精神!”“在实践上，它将指导我国当前的社会主义和谐社会建设，最终提高我国人民的生活品质、生命质量和精神文明程度和水平。”

② 李泽厚晚年对《资本论》美学意义的评断则有相当大的改变。“李泽厚不仅以后马克思主义者自居，而且认为自己是当代中国后马克思主义者。”（冯宪光．马克思美学的现代阐释［M］．成都：四川教育出版社，2002：46.）李泽厚本人说：“《资本论》里有很多毛病，这是我当时挨批的一个重要原因。”“《资本论》有问题，……我是用康德来批判马克思的。”“从劳动的二重性推出社会必要劳动时间，在康德那里就是先验的幻想。”（《李泽厚先生访谈录》，2016年5月24日，周濂、陈岸瑛、于华音等）同年另一次访谈中，他强调马克思学说主要是“吃饭哲学”，“人活着”是马克思哲学的“第一命题”。“我记得，读《资本论》是在1952年，与读达尔文的《物种起源》同时。当时认为马克思《资本论》的方法了不起，远胜达尔文。”现在看来，这种方法乃是“黑格尔主义的恶果”。（李泽厚2018年1月11日的访谈文《关于马克思的理论及其他——再谈马克思主义在中国》）

乌托邦'的叙述——社会主义时代的劳动与文学"等文。该书类似年刊，在2015年出版的同名书中又有标题为"工人诗歌与劳动美学""'钢城'调查报告"等文。此外，在非文学领域的相关专著，如涂途《现代科学之花——技术美学》、章斌《劳动美学——企业发展的新科学》、顾海良和张雷声《马克思劳动价值论的历史与现实》、赵自元《新劳动价值理论》、刘永佶《劳动主义》等。朱光潜先生在撰于1979年的《谈美书简》中曾预言：

> 《1844年经济学哲学手稿》和《资本论》里的论"劳动"对未来美学的发展具有我们多数人还没有想象到的重大意义。它们会造成美学领域的彻底革命。①

第二节 "西马"美学中的《资本论》

至少自20世纪80年代初以来，"西马美学"（或"西马文论"）源源不断译介引进中国学界，迄今已持续半个世纪。"卢卡奇、柯尔施、葛兰西、霍克海默、阿多诺、本雅明、马尔库塞、哈贝马斯、赖希、梅洛-庞蒂、萨特、阿尔都塞、杰姆逊……这一长串的闪光的名字影响了中西学界几十年，他们都跟研究马克思主义有关，被统称为西方马克思主义，简称'西马'。"② 虽然中国学界不乏质疑"西马"的声音，认为其理论资源主要限于青年马克思的《巴黎手稿》，但是一般通识不仅承认它是"西方文论之一种"，而且也是发展马克思主义美学的"思想资源之一种"；研究"西马"理应洋为中用，而关键则是要"深入化、具体化"。③ "西方马克思主义"这一概念有各种相互差异的指谓，一般认为它涉及一个西方作者群体，也有论者以它指谓"在西方的非苏联的或准苏联的马克思主义思想"④。本书"西马美学"指包括苏联在内的欧美学者。笔者认为，我国理论界研究"西马美学"的一个薄弱环节是较少关注其中《资本论》的思想资源。本书因以略述。

---

① 朱光潜．谈美书简［M］．南京：江苏文艺出版社，2011：40.

② 徐崇温．西方马克思主义［M］．天津：人民出版社，1982；冯宪光．"西方马克思主义"美学研究［M］．重庆：重庆出版社，1997.

③ 何瑞涓．"西马"盛行三十余年后的反思［N］．中国艺术报，2014-12-01（3）.

④ 马歇尔·范·林登．西方马克思主义与苏联［M］．周穗明，译．南京：江苏人民出版社，2012：3.

一、苏联学者与卢卡奇美学的“发现”

20世纪20年代苏联学者米·里弗希兹（M. Lifshitz）在其《卡尔·马克思的艺术哲学》一书中指出：“马克思经济学著作中使用的术语和范畴，实际上都带有美学性质。”① 1984年苏联出版了R. 维日列夫的《哲学知识体系中的美学》。该书对《资本论》范畴体系中的美学问题研究采取了“一种新的、很有前途”的方法。其中指出：“马克思的美学思想不是从专门的美学著作中阐明的，只有全面、深入地研究马克思的一系列著作，特别是《资本论》和它初期的各种准备性著作，才能真正掌握马克思美学思想的实质。”其结论部分又写道：“马克思在《资本论》中，通过对资本主义社会经济的研究，创造性地运用社会经济和哲学术语来表达美学原理，为真正的科学美学奠定了理论基础，第一次把美学问题提到严格的哲学知识体系应有的位置上。”②

---

① 希·萨·柏拉威尔．马克思和世界文学［M］．梅绍武，苏绍亨，傅惟慈，等译．北京：生活·读书·新知三联书店，1980：413. 该书还引用了米·里弗希兹《卡尔·马克思的艺术哲学》中的一段话：“马克思严厉地批判了所有‘关于智力生产和物质生产的笼统肤浅的类比’。他嘲笑一切企图把艺术家、文学家、经济学家说成是‘斯密所谓的生产劳动者’的人，因为据说他们生产的‘不仅是特殊种类的产品，而且是物质劳动的产品，所以他们直接生产财富’。所有这些企图表明‘连最高的精神生产’，也只是由于被描绘为、被错误地解释为物质财富的间接生产者，才得到承认，在资产者眼中才成为可以原谅的。”（柏拉威尔该书第420页）

② 王祥俊．苏联学者对《资本论》中美学问题的研究［J］．广西师范大学学报，1989(2)：35-39. 关于“商品”价值的美学内涵，该文述评道：“商品作为交换价值的代表，区别它的使用价值，原则上失掉了它的美学内容，代表它的经常是‘感情上可以接受的形式’。这是寓于商品中的劳动二重性的结果。一切劳动，从一方面看，是人类劳动力在‘生理学意义’上的耗费；作为相同的抽象的人类劳动，它形成商品价值。而从另一方面看，是人类劳动力‘在特殊的有一定目的的形式上’的耗费；作为具体的有用劳动它生产使用价值。后者就是为什么人的劳动从原则上最终不能失掉美学的组成部分的理由了。马克思在这里使用的美学术语，是用作同义词，例如，在分析交换价值时，马克思写道：‘麻布在它身上还是认出与自己同宗族的美丽的价值灵魂。’那些具有重要理论价值的原理都是通过一般哲学问题表达的，通过直接对‘劳动’‘人’到‘价值’范畴的分析进行的。因此，马克思分析一般哲学问题的结论就成了美学的方法论基础。”关于“异化”劳动，该文述评道：“在《资本论》第一卷第三篇《绝对剩余价值的生产》中，马克思论述了‘劳动’范畴的本质；第四篇《相对剩余价值的生产》中，论述资本主义劳动分工使人成为具有各种结果的劳动力。在这些篇章以及第五、六篇里，马克思揭露了资本家借助延长劳动日、利用女工童工、扩大机器生产，增加劳动强度，系统地强化对劳动力的剥削。指出这些做法从劳动过程一开始，就不仅逐渐导致工人健康恶化，而且也使人的生活活动变得空虚起来。马克思列举大量贫困、愚昧的事实，说明资本主义从精神和肉体上摧残工人，从而引出规律性的东西，即表现在新的价值的生产是‘由于劳动的单纯的量的追加；生产资料的旧价值在产品中的保存’。自然，在这种条件下，劳动过程开始失掉了具有全部美学能力的创造精神。”但是在1977年出版的苏联《马克思主义美学基础》一书中，虽然有所引用《巴黎书稿》，却几乎未涉《资本论》。这或许可以表明，苏联在美学研究中重视《资本论》的意识的产生也较晚。

匈牙利学者乔治·卢卡奇（Georg Lukács，1885—1971）在访问苏联时曾与米·里弗希兹在莫斯科同事过。卢卡奇被公认为20世纪影响深远的“西方马克思主义”的第一人。① 卢卡奇最初代表作《历史与阶级意识》中的核心范畴是“物化”（异化），这个范畴显然来自《资本论》。该书写道：“资产阶级赋予个人一种前所未有的重要性，但在同时，这个个人却被他所隶属的经济条件所扼杀了，被商品生产所创造出来的物化所毁灭了。”② 这个关于“物化”的主题论点所据引用了马克思《资本论》关于商品的分析：“商品形式的奥秘不过在于……人们自己的一定的社会关系，但它在人们面前采取了物与物的关系的虚幻形式。”卢卡奇评论曰：“人自身的活动……变成了依靠背离人的自律力而控制了人的东西。”③ 该书关于资本家与雇佣工人二者都陷落于“物化”人格的论述，所据也是《资本论》：“资本家不过是这个社会机构中的一个主动轮罢了。”④ 另一处引用了马克思与恩格斯合著的《神圣家族》关于“异化”的一段话：“有产阶级和无产阶级同是人的自我异化。但有产阶级在这种自我异化中感到自己是被满足和巩固的，它把这种异化看作自身强大的证明，并在这种异化中获得人的生存外观。而无产阶级在这种异化中则感到自己是被毁灭的，并在其中看到了自己的无力和非人的生存现实。”⑤ 该书以“物化结构”来概括资本主义生产方式何以具有毁灭性力量的病灶：“当资本主义体系本身不断地在越来越高的经济水平上生产和再生产的时候，物化的结构逐步地、越来越深入地、更加致命地、更加明确地沉浸到人们意识中。”⑥ 1930年卢卡奇在莫斯科参加了编纂《马克思恩格斯全集》的工作，有机会读到《1844年经济学哲学手稿》，这使他长期从事的美学研究有了转折。然而“西马”学者对卢卡奇最早的著作

① 卢卡奇之所以被公认为“西方马克思主义”的创始人，主要是他的《历史与阶级意识》（1923年以德文出版）。“卢卡奇自称，在《历史与阶级意识》中，‘异化问题是从马克思以来第一次被他当作对资本主义的革命批判的核心来加以论述’。”“卢卡奇自己后来说，他在书中是把物化与异化当作同义词使用的。”（徐崇温．西方马克思主义［M］．天津：人民出版社，1982：71，75．）

② 卢卡奇．历史与阶级意识［M］．张西平，译．重庆：重庆出版社，1993：70.

③ 卢卡奇．历史与阶级意识［M］．张西平，译．重庆：重庆出版社，1993：96.

④ 卢卡奇．历史与阶级意识［M］．张西平，译．重庆：重庆出版社，1993：149.（该段引语见中共中央马克思恩格斯列宁斯大林著作编译局．马克思恩格斯全集：第23卷［M］．北京：人民出版社，1972：649.）

⑤ 卢卡奇．历史与阶级意识［M］．张西平，译．重庆：重庆出版社，1993：169.（该段引语见中共中央马克思恩格斯列宁斯大林著作编译局．马克思恩格斯全集：第2卷［M］．北京：人民出版社，1972：45.）

⑥ 卢卡奇．历史与阶级意识［M］．张西平，译．重庆：重庆出版社，1993：105.

《历史与阶级意识》的高度评价是与其中对《1844年经济学哲学手稿》的“天才”洞察力联系在一起的：“必须记住，1923年出版的该书中有关的论述，尤其是关于‘物化和无产阶级意识’的分析，是在人们还不知道马克思有关异化问题的著作（《德意志意识形态》和《1844年经济学哲学手稿》于1932年付印出版，《政治经济学批判大纲》于1939—1941年出版）①的时候发表的。卢卡奇的作品是从当时能了解到的马克思和恩格斯的著作出发而得出的天才的推论，证明了作者非凡的理论洞察力，我们不能否认卢卡奇在为理论界揭示和引进马克思思想体系时所做出的，至今尚未被人们很好了解的那些功绩。”② 正是《1844年经济学哲学手稿》最初阐释者的卢卡奇，后来也首次强调了《资本论》对于马克思主义美学的关键性意义：

> 谁若能以真正用心的态度通读并读懂马克思的《资本论》和其他著作，他会发现：从包罗万象的整体观点来看，马克思的一些意见比那些毕生从事美学研究的反资本主义浪漫派的著作更深入地进入了问题的本质。③

卢卡奇晚年撰写了以马克思“劳动”观为方法的卷帙厚重的《审美特性》，从而实践了他当初读《资本论》的夙愿。如果说此后的西马美学论者几乎无人不读《资本论》，那么卢卡奇作为“西马”美学第一人的上述论断无疑具有重要影响。④

米哈依尔·巴赫金（Mikhail Bakhtin）是出生稍晚于卢卡奇的苏联学者，他

---

① 这里指的是包括《〈政治经济学批判〉（1857—1858年草稿）》在内的马克思的七篇经济学手稿。“马克思的这七篇手稿生前没有发表过。1939年和1941年这些手稿曾用原文先后分两册在莫斯科出版，编者加的标题是《政治经济学批判大纲（草稿）》。”马克思．经济学手稿（1857—1858年）［M］//中共中央马克思恩格斯列宁斯大林著作编译局．马克思恩格斯全集：第46卷（上册）．北京：人民出版社，1979：IV.

② 波兰学者沙夫《马克思异化理论的概念系统》（1976年）文中语。（徐崇温．西方马克思主义［M］. 天津：人民出版社，1982：72.）

③ 卢卡奇．马克思、恩格斯美学论文集引言（1945年）［M］//卢卡奇文学论文集：第1卷. 北京：中国社会科学出版社，1981：281.

④ 20世纪60年代法国学者路易·阿尔都塞《读〈资本论〉》书中写道：“毫无疑问，我们把在《1844年经济学哲学手稿》中起决定作用并在《资本论》中仍然暗暗诱使人们返回历史主义的全部意识形态的要求归结为一种明确的无辜的阅读，这绝不是偶然的。对青年马克思来说，认识事物的本质，认识人类历史及其经济、政治、美学和宗教产物的本质，无非就是要透过本质的‘具体’存在读出（在这个词的真正意义上）‘抽象’的本质。”（路易·阿尔都塞．读《资本论》［M］. 李其庆，译．北京：中央编译出版社，2008：5.）

在《拉伯雷研究》中认为，拉伯雷小说代表了西方文学史上“诙谐怪诞”风格的高峰，而《资本论》叙事风格无疑也包含着“诙谐”“怪诞”等要素。其中提出著名的“民间节日狂欢”论蕴含着对资本主义制度的自觉批判：“在资产阶级文化条件下，节日活动只能被抑制和歪曲。”① 其中描述的以“狂欢”为特征的“乌托邦世界之路”也是通向“一个平等和自由的王国”②。后者来自《资本论》的“自由王国”思想。尤其重要的是，拉伯雷小说的所有叙事特征都蕴含着赞美“劳动”和歌颂劳动者群体的世界观倾向。例如关于狂欢节中的宴席：“无论是劳动，还是食物，都是集体性的，全部社会都参加的。这种集体性的会餐，作为集体劳动过程的结束，不是动物生物性的活动，而是人的社会性活动。假如我们把作为劳动过程的结束的会餐同劳动分离开来，把饮食理解成个别生活现象，那么从人与世界相遇的形象中，从体验世界的形象中，从张开大嘴的形象中，从食物同语言和欢愉的真理的联系中，就什么也不会留存下来。”③“在劳动人民这一系列形象中，筵席形象含有重要意义，它们与生、死、斗争、胜利、喜庆、更新的本质相联系。”④ “筵席总是为庆祝胜利而举行，这是它的本质属性。……胜利了的肉体把被征服了的自然界吸收到自己身上来，从而获得新生。”⑤ 巴赫金还强调拉伯雷文学的独特性在于突出描写“物质—肉体下部”⑥ 形象，“整个拉伯雷世界，无论是整体还是细节，都急速向下，集中到地面下部和人体下部去了”⑦。另外，巴赫金高度评赞其独特视域的重大意义，因为“真正的财富和富裕不在顶端，不在中区，而仅仅在下部”⑧。这个评赞未必没有受到《资本论》以“物质生产方式”为社会基础的分析方法的启发。

---

① 米·巴赫金. 拉伯雷研究［M］. 李兆林，夏忠宪，等译. 石家庄：河北教育出版社，1998：320.

② 米·巴赫金. 拉伯雷研究［M］. 李兆林，夏忠宪，等译. 石家庄：河北教育出版社，1998：306.

③ 米·巴赫金. 拉伯雷研究［M］. 李兆林，夏忠宪，等译. 石家庄：河北教育出版社，1998：325.

④ 米·巴赫金. 拉伯雷研究［M］. 李兆林，夏忠宪，等译. 石家庄：河北教育出版社，1998：326.

⑤ 米·巴赫金. 拉伯雷研究［M］. 李兆林，夏忠宪，等译. 石家庄：河北教育出版社，1998：327.

⑥ 米·巴赫金. 拉伯雷研究［M］. 李兆林，夏忠宪，等译. 石家庄：河北教育出版社，1998：194.

⑦ 米·巴赫金. 拉伯雷研究［M］. 李兆林，夏忠宪，等译. 石家庄：河北教育出版社，1998：429.

⑧ 米·巴赫金. 拉伯雷研究［M］. 李兆林，夏忠宪，等译. 石家庄：河北教育出版社，1998：428.

美国学者约瑟夫·熊彼特（Joseph Alois Schumpeter，1883—1950）与卢卡奇可谓同龄人，他在其《资本主义、社会主义和民主》前言中称《资本论》为“伟大的创作”：马克思创造了将感情和理性“成功地结合在一起的最高超的艺术”；“经济理论冰冷的事实，在马克思的文章中用大量热气腾腾的言辞表达出来，以致得到的不是它自己自然具有的热度”①。在他的另一本著作《从马克思到凯恩斯》中，他列叙了十余位政治经济学代表人物，并将马克思列在首位。据该书前言，熊彼特另撰有《〈共产党宣言〉中的社会学与经济学》论文，该论文是为纪念《共产党宣言》发表100周年而作。② 作为政治经济学家的熊彼特在《资本论》中读出了“最高超的艺术”，他的感悟和慧识堪称与卢卡奇“发现”的《资本论》殊途同归。

二、法兰克福学派美学中的《资本论》

法兰克福学派是20世纪西方马克思主义的主要流派之一，据说其成员是一群有着犹太血统的德国哲学家和社会学家。该学派创建于1923年，于20世纪三四十年代初发展起来，以德国法兰克福大学的“社会研究中心”为中心而聚集，以批判的社会理论而著称。代表人物包括瓦尔特·本雅明、马克斯·霍克海默、赫伯特·马尔库塞、艾瑞克·弗洛姆、西奥多·阿多诺等。该学派也是20世纪80年代以来对中国美学界影响较大的“西马”学派。下面是基于美学视域对诸代表人物著述中《资本论》因素的考察，按出生年序略述之。

（一）瓦尔特·本雅明（Walter Benjamin，1892—1940）

他的诸多作品甚至是书名都有着读《资本论》的鲜明痕迹。《发达资本主义时代的抒情诗人》中多有与《资本论》“商品”相关意象的比喻。例如，作者把自己的居所比喻为艺术的避难所，其中主人承担的是西西弗斯的特殊任务：“这就是通过占有商品而剥掉它们的商品性格。”③ 他把夏尔·皮埃尔·波德莱尔（Charles Pierre Baudelaire）诗歌意象特质概括为“震惊”（“惊颤”）④，其

① 熊彼特．资本主义、社会主义和民主［M］．吴良健，译．北京：商务印书馆，1999：42，47.

② 熊彼特．从马克思到凯恩斯［M］．韩宏，等译．南京：江苏人民出版社，2003：1.

③ 瓦尔特·本雅明．发达资本主义时代的抒情诗人［M］．张旭东，魏文生，译．北京：生活·读书·新知三联书店，1989：188.

④ 瓦尔特·本雅明．发达资本主义时代的抒情诗人［M］．张旭东，魏文生，译．北京：生活·读书·新知三联书店，1989：135. 夏尔·皮埃尔·波德莱尔（Charles Pierre Baudlaire，1821—1867），法国19世纪最著名的现代派诗人，代表作有《恶之花》。

魅力与“商品”等相关，“辩证法的意象因此也就是梦的意象。商品明确地提供了这样的意象”①。他还把雇佣工人比喻为古老传说中的“该隐”和现代“赌徒”，因为“这种人只拥有自己的劳动力，此外不拥有任何商品”②，而“工人在机器旁的震颤动作很像赌博中掷骰子的动作。二者都同样缺乏一种实质性内容”③。他又把19世纪欧洲城市出现的“大众”比喻为商品市场中的“顾客”，“他们都是孤零零的。那种由于生存需要而保存着的依赖他人的感觉逐渐被社会机器主义磨平了”④。“过往者在大众中的震惊经验和工人在机器旁的经验是一致的。”⑤ 在《机械复制时代的艺术作品》这一著名论著中，本雅明指出：“在对艺术作品的机械复制时代凋谢的东西就是艺术品的光晕。”⑥ 通过摄像机镜头表演的电影演员，其面对的观众乃是“市场的买主”⑦，因此“机械复制艺术”中潜在着实质的商品买卖关系：“艺术的机械复制性改变了大众对艺术的关系。”⑧ 这些评断显然运用了《资本论》关于“现代机器工业”与“古典手工业”相区别的分析方法。足以印证的是《讲故事的人》中对古典手工业背景的描述和强调：“讲故事的人有赖于手工技艺的氛围。……透明的薄漆在一个缓慢的过程中层层相叠，最准确地描绘出由不同的人复述层层相叠而构成的那种完美的叙述。”⑨“讲故事”这门艺术之所以日薄西山，是因为“古典手工艺的经验贬值了”⑩。这种贬值是一种政治经济学征候：“它作为历史的世俗生产力的

---

① 瓦尔特·本雅明．发达资本主义时代的抒情诗人［M］．张旭东，魏文生，译．北京：生活·读书·新知三联书店，1989：190.

② 瓦尔特·本雅明．发达资本主义时代的抒情诗人［M］．张旭东，魏文生，译．北京：生活·读书·新知三联书店，1989：39.

③ 瓦尔特·本雅明．发达资本主义时代的抒情诗人［M］．张旭东，魏文生，译．北京：生活·读书·新知三联书店，1989：149.

④ 瓦尔特·本雅明．发达资本主义时代的抒情诗人［M］．张旭东，魏文生，译．北京：生活·读书·新知三联书店，1989：146.

⑤ 瓦尔特·本雅明．发达资本主义时代的抒情诗人［M］．张旭东，魏文生，译．北京：生活·读书·新知三联书店，1989：148.

⑥ 瓦尔特·本雅明．机械复制时代的艺术作品［M］．王才勇，译．北京：中国城市出版社，2001：87.

⑦ 瓦尔特·本雅明．机械复制时代的艺术作品［M］．王才勇，译．北京：中国城市出版社，2001：107.

⑧ 瓦尔特·本雅明．机械复制时代的艺术作品［M］．王才勇，译．北京：中国城市出版社，2001：114.

⑨ 瓦尔特·本雅明．讲故事的人［M］//瓦尔特·本雅明．本雅明文选．陈永国，马海良，译．北京：中国社会科学出版社，1999：300.

⑩ 瓦尔特·本雅明．讲故事的人［M］//瓦尔特·本雅明．本雅明文选．陈永国，马海良，译．北京：中国社会科学出版社，1999：291.

伴随物，逐渐把叙事能力逐出日常语言的王国。”① 本雅明另一篇专题论文是《作为生产者的作家》，其标题中的“生产”直接标志了《资本论》式的思想方法：“作家总是处于一个时代的生产关系中。”② 其中对文字媒体特性的分析是：“在西欧，报纸并不是作家手中有效的生产手段，报纸还属于资本。就技术层面而言，报纸一方面是作家最重要的阵地，另一方面这块阵地却又掌握在对手的手中，因此作家判断事物的能力要在其社会局限性、技术手段及其政治使命等方面，克服许多巨大的困难，这是毫不奇怪的。”③

（二）马克斯·霍克海默（Max Horkheimer，1895—1973）

霍克海默被认为是德国法兰克福学派创始人。他提出马克思主义是对现代资本主义全方位的批判理论。在与阿多诺合著的《启蒙的辩证法》的“启蒙的概念”篇中，他对资产阶级上升时期提出的“理性”“启蒙”等思想做了深刻反思和批判。该文的结句为：“启蒙精神为了效力于现存制度而疯狂欺骗群众。”④《资本论》批判性辩证思维句式之一为：“资本主义农业的任何进步，都不仅是掠夺劳动者的技巧的进步，而且是掠夺土地的技巧的进步。在一定时期内提高土地肥力的任何进步，同时也是破坏土地肥力持久源泉的进步。”⑤《启蒙的辩证法》中经常可见具有《资本论》特色的批判性辩证思维句式，例如：“每一个企图摧毁自然界强制的尝试，都只会在自然界受到摧毁时，更加严重地陷入自然界的强制中。欧洲文明就是这样走过来的。”⑥ “每个幸福，都是以不幸为代价的。”⑦ “不可阻挡的进步的厄运就是不可阻挡的退步”，“生产系统借以调整身体的社会的、经济的和科学的工具越复杂和精密，人身体能得到的经

① 瓦尔特·本雅明．讲故事的人［M］//瓦尔特·本雅明．本雅明文选．陈永国，马海良，译．北京：中国社会科学出版社，1999：294.

② 瓦尔特·本雅明．作为生产者的作者［M］//塞·贝克特等．普鲁斯特论．沈睿，黄伟等译．北京：社会科学文献出版社，1999：150.

③ 瓦尔特·本雅明．作为生产者的作者［M］//塞·贝克特等．普鲁斯特论．沈睿，黄伟等译．北京：社会科学文献出版社，1999：154.

④ 马克斯·霍克海默．启蒙的辩证法［M］//陈学明．20世纪哲学经典文本：西方马克思主义卷．上海：复旦大学出版社，1999：179.

⑤ 马克思．资本论：第1卷［M］//中共中央马克思恩格斯列宁斯大林著作编译局．马克思恩格斯全集：第23卷．北京：人民出版社，1972：552.

⑥ 马克斯·霍克海默．启蒙的辩证法［M］//陈学明．20世纪哲学经典文本：西方马克思主义卷．上海：复旦大学出版社，1999：154.

⑦ 马克斯·霍克海默．启蒙的辩证法［M］//陈学明．20世纪哲学经典文本：西方马克思主义卷．上海：复旦大学出版社，1999：157.

历体会就越贫乏”。[1] 其中具有独创性的一段结合《荷马史诗》“劳动”场景的分析写道：“奥德修斯的思想上既反对自己死亡又反对自己幸福。……艺术享受与手工劳动在古代就分离开来了。史诗已经包含了正确的理论。艺术品变成了指挥准确关系的劳动，而且指挥的劳动和被指挥的劳动，二者成了不可抗拒的强制性的社会支配自然界的力量。”[2]

（三）赫伯特·马尔库塞（Herbert Marcuse，1898—1979）

马尔库塞的中译本著述至少有《爱欲与文明》《单向度的人——发达工业社会意识形态研究》《审美之维》三种。其最富创意的是将西格蒙德·弗洛伊德（Sigmund Freud，1856—1939）性欲“力比多”概念引入马克思主义美学。“在操作原则统治下，人的身心都变成了异化劳动的工具，而只有当人的身心抛弃了人类有机体原先具有并追求的力比多的主—客体自由时，才会成为这样的工具。时间的分配在这一转折中起着根本性的作用。在上班时，人作为一种从事异化操作的工具，其生存时间只是零星的。只有业余时间对他来说才是自由的（假如正常工作和上下班需要十小时，而睡眠和吃饭这种生物需要也需要十小时，那么在一个人的大部分生活历程中，他每天的二十四小时中只有四小时的自由时间）。”[3] 这个分析片段显然受到《资本论》“工作日”一章的启发。

（四）艾瑞克·弗洛姆（Erich Fromm，1900—1980）

弗洛姆是美国职业心理医生，也是将弗洛伊德精神分析方法与马克思学说相结合的人本主义哲学家代表。他提出的问题在《资本论》中被称为“工业病理学”问题：“既然社会疾病是这么多人的疾病，而不是超越或脱离个人的实体得到疾病，治疗社会疾病也应该遵循同一条原则。”[4] 弗洛姆对这一问题的解答是：“只有在工业和政治组织上、精神和哲学方向上、性格结构和文化活动方面同时发生变革时，才能达到健全和精神健康。只注意某一个方面的变化而忽视其他各个方面，对整个变化来说是有害的。”[5] 这一解答可谓继承了《资本论》

---

① 马克斯·霍克海默．启蒙的辩证法［M］//陈学明．20世纪哲学经典文本：西方马克思主义卷．上海：复旦大学出版社，1999：174.

② 马克斯·霍克海默．启蒙的辩证法［M］//陈学明．20世纪哲学经典文本：西方马克思主义卷．上海：复旦大学出版社，1999：173.

③ 赫伯特·马尔库塞．爱欲与文明［M］．黄勇，薛明，译．上海：上海译文出版社，1987：30.

④ 艾瑞克·弗洛姆．健全的社会［M］//弗洛姆文集．冯川，等译．北京：改革出版社，1997：261.

⑤ 艾瑞克·弗洛姆．健全的社会［M］//弗洛姆文集．冯川，等译．北京：改革出版社，1997：260.

中大量引用的公共卫生医师报告的思路。

（五）西奥多·阿多诺（Theodor W. Adorno，1903—1969）

阿多诺在给友人的信中说，他的《美学理论》旨在再现他“思想中的精髓”①。该书核心问题是艺术与技术（technology）的关系。“技术一词所固有的对抗性不应视为一成不变的东西，它不仅反映审美自决，而且反映外在于艺术的生产力发展。技术是历时性的，就像它在过去某一时刻出现一样，也同样会在将来消失。”② 而《资本论》将古代手工业评断为“半艺术性”劳动，同时将机械时代失去“艺术性质”的劳动称为“异化劳动”③，仅此可见二者关注问题的连续性。该书还注意到《资本论》关于艺术领域中生产性与非生产性劳动的一个例证：“密尔顿（今多译为弥尔顿）创作《失乐园》得到5镑，他是非生产劳动者。相反，为书商提供工厂式劳动的作家，则是生产劳动者。”④ 阿多诺称《失乐园》在当时是“一件没有市场的商品”，商品经济导致了弥尔顿式的创作沦落为“社会意义上的无效劳动”；而“马克思对于生产性劳动的痛斥，为防止艺术在资产阶级社会中功能化提供了强有力的保护”⑤。在与霍克海默合著的《启蒙的辩证法》中，阿多诺还将荷马史诗《奥德赛》解读为一个关于“资产阶级的原型”的文本：主人公奥德修斯旅行的目标是财产，“他的滚滚财源是建立在剥夺土著野蛮人的基础上的”⑥，“他们已经体现了资本主义的经济原则”⑦。

三、从葛兰西到以赛亚·伯林的《卡尔·马克思》

下面依出生年序略述法兰克福学派之外的“西马”代表人物，其国籍包括意大利（葛兰西）、德国（布莱希特）、法国（萨特、德里达、布尔迪厄）、美国（萨义德、詹明信）、英国（伊格尔顿、以赛亚·伯林）等。他们都在中国

① 西奥多·阿多诺．美学理论［M］．王柯平，译．成都：四川人民出版社，1998：2.

② 西奥多·阿多诺．美学理论［M］．王柯平，译．成都：四川人民出版社，1998：59.

③ 马克思．资本论：第1卷［M］//中共中央马克思恩格斯列宁斯大林著作编译局．马克思恩格斯全集：第23卷．北京：人民出版社，1972：420，708.

④ 马克思．剩余价值理论［M］//中共中央马克思恩格斯列宁斯大林著作编译局．马克思恩格斯全集：第26卷（第一册）．北京：人民出版社，1972：432.

⑤ 西奥多·阿多诺．美学理论［M］．王柯平，译．成都：四川人民出版社，1998：390.

⑥ 西奥多·阿多诺．关于荷马史诗《奥德赛》［M］//马克斯·霍克海默，西奥多·阿道尔诺．启蒙辩证法．渠敬东，曹卫东，译．上海：上海人民出版社，2003：62.

⑦ 西奥多·阿多诺．关于荷马史诗《奥德赛》［M］//马克斯·霍克海默，西奥多·阿道尔诺．启蒙辩证法．渠敬东，曹卫东，译．上海：上海人民出版社，2003：70.

美学界耳熟能详，他们的论著中也皆有鲜明的《资本论》色彩。以赛亚·伯林虽然通常不被归于“西马”之列，然而其《卡尔·马克思》主要论述对象是《资本论》，对笔者而言，正好表征了《资本论》所产生的影响并不限于通常所谓或所见的“西马”视域。

（一）安东尼奥·葛兰西（Antonio Gramsci，1891—1937）

葛兰西是意大利马克思主义文艺理论的代表性人物。其《狱中札记》写道：“古典经济学产生了‘政治经济学批判’，但是在我看来，这还不是可能产生的一门新的科学，或科学问题的一种新概念。政治经济学‘批判’从‘被决定的市场’的历史特性以及它的‘自动性’的概念出发，而‘纯粹’的经济学家则把这些要素看成‘永恒的’或‘自然的’；‘批判’是以现实主义的方式去分析决定市场的力量关系，它深刻地分析它们的矛盾，估计新的要素的出现及加强相连接的变化的可能性，并提出被批判的这门科学的‘暂时的’和‘可以被取代的’性质；它把这门科学当作生命也当作死亡来研究，并在其心脏中找到必定要瓦解它和取代它的要素，而且提出必定还明显地表现出他的生命力的‘继承者’。”①《资本论》的副标题是“政治经济学批判”，据《狱中日记》中译编者的注释，葛兰西该段话是“建立在对马克思经济学著作，特别是《资本论》本身的颇为简单的知识上的”②。

（二）贝尔托·布莱希特（Bertolt Brecht，1898—1956）

布莱希特戏剧革新理论的关键词是“陌生化”（又译作“间离效果”）。这个布莱希特创造的术语指谓一种技巧：“把一个事件或者一个人物性格陌生化，首先意味着简单地剥去这一事件或人物性格中的理所当然的、众所周知的和显而易见的东西，从而制造出对它的惊愕和新奇感。”③ 这一技巧也与布莱希特的批判性目标产生内在关联：“一切前进的事物，亦即在生产劳动中导致社会改造的每一摆脱自然束缚的解放，人类按照新的方向所从事的一切改善他们的命运的尝试，不管在文学里作为成功或者失败加以描写，都赋予我们一种胜利的或

---

① 安东尼奥·葛兰西．狱中札记［M］//陈学明．二十世纪哲学经典文本．上海：复旦大学出版社，1999：122.

② 安东尼奥·葛兰西．狱中札记［M］//陈学明．二十世纪哲学经典文本．上海：复旦大学出版社，1999：122. 该页中译者注释还写道：“众所周知，‘政治经济学批判’是马克思赋予他的从《政治经济学批判》以后一切主要的经济学著作标题或副标题。葛兰西也用‘批判经济学’一词作为《资本论》的委婉说法。”该书第 114 页、119 页、141 页也有涉及《资本论》。

③ 贝尔托·布莱希特．论实验戏剧［M］//贝尔托·布莱希特．布莱希特论戏剧．丁扬忠，张黎，等译．北京：中国戏剧出版社，1990：62.

者信赖的情感，带给我们对一切事物转变可能性的享受。"① 布莱希特"陌生化"（或"间离效果"）的德语是"Verfremdungseffekt"②。德国学者已有专题研究，将"Verfremdung"的来源追溯到《巴黎手稿》与《资本论》的"异化"概念，然而很少有人知道这个概念的真正渊源，以致"人们通常以为它来源于俄国形式主义者那里"③。"Verfremdungseffekt"译为英语则是"Estrangement effect"或"alienation effect"。后者的核心词"alienation"亦即中文"异化"的英语词源。《资本论》英文版中使用"Estrangement"有四处，使用"alienation"则多达十余处。后者之一为："they alienate from him the intertllectual potentialities of the labour process in the same proportion as sience is incoperated in it as an independent power."该句中译本为"劳动失去内容，……使劳动过程的智力与工人相异化"。英文版的"the direct identity that in barter does exist between the alienation of one' s own and the acquisition of some other man' s product."中文本译作："它把这里存在的换出自己的劳动产品和换进别人劳动产品这二者之间的直接的同一性，分裂成卖和买这二者之间的对立。"④ 仅此可以推断，布莱希特戏剧革新的核心术语与《资本论》显然并非无关。

（三）让-保罗·萨特（Jean-Paul Sartre，1905—1980）

其著名小说《恶心》被认为是"二十世纪法国文学一个重要坐标"⑤。萨特自述《恶心》的创作意图："它在很大程度上是攻击资产阶级的。……即便我已经隐约看出我的立场的局限性，我也不可能从中脱身。说出关于存在的真理，

① 贝尔托·布莱希特．戏剧小工具篇［M］//贝尔托·布莱希特．布莱希特论戏剧．丁扬忠，张黎，等译．北京：中国戏剧出版社，1990：36.

② "关于 Verfremdungseffekt 一词，我国曾有'间情法''间离效果''疏离效果''陌生化效果'等不同译法，本书一律从后者。"（张黎．布莱希特研究［M］．北京：中国社会科学出版社，1984：6.）

③ 莱因霍尔德·格里姆．关于"陌生化"概念［M］//张黎．布莱希特研究．北京：中国社会科学出版社，1984：205-206.

④ 《资本论》英文版见 Karl Marx．Capital Volue I，（Penguin Classics）［M］．tr．Ben Fowkes，London：Clays Ltd，St Ivespic，1990：799，76．中文版见马克思．资本论：第 1 卷［M］//中共中央马克思恩格斯列宁斯大林著作编译局．马克思恩格斯全集：第 23 卷．北京：人民出版社，1972：708，133．参见杨文汉．马克思《资本论》中怎样使用"异化"概念［J］．西北政法学院学报，1984（1）：11-14.

⑤ 让-保罗·萨特．萨特文集：第 1 卷［M］．桂玉芳，译．北京：人民文学出版社，2000：5.

揭穿资产阶级的谎言，这是同一回事。”① 这个自述与马克思“绝不用玫瑰色描写资本家”② 的《资本论》自述显然相通。萨特认为“马克思主义是当今不可超越的哲学”③，他也明确表示“我读过《资本论》”④。《恶心》中的主人公罗冈丹最初一次恶心是发生于无所事事在海边游荡时“打水漂的游戏”后：他从地上捡起一块小石子，却突然神志恍惚，石头从他手中落下，“我看到了什么东西，它使我恶心”⑤。这个“打水漂”游戏在黑格尔《美学》中出现过。黑格尔用这个游戏说明审美感觉的发生：小孩兴致勃勃地打水漂，怀着惊奇看到他投下的石子在水面上激起一圈圈扩散的波纹，感到这个波纹是他自己创作的作品，由此产生一种满足的愉悦感，这种愉悦感就是审美感。⑥ 萨特选择这个著名游戏作为主人公“恶心”感的开始，意在表明这位资产阶级社会中的“孤独者”对其所处环境“物化”的批判：“我确确实实看出自己神经健全，所有这些变化只涉及物体。”⑦ “我害怕接触它们，仿佛它们是野兽。”⑧ “我再无法忍受物体离我那么近。”⑨ 主人公最强烈的恶心发生于他听到旁人说及“人道主义”一词时：“所有标举人道主义的人都相互憎恨，还相互残杀。”⑩ 这种反讽叙事的手法显然也是《资本论》频繁使用的。

（四）雅克·德里达（Jacques Derrida，1930—2004）

在其《马克思的幽灵》中强调：“地球上所有的人，所有的男人和女人，不管他们愿意与否，知道与否，他们今天在某种程度上都是马克思和马克思主义

① 让-保罗·萨特．萨特文集：第1卷［M］．桂玉芳，译．北京：人民文学出版社，2000：411.

② 马克思．资本论：第1卷［M］//中共中央马克思恩格斯列宁斯大林著作编译局．马克思恩格斯全集：第23卷．北京：人民出版社，1972：12.

③ 让-保罗·萨特．萨特文集：第1卷［M］．桂玉芳，译．北京：人民文学出版社，2000：16.

④ 让-保罗·萨特．萨特文集：第1卷［M］．桂玉芳，译．北京：人民文学出版社，2000：423.

⑤ 让-保罗·萨特．萨特文集：第1卷［M］．桂玉芳，译．北京：人民文学出版社，2000：6.

⑥ 黑格尔写道：“儿童的最早冲动中就有要以这种实践活动去改变外在事物的意味。例如一个小男孩把石头抛在河水里，以惊奇的神色去看水中所现的圆圈，觉得这是一个作品，在这作品中他看出他自己活动的结果。这种需要贯穿在各种各样的现象里，一直到艺术。”（黑格尔．美学：第1卷［M］．朱光潜，译．北京：商务印书馆，1982：39.）

⑦ 让-保罗·萨特．萨特文集：第1卷［M］．桂玉芳，译．北京：人民文学出版社，2000：6.

⑧ 让-保罗·萨特．萨特文集：第1卷［M］．桂玉芳，译．北京：人民文学出版社，2000：15.

⑨ 让-保罗·萨特．萨特文集：第1卷［M］．桂玉芳，译．北京：人民文学出版社，2000：152.

⑩ 让-保罗·萨特．萨特文集：第1卷［M］．桂玉芳，译．北京：人民文学出版社，2000：141.

的继承人。"① 他的《不合时宜的格言》一文以莎士比亚戏剧《罗密欧与朱丽叶》为阐释文本，"这个剧作适合作为'例子'，以印证我想说的东西，印证我认为有必要思考专有名称、历史、时代错误等问题的想法"②。而莎士比亚戏剧也是《资本论》最频繁引用发挥的对象。德里达晚年造访中国时，在上海与中国学者思想家王元化就中西文化问题进行过交流。③ 并非偶然的是，王元化是中国人文学术界最早认真研读《资本论》者。④

(五) 皮埃尔·布尔迪厄 (Pierre Bourdieu，1930—2002)

其"文化资本"等概念发挥了《资本论》核心范畴。其论点之一是强调"社会空间"的分析方法，"所有那些忙于对文学或艺术作品进行科学性研究的人，总是忽略了对这样一种社会空间的思考，即创作了这些作品及创造了其价值的那些人所处的社会空间"⑤。社会空间的潜规则是"资本"逻辑，例如"文学场是一个文化资本相互斗争的场"，"每一个行动者的力量（资本），……取决于行动者在权力中的地位，取决于他所拥有的特殊资本"。⑥ 布尔迪厄直白声明：这一方法"从本质上应该归功于马克思，更确切地说，应归功于马克思的工作所产生的理论性效果"⑦。

(六) 爱德华·萨义德 (Edward W. Said，1935—2003)

萨义德是阿拉伯裔的美籍学者，被称为"后殖民主义"理论的代表人物，而《资本论》第一卷末章标题为"现代殖民理论"。他在《文化与帝国主义》中写道："帝国主义造成了一种特别的自然与空间，一种把贫穷与富足、工业城市化和农业衰退结合在一起的不均等的发展状况。这一状况的顶峰是帝国主

---

① 雅克·德里达．马克思的幽灵［M］．何一，译．北京：中国人民大学出版社，1999：127.

② 雅克·德里达．不合时宜的格言［M］//雅克·德里达．文学行动．赵兴国，等译．北京：中国社会科学出版社，1998：33.

③ 王元化．清园近作集［M］．上海：文汇出版社，2004：23.

④ 陆晓光．王元化《文心雕龙创作论》中的《资本论》因素［J］．华东师范大学学报，2010（1）：76-84.

⑤ 皮埃尔·布尔迪厄．文化资本和社会炼金术：布尔迪厄访谈录［M］．包亚明，译．上海：人民出版社，1997：79.

⑥ 皮埃尔·布尔迪厄．文化资本和社会炼金术：布尔迪厄访谈录［M］．包亚明，译．上海：人民出版社，1997：83.

⑦ 皮埃尔·布尔迪厄．文化资本和社会炼金术：布尔迪厄访谈录［M］．包亚明，译．上海：人民出版社，1997：130.

义。”① 而《资本论》对原始积累时期的资本与劳动之间“不均等”状况有详具描述。萨义德另一部著作《东方学》对马克思不无批评：“马克思有限的同情心在强大的东方学传统面前屈服了。”②这个批评更多表征的是他研读《资本论》的独特视域。③

（七）弗雷德里克·詹明信（Fredric Jameson，1934—）

他是当代美国著名学者，他在其《晚期资本主义的文化逻辑》中，将马克思迄今的美学和文化现象划分为现实主义、现代主义、后现代主义三个历史阶段。“如果说现实主义的形势是某市场资本主义的形势，而现代主义形势是一种超越了民族市场界限、扩展了的世界资本主义或者说帝国主义的形势的话，那么，后现代主义的形势就必须被看作是一种完全不同于老的帝国主义的，跨国资本主义（Multinational capitalism）的，或者说失去了中心的世界资本主义的形势。”④ 这一划分的逻辑依据来自《资本论》关于古典手工业过渡到机器时代的分析方法。该书对“后现代主义”主要特征的评断是：“美感的生产已经完全被吸纳在商品生产的总体过程中。”⑤“形象已经成为商品物化之终极形式。”⑥ 他的《后现代主义与文化理论》也强调：“美学领域已经完全渗透了资本和资本的逻辑。”⑦

（八）特里·伊格尔顿（Terry Eagleton，1943—）

其被认为是最具影响力的英国文学评论家和具有独特风格的文化批评家。其美学理论的核心范畴之一是“意识形态”。“意识形态”被分为六个层面，即“一般生产方式”“文学生产方式”“一般意识形态”“作者意识形态”“审美意识形态”“Text（文本）”。他对第二项的解释是：在发达资本主义社会结构中，“文学生产方式”一方面从属于占统治地位的“大规模的资本主义出版、印刷和

---

① 爱德华·萨义德．文化与帝国主义［M］．李琨，译．北京：生活·读书·新知三联书店，2003：321.

② 爱德华·萨义德．东方学［M］．王宇根，译．北京：生活·读书·新知三联书店，1995：198.

③ 陆晓光．萨义德《东方学》对马克思的“表述”［N］．文汇读书周报，2001-02-10（7）．

④ 詹明信．晚期资本主义的文化逻辑［M］．陈清侨，等译．北京：生活·读书·新知三联书店，1997：286

⑤ 詹明信．晚期资本主义的文化逻辑［M］．陈清侨，等译．北京：生活·读书·新知三联书店，1997：429.

⑥ 詹明信．晚期资本主义的文化逻辑［M］．陈清侨，等译．北京：生活·读书·新知三联书店，1997：455.

⑦ 弗雷德里克·杰姆逊．后现代主义与文化理论［M］．唐小兵，译．北京：北京大学出版社，2005：162.

发行，它们再生产一般社会生产中居于统治地位的那些因素”；但是另一方面，“文学生产者本人属于手艺人模式，他象征性地出卖他的劳动产品，给出版商以换取生活费用”①。伊格尔顿这一分析的依据不仅是马克思“生产方式”的方法，而且折射并发挥了《资本论》的相关论点：“同一种劳动可以是生产劳动，也可以是非生产劳动。”②伊格尔顿在《希斯克利夫与大饥荒》一文中还刻意强调了艾米莉·勃朗特（Emily Bronte）小说《呼啸山庄》与爱尔兰大饥荒背景的特殊关系③，后者在《资本论》中见述于“资本积累过程”章。

（九）以赛亚·伯林（Isaiah Berlin，1909—1997）

这位英国学者被认为是20世纪最著名的自由主义知识分子之一，著有《自由及其背叛》《自由论》《苏联的心灵》等。然而其第一本学术著作是1939年出版的《卡尔·马克思》。“该书一直以来都被认为是对传主生平和思想最出色的、最简明扼要的阐述。”④“此书出版时他还只有30岁。……正是在该书中，他才第一次显露自己作为一名思想史家的特殊才华。”他认为马克思理论是“至今仍在永久改变人们思考与行为方式的学术力量中最强大的部分”⑤。该书中最推重的是《资本论》：“第一卷构成了有史以来最令人生畏、最持久、最精心的一次针对整个社会秩序的控诉”⑥，“是一部集经济理论、历史学、社会学以及无法归入既有类别的宣传文字于一体的独创合集”⑦，其象征意义“远远超出了

---

① 特里·伊格尔顿．批评与意识形态［M］//周忠厚，邹贤敏，印锡华，等．马克思主义文艺学思想发展史教程．北京：中国人民大学出版社，2002：456.

② 马克思．剩余价值理论［M］//中共中央马克思恩格斯列宁斯大林著作编译局．马克思恩格斯全集：第26卷（第一册）［M］．北京：人民出版社，1972：432.

③ 1845年秋天爱尔兰发生了马铃薯枯萎病，大约就是艾米莉·勃朗特开始写这部小说的时候。小说主人公希斯克利夫就是“老恩肖从利物浦街上捡来的饿得奄奄一息的弃儿”。虽然当时利物浦还没有出现大批饥荒的难民，但是那里到处可见流落街头的爱尔兰移民，“这一点毫无疑问”。《呼啸山庄》着意表现自然和文化之间的关系。但是“勃朗特一家也许忘记了他们的爱尔兰出身”。“像阶级社会常有的情况那样，它割断了自己声名狼藉的根。文化是劳动的后代，但是它像俄狄浦斯式的孩子，否认自己的低贱出身。”“希斯克利夫当然可以不是爱尔兰人；就算他是爱尔兰人，大饥荒的年代也有误差。但是在本文中，希斯克利夫就是爱尔兰人，年代也没有搞错。”（特里·伊格尔顿．希斯克利夫与大饥荒［M］//特里·伊格尔顿．历史中的政治、哲学、爱欲．马海良，译．北京：中国社会科学出版社，1999：335-337，345.）

④ 以赛亚·伯林．卡尔·马克思［M］．李寅，译．上海：上海译文出版社，2018：1.

⑤ 以赛亚·伯林．卡尔·马克思［M］．李寅，译．上海：上海译文出版社，2018：9.

⑥ 以赛亚·伯林．卡尔·马克思［M］．李寅，译．上海：上海译文出版社，2018：23.

⑦ 以赛亚·伯林．卡尔·马克思［M］．李寅，译．上海：上海译文出版社，2018：266.

自信仰时代以来的任何作品”①。

四、余说

由上所述大略可见，不仅“西马”美学论者，自马克思去世以来的西方美学家（或经济学家、思想家）们，几乎无人不读《资本论》。台湾一位研究者认为：20 世纪 60 年代到 70 年代，“欧陆左翼的重大理论议题，多以理解、诠释《资本论》为前提”②。然而迄今鲜见专门研究《资本论》美学之义的论著。路易斯·阿尔都塞（Louis Pierre Althusser）《读资本论》谈到了“美学”一词，该书实际内容却基本无涉美学，正如他所告白：“我们都是哲学家。我们没有作为经济学家、历史学家或文学家阅读《资本论》。”③ 柏拉威尔（S. S. Prawer）《马克思和世界文学》中有“资本论”专章，而该书并不是研究《资本论》的专著。④ 托马斯·皮凯蒂《21 世纪资本论》书中一个小标题为“典型世袭社会：巴尔扎克和奥斯汀的社会”。该书的经济学分析多以欧美 19 世纪小说为借鉴。⑤ 弗朗西斯·惠恩的《马克思〈资本论〉传》的开首，是以马克思写信请求恩格斯读巴尔扎克小说《未名的杰作》为引子，马克思这封信写于《资本论》付梓

---

① 以赛亚·伯林．卡尔·马克思［M］．李寅，译．上海：上海译文出版社，2018：278.

② 万毓泽．《资本论》完全使用手册［M］．台北：联经出版社，2018：55. 该书还写道：“但 1970 年代晚期起，随着运动的退潮及一系列历史事件，对马克思《资本论》及其他作品的探索也逐步停滞。”（第 57 页）“1980 年代末期，随着苏联东欧陆续发生的剧变，《资本论》当然更被当成‘历史终结’的一部分背景了。”（第 59 页）“但不到十年，我们又看到对《资本论》的研究重新浮上水面。我将其大致区分为两个阶段。第一阶段是 1990 年代中后期，可称之为‘复苏期’。”（第 59 页）“第二阶段则从 2000 年代中后期开始，我称之为‘高峰期’。”（第 61 页）

③ 路易·阿尔都塞，艾缔安·巴里巴尔．读资本论［M］．李其庆，冯文光，译．北京：中央编译出版社，2008：2. 该书直接谈及“美学”的一段话为：“毫无疑问，我们把在《1844 年经济学哲学手稿》中起决定作用并在《资本论》中仍然暗暗诱使人们返回历史主义的全部意识形态的要求归结为一种明确的无辜的阅读，这绝不是偶然的。对青年马克思来说，认识事物的本质，认识人类历史及其经济、政治、美学和宗教产物的本质，无非就是要透过本质的‘具体’存在读出（在这个词的真正意义上）‘抽象’的本质。”（第 5 页）

④ 柏拉威尔．马克思和世界文学［M］．梅绍武，苏绍亨，傅惟慈，等译．北京：生活·读书·新知三联书店，1980.

⑤ 托马斯·皮凯蒂．21 世纪资本论［M］．巴曙松，陈剑，余江，等译．北京：中信出版社，2014：114，423. 该书结论部分写道：“本研究的总结论是：如果放任自流，基于私人产权的市场经济将潜在地威胁各民主社会以及作为其基础的社会正义价值。”“财富积累的不等式表达了一个基本的逻辑矛盾：企业家不可避免地渐渐变为食利者，越来越强势地支配那些除了劳动能力以外一无所有的人。”（第 590 页）

出版前。[①] 惠恩在该书讨论了《资本论》富有歧义的叙事风格及其艺术魅力，其中述及数十位古今文学家，从古希腊荷马到现代托尔斯泰、卡夫卡，乃至当代美国作家马歇尔·伯曼等。[②] 然而该书显然也谈不上是美学论著。

对本研究而言，这一系列“涉及”文学和美学的《资本论》研究专著或专论，它们都表征了《资本论》意义远远超出政治经济学范围，对它可以做哲学研读（如阿尔都塞的《读〈资本论〉》），可以做文学研读（如惠恩的《〈资本论〉传》），也可以做伦理学研读（如苏联季塔连科编著的《马克思主义伦理学》）[③]，因而更可以而且理应从艺术和美学视角做专门研究。[④]“《资本论》之所以是经典，主因有二。首先，《资本论》影响力几乎遍及所有人文社会学科，不论是否同意马克思的方法论或论点，它始终是许多研究者‘影响的焦虑’的来源之一。其次，由于《资本论》的内容异常丰富，不论从哪个时代、哪个学科的角度切入，几乎都能找到对话空间，或读出前人未读出的新意。”此外，“文学和政治是读《资本论》的两个最重要的切入点”[⑤]。

笔者多年前的论文指出：“‘西马’美学有四个特点：其一，‘西马’美学代表人物几乎无人不读《资本论》；其二，‘西马’美学的思想资源并不限于通常范围的马克思主义学说，而吸纳借鉴了主要是西方文明的各种古老或新颖的成果；其三，‘西马’美学的创造性首先来自对各自语境中时代性问题的关切与

---

① 弗朗西斯·惠恩．马克思《资本论》传［M］．陈越，译．北京：中央编译出版社，2009：3.

② 马歇尔·伯曼（Marshall Berman，1940—2013），美国哲学家和马克思人文主义作家，执教于纽约市立大学。他在《一切坚固的东西都烟消云散了·现代性体验》中，讨论了歌德、马克思、波德莱尔、普希金、果戈里、车尔尼雪夫斯基等人关于现代性的思考。

③ А. И. 季塔连科．马克思主义伦理学［M］．愚生，重耳，译．上海：上海译文出版社，1981. 该书多处摘引《资本论》，如“那些谨严的新教大师，新英格兰的清教徒1703年在他们的立法会议上决定，每剥一张印第安人的头盖皮，和每俘获一个红种人，都给赏金40镑”（第221页）。此条引文见马克思．资本论：第1卷［M］//中共中央马克思恩格斯列宁斯大林著作编译局．马克思恩格斯全集：第23卷．北京：人民出版社，1972：821.（该书另有黄其才译本）

④ 《资本论》还曾经被改写转换为各种文艺样式，如阪本胜编、费明君译的《戏剧资本论》，门井文雄著、林明星译的《漫画资本论》，话剧《卡尔·马克思：资本论，第一卷》（2012年3月10—11日德国“里米尼记录”剧团来华在北京首演），以及电影《来自古典意识形态的消息：马克思—爱森斯坦—资本论》（2012年3月北京德国文化中心·歌德学院发起“重读《资本论》——以电影、艺术和戏剧解读马克思”系列活动，在中国首度放映德国电影导演亚历山大·克鲁格的长达570分钟的该影片）。

⑤ 万毓泽．《资本论》完全使用手册［M］．台北：联经出版社，2018：6，107.

深思；其四，‘西马’美学家们多有将《资本论》思想方法与价值资源运用于对西方文学经典的阐释中。然而‘西马’美学也不无盲点或缺陷，其最大缺陷可谓是对中国文化的隔膜与对中国语境问题和中国古典诗文的疏离。”①

第三节 本书基本方法与主要范畴

本书是海内外首部对《资本论》美学内涵做综合研究的著作。② 课题缘起和研究过程先后受到朱光潜、王元化、卢卡奇三位先贤较大启发。

朱光潜（1897—1986）是本课题的最初倡议者。他在晚年出版的《谈美书简》中明确提出包括《资本论》在内的马克思政治经济学著述中的“劳动”思想具有“大多数人尚未想象到的重大意义”③。其核心论点之一是：“艺术是一种生产劳动，是精神方面的生产劳动。”④ “无论是文艺创作还是物质生产都可以产生美感，……如果研究美学的人都懂透了这个道理，便会认识到这种实践观点必然导致美学领域的彻底革命。”⑤ 朱光潜这一美学预言标志着新中国成立后美学界首次鲜明自觉地意识到马克思“劳动”思想的重大美学意义。并且这一预言是在我国进入改革开放时代之初提出，其时的“劳动”观念已经包含着

---

① 陆晓光．《资本论》与王元化文艺美学［J］．艺术百家，2012，28（3）：65-72.

② 这里所讲的《资本论》，包括《资本论》创作过程中的各种手稿。马克思《资本论》创作过程先后文献计 13 部：《1844 年经济学哲学手稿》、1844—1845 年《评弗里德里希·李斯特的著作〈政治经济学的国民体系〉》、1857 年《〈政治经济学批判〉导言》、《1857—1858 年经济学手稿》、1858—1859 年《政治经济学批判（第一分册）》、《1861—1863 年手稿》、1865 年《工资、价格和利润》、《1863—1867 年手稿》、1867 年《资本论》第一卷、1872—1875 年《资本论》第一卷法文版、1885 年《资本论》第二卷、1894 年《资本论》第三卷、1905—1910 年《剩余价值学说史》。（聂锦芳．清理与超越：重谈马克思文本的意旨、基础与方法［M］．北京：北京大学出版社，2005：50. 需要指出的是，这里在所列 13 部著述尚未包括马克思“写于 1844 年上半年”的《弗里德里希·恩格斯〈国民经济学批判大纲〉一文摘要》与《詹姆斯·穆勒〈政治经济学原理〉一书摘要》［M］．中共中央马克思恩格斯列宁斯大林著作编译局．马克思恩格斯全集：第 42 卷．北京：人民出版社，1979：4，42.）

③ 朱光潜．谈美书简［M］．南京：江苏文艺出版社，2007：40.

④ 朱光潜．谈美书简［M］．南京：江苏文艺出版社，2007：32.

⑤ 朱光潜．谈美书简：美学拾穗集［M］．北京：中华书局，2013：152.

科学技术和文艺创作这两个知识生产领域。① 朱光潜是我国近代继王国维以后的一代美学宗师，也是美学界公认的系统译介西方美学的第一人。② 他当年将实践这个未来美学的希望寄托于“广大的新生力量”。本研究首先是对朱光潜等前辈美学家当年期望的积极响应。③

---

① “我国广大的知识分子，包括从旧社会过来的老知识分子的绝大多数，已经成为工人阶级的一部分。正在努力自觉地为社会主义事业服务。”（邓小平．新时期的统一战线和人民政协的任务（1979 年 6 月 15 日）［M］//邓小平．邓小平文选 1975—1982. 北京：人民出版社，1983：171-172.）“科学技术是第一生产力。”（邓小平．邓小平文选：第三卷［M］. 北京：人民出版社，1993：274.）

② “美学作为一门专门的学问，能够在中国得到普及和发展，是和他的名字分不开的。从他早年的《悲剧心理学》《文艺心理学》《诗论》到后来的《西方美学史》《谈美书简》和大量的美学论文，都凝聚着他长期潜心于美学研究的心血，堪称我国美学研究发展中不同时期的有代表性的著作。”（朱光潜．谈美书简：美学拾穗集［M］. 北京：中华书局，2013：封 2.）

③ 与朱光潜同年出生同年去世的宗白华（1897—1986）也是“融贯中西艺术理论的一代美学大师”。宗白华可能是中国现代美学史上最早讨论艺术与劳动之关系的论者。他在早年《美学与艺术略谈》（1920）中认为“艺术就是人类底一种创造的技能”。（宗白华．宗白华全集：第 1 卷［M］. 合肥：安徽教育出版社，2008：189.）在同年发表的《怎样使我们生活丰富》一文中，谈及“艺术与生活”关系时写道：“我有一次黄昏的时候，走到街头一家铁匠门首站着。看见那黑漆漆的茅店中，一堆火光耀耀，映着一个工作的铁匠，红光射在他半边的臂上、身上、面上，映衬着那后面一片的黑暗，非常鲜明。那铁匠举着他极健全丰满的腕臂，取了一个极适当协和的姿势，击着那透红的铁块，火光四射，我看着心里就想道：这不是一幅极好的荷兰画家的画稿？我心里充满了艺术的思想，站着看看，不忍走了。”“从劳动中寻健全的乐趣，从工作中得人生的价值。社会中真实的支柱，也就是这班各尽所能的劳动家。”（同书第 193 页）在发表于 1921 年的《看了罗丹雕刻以后》一文中，他认为罗丹雕刻是自觉“搜寻时代精神”的表现，其时代精神的基本特质是：“（1）劳动。十九、二十世纪是劳动神圣的时代。劳动是一切问题的中心。于是罗丹创造《劳动塔》（未成）。（2）精神劳动。十九、二十世纪科学工业发达，是精神劳动极昌盛时代，不可不特别表示，于是罗丹创造《思想的人》和《巴尔扎克夜起著文之像》。……”（同书第 315 页）新中国成立后，宗白华也是马克思《1844 年经济学哲学手稿》最初中译本的译校者。他的《译校记》中关于“劳动”的校语之一是：“……即有所事事的空虚生活（匆忙辛苦的劳动）到绝对的生活空虚（丧失人性、丧失人的生活真实）。”关于“资本”的校语之一是：“……社会的存在本是现实的存在，但在此资本关系中成为非存在了、抽象的了。”（宗白华．宗白华全集：第 4 卷［M］. 合肥：安徽教育出版社，2008：206.）宗白华去世前一年（1985）翻译了德国学者《汉斯·考赫〈马克思美学思想里的两个重要问题〉》，该文两个问题其一是“‘人的本质力量的对象化’与艺术”，另一是“理解审美客观性的钥匙”。这两个问题实际关涉的是马克思《巴黎手稿》与《资本论》美学思想的连续性。其开首强调：“为了在这里介绍马克思的见解，我们从《资本论》开始。”（同书第 610 页）该文核心论点是：《资本论》关于“劳动过程与价值增殖过程”章的相关分析，“用马克思早期著作中的话来说，正是‘人的本质力量的对象化’”。（同书第 614 页）该文末尾写道：马克思“起初是一般哲学地，以后经过广泛和仔细的经济学的研究证实和确认了，于是一切科学性美学的理解被找到它的关键了”。（同书第 616 页）由上可见，宗白华在 20 世纪 20 年代初的美学论文中就重视并崇尚劳动艺术，并且也最早译介了西马美学关于《巴黎手稿》与《资本论》连续性关系的论文。仅此而言，宗白华美学思想堪称也包含着与朱光潜“未来美学”预言类似的期望。

王元化（1920—2008）最早将《资本论》与中国古典美学经典《文心雕龙》互文研究。在其1979年出版的《文心雕龙创作论》中，直接引鉴《资本论》计有16处。其中一段写道：文艺创作活动既有自身的特殊性，也有与“人类劳动的一般特性”相通的“同样的性质”。①《文心雕龙》与《资本论》两部中西经典，年代上有古今之隔，内容上有文艺学与政治经济学之别，但王元化首次打破了横亘其间的壁垒。该书问世后被学界评赞为“中国比较文学”最初的代表作之一。本研究将《资本论》与中国古典诗文进行互文阐释的思路受到该书启发。

“西马”第一人卢卡奇最初强调了《资本论》的美学意义。卢卡奇晚年的《审美特性》中有鲜明的《资本论》印记。其中最突出的是以《资本论》“劳动”范畴为方法。劳动是“人和自然的物质交换过程”② 一语在整部《审美特性》中作为方法论关键词先后出现30余处。“自黑格尔美学以来，没有一个哲学家认真说明过审美的本质”，“劳动的简单事实可以令人信服地说明这一点”。③ 虽然《审美特性》的研究对象不是《资本论》，但是其中的以《资本论》“劳动”观为方法，为本研究提供了一个实绩厚重的范例。本书是立足于中国语境对卢卡奇该书的回应。

本书三编标题的关键词分别为“劳动美学”“工作美学”“文心”。三者分别指涉物质生产、科学研究，以及人文艺术中的美学问题。三者的理论依据都与唯物史观的基本方法论相关联。④ 科学和艺术是从人类物质生产活动中先后分

---

① 王元化．文心雕龙创作论［M］．上海：上海古籍出版社，1979：146.

② 马克思．资本论：第1卷［M］//中共中央马克思恩格斯列宁斯大林著作编译局．马克思恩格斯全集：第23卷．北京：人民出版社，1972：202.《审美特性》中该语的译文略有出入。

③ 卢卡奇．审美特性［M］．徐恒醇，译．北京：社会科学文献出版社，2015：2，6.

④ “一切人类生存的第一个前提，也就是一切历史的第一个前提是：人们为了能够‘创造历史’，必须能够生活。但是为了生活，首先就需要吃喝住穿以及其他一些东西。因此第一个历史活动就是生产满足这些需要的资料，即生产物质生活本身。”（马克思，恩格斯．德意志意识形态［M］//中共中央马克思恩格斯列宁斯大林著作编译局．马克思恩格斯选集：第1卷．北京：人民出版社，1972：32.）卢卡奇《审美特性》书中将人类广义的“劳动”划分为三个主要领域，即日常生活、科学、艺术。后两者是“人类发展的更高的对象化活动”。“由日常生活到科学和艺术的不断交融，是所有三种生活领域前进运动和职能作用的条件。”（卢卡奇．审美特性（前言）［M］．徐恒醇，译．北京：社会科学文献出版社，2015：33.）

化出的成果。① 然而这三个关键词作为本书结构之枢纽，更主要是基于本书作者对《资本论》美学意蕴的研思和发挥。兹简述如下。

第一编标题中的“劳动美学”（labor aesthetics），所据是马克思政治经济学的核心范畴和独特视域。“劳动是现代经济学的起点。”② 马克思从事政治经济学研究伊始就提出：人类劳动理应“按照美的规律来构造”③。《资本论》将古代手工业评断为“半艺术性”的劳动④，同时将机械时代失去“艺术性质”的劳动称为“异化劳动”⑤。这意味着劳动是否具有艺术性质，以及在何种程度上蕴含艺术性，既是马克思政治经济学区分不同时代生产方式的一个潜在尺度，也是马克思美学独特视域和焦点问题之所在。在这个意义上，《资本论》所有关于“生产方式”的分析和叙事都具有美学意义。“劳动创造了美”“劳动崇高”“劳动光荣”等⑥，所有这些现代社会的劳动价值观，都可以在《资本论》中获

① 卢卡奇指出，艺术的产生较之科学为晚。因为科学直接产生于谋生劳动的技术中，“艺术的起源却需要以一定的空闲时间为前提”。（卢卡奇．审美特性：上［M］．徐恒醇，译．北京：社会科学文献出版社，2015：122.）

② 马克思．《政治经济学批判》导言［M］//中共中央马克思恩格斯列宁斯大林著作编译局．马克思恩格斯选集：第2卷．北京：人民出版社，1972：107.

③ 马克思．1844年经济学哲学手稿［M］//中共中央马克思恩格斯列宁斯大林著作编译局．马克思恩格斯全集：第42卷．北京：人民出版社，1979：98.

④ 马克思．1844年经济学哲学手稿［M］//中共中央马克思恩格斯列宁斯大林著作编译局．马克思恩格斯全集：第42卷．北京：人民出版社，1979：420.

⑤ 马克思．1844年经济学哲学手稿［M］//中共中央马克思恩格斯列宁斯大林著作编译局．马克思恩格斯全集：第42卷．北京：人民出版社，1979：708.

⑥ “劳动创造了美，但是使工人变成畸形。”（马克思．1844年经济学哲学手稿［M］//中共中央马克思恩格斯列宁斯大林著作编译局．马克思恩格斯全集：第42卷．北京：人民出版社，1979：92.）“他们那由于劳动而变得坚实的形象向我们放射出人类崇高精神之光。”（同书，第140页）“在社会主义的人看来，整个所谓世界历史不外是人通过人的劳动而诞生的过程。”（同书，第131页）。

取丰富而深刻的思想资源。①

第二编标题中的“工作美学”（working aesthetics）是基于《资本论》关于体力劳动与脑力劳动相“异化”的分析：“资本主义生产方式使劳动条件和劳动产品具有与工人相独立、相异化的形态。”② 这些分析意味着脑力劳动理应更具有“艺术性”③。马克思本人把《资本论》创作过程称为“劳动”，第二版跋写道：“《资本论》在德国工人阶级广大范围内迅速得到理解，是对我的劳动的最好报酬。”④ 马克思的“劳动”显然属于“脑力工作”。恩格斯后来在关于英译本《资本论》的一条注释中写道：“英语有一个优点，它有两个不同的词来表达劳动的这两个不同方面。创造使用价值的并具有一定质的劳动叫做 work，以与 labour 相对；创造价值并且只在量上被计算的劳动叫做 labour，以与 work 相

① 我国企业文化界的美学论者曾提出过堪称系统的“劳动美学”研究设想，“我们认为，劳动美学的研究内容大致可以分为以下几方面：1. 劳动与审美的发生及主体的发展，劳动的美学性质，劳动活动对于劳动者的美学价值；2. 劳动美学的对象、范围及研究方法，劳动美学思想的源流及学科进展；3. 现代工业劳动的审美特征，美学与经济学的统一；4. 个体劳动活动的快适性、愉悦性、审美性；5. 群体劳动的和谐性、劳动管理形式的艺术化；6. 劳动者与对象时空环境的审美关系，劳动环境的审美化；7. 劳动过程中的创造性、自由程度的提高；8. 企业劳动文化审美塑造的可能性、条件、特征及社会意义；等等。……可以预见，随着科技的发展、产业结构的变换，即将步入新世纪的人类劳动必将发生深刻变化，劳动美学也会遇到新的课题和新的内容，有待于不断完善和成熟、发展。”（章斌．劳动美学：企业发展的新科学［M］．北京：经济日报出版社，1991：45.）

② 马克思．资本论：第 1 卷［M］//中共中央马克思恩格斯列宁斯大林著作编译局．马克思恩格斯全集：第 23 卷．北京：人民出版社，1972：473. “劳动失去内容，……使劳动过程的智力与工人相异化。”（同书，同页）卢卡奇美学论科学与劳动之关系写道：“科学成果同劳动成果一样，是随着对现实反映过程的丰富和深入而不同，这种区别的关键在于脱离日常生活直接实践的距离和抽象程度。”（卢卡奇．审美特性：上［M］．徐恒醇，译．北京：社会科学文献出版社，2015：7.）“劳动是日常现实中与科学的对象化最接近的部分。”（同书第 8 页）“科学和日常生活之间存在着质的区别。这并不会造成一种对立的无法解决的二元论，产生不同质的分化正是人类社会发展的产物。分化以及随之而来的独立于日常生活直接需要的科学方法，它与日常思维方式的决裂，正是为了更好地服务于直接的方法统一体。”（同书第 9 页）

③ 马克思在考察欧洲 16 世纪以来钟表制造手工艺时意识到：“按其性质来说，它本身是以半艺术性的手工业和直接的理论的结合为基础的。”（中共中央马克思恩格斯列宁斯大林著作编译局．马克思恩格斯《资本论》书信集［M］．北京：人民出版社，1976：174.）

④ 马克思．资本论：第 1 卷［M］//中共中央马克思恩格斯列宁斯大林著作编译局．马克思恩格斯全集：第 23 卷．北京：人民出版社，1972：15.

对。"[1] 这个区别也为本书"工作美学"概念提供了思想资源。《资本论》主要考察的是资本主义物质生产过程中体力劳动之"艺术性"的流失，而《资本论》本身的创作过程却提供了作为"精神生产"的脑力工作之范例。提出"工作美学"新概念的客观依据是：现代社会中的"劳动"不仅已经实现了从古典手工业向机器工艺学的转化，而且正日益向知识含量丰富厚重的"普遍智能"转化。[2]"工作美学"概念不仅符合马克思"劳动"范畴的内在逻辑，不仅对当代以脑力工作为主体的知识生产者具有针对性的现实意义，而且也是《资本论》"自由王国"理想的题中之义。[3]

第三编以中国古典诗文代表作《文心雕龙》的"文心"范畴[4]为借鉴进一步研讨《资本论》的美学意蕴。就现代文艺美学而言，"文心"已堪称文学批评的一个基本的、常用的术语。[5]《资本论》中大量诗文典故呈现了一个融合古今的文学世界。虽然它不是诗歌、小说、戏剧之类，因而显然不属于西语"literature"意义上的"文学"，然而它无疑是马克思"为文之用心"的自觉表达，

① 马克思．资本论：第1卷［M］//中共中央马克思恩格斯列宁斯大林著作编译局．马克思恩格斯全集：第23卷．北京：人民出版社，1972：60.

② 蒋洪生．非物质劳动、"普遍智能"与"知识无产阶级"［J］．文艺理论与批评，2018（3）：15-24. 关于"劳动"向"工作"的转化，参阅本书第十二章的"企鹅版英文《资本论》的'worker'"篇。

③ "这个自由王国只有建立在必然王国的基础上，才能繁荣起来。工作日的缩短是根本条件。"（马克思．资本论：第3卷［M］//中共中央马克思恩格斯列宁斯大林著作编译局．马克思恩格斯全集：第25卷．北京：人民出版社，1975：927.）

④ 《文心雕龙·原道》篇："文之为德也大矣！……（人）为五行之秀，实天地之心，心生而言立，言立而文明，自然之道也。"今译为："文的作用，实在是关系重大啊！……人，不仅综合了五行的秀气，更是本乎天地之心而生。心意既生，为了表情达意，语言因而成立；有了语言之后，就产生了文章，这是自然现象啊！"（王更生．文心雕龙：全译本［M］．西安：三秦出版社，2021：2-3.）又《序志》篇："夫文心者，言为文之用心也。……是以君子处世，树德建言，岂好辩哉？不得已也！"今译为："这本书之所以叫'文心'，意在借此说明一般人写文章时，如何运用心思啊！……所以好学君子，居处于复杂的社会中，只有迅速地去树立功德、从事著述才是。我难道真的喜好与人争辩吗？实在是除此之外，别无他途啊！"（同书，第36—337页）

⑤ 例如，有一篇比较文学的论文题目是"人性相同，文心相通——以《聊斋志异》与《十日谈》情爱观之比较为中心"，该文收入作者一本以"文心"为书名之关键词的著作。（钟明奇．人性与文心［M］．上海：上海书店，2013：1.）

其中凝聚着作者的文学情愫与社会理想。① 卢卡奇因此而称《资本论》为“历史科学在文献表述时广泛使用审美表达手段”的范例。② 本编循此主要讨论的是《资本论》与古今中外文学研究之间的相关与相通。《资本论》叙事方式不仅旨在揭示和阐明“经济规律”，而且追求“写出我平素的风格”③。本书作者也企望借此有所表达可能逸出通常所称“文艺学”范围的遐思。

---

① 以下关于《资本论》“文心”的论述摘自本书作者《〈资本论〉美学研究》课题（项目批准号 11BZW018）的结项书：《资本论》引用文学典故至少百余处，它们犹如一张诗意之网遍布各章节。从希腊神话至马克思同时代的巴尔扎克小说，所涉作品足以构成一部简明欧洲文学史要目。其中有贺拉斯、《伊索寓言》、《圣经》、《神曲》、莎士比亚戏剧、《唐·吉诃德》、《鲁滨孙漂流记》，以及歌德《浮士德》与席勒诗文，还包括源自印度乃至非洲的神话（例如迦太基宗教中的太阳神“摩洛赫”），以及远非知名者的作品（例如“一位法国诗人描写过十二世纪兰第市场”）。就这些典故在《资本论》叙事中的功能而言，它们或借鉴以阐明对象（例如莎士比亚那段著名台词“金子啊，金子”），或用以表达主体情志（例如跋文引但丁《神曲》“走你的路，让人们说去”），而所有典故都可谓“既随物以宛转，亦与心而徘徊”。（《文心雕龙》语）《资本论》“文心”突出表现于结构形式，马克思本人强调“它们是一个艺术整体”。这个“艺术整体”的结构特征不仅在于“从抽象上升到具体”的叙述方向，而且在于“分流—递进”的叙述技巧，最具特色的是贯穿辩证法逻辑程序的叙事历程，各章衔接显示出“由一种形式过渡到另一种形式，由一种联系秩序过渡到另一种联系秩序的规律”。《资本论》“文心”的显著表征之一是文字的情感热度。例如有一处写道：“任何有感情的人想到 9~12 岁的儿童所担负的劳动量，都不能不得出结论说，再也不能容许父母和雇主这样滥用权力。”整部《资本论》中，经济理论冰冷的事实是“用大量热气腾腾的言辞表达出来”。（美国学者熊·彼得语）《资本论》“文心”还表现为频繁使用形象比喻、拟人叙事、舞台对白、谚语格言等。“我所追求的不是优美的叙述，而只是写出我平素的风格。”然而马克思的平素风格并不限于其个人情趣。例如在句法上折射的辩证思维：“货币可以是粪土，虽然粪土并不是货币”“工人为生产过程而存在，不是生产过程为工人而存在”“物的人格化和人格的物化的对立”等。《资本论》显然不是诗歌、小说、戏剧，因而以现代西语“文学”（literature）范畴归类可能遮蔽了《资本论》的文学价值。然而《文心雕龙》讨论过孔子的《论语》和司马迁的《史记》等，其《论说》篇有曰：“原夫论之为体，所以辨正然否。穷于有数，究于无形，钻坚求通，钩深取极；乃百事之筌蹄，万事之权衡也。……唯君子能通天下之志，安可以曲论哉？”这段话用以考量《资本论》的“为文之用心”，亦可谓恰如其分。简言之，《资本论》作为“精神生产”之作品，不仅在论述内容上追求政治经济学目标，而且在叙事方式中实践了“按照美的规律来建造”的理念。

② 卢卡奇．审美特性：上［M］．徐恒醇，译．北京：社会科学文献出版社，2015：131.

③ 中共中央马克思恩格斯列宁斯大林著作编译局．马克思恩格斯《资本论》书信集［M］．北京：人民出版社，1976：137.

本书上编、中编和下编的末尾各有一个专章，其中选辑了作者近数年来以随笔或札记形式撰写的相关研思，这些研思更多地具有感触当下中国语境问题和发散性思维的特点，它们有助于表达并丰富本书所称“劳动美学”“工作美学”以及“文心”诸基本范畴的意境。

本书末尾两个附录则分别选辑了作者近年来结合中国语境问题读“政治经济学”与读“中国文化”的相关札记，这两个附录也表达了作者对自身所处的时代性问题的关切。

上　编

《资本论》与劳动美学

第一章

“庖丁解牛”与《资本论》“劳动”美学[①]

马克思从事政治经济学研究伊始就提出：人类劳动理应“按照美的规律来构造”[②]。《资本论》将古代手工业评断为“半艺术性”劳动，同时将机械时代失去“艺术性质”的劳动称为“异化劳动”[③]。这意味着劳动是否具有艺术性质，以及在何种程度上蕴含艺术性，既是马克思政治经济学区分不同时代生产方式的一个潜在尺度，也是马克思美学独特视域和焦点问题之所在。[④]《资本论》可能表征了马克思独特的劳动美学观，而美学界甚少由此研讨《资本论》的美学意蕴。

“庖丁解牛”故事在中国美学界历来被视为一则有关艺术法则的寓言，并因此被收入《中国美学史资料选编》与《中国历代文论选》等专业读物。[⑤] 然而该故事首先讲述的是古代一位手工艺者的“解牛”劳作及其职业生涯。“解牛”

---

① 原标题为《庖丁解牛与〈资本论〉美学——关于脑力工作的艺术性质》，发表于《社会科学》2013 年第 4 期。

② 马克思．1844 年经济学哲学手稿［M］．刘丕坤，译．北京：人民出版社，1979：58.

③ 马克思．资本论：第 1 卷［M］//中共中央马克思恩格斯列宁斯大林著作编译局．马克思恩格斯全集：第 23 卷．北京：人民出版社，1972：420，708.

④ “中世纪的手工业者对于本行专业和熟练技巧还有一定兴趣，这种兴趣可以达到某种有限的艺术感。”（马克思，恩格斯．德意志意识形态［M］//中共中央马克思恩格斯列宁斯大林著作编译局．马克思恩格斯选集：第 1 卷．北京：人民出版社，1972：58.）《资本论》原版是德语，而关于德语中的“艺术”一词，卢卡奇写道：“众所周知，正是在德语中，‘艺术’一词除了它特定的狭义的和精确的意思之外，还有一种更普遍的特性。人们常说骑术、烹调术等，但绝没有想到要把骑马和烹调也列入艺术系统中的意思。人们往往赋予这种语言用法一种能力的意思。我们认为，这是不恰当的。因为这个词的精确的语义正是暗示了在恰当地完成这些行为时，超出了单纯的能力以及对技术的平均的掌握。”（卢卡奇．审美特性：下［M］．徐恒醇，译．北京：社会科学文献出版社，2015：609.）

⑤ 见《中国美学史资料选编》上册“庄子”部分（1980 年版）与《中国历代文论选》第一册“庄子”节（1979 年版）。

技能的艺术性究竟何在，它何以能够比喻“艺术法则”①，其比喻之义与《资本论》美学问题是否有所相关相通？本章将“庖丁解牛”寓言与《资本论》进行互文研读，期望有所新认知。

一、“庖丁解牛”与《资本论》“劳动”范畴

“劳动是现代经济学的起点。”②“劳动”也是《资本论》的最基本范畴。③《资本论》对资本起源即“商品细胞”的分析是基于对“劳动二重性”的揭示。④现代汉语“劳动”是源于西语“labor”的外来词，后者主要指体力劳动。⑤这也正是《资本论》“劳动”范畴的基本含义。《资本论》对“劳动”的界说如下：

> 劳动首先是人和自然之间互动的过程，是人以自身的活动来引起、调整和控制人和自然的物质变换的过程。人自身作为一种自然力与自然相对立。为了在对自身生活有用的形式上占有自然物质，人就使他身上的自然力——臂和腿、头和手运动起来。当他通过这种运动作用于他身外的自然并改变自然时，也就同时改变他自身的自然。他使自身的自然中沉睡着的

---

① 该寓言的各种读本通常注庖丁为“厨师”，释“庖丁解牛”为“比喻技术纯熟高超”等。（夏征农．辞海［M］．上海：辞书出版社，2000：1031.）然而庖丁从事的分明是宰割牛体的劳动，而完全未及厨房烹调之事。换言之，该寓言所据喻体的“解牛”活动及其美学之义通常被忽略。参见陆晓光．“庖丁解牛”美学新论［J］．艺术百家，2010，26（2）：71-83.

② 马克思．《政治经济学批判》导言［M］//中共中央马克思恩格斯列宁斯大林著作编译局．马克思恩格斯选集：第2卷．北京：人民出版社，1972：107.

③ 近年有论者将马克思的“劳动”论发挥成“劳动主义”的世界观，提出“劳动是人本质的核心”“劳动是人性创造和升华的根据”“劳动社会主义”等论点。（刘永佶．劳动主义：下册［M］．北京：中国经济出版社，2011：792.）

④ 《资本论》第一卷第一篇的标题之一是“体现在商品中的劳动二重性”。（马克思．资本论：第1卷［M］//中共中央马克思恩格斯列宁斯大林著作编译局．马克思恩格斯全集：第23卷．北京：人民出版社，1972：1.）

⑤ 现代汉语“劳动”是源于西语“labor”的外来词：“劳动是人们改变劳动对象使之适合自己需要的活动。”（刘正埮，高明凯．现代汉语外来语词典［M］．上海：辞书出版社，1984：202.）汉译《资本论》“劳动”在日译本和英译本中为“労動”（labor），“劳动力”“劳动过程”分别为“労動力”（labor-power）、“労動過程”（labor-process）。（カール・マルクス《資本論》第1巻［M］日本マルクス=エンゲルス全集刊行委員会訳．东京：大月書店，1972：234. 及 Karl Marx，Capital Volue I［M］. tr. Ben Fowkes，Pengui Classics，Lodon：Clays Ltd，St Ivespic，1990：283.）

潜力发挥出来，并且使这种力的活动受他自己控制。①

“庖丁解牛”寓言主要叙述的是“解牛”劳动。故事全文为：

> 庖丁为文惠君解牛，手之所触，肩之所倚，足之所履，膝之所踦，砉然响然，奏刀騞然，莫不中音。合于《桑林》之舞，乃中《经首》之会。文惠君曰：“嘻，善哉！技盖至此乎？”庖丁释刀对曰：“臣之所好者道也，进乎技矣。始臣之解牛之时，所见无非全牛者。三年之后，未尝见全牛也。方今之时，以神遇而不以目视，官知止而神欲行。依乎天理，批大郤，导大窾，因其固然。技经肯綮之未尝，而况大軱乎！良庖岁更刀，割也；族庖月更刀，折也。今臣之刀十九年矣，所解数千牛矣，而刀刃若新发于硎。彼节者有间，而刀刃无厚；以无厚入有间，恢恢乎其于游刃必有余地矣，是以十九年而刀刃若新发于硎。虽然，每至于族，吾见其难为，怵然为戒，视为止，行为迟。动刀甚微，謋然已解，如土委地。提刀而立，为之四顾，为之踌躇满志，善刀而藏之。”文惠君曰：“善哉！吾闻庖丁之言，得养生焉。”②

我们以《资本论》“劳动”范畴考量庖丁解牛活动，发现两者至少有如下相符：

（1）牛为自然界动物，因而庖丁与所解之牛是“人和自然之间”的关系。

（2）庖丁“解”牛完成后，原先有生命的牛体已按预定目标切割分离，因此解牛过程可谓“人以自身的活动来引起、调整和控制人和自然的物质变换的过程”。

（3）经过庖丁宰割后的牛体可供人们食用或祭祀，因而这项活动的目的符合“人为了在对自身生活有用的形式上占有自然物质”。

---

① 马克思．资本论：第1卷［M］//中共中央马克思恩格斯列宁斯大林著作编译局．马克思恩格斯全集：第23卷．北京：人民出版社，1972：202. 此段文字首句的英译本为：“Labour is, first of all, a process between man and nature, a processe by which man, through his own actions mediates, regulates and controls the metabolism between himself and nature.”（Karl Marx. Cap：tal Volue I（Penguin Classics）［M］. tr. Ben Fowkes, Lodon：Clays Ltd, St Ivespic, 1990：283.）

② 北京大学哲学系美学教研室．中国美学史资料选编（上册）［M］. 北京：中华书局，1980：38-39. 参阅郭庆藩．庄子集释［M］//诸子集成：三．北京：中华书局，1954：55-56.

（4）庖丁解牛过程的身体动作有“手之所触，肩之所倚，足之所履，膝之所踦”等，这与马克思所说“人就使他身上的自然力——臂和腿、头和手运动起来”不谋而合。

（5）庖丁在最初三年中是“所见无非全牛者”，三年之后是“未尝见全牛也”，而至十九年实践后更达到“以神遇而不以目视”境界。这一主体智能上的显著变化和提升又恰如马克思所谓：“当他通过这种运动作用于他身外的自然并改变自然时，也就同时改变他自身的自然。他使自身的自然中沉睡着的潜力发挥出来，并且使这种力的活动受他自己控制。”

由上五方面相通已然可见，庖丁解牛的活动完全符合《资本论》界说的“劳动”之义。如果说该寓言印证了马克思“劳动”范畴的普适性，那么后者可谓中肯揭示了庖丁解牛的“劳动”性。①

然而庖丁解牛还是以特殊方式进行的劳动。结合相关文献记载进一步可见，庖丁的劳动更有如下具体特征，这些特征也是《资本论》问题视域所及。

（1）庖丁解牛是高强度的体力劳动。

《周礼·天官》记载：“庖人掌共六畜、六兽、六禽。”② 这意味着掌管“庖”事的庖人属下的庖丁们，其劳动对象包括畜类、兽类、禽类的十八种动物。庖丁解牛寓言中的这位庖丁，其劳动对象则是各类动物中的“牛”类。牛在各类食用动物（如羊、猪、狗、鸡、鸭等）中的身体最大且重量最高，并且大于和重于人体数多倍。正如“杀鸡焉用牛刀”谚语所意味的，庖丁的劳动不仅需要一般意义上的体力，而且其“解牛”更是各类“庖”事中耗费体力最大的一种劳动。

《资本论》第一卷小标题之一是“劳动的强化”。马克思认为在一定条件下，“劳动强化现象具有决定性的重要意义”，“计算劳动时间的，除了它的外延

---

① “众所周知的‘庖丁解牛’，其对象化的劳动结果只不过是一头‘如土委地’的死牛。解牛劳动的审美意义显然并不在结果上，而是表现在解牛劳动的过程中。庖丁手之所触，肩之所倚，足之所踩，膝之所抵，游刃有余的进刀，举手投足无不合于‘桑林’之舞步和‘经首’乐章之韵律，正是为自己创造性的劳动过程感到自豪，庖丁才‘提刀而立，为之四顾，为之踌躇满志’。这种高超技艺实现的过程，本身就蕴藏着审美的效用。”（章斌．劳动美学：企业发展的新科学［M］．北京：经济日报出版社，1991：30.）

② 阮元．十三经注疏：上册［M］．北京：中华书局，1980：661.

量外，还有它的密度”①。后者意味着劳动中耗费体力的强度。《资本论》还指出，“劳动”是一项综合素质的活动，劳动过程中交织着各种特殊操作，它们各有不同的要求，首先是体力方面的要求：“在一种操作中，必须使出较大的体力；在另一种操作中，必须比较灵巧；在第三种操作中，必须更加集中注意力；等等。”②《资本论》考察劳动问题的关注点之一是体力劳动与脑力劳动的分化：“生产过程的智力同体力劳动的分离，智力变成资本支配的劳动的权力，是在以机器为基础的大工业中完成的。”③ 因此，如果说庖丁解“牛”的劳动确实需要较高体力，那么这一特征与马克思关注的问题也具有互文性。④

（2）庖丁解牛是分工专门的职业劳动。

庖丁从事解牛劳动的生涯已经长达十九年，“所解数千牛矣”。数千牛者至少是三千牛。据此进行简单计算：庖丁解牛生涯累计达 6935 天（365 天×19 年 = 6935 天），因而他平均每两三天要宰割一头牛（6935 天÷3000 牛 ≈ 2.3 天）。⑤这意味着庖丁从事宰割其他牲畜家禽的剩余时间客观上十分有限，更意味着他从事“庖”业之外的厨房炊事的余地甚少。换言之，这位庖丁乃是主要从事“解牛”职业的劳动者。⑥

《资本论》将劳动分工划分为一般、特殊、个别三层次：“单就劳动本身来说，可以把社会生产分为农业、工业等大类，叫作一般的分工；把这些生产大类分为种和亚种，叫作特殊的分工；把工场内部的分工，叫作个别的分工。”

---

① 马克思．资本论：第 1 卷［M］//中共中央马克思恩格斯列宁斯大林著作编译局．马克思恩格斯全集：第 23 卷．北京：人民出版社，1972：448. “英国在半个世纪中，工作日的延长与工厂劳动强度的增加一直是同时并进的。”（同书，第 448-449 页）

② 马克思．资本论：第 1 卷［M］//中共中央马克思恩格斯列宁斯大林著作编译局．马克思恩格斯全集：第 23 卷．北京：人民出版社，1972：387.

③ 马克思．资本论：第 1 卷［M］//中共中央马克思恩格斯列宁斯大林著作编译局．马克思恩格斯全集：第 23 卷．北京：人民出版社，1972：464.

④ “脑力劳动和体力劳动的对立也随之消失之后，……社会才能在自己旗帜上写上：各尽所能，按需分配。”（马克思．哥达纲领批判［M］//中共中央马克思恩格斯列宁斯大林著作编译局．马克思恩格斯选集：第 3 卷．北京：人民出版社，1972：12.）

⑤ 一说庖丁解牛生涯更长：“庖丁前 3 年乃族庖，其后若干年乃良庖，再其后有 19 年乃道庖。也就是说，庖丁解牛的总时间远远超过了 19 年，起码在 22 年以上。”（杨海文．庖丁如何解牛［N］．中华读书报，2012-6-13（15）.）

⑥ 亚当·斯密《国富论》认为，劳动者一星期从事四天紧张工作后另三天必须闲暇休息，否则会产生可能“致命的职业上的疾病”。又认为，挖煤、屠夫这类野蛮而令人讨厌的劳动应该得较高报酬，渔猎、狩猎这类消遣而令人感兴趣的工作则理应报酬低廉。这种现象在马克思时代，显然是隔世之事了。（亚当·斯密．国民财富的性质和原因的研究：上卷［M］．郭大力，王亚南，译．北京：商务印书馆，2005：76，93.）

“第三种分工可以叫作分职或真正的分工，它发生在单个手工业或职业内部。”①庖丁解牛的劳动分工发生在“庖”业的内部，因而属于第三种“个别的分工”。

《资本论》注意到，世界历史上手工业劳动通常具有狭隘专业和终身职业的特点。例如，埃及“一个手工业者如果同时从事几种手艺，就要受到严厉的惩罚”②；在印度，“正是父传子、子传孙一代代积累下来的特殊熟练，才使印度人具有像蜘蛛一样的技艺”。马克思由此概括古代手工业劳动的特点在于“终生职业”乃至“世袭职业”。③ 正处壮年时期的这位庖丁已经从事了长达十九年的解牛劳动生涯至少属于前者。

《资本论》举为“典型例子”的是德国钟表手工业：精致复杂的钟表曾经是“纽伦堡手工业者的个人制品”，后来转换成“无数局部工人的社会产品”。后者包括“毛坯工、发条工、字盘工、游丝工、钻石工、棘轮掣子工、指针工、表壳工、螺丝工、镀金工”等不下十个门类，此外还有许多小类：

> 例如，制轮工（又分黄铜轮工和钢轮工）、龆轮工、上弦拨针机构工、装轮工（把轮安到轴上，并把它抛光等）、轴颈工、齿轮安装工（把各种齿轮和龆轮安装到机心中去）、切齿工（切轮齿，扩孔，把棘爪簧和棘爪淬火）、擒纵机构工、圆柱形擒纵机构又有圆筒工、擒纵轮片工、摆轮工、快慢装置工（调节钟表快慢的装置）、擒纵调速器安装工，还有条合和棘爪安装工、钢抛光工、齿轮抛光工、螺丝抛光工、描字工、制盘工（把搪瓷涂到铜上）、表壳环制造工、装销钉工（把黄铜销钉插入表壳的接头等）、表壳弹簧制造工（制造能使表壳弹起来的弹簧）、雕刻工、雕镂工、表壳抛光工以及其他工人，最后是装配全表并使其行走的装配工。只有钟表的少数几个零件要经过不同的人的手，所有这些分散的肢体只是在最终把它们结

---

① 马克思．资本论：第1卷［M］//中共中央马克思恩格斯列宁斯大林著作编译局．马克思恩格斯全集：第23卷．北京：人民出版社，1972：389.

② 马克思．资本论：第1卷［M］//中共中央马克思恩格斯列宁斯大林著作编译局．马克思恩格斯全集：第23卷．北京：人民出版社，1972：377.

③ 马克思．资本论：第1卷［M］//中共中央马克思恩格斯列宁斯大林著作编译局．马克思恩格斯全集：第23卷．北京：人民出版社，1972：378.

合成一个机械整体的人的手中才集合在一起。①

就原先古典手工业者的“个人制品”方面而言，钟表师傅的劳动对象至少包括毛坯、发条、字盘、游丝、钻石、轴子、指针、表壳、螺丝、镀金等零部件。此外还有一系列更具体细微的小类，这些小类在后来工场手工业时期分化为钟表业内各种“局部工人”的专门对象。庖丁解牛的劳动对象相对马克思举为“典型”的钟表手工业而言，其客观上的技能天地远为狭小。然而正是因为庖丁劳动对象如此单一狭小，所以相对于马克思职业分工“片面性”的观点具有另一种典范性。

马克思一方面肯定职业分工对于专业技能发展的重要作用：“一个人根据自己的天生才能，在适当的时间内不做别的工作，而只做一件事，那么他就能做得更多、更出色、更容易。”② 但是马克思更关注狭隘分工对劳动者“全面发展”的限制。《资本论》关于未来社会生产方式图景的想象，某种程度上也是针对手工业劳动造成的“局部个人”的局限性：

用那种把不同社会职能当作互相交替的活动方式的全面发展的个人，来代替只是承担一种社会局部职能的局部个人。“鞋匠，管你自己的事吧!”——手工业智慧的这一“顶峰”，在钟表匠瓦特改良蒸汽机，理发师阿克莱发明经线织机，宝石工人富尔顿发明轮船以来，已成为一种可怕的

---

① 马克思．资本论：第1卷［M］//中共中央马克思恩格斯列宁斯大林著作编译局．马克思恩格斯全集：第23卷．北京：人民出版社，1972：380. 关于这段“钟表”制作工艺文字的中文翻译还有一则故事：“《资本论》是举全国之力翻译的。它里面有一段讲述钟表制造技术，因为《资本论》写了19世纪中期，100年以后再去翻译这一段，好多工序已经看不懂了，工艺进步，原先的工序早已不存在了。当时中国有一个马列编译局，专门负责编译马列著作，他们组织专家组做了两件事：一是找到修钟表的老师傅，问他懂不懂这些工作。二是到原有的钟表厂考察。其实那是一段无关紧要的文字，只是讲制造钟表的工种，其实翻译成A工B工也可以，反正现在不再那样做钟表了，只是一个代名词而已。但当时认为这是经典，经典就要每个字都不能错，结果愣是把已经消失的工艺重新翻译出来。从这个例子可以看出翻译马列著作是非常严谨的。”（黄纪苏，王佩．百年白话文运动的得失［M］//黄纪苏，祝东力．艺术手册．北京：文化艺术出版社，2019：153.）

② 马克思．资本论：第1卷［M］//中共中央马克思恩格斯列宁斯大林著作编译局．马克思恩格斯全集：第23卷．北京：人民出版社，1972：405. 马克思注明这里是引用了柏拉图的《理想国》之说。“工人阶级的再生产，同时也包括技能的世代传授和积累。”（同书，第630页）

愚蠢了。①

庖丁一方面终生从事的是范围极为狭小的“解牛”职业，另一方面却在如此“局部”的范围中臻达“进乎技”的境界。该寓言在职业分工问题上富有想象和张力的意境，也可谓与《资本论》所思互文见义。

(3) 庖丁解牛是古典时代的手工业劳动。

《资本论》考察了欧洲历史上先后出现的三种“工业”劳动，依次为古代的手工业、近代的工场手工业、现代的大机器工业。其中以纸张生产为例举出这三种生产方式之典型：

> 德国旧造纸业为我们提供了这一部门的手工业的典型，十七世纪荷兰和十八世纪法国提供了真正工场手工业的典型，而现代英国则提供了自动生产的典型。此外在中国和印度，直到现在还存在着这种工业的两种不同的古亚细亚的形式。②

“庖丁解牛”作为尚未进入《资本论》视域的中国古代寓言，其中的主人公既没有参与“工场”劳动（他独立完成解牛劳动的全过程），更没有使用机器（他的工具是一把手工刀），可见这个庖丁纯粹是一位“古亚细亚的形式”中的手工业劳动者。

《资本论》阐述古代手工业的基本特征是劳动技能的连续性，以及相应工具的固定性：

> 每一个特殊的生产部门都通过经验找到适合自己的技术形式，慢慢地使它完善，而当达到一定成熟程度，就迅速地使它固定下来。③

> 一旦从经验中取得适合的形式，工具就固定不变了：工具往往世代相

① 马克思．资本论：第1卷［M］//中共中央马克思恩格斯列宁斯大林著作编译局．马克思恩格斯全集：第23卷．北京：人民出版社，1972：535.

② 马克思．资本论：第1卷［M］//中共中央马克思恩格斯列宁斯大林著作编译局．马克思恩格斯全集：第23卷．北京：人民出版社，1972：418-419.

③ 马克思．资本论：第1卷［M］//中共中央马克思恩格斯列宁斯大林著作编译局．马克思恩格斯全集：第23卷．北京：人民出版社，1972：532.

传达千年之久的事实，就证明了这一点。①

庖丁从事解牛劳动的生涯虽然长达十九年，但他的工具始终是同一种刀具，并且他以同一把刀在十九年后依然“刀刃若新发于硎”而自豪。

《资本论》强调：“政治经济学作为一门独立的科学，是在工场手工业时期才产生的。……把社会分工看成是用同量的劳动生产更多的商品，从而使商品便宜和加速资本积累的手段。”② 与这种看重数量和“交换价值”的观点“截然相反”，古代经济思想特征则是注重“使用价值”：

> 古典古代的著作家只注重质和使用价值。由于社会生产部门的分离，商品就制造得更好。……他们偶尔也提到产品数量的增加，但他们指的只是使用价值的更加丰富。他们根本没有想到交换价值。③

缘此之故，古代手工业产品不仅追求“制造得更好”，而且“每个人都在不同的工作中得到乐趣”④。

“庖丁解牛”寓言中直接描述了主人公的劳动乐趣是“所好者道也，进乎技矣”；庖丁解牛十九年而“刀刃若新发于硎”，这也意味着他尤其珍视刀的“使用价值”；庖丁的追求显然不在于缩短必要劳动时间，因为就解牛的速度而言，“月更刀”的族庖与“岁更刀”的良庖未必落后于十九年未更刀的庖丁。马克思明确指出：以交换价值为目标的工场手工业分工“完全是资本主义方式的独特创造”⑤。“庖丁解牛”寓言显然代表了古典手工业时代的价值观。

由此可见，“庖丁解牛”寓言所体现的“劳动”性，不仅在抽象一般的意义上与马克思界说的“劳动”（labor）之义相符，而且在特殊形态的意义上与

---

① 马克思．资本论：第1卷［M］//中共中央马克思恩格斯列宁斯大林著作编译局．马克思恩格斯全集：第23卷．北京：人民出版社，1972：533.

② 马克思．资本论：第1卷［M］//中共中央马克思恩格斯列宁斯大林著作编译局．马克思恩格斯全集：第23卷．北京：人民出版社，1972：404.

③ 马克思．资本论：第1卷［M］//中共中央马克思恩格斯列宁斯大林著作编译局．马克思恩格斯全集：第23卷．北京：人民出版社，1972：404-405.

④ 马克思．资本论：第1卷［M］//中共中央马克思恩格斯列宁斯大林著作编译局．马克思恩格斯全集：第23卷．北京：人民出版社，1972：404. 马克思注明是引用了荷马史诗文献中的《奥德赛》主人公阿喀琉斯之语。

⑤ 马克思．资本论：第1卷［M］//中共中央马克思恩格斯列宁斯大林著作编译局．马克思恩格斯全集：第23卷．北京：人民出版社，1972：397.

马克思所关注的问题相通。进言之，庖丁解牛的“劳动”形象不仅足以印证并阐释《资本论》“劳动”范畴，而且可能提供超出马克思当年视域的启示。

二、“庖丁解牛”与手工业劳动的“艺术性”

《资本论》分析古典手工业发展到工场手工业阶段的劳动特征时指出，由于生产活动仍然需要依靠“个人的技巧”，因此仍然有这样一种劳动者：

> 他们的职业带有半艺术性。①

所谓“半艺术”是相对“纯艺术”而言。康德美学曾经区别过“纯粹美”和“依存美”，前者特征是无功用目的。② 康德以后的美学观缘此产生“纯艺术”概念。以康德美学来衡量，带有明显功用目的的手工业产品的“半艺术性”只能属于“依存美”。马克思对手工业劳动“半艺术”的评断未必没有受到康德美学观的影响。“半艺术”是指这样一种产品或制作活动，它一方面是基于个

① 马克思．资本论：第1卷［M］//中共中央马克思恩格斯列宁斯大林著作编译局．马克思恩格斯全集：第23卷．北京：人民出版社，1972：420. 该段文字为：“当大工业特有的生产资料即机器本身，还要依靠个人的力量和个人的技巧才能存在时，也就是说，还取决于手工工场内的局部工人和手工工场外的手工业者用来操纵他们的小工具的那种发达的肌肉、敏锐的视力和灵巧的手时，大工业也就得不到充分的发展。……已经使用机器的工业部门的扩大，以及机器向新的生产部门的渗入，完全取决于这样一类工人增加的情况，这类工人由于他们的职业带有半艺术性，只能逐渐地增加而不能飞跃地增加。”（同书，同页）“半艺术性”的英译为“the semi-artistic nature”（Karl Marx. Capital Volue I（Penguin Classics）［M］. tr. Ben Fowkes，London：Clays Ltd，St Ivespic，1990：504）；另一个英译版作：“the almost artistic nature”（Karl Marx. Capital Volume I［EB/OL］. Transcribed：Zodiac，Hirich Kuhls，Allan Thurrott，Bill McDoman，Bert Schultz and Martha Gimenez（1995—1996）. Online Version：Marx/Engels Internet Archive（Marxists. org）1995. 1999. p. 262）。此外，在考察欧洲16世纪以来钟表制造手工艺等时，马克思写道：“按其性质来说，它本身是以半艺术性的手工业和直接的理论的结合为基础的。”（马克思致恩格斯，1863年1月28日。中共中央马克思恩格斯列宁斯大林著作编译局．马克思恩格斯《资本论》书信集［M］. 北京：人民出版社，1976：174.）

② 康德关于“纯粹美”的论点之一是：“对颜色以及音调的感觉只有当两者都是纯粹时，才被正当地称之为美的。”（康德．判断力批判［M］. 邓晓芒，译．杨祖德，校．北京：人民出版社，2002：60.）朱光潜评论：“康德提出了他的著名的‘纯粹美’和‘依存美’的分别。只有不涉及概念和利害计较，有符合目的性而无目的的纯然形式的美，才算是‘纯粹美’或‘自由美’；如果涉及概念、利害计较和目的之类内容意义，这种美就只能叫作‘依存的美’。”（朱光潜．西方美学史：下卷［M］. 北京：人民文学出版社，1999：366.）

体谋生并满足社会吃穿住行等实用需求，因而它与“纯艺术”相异；另一方面它也凝聚了个体的想象力和技能的创造力，因而它又与“纯艺术”有所相通。①

然而在《资本论》中，马克思高度评赞印度手工纺织业产品达到了“无与伦比”的审美境界：

> 达卡的凡而纱的精细，科罗曼德耳的花布及其他布匹的色彩的华丽和耐久，始终是无与伦比的。……印度人具有像蜘蛛一样的技艺。但是同大多数工场手工业的工人相比，这样一个印度织工从事的是极复杂的劳动。②

这意味着在马克思看来，古典手工业劳动就其产品的实用性而言是非“纯艺术”的，但是就其产品之精致和技能之高超而言，却已经达到“无与伦比”的艺术境界。马克思以“半艺术性”评断古典手工业劳动，应该是考虑到现代流行的“纯艺术”观念。换言之，“半艺术性”并不意味着技巧含量的不足或艺术内涵的稀薄。我们以此为参照继续考量庖丁劳动的艺术性。

首先，庖丁的劳动必需特殊技巧：

> 依乎天理，批大郤，导大窾，因其固然。技经肯綮之未尝，而况大軱乎!③

“解牛”过程需要对牛体骨骼之间的缝隙（郤）、经脉之间的穴位（窾）、

① 王德峰教授讲《资本论》有一题为《你要什么艺术，你要的是技术》，其中说及：“泰勒制，是提高劳动者熟练程度的典型代表。管理科学鼻祖泰勒为了提高劳动者的熟练程度，通过对比实验，将最熟练的劳动者的动作记录下来，与一个不够熟练的劳动者的动作比较，从里面筛选出多余劳动，把它去掉。然后培训工人，提高效率。泰勒带着这套理论观察他老婆织毛衣的整个过程，对他老婆说：‘我看了你织毛衣的整个过程，其中80%的动作是多余的，所以你织得这么慢。’他老婆被他这么一说愤怒了，说道：‘我真想打你一个巴掌，你所说的多余的80%的动作恰好是织毛衣让我感到开心的动作。否则我织什么毛衣啊！’在手工业劳动中，劳动者还能感受到有限的艺术感，这些艺术感在效率的原则面前统统要清洗掉。你要什么艺术，你要的应该是技术。”

② 马克思．资本论：第1卷［M］//中共中央马克思恩格斯列宁斯大林著作编译局．马克思恩格斯全集：第23卷．北京：人民出版社，1972：377-378. 达卡（Dhaka），今是孟加拉国首都和第一大城市，达卡历史悠久，建于15世纪，20世纪初为商业和学术中心，1947年成为东孟加拉省省会。科罗曼德耳又译为乌木海岸，是印度半岛东南部的一片海岸。东临东印度洋的东南亚，来自中国、印度尼西亚、马来半岛的西行船只在此中转。

③ 郤（xī）：通缝隙之隙。窾（kuǎn）：指穴位处。肯綮（qìng）：谓筋肉交结处。大軱（gū）：指大骨。硎（xíng）：磨刀石。

筋肉交结处的穴位（肯綮），以及支撑庞大牛体的骨架（大軱）等，“因其固然”地循序分解，因而解牛过程是一系列手工操作的技巧过程。“批”（削、乘隙薄切）、“导”（引导、因势疏通）这两个动词要约地表征了在不同部位上用刀动作的变化。“解牛”过程显然是一项娴熟运用刀具的手工技术活。

其次，庖丁区别于其同行们的独特之处正是在于用刀技能上：

> 良庖岁更刀，割也；族庖月更刀，折也。今臣之刀十九年矣，所解数千牛矣，而刀刃若新发于硎。彼节者有间，而刀刃无厚；以无厚入有间，恢恢乎其于游刃必有余地矣，是以十九年而刀刃若新发于硎。

“族庖”们（技艺普通的庖丁）每月用坏一把刀，“良庖”们（技艺优秀的庖丁）每年用坏一把刀。这位庖丁则是历时十九年，所解数千牛后，依然“刀刃若新发于硎”。如果将每年换刀次数作为解牛技巧等级的尺度，那么庖丁的技艺比优秀的良庖们也高出十九倍。仅此可见，庖丁堪称“解牛”行业中的技艺卓越者。如果说良庖们的劳动已经具有“半艺术性”，那么庖丁解牛过程中的技艺含量或可谓标志了实用艺术领域中的“纯艺术”境界。①

庖丁的技艺确实与通常所谓“纯艺术”的音乐舞蹈有所相通：

> 手之所触，肩之所倚，足之所履，膝之所踦，砉然，响然，奏刀騞然，莫不中音。合于《桑林》之舞，乃中《经首》之会。……謋然已解，如土委地。②

解牛过程中刀具发出的声音或“砉然”（huā），或“响然”，或“騞然”

---

① 康德美学也指出过，一种客观上具有功利目标的活动，如果活动者主观上并不以此功利目标为追求，那么其活动仍然可能是属于“纯粹美”范畴：“一个鉴赏判断就一个确定的内在目的之对象而言，只有当判断者要么关于这个目的毫无概念，要么在自己的判断中把这目的抽掉时，才会是纯粹的。但那样一来，这个判断尽管由于把该对象评判为自由的美而做出了一个正确的鉴赏判断，他却仍会受到另一个把该对象的美只看作依附性的性状（着眼于对象的目的）的人的责备，被指责犯了鉴赏的错误，虽然双方都以自己的方式做出了正确的判断，一个是按照出现在他的感官面前的东西，另一个是按照他在思想中所拥有的东西。通过这种区别我们可以调解鉴赏者们关于美的好些纷争，我们对他们指出，一方坚持的是自由美，另一方坚持的是依附美，前者做出了一个纯粹的鉴赏判断，后者做出了一个应用的鉴赏判断。”（康德．判断力批判［M］．邓晓芒，译．杨祖德，校．北京：人民出版社，2002：67.）

② 砉（huā）然、响然、騞（huō）然、謋（huò）然，四者皆为象声词。

(huō)，或“谍然”(huò)，它们高低变化、错落有致，因而形成“莫不中音”的节奏。由于解牛是在一定时间段内展开，其过程具有完整的统一性，从而形成类似一首乐曲的效果。又由于解牛过程是双手、双肩、双足、双膝等配合协调的全身运动，因此又产生类似一场舞蹈的效果。更由于庖丁的一招一式是“以神遇而不以目视”，并且“游刃有余”，从而其过程还犹如一场经典乐舞的演出。唐代成玄英疏：“《桑林》，殷汤乐名也；《经首》，……尧乐也。庖丁神采从容，妙尽牛理。既而改割声响，雅合宫商，所以音中《桑林》，韵符《经首》也。”① 庖丁解牛完毕后“踌躇满志，为之四顾”。成玄英疏：“解牛事讫，闲放从容，提挈鸾刀，彷徨徙倚。既而风韵清远，所以高视四方，志气盈满，为之踌躇自得。”② 这种神情状态表明，庖丁在解牛劳动中确实是酣畅淋漓地抒发了他的情志，他因此才体验到如此名副其实的艺术快感。③ 前述马克思以“无与伦比”评赞印度手工纺织业的技艺境界，这个评赞对于庖丁应该也是受之无愧的。

现代美学观通常认为手工艺并非“艺术”。④“庖丁解牛”寓言因此通常被注释为“比喻”艺术法则。然而黑格尔《美学》提出过“艺术很接近手工业”的命题，黑格尔甚至认为古代手工业某些典范作品的艺术性达到了“天才”境界。例如，“在熔炼青铜器的技术方面，古代人达到了难以置信的精巧。人们也许会把这种本领看作与艺术无关的一种单纯的技巧。但是每个艺术家都要运用一种材料来进行工作，而能完全驾驭材料正是天才所特有的本领，所以技巧和

---

① 郭庆藩．庄子集释［M］//诸子集成：三．北京：中华书局，1954：56.

② 郭庆藩．庄子集释［M］//诸子集成：三．北京：中华书局，1954：58. 其中所称“鸾刀”，指环有铃的刀，古代祭祀时割牲专用。《诗・小雅・信南山》：“祭以清酒，从以骍牡，享于祖考。执其鸾刀，以启其毛，取其血膋。”毛传：“鸾刀，刀有鸾者，言割中节也。”孔颖达疏：“鸾即铃也。谓刀环有铃，其声中节。”（阮元．十三经注疏：上册［M］．北京：中华书局，1980：471.）

③ “谁能最早享受到劳动的乐趣，谁就最早对劳动有兴趣，也就最早获得勤勉习惯。”（亚当・斯密．国民财富的性质和原因的研究：上卷［M］．郭大力，王亚南，译．北京：商务印书馆，2005：116.）这意味着“庖丁解牛”也是一种享受性的活动。又：“一个歌唱家为我提供的服务，满足了我的审美需要；但是，我所享受的，只是同歌唱家本身分不开的活动，……我所享受的是活动本身，是它引起的我的听觉上的反应。”（马克思．剩余价值理论［M］//中共中央马克思恩格斯列宁斯大林著作编译局．马克思恩格斯全集：第26卷（第一册）．北京：人民出版社，1972：436.）这又意味着庖丁解牛的劳动也为观赏者文惠君提供了一种具有审美享受意义的服务。

④ “艺术”（tekhne）一词在古希腊的最初含义与后人指谓文学艺术的“艺术”不同，前者泛指一切需要专门知识或技艺的活动，包括手工艺、农艺、医术等。（朱光潜．西方美学史：上卷［M］．北京：人民文学出版社，1999：47-48.）

手艺方面的熟练才能就是天才的一个组成因素"①。黑格尔还将古希腊宝石雕刻称为后世难以企及的典范，理由是"这上面的真正精工细作的人物形体都具有极高度的美，简直比得上有机的自然作品。……这里所用的艺术技巧已经变成了一种凭触觉的艺术，因为这里艺术家不能像大型雕像的作者凭眼睛去看和控制自己的工作，而是凭触觉来体会它"②。黑格尔敏锐地注意到古代手工艺的奥妙在于"凭触觉的艺术"，而这也正类似于庖丁解牛"以神遇而不以目视"的技能境界。

三、"庖丁解牛"与手工业劳动的"异化"

马克思在《1844年经济学哲学手稿》中尖锐提出劳动"异化"问题：

> 劳动生产了美，但是使工人变成畸形。
>
> 劳动越机巧，工人越愚笨。
>
> 劳动的异化性质明显地表现在：只要肉体的强制和其他强制一停止，工人就像逃避鼠疫一样逃避劳动。③

《资本论》依然将资本主义条件下的工厂劳动称为"异化"劳动：

> 资本主义生产方式使劳动条件和劳动产品具有与工人相独立、相异化的形态。④

---

① 黑格尔．美学：第三卷（上）[M]．朱光潜，译．北京：商务印书馆，1982：193. 参见陆晓光．"艺术很接近手工业"：关于黑格尔美学命题 [J]．艺术百家，2009，25（1）：138-144，119.

② 黑格尔．美学：第三卷（上）[M]．朱光潜，译．北京：商务印书馆，1982：196. 朱光潜注："原文是 Gefuhl，英译作'直觉'，法译作'感觉'，俄译作'触觉'，作'触觉'似较妥。"（同书，同页）这种特殊的"触觉"也类似庄子另一篇寓言"轮扁斫轮"所言："得自于手而应自于心，口不能言，有数焉于其间。"（郭绍虞．历代文论选：第一册 [M]．上海：上海古籍出版社，1980：44.）

③ 马克思．1844年经济学哲学手稿 [M]．北京：人民出版社，2005：53，58，94.

④ 马克思．资本论：第1卷 [M] //中共中央马克思恩格斯列宁斯大林著作编译局．马克思恩格斯全集：第23卷．北京：人民出版社，1972：473.

劳动失去内容，……使劳动过程的智力与工人相异化。①

马克思的“异化”评断很大程度上是相对古典手工业具有的“艺术”性而言，后者在资本主义生产条件下逐渐“失去”了：

随着劳动越来越失去它的一切的艺术性质，……劳动的特殊技巧日益成为一种抽象的、无足轻重的东西，劳动日益成为纯粹抽象的活动，即纯粹机械的、因而是漠不关心的、对它的特殊形态满不在乎的活动；仅仅是一种形式上的活动。②（着重号为引者加）

《资本论》专门考察了传统手工业经由工场手工业发展到机器大工业的历程，这个历程主要被描述为“异化劳动”所由缘起、演进和形成的历史。马克思的聚焦点正是劳动越来越失去其原有和应有的“艺术性质”。在马克思的叙事中，几乎每个发展阶段乃至每个重要环节，都强调传统手工业劳动的“艺术性质”的日益丧失。这里我们管窥数斑：

大工业的原则是，首先不管人的手怎样，把每一个生产过程本身分解成各个构成要素。③

凡是某种操作需要高度熟练和准确的手的地方，人们总是尽快地把这种操作从过于灵巧和易于违反各种规则的工人手中夺过来，把它交给一种

① 马克思．资本论：第1卷［M］//中共中央马克思恩格斯列宁斯大林著作编译局．马克思恩格斯全集：第23卷．北京：人民出版社，1972：473. 这里所引两段文字中的“异化”，在英文本中为estrangement（estrange）或alienate。前一段文字的英译本为：“the character of independence from and estrangement towards the worker，which the capitalist mode of production gives to the conditions of labour and the product of labour ...”（Karl Marx. Capital：Volue I（Penguin Classics）［M］. tr. Ben Fowkes，Lodon：Clays Ltd. St Ives-pic，1990：558，799.）后一段的英译本为：“they alienate［*entfremden*］from him the intellectual potentialities of the labour process…”括号中的德文词“*entfremden*”汉译为“疏远”。

② 马克思．政治经济学批判大纲（草稿）：第二分册［M］．刘潇然，译．北京：人民出版社，1962：70-71.

③ 马克思．资本论：第1卷［M］//中共中央马克思恩格斯列宁斯大林著作编译局．马克思恩格斯全集：第23卷．北京：人民出版社，1972：533.

动作非常规律甚至儿童都能看管的特殊机械来进行。①

手是人类劳动的主要器官，更是手工业的主要器官。“手工业”（Handicraft）这个词顾名思义是指运用手艺的工业。因此，马克思以警句方式表述的“首先不管人的手怎样”的大工业原则，突出的正是“手艺”价值的跌落。这个大工业的原则其实早在工场手工业初期已经滥觞：

> 工场手工业分工完全是资本主义方式的独特创造。②

> 用 24 只手传砖，比 12 名单个劳动者每人都用两只手搬着砖上下脚手架要快。③

> 纽伦堡的一个制针匠可能要依次完成的 20 种操作，而在英国，将近 20 个制针匠同时进行工作，每个人只从事一种操作。④

从传统手工业转变为工场手工业的前提之一是，劳动过程中的各种操作不再由同一个手工业者按时间顺序完成，而是在空间上分离开来并由众多“人手”同时进行。由此，原先独立完成全部劳动程序和多样操作技能的手工业者，变成了许多人各自不断重复同一种局部程序操作的纯粹“劳动力”（labor-power）。这种改变固然是基于缩短劳动时间的效率法则，然而对传统手工业者的技能而

---

① 马克思．资本论：第 1 卷［M］//中共中央马克思恩格斯列宁斯大林著作编译局．马克思恩格斯全集：第 23 卷．北京：人民出版社，1972：473.

② 马克思．资本论：第 1 卷［M］//中共中央马克思恩格斯列宁斯大林著作编译局．马克思恩格斯全集：第 23 卷．北京：人民出版社，1972：397. “十七世纪初，英国的工场手工业已经发展到了相当大的规模，在克斯维克城甚至建立了雇佣四千人的炼铜手工工场。在制铁、玻璃、采矿、造船、纺织等行业中也都有一批规模颇大的手工工场。当时曾经流传一首歌谣：‘一屋宽又长，织机二百张，织工二百人，排列成长行。’可见在纺织部门，上百人的工场已经比较普遍了。”（张友伦，李节传．英国工业革命［M］．天津：天津人民出版社，1980：18.）

③ 马克思．资本论：第 1 卷［M］//中共中央马克思恩格斯列宁斯大林著作编译局．马克思恩格斯全集：第 23 卷．北京：人民出版社，1972：363.

④ 马克思．资本论：第 1 卷［M］//中共中央马克思恩格斯列宁斯大林著作编译局．马克思恩格斯全集：第 23 卷．北京：人民出版社，1972：375.

言，“他的职业的原有的多面性的破坏，就成为发展的必要因素”①。我们不难推想，如果这种必要因素加之于庖丁的解牛劳动，那么原先独立并依次完成的“手之所触，肩之所倚，足之所履，膝之所踦”一系列操作技能，至少必须分解为由四个劳动力分担并各任其一。庖丁解牛劳动原有的手艺技能的多样性被“不管”了。

与手艺操作分解相对应的是劳动工具的分化：

> 劳动工具的分化和劳动工具的专门化，是工场手工业的特征。……单在北明翰就生产出约500种不同的锤，不但每一种锤只适用于一个特殊的生产过程，而且往往好多种锤只用于同一过程的不同操作。②

与此形成鲜明对照的是，庖丁解牛的整个过程却只使用同一把刀。这把刀既要“批大郤，导大窾”，也必须“每至于族，动刀甚微”；它发出的声音是“砉然”“响然”“騞然”“謋然”等，这一连串不同的声音意味着运刀动作的变化。庖丁“游刃有余”的艺术感觉正是基于操刀动作的变化和娴熟。然而，当这一系列操作都必须分解为由各种不同的专用刀具，并且是由不同的人手分别专任时，庖丁“游刃有余”的快感不再可能。相反的是：

> 反复不断地完成同一个动作的机械过程；这种苦役单调得令人丧气，就像息息法斯的苦刑一样。③

如果说这是表现于劳动过程中的“异化”，那么就劳动者与他产品之关系而言：

> 工场手工业分工的特点是什么呢？那就是局部工人不生产商品。变成商品的只是局部工人的共同产品。……再也没有什么东西可以叫作劳动的

① 马克思．资本论：第1卷［M］//中共中央马克思恩格斯列宁斯大林著作编译局．马克思恩格斯全集：第23卷．北京：人民出版社，1972：532.

② 马克思．资本论：第1卷［M］//中共中央马克思恩格斯列宁斯大林著作编译局．马克思恩格斯全集：第23卷．北京：人民出版社，1972：379.

③ 马克思．资本论：第1卷［M］//中共中央马克思恩格斯列宁斯大林著作编译局．马克思恩格斯全集：第23卷．北京：人民出版社，1972：463.“不断从事单调的劳动，会妨碍精力的集中和焕发，因为精力是在活动本身的变换中得到恢复和刺激的。”（同书，第378页）

自然报酬。每个工人只生产整体的一个部分，由于每个部分单独就其本身来说没有任何价值或用处，因此没有东西工人可以拿来说："这是我的产品，我要留给我自己。"①

而庖丁却独立完成整个解牛过程，这个过程对他来说不仅是技艺能力的证明，而且关系到成就感。庖丁因其技能上远超"族庖"和"良庖"们而自豪，他也是因为"技盖至此乎"而赢得文惠君的服膺并惊叹。然而当他的全部操作分解为多人分别完成时，他就再也不可能为自己的产品而"踌躇满志"了。用马克思的话说，因为劳动产品与劳动者"相异化"了。

马克思更关注的是劳动主体能力的异化：

如果全部工作由一个工人来完成，那么同一个工人就必须有足够的技艺来完成最细致的操作，有足够的体力来完成最繁重的操作。②

这一判断也完全符合庖丁身心和技能的状况。庖丁的对象是硕大沉重的牛体，这个对象既要求他有强壮的肌肉和体力，也要求他协调运用手、脚、肩、膝等身体各器官，还要求他必须"视为止，行为迟，动刀甚微"地处理好细微困难之处。而在工场手工业条件下：

局部工人作为总体工人的一个器官，他的片面性甚至缺陷就成了他的优点（例如肌肉的片面发展和骨骼的畸形等）。③

事实上，在十八世纪中叶，某些手工工场宁愿使用白痴来从事某些简单的然而构成工厂秘密的操作。④

马克思还引用亚当·斯密的所见来印证其所虑："终身从事少数简单操作的

---

① 马克思．资本论：第1卷［M］//中共中央马克思恩格斯列宁斯大林著作编译局．马克思恩格斯全集：第23卷．北京：人民出版社，1972：393.

② 马克思．资本论：第1卷［M］//中共中央马克思恩格斯列宁斯大林著作编译局．马克思恩格斯全集：第23卷．北京：人民出版社，1972：387.

③ 马克思．资本论：第1卷［M］//中共中央马克思恩格斯列宁斯大林著作编译局．马克思恩格斯全集：第23卷．北京：人民出版社，1972：387.

④ 马克思．资本论：第1卷［M］//中共中央马克思恩格斯列宁斯大林著作编译局．马克思恩格斯全集：第23卷．北京：人民出版社，1972：401.

人……没有机会运用自己的智力……他的迟钝和无知就达到无以复加的地步。"① 劳动主体的身体和心智异化到如此地步，这与“所好者道也，进乎技矣”的庖丁形象，实在是有天壤之别。

由上大体可见，劳动的“艺术性质”乃是马克思考察生产方式变化的聚焦点之一。② 在马克思看来，从传统手工业经由工场手工业而进入现代机器大工业的演进历程，在推进生产力巨大发展的同时也导致了手工劳动艺术性的“失去”。如果说某种手工业劳动所蕴含的艺术内容愈丰富，它在异化劳动中可能失去的就愈多，那么庖丁解牛寓言作为古代手工业劳动之典范，其中丰富饱满的“艺术性质”，堪称为马克思“劳动异化”说提供了一个特征鲜明的比照反衬的范例。《资本论》的考察对象主要限于欧洲历史。因此，一方面，马克思的所见所思足以启发我们重新认识庖丁解牛寓言的现代意义；另一方面，后者作为超出马克思当年视域的中国古代手工业劳动的寓言，也可能为我们再思乃至创新性发展马克思劳动美学观提供思想资源。③

---

① 马克思．资本论：第1卷［M］//中共中央马克思恩格斯列宁斯大林著作编译局．马克思恩格斯全集：第23卷．北京：人民出版社，1972：387.

② “对于工业生产中的美学应用，我们认为可以分为技术美学和劳动美学。现代工业的机器大生产方式，决定了产品审美设计的重要性，技术美学的地位日益上升，并且对商品经济的发展、对产品审美文化的社会影响产生越来越大的作用。但劳动主体的劳动过程、劳动状态、劳动者的发展，更是需要美学去关注、研究的迫切课题。……在工业领域的美学应用中，劳动美学和技术美学互相呼应，有区别，又互补。劳动美学以主体的自由劳动促进劳动的效率、创造和人的发展，从而对劳动主体本身进行审美塑造。在劳动美学和技术美学构成的螺旋式劳动文化审美圈中，提升着社会和人的进步。”（张斌．劳动美学：企业发展的新科学［M］. 北京：经济日报出版社，1991：41-42.）

③ 马克思在其1857—1858年《政治经济学批判大纲》中论及劳动乃是人的“自由的实现”和“自我实现”的基本需要和根本途径：“一个人在通常的健康、精神、技能、技巧的状况下，也有从事一份正常的劳动和停止安逸的需要，这在斯密看来是完全不能理解的。诚然，劳动尺度本身在这里是由外面提供的，是必须达到目的和为达到这个目的而必须由劳动来克服的那些障碍所提供的。但是克服这个障碍本身，就是自由的实现；而且进一步说，外在目的失掉了单纯外在必然性的外观，被看作个人自己自我提出的目的，因而被看作自我实现，主体的对象化，也就是实在的自由，——而这种自由见之于活动恰恰就是劳动，——这些是亚当·斯密料想不到的。……劳动会成为吸引人的劳动，成为个人的自我实现。”（中共中央马克思恩格斯列宁斯大林著作编译局．马克思恩格斯全集：第46卷（下）［M］. 北京：人民出版社，1979：112.）这段关于“劳动”的精彩论述也完全可以阐释“庖丁解牛”寓言的魅力及其深刻性。

第二章

黑格尔《美学》的“劳动”观

黑格尔（1770—1831）把“美”定义为“理念的感性显现”，这个形而上的定义并未直接显现审美活动与人类劳动的关系。然而在黑格尔美学的具体论说中却触及两者间的生成关系，人类劳动至少是黑格尔美学的聚焦点之一。① 马克思肯定了黑格尔这个聚焦点：

> 黑格尔……把劳动看作人的本质，看作人的自我确证的本质。②

我们把这个聚焦点称为劳动本体。马克思在分析人类劳动与动物劳动之区别时提出过：“人也按照美的规律建造。”这个命题意味着人类劳动与审美活动之间具有某种本质关系，也意味着马克思美学观的特殊视角。马克思曾经是黑格尔的学生，因此考察黑格尔美学的这个聚焦点对于认识马克思美学的思想资源也是十分必要的。③

一、对劳动者审美兴趣的关注

黑格尔是当时德国普鲁士政府认可的大学教官，他的思想体系必须服从统治者的需要；黑格尔作为擅长思辨的哲学家，对艺术的思考也具有浓厚的形而上特色，而形而上的精神生产活动与形而下的物质生产活动易于分裂。然而这

---

① 参阅：陆晓光．黑格尔美学中的劳动本体：关于马克思美学的思想资源［M］//刘纲纪．马克思主义美学研究：第8辑．桂林：广西师范大学出版社，2005.

② 马克思．1844年经济学哲学手稿［M］．北京：人民出版社，2005：101.

③ 马克思肯定了黑格尔“把劳动看作人的本质”的积极意义。符号哲学家卡西尔也有着清楚的表述：“人的突出特征，人与众不同的标志，既不是他的形而上学本性，也不是他的物理本性，而是人的劳动（work）。正是这种劳动，正是这种人类活动的体系，规定和划定了‘人性’的圆周。”（恩斯特·卡西尔．人论［M］．甘阳，译．上海：上海译文出版社，1985：87. 转见：章斌．劳动美学：企业发展的新科学［M］．北京：经济日报出版社，1991：33.）

一切并没有遮蔽或隔离他对下层劳动者审美兴趣的关注。先看他下面这段颇具自我反思意味的论说：

> 我们把我们自己生活目的方面的需要看作首要的东西，而对象本身的生气却被我们消除掉了，因为它的基本使命仿佛就是单纯的服务工具，只要我们不利用它，它对我们就成为不关痛痒的。例如，一个缝衣的女子，一个在很勤快地做工作的侍女，我们看到时都可以漠不关心，因为我们的心思和兴趣不在这些对象的活动上面，因此在自言自语中，或者是跟旁人闲谈中，我们所面对的这些情境就没有什么可以引起我们思考和谈论的东西，或是我们偶然瞧它们一眼，也不过说句心不在焉的话，如"很有趣！美！丑"之类。例如，我们就抱着这种态度去欣赏农民舞蹈的热闹，只是随随便便地瞧一眼，或是瞧不起它就走开，因为我们是"一切粗野玩意的敌人"。①

黑格尔在这里毫无顾忌地批评了他自己所属其中的社会上层人士审美意识的偏狭性，这对他的地位和身份来说难能可贵。更重要的是他对上层人士审美趣味偏狭性之原因的分析："我们"从来不介入平凡实际的劳动，"我们"把劳动者看作"单纯的服务工具"，同时却轻视或鄙视他们；"我们"由此无缘感受他们的兴趣，"我们"把他们的审美兴趣下意识地排斥了；"我们"甚至把他们的审美趣味视为理应排斥的"粗野玩意"。黑格尔这段略带嘲讽的文字在西方美学史上可谓是破天荒的，我们在长达两千年的西方美学史上很难读到如此率直反思"我们"的论说。在黑格尔去世十几年后，恩格斯这样评论当时欧洲文学的新动向："德国人开始发现，近十年来，在小说的性质方面发生了一个彻底的革命，先前在这些书中充当主人公的是国王和王子，现在却是穷人和受轻视的阶级了；而构成小说内容的，则是这些人的生活和命运、欢乐和痛苦。"② 如果说恩格斯所谈这个"德国人的发现"不无根据的话，那么黑格尔堪称在美学领域中先着一鞭。

黑格尔的这一美学反思并非点到即止，而贯彻于他对文艺现象的具体分析。其中最突出的例子是他对荷兰绘画的多次评论。黑格尔敏锐地发现，与欧洲绘画流行风尚明显不同的是，荷兰画家通常感兴趣的题材是平凡生活中的平凡对

---

① 黑格尔. 美学：第三卷（上）[M]. 朱光潜，译. 北京：商务印书馆，1982：266.

② 恩格斯. 大陆上的运动：1844 [M] //中共中央马克思恩格斯列宁斯大林著作编译局. 马克思恩格斯全集：第1卷. 北京：人民出版社，1956：594.

象“葡萄、花、鹿、沙丘、海、太阳、天空”；是日常生活中的日常情境“器具雕饰、马、战士、农民、抽烟、拔牙以及各种各样的家庭场面”。面对荷兰绘画题材上的这种迥异趣味，黑格尔提问道：“这些对象我们在生活中就已经看得够了，这类对象在自然界到处都是”，为什么荷兰画家对此却兴趣盎然且情有独钟?① 他还强调，这个问题之所以值得省思是因为它对上流社会人士来说是奇怪而难以理解的，“很难希望一个有教养的人能够同情于这种作品的全体，即既同情它们的形式，也同情它们的内容”②。黑格尔对自己的提问进行了如下解答：

> 要知道荷兰人的兴趣所在，我们就必须追问他们的历史。荷兰人所居住的土地大部分是他们自己创造成的，而且必须经常地防御海水的侵袭。……这种凭仗自己的劳动而获得一切的快慰和傲慢，组成了荷兰画的一般内容。但是这并不是平凡的材料和内容，虽然这种内容不能用宫廷左右上流社会的高傲眼光去看。③

荷兰绘画之所以对看来平凡的自然景物情有独钟，原因在于它们对荷兰人来说并不平凡，因为它们乃是荷兰民族在特异的险恶地理环境中艰苦劳动的成果，艰苦劳动使荷兰民族本来极其恶劣的生存环境转变为与他们亲切和谐的环境，因此欣赏自然景物在荷兰人那里就具有欣赏自身劳动的意义。黑格尔在荷兰画的平凡题材中发现的是不平凡的劳动，以及对这种劳动的喜爱和自豪。

荷兰画的题材特色不仅在于喜爱自然景物，而且在于喜爱日常用品，黑格尔在另一处再次分析道：

> 荷兰人是一个渔夫、船夫、市民和农民的民族，所以他们从小就懂得他们亲手用辛勤劳动所创造的最大的乃至最小的必需品和日用品的价值。……处在其他情境中的其他民族就不可能运用荷兰画拿来摆在我们面前的那些题材，作为艺术作品的最主要内容。……凭他们勤劳勇敢和节俭，他们感觉到自己挣得的自由，可以享受幸福、舒适、正直、勇敢和快乐的生活，甚至可以对愉快而平凡的事物感到骄傲。这就是他们选择这类艺术

---

① 黑格尔．美学：第二卷［M］．朱光潜，译．北京：商务印书馆，1979：369.
② 黑格尔．美学：第二卷［M］．朱光潜，译．北京：商务印书馆，1979：216.
③ 黑格尔．美学：第二卷［M］．朱光潜，译．北京：商务印书馆，1979：216.

题材的辩护理由。①

荷兰人之所以喜爱日常用品，是因为他们强烈意识到这是自己的劳动产品；荷兰绘画之所以比其他民族绘画更乐意表现日常用品，是因为荷兰民族尤其为自己的日常劳动而自豪。黑格尔的解释无疑突出了荷兰民族生活的某种特点。但是我们要问，黑格尔为什么对分析荷兰绘画特殊审美趣味的原因兴趣盎然以至多次谈论？为什么在黑格尔以前和同时代很少有美学论者如此提出问题？原因在于黑格尔美学思路对人类实践活动有所重视。黑格尔认为，人的审美意识表现为两种实现方式："一部分是通过认识，即通过视觉等，一部分是通过实践，使外在世界服从自己……在它的另一体中再现自己。"② 而认识层面的审美感觉归根结底来自实践层面的审美感觉，因为人只会对显现自己意志的对象产生审美兴趣。他于此提出过一个后来被马克思发挥为"人化的自然"的美学命题③：

> 只有在人把他的心灵的定性纳入自然事物里，把他的意志贯彻到外在世界里的时候，自然事物才达到一种较大的单整性。因此，人把他的环境人化了，他显出那环境可以使他得到满足，对他不能保持任何独立自在的力量。只有通过这种实现了的活动，人在他的环境中才成为对自己是现实的，才觉得那环境是他可以安居的家，不仅对一般事物是如此，而且对个别事物也是如此。④

所谓"人把他的环境人化"的活动主要指人的劳动，劳动是人"把他的意志贯彻到外在世界"的活动，这个活动不仅使人获得物质生活的产品，也使人获得精神上的满足。每一次劳动总是具体的、个别的，因此每一个经由劳动创造或改变的"个别事物"都属于"人化的自然"的一部分，从而每一个平凡的"个别事物"也都能成为使人满足的审美对象。由此可见，黑格尔之所以对分析荷兰画的魅力所在兴趣盎然，原因在于荷兰画的独特题材和风格较之其他绘画能够更直接鲜明地印证其以"人把他的环境人化"为基础的美学观，而在黑格

① ［德］黑格尔．美学：第二卷［M］．朱光潜，译．北京：商务印书馆，1979：369.
② 黑格尔．美学：第一卷［M］．朱光潜，译．北京：商务印书馆，1982：159.
③ 马克思．1844年经济学哲学手稿［M］．刘丕坤，译．北京：人民出版社，1979：77.
④ 黑格尔．美学：第一卷［M］．朱光潜，译．北京：商务印书馆，1982：326.

尔看来，这种美学观恰恰是当时上流社会所陌生和难以理解的。

黑格尔不仅关注并高度评价劳动者的审美趣味，而且关注并高度评价劳动者的艺术才能。下面是他论说音乐艺术时所举的一段欣赏体验：

> 异于人声的乐器在熟练的演奏中，会成为艺术家灵魂的一种最适合的构造完善的工具。例如，我回想起青年时代听过的一位弹吉他琴的神手。他原是个纺织工人，同他谈起话来，他显得很迟钝，沉默寡言。但是一旦他弹起琴来，人们马上就忘掉他的作品（乐谱）缺乏艺术趣味，正像他忘掉自己一样。他把他的整个灵魂都放在吉他琴里，仿佛不知道世间还有什么演奏比他自己在声音中倾吐心灵的演奏还更高明，因此它产生了奇妙的效果。①

这段回忆中的音乐体验被称赞为具有“奇妙效果”，黑格尔特别强调它发自一位纺织工人的演奏。这意味着在他看来，美妙的音乐未必像上流社会人士通常认为的那样只能出自职业艺术家，它也可能来自下层劳动者。艺术所需要的“艺术家灵魂”并非只属于精神生产部门的艺术家，从事物质生产的劳动者也可能怀抱“艺术家灵魂”。与此形成鲜明对照的是黑格尔对职业艺术家的批评：“音乐演奏家不应当把自己降低到手艺人的地位”，“艺术家不能给人以一架留声机的印象”。②

如果说上述例子还只是黑格尔无意中谈论到劳动者艺术才能的话，那么下面一段话则是他对劳动者艺术才能的自觉辩护了。令我们今天读来不免感到惊讶的是，他的辩护理由以其独特的“阶级”论为依据：

> 按照事物的概念来说，阶级的分别当然是有理由可辩护的，但是个人凭自由意志去决定自己属于这个或那个阶级的权利却也不能被剥夺。只有资禀、才能、适应能力和教育，才应该有资格在这方面做出决定。如果一个人从出生时就被剥夺这种选择的权利，他因此就被迫服从自然或它的偶然性，在这种不自由的情况下，就可能造成出身阶级替个人所定的地位与他的精神文化及其连带的合理的要求之间的冲突。这是一种悲惨的不幸的冲突，因为它来自一种不公平，这种不公平不是真正的自由艺术所应敬重

---

① 黑格尔．美学：第三卷（上）[M]．朱光潜，译．北京：商务印书馆，1982：411.
② 黑格尔．美学：第三卷（上）[M]．朱光潜，译．北京：商务印书馆，1982：409.

的。……这对我们现代人来说，不只是一种不幸，而且本质上还是一种冤屈，他就是遭到了冤屈。①

黑格尔这里既肯定“阶级分别”的合理性，又指出其隐藏“不公平”的弊端，这不仅符合他“凡是存在的都是合理的”辩证法观念，也符合当时的社会现实。就艺术才能而言，黑格尔这里突出的是阶级分别的“不公平”方面，他的叙述语气甚至流露出某种愤懑，这表明对劳动者艺术才能之发展的关注已经在某种程度上成为他的主体情志，乃至使他情不自禁地超越自己所属的“阶级分别”。熟悉黑格尔的恩格斯后来说过，在生产力不发达的历史阶段，广大劳动群众的艺术才能通常受到压抑。② 黑格尔的上述评断可谓是恩格斯观点的先声。

因此，在黑格尔美学中，我们读到如下与他身份似乎不相吻合的艺术对象观就并非奇怪的了：

艺术作品之所以创作出来，不是为着一些渊博的学者，而是为一般的听众，他们须不用走寻求广博知识的弯路，就可以直接了解它，欣赏它。因为艺术不是为一小撮有文化修养的关在一个小圈子里的学者，而是为全国的人民大众。③

今天看来，这段话中未必没有今人所谓“民粹主义”的倾向，却也不能不承认至少其中包含某种片面的真理。

二、“艺术很接近手工业”

艺术与手工艺的关系是黑格尔美学中的核心论题之一。在黑格尔以前的西方美学史上，占主导地位的观念是将艺术与手工艺截然分割，并据此将“手工艺”排斥出“艺术”领域。黑格尔作为近代美学思想家，可谓最早揭示了两者的相近与相通。他的代表性论述如下：

艺术创作有一个重要的方面，即艺术外表的工作，因为艺术作品有一

① 黑格尔．美学：第三卷（上）［M］．朱光潜，译．北京：商务印书馆，1982：266.

② 恩格斯．反杜林论［M］//中共中央马克思恩格斯列宁斯大林著作编译局．马克思恩格斯选集：第3卷．北京：人民出版社，1972：221.

③ 黑格尔．美学：第一卷［M］．朱光潜，译．北京：商务印书馆，1982：347.

个纯然是技巧的方面，很接近手工业；这一方面在建筑和雕刻中最为重要，在图画和音乐中次之，在诗歌中又次之。这种熟练技巧不是从灵感中来的，它完全要靠思索、勤勉和练习。一个艺术家必须具有这种熟练技巧，才可以驾驭外在的材料，不至于因为它们不听命而受到妨碍。①

黑格尔这里由艺术而关注艺术技巧，由艺术技巧而揭示其“很接近手工业”的性质，这个思路表明他是从艺术技巧论的角度做判断的，而艺术技巧在今天已被确定为艺术“本体”，由此可见这个命题所涉问题的意义。“手工业”通常指谓一种用手工进行制作的劳动，而人手是人类进行各种劳动的主要器官，在这个意义上，“手工业”又可谓代表着人类最初的劳动。从而“艺术很接近手工业”这个提法意味着“艺术本体”接近“劳动本体”。

这个命题首先包含着艺术起源于劳动的思想。黑格尔认为最早的艺术是“象征型”的建筑艺术，建筑在黑格尔所举各类艺术中显然最具有物质劳动性质。黑格尔以前的西方美学论著中很少讨论建筑，而黑格尔《美学》中“建筑”则是其艺术史叙述的起点，并且构成分量颇重的专章，关于它的论说长达百页。被黑格尔举为建筑艺术代表的是埃及的金字塔及地下宫殿等，他一方面指出“这类作品的建造花费过整个时代的整个民族的生命和劳动”②，另一方面强调埃及人的建筑劳动本身也是艺术活动，“埃及人要算是真正的艺术的民族”，“凭借艺术本能”，他们才能够建成“如此庞大无比的建筑物”。③ 可见在黑格尔看来，建筑作为最早的艺术门类，它既是艺术，也是劳动。

黑格尔由此对希腊神话的分析也别有所见。他特别重视希腊神话中一些与手工艺相关的神，例如，他评价普罗米修斯：“他把火带给人类，使人类有可能满足自己的需要，从事发展各种技艺，从此技艺才不再是自然的东西。”黑格尔推崇普罗米修斯的主要原因不是由于这位神给人类带来火，使人类走出了生食自然产品的原始阶段，而是因为他带来的火为人类提供了进行手工艺劳动的条件。“普罗米修斯把火带给人类，但是真正的技艺却是由赫斐斯陀斯和她的女助手雅典娜带给人类的。这里可见出火与加工生糙材料的技艺是分得很清楚的。”④ 赫斐斯陀斯是执掌铁匠和火的神，雅典娜既是雅典城邦的守护神，也是

① 黑格尔．美学：第一卷［M］．朱光潜，译．北京：商务印书馆，1982：35.
② 黑格尔．美学：第三卷（上）［M］．朱光潜，译．北京：商务印书馆，1982：35.
③ 黑格尔．美学：第二卷［M］．朱光潜，译．北京：商务印书馆，1979：69.
④ 黑格尔．美学：第二卷［M］．朱光潜，译．北京：商务印书馆，1979：199.

执掌纺织技艺的神。[①] 我们知道，希腊艺术的基础是手工艺，手工艺的产生条件是火的发明：铁匠的冶炼直接需要用火进行，纺织机的制造也首先需要用火锻造的工具。因此，把火带给人类的普罗米修斯对于手工业的产生具有决定性意义。此外，冶铁与纺织可谓希腊手工业的基础行业，所有的工具都需要借助火与铁才能制作，与审美直接相关的所有服饰也需要从纺织品开始制作。显然，希腊人崇拜这三位神并非偶然。黑格尔讨论美学而特别注意与手工艺相关的这三位希腊神，这符合他从人类劳动本体角度分析艺术起源的思考逻辑。

这一思路也贯穿于黑格尔对更早时代的神话的解释。黑格尔认为，人类最早的宗教意识是大自然崇拜，这种崇拜意味着人的生活还停留在依靠和直接索取自然产品的阶段，人还没有学会依靠自己的劳动创造生活产品。因此，“对自然事物的素朴的崇拜，即拜自然和拜物的习俗，还不是艺术”[②]。但是当神话崇拜的对象是人类自身的劳动时，艺术就开始了。在说明最早的象征型艺术起源时，他特别引述了古波斯教中一个用金剑劈地的神话传说：受崇拜的部落首领将一把黄金制作的剑传授给他的儿子，儿子用这把剑在大地上划分出三百个区来，并用它劈开大地，给该地人民带来了幸福。黑格尔接着这样分析：“用剑劈地是暗指农业，这在该故事中固然没有明白说出，故事中并不曾把劈地和耕种生产联系在一起；但是这一个动作显然除掉翻土松地之外还有更多的意义，不免令人从中去寻找它的象征意义。”[③] 黑格尔显然认为，这个故事象征的既是农业劳动的开始，也是艺术活动的开始。

“艺术很接近手工业”这个命题似乎也指涉“艺术”与“手工业”之间的某种区别。黑格尔确实多次谈论到艺术与手工业的区别，例如，他写道，“艺术应该只满足心灵的旨趣，必然排除一切欲望”[④]；艺术“不是单纯的机械工作，不是单凭感觉的熟练手腕所达到的那种漫不经心的轻巧操作……在艺术创造中，心灵方面和感性方面必须统一起来”[⑤]。然而黑格尔对艺术的实际考察表明，他所谓的这种区别是相对的。换言之，两者之间并没有一条截然分别的界限：任何一门艺术的具体制作都需要某种程度的手工技巧，因而都有某种“手工业”

---

① 朱光潜注：“普罗米修斯偷偷钻进了赫斐斯陀斯和雅典娜合作做手艺的工作室，从赫斐斯陀斯那里偷到了火的技艺，从雅典娜那里偷到了纺织的技艺后，就把这些技艺送给了人类。人类从此就游乐满足生活需要的能力。”（黑格尔．美学：第二卷［M］．朱光潜，译．北京：商务印书馆，1979：200.）

② 黑格尔．美学：第二卷［M］．朱光潜，译．北京：商务印书馆，1979：24.

③ 黑格尔．美学：第二卷［M］．朱光潜，译．北京：商务印书馆，1979：41.

④ 黑格尔．美学：第一卷［M］．朱光潜，译．北京：商务印书馆，1982：46.

⑤ 黑格尔．美学：第一卷［M］．朱光潜，译．北京：商务印书馆，1982：49.

的成分；任何一门手工艺的技巧都可以达到圆熟，其进行过程也都可能臻于心灵灌注的境界，因而“手工业”也包含着艺术天地。黑格尔对古典型艺术与象征型艺术之关系的分析凸出了这种关系：

> 这种手艺成规必须先已存在（尽管还有些拙劣离奇），然后古典美方面的天才方可能把机械的熟练加以改造，使它到达技巧的完美。因为只有到了单纯的机械性的技艺已经不再成为困难的时候，艺术家才能致力于自由塑造形式，这中间实际的练习同时也就是一种深造或改进。①

黑格尔一方面将埃及建筑和希腊雕刻同视为“艺术”（前者是“象征型艺术”，后者是“古典型艺术”），另一方面又指出两者之间有着从“机械性的技术”到“技巧的完美”之区别。这表明在他看来，艺术成熟并脱胎于手工艺，手工艺包含并孕育着艺术，两者的区别是相对的。

由此，一种通常被视为“手工艺”的活动也完全有理由纳入“艺术”的讨论范围。黑格尔美学因此而涉及一些在当时和今天看来都似乎纯粹属于“手工业”领域的门类，例如，除建筑之外，他还谈论过“园林艺术”，指出它与雕刻一样都必须符合“整齐一律”的美学法则②；他又谈论过“裁缝艺术”，“具有艺术性的服装有一个原则，那就是它也要像建筑作品那样来处理”。③

把某种手工劳动也视为艺术性活动，这样的艺术观在西方美学史上是鲜见的，但是就世界美学史范围而言却是古已有之。中国古典中的庄子寓言中就作如此观，在其著名的“庖丁解牛”寓言中，那位庖丁的解牛技巧达到了“游刃有余”的境界，解牛时的一招一式都宛若舞蹈（“合于《桑林》之舞”），发出的声音则近乎音乐（“奏刀騞然，莫不中音”），解牛完毕后又是“踌躇满志”的愉悦。更重要的是，这位庖丁本人也把解牛劳作视为可能达到超越境界的途径：“臣所好者道也，进乎技矣。”（《庄子·养生主》）这个寓言可谓完美地表现了一种手工艺活动也可以达到完美的艺术境界。④

黑格尔“艺术”观的洞察力还表现在，即便在诗歌这个离“手工业”最远，似乎与之最无关系的艺术门类中，他也看到了其中蕴藏的“制作”性。在

---

① 黑格尔．美学：第二卷［M］．朱光潜，译．北京：商务印书馆，1979：173.
② 黑格尔．美学：第一卷［M］．朱光潜，译．北京：商务印书馆，1982：316.
③ 黑格尔．美学：第三卷（上）［M］．朱光潜，译．北京：商务印书馆，1982：161.
④ 北京大学哲学系美学教研室．中国美学史资料选编：上［M］．北京：中华书局，1980：38-39.

界说艺术作品与自然产品之区别时，他特别以诗歌这一门类为代表而写道：

> 一般说来，诗按它的名字所含的意义，是一种制作出来的东西，是由人产生出来的，人从他的观念中取出一种题材，在上面加工，通过他自己的活动，把它从观念世界表现到外面来。①

“诗”在英语中为“poem”，法语为“poème”，拉丁语为“poema”，其共同语源为希腊语的“poêma”，后者又源于古希腊语“poieō”，其本义是“制作”，英语对该词本义的解释是“make”。② 可见在西文中，“诗”的最初本义是指“制作”。这个事实有力地印证了，至少在西方早期的观念中，诗歌艺术与制作艺术并无截然区分。更重要的是两千多年后黑格尔对于诗歌之“制作”本义的强调，它提示的是，连诗歌这种看来似乎纯粹属于心灵的艺术都具有“制作”性，并且在起源时就被认为是“制作”活动，遑论其他艺术门类。黑格尔的这一见解在中国古代文论中也可得到某种程度的印证，例如，刘勰比喻文学创作为“雕龙”之术，“雕”的本义指雕刻，“龙”喻最高境界，“雕龙”者，谓最高级之雕刻艺术也。《文心雕龙·神思》中因此有“独照之匠，窥意象而运斤”的比喻。陆机《文赋》中也比喻诗歌创作为“操斧伐柯”“意司契而为匠”的手工劳动。一般认为，《文心雕龙》与《文赋》标志着中国古代文艺观念已经达到自觉，而在其时达到自觉的观念中，文艺仍然被视为潜在具有手工劳动乃至匠人制作的基因。艺术与手工业的难以截然分割之关系，看来也是中西美学的殊途同归之所见。

“艺术很接近手工业”的提法很容易引起一种联想，即无论如何，艺术总是高于手工艺。这个联想是基于一种由来已久的传统美学观，然而黑格尔认为它是可疑的。因为艺术有优劣之分，手工艺也有机械的、熟练的、灵巧的，乃至达到“天才”境界的种种差别；粗糙的“艺术品”未必胜于完美的“工艺品”，而富有创造性的“手工艺”绝不逊色于某种单事模仿的“艺术”。黑格尔特意将“技术发明”与“模仿艺术”做如下比较：

> 一般地说，模仿的熟练所生的乐趣总是有限的，对人来说，从自己创

---

① 黑格尔．美学：第一卷［M］．朱光潜，译．北京：商务印书馆，1982：208.

② 参见：Della Thompson 编．牛津简明英语词典［M］．北京：外语教学与研究出版社，2000：1054. 笔者 20 年前所据是华东师范大学图书馆藏该词典的英文原版（Oxford University Press），其内容更详具。因该图书馆多次搬迁，目前暂未找到该原版。

造的东西得到的乐趣，就比较更适合于人的身份。就这个意义说，每一件微细的技术品的发明在价值上也要比模仿高。一个人发明了斧子钉子之类的东西，比起做了一个模仿的巧戏法，也应该更值得骄傲。这种在模仿上争一技之长的勾当就好比一个人学会百无一失地把豆粒掷过小孔的那种把戏，这人有一次在亚历山大面前献技，亚历山大为了酬劳他的这种空洞无用的熟练把戏，就赏了他一斗豆子。①

技术发明虽然具有实用功利目的，但是它需要想象力和独创性，因而它也是主体之个性、才智和情志的对象化成果；“模仿的巧戏法”虽然接近“为技艺而技艺”，却不免沦为“空洞无用的熟练把戏”。黑格尔的这个关于模仿与创造的观点比较耐人寻思，却鲜明表征了一种基于“劳动本体”的美学新尺度。

因此，当黑格尔从总体上审视他所处时代流行的“艺术”观时，将之斥为“模糊观念”，甚至是语言上的“一种暴力”，就并非没有其可辩护理由了：

我们如果坚持近代关于理想艺术的模糊观念，就会觉得艺术好像应该和这种相对事物（劳动制作活动，引者按）的世界割断联系，因为这外部世界的各方面比起心灵及其内在世界来都是低劣的、无价值的。按照这种看法，艺术是一种精神力量，能使人完全超越生活需要、必然性和依存性的领域，艺术不应降低身份来管这个领域中的事。但是对理想性的艺术来说，这种观念是错误的。它一方面是没有勇气去应付外在世界的近代主体性格的高度抽象化的结果，另一方面它也是主体强加于自己的一种暴力。②

黑格尔把那种排斥和蔑视实用劳动的艺术观称为近代艺术“强加于自己的暴力”，这个批评堪称尖锐。

三、理想的艺术与理想的劳动

黑格尔认为艺术史分别经历了象征型、古典型、浪漫型三个阶段，其中古典型艺术达到“完美”境界，臻于这一境界的古希腊史诗被他称为“理想的艺术”。考察黑格尔对这一“理想艺术”产生条件的分析，我们不难发现其中的聚焦点依然是劳动，是希腊社会的劳动条件。

---

① 黑格尔．美学：第一卷［M］．朱光潜，译．北京：商务印书馆，1982：55.

② 黑格尔．美学：第一卷［M］．朱光潜，译．北京：商务印书馆，1982：313.

黑格尔指出，史诗只能产生于“英雄时代”，“英雄时代”不同于“牧歌时代”的重大特征在于，一方面，个人的生活需要已经不再局限于自然提供的产品范围内，而必须通过劳动以满足自己发展了的需要；另一方面，个人对于自己的劳动抱有一种天然的兴趣，劳动不仅是肉体谋生的手段，而且是精神享受的方式。他把这样的劳动视为“理想的劳动”。他由此分析荷马史诗中英雄们的劳动条件：

> 这时代的营养资料如蜂蜜、牛奶和酒之类仍然是简单的，因而也是更符合理想的，不像咖啡、白兰地之类，马上就使我们联想到制造它们所必须经过的无数手续。英雄们都亲手宰牲畜，亲手去烧烤，亲自训练自己所骑的马，他们所用的武器或多或少是亲手制作的；犁、防御武器、盔甲、盾、刀、矛都是他们自己的作品，或他们都熟悉这些器具的制造方法。在这种情况下，人见到他们所利用的摆在自己周围的一切东西，就感觉到他们都是自己所创造的，因而感觉到所要应付的这些外在事物就是他们自己的事物，而不是在他主宰范围之外的异化了的事物。在材料上加工和制作的活动不显得是一种劳苦，而是一种轻松愉快的工作，没有什么障碍也没有什么挫折横在这种工作的路上。①

这段关于“符合理想”的劳动的分析包括几个要点：（1）亲手制作生活用品以满足自己需要；（2）由此对劳动产品产生亲切感；（3）由此在劳动过程中感觉轻松愉快。但是，人对大自然产品也会产生亲切感，人在不劳动状态中可能更有轻松愉快的感觉，为什么要通过劳动来获取这种感觉呢？换言之，由劳动而产生的这种愉悦感有何特殊魅力呢？黑格尔的进一步解释是：因为劳动者在其产品上“可以看出他自己的筋力，他的双手的灵巧，他的心灵的智慧或英勇的结果”②。那么劳动的愉悦感区别于非劳动的愉悦感的特征在于，前者来自主体能力的实现。但是我们还是要问，人为什么会特别钟情于这种实现主体能力后的愉悦感呢？这种愉悦感胜于（而非不同于）非劳动愉悦感的根源又何在呢？黑格尔更进一步的回答是：“因为人有一种冲动，要在直接呈现于他面前的外在事物之中实现他自己，而且就在这实践过程中认识他自己。”这种冲动乃是人性的最根本需要：

---

① 黑格尔．美学：第一卷［M］．朱光潜，译．北京：商务印书馆，1982：332.

② 黑格尔．美学：第一卷［M］．朱光潜，译．北京：商务印书馆，1982：332.

儿童的最早冲动中就有要以这种实践活动去改变外在事物的意味。例如一个小男孩把石头抛在河水里，以惊奇的神色去看水中所现的圆圈，觉得这是一个作品，在这作品中他看出他自己活动的结果。这种需要贯穿在各种各样的现象里，一直到艺术。①

我们由此可以得出结论，史诗年代的劳动之所以被黑格尔推崇强调，是因为在他看来，劳动本身是人性的实现方式，理想的劳动本身具有艺术活动的性质，因而也是表现理想性格的理想艺术之条件。

黑格尔由此解释荷马史诗在描写上喜欢“琐屑”事物的原因所在：“由于同样的缘故，荷马对外在事物和情况进行了丰富多彩的描绘，他并不在近代小说所喜欢描写的自然景物上浪费工夫，但是对一根手杖，一根王笏，一张床，武器，衣服，门柱之类却描绘得极细致，甚至把户枢也描绘出来。这些东西对于我们近代人好像琐屑不足道，我们受了近代教养的影响，对许多外在事物和表达方式都抱着傲然不屑一看的态度，而把衣服器皿和陈设之类事物的等级却划分得很细密。”②这些所谓“琐屑”的对象都是手工制作品，它们是主体的兴趣和能力之对象化的结果，因此不仅是主体的生活用品，而且是主体的审美对象。黑格尔特意指出，虽然传说中的史诗作者荷马与他所描绘的史诗题材之间相隔数百年，但是两者在“信仰、生活和习惯观念”等方面依然保持着“熟悉和亲切的联系”；没有这种联系，荷马不可能有如此“琐碎”的描写兴趣，相反，“他的作品必然是支离破碎的”③。

黑格尔认为荷马史诗之所以堪称“理想艺术”，主要是因为其中塑造了独立自足的、有个性的人物形象，而精神上的独立自主以及个性的产生是以某种劳动方式为条件的。在史诗年代：

凡是人在物质生活方面所需要的东西，例如居房和园地，帐篷，床，刀矛，航海的船，载人去打仗的车，烹调，屠宰，饮食等，没有哪一件对人只是一种死板的手段，而是每一件都使人感觉到其中有他的全部聪明才智，有他自己。所以本来是外在的东西，因为和人有紧密的联系而就打下

---

① 黑格尔．美学：第一卷［M］．朱光潜，译．北京：商务印书馆，1982：39.

② 黑格尔．美学：第三卷（下）［M］．朱光潜，译，北京：商务印书馆，1981：120.

③ 黑格尔．美学：第三卷（下）［M］．朱光潜，译，北京：商务印书馆，1981：111.

了人的个性的烙印。①

我们可以这样解读上段话：当个体的物质生活需要完全是依靠自己劳动而满足时，他在精神上自然会形成独立自足性；当个体的生活用品主要是按他自己的需要和兴趣而被制作时，个体的生活用品就成为个性的表征，个体欣赏这个对象也就是在欣赏自己的个性。因此不难得出结论，这样的劳动也同时是塑造个体之独立自足性和实现个性的活动。由这种劳动而形成的人物性格自然会表现于人与人的相互关系上。黑格尔由此强调了史诗中英雄们的相互关系：

> 这里有一个基本要点：人物形象都现出自由的个性。例如在《伊利亚特》里，阿迦门农固然是王中之王，其余的将领都在他的王杖指挥之下，但是他的统治权并不是主奴之间命令与服从的死板的关系。他要考虑到许多方面，谨慎从事，因为他下面的那许多君主并不是一些召之即来的将官，而是和他享有同样的独立自主权。他们都凭自愿团结在他的麾下，或是由于各种机缘前来参加这次远征。他遇事要和他们商量，如果他们不听从的话，就会像阿喀琉斯那样离开战场，拒绝参战。正是这种自由参加，凭自己的意志做选择，保证了个性的独立不遭损害，也使整个局面具有诗的模样。②

黑格尔意识到，劳动的独立自足性产生了性格的独立自足性，也产生了在人际关系方面相互尊重而非被迫臣服的行为方式。这种行为方式也表现在个体的彼此协作中。黑格尔指出，希腊人的相互协作不是出于受到外在强迫，而是出于内在情志，甚至“主仆关系也是靠情感和道德习俗来维持。一切都仿佛本来应当如此”；在荷马史诗中，“希腊人总是想到在危急中相互救援，他们有互助的风格。……在我们现代凭辛苦的严格军事训练才能得到的结果，像是在督促和命令之下苦练成的一种秩序，在荷马史诗中却是一种自生自长的道德习俗，很有生气地体现在每一个人身上”③。

今天看来，黑格尔对作为荷马史诗背景的“英雄时代”的推崇无疑有很大片面性：荷马史诗中的主要事件是希腊与特洛伊之间的战争，而战争无论如何

---

① 黑格尔．美学：第3卷（下）[M]．朱光潜，译．北京：商务印书馆，1981：118.
② 黑格尔．美学：第3卷（下）[M]．朱光潜，译．北京：商务印书馆，1981：118-119.
③ 黑格尔．美学：第3卷（下）[M]．朱光潜，译．北京：商务印书馆，1981：119.

称不上是理想社会的标志；史诗所描绘的时代事实上已经出现奴隶劳动，《奥德修斯》中就有牧猪奴和不少女奴，后者最终被暴怒的主人残酷地绞死；荷马史诗中的英雄们虽然也亲自制作生活用品，但他们的主要生活资料是奴隶劳动或战争掠夺的产品；即便撇开奴隶劳动，荷马所说的那些英雄们独立自足的劳动，也显然局限在狭隘简单的需要范围。但是黑格尔的分析也无疑有独到深刻之处：他把史诗的魅力归结于其中人物的独立自足的个性，这个评论可谓慧眼卓识；他认为这种个性反映了希腊社会的自由风尚，相对希腊的自由民社会范围而言，这个分析是中肯的；他推崇的这种个性不仅表现为独立自足，而且表现为相互尊重和相互协作，这在今天也仍然值得肯定；他还从希腊时代劳动条件的层面解释希腊人个性和审美趣味的来源，这种分析思路更是前所未有的。曾经是黑格尔学生的马克思也把希腊史诗称为“后世难以企及的艺术典范”，并指出它只能产生于希腊社会生产方式“不发达的社会阶段”。① 黑格尔把希腊社会的劳动条件视为符合理想，而马克思则视之为属于“不发达社会阶段”，但是两者都认为希腊艺术与希腊社会的劳动条件之间存在因果关系。黑格尔从美学角度的分析与马克思从政治经济学角度的触及可谓殊途同归。

“理想的艺术”产生于“理想的劳动”。根据这个思路，非理想的艺术则意味着其背景是非理想的劳动。黑格尔《美学》中至少提到了三种非理想艺术的劳动背景。

其一是“牧歌时代”的无须费力劳动：“人们在天真纯朴状态中享受凡是草地、森林、牲畜、小园、茅棚所供给的食住以及其他可享受的东西，他还完全没有违反人性尊严的求名利之类的欲望。”黑格尔的评论是：“乍看起来这种情况当然带有几分理想的色彩，某些范围较窄的艺术似乎可满足于表现这种情况。但是如果往深一层看，这种生活很快会使人厌倦。因为这种狭隘的生活方式须先假定心灵还没有发展。对一个完全的人来说，他必须有较高尚的希求，不能满足于与自然相处相安，满足于自然的直接产品。人如果有所需求，就应该努力凭自己的活动去得到它。就这个意义来说，就连身体方面的需要也要引起一系列的广泛的不同的活动，而且使人感觉到他自己的内在的能力，许多更深刻的旨趣和深广的力量就是从这种内在的能力发展出来的。”——很清楚，牧歌时代的谋生方式不利于人的身体、意志、智力乃至心灵的全面发展，因而这个时

① 马克思．政治经济学批判·导言［M］//中共中央马克思恩格斯列宁斯大林著作编译局．马克思恩格斯选集：第二卷．北京：人民出版社，1972：114.

代的艺术也是乏味的，牧歌式的作品“现在很少有人去读，即令读，也索然无味”①。

其二是受“精神奴役”的劳动。黑格尔以古代埃及社会为例：“在埃及，艺术家们受轻视，他们和他们的子女都要比不从事艺术的公民低一等。此外，在埃及，艺术并不是一种任人选择的自由职业，由于等级制的统治，儿子总是跟从父亲走，不仅是在社会地位上，而且就在运用工具和技艺的方式上也是如此，后人总是随着前人亦步亦趋。……因此，艺术被拘禁在这种精神奴役的状态中，丧失了一切自由艺术天才的活泼灵敏。”——这种“精神奴役”的劳动条件导致古代埃及神像雕刻毫无个性的特征：“它们都有一种一成不变的类型。”②

其三是近代工业社会中的“异化”现象。黑格尔对之批评最为尖锐的是如下一段：

> 在这种工业文化里，人与人互相利用，互相排挤，这就一方面产生最酷毒状态的贫穷，一方面就产生一批富人，不受穷困的威胁，无须为自己的需要工作，可以致力于比较高尚的旨趣。……人也就日渐免于谋生中的一切偶然事故，用不着沾染谋利的肮脏。但是，他也就因此在他的最近的环境里也不能觉得自由自在，因为身旁事物并不是他自己工作的产品。凡是他拿来摆在自己周围的东西都不是自己创造的，而是从原已存在的事物的大仓库里取来的。这些事物是由旁人生产的，而且大半是用机械的形式的方式生产的。它们经过一长串旁人的努力和需要才到达他的手里。③

黑格尔这里至少触及了两种“异化”现象④，即劳动的异化与脱离物质生产的不劳动者的异化。前者通过劳动得到的是“最酷毒状态的贫穷”，因为他的劳动产品为别人所拥有，他的劳动本身已沦落为被迫谋生的活动，并且其劳动内容也是“大半机械方式”的，而不再是实现自己兴趣和能力的活动，因此无论在劳动过程中或劳动过程外，他都与审美活动相疏远。所谓“富人”虽然可

---

① 黑格尔．美学：第一卷［M］．朱光潜，译．北京：商务印书馆，1982：330.

② 黑格尔．美学：第三卷（上）［M］．朱光潜，译．北京：商务印书馆，1982：200.

③ 黑格尔．美学：第一卷［M］．朱光潜，译．北京：商务印书馆，1982：331.

④ 黑格尔在论述英雄时代的“理想劳动”时，对比式地直接使用“异化”一词：“在这种情况下，人见到他们所利用的摆在自己周围的一切东西，就感觉到他们都是自己所创造的，……而不是在他主宰范围之外的异化了的事物。”（黑格尔．美学：第一卷［M］．朱光潜，译．北京：商务印书馆，1982：332.）

以致力于“比较高尚的旨趣”，但是由于他不再从事劳动，因此也无缘享受劳动创造的乐趣；他与前述“牧歌时代”中的人的区别仅仅在于，后者是向自然产品索取，而现在他是向别人的劳动索取。按照黑格尔的美学观，只有劳动才能“使人感觉到他自己的内在的能力”，才能发展“更深刻的旨趣和深广的力量”，而个体能力的对象化活动乃是审美活动的最基本内容，那么与劳动相疏离的生活也就是与审美活动相疏离的生活。从这个观点看，黑格尔关于不劳动者“并不觉得自由自在”的判断合乎其美学逻辑。假如我们承认劳动是“人的生活的第一需要”①，那么这个论断也是深刻的。

但是劳动有体力劳动与脑力劳动之分，那么在脑力劳动方面是否也有“异化”现象呢？黑格尔的分析是肯定的。他写道：

> 姑举对罪犯的惩罚为例，这并不是一个人的英勇行为或道德行为，而是以不同的阶段加以分工，例如搜集事实，审辨事实，判决以及判决的执行。还不仅此，每个重要阶段又有不同的专门工作，个别的人只能做某一方面的工作。所以法律的执行不是某一个人的事务，而是在稳定秩序之下多方合作的结果。②

黑格尔这里把依靠分工原则而进行的脑力劳动视为“异化”的表征，这个分析是有趣而可疑的。因为，一个程序复杂的工作需要多方合作才能完成，它的总体结果对参与其中某一局部程序的个体来说，不再是他的个性与才能的对象化成果；但是如果这项工作的每一个程序都有相应的知识和技能要求，那么每一个承担它的个体在自己的局部领域中依然有实现主体才智的天地，从而依然可能享有某种审美愉悦。问题在于实际支配“多方合作”的法则是什么。在黑格尔所举的法律工作例子中，假如“法律的执行”是按公正的原则，那么实施法律的活动也可以同时是追求公正的主体情志和才能的对象化过程。当有一种与公正原则相矛盾的力量（例如权力或金钱）强加于法律程序时，法律工作者的情志、才能及其劳动成果才会“异化”。由此可见，黑格尔的上述分析并没有抓住他所谓“近代工业社会”中“异化”的要害，这个要害后来在马克思的分析中才被充分揭示。

---

① 马克思．哥达纲领批判［M］//中共中央马克思恩格斯列宁斯大林著作编译局．马克思恩格斯全集：第19卷．北京：人民出版社，1975：23.

② 黑格尔．美学：第一卷［M］．朱光潜，译．北京：商务印书馆，1982：235.

四、从黑格尔美学到马克思经济学

黑格尔在美学研究中揭示并肯定了劳动之于艺术的重大意义，马克思则将黑格尔的美学命题转置于政治经济学研究中。马克思对黑格尔的继承和超越，从其最初的《1844年经济学哲学手稿》中可见一斑：

> 黑格尔站在现代国民经济学家的立场上。他把劳动看作人的本质，看作人的自我确证的本质；他只看到劳动的积极方面，而没有看到它的消极方面。……黑格尔唯一知道并承认的劳动是抽象的精神劳动。[①]

马克思一方面肯定黑格尔美学中关于劳动与艺术之关系的见解，另一方面也指出其两方面的局限：（1）没有看到劳动的“消极方面”；（2）只承认“抽象的精神劳动”。就前者而言，其实黑格尔并非完全没有注意到劳动的“消极方面”。如上所述，黑格尔对古埃及艺术家们的“精神奴役”式劳动有所批评[②]，对近代工业社会“异化”现象也有所感触。这些批评和感触凸显的是黑格尔对古希腊“英雄时代”劳动的推崇，并且黑格尔美学引为典范的主要是古希腊的理想艺术与理想劳动之关系。马克思的聚焦点则在于现代工业社会的“异化劳动”，尤其是物质生产领域中的“异化劳动”：

> 按照国民经济学的规律，工人在他的对象中的异化表现在：工人生产越多，他能消费得越少；他创造的价值越大，他自己越没有价值、越低贱；工人的产品越完美，工人自己越畸形；工人创造的对象越文明，工人自己

---

① 马克思 . 1844年经济学哲学手稿［M］. 北京：人民出版社，2005：101.

② 马克思则根据古希腊历史学家狄奥多洛斯的记载描述了古代金矿中的“不幸者”们：“在古代，只有在谋取具有独立的货币形式的交换价值的地方，即在金银的生产上，才有骇人听闻的过度劳动。在那里，累死人的强迫劳动是过度劳动的公开形式。”“这些不幸者（在埃及、埃塞俄比亚和阿拉伯之间的金矿中做工的人）不仅总是肮脏不堪，而且不得不赤身露体，谁看到他们，都不能不同情他们的悲惨命运。在这种地方，对于老弱病残和妇女们没有任何照顾和怜悯。所有的人都在皮鞭的逼迫下不断地做工，直到死亡才结束他们的痛苦的贫困生活。”（马克思 . 资本论：第1卷［M］//中共中央马克思恩格斯列宁斯大林著作编译局 . 马克思恩格斯全集：第23卷 . 北京：人民出版社，1972：263. ）然而古代世界的金银生产“只是一种例外”。（同书，第264页）狄奥多洛斯（Diodorus Siculus），其著作的中文版译作《希腊史纲》由席岱岳翻译，于2019年在中国文化发展出版社出版。

> 越野蛮；劳动越有力量，工人越无力；劳动越机巧，工人越愚笨，越成为自然界的奴隶。①

马克思所见的这幅劳动与审美尖锐对立、极度反差的图景，是黑格尔美学视域未有所见，甚至难以想象的。

就马克思批评的黑格尔只承认“抽象的精神劳动”方面而言，黑格尔《美学》其实也并非完全无视物质生产领域中的劳动与艺术之关系。如前所述，他对荷兰绘画艺术魅力来源的分析（“凭仗自己的劳动而获得一切的快慰和傲慢，组成了荷兰画的一般内容”），他对一位纺织工人演奏所产生“奇妙效果”的感悟（“他把他的整个灵魂都放在吉他琴里”），都切实揭示了物质生产领域的劳动与艺术创作之生成关系。他甚至关注到在“缝衣的女子”“很勤快的侍女”的日常劳动中，也不乏“可以引起我们思考和谈论的东西”，并以此反讽“我们”上流社会的轻蔑或熟视无睹。然而整体而言，黑格尔《美学》主要论述的是与物质生产领域相分离的精神生产领域中的艺术史。即便他在谈论“荷兰画”魅力所在及纺织工人演奏效果时，也没有进入对他们实际劳动过程的考察与分析。在这个意义上可以说，黑格尔仅仅在观念领域试图弥合艺术与劳动的分离。因而马克思对黑格尔的批评是中肯的：“他看出了劳动的本质”（看出了劳动应该是“按照美的规律建造”的活动），但是他“只承认劳动的一种方式，即抽象的心灵劳动”②。

黑格尔美学之所以主要考察论述精神生产领域中的艺术门类（史诗、戏剧、雕刻、绘画、音乐等），另一个原因在于，这些艺术门类是公认的“美学”研究的题中应有和主要之义；物质生产领域中的“劳动”则被认为主要属于“经济学”的论域。对马克思而言，他之所以将黑格尔美学中的“劳动与艺术”之论题转置于经济学领域，原因还在于，这个在马克思看来是如此重要而关键性的问题，在当时的经济学研究中却是付诸阙如：

> 国民经济学不考察不劳动时的工人，……劳动在国民经济学中仅仅以谋生活动的形式出现。③

① 马克思.1844年经济学哲学手稿［M］.北京：人民出版社，2005：53.

② 马克思.为神圣家族写的准备性论文［M］//朱光潜.西方美学史：下卷.北京：人民文学出版社，1999：484.

③ 马克思.1844年经济学哲学手稿［M］.北京：人民出版社，2005：14.

> 国民经济学只把工人当作劳动的动物，当作仅仅有最必要的肉体需要的牲畜。①

> 国民经济学抽象地把劳动看作物，劳动是商品。②

> 国民经济学由于不考察工人同产品的直接关系而掩盖了劳动本质的异化。③

> 国民经济学虽然从劳动是生产的真正灵魂这一点出发，但是它没有给劳动提供任何东西。④

> 在国民经济学看来，工人的需要不过是维持工人在劳动期间的生活的需要，而且只限于保持工人后代不至于死绝的程度。⑤

> 我们看到，富有的人和富有的人的需要代替了国民经济学上的富有和贫困。⑥

马克思如此频繁地强调当时他所见“国民经济学”（政治经济学）的这个重大缺陷，这至少意味着，马克思进入政治经济学领域是带着他独特的问题意识的。这个问题即黑格尔美学论域已经提出而未能进入的物质生产领域“劳动与艺术”的关系。可以认为，正是在黑格尔美学的止步之处，马克思进入政治经济学领域，探讨劳动与艺术相“异化”的社会机制，寻求人类劳动“按照美的规律来建造”的现实可能性和条件。

① 马克思 . 1844 年经济学哲学手稿［M］. 北京：人民出版社，2005：15.
② 马克思 . 1844 年经济学哲学手稿［M］. 北京：人民出版社，2005：18.
③ 马克思 . 1844 年经济学哲学手稿［M］. 北京：人民出版社，2005：54.
④ 马克思 . 1844 年经济学哲学手稿［M］. 北京：人民出版社，2005：62.
⑤ 马克思 . 1844 年经济学哲学手稿［M］. 北京：人民出版社，2005：66.
⑥ 马克思 . 1844 年经济学哲学手稿［M］. 北京：人民出版社，2005：90.

第三章

《诗经》中的“劳动”之歌

席勒（Johann Chrisoph Friedrich von Schiller，1759—1805）在《审美教育书简》中指出：在他那个时代，“享受与劳动，手段与目的，努力与报酬都彼此脱节”①。席勒在西方近代美学史上较早意识到人类“劳动”也可能乃至本来就应该同时是一种“享受”，但是席勒没有提供“享受与劳动”融合一体的范例。

黑格尔《美学》提出过“艺术很接近手工业”的命题。② 该命题的底层逻辑是：人对于自己的劳动抱有一种天然的兴趣，因而手工业劳动不仅是肉体谋生的手段，更是精神享受的必要方式。黑格尔正是以此思路阐明其核心范畴“理想的艺术”。他给出的范例首先是荷马史诗中“英雄”们的“劳动”：

> 英雄们都亲手宰牲畜，亲手去烧烤，亲自训练自己所骑的马，他们所用的武器或多或少是亲手制作的；犁、防御武器、盔甲、盾、刀、矛都是他们自己的作品，或他们都熟悉这些器具的制造方法。③

马克思曾批评黑格尔哲学的局限：“黑格尔只知道并承认一种劳动，即抽象的心灵的劳动。”④ 就黑格尔《美学》而言，其局限更在于只承认“英雄们”的劳动。这个局限也是荷马史诗的局限。因为荷马史诗中鲜有对普通劳动者的叙事。在这个意义上，中国文学开山的经典——《诗经》，其中的“劳动”之歌就至少具有了中国特色的美学意义。因为其中不仅多有歌颂劳动的作品，而且其中的主人公乃至创作者多有名不见经传的普通劳动者。本章于此试做研讨。

---

① 席勒．审美教育书简［M］．冯至，范大灿，译．北京：北京大学出版社，1985：30.

② 黑格尔．美学：第一卷［M］．朱光潜，译．北京：商务印书馆，1982：35.

③ 黑格尔．美学：第一卷［M］．朱光潜，译．北京：商务印书馆，1982：332.

④ 马克思．1844 年经济学哲学手稿［M］．北京：人民出版社，1979：117.

一、《国风》中的"采集"劳动

《关雎》既是《国风》之始，也是整部《诗经》的首篇。为什么《关雎》被置于《诗三百》之首？司马迁在《史记·外戚世家》中称："《易》基乾坤，《诗》始《关雎》，……夫妇之际，人道之大伦也。"① 司马迁的解释代表了古人读《诗经》的主流观点。虽然《史记》的历史观与马克思的唯物史观显然不同，两者之间至少有古今之别，但是从唯物史观的视角考量，我们依然可以欣赏古人将《关雎》置于《诗经》之首的慧识。②

首先因为《关雎》歌咏了劳动者。全诗五章：

> 关关雎鸠，在河之洲。窈窕淑女，君子好逑。
> 参差荇菜，左右流之。窈窕淑女，寤寐求之。
> 求之不得，寤寐思服。悠哉悠哉，辗转反侧。
> 参差荇菜，左右采之。窈窕淑女，琴瑟友之。
> 参差荇菜，左右芼之。窈窕淑女，钟鼓乐之。

其中有三章歌咏了主人公在田野采集"荇菜"时的娴熟技能。古籍记载"荇菜生水中，叶如青而茎涩，根甚长，江南人多食之"③。可见采集"荇菜"不是游戏，而是谋生劳动。④ 诗中依次描述了"左右流之""左右采之""左右

---

① 司马迁．史记：六［M］．北京：中华书局，1959：1967.《诗大序》称："《关雎》，后妃之德也。"《汉书·匡衡传》："孔子论《诗》，一般都是以《关雎》为始。……此纲纪之首，王教之端也。"

② "夫妻之间的关系，……起初是唯一的社会关系。"（马克思，恩格斯．德意志意识形态［M］//中共中央马克思恩格斯列宁斯大林著作编译局．马克思恩格斯选集：第 1 卷．北京：人民出版社，1972：33.）我国学术界通常把历史唯物主义理论的创立追溯到《德意志意识形态》："历史唯物主义亦称唯物史观。由马克思和恩格斯在 19 世纪中叶创立。《德意志意识形态》是它形成的主要标志。"（辞海编辑委员会．辞海［M］．上海：辞书出版社，2009：1125.）从这个角度考量，《关雎》被列为整部《诗经》之首，也堪称意味深长，值得重视。

③ 徐鼎．毛诗名物图说［M］．王承略，校注．北京：中华书局，2020：231.

④ 《野菜也有大妙用!〈诗经〉里的野菜春蔬你吃过哪些》（百家号，2023-04-22）写道："荇菜喜好干净，又有净化水质的作用，所以它的栖身之处往往十分洁净。……荇菜的嫩叶和茎干可以食用。食用做法与很多野菜相似，烹炒，或以蒜蓉提味，凉拌则是更为普及的一种做法。……几千年前的那位曼妙女子采摘荇菜，是入厨做食还是熬煮汤药无从知晓。但荇菜却被人们赋予了美好的想象。"

芼之”三个采集动作。今译依次为：“从左到右去捞它”“从左到右去采它”“从左到右去拔它”。[①] 恩格斯在《劳动在从猿到人转变过程中的作用》中指出，人手是在长期劳动过程中变得灵巧完善：“在这个基础上人手才能仿佛凭着魔力似的产生了拉斐尔的绘画，托尔瓦德森的雕刻以及帕格尼尼的音乐。”[②] 由此回瞻，《关雎》中将“左右采之”的劳动与“琴瑟友之”的音乐演奏，在同一首诗中加以融合的描写并一唱三叹地咏歌，实在也堪称赞美“劳动”之诗意的经典之作。

如果说《关雎》的主人公还是一位“后妃”的话，那么《周南·芣苢》就堪称一首道地的普通劳动者的采集之歌了：

采采芣苢，薄言采之。采采芣苢，薄言有之。
采采芣苢，薄言掇之。采采芣苢，薄言捋之。
采采芣苢，薄言袺之。采采芣苢，薄言襭之。

《芣苢》全诗未满五十字，其中“采采”“芣苢”“薄言”等联绵词反复咏叹，占全诗大半篇幅。诗中先后使用了采、有、捋、掇、袺、襭，一共六个动作，把采集芣苢的过程进行了完整的描述。余冠英称“这篇似是妇女采芣苢子时所唱的歌。开始是泛言往取，最后是满载而归，欢乐之情可以从这历程见出来”。其今译为：

车前子儿采呀采，采呀快快采些来。车前子儿采呀采，采呀快快采起来。

车前子儿采呀采，一棵一棵拾起来。车前子儿采呀采，一把一把捋下来。

车前子儿采呀采，手提着衣襟兜起来。车前子儿采呀采，掖起了衣襟兜回来。[③]

这首欢快的采集之歌堪称为“享受与劳动，手段与目的，努力与报酬”[④]

① 参见百度汉语《关雎》，出自部编版语文教科书八年级下《诗经》二首。

② 恩格斯．劳动在从猿到人转变过程中的作用［M］//中共中央马克思恩格斯列宁斯大林著作编译局．马克思恩格斯选集：第3卷．北京：人民出版社，1972：509-510.

③ 余冠英．诗经选［M］．北京：中华书局，2012：9-11.

④ 席勒．审美教育书简［M］．冯至，范大灿，译．北京：北京大学出版社，1985：30.

的意境提供了一个古典范例。今人赏析又称："这是一首大家集体劳动时所唱的歌。张三在东边一句采呀采，李四在西边一句采到菜。王五在南边一句捋一捋，黄六在北边一句拍一拍。麻姑在树下接一句提起兜，小妹在塘边接一句装起来。这种节奏是不是跟《汉乐府·江南》非常相似呢?"① 由此看来，《国风·芣苢》不仅是一首地道的咏歌农妇采集劳动的诗歌，而且其中的主人公还是一群共同进行采集的劳动者。

从"采集"劳动视角考量《诗经·国风》，我们发现其中有相关叙事的作品颇多，兹再略述如下各首章句之片段。

（1）《周南·卷耳》

采采卷耳，不盈顷筐。嗟我怀人，置彼周行。

今译："采那繁盛的卷耳，半天不满一小筐。唉我想念心上人，菜筐弃在大路旁。"又注曰："卷耳：苍耳，石竹科一年生草本植物，嫩苗可食，子可入药。"②

（2）《召南·采蘩》

于以采蘩，于沼于沚。于以用之，公侯之事。

该诗题解为"写妇女采蘩供奉祭事"；首句"蘩"字指白蒿。③ 今人网文欣赏曰："《诗经》中提到的蘩，即为白蒿。……民间将白蒿做成菜团的做法流传至今。将白蒿洗净剁碎，拌上少许面粉，将面粉搓匀，然后上笼屉大火蒸。气上了后，改中火蒸十五分钟，再改小火蒸五分钟起锅，倒在盘子里，泼上花椒辣子油，搅拌均匀，盛在碗里，调入蒜泥、盐、香油、醋，别有一番滋味。那种味觉，估计很多爱吃的人都会一直惦记着吧。"④

（3）《召南·采蘋》

于以采蘋？南涧之滨。于以采藻？于彼行潦。

今人释曰："蘋：又称四叶菜、田字草，……可食。"又注曰："藻：杉叶藻

① 福田逸境，《诗经·周南·芣苢》赏析［EB/OL］. 雪球网 . 2023-01-14.

② 徐鼎 . 毛诗名物图说［M］. 王承略，校注 . 北京：中华书局，2020：235.

③ 徐鼎 . 毛诗名物图说［M］. 王承略，校注 . 北京：中华书局，2020：241.

④ 野菜也有大妙用!《诗经》里的野菜春蔬你吃过哪些［EB/OL］. 百家号，2023-04-22.

科，为多年生水生草本植物，可食。一说水豆。”①

（4）《王风·采葛》

彼采葛兮。一日不见，如三月兮。
彼采萧兮。一日不见，如三秋兮。
彼采艾兮。一日不见，如三岁兮。

今人注三章首句为三种各有特殊使用价值的植物：“葛：葛藤，一种蔓生植物，块根可食，茎可制纤维”；“萧：蒿的一种，即艾蒿。有香气，古时用于祭祀”；“艾：多年生草本植物，……其叶子供药用，可制艾绒灸病”。②

（5）《魏风·汾沮洳》

彼汾沮洳，言采其莫。……
彼汾一方，言采其桑。……
彼汾一曲，言采其藚。……

今人注三章分别咏歌的植物为：“莫：草名。又名羊蹄菜。多年生草本，有酸味”；“桑：桑树叶”；“藚（xù）：药用植物，即泽泻草。多年生沼生草本，具地下球茎，可作蔬菜”。又称“三章词语的变换，不仅显示这位民间女子劳动内容的不同，还表示空间和时间的变换”③。

（6）《魏风·十亩之间》

十亩之间兮，桑者闲闲兮，行与子还兮。
十亩之外兮，桑者泄泄兮，行与子逝兮。

余冠英今译：“一块桑地十亩大，采桑人儿都息下。走啊，和你同回家。桑

---

① 关于蘋、藻两种植物名的古义，参阅：徐鼎．毛诗名物图说［M］．王承略，校注．北京：中华书局，2020：246，249.

② 关于葛、萧、艾三种植物名的古义，参阅：徐鼎．毛诗名物图说［M］．王承略，校注．北京：中华书局，2020：233，292，293.

③ 关于莫、桑、藚三种植物名的古义，参阅：徐鼎．毛诗名物图说［M］．王承略，校注．北京：中华书局，2020：312，313，414. 其中的“藚”亦名水獭菜。

树连桑十亩外，采桑人儿闲下来。走啊，和你在一块。”①

(7)《唐风·采苓》

采苓采苓，首阳之巅。……
采苦采苦，首阳之下。……
采葑采葑，首阳之东。……

三章首句的“苓”“苦”“葑”分别指三种可以食用的植物。其中“苦，苦菜，生山田及泽中”。②

以上略述的“采集”诗无疑都与“劳动”叙事有所相关。亚当·斯密《国富论》强调：“劳动所有权是一切其他所有权的主要基础，所以这种所有权是最神圣不可侵犯的。一个穷人所有的世袭财产，就是他的体力和技巧。不让他以他认为正当的方式，在不侵害他邻人的条件下，使用他的体力与技巧，那明显地是侵犯这最神圣的财产。”③ 其中将“劳动所有权”定义为“最神圣的财产”。而《诗·大序》也讲到了《诗经》的“神圣”性：“正得失，动天地，感鬼神，莫近于诗。先王以是经夫妇，成孝敬，厚人伦，美教化，移风俗。”④ 虽然《诗·大序》未必意识到“劳动”的神圣性，但是至少就《国风》中的“采集”诗而言，却在某种程度上意味着《诗经》编者对咏歌下层人民劳动生活的高度重视。尤其值得注意的是，上述“采集”诗中也包括咏歌劳动之欢乐的作品，例如《周南·芣苢》与《魏风·十亩之间》。马克思在其1857—1858年《政治经济学批判大纲》中论及谋生劳动也可能是“自由的实现”和“自我实现”的基本途径：“诚然，劳动尺度本身在这里是由外面提供的，是必须达到目的和为达到这个目的而必须由劳动来克服的那些障碍所提供的。但是克服这个障碍本

① 余冠英．诗经选［M］．北京：中华书局，2012：110.

② 关于苓、苦、葑三种植物名的古义，参阅：徐鼎．毛诗名物图说［M］．王承略，校注．北京：中华书局，2020：265，262，259. 朱熹语见：朱熹．诗集传［M］．赵长征，点校．北京：中华书局，2018：111-112.

③ 亚当·斯密．国民财富的性质和原因的研究：上卷［M］．郭大力，王亚南，译．北京：商务印书馆，2005：115.

④ 毛诗序［M］//郭绍虞．历代文论选：第一册．上海：上海古籍出版社，1980：63.

身，就是自由的实现；……这种自由见之于活动恰恰就是劳动。”① 马克思的依据主要是欧洲“中世纪的半艺术性质的劳动者”②。在这个意义上，上述《诗经》的“采集”诗可谓提供了欧洲之外的更古老的文献依据。

二、《国风》中“缝衣的女子”

黑格尔《美学》反思性地讨论过“缝衣女子”的劳动与美学的关系：

> 我们把我们自己的生活目的方面的需要看作首要的东西，而对象本身的生气却被我们消除掉了，因为它的基本使命仿佛就是单纯的服务工具，只要我们不利用它，它对我们就成为不关痛痒的。例如一个缝衣的女子，一个在很勤快地做工作的侍女，我们看到时都可以漠不关心，因为我们的心思和兴趣不在这些对象的活动上面，……我们偶然瞧她们一眼，也不过说句心不在焉的话，如“很有趣！美！丑！”之类。③

黑格尔率直地批评了他自己所属的社会上层人士审美意识的偏狭性。这段略带自我嘲讽的论述在西方美学史上可谓是破天荒的，其中提出了具有普遍意义的问题。④ 我们由此回瞻《诗经》发现，其中也颇有咏歌乃至赞美“女子缝衣”的诗篇。

（一）《魏风·葛屦》的“缝衣女子”

该诗作者恰巧是一位“缝衣的侍女”。其诗二章：

> 纠纠葛屦（jù），可以履霜。掺掺（xiān）女手，可以缝裳。要之襋

---

① 马克思．1857—1858年《政治经济学批判大纲》［M］//中共中央马克思恩格斯列宁斯大林著作编译局．马克思恩格斯全集：第46卷（下）．北京：人民出版社，1979：112. 马克思“劳动”范畴之义有三方面，“即生存的需要、发展的需要和享受的需要”。关键是第三个方面的需要：“如果不能充分认识劳动能给人带来愉悦，而且是在其他场合都无法体验到的、作为一种崇高的精神境界的愉悦，那么，我们就不可能从根本上把握劳动之意义。”（陈学明．今天我们究竟如何看“劳动”［EB/OL］. 复旦大学当代国外马克思主义研究中心，2018-05-03.）

② 马克思．1857—1858年《政治经济学批判大纲》［M］//中共中央马克思恩格斯列宁斯大林著作编译局．马克思恩格斯全集：第46卷（下）．北京：人民出版社，1979：113.

③ 黑格尔．美学：第三卷（上）［M］. 朱光潜，译．北京：商务印书馆，1982：266.

④ 参阅：陆晓光．黑格尔《美学》对“我们”艺术观的反思［J］. 现代中文学刊，2005（1）：21-22.

之（jí），好人服之。

好人提提，宛然左辟，佩其象揥（tì）。维是褊心，是以为刺。

余冠英题解称诗中的缝衣侍女因受女主人虐待而生不满，故作此诗以讽刺。“作者或许是众妾之一，或许就是这缝裳之女。婢妾的地位本是家庭奴隶，这诗多少反映出她们的地位。”其今译为：

葛布鞋儿丝绳绑，葛鞋穿来不怕霜。巧女十指根根细，细手缝出好衣裳。一手提衣要一手捏在领儿上，请那美人儿试新装，只见美人儿腰肢细，一扭腰儿转向里，戴她的象牙发针不把人理。好个小心眼儿大脾气，待我编支歌儿刺刺伊。①

许渊冲英文译该诗标题为 *A Well-Drest Lady and Her Maid*（一位衣冠楚楚的夫人与她的女仆）。② 其第二章译文为：

贵人走路好傲慢，
The lady moves with pride;
都闪左边把路让，
She turns her head aside.
象牙簪子头上戴。
With ivory pins in her hair.
真是偏心不公平，
Against her narrow mind.
因此讽刺把歌唱。
I'll use satire unkind.

有研究者还指出该诗细节描写的出色，“如写缝衣女只写她的脚和手，脚穿凉鞋，极表其受冻之状；手儿瘦弱，极表其挨饿之状。这两个细节一经描摹，一个饥寒交迫的缝衣女形象便跃然纸上。再如写女主人，只是写了她试穿新衣时的傲慢神态和扭身动作，以及自顾佩簪梳妆的动态，便刻画出了一个自私吝

① 余冠英．诗经选［M］．北京：中华书局，2012：104-105.
② 许渊冲．许渊冲译诗经：风［M］．北京：中国出版集团中译出版社，2021：221.

啬、无情无义的女贵人形象”①。

“缝衣”是制作衣服的完工阶段。就整个衣服制作所必需的生产过程而言，还包括从采集原料开始的诸多工艺流程。后者可见于下面一首。

(二)《周南·葛覃》的“是刈是濩，为絺为绤”

> 葛之覃兮，施于中谷，维叶萋萋。黄鸟于飞，集于灌木，其鸣喈喈。
> 葛之覃兮，施于中谷，维叶莫莫。是刈是濩，为絺为绤，服之无斁。
> 言告师氏，言告言归。薄污我私，薄澣我衣。害澣害否，归宁父母。

诗题中的“葛”，是指一种生在潮湿处的蓝藻类植物，可食，又可入药，其纤维则可以用来织布。② 余冠英今译：

> 长长的葛藤，山沟沟里延伸，叶儿密密层层。黄雀飞飞成群，聚集在灌木林，叽叽呱呱不停。
>
> 长长的葛藤，山沟沟里蔓延，叶儿阴阴一片。葛藤割来煮过，织成粗布细布，穿起来舒舒服服。
>
> 告诉我的保姆，我告了假要走娘家。洗洗我的内衣，洗洗我的外褂。该洗是啥，甭洗的是啥？我就要回家看我爹妈。③

该诗首章写在山谷中采葛草，二章写用葛草制作葛布的过程，三章写洗好衣服干干净净回娘家。女主人公的心情显然是愉快的。第二章的“是刈是濩，为絺为绤，服之无斁”三句，可谓高度概括了葛布衣服的制作过程：

> 刈（yì）——采集制衣原料；
> 濩（hù）——将原料加工成可以编织的材料；
> 绤（xì）——进一步加工成粗葛布；
> 絺（chī）——再进一步加工成细葛布；
> 服之无斁（yì）——衣服制成了，穿起来很舒服。

① 《诗经·魏风·葛屦》鉴赏［EB/OL］. 古诗文网。
② 《诗经·周南·葛覃》介绍［EB/OL］. 百度百科。
③ 余冠英. 诗经选［M］. 北京：中华书局，2012：5-7.

诗中的“葛”从最初山谷中的野生植物，经历了女诗人劳动的五道工序，最终成为衣服。

《资本论》创作笔记中曾将制作衣服举为古典的简单再生产过程之范例：

> 如果棉花变成纱，纱变成布，布变成印染布等，印染布再变成比如说衣服，那么，(1) 棉花的实体在所有这些形式中都得到了保存〔在化学过程中，在由于劳动调节的物质变换中，到处都是等价物（自然的）相交换等等〕；(2) 在所有这些连续的过程中，物质取得越来越有用的形式，因为它取得越来越适合于消费的形式；直到最后，物质取得使它能够直接成为消费品的形式，这时物质的消耗和它的形式的扬弃就成了人的享受，物质的变化就是物质的使用本身。①

其中的工序是：棉花—纱—布—印染布—衣服。由于古典方式的制衣过程具有主体为自己目标而劳动的性质，因而每一个工序的完成都接近了预定目标，从而整个生产过程也就“成了人的享受”。马克思分析的这个过程与《周南·葛覃》的叙事有所吻合。

(三)《豳风·七月》中的“衣之始”

该诗是《国风》中最长的一首，全诗 8 章，88 句，383 字。这个长度是《关雎》(80 字) 的近四倍，更是《魏风·十亩之间》(30 字) 的十多倍。②

全诗咏歌了农人一年四季的劳动生活，“凡春耕、秋收、冬藏、采桑、染绩、缝衣、狩猎、建房、酿酒、劳役、宴飨，无所不写”。清代学者姚际恒赞叹：“一诗之中，无不具备，洵天下之至文也!”③ 而据朱熹《诗集传》，全诗主要围绕“衣之始”与“食之始”两大主题展开。这两个主题“实际上指农业社会中耕与织两大主要事项”④。

下面是其中关于“衣之始”劳作的章句：

---

① 马克思．经济学手稿（1857—1858 年）［M］//中共中央马克思恩格斯列宁斯大林著作编译局．马克思恩格斯全集：第 46 卷（上册）．北京：人民出版社，1979：331.

② 清代学者称豳地“其民有先王遗风，……故《豳》诗言农桑衣食甚备”。(王先谦．诗三家义集疏：上［M］．吴格，点校．北京：中华书局，1987：510.)

③《诗经·豳风·七月》鉴赏［EB/OL］．古诗文网。

④ 朱熹《诗集传》称首章：“此章前段言衣之始，后段言食之始。二章至五章，终前段之意。六章至八章，终后段之意。”(朱熹．诗集传［M］．赵长片，点校．北京：中华书局，2018：142.)

> 七月流火，九月授衣。一之日觱发，二之日栗烈。无衣无褐，何以卒岁！……
>
> 七月流火，九月授衣。春日载阳，有鸣仓庚。女执懿筐，遵彼微行，爰求柔桑。……
>
> 七月流火，八月萑苇。蚕月条桑，取彼斧斨。以伐远扬，猗彼女桑。七月鸣鵙，八月载绩。载玄载黄，我朱孔阳，为公子裳。
>
> 四月秀葽，五月鸣蜩。八月其获，十月陨萚。一之日于貉，取彼狐狸，为公子裘。……

以上章句中有“授衣”“无衣无褐，何以卒岁”“求柔桑”“蚕月条桑”“猗彼女桑”“载绩”“为公子裳”“为公子裘”等，皆与衣服制作相关。

余冠英今译诸章句为：

> 七月火星向西沉，九月人家寒衣分。冬月北风叫得尖，腊月寒气添，粗布衣裳无一件，怎样挨过年！……①
>
> 七月火星向西沉，九月人家寒衣分。春天里好太阳，黄莺儿叫得忙。姑娘们拿起高筐筐，走在小路上，去采养蚕桑。……
>
> 七月火星向西沉，八月苇秆好收成。三月里修桑条，拿起斧和斨，太长的枝儿都砍掉，拉着枝条采嫩桑。七月里伯劳还在嚷，八月里绩麻更要忙。染出丝来有黑也有黄，朱红色儿更漂亮，得给那公子做衣裳。
>
> 四月里远志把子结，五月里知了叫不歇。八月里收谷，十月落树叶。冬月里打貉子，还得捉狐狸，要给公子做皮衣。……②

从中可以更清晰地获知衣服的制作经历了养殖蚕桑、修剪桑枝、采集桑叶、绩麻、染丝、制作的诸多工艺流程；衣服的颜色则有黑、黄、红等；衣服的材料还包括用狐狸皮制作的裘衣。诗中又有两度感叹：

---

① 近期发表的一篇文章强调：“‘七月流火’中的‘火’，不是指火热、炎热，而指的是天蝎座中的大火星，……此星高挂苍穹，当它逐渐西移、下坠的时候（‘流’有流动、坠落之意），天气就开始转凉了。古人观察到了这一天相变化，于是就唱出了‘七月流火，九月授衣’。”“清代学者顾炎武在《日知录》中说：‘三代以上，人人皆知天文。七月流火，农夫之辞也。’”（钱国宏．“七月流火”为何意［N］．青海日报，2023-08-25（7）．

② 余冠英．诗经选［M］．北京：中华书局，2012：153-161.

……嗟我妇子！

……嗟我农夫！

由此观之，该诗作者很可能是一对男耕女织的农人夫妇。

（四）《无衣》《缁衣》《绿衣》

《国风》中的《秦风·无衣》《郑风·缁衣》《邶风·绿衣》，三首的诗题中都有“衣”字。各首内涵可能有某种相关性，笔者试作互文解读。

《秦风·无衣》

岂曰无衣？与子同袍。王于兴师，修我戈矛。与子同仇！

岂曰无衣？与子同泽。王于兴师，修我矛戟。与子偕作！

岂曰无衣？与子同裳。王于兴师，修我甲兵。与子偕行！

相关研究称该诗是兵士相语的口吻，有鲜明的进行曲节奏，当是一首军歌。“史书说秦俗尚武，这诗反映出战士友爱和慷慨从军的精神。”① 笔者早先读该诗时，认为三章首句连续的“岂曰无衣”有点突兀。为什么不是“岂曰无刀……岂曰无戈……岂曰无箭……”？今人都很熟悉的《游击队之歌》（贺绿汀词曲）里唱的是“没有枪，没有炮，敌人给我们造”。后来想到唐诗中有“慈母手中线，游子身上衣。临行密密缝，意恐迟迟归”。又想到抗日歌曲《在太行山上》有“母亲叫儿打东洋，妻子送郎上战场”句，其中也蕴含着“临行密密缝”衣服的故事。② 再又想到苏联著名的《喀秋莎》，这首爱情歌中完全没有涉及武器，却在卫国战争时期“伴着隆隆的炮火流传了开来”。二战后《喀秋莎》还被建以“一座纪念馆”的方式定格承传。

但是，就先秦《国风》语境而言，《郑风·缁衣》可能提供为何“岂曰无衣”的更直接的解答。

① 余冠英．诗经选［M］．北京：中华书局，2012：134-135.

② 英雄母亲邓玉芬［EB/OL］．中国好故事，2021-04-02．“2014年7月7日，习近平总书记出席纪念全民族抗战爆发七十七周年仪式并发表重要讲话。其间，他讲述了英雄母亲邓玉芬的故事。……3个儿子在外抗战，邓玉芬在家也积极投入抗日斗争。她承担起全部家务，并带领几个小儿子开荒种地，……每当伤病员痊愈离开时，邓玉芬都把衣服洗净补好，带足干粮，仔细叮咛着把他们送出老远、老远。”

《郑风·缁衣》

缁衣之宜兮，敝，予又改为兮。适子之馆兮，还，予授子之粲兮。

缁衣之好兮，敝，予又改造兮。适子之馆兮，还，予授子之粲兮。

缁衣之席兮，敝，予又改作兮。适子之馆兮，还，予授子之粲兮。

旧注多以该诗主题为“美武公也”（毛序）；“言此衣缁衣者，贤者也，宜长为国君”（郑注）。[①] 然而今人解读有新说：“《郑风·缁衣》诗中洋溢着一种温馨的亲情，因此，与其说这是一首描写国君与臣下关系的诗，还不如说这是一首写家庭亲情的诗更为确切。……古代卿大夫到官署理事（古称私朝），要穿上黑色朝服。诗中所咏的黑色朝服看来是抒情主人公亲手缝制的。”[②] 该诗今译有：

黑色朝服很合身，破了我再重做一套。到你的官署去吧，回来我给你饭食款待。

黑色朝服很合宜，破了我再新造一套。到你的官署去吧，回来我给你饭食款待。

黑色朝服很宽大，破了我再另制一套。到你的官署去吧，回来我给你饭食款待。[③]

值得注意的是，该诗三度述及“馆”。《周礼·地官·遗人》：“凡国野之道，……五十里有市，市有候馆，候馆有积，以待朝聘之客。”[④]（所有国都及郊野的道路，……每五十里设有集市，集市里有候（驿）馆，候馆又储备物品，以迎来访客人。）因此诗中有幸穿上“缁衣”而在“馆”中从事公务者应该是一位有文化的“士”人。而周代的“士”起初是有文化的“武士”。历史学家杨宽指出，“西周大学的教学内容以礼乐和射为主要”，“当时贵族生活中必要的知识和技能，有所谓‘六艺’礼、乐、射、御、书、数，但是因为‘国之大事，唯祀与戎’，他们是以礼乐和射御为主的”[⑤]。

① 王先谦．诗三家义集疏：上［M］．吴格，点校．北京：中华书局，1987：334.

② 徐志春，编著．诗经译评［M］．北京：外语教学与研究出版社，2010：261.

③《郑风·缁衣》注释及译文［EB/OL］．诗经 5000 言网。

④ 阮元．十三经注疏：上册［M］．北京：中华书局，1980：728.

⑤ 转见：余英时．士与中国文化［M］．上海：上海人民出版社，1987：22-23.

由此回瞻《秦风·无衣》，其三章首句都以“岂曰无衣”起兴，也就比较容易理解了。因为是否有“衣”，代表着是否有家中及父老乡亲们的支援。有此支援，就会在出征之际雄赳赳、气昂昂。

因此，衣服的制作过程，也同时某种程度地具有了“精神生产”的意蕴。《邶风·绿衣》从另一个侧面印证了制衣劳作的诗意。

> 《邶风·绿衣》
> 绿兮衣兮，绿衣黄里。心之忧矣，曷维其已！
> 绿兮衣兮，绿衣黄裳。心之忧矣，曷维其亡！
> 绿兮丝兮，女所治兮。我思古人，俾无訧兮！
> 絺兮绤兮，凄其以风。我思古人，实获我心！

余冠英题解称：“这是男子睹物怀人，思念故妻的诗。‘绿衣黄裳’是‘故人’亲手所制，衣裳还穿在身上，做衣裳的人已经见不着（生离或死别）了。”① 这个阐释也与马克思《资本论》的相关分析恰巧吻合：“缝劳动的有用性不在于造了衣服，从而造了人，而在于造了一种物体，使人们能看出它是价值，因而是与物化在麻布价值内的劳动的凝结。”②

诗中“绿衣黄裳”句表明，制衣过程还经过了绿色与黄色两种染色工艺。“绿兮丝兮，女所治兮”两句则意味着制作材料用的是蚕丝，后者还包括种桑养蚕的前期劳动。因此，“绿衣”服饰的制作时间更长、劳动凝结量更多。由此才产生了内涵更丰富的“精神生产”效应——“我思古人，实获我心”！

汉代学者称《国风》的来由是：

> 男女有所怨恨，相从而歌。饥者歌其食，劳者歌其事。男年六十、女年五十无子者，官衣食之，使之民间求诗。乡移于邑，邑移于国，国以闻于天子。③

其中“官衣食之”表明，在当时的社会观念中，衣服制作与食物来源同样

---

① 余冠英．诗经选［M］．北京：中华书局，2012：24-25.

② 马克思．资本论：第1卷［M］//中共中央马克思恩格斯列宁斯大林著作编译局．马克思恩格斯全集：第23卷．北京：人民出版社，1972：73.

③ 何休．春秋公羊传：卷十六［M］//阮元．十三经注疏：下册．北京：中华书局，1980：2287.

重要，后世遂有“衣食父母”成语。缘此，《国风》多有“缝衣”母题；也由此，中国古典诗歌可为黑格尔《美学》反思性的“缝衣女子”说提供更为悠久持久而具体丰富的思想资源。

三、《诗·大雅》中的“人民”

采集、缝衣这些以普通劳动者的生活为咏歌对象的诗篇为什么能够进入《诗经》的“大雅之堂”？中国文学史为什么一开始就将采集、缝衣这一类普通的“劳动人民”① 之歌纳入并奉为诗文经典？现代中文的“大雅”一词在现代汉语中可以指称德高才大、学识渊博的人，也可以指某种高尚雅正的价值和风格等，然而该词的最初起源无疑是《诗经》组成部分之一的《大雅》。② 整部《诗经》是中国文化的最初经典，它在春秋时代就被推重为“义之府”。③ 儒家“四书”之首的《大学》开篇曰：“大学之道，在明明德，在亲民，在至于至善。”其中将“亲民”推重为高明学问之道的核心价值。毛泽东最深入人心的话是“为人民服务”，中共十八大以来提出“以人民为中心”的执政理念，这个理念的文化渊源可以追溯到《诗·大雅》的“人民”意识。因此以《诗经·大雅》为范本研讨这个问题，不仅具有美学意义，而且可望有所把握中国式美学的文化基因。我们再循此进一步探究。

---

① “几千年来，人民是一直在为着这种理想，为着争取真正的人道主义——马克思说过，真正的人道主义也就是共产主义——而斗争的。而古今中外的一切伟大的文学作品，就是人民的这种理想和斗争的最鲜明、最充分的反映。”（钱谷融．论“文学是人学”［M］//钱谷融．钱谷融论文学．上海：华东师范大学出版社，2008：60.）

② 辞海编辑委员会．辞海［M］．上海：辞书出版社，2009：309-310. 释“大雅”本义：《诗经》的组成部分之一，三十一篇。《辞源》释“大雅”有三义项：（1）《诗经》的组成部分，有大雅、小雅。《雅》为周王畿内乐调。《大雅》多西周初年作品，旧训雅为正，或指与“夷俗邪音”不同的正声，见《荀子·王制》。《诗·周南·关雎序》说指王政的所由兴废，而王政有大小，故有《大雅》和《小雅》的区别。后世多兼采二说，以反映封建王朝的重大措施或事件的诗歌为大雅，并以此为正声。唐代李白《李太白诗》古风之一：“大雅久不作，吾衰竟谁陈?”唐代柳宗元《柳先生集》一《献平淮夷雅表》：“今又发自天衷，克翦淮右，而大雅不作，臣诚不佞，然不胜愤踊。”（2）对才德高尚者的赞词。《汉书·景十三王传赞》：“夫唯大雅，卓尔不群，河间献王近之矣。”《文选》班固《西都赋》：“大雅宏达，于兹为群。”（3）也有大方及雅正的意思，如言“无伤大雅”。（辞源［M］．北京：商务印书馆，1979：671.）可见现代汉语的“大雅”及成语“无伤大雅”，两者都源出《诗经·大雅》。这个词源似也反馈了《诗·大雅》的特殊价值：为什么没有“无伤小雅”或“无伤国风”之说。

③ “赵衰曰：《诗》《书》，义之府也。”（春秋左传正义［M］//阮元．十三经注疏：下册．北京：中华书局，1980：1822.）

(一)《诗·大雅》最重视“民”

现代汉语的“人民”是对应西语 people 的新词，它由古汉语“人”与“民”两个词连缀而成。在现代中文语境中，它通常指以劳动群众为主体的社会基本成员。汉语工具书《辞源》则将该词追溯到先秦典籍中的“人民”。① 然而古汉语的“民”与“人”分别有所特指。在《诗经》中，“民”大体是指社会下层民众，故有“下民”“庶民”“黎民”等用语。“人”则可特指受过文化教育的社会中上层人士，故有“作人”“成人有德”，以及吉人、善人、良人、恭人、淑人、富人、文人、武人、哲人、圣人，乃至愚人、贪人、谮人等特称。因此，现代汉语“人民”（people）一词，如果是指包括“庶民”在内的社会全体成员的话，那么它与古汉语的“民”之所指似更接近。②

通常认为《大雅》是《诗经》中距离人民群众距离最远的作品，因为其 31 篇“都是王公贵族的创作，没有平民的作品”③。然而我们考察发现，《大雅》中的“民”字凡 61 出，其中以“民”为诗题者有《生民》《民劳》《烝民》3 篇；而“人”字明显为少，计 45 处。这意味着《大雅》的“民”意识有甚于“人”意识。

通常还认为《小雅》较之《大雅》更具“人民”性，因为其作者多为社会中下层从事公役者。④ 缘此《毛诗·序》曰：“雅者，正也，言王政之所由废兴也。政有大小，故有小雅焉，有大雅焉。”然而，《小雅》（74 篇）中“民”字

---

① 其义项包括“指平民、百姓”，引例有《周礼·地官·大司徒》：“掌建邦之土地之图，与其人民之数。”（商务印书馆编辑部．辞源［M］．北京：商务印书馆，1979：158.）《诗经·大雅·抑》亦有：“质尔人民，谨尔侯度，用戒不虞。”今译为：“努力安定你人民，遵守法度要认真，警惕事故突然生。”

② “现代汉语‘人民’一词也是由一个古汉语词组派生来的。周朝的许多著作中都有‘人民’这一搭配，其含义是‘人们和人民’‘国家的人口’‘人民大众’。”（李博．汉语中马克思主义术语的起源与作用［M］．赵倩，王草，葛平竹，译．北京：中国社会科学出版社，2003：217.）“在早期的日语社会主义文献中，‘人民’一词的含义是‘一个国家的人口’和‘人民大众’。”（同书第 218 页）

③ 《大雅》是“适应统治阶级歌颂太平的需要而产生的”，“主要是对统治阶级生活的描写”。诗经·大雅［EB/OL］．百度百科，2024-10-22.《朱子语类》云：“《大雅》非圣贤不能为，平易明白，正大光明。”今学者有引此语而评曰：“此不知奴隶制社会统治阶级妄托天命，愚弄人民之奸猾也。圣贤云乎哉？”陈子展．诗经直解［M］．上海：复旦大学出版社，2015：499-500.

④ 例如《诗·小雅·何草不黄》：“何草不玄！何人不矜（guān，鳏）！哀我征夫，独为匪民！”又《小雅·杕杜》：“王事靡盬，我心伤悲。……女心悲止，征夫归止。”“王事靡盬，忧我父母。”《小明》：“我征徂西，……念彼共人，涕零如雨。岂不怀归？畏此罪罟！”《鸿雁》：“之子于征，劬劳于野。爰及矜人，哀此鳏寡！”（矜人，可怜人）

31出，“人”字90出，前者为后者的三分之一。[①] 这意味着《小雅》与《大雅》相反，其“民”意识明显薄弱于“人”意识。

通常又认为，《国风》是下层人民的“民歌”，因而最具“民”性。然而《国风》（160篇）中“民”字仅现两处，[②]“人”字则出现135处，两者悬殊极大。[③] 这又意味着《国风》虽为“民歌”，但其作者及叙事对象多自觉为“人”。在这个意义上，所谓《国风》“民歌”者，实可称之为“人歌”。

《颂》就其内容性质而言与《大雅》同为“王政”类，其“民”字计7出，[④] 这意味着《颂》的“民”意识至少不亚于《国风》；“人”字于《颂》中计5出，[⑤] 少于“民”字的7出，可见《颂》整体的“民”意识也是有甚于“人”意识。

下面是《诗经》各部中“民”与“人”出现频数的比照（见表3-1）：

---

① 《小雅》“民”字句例如：《十月之交》“民莫不逸，我独不敢休”，《天保》“民之质矣，日用饮食。群黎百姓，遍为尔德”；《小雅》“人”字句例如，《采芑》“钲人伐鼓，陈师鞠旅”（钲（zhāng）人，击鼓传令者），《沔水》“嗟我兄弟，邦人诸友”，《小宛》“温温恭人，……战战兢兢，如履薄冰”，《巧言》“秩秩大猷，圣人莫（谋）之。他人有心，予忖度之”，《何人斯》“不愧于人，不畏于天”，《巷伯》“寺人孟子，作为此诗。凡百君子，敬而听之”，《青蝇》“谗人罔极，交乱四国”，《渐渐之石》“山川悠远，维其劳矣。武人东征，不遑朝矣”，《都人士》“彼都人士，……行归于周，万民所望”。

② 其一为《邶风·谷风》：“凡民有丧，匍匐救之。”另一为《豳风·鸱鸮》：“今女下民，或敢侮予。”

③ 《诗·国风》“人”字词如“怀人”“家人”“古人”“寡人”“令人”“硕人”“美人”“佼人”“淑人”“清人”“室人”“棘人”“候人”“倌人”“许人”“居人”“他人”“我人”“其人”“之人”“彼人”“伊人”“远人”“行人”“好人”“良人”“寺人”“国人”等。其中写田野劳动者的如《卷耳》：“采采卷耳，不盈顷筐。嗟我怀人，寘彼周行。”写缝衣女子的如《葛屦》：“纠纠葛屦，可以履霜。掺掺女手，可以缝裳。要之襋之，好人服之。”写婚姻嫁娶的如《桃夭》：“桃之夭夭，其叶蓁蓁。之子于归，宜其家人。”感慨母亲劳苦的如《凯风》：“母氏圣善，母氏劳苦。……有子七人，莫慰母心。”

④ 其中《周颂》1出，《鲁颂》3出，《商颂》3出。分别为《周颂·思文》：“立我烝民，莫菲尔极。”《鲁颂·泮水》：“敬慎威仪，维民之则。”《鲁颂·閟宫》：“奄有下国，俾民稼穑”“奚斯所作，孔曼且硕，万民是若！”该诗是在称颂鲁僖公修筑宗庙时述及“万民”的。《商颂·那》：“自古在昔，先民有作。温恭朝夕，执事有恪。”《商颂·玄鸟》：“邦畿千里，维民所止，肇域彼四海。”《商颂·殷武》：“天命降监，下民有严。不僭不滥，不敢怠遑。”

⑤ 《诗·颂》的“人”字句皆见于《周颂》，《清庙》篇：“不显不承，无射于人斯！”《烈文》篇：“无竞维人，四方其训之。”《臣工》篇：“命我众人。”《雝》篇：“宣哲维人，文武维后。”《良耜》篇：“以似以续，续古之人。”

表 3-1　《诗经》各部中“民”与“人”出现频数的比照

	国风	小雅	大雅	颂
“民”出现次数	2	31	61	7
“人”出现次数	135	90	45	5

《国风》《小雅》《大雅》《颂》的“民”字依次为2出、31出、61出、7出。可见，就“民”字出现的绝对数而言，《大雅》显著最多。《诗经》各部的构成历来被认为是中国文化的“四始”①。整部《诗经》频繁的“人民”叙事表征了一种重视下层劳动者的价值观。而“大雅”一词之所以成为后人指称中国文化核心价值的代名词，原因当也在于《诗·大雅》尤其鲜明自觉厚重的“民”（people）意识。②

（二）《诗·大雅》“民”意识之内涵

《诗·大雅》“民”意识内涵，至少包括如下数端。

其一，“维民之则”的思想。

> 岂弟君子，民之父母。……岂弟君子，民之攸归。③（《泂酌》）

诸句大意为：君子和乐又平易，为民父母好榜样；君子和乐又平易，人民都来归附你。此诗中的“君子”是为政者，衡量“君子”美德的尺度是能否得民心。这个比喻也见于《小雅·南山有台》：“乐只君子，民之父母。乐只君子，德音不已。”“民之父母”的比喻，用今天的话说，类似“与人民群众的血肉关系”。

> 假乐君子，显显令德，宜民宜人，④受禄于天。（《假乐》）

今按：“假乐”同嘉乐，意谓赞美、喜爱。该诗歌颂周天子有美德，政通人

---

① 汉儒《毛诗序》曰：“以一国之事，系一人之本，谓之风；言天下之事，形四方之风，谓之雅。雅者，正也，言王政之所由废兴也。政有大小，故有小雅焉，有大雅焉。颂者，美盛德之形容，以其成功告于神明者也。是谓四始，诗之至也。”

② 参阅：陆晓光．《大雅》，实际上它是距离人民群众最近的作品［N］．社会科学报，2018-06-11（第8版）．

③ 岂弟（kǎitì），乐易也。（大雅·泂酌//《诗经》全文鉴赏大辞典［EB/OL］．百度文库（baidu.com）。岂字繁体为豈，豈弟亦作“愷悌”。（辞源［E］．北京：商务印书馆，1979：2930.）

④ “宜民宜人，宜安民，宜官人也。”毛诗正义［M］//十三经注疏：上册．北京：中华书局，1980：540.

和。《毛传》:“宜民宜人,宜安民,宜官人也。”如果说“宜民”的尺度是能否胜任“民之父母”,则“宜人”的尺度应该是“凯第君子”。换言之,“宜民”是“宜人”的前提,也是衡量“君子”为政善否的基本尺度。

有觉德行,四国顺之。訏谟定命,远犹辰告。敬慎威仪,维民之则。(《抑》)

今按:《抑》篇为周王朝老臣卫武公藉自警来劝告周平王。“敬慎威仪,维民之则”两句大意是:仪容举止要谨慎,人民效法把你尊。诸句讲治国者要做人民的榜样,这也是“民之父母”的题中之义。①

以上三例都有“维民之则”的思想,当有所接近现代人新观念中所称“of the people”。

其二,依靠人民的思想。

经始灵台,经之营之。庶民攻之,不日成之。经始勿亟,庶民子来。(《灵台》②)

诸句大意为:灵台开始来建造,认真设计巧经营。百姓一起动手干,几日不到就落成。工程本来不急迫,百姓踊跃更有劲。该诗歌颂周文王建造灵台是依靠“庶民攻之”的力量,其中“灵”谓神灵,其比喻对象显然是“庶民”。“庶民子来”句,子通滋,言庶民益来。③ 则“庶民”之于文王此项建造“灵台”的工程,是相当积极踊跃地参加;而文王主事的该工程,事实上亦可谓卓有成效地“by the people”了。

我言维服,勿以为笑。先民有言,询于刍荛。④(《板》)

---

① 《鲁颂·泮水》亦有赞扬“维民之则”语:“穆穆鲁侯,敬明其德。敬慎威仪,维民之则。”

② 朱熹《集传》:“灵台,文王之所作也。谓之灵者,言其倏然而成,如神灵之所为也。”灵台故址在今陕西西安市西秦渡镇。《灵台》诗中有“於论鼓钟,於乐辟雍”。中国古代大学因以称“辟雍”。《礼记·王制》:“大学在郊,天子曰辟雍,诸侯曰泮宫。”汉班固《白虎通·辟雍》:“天子立辟雍何?所以行礼乐宣德化也。辟者,璧也,象璧圆,又以法天,於雍水侧,象教化流行也。”东汉以后历代皆有辟雍,作为尊儒学、行典礼的场所。今北京国子监内辟雍是乾隆时造,为皇帝讲学之所。

③ 俞樾《群经平议》:“子者,滋也。……言文王宽假之,而庶民益来也。”

④ 《毛传》:“刍荛,薪采者。”

诸句大意为：我的话是事实，不要以为开玩笑。古人有话讲得好，要向樵夫多请教。《板》是宫廷老臣对周王的劝谏诗。其首章曰：“上帝板板，下民卒瘅。……犹之未远，是用大谏。”其中已经尖锐批评反复无常的“上帝”①。刍荛指打草砍柴的人，“询于刍荛”是强调，不仅要关心“下民卒瘅”问题，还必须直接向底层劳动者们调查咨询。“先民有言”则强调了“询于刍荛”是祖先古训；言“先民”而不言“先人”，则是因为周室始祖是“厥初生民”（见后）。

天生烝民，有物有则。民之秉彝，好是懿德。②（《烝民》）

今按：蒸民谓众民，秉彝谓秉性善。诸句大意为：上天生下众百姓，事物一定有法则。人人保持为善性，就是爱好这美德。《蒸民》篇的背景是周宣王派贤臣仲山甫至齐国任职，通常认为该诗主要赞美仲山甫才高德美和周宣王能任贤使能。而从上引开端诸句看，其首先赞美的是“民之秉彝，好是懿德”，这也意味着对民众“好是懿德”的信念。《桑柔》篇称“民有肃心，……好是稼穑”，又称“民之罔极，职凉善背”。《郑笺》：“言民之行维邪者，主由为政者遂用强力相尚故也。”《烝民》篇因此同时强调“民”需要“凯第君子”类的“人”加以引导，正如明君需要贤臣辅助一样，“人亦有言：德輶如毛，民鲜克举之。我仪图之，维仲山甫举之。爱莫助之。衮职有阙，维仲山甫补之”③。此亦可见“人”与“民”是相辅相成之关系。

以上三例分别赞扬了民力巨大、民言可采，以及民性向善，当可视为今人所称“依靠人民”思想的滥觞。

其三，服务人民的思想。

皇矣上帝，临下有赫。监观四方，求民之莫。④（《皇矣》）

今按：《皇矣》是周族史诗之一，从先祖大王开辟岐山，大伯王季德行美好，写到文王伐密伐崇取得胜利。上引是该诗首章，“监观四方，求民之莫”句意味着周朝初期历代领袖都自觉以四方人民安居为追求目标。《假乐》篇所谓

---

① 板板：犹“反反”，无常。卒瘅（dàn）：劳累成疾。诸句大意：上帝行为太荒诞，天下人民都遭难。……政策制定没远见。所以我来大谏劝。

② 《毛传》：“烝，众。物，事。则，法。”“彝，常。懿，美也。”

③ 輶（yóu），《郑笺》：“輶，轻”；“爱，惜也。”《集传》：“衮职，王职也。”

④ 《毛传》：“莫，定也。”

"之纲之纪，……民之攸塈（安康）"① 亦同此义。值得注意的是上引诗中的"上帝"观念与荷马《伊利亚特》战争史诗中"众神之父"的宙斯形象显著不同，前者的伟大圣明在于能"求民之莫"。

> 民亦劳止，汔可小休。惠此中国，以为民逑。……式遏寇虐，无俾民忧。无弃尔劳，以为王休。②（《民劳》）

今按：《民劳》篇全诗五章皆以"民亦劳止"起句，又反复出现"惠此中国，无俾民忧""惠此中国，以为民逑""惠此中国，俾民忧泄"。可谓其忧国之首务在忧民，其忧民之首务则在关心体恤民间劳苦。与此可参读者如《大雅·桑柔》篇"瘼此下民。不殄心忧""民靡有黎，具祸以烬""维此惠君，民人所瞻""为民不利，如云不克"等。

> 夙兴夜寐，洒扫庭内，维民之章。（《抑》）

今按：《抑》篇为周王朝老臣劝告讽刺周平王而作。余冠英先生译上引诸句为"应当早起晚睡觉，洒扫堂屋要讲求，为民表率须带头"。其中"夙兴夜寐"语也见于讲述下层劳动者故事的《国风·卫风·氓》篇："三岁为妇，靡室劳矣。夙兴夜寐，靡有朝矣。"又见于讲述下级役吏故事的《小雅·小宛》篇："我日斯迈，而月斯征。夙兴夜寐，毋忝尔所生。"由此看来，《诗·大雅》所推重的"为民"或"维民之章"思想，就其践行的辛劳程度，也与中下层"人民"相类似。

其四，来自人民的思想。

> 厥初生民，时维姜嫄。……时维后稷。（《生民》）

今按：《生民》篇是纪录周人始祖后稷并歌咏其功德的诗。姜嫄是后稷之母，称姜嫄生后稷为"厥初生民"，而非"厥初生人"，当可表明周人及《大雅》最初就有来自人民的意识。后稷的最大贡献是创始农业。诗中写道："蓺之荏菽，荏菽旆旆。禾役穟穟，麻麦幪幪，瓜瓞唪唪。//诞后稷之穑，有相之道。

---

① 塈（戏 xì，又读记 jì）：休息。

② 《毛传》："逑，合也。"惛怓（昏挠），朝政纷乱。《郑笺》："惛怓，犹喧哗也，谓好争者也。"《尔雅·释言》："休，庆也。"

茀厥丰草，种之黄茂。实方实苞，实种实褎。实发实秀，实坚实好。实颖实栗，即有邰家室。”可见后稷是农民，也是周族最初的农业劳动模范。①

绵绵瓜瓞，民之初生。自土沮漆。古公亶父，陶复陶穴，未有家室。②（《绵》）

今按：《绵》篇是周人记述其祖先古公亶父事迹的诗，古公亶父是后稷之孙。上引为首章，开始就强调古公亶父也是“初生”于“民”。古公亶父是周民族祖谱中的开国奠基人，该诗依次叙述他迁居岐山、筑室成家，灌溉土地、治理疆界、筑城建国，以及驱逐混夷、祭祀祖先等事迹。“乃立皋门，皋门有伉。乃立应门，应门将将。乃立冢土，戎丑攸行。”③ 可谓既是开国之祖，也同时具有“民”“人”“君”三者特征。

上面两例中的“厥初生民”与“民之初生”，都是讲周始祖后稷与先人古公亶夫最初来自“民”。④“后稷之穑，有相之道”，可谓擅长农耕的祖先；古公亶父的“陶复陶穴”，则可谓最初挖窑洞居住的劳动模范。

荡荡上帝，下民之辟。疾威上帝，其命多辟。天生烝民，其命匪谌。靡不有初，鲜克有终。……颠沛之揭，枝叶未有害，本实先拨。殷鉴不远，在夏后之世！⑤（《荡》）

今按：该诗为哀伤周厉王无道、周室将亡而作。诸句大意为：上帝败法乱纷纷，却是天下百姓君。上帝行为太暴虐，政令邪僻真可恨。上天生下众百姓，

---

① 今译有：“他去种大豆，大豆棵棵肥。满田谷穗个个美，麻和麦子盖田野。大瓜小瓜都成堆。//后稷种庄稼，有他的好方法，先把乱草除，后把好种下。苗儿齐整又旺盛，长高又长大。慢慢发育出穗子，结结实实谁不夸。无数的谷穗沉沉挂，后稷到邰地成了家。”《大雅》“厥初生民”的思想，亦见于《周颂·思文》：“思文后稷，……立我烝民。”又《鲁颂·閟宫》：“是生后稷。……俾民稼穑。”

② 陶：窑灶。复：古时的一种窑洞，即旁穿之穴。复、穴都是土室。这句是说居住土室，像窑灶的形状。

③ 译文：“立起王都的郭门，那是多么雄伟。立起王宫的正门，又是多么壮美。大社坛也建立起来，开出抗敌的军队。”

④《大雅·板》：“先民有言，询于刍荛。”《商颂·那》：“自古在昔，先民有作。”其中两例称祖先也都是“先民”，而非“先人”。

⑤《郑笺》：“荡荡，法度废坏之貌。”《毛传》：“辟，君也。”《集传》：“疾威，犹暴虐也。”“谌，信也。”“颠沛，仆拔也。揭，本根蹶起之貌。”

上帝命令不可信。人们开头都不错，很少能有好结果。其中“荡荡上帝”与“天生烝民”处于背离状态。“颠沛之揭”诸句是以树根脱离泥土必将枝叶全毁为比喻，说明忘却“本根”必将亡国的道理。“靡不有初”所指涉的亦即周朝“厥初生民”和“民之初生”的根基。

（三）《诗·大雅》“人民”观的启示

由上可见，《大雅》“民”字出现频数在《诗经》各部中最多，这并非偶然。《诗·大雅》自觉频繁的“民”叙事表征了一种鲜明自觉厚重的重视下层劳动人民的价值观。《诗经》在春秋时期被推重为“义之府”，其各部的构成历来被认为是中国文化的“四始”。[①] 根据以上初步考察所见，我们有理由进一步再思如下问题。

1. “三民主义”与“厥初生民”（from the people）

美国前总统林肯在1863年的著名演说[②]中提出过美国特色的“人民”政府观“the government of the people, by the people, for the people”。该语的定语被汉译为“民有、民治、民享”，并对孙中山的“三民主义”产生过影响。[③] 如果说林肯的“people”与古汉语的“民”之所指相通的话，那么由此回瞻《诗·大雅》“人民”观，可以认为两者间既类似又有重要差异。其类似在于：

> “of the people”——“岂弟君子，民之父母”（《泂酌》）、“显显令德，宜民宜人”（《假乐》）、“敬慎威仪，维民之则”（《抑》）。

> “by the people”——“先民有言：询于刍荛”（《板》）、“庶民攻之，不日成之”（《灵台》）、“民之秉彝，好是懿德”（《烝民》）。

---

① “赵衰曰：《诗》《书》义之府也。”（《左传》僖公二十七年）汉代《毛诗序》曰：“以一国之事，系一人之本，谓之风；言天下之事，形四方之风，谓之雅。雅者，正也，言王政之所由废兴也。政有大小，故有小雅焉，有大雅焉。颂者，美盛德之形容，以其成功告于神明者也。是谓四始，诗之至也。”

② 1863年11月19日，林肯在宾夕法尼亚州的葛底斯堡的葛底斯堡国家公墓揭幕式中发表此次演说，哀悼在长达五个半月的葛底斯堡之役中阵亡的将士。据载，葛底斯堡演说也是美国历史上为人引用最多之演说。

③ “the government of the people, by the people, for the people”，胡适译：主于民，出于民，而又为民之政府。孙中山译为“为民而有，为民而治，为民而享”。最后译文：“民有、民治、民享。”现在采用的译文“民有、民治、民享”是从孙中山译文而来。亦有译作“三民主义”，即“民主、民权、民生”。孙中山的三民主义为“民族、民权、民生”。

“for the people”——“惠此中国，以为民逑①”（《民劳》）、“监观四方，求民之莫（安定）”（《皇矣》）、“夙兴夜寐，维民之章”（《抑》）。

以上三项相对应者虽然也不无差异（例如“民之父母”的比喻乃为中国特色），但更重要的差异在于林肯该演说中未提及“from the people”，而这一点却是《诗·大雅》追述祖先英雄时所强调的：“厥初生民，……时维后稷”（《生民》篇）、“绵绵瓜瓞，民之初生。自土沮漆。古公亶父”（《绵》）、“靡不有初，鲜克有终”（《荡》）。如果说《诗·大雅》中鲜明自觉厚重的“民”意识源起并根基于“厥初生民”的自我认知，那么林肯该演说中“from the people”义项的缺失，可谓耐人寻思。

2.《诗·大雅》“人民”与“史诗”

迄今学界认为，汉文学没有产生足以媲美荷马史诗的作品。而从本章视角再思之，这个观念是可疑的。《诗经·大雅》在时间跨度、地理广度、人物众多等方面都足以媲美荷马史诗。荷马史诗推重个别英雄及天神，《诗经·大雅》则鲜明自觉地强调“厥初生民”（from the people）等重视人民群众的历史意识。《诗经》中之所以专列《国风》部，该部之所以篇数最多，原因与《大雅》的历史观并非无关。因为既然将“民”也视为历史主体的重要构成，那么由“民”直接讲述他们的故事，应该是最适宜的“史诗”叙事方式。

进而言之，《诗经》专列《小雅》，原因也与《大雅》中的“宜民宜人”观念不无关系：“无竞维人，四方其训之”（《大雅·抑》）、“济济多士，文王以宁”（《大雅·文王》）。《诗经·小雅》74篇，作者多为中上层的“人”士。

更进而言之，《诗经》中《颂》诗列为专部，也是基于一种自觉的历史意识。因为《诗经·大雅》敬畏“民之初生”的祖先功德而非天神，前者乃是《颂》叙事的价值观依据。如果说《大雅》的信仰首先在于敬畏祖先功德，而荷马史诗主要是崇拜天神，那么贯穿不同信仰的历史叙事自然会意趣迥别。

荷马史诗与《诗经》在英雄与人民、神力与文德、个人与国家、自由与纲纪等方面呈现出不同的价值取向。这种差异与两者不同的“叙史”方式并非无关。就世界文明唯独中国具有连绵不绝的文学发展史而言，以《大雅》为核心的整部《诗经》，很可能堪称中国特色的“史诗”原典。②

① 逑：配偶。与“窈窕淑女，君子好逑”（《诗·周南·关雎》）之“逑”意同。

② “史诗”为现代汉语外来语，源于西语的“epics”。荷马史诗英文为“Homer' s epics”。笔者曾作《〈诗经·大雅〉与荷马“史诗”》一文专题讨论，提交发表于《中国比较文学》2017年年会。参阅本书附二“‘中国式现代化’与中国文学（札记）”的“《诗·大雅》与‘史诗’（Epic）”“日本学者赞《大雅》”等篇。

第四章

卢卡奇《审美特性》的“劳动”方法

卢卡奇（1883—1971）被誉为20世纪西方马克思主义美学的创始人。①《审美特性》是他晚年的一部系统性论著。②“这本书是我的美学和伦理学第一次独立成篇的著作，它概括了我的研究的最重要成果。”作者立意是“以完全不同的世界观和方法实现我青年之梦，并且是以完全不同的内容和以前完全对立的方法完成它”。③ 前此二十多年卢卡奇在关于马克思文艺思想体系问题的论文中说过，“谁若能以真正用心的态度通读并读懂马克思的《资本论》和其他著作，他会发现：从包罗万象的整体观点来看，马克思的一些意见比那些毕生从

---

① 卢卡奇之所以被公认为“西方马克思主义”的创始人，主要是他的《历史与阶级意识》（1923年以德文出版）。异化问题是从马克思以来第一次被他当作对资本主义的革命批判的核心来加以论述。（徐崇温．西方马克思主义［M］．天津：天津人民出版社，1982：71.）“卢卡奇是在人们还不知道马克思有关异化问题的著作（《德意志意识形态》和《1844年经济学哲学手稿》于1932年才付印出版，《政治经济学批判大纲》于1939—1941年出版）的时候发表的。卢卡奇的作品是从当时能了解到的马克思和恩格斯的著作出发而得出的天才的推论，证明了作者非凡的理论洞察力，我们不能否认卢卡奇在为理论界揭示和引进马克思思想体系时所做出的，至今尚未被人们很好了解的那些功绩。”（同书第72页）

② 据约翰娜·罗森堡的《乔治·卢卡奇生平年表（1885—1971）》，1908年卢卡奇通读了《资本论》第一卷；1914—1915年第二次开始细致地钻研马克思的著作，特别是青年马克思的哲学著作和《政治经济学批判导言》；1930—1931年卢卡奇在莫斯科的马克思恩格斯列宁研究院里参加《马克思恩格斯全集》的编辑工作，其间他有机会读到马克思《1844年经济学哲学手稿》；1934年发表《卡尔·马克思和F.T.维舍尔：马克思的〈维舍尔美学摘要〉》；1957年开始撰写《审美特性》，1963年完成并出版。（中国社会科学院外国文学研究所．卢卡奇文学论文集［M］．北京：中国社会科学出版社，1981：577-597.）

③ 卢卡奇．审美特性：上［M］．徐恒醇，译．北京：社会科学文献出版社，2015：13.“无论从《审美特性》的论域之广、视野之阔、体系之严来看，还是就其与‘人类思想的伟大传统’的现代关联而言，该书亦可谓是马克思主义美学的集大成之作。”（邓军海．写在卢卡奇《审美特性》全译本出版之际［N］．光明日报，2015-04-14（第10版）．

事美学研究的反资本主义浪漫派的著作更深入地进入了问题的本质"①。在马克思主义文艺批评和美学研究领域，卢卡奇是第一次明确强调《资本论》特殊而重大的意义的。与此相应，《审美特性》前言写道："如果认为将马克思主义经典作家的言论加以搜集和系统排列就可以产生一部美学，或者至少是构成美学的一个完整骨骼，只要加入连贯的说明文字就能产生一部马克思主义美学，那就完全是无稽之谈了。"② 可以说，整部《审美特性》处处可见《资本论》影响，确切地说是卢卡奇对《资本论》美学思路的发挥和发展。③

一、"劳动的简单事实可以令人信服地说明这一点"

《审美特性》中最突出的是对《资本论》"劳动"范畴的发挥。作者在序文中写道，"自黑格尔美学以来，没有一个哲学家认真说明过审美的本质"④，而"劳动的简单事实可以令人信服地说明这一点"⑤。该书首章"日常生活中的反映问题"直接引用了《资本论》关于"劳动"的一段著名论述：

> 我们要考察的是专属于人的劳动。蜘蛛的活动与织工的活动相似，蜜蜂建筑蜂房的本领使人间的许多建筑师感到惭愧。但是，最蹩脚的建筑师从一开始就比最灵巧的蜜蜂高明的地方，是他在用蜂蜡建筑蜂房以前，已经在自己的头脑中把它建成了。劳动过程结束时得到的结果，在这个过程开始时就已经在劳动者的表象中存在着，即已经观念地存在着。他不仅使

---

① 卢卡奇．马克思、恩格斯美学论文集（1945年）［M］//中国社会科学院外国文学研究所．卢卡奇文学论文集．北京：中国社会科学出版社，1981：281. 朱光潜关于马克思美学体系问题有类似之说："对我们造成困难的是这个完整体系是经过长期发展而且散见于一系列著作中的，例如从《经济学—哲学手稿》《德意志意识形态》《关于费尔巴哈的提纲》《政治经济学批判》直到《剩余价值论》《资本论》和一系列通信。要说体系，马克思主义美学体系比起过去任何美学大师（从柏拉图、亚里士多德到康德、黑格尔和克罗齐）所构成的任何体系都更宏大、更完整，而且有更结实的物质基础和历史发展的线索。我们的困难就在于要掌握这个完整体系，就非亲自钻研上述一系列的完整的经典著作不可。"（朱光潜．谈美书简［M］．南京：江苏文艺出版社，2007：28.）

② 卢卡奇．审美特性：上［M］．徐恒醇，译．北京：社会科学文献出版社，2015：5.

③ "马克思和恩格斯整个一生都在深入地研究文学和艺术问题，可是他们没有时间系统地总结他们的观点或写一部全面批判黑格尔美学的书。……尽管如此，马克思和恩格斯就个别具体问题所发表的言论中表现出的唯物主义颠倒的基本原则，还是十分清楚地摆在我们面前。"（卢卡奇文学论集：1［M］．北京：中国社会科学出版社，1981：431.）

④ 卢卡奇．审美特性：上［M］．徐恒醇，译．北京：社会科学文献出版社，2015：2.

⑤ 卢卡奇．审美特性：上［M］．徐恒醇，译．北京：社会科学文献出版社，2015：6.

自然物发生形式变化，同时他还在自然物中实现自己的目的，这个目的是他所知道的，是作为规律决定着他的活动的方式和方法的，他必须使他的意志服从这个目的。①

卢卡奇紧接着写道："我们就在这个基础上研究劳动的各个环节，它确定了那些作为日常生活、日常思维和日常对客观现实反映的基本因素。"② 通观《审美特性》全书可以鲜明感触到，作者所谓与旧美学"不同的世界观和方法"，其核心范畴是"劳动"，并且正是马克思《1844年经济学哲学手稿》与《资本论》中作为理论基础的"劳动"。

在马克思主义美学思想问世之前，人类劳动大体是西方美学的盲区。西方美学史上最初研讨"美"概念的是古希腊哲学家。《柏拉图对话录》中提出过"美"的多种可能定义（有用、有益、快感、恰当等），最后得出"美是难的"结论。"美的概念甚至在希腊人那里就偶尔感到了它的多义性"，柏拉图著作相关讨论表征的是希腊哲学家们的"共同难题"。③ 卢卡奇尖锐指出，这个难题的直接原因正是轻视劳动："古代的观点是轻视劳动的，首先是轻视体力劳动。奴隶制经济的矛盾越突出，这点越严重。"④ "由于奴隶制经济产生的对劳动的轻视，……连几何规律用于机械制造的尝试也引起了柏拉图的激烈反对"；"甚至在阿基米德那里，他也蔑视把力学应用于手工业"；"对生产劳动的轻视只是当时条件下社会意识的阴暗面"。⑤ 马克思对古典政治经济学的考察已经指出了源于

---

① 原文见：马克思．资本论：第1卷［M］//中共中央马克思恩格斯列宁斯大林著作编译局．马克思恩格斯全集：第23卷．北京：人民出版社，1972：202.

② 卢卡奇．审美特性：上［M］．徐恒醇，译．北京：社会科学文献出版社，2015：5.

③ 卢卡奇．审美特性：下［M］．徐恒醇，译．北京：社会科学文献出版社，2015：1019. 柏拉图在《理想国》的《大希庇阿斯篇》中专门讨论过"美是什么"的问题，其最终得出的却是"美是难的"结论。"美学"（aesthetics）作为一门专门的学科，据载最初始于德国哲学的沃尔夫学派，其门徒鲍姆嘉通在1750年出版《美学》，首先使用"Ästhetik"这个名称。黑格尔认为这个名称的精确词义是指研究感觉和情感的科学，这个用词与"美学"应有的研究对象并不相符。黑格尔声称其他的《美学》所讨论对象是"广大的美的领域"，其核心则是"美的艺术"。（黑格尔．美学：第一卷［M］．朱光潜，译．北京：商务印书馆，1982：3.）"法国人往往把'美'叫作'我不知道它是什么'（Je ne sais quoi），可不是吗？柏拉图说的是一套，亚里士多德说的又是一套；康德说的是一套，黑格尔说的又是一套。从马克思主义立场来看，他们都可以一分为二，各有对和不对的两方面。"（朱光潜．谈美书简［M］．南京：江苏文艺出版社，2007：9.）

④ 卢卡奇．审美特性：上［M］．徐恒醇，译．北京：社会科学文献出版社，2015：85.

⑤ 卢卡奇．审美特性：上［M］．徐恒醇，译．北京：社会科学文献出版社，2015：77.

古希腊哲学家的偏见："这些人如此拘守于自己的资产阶级固定观念，以致认为，如果把亚里士多德或尤里乌斯·凯撒称为'非生产劳动者'，那就是侮辱他们。其实，单是'劳动者'这个名称，就会使亚里士多德和凯撒感到被侮辱了。"①

西方近代美学最具影响力的是康德，卢卡奇称赞"他把自由美和依存美做了区分"，显示出"对美学问题天才的哲学洞察力"；同时也批评"他的主观唯心主义使这种天才的见解大为逊色"。② 康德美学提出著名的"无利害性"说，即审美活动与功利活动无关。由于人类劳动总是有某种功利目标，康德此说显然排除了劳动的审美内涵。卢卡奇针对性地提出"利益搁置"说予以反驳："完全的无利害性绝不会是审美的特性。……从使用之前对劳动工具的检验，到下棋时对复杂情况的分析，到处都需要暂时搁置直接的利益，这正是为了行为能取得成效。在这里重要的是，它所涉及的是对利益的搁置，而不是对利益的排除。"③ 康德还把由功利活动引起的"快感"也排除于审美领域，卢卡奇写道："康德的规定提出了极其重要的问题，但它的丰富性却受到了快感与美之间对立的、形而上学僵化的损害。"④

康德之后的黑格尔被卢卡奇推重为"资产阶级的进步传统在艺术哲学领域的顶峰"⑤。这个评赞也基于马克思的劳动观："只有揭示了劳动是人类形成的手段，在这里才使问题根本地转向现实。众所周知，黑格尔在《精神现象学》中第一次提出了这种观点。……马克思认为《精神现象学》伟大之处的理由之一就是在于这一理论。"⑥ 然而黑格尔的局限性也正在此："黑格尔只知道并承认一种劳动，即抽象的心灵的劳动。"⑦ 马克思美学思想的划时代性正是始于黑

---

① 原文见：马克思．剩余价值理论［M］//中共中央马克思恩格斯列宁斯大林著作编译局．马克思恩格斯全集：第26卷（第一册）［M］．北京：人民出版社，1972：299.

② 卢卡奇．审美特性：上［M］．徐恒醇，译．北京：社会科学文献出版社，2015：207.

③ 卢卡奇．审美特性：下［M］．徐恒醇，译．北京：社会科学文献出版社，2015：969.

④ 卢卡奇．审美特性：上［M］．徐恒醇，译．北京：社会科学文献出版社，2015：181.

⑤ 卢卡奇．卢卡奇文学论文集：1［M］．中国社会科学院外国文学研究所，编译．北京：中国社会科学出版社，1981：404.

⑥ 卢卡奇．审美特性：上［M］．徐恒醇，译．北京：社会科学文献出版社，2015：134.

⑦ 马克思．1844年经济学哲学手稿［M］．北京：人民出版社 1979：117. 有学者指出黑格尔的辩证法运用本身就是一种追寻真理的"卓越劳动"。然而"黑格尔的辩证法劳动概念作为精神的抽象思维活动，……旨在获得对事物本质的概念认识，完全不同于现实的资本主义生产条件下'作为肉体的主体'所从事的强制性劳动，它不能具体解释为什么'人们会像逃避瘟疫一样逃避劳动'，以及为什么社会大工业生产越发达，物质越富裕，工人却越贫困、无知和堕落"。（罗朝慧．黑格尔辩证法为什么是"倒立的"：马克思对黑格尔辩证法本质问题的剖析［J］．人文杂志，2018（2）：1-9.）

格尔的局限性和终止处，即“抽象的心灵劳动”之外的物质生产劳动的盲区：“每一种劳动，甚至最原始的劳动，其中都包含着一系列的普遍化过程”，“这种思想早在英国古典经济学中就存在，青年黑格尔对其做了一种明晰的哲学表述，……只是到了马克思和恩格斯那里，它才在人类活动的系统中获得了正确的地位”。① 这段话是作为“政治经济学”著作的《资本论》被卢卡奇推重为马克思主义美学理论依据的原因所在：“传统的美学把人的感觉的属人性质或者作为一种既成事实，或者作为人类知性认识的成果，由此使形式感形成的机制被排除在美学研究的视野之外，造成美学理论的一大盲区。”② 这个“盲区”的中心点正是人类的“劳动”。《审美特性》中的“完全不同的世界观和方法”，其独特性首先正是聚焦于传统美学的盲区即“劳动”。③

《审美特性》于20世纪80年代中期被译介至我国并产生重要影响。我国美学界对该书的推重和接受主要在于其中的“实践”思想（由此产生了论者众多的“实践美学”），此外还包括巫术与艺术起源之关系、审美形式感生成的机制、日常生活中的美学意蕴等方面。④ 就笔者视域所见，对该书作为“审美本质”之基础的“劳动”之义，迄今较少专题研讨。⑤ 因此笔者这里需要再次强调，就卢卡奇美学方法论的创意而言，最鲜明、最集中、最具体发挥的是《资

---

① 卢卡奇．审美特性：下［M］．徐恒醇，译．北京：社会科学文献出版社，2015：982.

② 卢卡奇．审美特性：上［M］．徐恒醇，译．北京：社会科学文献出版社，2015：7.

③ 近代资产阶级艺术理论的一个普遍倾向是：“它们害怕承认在对现实的反映中，劳动是根本的环节。”（卢卡奇．审美特性：上［M］．徐恒醇，译．北京：社会科学文献出版社，2015：179.）

④ 例如该书译者前言所推重的方面包括：“坚持马克思主义的实践论是本书的重要特色。”“传统的美学把人的感觉的属人性质或者作为一种既成事实，或者作为人类知性认识的成果，由此使形式感形成的机制被排除在美学研究的视野之外，造成美学理论的一大盲区。卢卡奇则在书中设专章考察了节奏、比例和对称等形式美要素以及装饰纹样的审美发生过程。”“巫术模仿在审美形成中起了一种中介作用。当巫术观念淡化以后，审美活动便由巫术中分化开来。由此可见，卢卡奇的审美发生学理论与传统的巫术说和劳动说有实质的区别。”“卢卡奇美学还体现了一种生存论的维度。……他把人的日常生活世界作为美学研究的逻辑起点和终点。”又举德国美学家马克斯·本泽评论为：“继黑格尔美学之后，当今卢卡奇美学可以成为阐释性美学的集大成范例，它表现出与黑格尔体系的一种现代关联。”笔者以为，所有这些特色都是基于《资本论》的“劳动”视域和以马克思“劳动”范畴为方法的研究成果。

⑤ 张伟．论卢卡奇美学与马克思美学的关系［J］．文艺理论与批评，2000（1）：117-124. 其注意到：“马克思关于‘人体解剖是猴体解剖的一把钥匙’的思想给卢卡奇以方法论的启示。……找到了劳动这把钥匙以后卢卡奇得出结论：‘对人的活动的产生、形成和发展，只有在与劳动的发展、与人征服周围环境、与人通过劳动对自身的改造三者的相互关系中才能理解。’”

本论》的“劳动”范畴。“劳动”堪称整部《审美特性》的聚焦点和方法论基础。“劳动是现代经济学的起点”①，也是马克思政治经济学的最基本范畴。《资本论》对资本起源即“商品细胞”的分析是基于对“劳动二重性”的揭示。②《审美特性》序言就突出强调了《资本论》“劳动”作为方法的范例之义：

> 每一种范畴结构大都与其起源有着最密切的关系。只有将其起源的阐述与客观的分化过程有机地联系起来，才能充分而适当地揭示出范畴的结构。马克思《资本论》卷首关于价值的论述，就是这种历史体系方法的范例。在本书关于审美基本现象的具体阐述中及其分化出的细节问题中，都对这种结合的方法做了尝试。……正如劳动、科学和一切人的社会活动一样，艺术也是社会发展的一种产物，是通过他的劳动而形成人的人们的产物。③

由此，“劳动”作为卢卡奇美学的方法贯穿于对各种艺术形式起源的追溯及其特性的分析。其研讨所及的审美形式则包括节奏、装饰、对称、比例、纹样，及建筑、音乐、文学乃至现代电影等。

就“对称与比例”的审美特性问题而言，卢卡奇提供的新识至少有两方面。首先是阐明了“对称与比例”的起源在于人类劳动：

> 即使制造最原始的工具和器械也会使人实际地注意到对称和比例。经验表明，甚至在制造锤形石器时，最佳适用性也是以在长度、宽度和厚度

---

① 马克思.《政治经济学批判》导言［M］//中共中央马克思恩格斯列宁斯大林著作编译局.马克思恩格斯选集：第二卷.北京：人民出版社，1972：107.

② 《资本论》第一卷第一篇的标题之一是“体现在商品中的劳动二重性”。

③ 卢卡奇.审美特性：上［M］.徐恒醇，译.北京：社会科学文献出版社，2015：9.卢卡奇这一方法论是基于他对“劳动”之崇高价值的认知。康德美学由于排斥功利目标的劳动，因而其哲学体系中审美的意义“低于唯一人类尊严的伦理”。卢卡奇指出：劳动是审美“获得一种哲学的尊严”的途径和依据，因为劳动“与人的最高利益相联系”。（同书，第441页）席勒基于深刻的人道主义而提出过游戏说：“只有当人充分是人的时候，他才游戏，只有当人游戏的时候，他才完全是人。”然而其偏差在于将艺术活动与劳动完全隔离并对立起来，“这就必然导致艺术本身狭隘闭塞、毫无内容”。（同书，第222页）傅立叶在批判资本主义劳动分工时得出了与席勒类似的结论：“在社会主义社会中劳动将变成游戏。”其偏差也在于取消了人类社会自我生产与自我享受之间的根本区别，“恰恰是在人类发展中具有中心意义的劳动的那种特殊本质被忽视了”。（同书，第223页）

间近似地保持比例为前提的。①

今按：小学生从学习削铅笔的那一刻起会实际地注意到，各种铅笔的形状都是对称而成一定比例的。

> 如果最简单的劳动实践不是指向制造与其有用性密切联系的、按生产目的成正确比例的使用对象，那么就绝不会形成比例的观念。②

今按：凡是小时候观察过木匠制作小板凳的人都不难意识到，其中有一个对称与比例的原理。

> 在更复杂的制成品中——不论是在制造箭头时所要求的对称，还是在制陶时为适用而保持精确的比例——必然在劳动中逐渐形成对比例和对称的高度敏感。③

今按：今天几乎人人都使用的手机，其长方形的有比例的对称，是为适合于人手操作而设定的。

二、"人与自然的物质交换"

《资本论》阐明"劳动"之义的首句为：

> 劳动首先是人和自然之间的过程，是人以自身的活动来引起、调整和控制人和自然之间的物质变换的过程。④

其中"人和自然之间的物质变换的过程"一语，在整部《审美特性》中被

---

① 卢卡奇．审美特性：上［M］．徐恒醇，译．北京：社会科学文献出版社，2015：179.

② 卢卡奇．审美特性：上［M］．徐恒醇，译．北京：社会科学文献出版社，2015：179.

③ 卢卡奇．审美特性：上［M］．徐恒醇，译．北京：社会科学文献出版社，2015：179.

④ 马克思．资本论：第1卷［M］//中共中央马克思恩格斯列宁斯大林著作编译局．马克思恩格斯全集：第23卷．北京：人民出版社，1972：202. 此段文字首句的英译本为："Labour is, first of all, a process between man and nature, a processe by which man, through his own actions mediates, regulates and controls the metabolism between himself and nature."（Karl Marx, Captal Volue I：Peguin Classics［M］. tr. Ben Fowkes, London：Clay Ltd. St Ivespic, 1990：283.）

作为方法论的关键词而进行了堪称最为详具的发挥，因而它也足以鲜明表征卢卡奇方法论的特征。这里首先重要的不是解读或评断卢卡奇这些发挥所蕴含的见识，因为这些堪称独特的发挥本身对我们认知《资本论》的美学意蕴足以提供启示。下面简述若干要点。

（一）“人与自然界的物质交换始终是社会的物质交换”

> 劳动不仅实现了使人变成人，而且仅以这个过程也创造了人类社会，马克思在这里所说的与自然界的物质交换始终是社会的物质交换。一切社会的物质交换，并不关注其特有的构成方式。即使是鲁滨逊单独地在他的岛上所进行的这种物质交换，也是作为一个具体社会的成员，作为社会发展某一阶段的人。这种物质交换，它构成了每一种人与自然关系的基础——它可能是实践的、理论的或情感的，具有双重的客观性结果。①

这里指出了人与自然界的“物质交换”具有“社会性”，且伴随“情感”方式，后者直接是审美反映的特性所在。因而审美反映的基本对象不是单个的、孤立的人，而是“处于与自然界进行物质交换中的社会”，“这种反映总是以人类命运为目标”。②

（二）“社会与自然界的物质交换包含了人的世界的一切生活现象”

> 审美的客观性绝对不是对现实的替代，……这种物质交换首先是一种物质的过程，是对地球表面相应于人的需要的改造（不言而喻，在其中自然规律只是被自觉或不自觉地利用，而很少像在个别劳动中那样能够被扬弃）。这种物质交换的范围却远远超出通过社会的劳动和斗争对具体自然界的物质渗透和转化，因为这个过程不仅创造了人，而且大大地改造了、丰富了、提高了和深化了人。……从以前荒地的开垦和林木覆盖的山野的开拓，直至以前与人无关的或甚至有害的自然要素的景观化（从牧歌到悲剧），这种社会与自然界的物质交换包含了人的世界的一切生活现象，即人类的环境、人类生存的自然基础及其社会的结果。③

① 卢卡奇．审美特性：下［M］．徐恒醇，译．北京：社会科学文献出版社，2015：1037.
② 卢卡奇．审美特性：上［M］．徐恒醇，译．北京：社会科学文献出版社，2015：149.
③ 卢卡奇．审美特性：上［M］．徐恒醇，译．北京：社会科学文献出版社，2015：367.

这里强调的是人类劳动影响所及的范围，不仅包括通常理解的具体劳动成果，以及被劳动改变的自然界和社会生活，还包括劳动主体在劳动过程中的进化和提高。其中所谓“丰富了人”，亦包括作为人类审美感官的“五官的感觉”等。①

（三）“审美反映的统一原理是在社会与自然界物质交换这一基础上形成的”

> 与自然界处于物质交换中的社会，构成了全部反映的基础，只能以经过中介的直接方式来表现这一真实基础。在这里，不论是一个自然物体（如在风景画中），或一个纯粹人们内部的事件（如在悲剧中），都同样表现了这种本质特征。因为这两种情况下，其最终基础是相同的，只是在前景与背景的关系上，或者是明确表达或者是暗示有所变换而已。所有这些表明，审美反映的统一原理是在社会与自然界物质交换这一基础上形成的。发展了的审美反映已经远远地脱离了日常生活（首先是劳动）中这一基础的现象，首先在劳动中失去了上述基本的统一性和再形成。②

这里明确地以劳动的本质特征即“社会与自然界的物质交换”作为美学以及各种不同艺术门类之间之所以相通的最基本的“统一原理”。

（四）艺术是“这种物质交换的最高发展阶段的产物”和“终极对象”

> 艺术的特殊反映方式之所以高于日常生活中对现实把握的各种一般形式正是在于，人的存在和活动的物质基础是社会“与自然界的物质交换”（马克思《资本论》语），它最终整体地、直观地反映出与整个人的实际关系。……这种物质交换在深度和广度上越强大，在艺术中对自然界本身的反映也就表现得越鲜明。它不是始原的，相反，是这种物质交换的最高发展阶段的产物。另一方面，对社会与自然界物质交换的反映是审美反映终极的真正最终的对象。本来，在这种物质交换中正包含着每一个体与人类以及与人类发展的关系。这一潜在的内容现在已在艺术中显现出来，往往

① 马克思写道：“只是由于属人的本质的客观地展开的丰富性，主体的、属人的感性的丰富性，即感受音乐的耳朵、感受形式美的眼睛，简言之，那些能感受人的快乐和确证自己是属人的本质力量的感觉，才或者发展起来，或者产生出来。因为人不仅是五官感觉，而且所谓的精神感觉、实践的感觉（意志、爱等）——总之，人的感觉、感觉的人类性——都只是由于相应的对象的存在，由于存在着人化的自然界，才产生出来的。”（马克思 . 1844 年经济学哲学手稿［M］. 北京：人民出版社，1979：79. ）

② 卢卡奇 . 审美特性：上［M］. 徐恒醇，译 . 北京：社会科学文献出版社，2015：143.

> 隐伏着的自在存在表现为一种形象的自为存在。①

这里所谓“最高发展阶段的产物”，是指从始原劳动中分化出来的各种门类的艺术创作。所谓“终极对象”则也意味着艺术的发展与人类未来前景的关系。与此相关的是，《审美特性》末章标题为“艺术的解放斗争”②。

（五）“一种比基本的劳动关系本身更复杂的结构”

> 尽管劳动（它的社会形式，通过劳动所中介的、与自然的关系以及与同伴的关系等）对于人的社会存在是基本的，但是在这一基础上形成了人与人之间的关系、各种需求以及满足各种需求的手段等。这是一种比基本的劳动关系本身更复杂的结构，劳动关系为对这种结构的认识提供了基础，这种基础不再能够从其中直接推导出来或加以说明。……对于我们的问题说来，这里所出现的意识形态后果格外重要：中项，一方面是人本身的作品，另一方面在其后果中超越了其意图、计划、希望等——无论在积极意义上或消极意义上——它的已被确立的事实逐步构成了一种拟人化世界观的基础。……由劳动的主观方面，由创造中的目标确立以及由某些本质上新的东西的生产中，产生出作为世界和生命创造者的诸神的表象。③

卢卡奇的相关分析表明，所谓“比基本的劳动关系更复杂的结构”，其要素包括：（1）工具（“人以他的工具而具有支配外在自然界的威力”④）；（2）生产力（“生产力也是人类社会与自然界之间的中介”）；（3）生产关系（每个人劳动的直接性“已经不仅通过生产力，而且也通过生产关系客观地规定和进行中介的”）；（4）由此产生的“意识形态后果”；（5）在此基础上产生艺术特有的“拟人化世界观”⑤ 或“诸神的表象”。由这些要素共同构成的“更复杂的结构”，是相对于从劳动中分离后发展的艺术而言的。后者虽然与直接劳动已经相距甚远，然而就其历时性或共时性而言，都是以这个由“基本的劳动关系”而

① 卢卡奇．审美特性：上［M］．徐恒醇，译．北京：社会科学文献出版社，2015：141.

② 卢卡奇．审美特性：下［M］．徐恒醇，译．北京：社会科学文献出版社，2015：1078.

③ 卢卡奇．审美特性：上［M］．徐恒醇，译．北京：社会科学文献出版社，2015：739.

④ 黑格尔．逻辑学：下卷［M］．杨一之，译．北京：商务印书馆，1996：438.

⑤ 卢卡奇把科学与艺术的方式区别为“非拟人化”与“拟人化”。科学对象是“各种客体的性质”，“审美反映的对象是人的世界、人们相互间以及与自然的关系”。（卢卡奇．审美特性：上［M］．徐恒醇，译．北京：社会科学文献出版社，2015：431.）

生成的"更复杂的结构"为中介。换言之，在始原的、基本的、简单的劳动中介（工具）的基础上，发展形成了"更复杂结构"的中介（工具—生产力—生产关系—社会关系—意识形态—拟人化世界观）。这个中介潜在制约着审美领域的各种表象。这个"更复杂结构"又被称为"第二自然"，它"既不依存于自然，也不依存于单个人的意识"，但却对每个劳动产品及艺术产品发挥作用。"在社会存在中这种客观的不可扬弃的规律性应该成为重要方法论特征的起始点。"①

（六）"双重客观性"："整个审美领域也属于这一整体"

> 在社会和自然物质交换的基础上形成的生产力的发展创造了与其相适应的生产关系，相应地调节和改变着人们之间的关系，对于每个人由这种双重的客观性中形成了他的环境，在这里所呈现的每一个方面对他说来都是一个不可排除的给定的客观现实。……凡是与生活、与人的直接生活表现相关联的一切，以不可排除的方式成为自然与社会、自然与人的联系的客观基础（对自然不依赖人的社会此在的独立性的认识以及由此产生的情感，在这里作为这一世界图像的重要因素）。整个审美领域也属于这一整体。②

这个"双重客观性"不仅意味着自然与社会对于每个人都是预定的客观存在，也不仅意味着所谓自然已经是经过与社会物质交换后的"人化的自然"，更意味着自然客观性与社会客观性之间的联系。卢卡奇发挥了《资本论》中的两个分析范例。其一是关于金银何以成为货币的分析："自然界并不出产货币，正如自然界并不出产银行家或汇率一样……金银天然不是货币，但是货币天然是金银。"③ 因此，人对金银的审美感也会随着社会历史的发展而变迁。列宁指出，将来的社会中，"金子可以用来为一些大城市修建公共厕所"④。另一个范

① 卢卡奇．审美特性：下［M］．徐恒醇，译．北京：社会科学文献出版社，2015：738.

② 卢卡奇．审美特性：下［M］．徐恒醇，译．北京：社会科学文献出版社，2015：1037-1038.

③ 马克思．政治经济学批判［M］//中共中央马克思恩格斯列宁斯大林著作编译局．马克思恩格斯全集：第13卷．北京：人民出版社，1962：145. 卢卡奇进一步分析道："金的自然属性比其他自然现象更多地适应于货币不同职能所限定的那种经济要求。这些特性是：如在每个任意数量级上量保持不变；有极大的可分割和重新结合的可能性；具有大的比重，所以在小的空间里有相当大的重量——由此便于运输和传递；稀有性和柔韧性，从而不适于做生产工具。通过这种客观的、与每种社会性无关的自然特性，金成了货币的特定体现。"（卢卡奇．审美特性：下［M］．徐恒醇，译．北京：社会科学文献出版社，2015：1041.）

④ 卢卡奇．审美特性：下［M］．徐恒醇，译．北京：社会科学文献出版社，2015：1043. 所引见列宁．论社会主义［M］//中共中央马克思恩格斯列宁斯大林著作编译局．列宁专题文集．北京：人民出版社，2009：293.

例是马克思对黑人与黑奴之关系的分析："黑奴就是黑人，只有在一定关系下，他才成为奴隶。"① 卢卡奇由此强调："这里对我们重要的是，肯定人的一切自然关系都是经社会所中介，在马克思那里即使纯经济现象，也不能抹杀这里所探讨的两个领域之间的区别。"因此，"人与自然的关系作为社会与自然界的物质交换的实践的、理论的和情感的表现，应该在这种历史的总体联系中来考察，而不应该在传统美学的那种随意化的抽象中来考察"②。

（七）"自然美"也蕴含着"社会与自然的物质交换"

> 与自然界的物质交换的社会的、人的效果绝不会穷尽。……生产力的发展不断改变着人与人的关系、他们外在的及内在的生活状态，由此也改变了人与自然界的关系。当然在这里不能完全僵化与审美的直接关系。猎人与自然界的关系，就与农业耕种者或家畜饲养者与自然界的关系完全不同，在这里完全谈不上直接指向审美的意图。城市的兴起又产生出彻底不同的与自然界的关系。③

猎人、农耕者、家畜饲养者以及城市居民的生活环境与谋生方式各有不同的与自然界的关系，这种不同的关系影响着他们对大自然的审美情感。卢卡奇多处讨论了"人与自然的物质交换"乃是"自然美"的根基："开花的果树、成熟的庄稼、收获的田野等——对于体验者而言必然由季节的'永恒'序列来安排的。即使被人遗弃的、极其孤寂的风景，只有在与人类发展的联系中才能成为可体验的。"④"同样一个森林，对于农民来说是'木材'，对林务官来说是'山林'，对猎人来说是'狩猎区'或'禁猎区'，对于游人来说是'凉爽的林荫'，对于逃亡者来说是'隐蔽场所'，对于诗人来说是'林木编织物''树脂气氛'等。"⑤"每一种对'自然美'的体验都是以在社会化的人的支配下自然

---

① "黑奴就是黑人，只有在一定关系下，他才成为奴隶。纺纱机是纺棉花的机器，只有在一定的关系下，它才成为资本。脱离了这种关系，它也就不是资本了，就像黄金本身并不是货币，砂糖并不是砂糖的价格一样。"（马克思．雇佣劳动和资本［M］//中共中央马克思恩格斯列宁斯大林著作编译局．马克思恩格斯选集：第1卷．北京：人民出版社，1972：362.）

② 卢卡奇．审美特性：下［M］．徐恒醇，译．北京：社会科学文献出版社，2015：1039.

③ 卢卡奇．审美特性：下［M］．徐恒醇，译．北京：社会科学文献出版社，2015：1042.

④ 卢卡奇．审美特性：下［M］．徐恒醇，译．北京：社会科学文献出版社，2015：1072.

⑤ 卢卡奇．审美特性：下［M］．徐恒醇，译．北京：社会科学文献出版社，2015：607.

界屈从的一定阶段为基础的。"① "车尔尼雪夫斯基说，'大地上的美的东西总是与人生幸福和欢乐相连的'② ……但是车尔尼雪夫斯基所说的自然美缺乏那种由社会与自然界物质交换所必然和客观地产生出来的普遍性。"③

（八）劳动过程中"时间上的顺序"与"空间上的并存"

> 日常实践以及与其紧密相连的日常思维都处于运动着的物质和动荡着的事物的世界中，它们的相关性理所当然地、直接明显地可以为人所接受。这可以很容易地用最简单的日常生活的事实加以说明。马克思《资本论》清晰地描述了这一过程："如果我们考察一定量的原料（如造纸手工工场的破布或者制针手工工场的针条），就可以看到，这些原料在获得自己的最后形态之前，要在不同的局部工人手中经过时间上顺序进行的各个生产阶段。但如果把工场看作一个总机构，那么原料就同时处在它的所有的生产阶段上。由局部工人组成的总体工人，用他的许多握有工具的手的一部分把针条拉直、切断、磨尖等。不同的阶段过程由时间上的顺序进行变成了空间上的并存。因此在同一时间内可以提供更多的成品。"④ 我们看到，这种表述的目的绝不是从哲学上说明空间和时间的辩证的统一，而是阐明在工场中通过分工提高了生产和劳动能力。……这种事实对于这一劳动过程的每一个参与者来说同样自发地成为他的习惯行为的基础，尽管他不可能甚至根本不可能感到——像马克思所做的那样——在概念上加以阐明的需要。⑤

这里重要的是卢卡奇将哲学上抽象的"时间"和"空间"纳入特殊而具体的"人的自然环境"中讨论，⑥ 而这个自然环境是《资本论》分析的手工工场的"劳动"环境。在这个环境中，时间上的顺序同时也是空间上的并存。"这种空间和时间的恒常的同时存在，……当然会在人的情感生活中留下最深的痕迹。"传统美学（如康德）却对空间与时间做形而上学的分离，并由此将各种艺

① 卢卡奇．审美特性：下［M］．徐恒醇，译．北京：社会科学文献出版社，2015：1077.

② 车尔尼雪夫斯基．艺术与现实的审美关系［M］．周扬，译．北京：人民文学出版社，1979：10.

③ 卢卡奇．审美特性：下［M］．徐恒醇，译．北京：社会科学文献出版社，2015：1044.

④ 马克思．资本论：第1卷［M］//中共中央马克思恩格斯列宁斯大林著作编译局．马克思恩格斯全集：第23卷．北京：人民出版社，1972：382.

⑤ 卢卡奇．审美特性：上［M］．徐恒醇，译．北京：社会科学文献出版社，2015：478.

⑥ 该段所出章节的小标题为"人的自然环境（空间与时间）"。（同书，第474页）

术按空间艺术（如雕塑、绘画等）和时间艺术（如音乐、诗歌等）的模式划分。卢卡奇基于上述辩证转化的时空观，提出重塑传统美学的艺术分类方法："每一种原始的、直接的空间—视觉同质媒介在其世界的整体性中都必须加入一种准时间，正如任何时间媒介没有一种准空间的痕迹就不可能构成它的'世界'，因此这是一种丰富的辩证矛盾。"① "音乐（文学）中的准空间、造型艺术中的准时间，已经在整个艺术世界展开的前阶段中，在人以其感官与他的环境、与对其内在性的影响的各种关系的审美再生产中，打破了空间与时间的拜物化分离。"②

由上已然可见，《资本论》分析"劳动"的"人和自然的物质交换过程"术语，在《审美特性》中作为研究方法的关键词，自觉贯穿于卢卡奇美学体系中，其所论包括或涉及审美的起源和本质、艺术形式的来源、艺术的特殊对象与功能、审美活动的条件、自然美与社会的关系，以及艺术发展与社会的关系等。因此我们有理由说，"劳动"不仅是卢卡奇美学体系中贯穿始终的独特方法，而且也是他发挥《资本论》"劳动"范畴的创意所在。③

① 卢卡奇．审美特性：上［M］．徐恒醇，译．北京：社会科学文献出版社，2015：479.

② 卢卡奇．审美特性：上［M］．徐恒醇，译．北京：社会科学文献出版社，2015：487.

③ 除了"劳动"范畴外，《审美特性》中另有诸多借鉴《资本论》方法的论述。例如我国学界熟知的"人体解剖是猴体解剖的一般钥匙"（马克思《政治经济学批判导言》），它是卢卡奇追溯人类始原劳动与审美意识发生之关系等问题的方法论依据："马克思明确地描述和确定了历史上早已过去并被遗忘了的时代，有关经济结构和范畴的认识方法。……在我们这个领域也是这样，人体解剖是猴体解剖的一把钥匙。"（卢卡奇．审美特性：上［M］．徐恒醇，译．北京：社会科学文献出版社，2015：4，34，198.）又如关于《资本论》"从抽象上升到具体"的研究方法（马克思《1857—1858年经济学手稿》），卢卡奇以此为据说明马克思的辩证方法与黑格尔等"客观主义的伟大思想家们"的不同。（同书，第794页）再如该书扉页上标明引自《资本论》的题词："他们没有意识到这一点，但是他们这样做了。"该语原出《资本论》首章分析"商品"与"劳动产品"之关系时所做论断。《审美特性》全书有多处强调该格言对于美学研究的特殊意义，如该书第12页、第201页、第499页、第525页、第766页、第779页。顺便指出，《资本论》另一处说过与卢卡奇所引用这句相似的话，并且也是就劳动与价值之关系问题而言："最早的经济学家之一，著名的富兰克林，继威廉·配第之后看出了价值的本质，他说：'既然贸易无非是一种劳动同另一种劳动的交换，所以一切物的价值用劳动来估计是最正确的。'富兰克林没有意识到，既然他'用劳动'来估计一切物的价值，也就抽掉了各种互相交换的劳动的差别，这样就把这些劳动化为相同的人类劳动。他虽然没有意识到这一点，却把它说了出来。他先说'一种劳动'，然后说'另一种劳动'，最后说的是没有任何限定的'劳动'，也就是作为一切物的价值实体的劳动。"（马克思．资本论：第1卷［M］//中共中央马克思恩格斯列宁斯大林著作编译局．马克思恩格斯全集：第23卷．北京：人民出版社，1972：65.）

三、“艺术掌握世界的方式”与“同质媒介”

马克思在《政治经济学批判·导言》中指出，艺术是人类掌握世界的方式之一。马克思是在谈论理论思维特殊性时提出这个命题的：理论思维作为一种“专有的掌握世界的方式”，其特质在于“把直观和表象加工成概念；这种方式是不同于对世界的艺术的，宗教的，实践—精神的掌握的”[①]。我国美学界对“艺术掌握世界的方式”命题曾有从“形象思维”或“艺术生产”等视角的研讨。[②] 卢卡奇则是以《资本论》“劳动”范畴为方法而研讨各种艺术门类是如何“掌握世界”的，其研讨触及艺术门类的特殊形式与“完整的人”感知世界之方式的关系，以及艺术何以具有超越日常生活的功能等问题。[③] 这一系列崭新研讨开拓了传统美学的论域，其标志性的思想结晶集中体现于他提出的“同质媒介”这一新概念上：

> 每一艺术品或每一门类都具有一种独特的同质媒介的形式作为其基础，这种说法已经是一种普遍化，它把在质上相互不同的媒介所具有的本质上共同的特征构成一种概念。与此相反——在我们前面论述的意义上说——在每一种同质媒介中，以一种始原的审美方式包含着对艺术一般的内在指

---

① 马克思.《政治经济学批判》导言［M］//中共中央马克思恩格斯列宁斯大林著作编译局.马克思恩格斯选集：第2卷.北京：人民出版社，1972：104.

② “艺术生产作为审美地把握世界的方式必然涉及艺术构思和形象升华的过程。”“根据马克思主义原理，生产总是在一定生产关系中进行的生产。当代艺术生产的生产关系是什么，在这种生产关系管制下，艺术生产具有什么性质，呈现什么状况，产生什么后果？这些问题，马克思没有来得及详述。这主要是因为在马克思在世时，资本主义生产主要是生活资料、生产资料的生产。而当20世纪资本把一直被视为神圣的艺术、审美等精神领域，作为资本增值的重要生产领地时，我们在马克思留下的理论遗产中仍然可以找到认识这些现象的理论武器。马克思在《剩余价值理论》等著作里，分析了艺术生产在资本主义生产关系中具有生产劳动与非生产劳动的双重性质。”前者“一开始就纳入了资本增值的预定目的，成为资本主义社会的雇佣劳动”。（冯宪光.新编马克思主义文论［M］.北京：中国人民大学出版社，2011：280-281.）

③ 卢卡奇认为，日常生活中的人被艺术的魅力拉入艺术世界，全神贯注地投入艺术作品，从作品中获得了特殊感受时，现实中的人便转化为“人的整体”。因此，“每一部艺术作品，每一艺术品种正如我们所知，都指向于人的整体”。（《审美特性》上册，第283页）“它们既是现实生活中不存在的真正而强烈的统一性和整体性，又是实现‘全面发展的人’的一个途径。艺术品种的丰富性，艺术作品内容的丰富性，丰富了进入作品的‘完整的人’的各个侧面，当他从艺术世界中回到生活中时便成为更加全面完整的人。”（张伟.论卢卡奇美学与马克思美学的关系［J］.文艺理论与批评，2000（1）：117-124.）

示及内在性意义上的关系。通过这种自下而上的结构倾向的固定，可以修正上述自上而下的概念特性，并将审美内涵的本质近似地、不受损害地转化为概念的东西。这一思想为我们提供了从艺术品种或门类的观点来着手研究同质媒介的方法论基础。①

“同质媒介”是各种艺术门类把握世界的特殊方式的综合体，它包括雕塑、绘画、音乐、诗歌、戏剧、电影等。同质媒介“具有极深刻的、始原的审美性质”②。然而对它迄今“甚至还完全没有人研究过”，“在美学史上作为艺术体系所提出的问题，只有按照这种方法才能获得满意的解决。这曾经是，并且始终是美学的一个实际的，甚至是中心的问题”③。由此至少可见卢卡奇本人对此问题的高度重视。

艺术分为各种门类，每一位艺术家实际上大都主要擅长其中某一门类，因而每个卓有成就的艺术家可以分别称为音乐家、画家、文学家、戏剧演员等。相对于艺术家人格整体而言，同质媒介的具体属性包括听觉特性（音乐）、视觉特性（绘画）、语言（文学）、表情（演员）等。这些与人的感官及感性思维相对应的具体属性也是人们日常生活和实践活动中的要素。因此，同质媒介既是艺术与日常生活相联系的中介方式，它“是现实不竭之流的提取物”，也是艺术家自身创作实践的主要途径，“艺术家将自身置于其艺术品种的同质媒介中，它在自身人格的特质中实现开拓了创造作为对现实审美反映自身‘世界’的可能性”④。这个“自身世界”亦即由各种艺术门类共同构成的艺术世界。

另一方面，就人类感官而言，通常美学观念中只承认视觉（相对于绘画等）和听觉（相对于音乐等）这两种感官具有审美功能。例如黑格尔《美学》声称：“艺术的感性事物只涉及视、听两个认识性的感觉，至于嗅觉、味觉和触觉，则完全与艺术欣赏无关。……这三种感觉的快感并不起于艺术的美。”⑤ 然

---

① 卢卡奇．审美特性：上［M］．徐恒醇，译．北京：社会科学文献出版社，2015：429-430.

② 卢卡奇．审美特性：上［M］．徐恒醇，译．北京：社会科学文献出版社，2015：429.

③ 卢卡奇．审美特性：上［M］．徐恒醇，译．北京：社会科学文献出版社，2015：420.

④ 卢卡奇．审美特性：上［M］．徐恒醇，译．北京：社会科学文献出版社，2015：430.

⑤ 黑格尔．美学：第一卷［M］．朱光潜，译．北京：商务印书馆，1982：48-49.“因为嗅觉、味觉和触觉只涉及单纯的物质和它的可直接用感官接触的性质，例如嗅觉只涉及空气中飞扬的物质，味觉只涉及溶解的物质，触觉只涉及冷热平滑等等性质。因此，这三种感觉与艺术品无关，艺术品应保持它的实际独立存在，不能与主体只发生单纯的感官关系。”（同页）

而马克思写道："人以一种全面的方式，作为一个完整的人，占有自己全面的本质。"① 人的完整性或"感性的丰富性"并不限于感受音乐的耳朵和感受形式美的眼睛，还包括五官感觉以及"精神感觉、实践感觉（意志、爱等）"等。② 卢卡奇指出，直接诉诸视觉和听觉的同质媒介作为艺术把握世界的特殊方式，它所反映的"是世界的一个特殊的同时又是整体的侧面"：

> 如果将可知觉的东西从根本上限制在各种同质媒介所可能的范围内，在对世界审美把握的意义上说不是"退一步是为了更好地跳跃"，那么就根本谈不上是同质媒介。③

这意味着诉诸听觉的音乐或诉诸视觉的绘画等，它们的来源不仅是听觉和视觉，它们所唤起的审美感受也不限于直接的视听感受。日常生活经验告诉我们，无论是艺术家本人还是艺术作品欣赏者，都可能全身心地投入这个有限的同质媒介方式（视觉或听觉），并为之受到全身心的感动。用中国古典美学的话语来说，就是艺术语言（"同质媒介"）相对于日常生活语言具有"以少总多，情貌无遗"（《文心雕龙》）、"言有尽而意无穷"（《沧浪诗话》）④，以及"听声类形""以一驭万""不似之似"等特征。这些中国古典诗文格言都意味着通过有限的艺术形象可能传达无限的意境，其所见所识与卢卡奇的"同质媒介"说堪称有所类似。

---

① 马克思．1844年经济学哲学手稿［M］．北京：人民出版社，2005：85．"近代美学的真正开山祖是康德，……康德的美学分析有一个致命伤。他把审美活动和整个人的其他许多功能都割裂开来，思考力、情感和追求目的的意志在审美活动中都从人这个整体中阉割掉了，留下来的只是想象力和知解力这两种认识功能的自由运用与和谐合作所产生的那一点儿快感。……他把美分为"纯粹的"和"依存的"两种，美的分析只针对"纯粹美"，到讨论"依存美"时，康德又把他原先所否定的因素偷梁换柱式地偷运回来，前后矛盾百出。"（朱光潜．谈美书简［M］．南京：江苏文艺出版社，2007：21．）

② "不仅五官的感觉，而且连所谓精神感觉、实践感觉（意志、爱等），一句话，人的感觉、感觉的人性，都是由于它的对象性存在，由于人化的自然，才产生出来的。"（马克思．1844年经济学哲学手稿［M］．北京：人民出版社，2005：88．）

③ 卢卡奇．审美特性：上［M］．徐恒醇，译．北京：社会科学文献出版社，2015：433．

④ 《文心雕龙·物色》："诗人感物，联类不穷。流连万象之际，沈吟视听之区。写气图貌，既随物以宛转；属采附声，亦与心而徘徊。故'灼灼'状桃花之鲜，'依依'尽杨柳之貌，'杲杲'为出日之容，'瀌瀌'拟雨雪之状，'喈喈'逐黄鸟之声，'喓喓'学草虫之韵。'皎日''嘒星'，一言穷理；'参差''沃若'，两字穷形。并以少总多，情貌无遗矣。"严羽《沧浪诗话·诗辨》："如空中之音，相中之色，水中之月，镜中之象，言有尽而意无穷。"

进而言之，现代诗学所提出的“通感”新概念也可能与卢卡奇所谓“同质媒介”有所关联。我国语文学界通常将“通感”（Synaesthesia）的发现归功于法国诗人波德莱尔（Charles Baudelaire Pierre）。后者指出，“某些香气同触感相似（‘嫩如孩子肌肤’），这些香味随之又可以从声音得到理解（‘柔和像双簧管’），最后融入视觉之中（‘翠绿好似草原’）。不同感觉互相交应，因为它们全都趋向同一道德概念：纯粹”①。但是日本和歌的研究者指出：“十世纪的日本诗人，很早就在实践类似波德莱尔的‘通感论’那样的各种感觉的综合运用了。”② 就我国学术界最早提出“通感”这一审美范畴的论者而言，有学者指出：“真正从理论上发现通感的艺术意味的是钱锺书。我们之所以如此说，是因为钱锺书从中西文论两方面看到了在这方面的理论缺失，是自觉地把通感引入到了文艺美学领域。”③ 由此，从“通感”的视角进一步研讨卢卡奇的“同质媒介”说，应该可以进一步深化认知这一现代美学新概念，因为卢卡奇的独特视角在于以“劳动”为方法。

康德将时间与空间进行机械分割，这种分割与西方传统美学将音乐与绘画分别区隔为“时间的艺术”与“空间的艺术”是一致的。“同质媒介不限于视听感官”说康拉德·费德勒不仅纠正了康德的机械分割，而且对19世纪被称为“艺术学之父”的康拉德·费德勒④理论也有所补充。后者在推重视觉艺术的同时，也将“那些非直接可见的东西按照方法论上的纯粹性和彻底性都应该被排除出去”，这不仅导致日常生活中的视觉性贫乏了，更重要的是：

> 感官的分工以及视觉外延的扩大和内涵的精细化等日常劳动实践的巨大成果都被独断地抛弃了。⑤

例如，“视觉艺术”作为把握世界方式的一种特殊媒介，它的超越日常视觉的“外延的扩大和内涵的精细化”，正是以劳动实践为基础的日常生活视觉经验

---

① 北京版·语文高一·《应和》素材·波德莱尔的“通感”理论（在线资料）。

② 大冈信．日本的诗歌：其骨骼和肌肤［M］．尤海燕，译．北京：商务印书馆，2022：114.

③ 殷国明．追寻“大象无形”的美学理想：关于钱钟书的文学理论发现［J］．嘉应大学学报，2000（1）：41-47.

④ 康拉德·费德勒（Konrad Fiedler，1841—1895）德国哲学家，极力主张将美学和艺术学区别开来，被称为“艺术学之父”。费德勒注意到绘画、雕塑语言的纯可视性（pure visibility）意义，强调视觉语言的独立地位。

⑤ 卢卡奇．审美特性：上［M］．徐恒醇，译．北京：社会科学文献出版社，2015：433.

的成果。因此：

> 如果在日常生活中已经形成了感官的一种分工，那么我们完全理所当然地、以自发的视觉方式来知觉原来属于触觉范围的特性，如果科学活动的观察使我们不得不承认，在对现实的非拟人化反映中想象往往也具有重要作用——那么我们在审美中怎么能停留在注意同质媒介的单纯还原作用上呢？①

卢卡奇上述关涉“感官的一种分工”的论述很可能受到过《资本论》关于现代分工体系的演进历程的启发：“现代工场手工业——在这里我不是指以机器为基础的大工业——或者如在大城市产生的服装工场手工业那样，找到了‘诗人分散的肢体’，只需要把它们从分散状态集合起来。”②

问题还在于，视觉艺术与听觉艺术的这种与“完整的人”相联系的属性，可以追根溯源到人类始原劳动。在日常生活中，我们常说“我在全神贯注地看”或“我在全神贯注地听”，这种状态中的“我”将注意力暂时地集中在只能通过一种特殊感官的媒介才能获得的感受。“这种排除一切异质的东西，特别是当它经过系统训练时，有关感官的感受性可能异常敏锐，人们平时会不加注意而忽略的对象和声音可以被看到或被听到。”这种视觉方式在始原时代的劳动中就已经存在。例如在狩猎中：

> 这种集中是由一定的、具体的、实践的目标所确定。如此被把握的对象，只要它的存在、它的运动等集中由一种感官所确认（例如这样观察到的痕迹，这样听到远处的杂音），那么它对于相关的人来说就不再是这一感官的对象。正如狩猎者把它的耳朵贴近地面，以便感觉到兽群的临近，在察觉这一事实之后，视觉就直接代替了听觉的引导作用。③

卢卡奇由此强调了视觉（或听觉）艺术与始原劳动（全神贯注地观察或聆听）具有“联系与协同”的关系。④ 其协同表现在：首先，两者都是有自觉目

① 卢卡奇．审美特性：上［M］．徐恒醇，译．北京：社会科学文献出版社，2015：442.

② 马克思．资本论：第1卷［M］//中共中央马克思恩格斯列宁斯大林著作编译局．马克思恩格斯全集：第23卷．北京：人民出版社，1972：403.

③ 卢卡奇．审美特性：上［M］．徐恒醇，译．北京：社会科学文献出版社，2015：436.

④ 卢卡奇．审美特性：上［M］．徐恒醇，译．北京：社会科学文献出版社，2015：420.

标的活动。其次，两者都是为了特定目标而将“完整的人”的感官暂时地集中于视觉（或听觉）。其三，在这种暂时集中的时刻，两者的视觉（或听觉）都因“纯粹和分化了的感受”，而具有超出日常感觉的“精细化”。其四，两者活动过程中“暂时地集中”于某一感官的时刻，也都“暂时悬置”了该活动的设定目标。因此，审美活动具有与劳动过程同构的“知觉限定”与“目标悬置”两方面特征，“正是由于上述两种态度的并存，才使同质媒介的应用成为可能”①。显然，卢卡奇这一分析思路是基于其以《资本论》“劳动”范畴为方法的思路，后者可以追溯到青年马克思《巴黎手稿》中的命题：“五官感觉的形成是迄今为止全部世界历史的产物。”②

然而作为“艺术把握世界方式”的同质媒介又有区别于劳动实践的特殊性：

> 同质媒介如果能在美学意义上成立，一方面人的态度的某种相对的永恒性是必不可少的，另一方面又必须暂时地悬置各种直接实践的目标设定。③

换言之，艺术活动与谋生劳动的区别在于，前者不是把现实功利目标作为对象，“而是把人的世界，即与人相关的客观存在的世界作为对象”④。卢卡奇由此反对急功近利的艺术观。尽管文艺对日常生活的实践目标也可能产生类似劳动产品的影响，甚至也可能产生类似科学研究与技术应用之关系的影响，然而“这只是例外地形成一种对各种确定的实际任务的直接促进或阻碍”。例如，斯托夫人的小说《汤姆叔叔的小屋》能够使人们实际地参与社会生活中，“这当然是一种在理论上和实践上格外重要的极端情况。但是出现这种情况的地方，其艺术效果却远远超出个别事例的范围。《汤姆叔叔的小屋》不是号召读者去帮助书中所描写的那些奴隶，书中描写的存在也许根本就没有，至少也是被作品所感动的那些读者实际上根本无法接触到的，而是唤起了人们为解放一切奴隶

① 卢卡奇．审美特性：上［M］．徐恒醇，译．北京：社会科学文献出版社，2015：442.

② “五官感觉的形成是迄今为止全部世界历史的产物。囿于粗陋的实际需要的感觉，也只有有限的意义。对于一个挨饿的人来说并不存在人的食物形式，而只有作为食物的抽象存在；食物同样也可能具有最粗糙的形式，而且不能说，这种进食活动与动物的进食活动有什么不同。忧心忡忡的、贫穷的人对最美丽的景色都没有什么感觉；经营矿物的商人只看到矿物的商业价值，而看不到矿物的美的独特性；他没有矿物学的感觉。”（马克思．1844年经济学哲学手稿［M］．北京：人民出版社，2005：88.）

③ 卢卡奇．审美特性：上［M］．徐恒醇，译．北京：社会科学文献出版社，2015：436.

④ 卢卡奇．审美特性：上［M］．徐恒醇，译．北京：社会科学文献出版社，2015：439.

（一切被压迫阶级）而斗争的感情和热情。……这里也可以看出，由于在审美中直接实际功利的悬置而形成的目标设定的普遍化，不是把现实本身作为对象，而是把人的世界，即与人相关的客观存在的世界作为对象”①。这种对实际功利目标的“悬置”态度在人们欣赏自然美的身心状态中尤其明显：

> 摆脱掉对围绕着人的自然界的那种根深蒂固的理所当然性质，关闭与它只是实践的、往往深深陷入习惯和传统的关系，以便把它始终作为与人相对应的外部世界与人的相对变换来体验到新的东西。这种态度与我们在日常生活中作为对各种实际的实践目标设定的悬置所熟知的态度刚好区别开来。②

这段话很容易令读者想到马克思《1844年经济学哲学手稿》中所说的：“忧心忡忡的、贫穷的人对最美丽的景色都没有什么感觉；经营矿物的商人只看到矿物的商业价值，而看不到矿物的美的独特性；他没有矿物学的感觉。”③

---

① 卢卡奇．审美特性：上［M］．徐恒醇，译．北京：社会科学文献出版社，2015：439.

② 卢卡奇．审美特性：下［M］．徐恒醇，译．北京：社会科学文献出版社，2015：1057.

③ 马克思．1844年经济学哲学手稿［M］//中共中央马克思恩格斯列宁斯大林著作编译局．马克思恩格斯全集：第42卷．北京：人民出版社，1979：88.

第五章

“美的规律”与《文心雕龙》“制作”论[①]

一、黑格尔《美学》“制作”说与“美的规律”

朱光潜翻译的黑格尔《美学》中有下面一段话：

> 一般说来，诗按它的名字所含的意义，是一种制作出来的东西，是由人产生出来的，人从他的观念中取出一种题材，在上面加工，通过他自己的活动，把它从观念世界表现到外面来。[②]

黑格尔指出西语“诗”本义为“制作”，这个断言初读不免令人惊讶。因为今人谈论流行外来语“诗意栖居”之类话题时，甚少言及“制作”。

朱光潜于其中的“制作”句后加了一个注释，曰：

> 西文“诗”字原文为“制作”。[③]

循此线索查阅西语大词典，据 Della Thompson 的《牛津简明英语词典》(2000 年第一版)，“poem”词条法语为“poème”，拉丁语为“poema”，其共同语源为希腊语的“poêma”。后者又源于古希腊语“poieō”，英语对该词本义的解释是“to make”[④]。看来西语“诗”的最初本义确实是“制作”。这一语源学的事实意味着在西方最初观念中，“诗意”与手工制作的技艺是融合一体的。黑

---

① 本章部分内容 2017 年刊登于中国《文心雕龙》学会会刊的《文心学林》与《社会科学报》。

② 黑格尔．美学：第一卷［M］．朱光潜，译．北京：商务印书馆，1982：208.

③ 黑格尔．美学：第一卷［M］．朱光潜，译．北京：商务印书馆，1982：208.

④ 参见牛津简明英语词典（2000 年第一版）。

格尔《美学》这一段追溯首先提示后人的是，连诗歌这种没有“实在的物质”①的“纯粹艺术”都具有手工业的“制作”性，遑论其他艺术门类。我们可以把上引黑格尔《美学》的一段话概称为“诗意起源于制作”说。

“诗按它的名字所含的意义，是一种制作出来的东西。”——这个命题从中国古典诗歌史的视角考量也是可得印证的。例如清代学者沈德潜《古诗源》十四卷之首卷中的一首诗为《弹歌》：

断竹，续竹；飞土，逐宍［肉］。②

这首歌大体是讲制作弓矢以捕猎，其整体的二言句式显示出鲜明的劳动节奏感，它应该是产生于人类早期的狩猎时代。今人译文曰：“砍断竹子劈成片，弯成弹弓装上弹；发射泥丸快如飞，猎取鸟兽作美餐。”③ 诗中的“制作”意境更鲜明了。

《文心雕龙·章句》依次叙述过中国古典诗歌由最初二言发展至七言的历程，其所追溯的最早诗歌也是该首诗：

寻二言肇于黄世，竹弹之谣是也。④

“竹弹之谣”即沈德潜《古诗源》所录《弹歌》；“黄世”指被后人推为“人文初祖”的黄帝轩辕时代。由此看来，中国古典诗歌最早的弹歌为黑格尔的诗歌起源“制作”论提供了一个中国诗学的例证。

“制作”（to make）的对象首先是工具。《弹歌》的起始两句正是描写制作狩猎工具（断竹，续竹）。并非巧合的是，马克思《资本论》“劳动过程和价值增殖过程”章中也追溯了人类劳动所用工具的历史渊源，其中还高度评价了美

---

① “诗的原则一般是精神生活的原则，它不像建筑那样用单纯的有重量的物质，以象征的方式去表现精神生活，即造成内在精神的环境或屏障；也不像雕刻那样把精神的自然形象作为占有空间的外在事物刻画在实在物质上去。而是把精神（连同精神凭想象和艺术的构思）直接表现给精神自己看，无须把精神内容表现为可以眼见的有形体的东西。”（黑格尔．美学：第三卷（下）［M］．朱光潜，译，北京：商务印书馆，1982：5.）

② 沈德潜．古诗源［M］．闻旭初，标点．北京：中华书局，2017：19.

③ 参见《大语文系列·中国文学的起源》。

④ 刘勰．文心雕龙［M］//范文澜．文心雕龙注：下．北京：人民文学出版社，1978：571. 该两句今译为：“追溯起来，二言成句的诗，始于黄帝时代的‘竹弹’歌谣。”（王更生．文心雕龙：全译本［M］．西安：三秦出版社，2021：234.）

国实业家富兰克林（1706—1790）关于“人是制造工具的动物”的定义：

> 一般说来，劳动过程只要稍微有一点发展，就已经需要经过加工的劳动资料。在太古人的洞穴中，我们发现了石制工具和石制武器。在人类历史的初期，除经过加工的石块、木头、骨头和贝壳外，被驯服的，也就是被劳动改变的、被饲养的动物，也曾作为劳动资料起着主要的作用。劳动资料的使用和创造，虽然就其萌芽状态来说已为某几种动物所固有，但是这毕竟是人类劳动过程独有的特征。所以富兰克林给人下的定义是“a toolmaking animal”，制造工具的动物。①

马克思称赞富兰克林这个定义时还特意引述了原文的英语句式“toolmaking”(工具制作)。如果说能够制造工具是人类区别于动物的根本所在，那么富兰克林这个定义与黑格尔关于“诗”的语源学追溯，两者可谓殊途同归。

《资本论》“协作”章还将富兰克林定义与亚里士多德定义加以比较：

> 亚里士多德所下定义是，人天生是城市市民。这个定义标志着古典古代的特征，正如富兰克林所说的人天生是制造工具的动物这一定义标志着美国社会的特征一样。②

在马克思看来，富兰克林与亚里士多德关于人的定义，分别代表了古典时代与资本主义时代的人类认知范例。马克思显然更推重富兰克林的定义。《资本论》在分析劳动过程时发挥并发展了富兰克林的定义：

> 劳动过程的简单要素是：有目的的活动或劳动本身，劳动的对象和劳动资料。③

这个“有目的的活动”也正是前述中国古典《弹歌》所咏歌——“飞土，

① 马克思．资本论：第1卷［M］//中共中央马克思恩格斯列宁斯大林著作编译局．马克思恩格斯全集：第23卷．北京：人民出版社，1972：204.

② 马克思．资本论：第1卷［M］//中共中央马克思恩格斯列宁斯大林著作编译局．马克思恩格斯全集：第23卷．北京：人民出版社，1972：363.

③ 马克思．资本论：第1卷［M］//中共中央马克思恩格斯列宁斯大林著作编译局．马克思恩格斯全集：第23卷．北京：人民出版社，1972：202.

逐宍”。后者正是原始狩猎方式的“有目的的活动”。

> 劳动资料是劳动者置于自己和劳动对象之间、用来把自己的活动传导到劳动对象上去的物或物的综合体。①

这里的“劳动资料”亦即工具，它也是《弹歌》咏歌的起点——“断竹，续竹”，亦即制作狩猎活动所必需的特殊工具——原始弓矢。

> 劳动者利用物的机械的、物理的和化学的属性，以便把这些物当作发挥力量的手段，依照自己的目的作用于其他的物。②

马克思将富兰克林的“工具”说进一步发展为劳动过程中连接劳动者和劳动对象的中介体——“手段”。这个中介体进一步发展成为“劳动资料”综合体。在这个综合体中：

> 机械性的劳动资料（其总和可以称之为生产的骨骼系统和肌肉系统），比只是充当劳动对象的容器的劳动资料（如管、桶、篮、罐等，其总和一般可以称为生产的脉管系统），更能显示一个社会生产时代的具有决定意义的特征。后者只是在化学工业上才起着重要的作用。③

马克思还进一步强调“工具”意义上的劳动资料对于人类生产方式的标志性：

> 劳动资料不仅是人类劳动力发展的测量器，而且是劳动借以进行的社会关系的指示器。④

---

① 马克思．资本论：第1卷［M］//中共中央马克思恩格斯列宁斯大林著作编译局．马克思恩格斯全集：第23卷．北京：人民出版社，1972：203.

② 马克思．资本论：第1卷［M］//中共中央马克思恩格斯列宁斯大林著作编译局．马克思恩格斯全集：第23卷．北京：人民出版社，1972：203.

③ 马克思．资本论：第1卷［M］//中共中央马克思恩格斯列宁斯大林著作编译局．马克思恩格斯全集：第23卷．北京：人民出版社，1972：204.

④ 马克思．资本论：第1卷［M］//中共中央马克思恩格斯列宁斯大林著作编译局．马克思恩格斯全集：第23卷．北京：人民出版社，1972：204.

《资本论》由此也首次阐明了“制造工具”与人类历史发展进程的内在关系：

> 尽管直到现在，历史著作很少提到物质生产的发展，即整个社会生活以及整个现实历史的基础，但是，至少史前时期是在自然科学研究的基础上，而不是在所谓历史研究的基础上，按照制造工具和武器的材料，划分为石器时代、青铜时代和铁器时代的。①

由此可见，富兰克林的“人是制造工具的动物”的定义也曾经为马克思与恩格斯共同创立的唯物史观提供了思想资源。②

由此我们再回瞻马克思最初研究政治经济学时所提出的著名命题——“人也按照美的规律来制造”，其美学意蕴就可以进一步研思了：

> 动物固然也生产，它替自己营巢造窝，例如蜜蜂、海狸和蚂蚁之类。但是动物只制造它自己及其后代直接需要的东西，它们只片面地生产，而人却全面地生产；动物只有在肉体直接需要的支配下才生产，而人却在不受肉体需要的支配时也生产，而且只有在不受肉体需要的支配时，人才真正地生产；动物只生产动物，而人却再生产整个自然界；动物的产品直接联系到它的肉体，而人却自由地对待他的产品。动物只按照它所属的那个物种的标准和需要去制造，而人却知道怎样按照每一个物种的标准来生产，

---

① 马克思．资本论：第1卷［M］//中共中央马克思恩格斯列宁斯大林著作编译局．马克思恩格斯全集：第23卷．北京：人民出版社，1972：204.

② 马克思与恩格斯在1846年《德意志意识形态》中写道：“到现在为止我们都是以生产工具为出发点，……所有制是现存生产工具的必然结果。”（中共中央马克思恩格斯列宁斯大林著作编译局．马克思恩格斯选集：第1卷［M］．北京：人民出版社，1972：72.）马克思在1847年《哲学的贫困》一书中已经将“生产工具”视为生产力和生产关系的指示器：“随着新生产力的获得，人们改变自己的生产方式，随着生产方式即保证自己生活方式的改变，人们也就会改变自己的一切社会关系。手推磨产生的是封建主为首的社会，蒸汽磨产生的是工业资本家为首的社会。”（中共中央马克思恩格斯列宁斯大林著作编译局．马克思恩格斯选集：第1卷［M］．北京：人民出版社，1972：108.）进而言之，恩格斯著名的《劳动在从猿到人转变过程中的作用》中的关键性论据，也可以追溯到富兰克林的这一格言，恩格斯写道：“没有一只猿手曾经制造过一把哪怕是最粗笨的石刀。”“真正的劳动是从制造工具开始的。”（中共中央马克思恩格斯列宁斯大林著作编译局．马克思恩格斯选集：第1卷［M］．北京：人民出版社，1972：509，513.）

而且知道怎样到处把本身固有的标准运用到对象上来制造，因此，人还按照美的规律来制造。①

这段论述是马克思对“人”之定义的最初表述。而结合《资本论》所引述发挥的富兰克林“制造工具的动物（a toolmaking animal）”的定义，我们可以进一步说，人类劳动之所以能够“按照美的规律来制造”，首先是因为人类能够制造工具；进而言之，人类“按照美的规律来制造”与黑格尔所追溯的“诗”（poem）一起源于“制作”（to make），两者的底层逻辑是相通的。

这种底层逻辑的相通首先表现在，马克思当时之所以对富兰克林的定义刮目相看，原因之一是后者所在的当时美国也是人类“劳动”的典型地点：

最一般的抽象总是产生在最丰富的具体发展的地方，在那里，一种东西为许多东西所共有，为一切所共有。这样一来，它就不再只是在特殊形式上才能加以思考了。另一方面，劳动一般这个抽象，不仅仅是各种劳动所组成的具体总体的精神结果。对任何种类劳动的同样看待，适合于这样一种社会形式中，个人很容易从一种劳动转到另一种劳动，一定种类的劳动对他们说来是偶然的，因而是无差别的。这里，劳动不仅在范畴上，而且在现实中都成了创造财富一般的手段，它不再是在一种特殊性上同个人结合在一起的规定了。在资产阶级社会的最现代的形式——美国，这种情况最为发达。所以，这个现代经济学的起点，才成为实际真实的东西。所

① 这里引用的是朱光潜的修订译文（朱光潜．艺术是一种生产劳动［M］//朱光潜．谈美书简：美学拾穗集［M］．北京：中华书局，2013：34.）该译文的末句“人也按照美的规律来制造”，曾经被译作“人也按照美的规律来建造”（马克思．1844年经济学哲学手稿［M］//中共中央马克思恩格斯列宁斯大林著作编译局．马克思恩格斯全集：第42卷．北京：人民出版社，1979：97.）；又曾被译作“人也按照美的规律来构造”。另外，朱光潜该修订译文中四度使用了“制造”一词。这个强调“制造”的修订译文，理应也包括黑格尔《美学》的“诗意起源于制作”说。并且，“制造”也是《资本论》中的常用词，例如关于手工工具与机器的关系，马克思写道：“如果我们考察一下制造业所采用的机器中构成真正工具机的部分，那么，手工业工具就再现出来了，不过规模十分庞大。”（马克思．资本论：第1卷［M］//中共中央马克思恩格斯列宁斯大林著作编译局．马克思恩格斯全集：第23卷．北京：人民出版社，1972：422.）进而言之，“制造业”也是当代中国经济体系中的关键词，它被视为“工业”的同义词（辞海编辑委员会．辞海［M］．上海：辞书出版社，2009：1125，591.）“制造业（Manufacturing industry）直接体现了一个国家的生产力水平，是区别发展中国家和发达国家的重要因素，制造业在发达国家的国民经济中占有重要份额。”

以，这个被现代经济学提到首位的、表现出一种古老而适用于一切社会形式的关系的最简单的抽象，只有作为最现代的社会的范畴，才在这种抽象中表现为实际真实的东西。①

马克思这段分析意味着，富兰克林之所以能够提出“人是制造工具的动物”这一定义，不仅因为他所在美国社会的“劳动”背景，而且因为美国社会“劳动”背景的现代性与典型性——那里是人类劳动“最丰富的具体发展的地方”。从而马克思对美国社会当时“劳动”范畴之现实表现的分析和评断，与富兰克林关于人的定义，两者的底层逻辑具有某种同构性，两者都具有“适用于一切社会形式的关系的最简单的抽象”②。

二、《文心雕龙》的“制作”论

然而黑格尔以及迄今几乎所有的西方美学家都鲜有考察过中国古典诗文。我们由上述启示反观中国古代美学经典《文心雕龙》，发现其中有更多、更具体、更深入的关于诗歌与“制作”之密切关系的论述。下面略述所见。

（一）“匠之制器”与“文之制体”

现代汉语的双音节词汇多由古汉语的单音节词汇演变而来，“制作”是现代汉语词汇，其前身是古汉语的“制”字。我们先考察《文心雕龙》中有关“如匠之制器”的比喻：

① 马克思．经济学手稿（1857—1858年）［M］//中共中央马克思恩格斯列宁斯大林著作编译局．马克思恩格斯全集：第46卷（上册）．北京：人民出版社，1979：42.

② 与马克思大体同时代人的法国历史学家托克维尔（1805—1859）在其著名的《美国的民主》一书中写道：“美国的领土，为人类的活动展现出一片无边无际的园地，向实业和劳动提供了用之不竭的资源。”（托克维尔．论美国的民主：上卷［M］．董果良，译．北京：商务印书馆，2006：355.）“他周围的一切虽然原始粗鄙，但他本人，却可以说是十九世纪的劳动和经验的体现。”（同书第352页）并非巧合的是，富兰克林的后人、与马克思同时代的美国诗人惠特曼（1819—1892）又进一步从道地的现代诗歌的内容和形式方面印证了“诗”意与“制作”的“实际真实”的关系。（参阅本书第六章的“惠特曼的《斧头之歌》”篇）

制者，裁也。上行于下，如匠之制器也。[①]（书记篇）

《书记》篇是关于古代官府公文类文体的专论。[②] 这类文体之一是“制”文。上引第一个“制”字即指该文体。而“如匠之制器也”句中的“制”，则显然是动词。后者是说明如何创作“制”这一专门文体。显而易见，刘勰是以匠人制作器物来比喻这一公文的制作方法。

就“制”的本义而言，最初是指用刀具加工可食用之物：

制，裁也。从刀从未。未，物成有滋味，可裁断。[③]（《说文解字》）

“制”作为动词，也可以概称各种工匠活动：

天子建天官，……典司六典。天子之五官，……典司五众。天子之六府，……典司六职。天子之六工，曰土工、金工、石工、木工、兽工、草工、典制六材。[④]（《礼记·曲礼下》）

其中前三者的职称都使用了“典司”，而唯独“六工”的职称使用了“典制”。

如果说“典司”主要指领导主持管理之职，[⑤] 那么“典制”就更贴切指谓

---

① 该句的今译为：“‘制’有裁断之意。君上制定典章，下民一体奉行，如匠人制作器物，各有其规格制度啊。”（王更生．文心雕龙：全译本［M］．西安：三秦出版社，2021：176.）《文心雕龙·书记》篇是关于古代公府中使用的各种文体的专论。刘勰将这类文体综合梳理为6类24种：“夫书记广大，衣被事体，笔札杂名，古今多品。是以总领黎庶，则有谱籍簿录；医历星筮，则有方术占式；申宪述兵，则有律令法制；朝市征信，则有符契券疏；百官询事，则有关刺解牒；万民达志，则有状列辞谚：并述理于心，著言于翰，虽艺文之末品，而政事之先务也。”（同书第172-173页）本章所引《文心雕龙》主要据王更生译本。

② 刘勰在《书记》篇将这类文体综合梳理为6类24种。其曰：“夫书记广大，衣被事体，笔札杂名，古今多品。是以总领黎庶，则有谱籍簿录；医历星筮，则有方术占式；申宪述兵，则有律令法制；朝市征信，则有符契券疏；百官询事，则有关刺解牒；万民达志，则有状列辞谚：并述理于心，著言于翰，虽艺文之末品，而政事之先务也。”（王更生．文心雕龙：全译本［M］．西安：三秦出版社，2021：172-173.）

③ 许慎．说文解字［M］．北京：中华书局，1973：92.

④ 礼记［M］//阮元．十三经注疏：上册．北京：中华书局，1980：1261.

⑤ 《礼记·曲礼》“曰司徒”疏：“凡言司者，总其领也。”（礼记［M］//阮元．十三经注疏：上册．北京：中华书局，1980：1262.）

了直接制作器物的工匠劳动。①

在刘勰之前，已经有以匠人制器来比喻超出物质生产领域的活动之法则。例如：

> 贤主之用人也，犹巧工之制木也。②（《淮南子：主术》）

由此看来，“制”字最初特指一种使用刀具以谋求“有滋味”食物的劳动，而后发展为对各类工匠活动的概称，又引申为超出物质生产范围的“用人”规则之比喻。《文心雕龙》所称“如匠之制器也”的比喻显然早有渊源，而非突发奇想。

《书记篇》主要论述“律令法制”等官府实用文体的规范技巧，然而“如匠之制器”的比喻却堪称是刘勰对所有诗文创作法则的概括。因为《文心雕龙》全书贯穿着以工匠制器比照说明诗文法则的基本思路。足以证明这一点的是，“匠之制器”的“制”字堪称《文心雕龙》最频繁使用的动词，笔者统计多达69处。例如：

> 人之禀才，迟速异分，文之制体，大小殊功。（神思篇）
> 三闾忠烈，依《诗》制《骚》，讽兼“比”“兴”。（比兴篇）
> 才分不同，思绪各异，或制首以通尾，或尺接以寸附。（附会篇）

上面三例中，“制体”泛指所有诗文之不同文体的创作；“制《骚》”特指单篇典范性诗歌的创作；“制首”则针对创作过程的开始阶段。可见“制”字统摄了诗文创作的各个层面。

缘此之故，“制”的对象可以是各类作品样式，如“制书”（神思篇）、“制诗”（时序篇）、“制歌”（乐府篇）等；“制”的对象也可以是某种规矩法则，如“禀经以制式”（宗经篇）、“据事制范”（宗经篇）、“望今制奇”（通变篇）、“应物制巧”（章表篇），以及“制繁”（才略篇）、“制理”（诸子篇）；甚至还贯穿至诗文章句的押韵与炼字等细节，如“制韵”（章句篇）、“制异”（练字篇）等。

---

① 《礼记·曲礼下》“天子之六工”疏：“工，能也，言能作器物者也。”（礼记［M］//阮元．十三经注疏：上册．北京：中华书局，1980：1261.）

② 淮南子：主术［M］//诸子集成：第七册．北京：中华书局，1986：139.

现代汉语通常使用“制作”“制造”等双音节词，可见制、作、造三字是近义词。而在《文心雕龙》中，“作”字句计52出，如“夫作者曰圣，述者曰明”（征圣篇）等；“造”[①]字句计28出，如“昔诗人什篇，为情而造文”（情采篇）等。与“制”近义的“作”“造”二字虽然也多有出现，但是相对于69出的“制”字句，其使用频率却明显为少。“制”字出现频率最多，这一事实也足以证明它对于表述诗文创作与工匠劳作之相似相通关系最具概括力。

如此看来，《文心雕龙》的“如匠之制器”说与朱光潜翻译的黑格尔《美学》“诗意起源于制作”说，两者可谓不谋而合。

(二)“制于刀笔”与“操刀能割”

然而《文心雕龙》关于诗文创作与工匠制作之关系的论述，更有超出黑格尔美学视域的见识。后者鲜明呈现于使用汉字特有的“刀笔”类动词的叙事中：

> 木美而定于斧斤，事美而制于刀笔。（事类篇）
>
> 夫说贵抚会，弛张相随，不专缓颊，亦在刀笔。（论说篇）

“刀笔”一词本义指古代书写工具。古时文字书写多以刀刻于竹简上，有误亦用刀削去重写。[②]这表明古代文字书写本身首先是一项使用刀具的工匠技能。《文心雕龙》又曰：

> 阅石室，启金匮，抽裂帛，检残竹，欲其博练于稽古也。（史传篇）

---

① “造”本义为往某地去。《说文解字》：“造，就也。……古文造从舟。”（许慎．说文解字［M］. 北京：中华书局，1973：39.）《周礼・司门》：“凡四方之宾客造焉，则以告。”（阮元．十三经注疏：上册［M］. 北京：中华书局，1980：739.）引申义有学业等达到的程度或境界，《诗经・大雅・思齐》有“小子有造”，郑笺曰：“子弟皆有所造成。”（阮元．十三经注疏：上册［M］. 北京：中华书局，1980：517.）《孟子・离娄下》：“君子深造之以道。”（朱熹．四书章句集注［M］. 北京：中华书局，1986：292.）又谓制定，《史记・屈原贾生列传》：“怀王使屈原造为宪令。”（司马迁．史记：第八册［M］. 北京：中华书局，1985；2481.）又假借为“作”，谓制造，《后汉书・张衡传》：“复造候风地动仪。”（司马迁．二十五史：百衲本（第一册）［M］. 杭州：浙江古籍出版社，1998：831.）《晋书・吾彦传》：“时王濬将伐吴，造船于蜀。”（司马迁．二十五史：百衲本（第二册）［M］. 杭州：浙江古籍出版社，1998：99.）

② “古代记事，最早是用刀刻于龟甲或竹木简；有笔以后，用笔书写在简帛上，故刀笔合称。”（商务印书馆编辑部．辞源［M］. 北京：商务印书馆，1979：337.）

其中“石室”指古代藏图书档案处。①“金匮”是铜制书柜（亦作“金柜”“金鐀”），也是古时收藏文献或文物所用。可见古代图书文献的藏书之处也与工匠特制的石室金匮密切相关。

汉字“制”与“匠”形义有相通：两者都内含“刀”形。如果说“制”字是对工匠劳作过程的概括性指谓，那么“刀”字代表了工匠手工劳作的最基本工具。工匠制器的工艺过程包括诸多不同阶段，其技能动作因加工材质不同而变化。缘此之故，相应地产生了各种指谓在工匠制作过程中各类特殊技能的专用动词，它们也都与工匠使用的工具（刀）相关。并非巧合的是，《文心雕龙》论述诗文创作“如匠之制器”的过程中，也频繁使用了一系列特指某一阶段或某一方面技巧的动词，这类动词至少有“切”“解”“析”“勒”“刻”“刺”“割”“剖”“斫”“削”等。兹各举二例如下（括号中为该字在《文心雕龙》中出现次数）：

切（30）
切类以指事。（比兴篇）
气往轹古，辞来切今。（辨骚篇）

解（21）
使元解之宰，寻声律而定墨。（神思篇）
徒锐偏解，莫诣正理。（论说篇）

析（15）
非师传不能析其辞。（练字篇）
析理居正，唯素心乎！（史传篇）

勒（13）
勒石赞勋者，入铭之域。（铭箴篇）
勒功乔岳，铸鼎荆山。（封禅篇）

---

① 《史记·太史公自序》：“卒三岁而迁为太史令，紬史记石室金匮之书。”司马贞索隐：“石室、金匮皆国家藏书之处。”又述：“周道废，……明堂石室，金匮玉版，图籍散乱。”（司马迁．史记：第十册［M］．北京：中华书局，1985：3296，3319.）

刻（10）
秦政刻文，爰颂其德。(颂赞篇)
才颖之士，刻意学文。(通变篇)

刺（9）
伍举刺荆王以大鸟（谐隐篇)
《诗》刺谗人，投畀豺虎。(奏启篇)

割（8）
操刀能割，必裂膏腴。(事类篇)
割弃支离，宫商难隐。(声律篇)

剖（7）
不剖文奥，无以辨通才。(总术篇)
核字省句，剖析毫厘。(体性篇)

斫（6）
美材既斫，故能首尾圆合。(熔裁篇)
斫梓染丝，功在初化。(才性篇)

创（6）
草创鸿笔，先标三准。(熔裁篇)
礼律草创，《诗》《书》未遑。(时序篇)

削（5）
句有可削，足见其疏。(熔裁篇)
不加雕削，而曲写毫芥。(物色篇)

以上 11 个不同的动词字形都含有“刀”形，它们之间的差异也可谓使用刀具的各种特殊技巧的差异。这类动词就其各自出现的频率而言，最多的“切”字（30 出）明显低于“制”字（69 出）。原因在于它们分别特指制作过程中的某项特殊技能，而非整个“制作”过程。代表这些不同“运斤”技能的各类动词频繁出现于《文心雕龙》不同篇章，这也进一步印证了“独照之匠”的劳作与“工辞之人”的创作，两者间不仅整体上相通，而且在细部技巧层面也多有类似。在这个意义上，《文心雕龙》卒章所谓“腾声飞实，制作而已”（序志篇），不仅是刘勰的夫子自道，而且堪称中国古典诗文理论中“独照之匠”的慧识。

（三）“雕龙”与“雕琢性情”

既然《文心雕龙》反复强调诗文创作“如匠之制器”“事美而制于刀笔”，那么何以该书书名取“雕龙”而未取“制龙”呢？原因当是在于，“制”字通常概括指谓各类工匠劳作，尤其是使用刀具的工匠劳作，“雕”字虽然不含“刀”形，却特指木雕、石雕、玉雕等也是使用刀具且技巧含量较高的工匠劳作。《文心雕龙》中“雕”字句计23例，如：

> 扬子比雕玉以作器，谓五经之含文也。（宗经篇）

玉是稀有而贵重材质，可见“雕”的对象比较珍贵。

> 追悔于雕虫，贻诮于雾縠。（诠赋篇）

虫是体积很小的动物，因此“雕虫”意味着非常精致细密的技巧。

> 集雕篆之轶材，发绮縠之高喻。（时序篇）

这里与“雕篆”并列组成复合词，“篆”指古代一种特殊的汉字书写样式，篆书又称“篆虫”，字小而有美术性，初刻于竹木材质上，古代官印亦用篆体，因此刻写篆字是使用刀具而又有高难度的技术活。“雕篆”互文而称“轶材”，可见“雕”艺不是普通的工匠活。

> 云霞雕色，有逾画工之妙。（原道篇）
> 江左篇制，……各有雕采。（明诗篇）
> 芟夷谲诡，采其雕蔚。（正纬篇）
> 写物图貌，蔚似雕画。（诠赋篇）

孚甲①新意，雕画奇辞。（风骨篇）

古来文章，以雕缛成体。（序志篇）

以上诸句中的“雕色”“雕采”“雕蔚”“雕画”“雕缛”等，都表明“雕”字特指讲究美术性、修辞性的高难度技艺。

庄周云“辩雕万物”，谓藻饰也。（情采篇）

《庄子·天道》原文是：“古之王天下者，知虽落天地，不自虑也；辩虽雕万物，不自说也。”② 其意趣与刘勰所称“谓藻饰也”有所异。不过两者差异正表明《文心雕龙》对“藻饰”的推重。

韩非云“艳乎辩说”，谓绮丽也。绮丽以艳说，藻饰以辩雕，文辞之变，于斯极矣。（情采篇）

韩非的文学观是反对“藻饰以辩雕”的，刘勰则相反：“圣贤书辞，总称文章，非采而何?”（情采篇）《文心雕龙》是用高度技巧性的骈体文书写的，刘勰本人也是以此为自觉并自豪：

丈夫处世，怀宝挺秀。辨雕万物，智周宇宙。（诸子篇）

由上可见，《文心雕龙》书名之所以称“雕龙”而非“制龙”，原因在于“雕”特指精致细密、美术性最高的工匠技艺。在刘勰看来，文学创作既有“如匠之制器”的一面，也有比工匠制器更讲究的另一面。因此在工匠技艺中，唯有这个字形笔画最多的“雕”字，最能形象而直观地表征“工辞之人”的特殊技艺，以及理应追求的超常的艺术境界。

刘勰并不是通常所谓只重视形式的唯美主义者，他推重工匠的基本前提是情感第一：“男子树兰而不芳，无其情也”（情采篇）。刘勰更反对“心非郁陶，苟驰夸饰，鬻声钓世”的“为文而造情”（情采篇）。因此，与“辩雕万物”互

---

① 孚甲（fú jiǎ）：指植物种子的外皮。（商务印书馆编辑部．辞源［M］．北京：商务印书馆，1979：785.）

② 郭庆藩．庄子集释［M］//诸子集成：三．北京：中华书局，1954：208.

文足义的是：

> 雕琢性情，组织辞令。（原道篇）

性情而可以“雕琢”，这是《文心雕龙》发挥《庄子》“辩雕万物”语的首创。如果说“雕龙”突显的是飞腾的想象力，那么“雕琢情性”则是基于刘勰“君子藏器”的新思想。

刘勰也绝非无视“雕缛”之外的艺术风格：

> 文不雕饰，而意切事明。（檄移篇）
> 雕削取巧，虽美非秀矣。（隐秀篇）
> 故巧言切状，如印之印泥，不加雕削，而曲写毫芥。（物色篇）

以上3例分别肯定了质实、含蓄、自然等风格，而在刘勰看来，这类迥别于“雕缛”的风格也都有一个“如匠之制器”的创作过程。

《文心雕龙》“雕”字句计23例。与雕工同样以木、石、玉等为制作对象的工具性动词另有“琢”“镂”“凿”“钻”“研”等。

现代汉语“雕琢”合为一词，关于“琢”字（4例）：

> 雕琢性情，组织辞令。（原道篇）
> 童子雕琢，必先雅制。（体性篇）
> 子夏监绚素之章，子贡悟琢磨之句。（明诗篇）
> 雕琢其章，彬彬君子。（情采篇）

与“琢”近似的是“镂”字（8例）：

> 玉版金镂之实，丹文绿牒之华。（原道篇）
> 敷写器象，镂心鸟迹之中。（情采篇）
> 吕望铭功于昆吾，仲山镂绩于庸器。（铭箴篇）
> 玉牒金镂。（封禅篇）
> 镂影摛声。（颂赞篇）
> 刻镂无形。（神思篇）
> 刻镂声律。（神思篇）

刻形镂法。(丽辞篇)

“凿”字例多有贬义（3例）：

弃同即异，穿凿傍说。(史传篇)
支离构辞，穿凿会巧。(议对篇)
厌黩旧式，故穿凿取新。(定势篇)

现代汉语以“钻研”比喻学习研究，《文心雕龙》关于“钻”字（7例）：

钻坚求通，钩深取极。(论说篇)
天道难闻，犹或钻仰。(征圣篇)
练才洞鉴，剖字钻响。(声律篇)
钻灼经典，能不谬哉？(指瑕篇)
窥情风景之上，钻貌草木之中。(物色篇)
竭才以钻思，故能理赡而辞坚矣。(才略篇)
钻砺过分，则神疲而气衰。(养气篇)

关于“研”字（10例）：

研神理而设教。(原道篇)
研夫孟荀所述，理懿而辞雅。(诸子篇)
研阅以穷照。(神思篇)
论也者，弥纶群言，而研精一理也。(论说篇)
张衡研京以十年。(神思篇)
覃思之人，情饶歧路，鉴在虑后，研虑方定。(神思篇)
能研诸虑，何远之有。(风骨篇)
研味《孝》《老》，则知文质附乎性情。(情采篇)
并思合而自逢，非研虑之所课也。(隐秀篇)
多欲练辞，莫肯研术。(总术篇)

以上“琢”字4例、“镂”字8例、“凿”字3例、“钻”字7例、“研”字10例。这些字的使用频度明显少于前述“雕”字句的23例证。这也可以说明，在使用金属工具的工匠劳作中，“雕”的技能是最具艺术含量的。

三、《文心雕龙》的“天工神匠”赞

马克思《资本论》分析古代商品交换发展历史时说过一句话：“他们没有意识到这一点，但是他们这样做了。”① 古人虽然没有认识到商品交换的内在规律，但是他们的交换实践却不自觉地遵循了商品交换的内在规律。卢卡奇《审美特性》将《资本论》这句话作为格言写在全书扉页上，意思是在美学领域也有类似状况：古人虽然没有认识到“美的规律”，但是他们的劳动与艺术实践一开始就不自觉地遵循了“美的规律”。由此可以引申出一个中国美学问题：上述《文心雕龙》的“制作”论，就刘勰本人而言，是否也是出于他“没有意识到这一点”呢？循此进一步考察，我们发现《文心雕龙》的“制作”论在相当程度上可谓基于作者本人的自觉意识。最鲜明的表征是，其中对“工匠”劳动多有亲和、敬重、借鉴，乃至引为楷模的论述。

《文心雕龙》开首就有对“工匠”的赞词：

> 云霞雕色，有逾画工之妙；草木贲华，无待锦匠之奇。②（原道篇）

其中“画工”“锦匠”分别指擅长绘画和专事织锦的工匠。“奇”和“妙”则突出了工匠技能的奇妙超拔。刘勰以画工与锦匠的技能来衬托“造化钟神秀”的大自然壮美之缘由，这表明在他看来，工匠足以代表人间美丽事物的创造者。

《文心雕龙》主要论述的是以诗文为载体的人文艺术之美。“无识之物，郁然有采，有心之器，其无文欤？”（原道篇）因此下面一段关于“天工神匠”的类比更具代表性：

---

① “人们使他们的劳动产品彼此当作价值发生关系，不是因为在他们看来这些物只是同种人类劳动的物质外壳。恰恰相反，他们在交换中使他们的各中产品作为价值彼此相等，也就使他们的各种劳动作为人类劳动而彼此相等。他们没有意识到这一点，但是他们这样做了。”（马克思．资本论：第1卷［M］//中共中央马克思恩格斯列宁斯大林著作编译局．马克思恩格斯全集：第23卷．北京：人民出版社，1972：90.）

② 该二句今译作：“云霞散发的五光十色，就是画师的生花妙笔，也赶不上它的绮丽；草木开放的花朵，那美丽的色彩，更不必依赖织锦匠人的奇妙技巧。”（王更生．文心雕龙：全译本［M］．西安：三秦出版社，2021：3.）

> 裁云制霞，不让乎天工；斫卉刻葩，有同乎神匠矣。[①]（隐秀篇）

在这里，刘勰不仅把优秀工匠赞颂为“天工神匠”，而且将诗文创作视为足以与工匠劳作相媲美的活动。这个类比前所鲜见。“匠”字本义指木匠，《说文解字》释曰：“木工也。从匚从斤。斤，所以作器也。”[②]《韩非子·定法》称：“夫匠者，手巧也。”[③] 这又意味着手工艺者皆可属“匠”人。汉代王充在《论衡·量知》中已经把文字工作也归为“匠”类：“能雕琢文书谓之史匠。”[④] 然而，以“天工神匠”来类比诗文创作的卓越境界，却是《文心雕龙》的首创。

下面略述《文心雕龙》中以“工匠”为楷模论述文艺创作规律的相关思想。

（一）“研思之士，无惭匠石”

今人通常认为，作为脑力工作的文艺创作相对于需要较大体力的工匠劳动具有高级性质。然而《文心雕龙》却认为，两者的差别可能只是同类级别的分工不同：

> 夫山木为良匠所度，经书为文士所择，木美而定于斧斤，事美而制于刀笔，研思之士，无惭匠石矣。（事类篇）

今译为：生长在山上的木材，是良匠所要度量的；圣贤著述的经典，也是文士选择的对象。木材质料既然精美，就需要快利的斧斤去砍伐；同样，书中美妙的事理，也正待着生花妙笔来运用！像这样能够研究创作技巧、构思写作内容的才学之士一旦操觚为文，将不会输给运斤成风、伐木为材的匠石了！[⑤]

在这段论述中，良匠与文士（劳动主体）、斧斤与刀笔（劳动工具）、木美

① 王更生《文心雕龙》全译本中《隐秀》篇有阙。本书该篇所据为清人黄叔琳注本。（文心雕龙索引［M］//岡村繁．岡村繁全集：别卷．上海：上海古籍出版社，2010：88.）

② 许慎．说文解字［M］．北京：中华书局，1973：268.

③ 韩非子［M］//诸子集成：第五册．北京：中华书局，1986：306.

④ 王充．论衡［M］//诸子集成：第七册．北京：中华书局，1986：124.

⑤ 王更生．文心雕龙：全译本［M］．西安：三秦出版社，2021：261-262. 其中“无惭匠石”句的“无惭”语，亦见《祝盟》篇：“神之来格，所贵无惭。”今译为“神明之所以感通来飨，其可贵之处，就在于内心无愧。”（同书，第 66 页）《指瑕》篇：“文章岁久而弥光。若能隐括于一朝，可以无惭于千载也。”今译为：“文章的流传，岁月经过越久，光彩却越是清新。……这样勤奋致力于一时的话，即令千年万世，也可以问心无愧了。”（同书，第 278-279 页）

与事美（劳动对象），三者两两相对而并驾齐驱。如果一定要分轩轾的话，毋宁说刘勰更担心文士落后于工匠们。《庄子》寓言中有一位能够“运斤成风”的石匠模范，他在挥舞粗大斧头的过程中精确地削除了友人脸上“若蝇翼”的斑点。① 刘勰所谓“无惭匠石”者，应该就是强调文士必须以能工巧匠为榜样，方可能创作出无愧“事美”的作品。“无惭匠石”句转换成白话文可谓：研究文学艺术的人士啊，切莫愧对我们的工匠先辈大师哟！

《文心雕龙》对“工匠”的推崇并不限于笼统类比或辞藻赞美，而是落实于对创作技巧的研讨以及诗文善否的分析中。例如关于工匠之“工”：

> 循理而清通，亦笔端之良工也。（才略篇）
> 杂以谐谑，回环自释，颇亦为工。（杂文篇）
> 隐以复意为工，秀以卓绝为巧。（隐秀篇）

以上三例中的“工”字作为赞语，分别指涉“循理”“谐谑”“复意”等技巧法则。

> 吴诔②虽工，而他篇颇疏（诔碑篇）
> 工辞之人，必欲臻美。（隐秀篇）

以上两例，前者是对作品整体的赞词，“工”与“疏”相对；后者则是对文字工作者的特称，“工辞”与“臻美”互文。

就工匠之“匠”而言，《文心雕龙》用以阐释诗文法则而类比鲜明者如下：

> 独照之匠，窥意象而运斤：此盖驭文之首术，谋篇之大端。（神思篇）

刘勰认为想象力（神思）是诗文创作的首要法则，而这个法则是与工匠劳

---

① 匠石故事见《庄子·徐无鬼》：“郢人垩慢其鼻端，若蝇翼，使匠石斲之。匠石运斤成风，听而斲之，尽垩而鼻不伤，郢人立不失容。”（郭庆藩．庄子集释［M］//诸子集成：三．北京：中华书局，1954：365.）

② 吴诔，这里指东汉杜笃所作《吴汉诔》：“笃以为尧隆稷、契，舜嘉皋陶，伊尹佐殷，吕尚翼周。若此五臣，功无与畴。今汉吴公，追而六之，乃作诔曰：……”（欧阳询．艺文类聚［M］．上海：古籍出版社，1985：834.）“杜笃为大司马吴汉所作的《吴汉诔》，曾获美誉于前代。”（王更生．文心雕龙：全译本［M］．西安：三秦出版社，2021：75-76.）

作起始于构思的程序相通。《定势》篇强调各类文体在风格上也是“各有司匠”，其间区别犹如匠人所用不同工具：“圆者规体，其势也自转；方者矩形，其势也自安：文章体势，如斯而已。”①《宗经》篇不仅以“匠于文理”说明文字创作法则，而且以“性灵熔匠”类比儒家经典的教化功能。② 可见刘勰对“独照之匠”的推重，并不限于其构思阶段的“窥意象”之巧，而指谓其“运斤”技能的全过程乃至作品完成后的功用。

（二）《文心雕龙》中的各类手工艺

“狐腋非一皮能温，鸡跖必数千而饱。”（事类篇）《文心雕龙》对“工匠”境界的推崇并非仅限于理论阐释中的一般类比，还基于对各类手工艺技能的广泛、中肯，乃至深切的了解。就其范围之广而言，几乎涉及所有古代手工行业。兹各举数例如下。

（1）关于木匠

轮扁不能语斤，其微矣乎！（神思篇）

免乎枘方，则无大过矣。（声律篇）

众美辐辏③，表里发挥。（事类篇）

得其环中，则辐辏相成。（体性篇）

（2）关于石匠

落落之玉，或乱乎石；碌碌之石，时似乎玉。（总术篇）

扬子比雕玉以作器。（宗经篇）

童子雕琢，必先雅制。（体性篇）

如胶之粘木，石之合玉矣。（附会篇）

---

① “各有司匠”谓“各有自己意匠经营的范围”。（王更生．文心雕龙：全译本［M］．西安：三秦出版社，2021：206．）

② “性灵熔匠”谓“熔铸人类心灵的巧匠”，“匠于文理”谓“文辞切合文章创作的理则”。（王更生．文心雕龙：全译本［M］．西安：三秦出版社，2021：13，18．）

③ 辐辏（fú còu），车辐集中于轴心。喻人或物聚集一处。（商务印书馆编辑部．辞源［M］．北京：商务印书馆，1979：3029．）

(3) 关于纺织艺

视布于麻，虽云未贵，杼轴献功，焕然乃珍。(神思篇)①

虽有丝麻，无弃菅蒯。(谐隐篇)②

丝麻不杂，布帛乃成。(正纬篇)

一朝综文，千年凝锦。(才篇略)

(4) 关于裁缝艺

美锦制衣，修短有度，虽玩其采，不倍领袖。(熔裁篇)

弥纶一篇，裁衣之待缝缉矣。(附会篇)

巧者回运，弥缝文体。(章句篇)

铨序一文为易，弥纶群言为难。(序志篇)③

(5) 关于染色艺

润色取美，譬缯帛之染朱绿。(隐秀篇)

练青濯绛，必归蓝蒨。(通变篇)

正采耀乎朱蓝，间色屏于红紫。(情采篇)

皭然涅而不缁。(辨骚篇)④

斫梓染丝，功在初化。(体性篇)

(6) 关于冶金艺

酌雅以富言，是即山而铸铜，煮海而为盐也。(宗经篇)

熔钧六经，必金声而玉振。(原道篇)

---

① 杼轴：组织经纬而成布，用以比喻诗文的组织与构思。该二句今译作："现在就以麻用麻织布的道理来说吧！用麻织布，虽然没有增加什么额外的材料，但经过机杼的加工后，就变成光彩夺目的珍贵衣料了。"(王更生．文心雕龙：全译本［M］．西安：三秦出版社，2021：188.)

② 菅蒯（jiānkuǎi)：可以编绳的一类茅草，比喻微贱人物。该句今译作："虽有可以制造布帛的丝麻，但也不可抛弃搓绳的菅蒯。"(王更生．文心雕龙：全译本［M］．西安：三秦出版社，2021：99.)

③ 弥纶：弥补缝合。该句今译作："如果单独评论一篇文章，比较容易；要想综合论述各家的言辞，那就很困难了。"(王更生．文心雕龙：全译本［M］．西安：三秦出版社，2021：341.)

④ 涅，矿物名，古代用作黑色染料；缁，黑色。用涅染也染不黑。该句今译作："如同白璧浸入黑色的颜料中，而不变其本色。"(王更生．文心雕龙：全译本［M］．西安：三秦出版社，2021：25.)

熔范所拟，各有司匠。（定势篇）
虽取熔经旨，亦自铸伟辞。（辨骚篇）

（7）关于陶艺
陶钧文思，贵在虚静。（神思篇）
情性所铄，陶染所凝。（体性篇）
陶铸性情，功在上哲。（征圣篇）
巧言切状，如印之印泥。（物色篇）

（8）关于烹饪艺
说之善者，伊尹以论味隆殷。（论说篇）①
至变而后通其数，伊挚不能言鼎。（神思篇）②
荼味之苦，宁以周原而成饴？（夸饰篇）
声得盐梅，响滑榆槿。（声律篇）③
餔糟啜醨，无所匡正。（谐隐篇）④

① 两句今译为："善于说辞的人，如伊尹论调和美味，结果兴隆了商朝。"（王更生．文心雕龙：全译本［M］．西安：三秦出版社，2021：125.）伊尹（？－前1550年），名挚，商朝名师贤相，擅长烹调技术。《吕氏春秋·本味篇》中记载有"伊尹说汤以至味"的故事。"汤得伊尹，祓之于庙，爝以爟，衅以牺猳。明日设朝而见之，说汤以至味。汤曰：'可对而为乎？'"对曰："君之国小，不足以具之，为天子然后可具。夫三群之虫，水居者腥，肉玃者臊，草食者膻。恶臭犹美，皆有所以。凡味之本，水最为始。五味三材，九沸九变，火为之纪。时疾时徐，灭腥去臊除膻，必以其胜，无失其理。调和之事，必以甘、酸、苦、辛、咸。先后多少，其齐甚微，皆有自起。鼎中之变，精妙微纤，口弗能言，志不能喻。若射御之微，阴阳之化，四时之数。故久而不弊，熟而不烂，甘而不哝，酸而不酷，咸而不减，辛而不烈，淡而不薄，肥而不腻。……"（高诱．吕氏春秋注［M］//诸子集成：第六册．北京：中华书局，1986：140－141.）

② "伊挚"是伊尹的别名。两句今译为："唯有彻底了解古今文章变化的人，才可贯通创作的技巧。像伊挚那样擅长烹调的专家，尚且不能谈调和鼎鼐的奥妙。"（王更生．文心雕龙：全译本［M］．西安：三秦出版社，2021：188.）

③ 此二句今译作："调声得当，则抑扬有致，好像盐梅掺入羹汤，浑然一体；音韵流利，则咏叹生情，不啻榆槿调和饮食，美味可口。"（王更生．文心雕龙：全译本［M］．西安：三秦出版社，2021：229.）

④ 餔：吃。糟：酒渣。啜：饮。醨（lí）：薄酒。此二句今译作："食人糟粕，采人牙慧，所言并无匡时正俗之用。"（王更生．文心雕龙：全译本［M］．西安：三秦出版社，2021：96.）

(9) 关于庖艺

操刀能割，必裂膏腴。(事类篇)

使刃发如新，腠理无滞。(养气篇)

腴辞弗剪，颇累文骨。(议对篇)

宰割辞调，音靡节平。(乐府篇)

割弃支离，宫商难隐。(声律篇)

(10) 关于渔艺

载籍浩瀚，……纵意渔猎。(事类篇)

翠纶桂饵，反所以失鱼。(情采篇)

织辞鱼网之上……缛采名矣。(情采篇)

绝笔断章，譬乘舟之振楫。(附会篇)

太公以辨钓兴周，……亦其美也。(论说篇)

模山范水，字必鱼贯。(物色篇)

(11) 关于农艺

农夫见莠，其必锄也。(史传篇)

经典沉深，……任力耕耨。(事类篇)

桃李不言而成蹊，有实存也；男子树兰而不芳，无其情也。(情采篇)

论文之方，譬诸草木，根干丽土而同性，臭味晞阳而异品矣。(通变篇)

芟繁剪秽，弛于负担。(熔裁篇)

理不谬摇其枝，字不妄舒其藻。(议对篇)

佃谷先晓于农，断讼务精于律。(议对篇)

姜桂因地，辛在本性。(事类篇)

风归丽则，辞翦荑稗。(诠赋篇)

后来辞人，采摭英华。(正纬篇)

簿者，圃也。草木区别，文书类聚。(书记篇)

文辞根叶，苑囿其中。(体性篇)

(12) 关于医术①

医药攻病，各有所主，专精一隅，故药术称方。(书记篇)

博见为馈贫之粮，贯一为拯乱之药。(神思篇)

逍遥以针劳，谈笑以药倦。(养气篇)

箴者，针也，所以攻疾防患，喻针石也。(铭箴篇)

诗人讽刺，……若针之通结。(书记篇)

其为疾病，亦文家之吃也。(声律篇)

所见不博，……寡闻之病也。(事类篇)

虑动难圆，鲜无瑕病。(指瑕篇)

除上述十二类外，关于其他艺能的类比有：

总文理，统首尾，……若筑室之须基构。(符会篇)

会词切理，如引辔以挥鞭。(附会篇)

画者谨发而易貌，射者仪毫而失墙。(附会篇)

执术驭篇，似善弈之穷数。(总术篇)

骥足虽骏，纆牵忌长。(总术篇)

酌雅以富言，煮海而为盐。(宗经篇)

操千曲而后晓声，观千剑而后识器。(知音篇)

若长风之过籁，南郭之吹竽。(声律篇)

舞容回环，而有缀兆之位；歌声靡曼，而有抗坠之节。(章句篇)

在中国文艺思想史上，庄子是较早重视工匠叙事的代表性人物，《庄子》书中多有“庖丁解牛”“郢人运斤”之类的寓言。由上所述观之，《文心雕龙》的工匠叙事至少在所涉手工艺门类方面远超《庄子》。就整部中国诗文批评史而言，后世相关著述是否有类似《文心雕龙》的工匠叙事，管见所及，鲜有闻焉。

(三)“雕而不器，贞干谁则”

《文心雕龙》推重“工匠”的思想即便在儒家经典中也是不乏理论依据的：

《周书》论士，方之梓材，盖贵器用而兼文采也。(程器篇)

① 医术在古代也被视为匠术之属，例如：“小道，如农圃医卜之属。”(朱熹．四书章句集注［M］．北京：中华书局，1986：188.)

许慎《说文解字》："器，皿也，象器之口，犬所以守之。"① 汉孔安国释《周书》"若作梓材"句曰："为政之术，如梓人治材为器。"②梓人为木匠之称，"梓材"指优质木材。早在周代就有以匠人制器类比"士"与"为政"关系的思想。"贵器用"三字正是《文心雕龙》的论诗文法则的综合性旨趣。

工匠的职业是制作器物，器物是有明确用途的。因此"制器"是为"器用"。《文心雕龙》"器"字句频出（计35例），不仅有论"器"的专篇《程器》，而且在统摄全书的《序志》篇中特别讲述了少年时代的"礼器"之梦：

> 予生七龄，乃梦彩云若锦，则攀而采之。齿在逾立，则尝夜梦执丹漆之礼器，随仲尼而南行。（序志篇）

礼器的效用是区别国家政治中的人伦秩序，从而建构并维护和而不同的社会机制。③ 孔子时代的礼器包括玉器、青铜器，就其功用而言则有酒器、乐器、服饰等，所有这些礼器都必须由工匠制作。然而古代礼器中并不包括诗文方式的"载道之器"，刘勰本人也不是通常实际意义上的工匠。因此他所谓"执丹漆之礼器"随孔子南行的梦是个隐喻，隐喻的是立志像工匠那样制作诗文方式的"载道之器"④。

《文心雕龙》"贵器用"思想还表现在各篇题目及其整体结构上。全书五十篇除《序志》外，"其为文用，四十九篇而已"。换言之，整部《文心雕龙》论旨贯穿着"为文用"的主线。该书上部讨论"囿别区分"的各类文体规范，其中既有今人比较知晓的辨骚、明诗、乐府、诠赋、史传、诸子、论说等，也包

---

① 许慎．说文解字［M］．北京：中华书局，1973：49.

② 《尚书·周书·梓材》："若作梓材，既勤朴斲。"传曰："为政之术，如梓人治材为器。"（商务印书馆编辑部．辞源［M］．北京：商务印书馆，1979：1577.）此二句今译作："《尚书·周书·梓材》篇论文人才士，把他们比作木工制作器物，这是重视器识用途，并兼求文采的明证啊！"（王更生．文心雕龙：全译本［M］．西安：三秦出版社，2021：331.）

③ 《礼记·礼器》："增美质，……故君子有礼，则外谐而内无怨，故物无不怀仁，鬼神飨德。"（礼记［M］//阮元．十三经注疏：下册［M］．北京：中华书局，1980：1430.）

④ 中国文学有"文以载道"传统，就语文形式而言，较早提出者是唐代韩愈的弟子李汉的《昌黎先生序》："文者，贯道之器也。"（郭绍虞．历代文论选：第二册［M］．上海：上海古籍出版社，1980：121.）宋代周敦颐在《通书·文辞》中明确称："文所以载道也。"（徐中玉．中国古代文艺理论专题资料丛刊：第一册［M］．北京：中国社会科学出版社，2013：441.）就此而言，《文心雕龙·原道》也可谓发了先声。

括后世文学史鲜有述及的颂赞、祝盟、铭箴、诔碑、哀吊、诏策、檄移、封禅、章表、奏启、议对、书记等。后一类标题从现代“文学”观念看显然属于非“纯文学”，从刘勰之前的诗文观念看，也鲜见分门别类的专论。《文心雕龙》却以同样的篇幅与规格逐一阐明，原因在于这些文类是国家行政和朝廷议政的必要方式，也是“摛文必在纬军国”（程器篇）的最直接途径，因而可谓“贵器用”的最现实要义。

“贵器用”的另一个鲜明表征是《书记》篇：

> 夫书记广大，衣被事体，笔札杂名，古今多品。是以总领黎庶，则有谱、籍、簿、录；医历星筮，则有方、术、占、式；申宪述兵，则有律、令、法、制；朝市征信，则有符、契、券、疏；百官询事，则有关、刺、解、牒；万民达志，则有状、列、辞、谚：并述理于心，著言于翰，虽艺文之末品，而政事之先务也。

其中列举的“文类”有谱、籍、簿、录、方、术、占、式、律、令、法、制、符、契、券、疏、关、刺、解、牒、状、列、辞、谚等二十四种，其中甚至包括中医药方、市场证券之类。刘勰的文类考察何以琐细至此？上引末句已经说明理由：“虽艺文之末品，而政事之先务也。”我们可以补充的是，中医药方、市场证券之类未必属于“政事之先务”，但确实是关乎庶民百姓的“日用而不匮”（原道篇）。

《文心雕龙》甚至将人也视为“器”：

> 夫以无识之物，郁然有采，有心之器，其无文欤？（原道篇）

将“无识之物”与“有心之器”对举以说明人与物之间的本有和应有之区别，一方面是承传发挥了“物物而不物于物”（《庄子·山木》①）的古训，另一方面也堪称突破了儒家观念的传统话语方式。因为儒家信念之一的通常表述是：

> 形而上者谓之道，形而下者谓之器。（《易经·系辞》）②

① 郭庆藩．庄子集释［M］//诸子集成：三．北京：中华书局，1954：293.

② 周易·系辞上［M］//阮元．十三经注疏：下册．北京：中华书局，1980：83.

刘勰却认为不仅“形而下者谓之器”（夸饰篇），而且怀抱“为文之用心”的人也可以称为“器”。儒家历来更有“君子不器”的观念（《论语·为政》），无论对这句格言如何解释，其话语方式显然带有轻视以“制器”为天职的工匠的意味。① 刘勰则认为“有心之器”的典范正是君子。衡量君子的尺度既有“形而上”的方面，

秉文君子，宜酌其远大焉。（铭箴篇）

唯君子能通天下之志。（论说篇）

更有“形而下”的文艺技能方面。

……是以君子藏器，待时而动。（程器篇）

“君子不器”的传统话语在《文心雕龙》中被转换补充为“君子藏器”的新话语。这个新话语一方面借鉴吸收了工匠精神，另一方面也为塑造理想的文士范型提供了理论依据：

雕而不器，贞干谁则。岂无华身，亦有光国。（程器篇）

---

① 对“君子不器”的通常解释是：君子心怀天下，不像器具那样，作用仅仅限于某一方面。《论语·子张》：“虽小道，必有可观者焉；致远恐泥，是以君子不为也。”朱熹《论语集注》：“小道，如农圃医卜之属。”（朱熹．四书章句集注［M］．北京：中华书局，1986：188.）可见儒家观念中的“小道”指各种工匠。而古代工匠事业未必与“大道”无关。“庖丁解牛”寓言中对文惠君强调的是“臣所好者道也，近乎技矣”。事实上庖丁的“解牛”工作是关乎祭祀之用的国家大事。《左传·成公十三年》：“国之大事，在祀与戎。”（阮元．十三经注疏：下册［M］．北京：中华书局，1980：1911.）《礼记·王制》：“天子社稷皆大牢，诸侯社稷皆少牢。”（礼记［M］//阮元．十三经注疏：上册［M］．北京：中华书局，1980：1337.）牛是“大牢”祭祀最重要的供物。

第六章

关于“劳动美学”的研思笔记

一、“五一劳动诗词”

笔者5月1日在中央纪委国家监委网站上浏览到《古代诗词里的“劳动”》标题，骤然眼前一亮。

开篇写道：“五月是岁月奉献给劳动者的赞歌。在中国古代，虽然没有一个固定的节日庆祝劳动节，但在文人墨客的诗词里，既有对劳动的尊重和赞美，也有对乡村生活的满足和热爱。”全篇以图文结合的方式赏读了三首宋诗，皆为七言四句。

第一首是范成大的《四时田园杂兴·其三十一》：

昼出耘田夜绩麻，村庄儿女各当家，
童孙未解供耕织，也傍桑阴学种瓜。

赏读为：“小孩子虽然不会耕田织布，也在那桑树阴下学着种瓜。诗人用清新的笔调描写了初夏时节，男耕女织，孩子们也不闲着，在桑树下种瓜的生动场景，反映出农村紧张的劳动气氛和富有生趣的生活。”

第二首是翁卷的《乡村四月》：

绿遍山原白满川，子规声里雨如烟。
乡村四月闲人少，才了蚕桑又插田。

赏读为：“四月的乡村正是农忙季节，村庄里没有人闲着，刚刚干完采桑养蚕的活计，又要忙着插秧种田。诗人以白描手法将绿原、白川、子规、烟雨与劳动的紧张、繁忙相互交织，勾勒出一幅色彩鲜明的初夏农耕图，表达了对劳动人民和劳动生活的喜爱和赞美之情。”

第三首是王禹偁的《畲田词五首·其四》：

北山种了种南山，相助力耕岂有偏？
愿得人间皆似我，也应四海少荒田。

赏读为：“种完了北山的田地，再去种南山的田地，帮助邻人们耕地，怎么能偏袒呢？诗人以畲田劳动者的口吻，描写了山区农民互帮互助，自耕自足的劳动场景，赞美了劳动者的协作精神。”

以上三首的文字都有白居易“俚语”风格①，意境则类似“把酒话桑麻”②。笔者研阅第三首《畲田词》时发现，《诗经·周颂·臣工》中有“如何新畲”句。《毛传》：“田二岁曰新，三岁曰畲。”该诗题解称：“周成王春耕藉田，告诫群臣忠于职守，重视稼穑。”③ 看来，“统治阶级”赞美农耕的诗歌传统，早在先秦时代就已经形成。

该网文赏读《畲田词》时，品味到其中有“山区农民互帮互助”的“协作精神”，这一见识超出了笔者一直以来认为的“小农经济”和“一亩三分地”的抽象概念。

四十多年前，朱光潜在《谈美书简》中曾说：“《资本论》里的论‘劳动’对未来美学的发展具有我们多数人还没有想象到的重大意义。它们会造成美学领域的彻底革命。”④ 迄今美学界对此预言的回应似属不多。中纪委这篇“五一”网文可谓领风气之先。

二、汉语新词“德智体美劳”

“德智体美劳”是从《习近平谈治国理政》第三卷中首次读到：

新时代贯彻党的教育方针，要坚持马克思主义指导地位，贯彻习近平新时代中国特色社会主义思想，坚持社会主义办学方向，……努力培养担

---

① 宋代释惠洪《冷斋夜话》记载：“白乐天每作诗，令一老妪解之，问曰：‘解否？’妪曰‘解’，则录之，‘不解’，则易之。”宋代王安石评价说：“天下俚语被白乐天道尽。”

② 唐代孟浩然《过故人庄》：“故人具鸡黍，邀我至田家。绿树村边合，青山郭外斜。开轩面场圃，把酒话桑麻。待到重阳日，还来就菊花。”

③ 参见：周颂·臣工//诗经全文鉴赏大辞典［EB/OL］．百度文库．

④ 朱光潜．谈美书简［M］．南京：江苏文艺出版社，2011：40．

当民族复兴大任的时代新人，培养德智体美劳全面发展的社会主义建设者和接班人。①

上引摘自该书《用习近平新时代中国特色社会主义思想铸魂育人》一文，标题下记有“2019 年 3 月 18 日”，页底注释：“这是习近平在学校思想政治理论课教师座谈会上的讲话。”②笔者读该讲话印象最深刻的是“德智体美劳”的五字新词组。

而同书首篇也有述及：

要全面贯彻党的教育方针，落实立德树人根本任务，发展素质教育，推进教育公平，培养德智体美全面发展的社会主义建设者和接班人。③

其中，关键词为“德智体美”四字。该文标题是《决胜全面建成小康社会，夺取新时代中国特色社会主义伟大胜利》，时间是“2017 年 10 月 18 日”，页底注明原文为“十九大报告”。④

上引两段可见，就时间而言，先有“德智体美”四字，而后又发展为“德智体美劳”五字。

记忆中少年时代更早的是“德智体”三字。所以当初是倡导“三好学生”，而没有“德智体劳”的“四好学生”之说。可能因为其时“劳动”太普通平凡，连幼儿园小朋友都会唱《我有一双勤劳的手》，而且是一唱而三段，第一段为：

我有一双勤劳的手勤劳的手，样样事情都会做都会做，洗衣裳呀洗手绢呀，补袜子呀缝纽扣呀，自己的事情自己做自己做，妈妈她说我是个好孩子，爸爸他也常常夸奖我夸奖我。

某网页误称“这首歌曲是 20 世纪 90 年代流行的儿童歌曲之一”⑤，其实在 20 世纪 60 年代就已经流行。

---

① 习近平．习近平谈治国理政：第三卷［M］．北京：外文出版社，2020：328.
② 习近平．习近平谈治国理政：第三卷［M］．北京：外文出版社，2020：328.
③ 习近平．习近平谈治国理政：第三卷［M］．北京：外文出版社，2020：36.
④ 习近平．习近平谈治国理政：第三卷［M］．北京：外文出版社，2020：36.
⑤ 参见《我有一双勤劳的手》儿童歌曲。

看来“德智体”—“德智体美”—“德智体美劳”是一个与时俱进的发展历程，并且其意义不啻“学校思想政治理论课”范围。因为“劳动”一词，也是马克思《资本论》贯穿始终的最基本范畴。

三、“财富要用劳动量来估计”

马克思1859年在《政治经济学批判》中引述了富兰克林一段话，激赏其中“表述了现代政治经济学的基本规律”，“他说必须撇开贵金属而寻找另一种价值尺度。这种尺度就是劳动”。① 马克思引述的这段话如下：

> 银的价值可以和其他一切东西的价值一样完美地用劳动来衡量。比如我们假定，有一个人在种玉蜀黍，另一个人采矿炼银。到年底或者在任何其他一段时期以后，生产的全部玉蜀黍和全部银互为自然价格。再假定前者是20蒲式耳，后者是20盎司，则1盎司银的价值等于生产1蒲式耳玉蜀黍所耗费的劳动。但是，如果发现了更近便易采和更富的矿，……从前1蒲式耳值1盎司银，现在1蒲式耳就值2盎司了。因此，一国的财富要用它的国民所能购买的劳动量来估计。②

紧接着马克思还引述了富兰克林的推论：“既然贸易整个来说不过是劳动对劳动的交换，所以一切东西的价值用劳动来估计是最正确的。”③

马克思又进一步分析：“只要把这里的‘劳动’一词换成实在劳动，我们立刻就会发现，一种形式的劳动和另一种形式的劳动被混为一谈了。既然贸易，比如说，就是鞋匠劳动、矿工劳动、画匠劳动等的交换，那么难道鞋的价值用画匠的劳动来估量是正确的吗？富兰克林的意思正好相反，他是说，鞋、矿产品、纱、画等的价值，决定于那种不具有特殊的质因而只在量上可以衡量的抽象劳动。但是，因为他不是把交换价值中所包含的劳动当作抽象一般的、由个人劳动的全面转移而产生的社会劳动来阐明，他就必然看不到货币就是这种被

① 马克思．政治经济学批判［M］//中共中央马克思恩格斯列宁斯大林著作编译局．马克思恩格斯全集：第13卷．北京：人民出版社，1962：45.

② 马克思．政治经济学批判［M］//中共中央马克思恩格斯列宁斯大林著作编译局．马克思恩格斯全集：第13卷．北京：人民出版社，1962：45-46.

③ 马克思．政治经济学批判［M］//中共中央马克思恩格斯列宁斯大林著作编译局．马克思恩格斯全集：第13卷．北京：人民出版社，1962：46.

转移了的劳动的直接存在形式。"①

马克思的意思是，富兰克林尚未从政治经济学理论层面明确提出“具体劳动”与“抽象劳动”的概念。而我们从中已然可见，实业家的富兰克林对“劳动”相当敬重，对“财富”与“劳动”之关系之认识相当中肯。缘此，《资本论》“商品”章激赏富兰克林的慧识：“他虽然没有意识到这一点，却把它说了出来。"②

四、“国之大者”与《大雅·民劳》

百度百科（汉语词汇）最近出现一个新词：“国之大者”。释义曰：

> 国之大者，对于中国共产党人而言，“人民”重于千钧，“人民”就是一切，让人民生活幸福就是“国之大者”。③

该词来源于2020年以来，习近平总书记在多个场合多次谈到“国之大者”。又称：“总书记说的这个‘国之大者’，事关你我。”笔者由此联想到汉代《毛诗大序》所言：“雅者，正也，言王政之所由废兴也。政有大小，故有小雅焉，有大雅焉。”

就“国之大者”的历史文化渊源而言，是否与《诗·大雅》相关？数年前笔者曾以“人民”为聚焦点考察《诗经》各部，由此发现：“《大雅》《小雅》《国风》三者的“民”字依次为61出、31出、2出；就“民”字出现的绝对数而言，《大雅》显著最多。”由此又推断：“大雅”一词之所以成为中国文化核心价值的代名词，“原因与其中高度自觉的‘人民’意识密切相关”④。

今再以2021年新版《许渊冲译诗经·大雅》中的《民劳》篇（The People Are Hard Pressed）为例，以讨论“国之大者”与《诗·大雅》关系之一斑。

《民劳》首章：

> 民亦劳止（人民已经够辛劳），　　The people are hard pressed;

---

① 马克思．政治经济学批判［M］//中共中央马克思恩格斯列宁斯大林著作编译局．马克思恩格斯全集：第13卷．北京：人民出版社，1962：46-47.

② 马克思．资本论：第1卷［M］//中共中央马克思恩格斯列宁斯大林著作编译局．马克思恩格斯全集：第23卷．北京：人民出版社，1972：65.

③ 让人民生活幸福是“国之大者”［EB/OL］．人民网，2021-05-10.

④ 陆晓光．《诗经·大雅》的“人民”意识［N］．社会科学报，2018-06-11（8）．

汔可小康（求得可以稍安康）。	They need a little rest.
惠此中国（惠爱中原老百姓），	Do the Central Plain good.
以绥四方（安抚诸侯定四方）。	You'll reign o' er neighborhood.
无纵诡随（不要放纵诡诈人），	Of the wily beware;
以谨无良（谨防小人不善良）。	Against the vice take care!
式遏寇虐（制止暴虐与抢掠），	Put the oppressors down,
憯不畏明（不怕坏人手段强）。	Lest they fear not the crown.
柔远能迩（远近百姓都爱护），	Show kindness far and near;
以定我王（安定国家保我王）。	Consolidate your sphere.

又第二章起句：

民亦劳止（人民已经够辛劳），	The people are hard pressed;
汔可小休（求得可以稍休息）。	They need repose and rest.

又第三章起句：

民亦劳止（人民已经够辛劳），	The people are hard pressed;
汔可小息（求得可以松口气）。	They need relief and rest.

又第四章起句：

民亦劳止（人民已经够辛劳），	The People are hard pressed;
汔可小愒（求得可以歇一歇）。	They need some ease and rest.

第五章起句依然是：

民亦劳止（人民已经够辛劳），	The People are hard pressed;
汔可小安（求得可以稍安逸）。	They need quiet and rest. ①

今按：该诗五章皆以“民劳”起句，又各有“惠此中国，无俾民忧”的意

① 许渊冲．许渊冲译诗经：雅［M］．北京：中译出版社，2021：381-385.

思，从庶民视角观之，诚可谓“‘国之大者’，事关你我”也。

五、《汉代农业》的“心意”

海外学者许倬云《汉代农业》扉页上有两行献词：

> 本书谨献给过去和今天的中国农民。
>
> 正是这些代代相传、在田地上劳作的无名英雄，创造出了人类历史上最复杂的农作体系之一。①

该书原为1979年英文版，这两行献词应该是英文版就有的。其中“劳作的无名英雄”“人类历史”等措辞，令人想到《国际歌》的提问：“是谁创造了历史?”

作者中文版序言《古为今用的心意》中进一步表达了“敬佩”：

> 酌彼行潦，可以餴饎。……我在撰写英文版时，心中常存对中国农民的敬意。在中文版的序文中，我再次向中国广大农村中众多的农民送上一片诚挚的敬佩!②

其中“酌彼行潦，可以餴饎”两句典出《诗大雅·生民之什·泂酌》之首章。许渊冲译文为：

酌彼行潦（到那远处取积水），	Take water from pools far away,
可以餴饎（可以蒸饭做酒浆）。	Be used to stream millet and rice. ③

两句意谓远行取水以做饭。

此前中国大陆出版的《许倬云说美国》序言中也说到“做饭”问题：“我说，你们大学者大教授写了老半天书，饭怎么出来的也不知道。”④ 看来，怎么

① 许倬云．汉代农业：中国农业经济的起源及特性［M］．王勇，译．桂林：广西师范大学出版社，2005：扉页．

② 许倬云．汉代农业：中国农业经济的起源及特性［M］．王勇，译．桂林：广西师范大学出版社，2005：3.

③ 许渊冲．许渊冲译诗经：雅［M］．北京：中译出版社，2021：372.

④ 许倬云．许倬云说美国［M］．上海：上海三联书店，2020：ii.

“做饭”是作者长久关心研讨的大问题。作者提问的对象应该也包括中国大陆“写了老半天书”的群体。

笔者感触“古为今用的心意”亦可读作“洋为中用的心意”。因为作者该项研究起始于华盛顿大学“达尔教授的邀请”，“转入匹兹堡大学工作后，我发现历史系的氛围是相当令人鼓舞的。我参与了农民研究小组在晚上进行的讨论会”①。更重要的是，书末所列参考文献近半数是外文资料。② 其中，日文 52 种，西文 51 种，因而颇有“洋”味。

该书文献除古典以外，最近的著作出版于 20 世纪 70 年代，如陕西省博物馆于 1972 年在《文物》上发表的《米脂东汉画像石墓发掘简报》；游修龄于 1976 年在《文物》上发表的《对河姆渡遗址第四文化层出土稻壳和骨耜的几点看法》。③

日文文献中最早出版的是冈崎文夫《支那古代の稻米稻作考》（1935 年）；最近出版的是西嶋定生《秦汉帝国》（1974 年）。④ 西文文献最早的可以追溯到 18 世纪，如 *First Essay and Population*（第一篇人口论文）（1798 年）、*Irrigation of the Cheng Tu Plain*（成都平原的灌溉）（1899 年）⑤，最近出版物如 *The Loess and the Origin of Chinese Agriculture*（黄土与中国农业起源） （1969 年）、*The Cradle of the East*（东方的摇篮）（1975 年）⑥。

由上大略可知，“中国农民”问题至少在 20 世纪 70 年代已经成为一门国际性学问。从而，《汉代农业》作者的“心意”，对于中国新时代“梁家河的大学问”⑦，应该可以提供“古为今用”和“洋为中用”的借鉴。

---

① 许倬云．汉代农业：中国农业经济的起源及特性［M］．王勇，译．桂林：广西师范大学出版社，2005：9.

② 该书末尾“参考文献”按中文、日文、西文分别列出，总计 271 种，中文文献计有 168 种，占大半数。

③ 许倬云．汉代农业：中国农业经济的起源及特性［M］．王勇，译．桂林：广西师范大学出版社，2005：275，276.

④ 许倬云．汉代农业：中国农业经济的起源及特性［M］．王勇，译．桂林：广西师范大学出版社，2005：279.

⑤ 许倬云．汉代农业：中国农业经济的起源及特性［M］．王勇，译．桂林：广西师范大学出版社，2005：282.

⑥ 许倬云．汉代农业：中国农业经济的起源及特性［M］．王勇，译．桂林：广西师范大学出版社，2005：281.

⑦ 习近平总书记在 2015 年 2 月 13 日回梁家河村看望乡亲们时说：“我人生第一步所学到的都是在梁家河。不要小看梁家河，这是有大学问的地方。”（李震．梁家河的大学问：读纪实文学《梁家河》［J］．求是，2018（13）：62.）

六、关于海德格尔释《农鞋》

马丁·海德格尔（Martin Heidegger，1889—1976）1936年演讲过《艺术作品的本源》，其中最精彩的是对荷兰画家梵·高《农鞋》的一段阐释：

> 从鞋具磨损的内部那黑洞洞的敞口中，凝聚着劳动步履的艰辛。这硬邦邦、沉甸甸的破旧农鞋里，聚积着那寒风料峭中迈动在一望无际的永远单调的田垄上的步履的坚韧和滞缓。皮革的鞋面上带着泥土的湿润与肥沃。暮色降临，这双鞋在田野小径上踽踽而行。在这鞋具里，回响着大地无声的召唤，显示着大地对成熟谷物的宁静馈赠，表征着大地在冬闲的荒芜田野里朦胧的冬眠。这器具浸透着对面包的稳靠性无怨无艾的焦虑，以及那战胜了贫困的无言喜悦，隐含着分娩阵痛时的哆嗦，死亡逼近时的战栗。这器具属于大地，它在农妇的世界里得到保存。①

这次演讲被认为是“轰动哲学界的一个重大事件”。原因主要如下。

其一，法国巴黎高师哲学教授雅克·德里达（Jacques Derrida，1930—2004）不仅提请注意《农鞋》中的性别“是农妇的鞋还是农夫的鞋”而且发现“这不是一双鞋，而是两只左脚鞋”，“至关重要的是鞋带”，这鞋带“一会儿钻出到鞋面上，一会儿又钻入鞋面下，它在有规则地穿过鞋孔”，“鞋带是一个比喻，它喻指的其实是能指链或者话语”。从而，“海德格尔运用的方法本质上就是鞋带的方法”。

其二，1968年哥伦比亚大学艺术系教授迈耶·夏皮罗（Meyer Schapiro，1904—1996）通过精细考证，证明梵·高《农鞋》“画的显然是艺术家本人的鞋子，而不是一双农民的鞋子”。海德格尔“连最基本的事实都搞错了”，“这位哲学家其实是在自欺”②。

其三，中国《存在论美学》的解读：“真正的存在，就像海德格尔《艺术作品的本原》一文分析的，脚下的农鞋，只有进入梵·高的画幅，才可能扬弃它的物质属性，透现出更为本质的、更具超越性的东西，获得永恒的价值；……这也

---

① 马元龙．关于梵高的鞋：海德格尔、夏皮罗与德里达［J］．武汉：华中师范大学学报（人文社会科学版），2018，57（5）：88-98.

② 马元龙．关于梵高的鞋：海德格尔、夏皮罗与德里达［J］武汉：华中师范大学学报（人文社会科学版），2018，57（5）：88-98.

是美之真谛的所在。” “这个典型例子，充分说明了艺术作品自足或自律的奥秘。”①

今按：笔者由上三说长了见识，再回瞻海德格尔那段话，却依然发现其中分明是讲农人的“劳动”之艰辛，其首句是：

> 从鞋具磨损的内部那黑洞洞的敞口中，凝聚着劳动步履的艰辛。

并且，《农鞋》画者，分明首先是表现农民的劳动用具，“鞋”则是制鞋工匠的劳动产品。网上浏览到非学术界的一篇赏析散文倒是令人很有感触：

> 看着《农鞋》，我们能想象这个画面：一个农夫佝偻着背脊，面朝黄土背朝天……
>
> 不可磨灭的事实是，农民的鞋是具有实用和使用价值的，其价值就在于能够令农民不至于在地里裸足干活，是温暖脚趾的一层防护措施……②

卢卡奇在《审美特性》中强调人类“最简单的劳动实践”是审美发生学的基石，但是这个基石长期以来被忽略无视：“在近代资产阶级艺术理论中，这种根源在于，他们害怕承认在对现实的反映中，劳动是根本环节。”③ 看来卢卡奇批评的“害怕承认”，迄今依然不啻存在于美学界。

其实海德格尔《艺术作品的本源》一文中也提出了相关的问题：“诚然，人们谈论着不朽的艺术作品和作为一种永恒价值的艺术，但此类谈论用的是那种语言，它并不认真对待一切本质性的东西，……此类谈论只不过是在伟大的艺术及其本质已经离开了人类的时代里出现的一些肤浅的陈词滥调么？”④

七、《杜甫农业诗研究》

杜甫是中国“诗圣”，相关研究想必也是最多，然而很少听说杜甫从事农业劳动的故事。日本学者古川末喜教授的《杜甫农业诗研究》专题研究这个故事。

---

① 张弘．试论文艺学本体论研究的哲学基础：兼与于苇同志商榷［M］//临界的对垒：1989—1999 学术文化论集．长春：吉林人民出版社，2000：235. “海德格尔借助于对梵・高画幅中的农鞋的分析而精辟地阐明了这一点。”（同书第 417 页）

② 参见腾讯新闻《梵・高的“鞋”与农夫的“鞋”》（2022-07-13）。

③ 卢卡奇．审美特性：上［M］．徐恒醇，译．北京：社会科学文献出版社，2015：179.

④ 马丁・海德格尔．林中路［M］．陈周兴．译．上海：上海译文出版社，2004：68.

兹摘译原著后记数段：

> 将"杜甫"与"农业诗"连接一起，想必会令不少人感觉奇异吧。"农业诗"这个词听起来也很陌生。

> 中国是著名的历史悠久的农业大国。……生活于这样的社会中的知识人，他们创作的文学作品，怎么可能与农业无缘呢？

> 还有，对于所有非农事职业却关怀重视农业的人们，我也想让他们知道有这样一位诗人杜甫的存在。如果他们从我的介绍中能够获得某方面的丁点启示，那将令我喜出望外。①

古川教授长期任教于日本佐贺大学，20 世纪 90 年代笔者曾在他所在学部客座任教两年。2008 年收到他当时的新著《杜甫农业诗研究》时，正值王元化研究中心筹建初期。电脑中还留存着多年前试译的该书"序言"与"第一章 秦州期杜甫的隐遁计划与对农业的关心"译文，也曾经邀请古川教授到笔者任教的大学课堂上专题讲杜甫。下面摘自多年前的一则报道，《从另一个角度看杜甫——古川末喜教授讲座侧记》②：

> 杜甫是我国最著名诗人之一。历朝历代，研究杜甫的资料也是汗牛充栋。然而单单把杜甫的农事诗挑出来进行细致梳理和研究的，我在此之前却是闻所未闻。最初从陆晓光教授那里听说了古川教授的讲座预告时，我也是觉得很新奇有趣。首先，杜甫的形象一直都是忧国忧民的，他的诗歌大多为世间疾苦而呼，风格自然也是"沉郁顿挫"的。其次，因为中国古代的农事诗并不少见，不过文人笔下的农事大多是作为欣赏对象的他者性的存在。我在讲座之前也并不认为杜甫可以跳出这个圈子。
>
> 古川教授说，虽然有很多批评家（例如宋代的朱熹）会认为杜甫将农业生产带进诗歌有伤大雅，但这样的杜甫才是他所喜欢的。……然而，在

---

① 古川末喜教授在日本出版著作有《中国スキンシップ紀行》（筑摩书房，1991）、《初唐の文学思想と韻律論》（知泉书馆，2003）、《杜甫農業詩研究》（知泉书馆，2008）、《二十四節気で読みとく漢詩》（东京：文学通信，2020）等。

② 原载《华东师范大学校报》2012 年 6 月 19 日，作者唐艺多其时为中文系在读研究生，兼任王元化研究中心助管。

古川教授的引导下读了杜甫的农事诗，我忽然发现我心中的杜甫变成了一个鲜活的存在。忽然觉得杜甫走下了神坛，他的“无边落木萧萧下，不尽长江滚滚来”忽然有了着落。虽然不知道这样的解读是不是误解了古川教授的“喜欢这样的杜甫”的意思，但是在这里也请准许我认为自己领会到了那样的情绪吧。

这一次的讲座气氛非常活跃，随时都在闪动着思想的火花。古川教授最后的总结将杜甫的农事诗，引申到了“农业对于现代人生活可能具有慰藉心灵的意义”。……古川教授作为一位研究中国古典文学的日本人，他的关注以及他的研究也让我这个学习比较文学的中国学生颇受启发。

八、庖丁—厨丁—“包丁”

唐朝学者成玄英注“庖丁解牛”寓言中的“庖丁”曰：“谓掌厨丁役之人，今之供膳是也。”[①] 现代辞书据此释“庖丁”为“厨师”。[②] 但是《周礼》官制中，“庖人掌共六畜、六兽、六禽”[③]。而厨房“供膳”另有“膳夫”“内饔”“外饔”“亨人”等专职。[④] 拙文《“庖丁解牛”寓言解》于此有专论。[⑤] 成玄英（608—669）距庄子（前369—前286）有千年之隔。他的误解把“解牛”劳动的高强度、艰苦性，乃至危险性都大大降低了。

《孟子》曰“君子远庖厨”，因为“见其生，不忍见其死；闻其声，不忍食其肉”[⑥]。但是至少就孟子以后古代士人的生活实践而言，“远庖厨”主要是指远离屠宰牲口的“庖”所，而非“厨”事。流传下来的“东坡红烧肉”[⑦] 就代表性地表明君子不必远“厨”事。

---

① 郭庆藩．庄子集释［M］//诸子集成：三．北京：中华书局，1954：55-56.

② 夏征农．辞海［M］．上海：辞书出版社，1999：1031. 亦见该《辞海》2009年版第1413页。

③ 阮元．十三经注疏：上册［M］．北京：中华书局，1980：661.

④ 阮元．十三经注疏：上册［M］．北京：中华书局，1980：659，661-662.

⑤ 陆晓光．“庖丁解牛”寓言解［M］//中国文学暨华语文国际学术研讨会论文．台北：中国文化大学，2012.

⑥ 焦循．孟子正义：梁惠王上［M］//诸子集成：第一册．北京：中华书局，1986：50.

⑦ 东坡肉是北宋著名词人苏轼发明的一道美食，苏轼在杭州任知州的时候，治水有功，当地老百姓为了表达感谢之情，给苏轼送去了猪肉，苏轼收到猪肉后，指点家人将肉切成方块，烧得红酥软烂，然后分送给老百姓吃，而苏轼号称东坡居士，于是人们就把他送来的肉亲切地称为东坡肉。

“庖丁”与“厨丁”虽有差异，但所指都是从事劳动的人（“丁”“人丁”等皆指基层劳动人口）。奇怪的是，“庖丁”传至日本又进一步转义为切菜刀的“包丁”（ほうちょう）。“庖丁解牛”的主人公，由此变成“非人”的厨房刀具了。这个变异很可能是基于日本历史上特殊的社会构造。

石原正明《江户职人歌合》有说：“虽然日本人不吃兽肉，但因为生产、战争等社会活动的缘故还是会饲养牛马。牛马死亡就由‘秽多’来处理，剥皮鞣制成皮革后上缴，剩下来的肉则吃掉。鞣制皮革需要将兽皮的毛和脂肪剔除干净，而在过去需要利用秽物浸泡兽皮，因为要利用秽物中的细菌分解掉兽皮的脂肪。……使得‘秽多’身上的臭味会比较明显。”① 这里“秽多”特指屠宰业的人口。显然，在这个背景下，“庖丁解牛”故事中的文惠君与庖丁之亲近、前者对后者的赞叹、后者给前者的教益，这一切不仅很不合宜，而且成为“失礼する”了。

又据称：“日本德川幕府时代，从事屠宰业、皮革业等所谓贱业者和乞丐游民被视为贱民，前者被辱称秽多，后者被辱称非人。……形成特殊的社会集团——‘部落’。”②

笔者曾在神户大学的读报栏上，多次看到落款为“部落解放者同盟”的海报。

九、惠特曼的《斧头之歌》

马克思当年对美国之所以刮目相看，最主要原因是那里有着“劳动光荣”的经济基础。《1857—1858 年经济学手稿》中对北美社会有如下论断：

> “这里，劳动不仅在范畴上，而且在现实中都成了创造财富一般的手段。”“在资产阶级社会的最现代的形式——美国，这种情况最为发达。”“所以，……这个现代经济学的起点，才成为实际真实的东西。”③

同时代法国历史学家阿历克西·德·托克维尔（Alexis-Charles-Henri Clérel de Tocqueville，1805—1859）进入美国实地考察后所写《美国的民主》一书中

① 游廊金堂伽蓝．现代日本的部落民还是很没有地位吗？［EB/OL］．知乎，2019-05-28.

② 部落民［EB/OL］．360 百科．

③ 马克思．经济学手稿（1857—1858 年）［M］//中共中央马克思恩格斯列宁斯大林著作编译局．马克思恩格斯全集：第 46 卷（上册）．北京：人民出版社，1979：42.

的相关论述，为马克思的论点提供了经验依据：

> “美国的领土，为人类的活动展现出一片无边无际的园地，向实业和劳动提供了用之不竭的资源。”①
>
> “他们在进入新大陆的荒原时，只随身带来一部圣经、一把斧头和一些报纸。”“拓荒者一到可供安身之地，便立刻伐倒树木，在树荫下盖起木房。”“他周围的一切虽然原始粗鄙，但他本人，却可以说是十九世纪的劳动和经验的体现。”②

也是同时代的美国诗人沃尔特·惠特曼（Walt Whitman，1819—1892）进而丰富了马克思的论断，他的《斧头之歌》（1856）咏唱道：

> 斧头跳起来了呀！
> 坚固的树林说出流畅的言语，
> 它们倒下，它们起立，它们成形，
> 小屋、帐幕、登陆、测量、
> 棒、犁、铁棍、鹤嘴锄、板锄、
> 木瓦、横木、柱、壁板、户柱、板条、薄板、山墙、
> 城堡、天花板、沙龙、学院、风琴、陈列室、图书馆、
> 飞檐、格子、壁柱、露台、窗、小塔、走廊、
> 耙、木铲、叉子、铅笔、板车、竿、锯、刨、槌、楔、把手、
> 椅子、桶、箍、桌子、小门、风标、窗架、地板、
> 工作箱、柜子、弦乐器、船、框架，以及其他物品……③

惠特曼长诗《各行各业的歌》（1855）：

> 为各行各业唱支歌啊！
> 在机械和手工劳动中，在农田作业中，我找到了
> 发展，

---

① 托克维尔. 论美国的民主：上卷［M］. 董果良，译. 北京：商务印书馆，2006：355.

② 托克维尔. 论美国的民主：上卷［M］. 董果良，译. 北京：商务印书馆，2006：352.

③ 惠特曼. 草叶集：上［M］. 楚图南，李野光，译. 北京：人民文学出版社，1987：338.

并且找到了永恒的意义……
在它们里面有供给你我的实体，在它们中有供给你我的诗篇……
我不是说那些你认为伟大的先导并不伟大，
但是我说谁也不能引向比这些所引向的更伟大
之处。①

然而一个半世纪后，《许倬云说美国》一书中，却是感叹面目全非的图景："令人扼腕者，今日美国社会已经严重分裂：上述最需要帮助的贫穷弱势社群，亦即工厂劳工、社会低收入雇员、老弱、残疾、初到移民、弱势族群（尤其是非裔、拉美裔）等，接受的教育程度较低，长期居于劣势。"②

十、爱因斯坦说"劳动"

爱因斯坦在《我的世界观》中说：

> 我每天上百次地提醒自己：我的精神生活和物质生活都依靠着别人（包括生者和死者）的劳动，我必须尽力以同样的分量来报偿我所领受的和至今还在领受着的东西。我强烈地向往着俭朴的生活，并且时常为发觉自己占用了同胞过多劳动而难以忍受。③

爱因斯坦"每天上百次地提醒自己"的是不要"占用同胞过多劳动"。这里的"上百次"并非夸张的形容词，而是有古典经济学依据的。亚当·斯密考察过十多种"日用物品"的生产过程，发现其中每一种都凝结了十多个不同工种的特殊劳动。"例如，日工所穿的粗劣呢绒上衣，……必须有牧羊者、拣羊毛者、梳羊毛者、染工、粗梳工、纺工、织工、漂白工、裁缝工，以及其他许多人，联合起来工作。"④《国富论》由此阐明：文明国家中的每一个人的最简单

① 惠特曼．草叶集：上［M］．楚图南，李野光，译．北京：人民文学出版社，1987：381.
② 许倬云．许倬云说美国［M］．上海：上海三联书店，2020：317.
③ 爱因斯坦．我的世界观［M］//爱因斯坦论犹太人问题．许良英，等译．北京：中央编译出版社，2007：71.
④ 亚当·斯密．国民财富的性质和原因的研究：上卷［M］．郭大力，王亚南，译．北京：商务印书馆，2005：11.

的日常生活，都不能“没有成千上万的人的帮助和合作”①。

爱因斯坦格外推崇马克思：“社会主义的要求多半首先由犹太人提出来的，这绝不是偶然的。”②“这个传统已经产生了斯宾诺莎和卡尔·马克思。”③ 下面一段是他对从事应用科学的青年说的话：

> 如果你们想使你们一生的工作有意义于人类，那么只懂得应用科学是不够的。关心人的本身，应当始终成为一切技术上奋斗的主要目标，关心怎样组织人的劳动和产品的分配这样一些尚未解决的重大问题，用以保证科学思想的成果造福人类，而不致成为祸害。在你们埋头于图表和方程式时，千万不要忘记这一点。④

爱因斯坦所关心的“怎样组织人的劳动和产品的分配”问题，也正是当初马克思《资本论》力求解答的问题。

爱因斯坦还提出：“一个人为人民最好的服务，是让他们去做某种提高思想境界的工作，并且由此间接地提高他们的思想境界。这尤其适用于大艺术家，在较小的程度上也适用于科学家。”⑤ 这段话堪称发挥了毛泽东的名言——“为人民服务”。

十一、“劳动”与“拜金主义”

富兰克林对“劳动”的敬重之所以被后人转换为“拜金主义”，首先是因为当初“金银是作为社会劳动的直接化身”⑥ 而出现。这意味着最初的“拜金主义”首先依靠的是“劳动”。

马克思发现，“金银帮助了世界市场的形成”，这个过程也首先是劳动创造

---

① 亚当·斯密．国民财富的性质和原因的研究：上卷［M］．郭大力，王亚南，译．北京：商务印书馆，2005：12.

② 爱因斯坦．有没有一种犹太人的生命观［M］//爱因斯坦论犹太人问题．许良英，等译．北京：中央编译出版社，2007：13.

③ 爱因斯坦．犹太共同体［M］//爱因斯坦论犹太人问题．许良英，等译．北京：中央编译出版社，2007：8.

④ 转见：王元化．思辨录［M］．上海：上海古籍出版社，2004：364.

⑤ 爱因斯坦．善与恶［M］//爱因斯坦论犹太人问题．许良英，等译．北京：中央编译出版社，2007：78.

⑥ 马克思．政治经济学批判［M］//中共中央马克思恩格斯列宁斯大林著作编译局．马克思恩格斯全集：第13卷．北京：人民出版社，1962：149.

世界市场的过程:“实在的劳动的物质变换在全世界扩展到什么程度,金银就在什么程度上变成一般劳动时间的化身。”①

马克思还注意到崇敬“劳动”与崇拜“金银”这两种意识之间的“魔力”:“这种魔力……必然会从商品世界的承担者对自己社会劳动的曲解中产生出来,十九世纪中叶新的产金地的发现对于世界贸易所发生的非常影响证明了这一点。”② 这个“新的产金地”,正是富兰克林(1706—1790)去世50年后美国加州兴起的“旧金山”。在线资料称:“原先这里的居民只有800多人。1848年1月一名木匠在建造锯木厂时,在推动水车的水流中发现了黄金。这个消息不胫而走,引发了全世界的淘金热。短短三个月内旧金山人口便激增2. 5万人。其中许多华人作为苦力被贩卖至此挖金矿、修铁路,备尝艰辛。此后大批华工在这里安家落户,他们就称这座城市为旧金山(以区别澳大利亚的新金山)。”③这个“旧金山”当初积聚的显然多是除自己的淘金能力和热情外一无所有的劳动者,因而也堪称新大陆劳动者的“圣淘金山”“圣劳动山”。

“旧金山最强劲的是移民们迸发的热情,这是一个令人陶醉的文化;特色鲜明的意大利人,巴西人、西班牙人,华人等,不同的聚居区点缀在加州这块土地上。”④ 这个“圣淘金山”,显然也正是新世界“劳动时间”的通约地和聚散地。⑤

马克思还写道:“商品所有者的世界主义就发展为对实践理性的信仰,而与阻碍人类物质变换的传统的宗教、民族等成见相对立。……整个世界都融化在其中的那个崇高的观念。”⑥

——马克思用“对实践理性的信仰”、世界性的“崇高的观念”,借以阐释“资本主义生产方式的‘物神’”⑦。这表明他所见的此时此地的“拜金主义”,客观上是一种对“劳动”朝圣的理性实践。并且,“淘金”乃是“人与自然之

---

① 马克思.政治经济学批判[M]//中共中央马克思恩格斯列宁斯大林著作编译局.马克思恩格斯全集:第13卷.北京:人民出版社,1962:142.

② 马克思.政治经济学批判[M]//中共中央马克思恩格斯列宁斯大林著作编译局.马克思恩格斯全集:第13卷.北京:人民出版社,1962:142.

③ 世界版图上的亮点(22)——美国旧金山.[EB/OL].知乎.

④ 世界版图上的亮点(22)——美国旧金山.[EB/OL].知乎.

⑤ 旧金山英文“San Francisco”,后者与天主教方济各会创造人同名(San Francisco,1182—1226)。(圣方济各[EB/OL].百度百科)

⑥ 马克思.政治经济学批判[M]//中共中央马克思恩格斯列宁斯大林著作编译局.马克思恩格斯全集:第13卷.北京:人民出版社,1962:142-143.

⑦ 马克思.政治经济学批判[M]//中共中央马克思恩格斯列宁斯大林著作编译局.马克思恩格斯全集:第13卷.北京:人民出版社,1962:145.

间进行物质变换”的质朴而地道的劳动方式。“金在它的使用价值上代表着一切商品的使用价值。金因此是物质财富的代表。”①

马克思由此赞赏：“现代世界的最初解释者……他们正确地说出了资产阶级社会的使命就是赚钱。”②

——这里所称的“正确”，显然是基于其中开拓性的“劳动”内容。

马克思因此也述及新教伦理的“至善”：“人们在这种时机当作唯一财富渴求的 Summum Bonum（至善）就是货币，就是现金。”③

——与《新教伦理与资本主义精神》“尽量地赚钱”的“至善”不同的是，后者对 19 世纪新大陆的“淘金”劳动未见关注。

十二、“劳动”与“颠倒的合理内核”

《资本论》第二版跋指出：黑格尔的辩证法是头足倒置的，“必须把它倒过来，以便发现神秘外壳中的合理内核”④。《新教伦理与资本主义精神》书中似有类似现象，后者的合理内核首先在于崇尚“劳动”，但却是以“尽量地赚钱”⑤ 的“拜金主义”形式呈现。

该书奉神学家巴克斯特（Richard Baxter，1615—1691）的《基督教指南》为“清教伦理学最完美的概述”⑥。马克斯·韦伯（Max Weber）多处引述其中关于“劳动”的箴言，下面略窥数斑。

“巴克斯特反复不断，且经常是充满激情地宣讲：人须恒长不断地践行艰苦的体力劳动或智力劳动，这成了他最主要的工作。”⑦

——这里同时推重了“体力劳动”。

---

① 马克思．政治经济学批判［M］//中共中央马克思恩格斯列宁斯大林著作编译局．马克思恩格斯全集：第 13 卷．北京：人民出版社，1962：115.

② 马克思．政治经济学批判［M］//中共中央马克思恩格斯列宁斯大林著作编译局．马克思恩格斯全集：第 13 卷．北京：人民出版社，1962：148.

③ 马克思．政治经济学批判［M］//中共中央马克思恩格斯列宁斯大林著作编译局．马克思恩格斯全集：第 13 卷．北京：人民出版社，1962：136.

④ 马克思．资本论：第 1 卷［M］//中共中央马克思恩格斯列宁斯大林著作编译局．马克思恩格斯全集：第 23 卷．北京：人民出版社，1972：24.

⑤ 马克斯·韦伯．新教伦理与资本主义精神［M］．彭强，黄晓京，译．西安：陕西师范大学出版社，2002：25.

⑥ 马克斯·韦伯．新教伦理与资本主义精神［M］．于晓，陈维纲，等译．北京：生活·读书·新知三联书店，1987：123.

⑦ 马克斯·韦伯．新教伦理与资本主义精神［M］．于晓，陈维纲，等译．北京：生活·读书·新知三联书店，1987：124.

“你切不可抛弃你借以为公共利益服务的体力和脑力工作。”①

——这里崇尚了为“公共利益服务”的劳动。

“众所周知，贵格派中最富有阔绰者也要其儿子学习某种技艺，其动机是伦理性而非功利性的。”②

——这里又强调“最富有阔绰者”者也应该学习劳动技能。

具有独特性的是，这种对“劳动”的格外崇尚，是以上帝名义为依据：

“他引用了上帝对亚当的训诫‘用你额间的汗水’，以及保罗的箴言‘不劳动者不得食’。”③

“上帝已以这样或那样的方式向你发布训令：为自己每日的面包而辛劳，不可若寄生虫靠他人之血汗为生。”④

因此，“最重要的乃是更进一步把劳动本身作为人生的目的，这是上帝的圣训。……厌恶劳动本属堕落的表征”⑤。

韦伯还指出：“赋予劳动及劳动尊严以特殊的道德价值，这种观念并非始于基督教，也不是为它所专有。”⑥“几乎各个教派的禁欲主义文献都充满这样的观念：为了信仰而劳动。”⑦但是唯独新教伦理“最有力地深化了这一思想”，“认为这种劳动是一种天职”⑧。

韦伯甚至断言：“把劳动视为一种天职成为现代工人的特征，如同相应的对获利的态度成为商人的特征一样。”“这一切很明显，必定对资本主义意义上的

---

① 马克斯·韦伯. 新教伦理与资本主义精神［M］. 于晓，陈维纲，等译. 北京：生活·读书·新知三联书店，1987：227.

② 马克斯·韦伯. 新教伦理与资本主义精神［M］. 于晓，陈维纲，等译. 北京：生活·读书·新知三联书店，1987：227.

③ 马克斯·韦伯. 新教伦理与资本主义精神［M］. 于晓，陈维纲，等译. 北京：生活·读书·新知三联书店，1987：227.

④ 马克斯·韦伯. 新教伦理与资本主义精神［M］. 于晓，陈维纲，等译. 北京：生活·读书·新知三联书店，1987：227.

⑤ 马克斯·韦伯. 新教伦理与资本主义精神［M］. 于晓，陈维纲，等译. 北京：生活·读书·新知三联书店，1987：124.

⑥ 马克斯·韦伯. 新教伦理与资本主义精神［M］. 于晓，陈维纲，等译. 北京：生活·读书·新知三联书店，1987：228.

⑦ 马克斯·韦伯. 新教伦理与资本主义精神［M］. 于晓，陈维纲，等译. 北京：生活·读书·新知三联书店，1987：140.

⑧ 马克斯·韦伯. 新教伦理与资本主义精神［M］. 于晓，陈维纲，等译. 北京：生活·读书·新知三联书店，1987：140.

'劳动生产力'产生极其有力的影响。"①

——上引韦伯之说与马克思对"拜物教"的描述似相吻合："被神秘化"的资本主义积累规律，是以"头脑中的假象"的形式"颠倒地表现出来"。②

十三、《钱谷融论文学》的"劳动"

"五一"劳动节将要来临。近期因指导博士论文而重读钱谷融先生《论"文学是人学"》，收获之一是发现其中频繁述及"劳动群众"，例如下面一段：

> 反对不把劳动人民当作人的专制与奴役制度。几千年来，人民是一直在为着这种理想，为着争取真正的人道主义——马克思说过，真正的人道主义也就是共产主义——而斗争的。而古今中外的一切伟大的文学作品，就是人民的这种理想和斗争的最鲜明、最充分的反映。③

——首句有"劳动人民"，后面又两度强调"人民的理想"。

又如下面一段：

> 列宁说："艺术是属于人民的。它的最深的根源，应该是出自广大劳动群众的最底层。它应该是为这些群众所了解和为他们所挚爱的。它应该将这些群众的感情、思想和意志联合起来，并把他们提高起来。"④ 而把人当作人，承认人的正当的权利，尊重人的健康的感情，这种人道主义的理想就是在人民群众中有着最深的根底、最广的基础的。⑤

——上段中除"广大劳动群众"外，又连续述及"人民""群众""人民群众"。

值得注意的还在于，钱先生所引的"列宁说"，也是2014年习近平总书记

---

① 马克斯·韦伯．新教伦理与资本主义精神［M］．于晓，陈维纲，等译．北京：生活·读书·新知三联书店，1987：140.

② 马克思．资本论：第1卷［M］//中共中央马克思恩格斯列宁斯大林著作编译局．马克思恩格斯全集：第23卷．北京：人民出版社，1972：602，587.

③ 钱谷融．论"文学是人学"［M］//钱谷融．钱谷融论文学．上海：华东师范大学出版社，2008：60.

④ 周扬．马克思主义与文艺［M］．解放社，1950：206.

⑤ 钱谷融．论"文学是人学"［M］//钱谷融．钱谷融论文学．上海：华东师范大学出版社，2008：60.

《在文艺工作座谈会上的讲话》中所引：

> 列宁说："艺术是属于人民的。它必须在广大劳动群众的底层有其最深厚的根基。它必须为这些群众所了解和爱好。它必须结合这些群众的感情、思想和意志，并提高他们。它必须在群众中间唤起艺术家，并使他们得到发展。"① 人民生活中本来就存在着文学艺术原料的矿藏，人民生活是一切文学艺术取之不尽、用之不竭的创作源泉。②

——上面两段中的"列宁说"大体是同一段文字，只是译文有差异。因为所据文献版本不同：前者是周扬主编的《马克思主义与文艺》；后者是人民文学出版社出版的《列宁论文学与艺术》。

十四、沈从文的"乡下人"

钱谷融新世纪所撰《〈沈从文年谱〉序》中赞扬："沈从文的创作充满着诗意追求和人性关怀，……人们可以从中感受到人的尊严、优美和信念。"③ 这意味着沈从文小说具有"文学是人学"的某种代表性。

沈从文小说的独创性首先在于讴歌"乡下人"。其代表作《湘行散记》中：

> 看看每一个人的脸子，我都发生一种奇异的乡情。这里是一群会寻快乐的正直善良乡下人，有捕鱼的，打猎的，有船上水手和编制竹缆工人。(《箱子岩》)④

> 不问天气如何，这些人莫不皆得从天明起始到天黑为止，做他应分做的事情。遇应当下水时，便即刻跳下水中去。遇应当到滩石上爬行时，也毫不推辞即刻前去。(《辰河小船上的水手》)⑤

---

① 列宁．列宁论文学与艺术［M］．北京：人民文学出版社，1960：912.

② 习近平．在文艺工作座谈会上的讲话［M］//习近平．习近平谈治国理政：第二卷．北京：外文出版社，2017：316.

③ 钱谷融．《沈从文年谱》序［M］//吴世勇．沈从文年谱．天津：天津人民出版社，2006：1-2.

④ 沈从文．沈从文随笔精选［M］．武汉：长江文艺出版社，2016：52.

⑤ 沈从文．沈从文随笔精选［M］．武汉：长江文艺出版社，2016：44.

沈从文讴歌劳动者的“正直善良”与“愚蠢朴质勇敢耐劳”，并且对他们表达了“温情的敬意”：

> 他们那么忠实庄严的生活，担负了自己那份命运，为自己，为儿女，继续在这世界中活下去。不问所过的是如何贫贱艰难的日子，却从不逃避为了求生而应有的一切努力。……对于寒暑的来临，他们便更比其他世界上人感到四时交替的严肃。(《一九三四年一月十八》)①

其中更有对一位老纤夫的近距离描述：

> 一个老头子，牙齿已脱，白须满腮，却如古罗马战士那么健壮。……我问他有多少年纪，他说七十七。那样子，简直是一个托尔斯太！眉毛那么长，鼻子那么大，胡子那么多，一切皆与画相上的托尔斯太相去不远。……人快到八十了，对于生存还那么努力执着，这个人给我的印象真是太深刻了。②

沈从文以“托尔斯太”比喻这位老纤夫似乎有点牵强。然而托尔斯太不仅是《安娜·卡列尼娜》的作者，也以倡导劳动主义闻世。其格言有：“劳动能唤起人的创造力”“脱离劳动就是犯罪”。因此沈从文这个比喻堪称“壮辞可得喻其真”(《文心雕龙·夸饰》)。③

沈从文当年是在北京接受五四新文化洗礼的，李大钊当初在北京大学说：“以劳动者为本位，这正是个人主义向社会主义人道主义过渡的时代。”(《我的马克思主义观》)④ 这句话似也道出了沈从文“人学”的超越前人处，以及钱谷融“人学”的意境之所在。

十五、莫言小说与“铁匠”美学

莫言小说《晚熟的人》开首“小引”是一则专论“铁匠”的随笔：

---

① 沈从文．沈从文随笔精选［M］．武汉：长江文艺出版社，2016：27.

② 沈从文．沈从文随笔精选［M］．武汉：长江文艺出版社，2016：25-26.

③ 王更生．文心雕龙：全译本［M］．西安：三秦出版社，2021：250.

④ 李大钊．我的马克思主义观［M］//李大钊．李大钊选集．北京：人民出版社，1959：176.

各位读者，真有点不好意思，我在长篇小说《丰乳肥臀》、中篇小说《透明的红萝卜》、短篇小说《姑妈的宝刀》里，都写过铁匠炉和铁匠的故事。在这篇歇笔数年后写的第一篇小说里，我又不由自主地写了铁匠。为什么我这么喜欢写铁匠？第一个原因是我童年时在修建桥梁的建筑工地上，给铁匠拉过风箱，虽然我没学会打铁，但老铁匠亲口说过要收我为徒，他当着很多人的面，甚至当着前来视察的一个大官的面说我是他的徒弟。第二个原因是，我在棉花加工厂工作时，曾跟着维修组的张师傅打过铁，这次是真的抡了大锤的，尽管我抡大锤时张师傅把警惕性提到了最高的程度，但毕竟我也没伤着他老人家。张师傅技艺高超，但识字不多。他的儿子当时是个团参谋长，我代笔给他写过信。后来我当了兵，进了总部机关，下部队时见了某集团军司令，一听口音，知道是老乡，细问起来，才知道他是张师傅的儿子。

一个人，特别想成为一个什么，但始终没成为一个什么，那么这个什么也就成了他一辈子都魂牵梦绕的什么。这就是我见到铁匠就感到亲切，听到铿铿锵锵的打铁声就特别激动的原因。这就是我一开始写小说就想写打铁和铁匠的原因。①

这段小引至少表明，莫言全部小说中都可能潜藏着“铁匠”意象的“魂牵梦绕”。

笔者之所以突然想到莫言小说中的“铁匠”情结，是因为近期为修改《〈资本论〉美学研究》书稿而重读卢卡奇的《审美特性》（上下册），注意到其中也有关于“打铁的劳动”与艺术“节奏”之关系的专论。下面一段是“明显的例子”：

譬如两个锻工合作打铁的劳动过程不仅产生了相互适应的极其确定的节奏，而且产生可以听到的音响。最重要的是，这种节奏不是自然固定下来的，不像在动物界的某些运动那样，而是特殊的人的实践不断变化、不断完善的组成部分，它是我们由劳动节奏训练出来的感官所确定的。这一基础不是“本能”、由非随意的无条件反射构成，而是通过练习掌握的，即巴甫洛夫所说的条件反射。正是这种还在不太发展阶段形成的节律的多样性，使得这种共同现象成为人在日常生活中习得的用于不同对象、不同形

① 莫言．晚熟的人［M］．北京：人民文学出版社，2020：1-2.

式的组成部分。①

卢卡奇以“打铁”之例阐明艺术节奏起源与劳动的关系。他还进一步指出诗歌节奏的起源也与“打铁的劳动”不无关联：

就古代韵律学而言，……它的主要形式绝不是由诗人随意“杜撰”的，绝不是它的实践的僵化规则，而是由劳动的节律逐渐变化为诗歌因素的。它是由夯的声音和打击节奏形成的，……抑扬格和扬扬格是夯的方式，脚踏的一弱和一强。扬扬格是打击的韵律，只要两个人交替地敲打就很容易了解这一点。扬抑抑格和抑扬扬格是捶击的韵律，直到今日在每个村舍的打铁作坊中都可以看到，工人在每次锤打烧红的铁时，在其前和其后总是跟着两下短促的敲击。锻工称它为“让锤子唱歌”②。

其中“今日在每个村舍的打铁作坊中都可以看到”句，应该也可以包括莫言小时候追随铁匠打铁的经历。

作为美学家的卢卡奇对艺术节奏与“铁匠打铁”之关系的分析和强调，是有其针对性的。因为古希腊哲人柏拉图把“节奏与和谐”看作“神的恩赐”，“人们把它们归功于缪斯们及其首领阿波罗和迪奥尼索斯，作为它们的第一批庆贺者”③。从那时起，后人所谓的美学之谜（“美是难的”）就产生了。

十六、莫言释“百炼钢化为绕指柔”

莫言小说《左镰》描写打铁场景时也联想到古诗意境：

他们将这块生铁烧红，锻打，再烧红，再锻打，翻来覆去的，折叠起来打扁打长，然后再折叠起来，再打扁打长。烧红的铁在他们锤下，仿佛女人手中面，想揉成什么模样，就能揉成什么模样。他们将这块生铁一直锻打成一块钢。我小时候从我哥的中学语文课本上读到“百炼钢化为绕指柔”这样的句子，脑海里便浮现出铁匠们的形象，耳边便回响起铿铿锵锵

① 卢卡奇．审美特性：上［M］．徐恒醇，译．北京：社会科学文献出版社，2015：156.

② 卢卡奇．审美特性：上［M］．徐恒醇，译．北京：社会科学文献出版社，2015：166-167. 卢卡奇原文注引了毕歇尔的《劳动与节奏》。

③ 卢卡奇．审美特性：上［M］．徐恒醇，译．北京：社会科学文献出版社，2015：168.

的声音。①

其中议论到中学语文课本上的“百炼钢化为绕指柔”。由此，语文课文与打铁场景，两者提供了一个令读者联想的空间。

受此启发，笔者重读了该两句出典的古诗《重赠卢谌》（晋代刘琨作），这首五言长诗的卒章为：

何意百炼钢，化为绕指柔。②

古诗文网释曰：“‘何意百炼钢，化为绕指柔’，意思是说：为什么久经沙场、叱咤风云的铁骨英雄，变得如此的软弱无能呢？……古人说‘鸟之将死，其鸣也哀’，这是一种身不由己的哀鸣，是令人心酸的踏上人生绝路的哀鸣。”③这个解释中的“软弱无能”句，显然与《左镰》主人公的联想不一样：“脑海里便浮现出铁匠们的形象，耳边便回响起铿铿锵锵的声音。”

可可诗词网释曰：“想不到百炼之钢，竟柔软得能在手指上缠绕。比喻性格刚强的人，最后变得非常柔顺。现在常用来比喻文艺作品经过千锤百炼，达到了炉火纯青的艺术境界。”④ 其中也是将“绕指柔”释作“柔软”“最后变得非常柔顺”。

不过另有一篇释“绕指柔”词条的网文，已经指出这里有很大歧义：

从词面上简单说，“绕指柔”就是“柔韧得可以绕指头”。但是，“柔韧得可以绕指头”的东西太多了。这样的形容，似乎属于没有意义的废话。

这篇网文已经区别了“柔韧”不是“柔软”。并且：

---

① 莫言．晚熟的人［M］．北京：人民文学出版社，2020：2-3.

② 刘琨《重赠卢谌》全诗为：“握中有悬璧，本自荆山璆。惟彼太公望，昔在渭滨叟。邓生何感激，千里来相求。白登幸曲逆，鸿门赖留侯。重耳任五贤，小白相射钩。苟能隆二伯，安问党与雠？中夜抚枕叹，想与数子游。吾衰久矣夫，何其不梦周？谁云圣达节，知命故不忧。宣尼悲获麟，西狩涕孔丘。功业未及建，夕阳忽西流。时哉不我与，去乎若云浮。朱实陨劲风，繁英落素秋。狭路倾华盖，骇驷摧双辀。何意百炼钢，化为绕指柔！”（朱东润．中国历代文学作品选：上编（第二册）［M］．上海：上海古籍出版社，1979：316-317.）

③ “何意百炼钢，化为绕指柔。”［EB/OL］．古诗文网．

④ “何意百炼钢，化为绕指柔。”［EB/OL］．可可诗词网．

实际上，“绕指柔”原来并不是一个汉语名词。西晋刘琨《重赠卢谌》一诗中有“何意百炼钢，化为绕指柔”的句子，从此多被引用。问题是“绕指柔”同“百炼钢”由“化”这个动词连在一起，就勾起了一段炼钢的知识性问题来。①

该网文提供的“知识性问题”摘要如下：

西汉时期的炼钢技术在战国块炼铁的基础上又有了新的发展。反复热锻块炼铁，或用生铁炒成熟铁，再反复渗碳锻打成钢，被称之为“百炼钢”。用这种碳分子分布均匀、质地柔韧的百炼钢所做的剑，当然是高质量的兵器。……

那么，“百炼钢”前生的“块炼钢”是怎么回事呢？网上咨询得知：

块炼铁，含有较多夹杂物的铁。含碳量低，质软，经加热锻打，挤出夹杂物。在反复加热过程中，块炼铁同炭火接触，碳渗入而增碳变硬，则成为块炼渗碳钢。②（中略）

技术含量较低的“块炼铁”经过“加热锻打”和“反复加热过程”后，就转化“增碳变硬，成为块炼渗碳钢”，后者俗称“百炼钢”。

“绕指柔”网文又介绍：

这种块炼铁和块炼渗碳钢技术一直沿用到西汉中期以后才为生铁炼钢法所取代。南北朝时期灌钢（“团钢”）技术的兴起，也自然地用来制造刀剑。……这种按比例熔铸生、熟铁的工艺，历经唐、宋、元，又得到进一步发展和推广，而费时费工、生产效率低的“百炼钢”已不复存在。在锻造技术精进的基础上，所生产的剑在质量上又跃入一个新的境地，……若“用力屈之如钩，纵之铿然有声，复直如弦”。（沈括《梦溪笔谈》）。这种性能正是反复锻打、剔除杂质，使组织致密的结果。

---

① 参见百度百科“绕指柔”词条。

② 块炼铁［EB/OL］. 360 百科.

看来西汉中期以后，冶铁技术经历了多次转化，至少包括块炼铁—块炼渗碳钢（百炼钢）—灌钢（“团钢”① ），因而其中的“百炼钢”也经历了不断发展的过程。不过始终如一的是，这些新技术都贯通着“反复锻打、剔除杂质，使组织致密”的核心之义。

“绕指柔”词条作者由此总结道：

> 由“百炼钢”所铸造的剑具有良好的韧性与弹性，因此才“化”——获得——绕指的功能。当然，这里的“百炼”只是个概数，说的是反复锻打，次数有多有少，并非实指。

由此看来，古诗文网对“何意百炼钢，化为绕指柔”两句的解说似有差距。比较而言，《左镰》主人公的赏析更合乎诗意，不仅因为“镰刀使用起来锋利持久”，而且因为“脑海里便浮现出铁匠们的形象，耳边便回响起铿铿锵锵的声音”。

《魏晋南北朝文学史参考资料》有如下注释：

> 《晋书·刘琨传》载刘琨被段匹磾囚禁，“自知必死，神色怡如也。为五言诗赠其别驾卢谌”。又说此诗“讬意非常，抒畅达幽愤，远想张、陈，感鸿门、白登之事，用以激谌”。诗中自抒怀抱而痛于功业无成，希望卢谌能追步先贤，完成救国使命。②

这个注释中没有使用“柔软”形容词，而毋宁说给人以坚忍不拔的印象。

---

① 灌钢工艺是我国古代刃钢生产的主要方法。它以生铁和“熟铁”（一种含碳量较高的炒炼产品）为原料，将它们加热到生铁熔点以上，合炼而成钢。（灌钢［EB/OL］. 360 百科）“世间锻铁所谓钢铁者，用柔铁屈盘之，乃以生铁陷其间，泥封炼之，锻令相入，谓之团钢，亦谓之灌钢。……观炼铁，方识真钢。凡铁之有钢者，如面中有筋，濯尽柔面，则面筋乃见。炼钢亦然，但取精铁，锻之百余火，每锻称之，一锻一轻，至累锻而斤两不减，则纯钢也，虽百炼不耗矣。此乃铁之精纯者，其色清明，磨莹之则黯黯然青且黑，与常铁迥异。”（沈括．梦溪笔谈［M］. 诸雨辰．译注．北京：中华书局，2016：56-57.）

② 魏晋南北朝文学史参考资料：上册［M］. 北京大学中国文学史教研室，选注．北京：中华书局，1962：313.

十七、嵇康打铁最“风流”

友人微信群发推荐冯友兰《论风流》，称平生最爱此文。因此也拜读一过，确有收获。冯文以《世说新语》说“风流”，称嵇康等代表了“真名士的真风流”，“真风流的人，必须有妙赏”，“所谓妙赏，就是对于美的深切的感觉”。其举范例是嵇康故事：

> 锺士季精有才理，先不识嵇康。锺要于时贤俊之士，俱往寻康。康方大树下锻，向子期为佐鼓排。康扬槌不辍，旁若无人，移时不交一言。锺起去，康曰：“何所闻而来？何所见而去？”锺曰：“闻所闻而来，见所见而去。”

冯友兰评议：“晋人本都是以风神气度相尚。锺会嵇康既已相见，如奇松遇见怪石，你不能希望奇松怪石会相说话。锺会见所见而去，他已竟见其所见，也就是此行不虚了。刘孝标注引《魏氏春秋》说：锺会因嵇康不为礼，‘深衔之，后因吕安事，而遂谮康焉’。如果如此，锺会真是够不上风流。”①

循着冯友兰的“妙赏”，我们可以进一步发现，嵇康与锺会见面时正在“大树下锻”，并且始终“扬槌不辍，旁若无人”。用今天的话说，嵇康在专心致志打铁。换言之，他在劳动。

黑格尔《美学》赞扬过希腊神的赫斐斯陀斯和他的女助手雅典娜，前者是执掌铁匠和火的神，后者既是雅典城邦守护神，也是执掌纺织技艺的神。② 黑格尔由此从人类劳动本体角度论艺术起源。可见嵇康打铁之“风流”，也是黑格尔妙赏的。

嵇康打铁见于《世说新语》“简傲”部，而黑格尔专题阐释过当年荷兰绘画魅力的原因所在：“这种凭仗自己的劳动而获得一切的快慰和傲慢，组成了荷兰画的一般内容。……这种内容不能用上流社会的高傲眼光去看。”③

——也许嵇康与锺会见面而“移时不交一语”，原因在于“傲慢”的内容和级别有所不同？

---

① 冯友兰．论风流［M］//冯友兰．冯友兰读书与做人．北京：国际文化出版公司，2011：178.

② 黑格尔．美学：第二卷［M］．朱光潜，译．北京：商务印书馆，1979：199-200.

③ 黑格尔．美学：第一卷［M］．朱光潜，译．北京：商务印书馆，1982：216.

十八、读俞吾金论“劳动辩证法”

俞吾金教授 2011 年发表了《论马克思的“劳动辩证法”》一文①，笔者是在十年后的微信上才读到，当时有点惊讶，因为 2011 年也是笔者《〈资本论〉美学研究》立项获批准之年，却一直未知“劳动辩证法”之说②。兹摘录其中数段：

> 劳动辩证法构成马克思辩证法的基础性部分。然而在对马克思辩证法的探讨中，这个部分始终处于边缘，甚至是被遮蔽的状态。

笔者前此一直未闻“劳动辩证法”之说，客观原因也在于它“始终处于边缘，甚至被遮蔽的状态”。

> 黑格尔早期哲学思想中存在着三种辩证法，即“表述的辩证法”“劳动辩证法”和“为获得承认而斗争的辩证法”。

其中“表述的辩证法”，笔者十多年前通过读《资本论》而有所感触。当时拙文指出：“《资本论》结构艺术最鲜明特色是贯穿辩证法的逻辑程序。”③

> 哈贝马斯认为随着黑格尔思想的发展，“劳动辩证法已经失去了它的中心地位”。他没有意识到，在马克思那里，不但劳动辩证法得到了复兴，而且其内涵也被极大地丰富了。

笔者多年前对哈贝马斯的著作也有所阅读，印象之一是他对《资本论》颇有负面评价。诸如“实际上破灭了”“均不适用”“再也没有什么意义”“从此

---

① 俞吾金．论马克思的“劳动辩证法”［J］．复旦大学学报，2011（4）：1-8.

② 俞吾金该文为国家社科基金重点项目“科学发展观重大问题研究”（项目批准号：09AZD008）的阶段性研究成果。笔者《〈资本论〉美学研究》的项目批准号为“11BZW018”，结项日期为 2019 年 6 月 30 日。

③ 陆晓光．《资本论》的结构艺术与马克思的美学实践［J］．社会进步与人文素养：上海市社会科学界第四届学术年会文集（2006 年度）（哲学·历史·人文学科卷），2006（5）：153-157.

告吹”等。① 因此，哈贝马斯所称“劳动辩证法已经失去了它的中心地位”，与他的《资本论》“从此告吹”说，两者看来是相关的。

就中国美学界而言，较早论述《资本论》“劳动”范畴之义的是朱光潜，但是朱光潜著述中未见讨论过“劳动辩证法”。俞吾金该文指出：

> 据目前考证，最早提出“劳动辩证法”概念的是卢卡奇的《青年黑格尔》。

卢卡奇称《审美特性论》是其毕生“最重要成果”②。笔者数年前读此书所受教益主要是其中贯穿的以《资本论》“劳动”范畴为方法的研究思路。③ 这一方法应该也是基于“劳动辩证法”。

俞吾金该文还写道：

> 本文首次表明，马克思的劳动辩证法是通过对象化、外化、异化和物化这四个概念展现出来的。

该文循序分析了这四个概念，由此揭示其中“存在着劳动辩证法的两个始源性的、互动的端点”。

俞吾金还强调，马克思的“劳动辩证法”对于今天“重新塑造马克思的理论形象具有特别重要的意义”。笔者由此回首多年前所撰《论〈资本论〉结构

---

① 例如哈贝马斯声称“在《资本论》中，马克思坚持将人的活动完全归之于工具性行为——劳动生产，把人的解放的希望寄托在生产资料所有制的改变和劳动产品分配的合理化之上。然而，人类解放的前景并不能从生产范式中导出，而只能在以相互理解与协调为主旨的交往方式中得到展现”。（章国锋．关于一个公正世界的“乌托邦”构想［M］．济南：山东人民出版社，2001：127.）其又频频宣布：“运用马克思根据自由资本主义社会正确地提出的政治经济学的重要条件消失了。”“通过私人所有制来利用资本的方式，……不再处于马克思主义理论所说的基础与上层建筑的关系中。”“马克思曾在理论上揭露过的那种有关公平交换的基本的意识形态，实际上破灭了。”（尤尔根·哈贝马斯．作为意识形态的技术与科学［M］//陈学明．二十世纪哲学经典文本．上海：复旦大学出版社，1999：427.）“马克思所认定的那种剩余价值的唯一来源，……再也没有什么意义了。”（同书，第430页）“生产关系表明了制度结构得以稳定所需要的基础，但这只适用于自由资本主义的发展阶段，在此之前和在此之后均不适用。”（同书，第438页）

② 卢卡奇．审美特性：上［M］．徐恒醇，译．北京：社会科学文献出版社，2015：1.

③ 陆晓光．卢卡奇美学与《资本论》［J］．中国美学研究，2019（2）：185-202，286.

艺术》的拙文①，其中指出，《资本论》第一卷先后出现的范畴依次为：

> “商品”—“货币”—“资本”—“剩余价值”，仅此大体可见，马克思以“商品”为逻辑起点是瞄准着他的论证目标即“剩余价值”，而从“商品”经由“货币”“资本”的中介进入“剩余价值”，也确实显示出“由一种形式过渡到另一种形式、由一种联系秩序过渡到另一种联系秩序”②的辩证转换逻辑。③

现在可以进一步说，《资本论》结构艺术所贯穿的辩证法逻辑，都是基于马克思的“劳动辩证法”。因为“劳动是现代经济学的起点”④，从而“商品”—“货币”—“资本”—“剩余价值”的逻辑进程，也都是“劳动辩证法”的历史形式。

十九、《劳动教育》与“君子不器”

《萌芽》2021年第12期《劳动教育》（作者杨兆丰）讲述了一位研究生参加“实习”的故事，感觉颇有点“新概念”。

主人公最初在一家游戏大厂的上海分部做“文案策划”，体验到“比孙悟空那只更紧的金箍”和“成人世界的非人的疲惫”。公司决定留用时，“我购买了三年剂量的速效救心丸”，因为这里的企业文化信奉“无功就是过的狼性原则”，“我的工作就是在游戏中杜撰温馨，去催眠无数个疲惫者，让他们与不属于自己也不属于真实世界的幸福，通过付费产生共情”。主人公几个月后终于退却。

“我”又试图进入“印象里能够让人养尊处优的国企办公室”，却被告知“这里信奉的是铁军文化，不仅无功就是过，小功也是过”。

“失业的我”穿过南京东路去逛艺术展时，看到川流不息的年轻人群。“我也是其中一员。他们供养着上海，却以为上海在供养自己。”“这座城市的外来

---

① 陆晓光.《资本论》的结构艺术与马克思的美学实践［J］. 社会进步与人文素养：上海市社会科学界第四届学术年会文集（2006年度）（哲学·历史·人文学科卷），2006（5）：153-157.

② 马克思.资本论：第1卷［M］//中共中央马克思恩格斯列宁斯大林著作编译局.马克思恩格斯全集：第23卷.北京：人民出版社，1972：23.

③ 陆晓光.《资本论》结构艺术与马克思的美学实践［J］. 华东师范大学学报，2007（1）：55-62.

④ 马克思.《政治经济学批判》导言［M］//中共中央马克思恩格斯列宁斯大林著作编译局.马克思恩格斯选集：第二卷.北京：人民出版社，1972：107.

者中，有大批人早出晚归，协力形成长达四小时的早晚高峰；另一批人，多数时间卧床不起，……深夜里倍感抑郁。”

其后“我”来到一所公立初中，被安排去辅导一个“差班”。“差班”里有位“差生”，作文中写了一个关于游戏的故事。“我”按照学校“师傅”的指示，指出其中的“负能量”，由此完成了锻炼和成长。

该小说开首与结尾都说及“君子不器”。“我”在实习第一天就想到《论语》里“君子不器”四个大字。“人不应该把自己活成工具人。这些句子来源于我从中学阶段就接受的语文与生涯教育。”

结尾是在一所高中实习，“带教我的老师照例在讲《论语》，讲‘智者不惑’，讲‘君子不器’，讲恣意伸展自己的‘大写的人’，讲得比我当年听到的版本还要动人”。“重新坐到教室最后一排的我本应该不明白，为什么学校要用近二十年的时间，去教育学生成为‘大写的人’，却在招聘教师的时候、在教学授课的过程中，根本容不下‘大写的人’的存在……”

这篇不到8000字的小说提出了当今语文教育与“劳动教育”是否严重脱节的问题。

二十、“华东师大劳动课”

昨天一则上观新闻跳到眼前：“华东师大劳动课，把知识变成力量!”①

开首曰：“今天的学校应该花费更多时间去研究、探索如何开展创造性劳动，让学生在劳动过程中学会面对成功与失败，磨炼出坚强的毅力，通过劳动把知识变成力量，在劳动中创造新的价值和新的自我。”其中的“劳动”一唱而四叹，笔者1977年入校以来鲜所闻也。

该文“在新时代的要求下”探索劳动教育的新方法和新形式。首先述及的是“跨学科实训营”：“假如让你来开一家茶楼，你会如何运作？……这是任课老师抛给学生的一个问题。”这个问题触及市场经济中“商业劳动”（马克思语）的自主创新。

去年曾浏览到“芒种日华东师大播种‘幸福生态米’”（2021年6月7日）的报道：“崇明横沙岛东滩圈围区一片忙碌”，“这不是普通的田地，而是由河口淤泥形成的存在盐渍化问题的新生储备地”。这次报道不仅展示了“收割‘幸福生态米’”图片，而且升级（version up）为“幸福生态米基地”。

课堂教学的新形式之一是“体美劳教育相融合”，如美术学院积极创新篆

---

① 参见华东师范大学官网。

刻、木艺、陶艺和漆艺等系列课程。该课程“从物理学科角度，让学生感受在制作过程中的温度、力量等；从化学角度，可以看到材料、化学反应等”。在培养学生跨学科整合能力的同时，“丰富美的体验”，“感受劳动的意义”。这里提到的“丰富美的体验”，似尤可裨益美学著作家们的新思路？

该文还列出目前已有的“劳动教育精品课程”，其中包括“劳作中的丝缕之美”（设计学院）、“上海手工棉纺织技术的历史”（社会发展学院）、“园艺劳动”（生命科学院）、“金工实习与实践”（通信与电子工程学院），以及“数学建模实践”（数学科学院）等16项。

文中还追溯：“作为新中国成立后第一所社会主义师范大学，华东师大具有良好的劳动教育传统，学校党委于1952年就号召全校师生开展建校劳动，并成立劳动建校委员会，领导全校师生进行建校劳动。”

——原来“华东师大劳动课”，也是“为有源头活水来”。

二十一、楼昔勇美学说“劳动”

楼昔勇先生当年主讲美学课，笔者由此初闻普列汉诺夫（Georgii Valentlnovich Plekhanov，1856—1918）《没有地址的信》，后者是第一个运用马克思主义观点解释美学问题的学者。① 最近查阅到楼老师《劳动的美与美的劳动》，其中论述了劳动主体、劳动工具、劳动产品、劳动环境、劳动组织等多侧面。例如关于“劳动场面的美”：

> 如果说，劳动产品的美是一种静态的美，那么劳动场面的美却是一种动态的美，它以一种变化和冲突中所引起的非凡气势，来不断扣动人们的心弦。比如，当我们来到炼钢厂，面对着钢花飞动，铁水奔流的场面，当我们来到农场，目睹了农民们翻土播种，挥镰收割的情景，人们都会情不自禁地感到：这是一种伟大的创造，一种无比动人的美。②

最具特色的是作者“跨入宝钢”后的感悟：

---

① “马克思主义的美学新大厦是由马克思、恩格斯奠定坚实基石的，而普列汉诺夫则是新大厦的最早的重要建设者之一。”（冯契．序［M］//楼昔勇．普列汉诺夫美学思想研究．上海：上海人民出版社，1990：1-2.）

② 楼昔勇．劳动的美与美的劳动［M］//蒋冰海．企业美育初探．南京：江苏人民出版社，1994：75.

> 不久前，笔者去上海宝山钢铁总厂参观，出发之前，在头脑中似乎存在过一种接受美学论者所谓的“期待视界”，即按照我原先的知识和经验在头脑中所构筑起来的关于炼钢情景的画面。在我的印象中，钢铁厂总是少不了工人们手握铁锹或钢钎，在喷着熊熊火舌的高炉旁挥汗操作的紧张场面。但是，当跨入宝钢的每一个车间，面前所展现的完全是另一种场景，在这里，很少有人忙忙碌碌地来回走动，整个生产过程差不多都是由几个人坐在旁边的一间恒温室里通过电脑操作进行的。人们所看到的只是那些原料或成品似乎鬼使神差地在机器或转盘上自如地运转着，此刻，我简直惊呆了。我认为，工人们在高炉旁边拿着钢钎、铁锹的场面固然是不乏其美，但是，凭借现代化设备的炼钢场面则不能不说是更美的了。①

作者的“我简直惊呆了”，应该是发自肺腑。

由此看来，日前上观新闻报道的“华东师大劳动课”，客观上也有其美学思想渊源。该文还提出：“人类的生产劳动是一种具体的综合性的工程，它必须有许多要素汇合而成。”② 这个论点，似与当今“科学、工程、艺术三面一体”的“新文科”思路有所相通。

二十二、蒋孔阳序《企业美育初探》

《企业美育初探》是“全国首届企业美学研讨会”（1992 年）论文集，主编蒋冰海为上海市美学学会首任会长。据“编者的话”介绍，会议“由中华全国美学学会、上海梅山冶金公司、上海宝山钢铁（集团）公司、全国美育研究会、全国高校美学研究会、上海市美学学会、江苏省美学学会、上海科学研究院哲学研究所等 8 个单位联合主办”，“与会同志一致认为，美学与经济建设相结合，这是美学的一个新的突破”③。这意味着该次会议在当代美学史上具有开创性。

美学前辈蒋孔阳先生为该书作序曰：“美学家和企业家走到一起，共同探讨企业美育问题，这在历史上还是第一次。党的十四大提出加快改革开放的步伐，进一步以经济建设为中心，正是在这种大好形势下，……企业美育，就是一个

---

① 楼昔勇．劳动的美与美的劳动［M］//蒋冰海．企业美育初探．南京：江苏人民出版社，1994：82.

② 楼昔勇．劳动的美与美的劳动［M］//蒋冰海．企业美育初探．南京：江苏人民出版社，1994：78.

③ 蒋冰海．企业美育初探·序［M］．南京：江苏人民出版社，1994：1.

例子。”① 可见该次会议当年是为响应党中央号召、与时俱进而举办。

序言又曰：“美学和经济建设结合所产生的‘企业美育’这个宁馨儿，将来会怎样呢？我们不能算命，不能预卜先知。”但是“我认为，中国精神文明的未来，一个重要的方面，就在企业。开展企业美育，加强企业审美文化建设，是我国精神文明建设的一个新的契机”②。又可见，蒋孔阳先生当初对“美学和经济建设结合”是充满期待。

该书末尾附有“研讨会情况简介”，其中蒋孔阳发问：“我们搞美学的人懂不懂企业？懂不懂经济？这也是美学界的一个问题。”③“发言同志一致认为，企业美育的提出要求美学和美学家走出书斋和大学课堂，到社会现实生活中去。”④

以上两个问题也是当今“新文科”期待解答的问题。某工程专业出身的大学校长说，“未来需要‘三位一体’的人才：既是能有所发现的科学家或专家学者，又是能改变生活、改变世界的工程师，更是能给人类创造感性美学享受的艺术家”⑤。

看来《企业美育初探》的续编，很可能是《工程美育初探》。

二十三、韦伯论“精明但不高明”

“上海人精明但不高明”，这句话对于出身上海者而言，想必都有点耿耿于怀。笔者一直感觉，此话至少对于新中国成立后的上海工人阶级而言，并无道理。

缘此，留意到马克斯·韦伯《儒教与道教》的下面一段话：

> 在中国，肯定现世的功利主义与相信财富作为道德完美的一种普遍手段的价值，在与巨大的人口密度相结合下，发展出一种强烈到无可比拟的“精打细算”（Rechenhaftigkeit）与知足寡欲（Genügsamkeit）的心态。中国的小店东是分文必争、锱铢必较的，并天天检点其现金盒。据可靠的旅行者的描述，本土中国人日常交谈中，谈钱与金钱事务的程度，显然是少有他处能及的。但是令人惊讶的是，在这种无休止的、强烈的经济盘算与非

---

① 蒋冰海．企业美育初探·序［M］．南京：江苏人民出版社，1994：2.

② 蒋冰海．企业美育初探·序［M］．南京：江苏人民出版社，1994：3.

③ 蒋冰海．企业美育初探［M］．南京：江苏人民出版社，1994：358.

④ 蒋冰海．企业美育初探［M］．南京：江苏人民出版社，1994：359.

⑤ 钱旭红．推动新文科发展，培养具有卓越思维的人才［N］．文汇报，2021-02-17.

常令人慨叹的极端“物质主义”（Materialismus）下，中国并没有在经济的层面上产生那种伟大的、讲求方法的营业观念。①

其中所言“一种强烈到无可比拟的‘精打细算’”，可谓“精明”，但是“并没有产生那种伟大的、讲求方法的营业观念”，又可谓“不高明”。这两方面呈现的正是“精明但不高明”。

韦伯针对的是中国“小店东的分文必争、锱铢必较”，而近代上海正是一个“小店东”积聚的城市；韦伯还观察到这种“锱铢必较”的土壤是“巨大的人口密度”，而上海在近代中国人口密度最大。

但是韦伯的考察局限于1920年之前，其时由儒教主导的“相当本质性的因素是，氏族凝聚性在中国持续不绝”②。“那种伟大的、讲求方法的营业观念”，是由于“西方资本主义的不断进逼，这些观念便教给了中国人”③。

在韦伯去世后的一百年，中国出现了前所未有的以社会主义思想为主导的现代大企业，上海拥有工人阶级的“巨大的人口密度”，其主体来自五湖四海。当年一首流行歌曲唱道：“工人阶级硬骨头，……胸怀祖国，放眼世界。”

当今的上海城市精神已升华为“海纳百川、追求卓越、开明睿智、大气谦和”④。韦伯当年的考察，可谓提示了一个历史变迁的维度。

二十四、“上海工人的优秀基因”

《习近平在上海（一）》称：原来概括的上海城市精神是“海纳百川、追求卓越”，习近平在此基础上增加了“开明睿智、大气谦和”。“新的上海城市精神提出以后，在全市上下形成强烈共鸣，这16个字也深深印刻在后来上海一

---

① 马克斯·韦伯．中国的宗教：儒教与道教［M］．康乐，简惠美，译．桂林：广西师范大学出版社，2010：319.

② 马克斯·韦伯．中国的宗教：儒教与道教［M］．康乐，简惠美，译．桂林：广西师范大学出版社，2010：318.

③ 马克斯·韦伯．中国的宗教：儒教与道教［M］．康乐，简惠美，译．桂林：广西师范大学出版社，2010：319.

④ “我们之前提炼的城市精神是‘海纳百川，追求卓越’，用了很多年。但实际上，上海人一度被诟病‘精明不高明’，社会上对上海的心胸和眼界也提出了质疑。习近平总书记来了以后，很短时间内就抓住了问题的关键所在，认为原来的8个字还不能承载上海的历史使命，又加上了‘开明睿智、大气谦和’8个字。确实，上海要建成国际化的大都市，不但精神状态要好，而且心态也要健康，这就是新加8个字的精髓所在。”（朱匡宇．习书记诠释的上海城市精神是对上海工人优秀基因的重唤［M］//中央党校采访实录编辑室．习近平在上海．北京：中共中央党校出版社，2022：213.）

路前行的轨迹中。”①

《习近平在上海（十）》解读：这新加的8个字“是对上海工人优秀基因的重唤”，“这后8个字非常有群众基础，对我们上海来讲真的是再贴切不过了”。“习近平同志提出的城市精神并不是另起灶台、推倒重来，而是在原有基础上加以补充提炼，获得了广大上海人民的强烈共鸣。”②

上引两段中的“强烈共鸣”，对于笔者也是贴切。笔者“共鸣”至少如下。

（1）其中述及：“以上海纺织业为例，上海纺织业的在册人数从20世纪90年代的55万人到现在只有2.4万人，实现了50多万人的下岗分流和安置转移。”③

——笔者母亲从笔者未出生时就在上海杨树浦的国棉九厂做纺织工，一直到退休。父亲历任上海针织厂财务科长、上海针织公司财会主任、上海纺织局总会计师，还为全国纺织业培训过财会专业人才。

（2）其中又评赞：“面对国家利益、集体利益和个人利益发生这么大冲突的情况，这些职工保持了一种稳定、平和、以大局为重、甘于奉献的心态，使得上海纺织业的调整没有出现大的负面影响，这本身就体现了上海工人大气、开明的精神。”④

——笔者于1977年从工作了6年的上海电焊机厂考入华东师范大学，曾参加原工厂共青团同事聚会，当年的小伙子已经满头白发，当年的小姑娘已经是奶奶外婆。聚会话题主要是当年上海电焊机厂如何“稳定、平和”地走过“这么大冲突的情况”。

（3）其中还强调：上海工人阶级的“这种优秀基因一度被时代的喧嚣所遮盖。但是习近平总书记恰恰要在迷失的精神中重塑精神，他能看到，上海人民并不是缺失这种精神，而是要重唤这种精神、激发这种精神，这也充分体现了他敏锐的洞察力”⑤。

---

① 殷一璀．习书记对上海的影响是不能用他在上海工作的时间的长短来衡量的［M］//中央党校采访实录编辑室．习近平在上海．北京：中共中央党校出版社，2022：9-11.

② 朱匡宇．习书记诠释的上海城市精神是对上海工人优秀基因的重唤［M］//中央党校采访实录编辑室．习近平在上海．北京：中共中央党校出版社，2022：213-215.

③ 朱匡宇．习书记诠释的上海城市精神是对上海工人优秀基因的重唤［M］//中央党校采访实录编辑室．习近平在上海．北京：中共中央党校出版社，2022：214.

④ 朱匡宇．习书记诠释的上海城市精神是对上海工人优秀基因的重唤［M］//中央党校采访实录编辑室．习近平在上海．北京：中共中央党校出版社，2022：214.

⑤ 朱匡宇．习书记诠释的上海城市精神是对上海工人优秀基因的重唤［M］//中央党校采访实录编辑室．习近平在上海．北京：中共中央党校出版社，2022：214.

——笔者十年前开始做《〈资本论〉美学研究》，以及《〈文心雕龙〉的“工匠”慧识》等，立意也涉及探究“上海工人的优秀基因”。

二十五、美学“实践”与哲学“劳动”

近日读到关于朱光潜“后期美学”的专题研究论文①，其中强调：“朱光潜翻译黑格尔《美学》1958年版本到1979年版本的注释的修改反映了后期美学思想融入了马克思的实践观，这才是真相。”该文同时批评了多年来“为文艺而文艺”论者对朱光潜美学的误断。印象中作者是朱光潜先生的后人，因此尤其可喜可贺。

该文不足似在于，依然囿于长期流行的“实践美学”话语巢穴，依然未能正视朱光潜晚年聚焦凝视的核心范畴——“劳动”。朱光潜晚年最主要的论点是：“《经济学—哲学手稿》和《资本论》里的论‘劳动’对未来美学的发展具有我们多数人还没有想象到的重大意义。它们会造成美学领域的彻底革命。”②

笔者在前一年的拙文中已经阐明朱光潜预言的学理依据：“朱光潜所理解的马克思‘实践’范畴，其第一要义是指‘劳动’。”其所据思想资源主要是马克思《经济学—哲学手稿》与《资本论》，两者的核心范畴都是“劳动”。“在这个意义上，可以说朱光潜当年预言所期望的是‘劳动美学’。”③

非常巧合的是，近日同时读到论马克思“劳动”范畴的专题论文。其中指出：“由于马克思的辩证法时常在很大程度上仅仅被理解为一种形式方法，……所以其存在论的基础便陷入了晦暗之中。”其主要表征则是“劳动”范畴的被遮蔽。该文如下论点尤其显示了哲学工作者的专业所长：

（1）“对《精神现象学》的整个批判性考察表明，思辨辩证法的秘密或真相无非是‘劳动的本质’——新时代的劳动的形而上学本质。”

（2）“经过对《精神现象学》的一系列的批判性考察之后，马克思把黑格尔辩证法的‘秘密’突出地揭示为劳动的本质。”

（3）“《手稿》的一个决定性的发现是：辩证法——在黑格尔手中是被神秘化了——之隐蔽着的真相无非就是劳动，是劳动之本质的哲学-形而上学表达。”④

---

① 宛小平．从朱光潜译黑格尔《美学》注释修改看其后期美学［J］．清华大学学报，2020（6）：116-131，202.

② 朱光潜．谈美书简［M］．南京：江苏文艺出版社，2011：40.

③ 陆晓光．《资本论》与朱光潜“未来美学”预言［J］．上海文化，2019（12）：18-26，125.

④ 吴晓明．论《1844年经济学哲学手稿》对思辨辩证法的批判［J］．复旦大学学报，2018，60（1）：1-10.

中　编

《资本论》与工作美学

第七章

“庖丁解牛”与《资本论》“工作”美学[①]

小引：关于“劳动”与“工作”

《资本论》开首“商品”章区别了劳动的两种性质：

> 一切劳动，从一方面看，是人类劳动力在生理学意义上的耗费；作为相同的或抽象的人类劳动，它形成商品价值。一切劳动，从另一方面看，是人类劳动力在特殊的有一定目的的形式上的耗费；作为具体的有用劳动，它产生使用价值。[②]

这意味着，一切劳动，无论使用的是体力还是脑力，都具有价值（交换价值）和使用价值的两重性。

恩格斯后来在第四版的《资本论》该处引用英译本《资本论》的注释写道：

> 英语有一个优点，它有两个不同的词来表达劳动的这两个不同方面。创造使用价值的并具有一定质的劳动叫作 work，以与 labour 相对；创造价值并且只在量上被计算的劳动叫作 labour，以与 work 相对。[③]

---

① 本章初刊于《社会科学》。陆晓光．庖丁解牛与《资本论》美学——关于脑力工作的“艺术性质”［J］．社会科学，2013（4）：161-177.

② 马克思．资本论：第 1 卷［M］//中共中央马克思恩格斯列宁斯大林著作编译局．马克思恩格斯全集：第 23 卷．北京：人民出版社，1972：12.

③ 马克思．资本论：第 1 卷［M］//中共中央马克思恩格斯列宁斯大林著作编译局．马克思恩格斯全集：第 23 卷．北京：人民出版社，1972：12.

这里对“work”（工作）与“labour”（劳动）加以区别有助于概念的精确化。马克思本人在“计时工资”章以英语辅助说明道：

> 在计时工资占统治地位而劳动时间又不受法律限制的许多产业部门中，就自然地形成了一种习惯，把达到一定点（比如满10小时）的工作日当作正常的［“normal working day”（“正常的工作日”）、“the day' s work”（“日劳动”）、“the regular hours of work”（“正规的劳动时间”）］。①

这段说明的括号中使用的是“work”而非“labour”。这也意味着“劳动”（labour）与“工作”（work）这两个术语并非截然不同，而是既有所区别，又有所相通。

马克思在分析通常认为属于“体力”范围的“劳动力”的劳动过程时又写道：

> 如果把生产活动的特定性质撇开，从而把劳动的有用性质撇开，生产活动就只剩下一点：它是人类劳动力的耗费。尽管缝和织是不同质的生产活动，但二者都是人的脑、肌肉、神经、手等的生产耗费，从这个意义上说，二者都是人类劳动。这只是耗费人类劳动力的两种不同形式。②

其中“人的脑”“神经”等显然涉及“脑力”活动。马克思在分析通常认为属于“脑力”范围的精神生产时还指出：

> 同一种劳动可以是生产劳动，也可以是非生产劳动。例如，密尔顿创作《失乐园》得到五镑，他是非生产劳动者。相反，为书商提供工厂式劳动的作家，则是生产劳动者。密尔顿出于同春蚕吐丝一样的必要而创作《失乐园》。那是他天性的能动表现。后来，他把作品卖了五镑。但是，在书商指示下编写书籍（例如《政治经济学大纲》）的莱比锡的一位无产者作家却是生产劳动者，因为他的产品从一开始就从属于资本，只是为了增

---

① 马克思．资本论：第1卷［M］//中共中央马克思恩格斯列宁斯大林著作编译局．马克思恩格斯全集：第23卷．北京：人民出版社，1972：598.

② 马克思．资本论：第1卷［M］//中共中央马克思恩格斯列宁斯大林著作编译局．马克思恩格斯全集：第23卷．北京：人民出版社，1972：57.

> 加资本的价值才完成的。一个自行卖唱的歌女是非生产劳动者。但是，同一个歌女，被剧院老板雇佣，老板为了赚钱而让她去歌唱，她就是生产劳动者。①

这又意味着，无论是体力劳动还是脑力劳动，当它被动地为资本赢利目标服务时，它所提供的主要是商品的交换价值；而当它自主地运用体力和脑力进行具有某种个性化活动时，它所提供的就主要是使用价值（首先并至少是在对自己兴趣目标有用的意义上）。②

以上诸例启发我们，《资本论》“劳动”范畴既指涉体力活动，也指涉脑力活动。尽管马克思当年聚焦考察的是 labour（体力劳动）方面，但也涉及 work（脑力工作）方面。循此，我们将《资本论》美学区分为“劳动美学”与“工作美学”两个层面。

本章在上编第一章“‘庖丁解牛’与《资本论》‘劳动’美学”的基础上，继续以该古典寓言为视角，进一步讨论《资本论》涉及的“工作美学”（working aesthetics）的某种原理性问题。

一、劳动“异化”与现代工艺学“转化”

《资本论》关于现代生产方式形成历程的叙事带有鲜明倾向，其特征是聚焦于生产方式演进历程中的“劳动异化”的负面效应。③ 马克思的批判无疑犀利中肯且深刻，然而这一倾向某种程度上也成为偏向——与劳动的异化同时存在的劳动的转化被忽略了。这里“劳动的转化”是指：在资本主义生产方式中，一方面，旧有生产方式中的劳动的艺术性质逐渐失去了，另一方面，它却同时转移到另一种新形态的劳动中，由于后者的特征是吸纳并凝聚了新知识、新技

---

① 马克思．剩余价值理论［M］//中共中央马克思恩格斯列宁斯大林著作编译局．马克思恩格斯全集：第26卷（第一册）［M］．北京：人民出版社，1972：432.

② “马克思所谓的工人阶级或无产阶级，不是指‘蓝领’‘体力劳动者’，也不是指‘工业从业者’，而是指‘把自己的劳动力当作自己的财产，从而当作自己的商品’，在市场上出售的受雇者。”“至于什么是‘劳动力’，马克思说得很清楚：‘一个人的身体即活的人体中存在的、每当他生产某种使用价值时就运用的体力和智力的总和。’因此，当然不限于单纯的‘体力劳动’。”（万毓泽．《资本论》完全使用手册［M］．台北：联经出版社，2018：62.）

③ “我绝不用玫瑰色描绘资本家和地主的面貌。”（马克思．资本论：第1卷［M］//中共中央马克思恩格斯列宁斯大林著作编译局．马克思恩格斯全集：第23卷．北京：人民出版社，1972：12.）

术以及新的协作方式，因此，劳动的转化形态还表征了劳动的艺术性质的深化或升格，劳动的“转化”与“异化”呈现为相辅相成的正反两端。

《资本论》的下列陈述鲜明折射了劳动的“艺术性质”在异化与转化两端之间的消长关系，虽然马克思的评断带有倾向性：

> 生产上的智力在一个方面扩大了它的规模，正是因为它在许多方面消失了。局部工人所失去的东西，都集中在和他们对立的资本上面了。①

> 在最少动脑筋的地方，工场手工业也就最繁荣。②

> 生产过程的智力同体力劳动的分离，……是在以机器为基础的大工业中完成的。③

马克思一方面使用了“消失”“分离”之类的动态词来强调旧形态劳动之艺术内容的衰竭，另一方面以“最繁荣”“扩大规模”等形容词来比照旧形态劳动与新生产方式效果之间的鲜明反差。马克思对“生产上的智力”变化的陈述尤为中肯，它呈现为“消失”和“集中”两种并存互动的表象：前者强调了劳动中智力的异化，后者则表征了劳动中智力的转化。《资本论》旨在揭示现代生产方式特有的资本法则的运行规律，因此马克思将“生产上的智力”的消长变化归因于“资本”。然而诚如马克思考察所见：“使用机器的工厂主对力学一窍不通”，“英国的化学工厂主对化学惊人地无知”。④ 因而，“生产上的智力”经由某种中介途径才可能转移集中到“资本”上。这个中介途径正是吸收并凝

① 马克思．资本论：第1卷［M］//中共中央马克思恩格斯列宁斯大林著作编译局．马克思恩格斯全集：第23卷．北京：人民出版社，1972：400.
② 马克思．资本论：第1卷［M］//中共中央马克思恩格斯列宁斯大林著作编译局．马克思恩格斯全集：第23卷．北京：人民出版社，1972：400.
③ 马克思．资本论：第1卷［M］//中共中央马克思恩格斯列宁斯大林著作编译局．马克思恩格斯全集：第23卷．北京：人民出版社，1972：464.
④ 马克思．资本论：第1卷［M］//中共中央马克思恩格斯列宁斯大林著作编译局．马克思恩格斯全集：第23卷．北京：人民出版社，1972：424.

聚了新知识、新技术和新的协作方式的劳动形态。① 事实上马克思也确实意识到了与资本运动相伴随的新形态劳动的“艺术”性：

工场手工业作为经济上的艺术品，耸立在城市手工业和农村家庭工业的广大基础之上。②

如果说“经济上的艺术品”还只是一种比喻的话，那么下面的论断则提示了与资本运动相伴随的新形态劳动中“艺术性”的转化途径：

大工业的原则是，首先不管人的手怎样，……从而创立了工艺学这门完全现代的科学。③

与“不管人的手”的“异化”劳动相对应而出现的是前所未有的现代工艺学。“工艺学”（technology）这个现代新词鲜明提示了新形态劳动蕴含的新的

---

① “在马克思时代，劳动手段的变革一般只是体现为生产的机器由发动机、传动机和工具机三部分简单组合而成。机器也只是人的体力的扩大、人的手足的延伸。第三次科技革命在原有的机器体系中增加了一个新的组成因素——控制机，这一新的组成部分的进入，并借助原有的机器代替了人的体力劳动的基础，从多方面代替了人的脑力劳动，形成人的智力的延伸。现代化的机器不仅具有‘骨骼肌肉’系统，而且还具有了相当发达的‘神经’系统。”（顾海良，张雷声．马克思劳动价值论的历史与现实［M］．北京：人民出版社，2002：171.）“第三次科技革命产生的自动化机器体系，必然要求劳动者具有一定的科学文化知识、较高的智力水平和较强的创造能力，要求劳动对象具有一定的广度和深度。”

② 马克思．资本论：第1卷［M］//中共中央马克思恩格斯列宁斯大林著作编译局．马克思恩格斯全集：第23卷．北京：人民出版社，1972：407.

③ 马克思．资本论：第1卷［M］//中共中央马克思恩格斯列宁斯大林著作编译局．马克思恩格斯全集：第23卷．北京：人民出版社，1972：533. 汉语“工艺学”释义是：“根据技术上先进，经济上合理的原则，研究各种原材料、半成品、成品的加工方法和过程的学科称为工艺学，如机械制造工艺学，造纸工艺学等。”（夏征农．辞海［M］．上海：辞书出版社，1999：618.）

"艺术性"。① 马克思敏锐注意到传统手工业与现代工艺学之间的消长关系。这意味着，在手工业劳动中失去或异化的艺术性质，实际上同时以不同于"手"的新形式，转化到了具有现代科技性质的工艺学中去了。

因此，《资本论》多处使用"工艺学"一词绝非偶然或随意。例如：

为了推动作为固定资本的财富，……必需有一定量的活劳动。这个量是由工艺学所确定的。②

可见，马克思注意到资本与劳动之间的中介途径是现代工艺学，后者具有生产管理（脑力劳动）的功能。"在工场手工业中，单个的或成组的工人，必须用自己的手工工具来完成每一个特殊的局部过程"；而在机器生产中，每个局部过程则"由力学、化学等在技术上的应用来解决"。③

关于手工工具与机器的关系，马克思做了具体比较："如果我们考察一下制造业所采用的机器中构成真正工具机的部分，那么，手工业工具就再现出来了，不过规模十分庞大。"例如：

钻床的工作机，是一个由蒸汽机推动的庞大钻头，没有这种钻头就不

① "工艺学"（technology、technics）是现代汉语外来词。它的词干"工艺"在古汉语中指手工技艺，它的后缀"~学"是经由日文译词中介而进入现代汉语的构词法，因此也传达了其不同于传统手工技艺的特征：工艺学与化学、数学、力学等同属现代科学。工艺学的"工"字与工具之"工"同一词素，因而令人联想到现代机器系统中的工具机。在马克思看来，后者既是现代工艺学的成果，也是现代工业的标志："机器的这一部分——工具机，是十八世纪工业革命的起点。"（马克思．资本论：第1卷［M］//中共中央马克思恩格斯列宁斯大林著作编译局．马克思恩格斯全集：第23卷．北京：人民出版社，1972：410.）

② 马克思．资本论：第1卷［M］//中共中央马克思恩格斯列宁斯大林著作编译局．马克思恩格斯全集：第23卷．北京：人民出版社，1972：670.

③ 马克思．资本论：第1卷［M］//中共中央马克思恩格斯列宁斯大林著作编译局．马克思恩格斯全集：第23卷．北京：人民出版社，1972：417. "在马克思时代，生产力的质的变化主要体现在劳动的简单化上，即通过机器把复杂得多程序的手工劳动分解为一道道简单的工序，使任何劳动不需要很高的技艺，不经过长期的训练即可进行。……在自动化程度很高的生产条件下，劳动者的主要职能是管理自动化的机器系统，并对自动化的机器系统定期调整和检修，这必然要求劳动者必须懂得机器的结构和运转的原理。不具备一定的科学技术和劳动技能就不可能用电子计算机控制自动化条件下的机器运转。"（顾海良，张雷声．马克思劳动价值论的历史与现实［M］．北京：人民出版社，2002：170.）

可能生产出大蒸汽机和水压机的圆筒。机械旋床是普通脚踏旋床的巨型翻版；刨床是一个铁木匠，它加工铁所用的工具就是木匠加工木材的那些工具；伦敦造船厂切割胶合板的工具是一把巨大的剃刀；剪裁机的工具是一把大得惊人的剪刀，它剪铁就像裁缝剪布一样；蒸汽锤靠普通的锤头工作，……有一种重6吨多，从7英尺的高度垂直落在36吨重的铁砧上，它能轻而易举地把一块花岗岩打得粉碎，也能轻轻地一下一下地把钉子钉进柔软的木头里去。①

作为科学技术法则产物的“工艺学”不仅集中表现于新生产工具的机器形式中，也表现于对生产过程合理、有效的规划和管理中：

大工业在农业领域内所起的作用……，最陈旧和最不合理的经营，被科学在工艺学上的自觉应用代替了。②

可见马克思认识到工艺学也能够使农业经营（脑力劳动）更为“合理”。又如：

社会劳动生产力的发展以大规模的协作为前提，只有在这个前提下，……才能使生产过程变为科学在工艺上的应用。③

可见马克思的考察还基于“大规模协作”与工艺学应用的互动关系。就被马克思视为现代生产方式之标志的机器生产而言：

工艺学揭示了为数不多的重大的基本运动形式，不管所使用的工具多么复杂，人体的一切生产活动必然在这些形式中进行，正像力学不会由于机器异常复杂，就看不出它们不过是简单机械力的不断重复一样。④

---

① 马克思．资本论：第1卷［M］//中共中央马克思恩格斯列宁斯大林著作编译局．马克思恩格斯全集：第23卷．北京：人民出版社，1972：423.

② 马克思．资本论：第1卷［M］//中共中央马克思恩格斯列宁斯大林著作编译局．马克思恩格斯全集：第23卷．北京：人民出版社，1972：511.

③ 马克思．资本论：第1卷［M］//中共中央马克思恩格斯列宁斯大林著作编译局．马克思恩格斯全集：第23卷．北京：人民出版社，1972：684.

④ 马克思．资本论：第1卷［M］//中共中央马克思恩格斯列宁斯大林著作编译局．马克思恩格斯全集：第23卷．北京：人民出版社，1972：533.

在马克思看来，依靠人体的生产活动与基于力学等原理的机器运行之间存在某种同构，后者是在前者基础上运用科学技术而升华的新形式。[①]“劳动资料取得机器这种物质存在方式，要求以自然力来代替人力，以自觉应用自然科学来代替从经验中得出的成规。”[②] 因而，手工业劳动的艺术性质显然是由此而转化集中于以工艺学为基础的机器生产中了。马克思因此追溯了机器发展的历史与现代工艺学的关系：

> 从面粉磨的历史可以探究出机器的全部发展史。直到现在英文还把工厂叫作 mill（磨坊）。在十九世纪最初几十年德国的工艺学文献中还可以看到，mühle（磨）一词不仅指一切用自然力推动的机器，甚至也指一切使用机器装置的手工工场。[③]

马克思基于他的唯物史观，进而推断现代工艺学对于社会观念和精神生产的潜在影响，下面的论断显然超出了通常“工艺学”所属的技术性范围：

> 工艺学会揭示出人对自然的能动关系，人的生活的直接生产过程，以及人的社会生活条件和由此产生的精神观念的直接生产过程。[④]

由此我们再回瞻马克思的“劳动异化”论，理应同时借鉴《资本论》频繁注意的“工艺学”观点，因而理应同时重视与劳动异化相对应的另一面，即劳动之艺术性的转化形态：

---

① “一国经济的发展，一方面是基于这一国的科学研究水平；另一方面是基于这一国利用科学研究成果于实际生产的程度。由此我们也可以确定：一个国家或社会的生产技术和方式，与这个国家参与间接生产的劳动者（科学研究人员）的多寡，及他们的科学水平成正比例发展。”（赵自元．新劳动价值理论［M］．北京：中央民族大学出版社，2003：194.）

② 马克思．资本论：第1卷［M］//中共中央马克思恩格斯列宁斯大林著作编译局．马克思恩格斯全集：第23卷．北京：人民出版社，1972：423.

③ 马克思．资本论：第1卷［M］//中共中央马克思恩格斯列宁斯大林著作编译局．马克思恩格斯全集：第23卷．北京：人民出版社，1972：386.

④ 马克思．资本论：第1卷［M］//中共中央马克思恩格斯列宁斯大林著作编译局．马克思恩格斯全集：第23卷．北京：人民出版社，1972：411.

> 采用改良工具使产量增加，而服侍这种工具的是低级劳动。①

——然而按照工艺学要求而改良工具的劳动并不属于“低级劳动”，因为它在原先手工技艺基础上追加了创造发明的新内容。

> 机器不是使工人摆脱劳动，而是使工人的劳动毫无内容。②

——然而机器的发明和制造根据的是科学原理，因而它也为劳动的艺术性开辟了新天地。

> 使用劳动工具的技巧，也同劳动工具一起，从工人身上转移到了机器上面。③

——然而机器运转所遵循的工艺学原理，却是人类大脑智力和科学思维的结晶。④

因此，《资本论》的如下论断也理应进一步研思：

> 大工业从技术上消灭了那种使整个人终身固定从事某种局部操作的工场手工业分工。但大工业的资本主义形式同时又更可怕地再生产了这种分工：在真正的工厂中，是由于把工人变成局部机器的有自我意识的附件……⑤

---

① 马克思．资本论：第1卷［M］//中共中央马克思恩格斯列宁斯大林著作编译局．马克思恩格斯全集：第23卷．北京：人民出版社，1972：473.

② 马克思．资本论：第1卷［M］//中共中央马克思恩格斯列宁斯大林著作编译局．马克思恩格斯全集：第23卷．北京：人民出版社，1972：463.

③ 马克思．资本论：第1卷［M］//中共中央马克思恩格斯列宁斯大林著作编译局．马克思恩格斯全集：第23卷．北京：人民出版社，1972：460.

④ “假如劳动者仅有体力，而没有他自己的脑力为主使，那简直是一件不可思议的事。因为人的任何动作，——特别是有目的的动作，都必须经由他自己的‘脑’的吩咐或命令，而不是像机器一样完全没有自己思想的动作。虽然劳动者在做体力劳动或按照机器的动作而从事劳动的情况下，使用自己的脑力劳动可能减少到很小的程度，但是他的脑力劳动的主使作用一定是存在的。这也就是人的劳动和机器的劳动的不同之处。”（赵自元．新劳动价值理论［M］．北京：中央民族大学出版社，2003：149.）

⑤ 马克思．资本论：第1卷［M］//中共中央马克思恩格斯列宁斯大林著作编译局．马克思恩格斯全集：第23卷．北京：人民出版社，1972：531.

马克思将异化劳动的原因归咎于“资本主义形式”。① 然而我们需要补充的是，即便在资本主义形式中，机器带给工厂劳动过程的也绝非限于“可怕”方面，因为它同时开拓了运用现代工艺学的新天地。例如，机器生产要求工艺过程的协调性，因而它使一部分劳动者成为按照工艺学原理协调各程序生产的管理者，这种管理艺术在手工业阶段鲜见，在工场手工业阶段是初级。又如，机器对生产过程提出了科技知识方面的新要求，因而即便在“真正的工厂”中，参与机器生产过程的也绝非限于简单操作的“劳动力”，而必须是具有专业知识的技能者。进而言之，随着马克思以后的当代高科技生产方式的问世，即便是专门操作机器的劳动者，也日益广泛地需要掌握相关专业的科技知识。

因此，《资本论》下面关于手工业者处境沦落的描述只能视为机器生产在资本主义条件下的一种负面效应：

> 他们从受人尊敬的，一定程度上独立的手工业者被降低为靠低声下气地哀求别人施舍面包过活的穷汉。②

但是对于有组织管理才能的手工业者，对于不断发明新工具的手工业者，尤其是对于能够随时学习新知识的手工业者，机器生产方式带来的是发展心智能力的新机遇。

《资本论》深切认识到现代工艺学的重大意义。我们不能不承认，相对于异化劳动的大量批判性描述，马克思对现代工艺学开拓的科技艺术新天地是有所忽略了。③《资本论》关注的“工人”偏重于简单操作的体力劳动者，因而甚至

---

① “同机器的资本主义应用不可分离的矛盾和对抗是不存在的，因为这些矛盾和对抗不是机器本身产生的，而是从机器的资本主义应用中产生的！因为机器就其本身来说缩短劳动时间，而它的资本主义应用延长工作日；因为机器本身减轻劳动，而它的资本主义应用提高劳动强度；因为机器本身是人对自然力的胜利，而它的资本主义应用使人受自然力奴役；因为机器本身增加生产者的财富，而它的资本主义应用使生产者变成需要救济的贫民，如此等等。”（马克思．资本论：第1卷［M］//中共中央马克思恩格斯列宁斯大林著作编译局．马克思恩格斯全集：第23卷．北京：人民出版社，1972：483.）

② 马克思．资本论：第1卷［M］//中共中央马克思恩格斯列宁斯大林著作编译局．马克思恩格斯全集：第23卷．北京：人民出版社，1972：473.

③ 笔者在论文中指出过《资本论》倾向性的另一种表现：“相对于揭露和批判拜物教现象的文字篇幅，马克思对汉特医师们精神品质的亮色及其价值的阐释远未充分。”（陆晓光．马克思美学视阈中的“汉特医师”们：重读《资本论》[J]．社会科学：2008（4）：95-107，188-189.）

将“高级工人”排除在“工厂工人”范围之外：

> ……除这两类主要工人（给发动机添燃料的工人和这些机器工人的单纯下手）外，还有为数不多的负责检查和经常修理全部机器的人员，如工程师、机械师、细木工等。这一类是高级的工人，其中一部分人有科学知识，一部分人有手艺，他们不属于工厂工人范围，而只是同工厂工人聚集在一起。这种分工是纯技术性的。①

马克思以“纯技术性”为理由将“高级工人”排除在“工厂工人”范围之外，这个理由不无牵强。②

《资本论》相对忽略“纯技术性”劳动的另一个显著表征是，其中对新工具和机器发明过程中的劳动较少加以具体考察和分析。例如《资本论》提到工业史上具有标志性意义的珍妮机（纺织工具机）的发明③，然而强调的却是它对手工业“侵袭”的负面影响：

---

① 马克思．资本论：第 1 卷［M］//中共中央马克思恩格斯列宁斯大林著作编译局．马克思恩格斯全集：第 23 卷．北京：人民出版社，1972：461.

② 马克思讨论过“教育工厂”与“工厂工人”范畴的关系：“只有为资本家生产剩余价值或者为资本的自行增殖服务的工人，才是生产工人。如果可以在物质生产领域以外举一个例子，那么，一个教员只有当他不仅训练孩子的头脑，而且还为校董的发财致富劳碌时，他才是生产工人。校董不把他的资本投入香肠工厂，而投入教育工厂，这并不使事情有任何改变。”（马克思．资本论：第 1 卷［M］//中共中央马克思恩格斯列宁斯大林著作编译局．马克思恩格斯全集：第 23 卷．北京：人民出版社，1972：556.）“在学校中，教师对于学校老板，可以是纯粹的雇佣劳动者，这种教育工厂在英国很多。这些教师对学生来说虽然不是生产工人，但是对雇佣他们的老板来说却是生产工人。”（马克思．剩余价值理论［M］//中共中央马克思恩格斯列宁斯大林著作编译局．马克思恩格斯全集：第 26 卷（第一册）［M］．北京：人民出版社，1972：443.）

③ “珍妮机”是詹姆斯·哈格里沃斯于 1764—1767 年发明的并用他女儿的名字命名的一种纺纱机。（马克思．资本论：第 1 卷［M］//中共中央马克思恩格斯列宁斯大林著作编译局．马克思恩格斯全集：第 23 卷．北京：人民出版社，1972：867.）“工具机是这样一种机构，它在取得适当的运动后，用自己的工具来完成过去工人用类似的工具所完成的那些操作。”“人能够同时使用的工具的数量，受到人天生的生产工具的数量，即他自己身体器官的数量的限制。……相反地，珍妮机一开始就能用 12～18 个纱锭，织袜机同时可用几千枚织针，等等。同一工作机同时使用的工具的数量，一开始就摆脱了工人的手工工具所受的器官的限制。”（同书，第 411 页）

正是手工工具的这最后一部分，首先受到了工业革命的侵袭。①

与此形成反差的是，马克思对珍妮机发明过程的技艺性质和心智特征未置一词，甚至忽略了发明者的姓名及其原为手工艺纺织工的背景。②

《资本论》注意到新工具和新机器的发明者中多有或不乏传统手工业者：

在工具的分化中，工场手工业的局部工人自己起了巨大作用；在机器的发明中，起作用的不是工场手工业工人，而是学者、手工业者甚至农民

① 马克思．资本论：第1卷［M］//中共中央马克思恩格斯列宁斯大林著作编译局．马克思恩格斯全集：第23卷．北京：人民出版社，1972：411. “一旦人不再用工具作用于劳动对象，而只是作为动力作用于工具机，人的肌肉充当动力的现象就成为偶然的了。”（同书，第412页）

② 马克思述及：“当1735年约翰·淮亚特宣布他的纺纱机的发明，并由此开始十八世纪的工业革命时，他只字不提这种机器将不用人而用驴去推动，尽管它真是用驴推动的。”“在他以前，最早大概在意大利，就已经有人使用机器纺纱了，虽然当时的机器还不完善。”（马克思．资本论：第1卷［M］//中共中央马克思恩格斯列宁斯大林著作编译局．马克思恩格斯全集：第23卷．北京：人民出版社，1972：409.）约翰·淮亚特（John Wyatt，1700—1766）与英国人詹姆斯·哈格里沃斯（James Hargreaves，？—1778）是同时代人，后者于1765年发明珍妮纺纱机。“早在1738年，发明家约翰·淮亚特和伊斯·保罗曾经制造过一种先用两条驴推动，后改用水轮推动的速纺机。但由于过于笨重而未能推广。差不多经过了三十年，詹姆斯·哈格里沃斯发明的珍妮纺纱机才真正解决了‘纱荒’的问题。”“据说，有一天他的妻子在纺纱时偶然失手把纺轮弄翻在地，横放在木架上的纱锭竖立起来，并且仍在继续转动纺纱。这种极为平常的现象却引起了哈格里沃斯的极大注意。他想，既然纱锭可以竖起来纺纱，为什么不可以把纺轮改装为能够带动几个锭子的纺纱机呢？经过不断的钻研和改进，哈格里沃斯终于在1765年发明了一架同时能够转动八个纱锭的纺车，并设计了带有手指牵引纱线的横木夹板。哈格里沃斯十分珍惜这架纺机，为了纪念他妻子的启示，就把这种纺车定名为‘珍妮’。还有一种说法，认为‘珍妮’是他女儿的名字，纺车是以他女儿的名字命名的。‘珍妮机’在使用中不断得到改进，后来从纺八根线增加到十六、十八根线，最后达到八十根，使劳动效率大为提高。”（张友伦，李节传．英国工业革命［M］．天津：天津人民出版社，1980：31-32.）该书还提到之后纺织机的进一步发明者，如“木工托马斯·海斯1767年发明水力纺纱机”；“织工克隆普顿（1765—1827）于1779年发明了吸收珍妮纺纱机优点的‘缪尔纺纱机’（又叫‘骡机’），该机纺出的纱精细而坚韧，既可做经线，又可做纬线。……1792年，经过格拉斯哥的凯利加以改良后，‘骡机’变为水力自动纺机，可以同时带动三四百支纱锭，进行大规模生产，因而被广泛使用于大工厂内。至此，纺纱机的革新大体告一段落。”（同书第33-34页）此外还有“卡特莱特（1743—1832）革新织布机”的介绍：“今天我们使用的织布机的技术原理，就是这种织布机留传下来的。”（同书第34-36页）

(如布林德利) 等。①

马克思还述及数位发明者:

沃康松、阿克莱、瓦特等人的发明之所以能够实现，只是因为这些发明家找到了相当数量的、在工场手工业时期就已准备好了的熟练的机械工人。这些熟练工人一部分是各种职业的独立手工业者。②

然而马克思对独立手工业者与工场手工业者在新工具或机器发明过程中的

---

① 马克思．资本论：第1卷［M］//中共中央马克思恩格斯列宁斯大林著作编译局．马克思恩格斯全集：第23卷．北京：人民出版社，1972：386. 詹姆斯·布林德利（James Brindley，1716—1772），“英国工程师和发明家”（同书注释，第883页），“他只受过很少的正规教育。尽管如此，他设计建造了很多用于工农业生成的机器，使它成为18世纪英国最著名的工程师之一”。

② 马克思．资本论：第1卷［M］//中共中央马克思恩格斯列宁斯大林著作编译局．马克思恩格斯全集：第23卷．北京：人民出版社，1972：419. 雅克·德·沃康松（Jacquesde Vaucanson，1709—1782），法国人，他利用钟表发条的原理发明了自动装置。马克思称他的发明“对英国发明家的想象力有极大影响”。（中共中央马克思恩格斯列宁斯大林著作编译局．马克思恩格斯全集：第30卷［M］．北京：人民出版社，1975：319.）关于理查·阿克莱（Richard Arkwright，1732—1792）的发明：“阿克莱的环锭精纺纱机最初是用水推动的。”（马克思．资本论：第1卷［M］//中共中央马克思恩格斯列宁斯大林著作编译局．马克思恩格斯全集：第23卷．北京：人民出版社，1972：414.）“五万名一向以梳毛为生的工人向议会请愿，反对阿克莱的梳毛机和梳棉机。”（同书，第469页）马克思也有尖锐批评：“了解阿克莱历史的人，绝不会把‘高尚’这个字眼加到这位天才的理发师头上。在18世纪的所有大发明中，他无疑是盗窃别人发明的最大的贼，是最卑鄙的家伙。”（同书，第465页）关于詹姆斯·瓦特（James Watt，1736—1819）：“十七世纪末工场手工业时期发明的、一直存在到十八世纪八十年代初的那种蒸汽机，并没有引起工业革命。相反地，正是由于创造了工具机，才使蒸汽机的革命成为必要。一旦人手不再用工具作用于劳动对象，而只是作为动力作用于工具机，人的肌肉充当动力的现象就成为偶然的了。”（同书，第412页）“直到瓦特发明了第二种蒸汽机，即所谓双向蒸汽机后，才找到了一种原动机，……瓦特的伟大天才表现在1784年4月他所取得的专利的说明书中，他没有把自己的蒸汽机说成是一种用于特殊目的的发明，而把它说成是大工业普遍应用的发动机。”（同书，第414-415页）下面一段也述及手工业者的发明：“用那种把不同社会职能当作互相交替的活动方式的全面发展的个人，来代替只是承担一种社会局部职能的局部个人。‘鞋匠，管你自己的事吧！’——手工业智慧的这一‘顶峰’，在钟表匠瓦特改良蒸汽机，理发师阿克莱发明经线织机，宝石工人富尔顿发明轮船以来，已成为一种可怕的愚蠢了。”（同书，第535页）其中的“宝石工人富尔顿”是指罗伯特·富尔顿（Robert Fulton，1780—1849），他是“美国工程师和发明家，第一艘轮船的建造者”。（同书人名索引，第887页）

"巨大作用"未予专门考察。①《资本论》不无遗憾地写道："如果有一部批判的工艺史，就会证明，十八世纪的任何发明，很少是属于某一个人的。可是直到现在还没有这样的著作。"② 如果说马克思当年的研究是受制于时代条件，那么今天我们读《资本论》理应也看到其局限。③

因此，对于《资本论》所述劳动"艺术性"的变化，我们理应同时考量"异化"和"转化"两方面。例如：

> 单在北明翰就生产出约500种不同的锤，不但每一种锤只适用于一个特殊的生产过程，而且往往好多种锤只用于同一过程的不同操作。④

这种发明固然使原先单个手工业者的复杂劳动变得单调乏味，失去了劳动的艺术趣味。然而发明新锤的劳动却更需要技能和想象力，因而它更具有艺术性。如果说500种锤对应的是500种操作技能，那么能够完美掌握500种操作技能的工匠也是最可能设计发明各种新锤的人。对于庖丁而言，他原先的时代条件限制他只能沿着使用同一把刀的轨道游刃有余，而现在他获得了发明刀具的新天地；庖丁的技能远超良庖们十九倍，因而他有足够的动力和潜力进入这个新天地；庖丁是整个"解牛"过程的最为娴熟者，因而他也可能成为工场手工业工艺程序的设计者和管理指导者；尤其关键的是，庖丁的所好是"进乎技矣"，因而他更可能接受现代科学新观念和新知识。简言之，庖丁作为传统手工业的典范，他在新的生产方式中所面对的，一方面是古老技能方式的被"侵

① "在《资本论》中是否有脱离开工具，只着重分析论证'劳动力'的支出、买卖和创造剩余价值，而相对忽略了在劳动中科学技术、工具变化所带来的种种有关创造价值及剩余价值的问题呢？当科学直接成为生产力的今天，如何估计工具的巨大作用，如何计算与此有关的科技工作者的'劳动力'，以及白领工人的地位等问题，不是日益突出了么？从而，马克思主义应否看作只是（蓝领）工人阶级的世界观，而不更应是表达了人类总体的历史前景和知识分子的热情信念？"（李泽厚．马克思主义在中国［M］．北京：生活·读书·新知三联书店，1988：107.）

② 马克思．资本论：第1卷［M］//中共中央马克思恩格斯列宁斯大林著作编译局．马克思恩格斯全集：第23卷．北京：人民出版社，1972：411.

③ "我们现在可以确定和证明，经济发展主要是依靠人类劳动中创造性因素运用和发展的结果，也就是依靠人类互相合作，不断地创造和发展新的生产知识和技术，而又以这些生产知识和技术应用于价值生产实践。所以我们现在以新劳动价值理论为基础，进一步分析现代资本主义经济制度，也就不难得出它的发展趋势了。"（赵自元．新劳动价值理论［M］．北京：中央民族大学出版社，2003：211.）

④ 马克思．资本论：第1卷［M］//中共中央马克思恩格斯列宁斯大林著作编译局．马克思恩格斯全集：第23卷．北京：人民出版社，1972：379.

袭”，另一方面则是现代工艺学的发展之道：

> 机器生产的原则是把生产过程分解为各个组成阶段，并且应用力学、化学等，总之就是应用自然科学来解决由此产生的问题。这个原则到处都起着决定性作用。①

> 使分散的、按习惯进行的生产过程不断变成社会结合的、用科学处理的生产过程，到处都成为起点。②

这个原则对于庖丁以及优秀的手工艺者们，意味着前所未有的“进乎技”的工艺学（科技艺术）的新天地。③

二、从劳动美学到工作美学

《资本论》创作历时漫长、耗费心血，它是一个创造价值的过程。马克思本人称这项研究工程为“我的劳动”。第一版跋写道：

> 《资本论》在德国工人阶级广大范围内迅速得到理解，是对我的劳动的最好报酬。④

---

① 马克思．资本论：第1卷［M］//中共中央马克思恩格斯列宁斯大林著作编译局．马克思恩格斯全集：第23卷．北京：人民出版社，1972：505.

② 马克思．资本论：第1卷［M］//中共中央马克思恩格斯列宁斯大林著作编译局．马克思恩格斯全集：第23卷．北京：人民出版社，1972：688.

③ “资产阶级在它的不到一百年的阶级统治中所创造的生产力，比过去一切世代创造的全部生产力还要多，还要大。自然力的征服，机器的采用，化学在工业和农业中的应用，轮船的行驶，铁路的通行，电报的使用，整个大陆的开垦，河川的通航，仿佛用法术从地下呼唤出来的大量人口，——过去哪一个世纪料想到在社会劳动力蕴藏有这样的生产力呢?”（马克思，恩格斯．共产党宣言［M］//中共中央马克思恩格斯列宁斯大林著作编译局．马克思恩格斯选集：第1卷．北京：人民出版社，1972：256.）“直接劳动者在生产过程中所支出的劳动量的性质，完全取决于他在生产时所使用的机器（或生产工具）的优劣，他的劳动中创造性因素所产生的劳动量也是随着机器的进步而减小。这也说明了，工人在生产中的地位日趋没落。在自动化的生产过程中，工人的技艺不再是生产的重要成分。现今人类社会中的生产方式完全证明了这一点变化。”（赵自元．新劳动价值理论［M］．北京：中央民族大学出版社，2003：165.）

④ 马克思．资本论：第1卷［M］//中共中央马克思恩格斯列宁斯大林著作编译局．马克思恩格斯全集：第23卷．北京：人民出版社，1972：15.

马克思的“劳动”显然属于“脑力劳动”。然而当我们以《资本论》“劳动”范畴来衡量《资本论》自身的创作过程时，却看到两者之间有明显歧异。歧异至少在于：

（1）“劳动首先是人和自然之间互动的过程”——然而《资本论》研究对象是政治经济学问题，而非某种看得见摸得着的感性自然物，因而其过程不是人和自然之间的互动。

（2）“劳动是人以自身的活动来引起、调整和控制人和自然的物质变换的过程。”——如果说《资本论》撰写过程引起过某种自然的物质变化，那也主要是限于大捆稿纸上不断增加或修订的文墨笔迹，而《资本论》的价值显然不在此物质变化的层面。

（3）“为了在对自身生活有用的形式上占有自然物质，人就使他身上的自然力——臂和腿、头和手运动起来。”——《资本论》撰写过程中没有也绝无必要将“臂和腿、头和手运动起来”，这种全身运动对于《资本论》研究所在地的英国伦敦图书馆而言，是被禁止的。

《资本论》“劳动”范畴与《资本论》自身创作过程之间相歧异的原因在于，前者主要针对体力劳动（manual labor），后者不仅属于脑力工作（mental work），而且是创造性的脑力工作（intellectual work）。① 马克思感叹过：对创造性脑力劳动的产物——科学——的估价，总是比它的价值低得多；因为“再生产科学所必要的劳动时间，同最初生产科学所需要的劳动时间是无法相比的。例如学生在一小时内能学会二项式定理。”② 马克思本人对“劳动价值”的分析显然偏重于体力劳动方面。

---

① 脑力劳动在西语中通常是以“work”指谓，英语因此有“manual labor”（体力劳动）与“mental work”（脑力工作）两类词组。现代汉语所谓“脑力劳动”与英语“mental work ”对应，直译为“脑力工作”。“Intellectual work”的汉译则还有“知识产权工作”（谷歌翻译网站）。《资本论》英译本中与“脑力”（智力）相对应的词主要为 mental。例如：“劳动的内容及其方式和方法越是不能吸引劳动者，劳动者就越是不能把劳动当作他自己体力和智力的活动来享受，就越需要这种意志。”（马克思．资本论：第 1 卷［M］//中共中央马克思恩格斯列宁斯大林著作编译局．马克思恩格斯全集：第 23 卷．北京：人民出版社，1972：202.）英译本为：“The less he is attracted by the nature of the work, and the way in which it has to be accomplished, and the less, therefore, he enjoys it as the free play of his own physical and mental powers, the closer his attention is forced to be.”（Karl Marx, Capital Volue I, （Penguin Classics）［M］. tr. Ben Fowkes, London: Clays Ltd. St Ivespic, 1990: 284.）

② 马克思．剩余价值理论［M］//中共中央马克思恩格斯列宁斯大林著作编译局．马克思恩格斯全集：第 26 卷（第一册）．北京：人民出版社，1972：377.

在古汉语中，“工作”一词既可以指土木营造之类的体力强度很大的劳动，也可以泛指各种兼有体力和脑力要求的“百工操作”，还可以特指具有创造性的“巧妙的制作”。① 现代汉语的“工作”则既可以是“劳动”的同义词（如“工作日”与“劳动日”义同），也特指脑力性活动，如“工作站”特指某种高性能计算机，“工作语文”特指国际会议通常使用的语文，后两者显然不能置换为“劳动机”或“劳动语文”。与此形成鲜明反差的是，“劳动教养”一词也显然不宜置换为“工作教养”，因为前者特指带有强制性和惩罚性的体力劳动。② 基于现代汉语“工作”（work）与“劳动”（labor）二词的区别，笔者认为有必要提出“工作美学”（working aesthetics）范畴，以区别历来“劳动美学”（labor aesthetics）的所指对象，并弥补后者的盲区。“工作美学”所指特征在于：（1）它的对象不仅可以是自然物，更可以是社会现象。（2）它赖以进行的主要是人的心智，而非肢体肌肉和体力。（3）它的产品主要不在于满足人们吃穿住用等物质生活需要，而是满足人们心智或精神的需求。

马克思的“劳动”范畴之所以偏重于体力劳动，原因之一在于创造性的脑力工作与重复性的体力劳动，在当时历史背景中差异和境遇悬殊。③ 缘此之故，以马克思学说为思想资源的后人的“劳动美学”，其研究对象主要限于工厂企业的生产劳动。④

---

① 古汉语“工作”意项有三：（1）指土木营造之事。《后汉书·和熹邓皇后纪》：“以连遭大忧，百姓苦役，……及诸工作，事事减约。”（2）指百工操作。唐段成式《剑侠传》：“店有老人，方工作。”（3）巧妙的制作。《文苑英华》二一唐李邕《春赋》：“惊洪铸之神用，伟元化之工作。”（商务印书馆编辑部．辞源［M］．北京：商务印书馆，1979：953.）

② 夏征农．辞海［M］．上海：上海辞书出版社，2000：618-620，1967.

③ “马克思之所以从劳动对象化的物质性角度进行分析，是受他所处时代经济现实制约的。当时，劳动对象化的非物质性不突出，非物质产品的生产微不足道，马克思研究政治经济学的对象和方法，使得他不可能将这些‘不突出’‘微不足道’的内容纳入研究范围。”（顾海良，张雷声．马克思劳动价值论的历史与现实［M］．北京：人民出版社，2002：235-236.）“知识产品具有物质的与非物质的两种形态。”“知识产品作为以非物质形态存在的智力劳动产品，它的非物质形态的存在方式往往使人感觉不到它的存在。因而它的使用价值与具有物质承担者的物质产品有很大不同。……知识产品的价值承担者是人的观念。”（同书第 236 页）

④ 将“劳动美学”（Labor aesthetics）作为一门科学来研究，由苏联美学家叶果洛夫在 1974 年首次提出。（章斌．劳动美学引论［J］．学术界，1989（2）：76-80.）劳动美学的研究对象主要集中于工厂企业生产过程的相关问题，如“劳动过程的宜人化”“劳动管理的艺术化”“劳动环境的审美化”等。（章斌．劳动美学：企业发展的新科学［M］．北京：经济日报出版社，1991：1.）

然而马克思还写道：

我们把劳动力或劳动能力，理解为人的身体活动即活的人体中存在的、每当人们生产某种使用价值时就运用的体力和智力的总和。①

这至少意味着，在马克思看来，任何劳动总是某种程度、某种比例的体力和脑力的综合运用；两者的区别是相对的。② 因此，既然物质生产领域的“劳动”可能并理应“按照美的规律来制造”，那么价值含量并不逊色的精神生产领域中的“工作”也可能并理应如此，尤其是创造性的精神生产活动。后者蕴含更充实的“艺术性”，更可谓是自觉地“按照美的规律来制造”的精神产品。《资本论》“劳动”范畴与《资本论》创作过程之间的歧异与其说是一对矛盾，不如说是在提示我们，有必要并有可能开拓以脑力工作和创造性的脑力工作为对象的美学新论域。③

庖丁解牛的活动既是一种满足社会实用需要的体力性劳动，更是运用心脑之力并追求“所好者道也”的精神生产。以该寓言来比照反观《资本论》创作过程，有助于讨论“工作美学”论题。就方法论而言：（1）“庖丁解牛”是以

---

① 马克思．资本论：第1卷［M］//中共中央马克思恩格斯列宁斯大林著作编译局．马克思恩格斯全集：第23卷．北京：人民出版社，1972：190.

② “任何复杂的脑力劳动中都包含有体力劳动，任何简单的体力劳动也都是由大脑来控制的。”（顾海良，张雷声．马克思劳动价值论的历史与现实［M］．北京：人民出版社，2002：223.）“严格意义上说，人的劳动必然是脑力与体力同时进行的生命活动，即使奴隶的劳动也不可或缺地渗透着智力的运用，而仅凭大脑进行思维创造的劳动也不可能没有体能的消耗。因此‘体力劳动’与‘脑力劳动’的划分只表述着体力或脑力在劳动运用中所占比例的侧重，不能作为劳动形式的界分。”（章斌．劳动美学：企业发展的新科学［M］．北京：经济日报出版社，1991：42.）

③ “马克思是唯一的对‘劳动价值理论’做了研究工作的人。……自从他的《资本论》于1867年出版以来，世界上就再也没有出现对‘劳动价值’做真正研究的书籍和论文，这就是当今经济学界的事实。这也是阻碍经济学成为科学的原因。”（ 赵自元．新劳动价值理论［M］．北京：中央民族大学出版社，2003：219.）“在第二次世界大战之后，共产主义到处扩张甚快。因此在美国产生了极端反共的‘麦卡锡主义’，许多知识分子——特别是社会科学学者首当其冲，成了这一政治运动的牺牲品。在美国的知识分子从此不敢再研究共产主义、社会主义或劳动价值理论，不再有关于劳动价值理论的著作的出现，除非它是谩骂劳动价值的著作，可以例外地被印刷出版。所有美国出版的经济学教科书，几乎全部把有关讨论价值的篇章除去，甚至于现在在美国印制的《新英国大百科全书》（*The New Encyclopeadia Britanica*，*15th edition*，1988），都把‘价值’（value）这一条删除掉了，因此我敢在此断言，绝大部分在美国大学经济系或其他社会科学系毕业的人，都不知道‘价值’一词在经济学中的意义。”（同书第228页）

形象表现的故事，《资本论》“劳动”规则是抽象概念表达的思想。根据“形象大于思想”的文学通识，既然如前所见，庖丁解牛活动在物质生产层面完全符合《资本论》“劳动”观，那么前者形象大于思想的空间也可能超出后者的界限。(2)“庖丁解牛”是寓言性故事。寓言的基本特征是借助比喻而引譬连类，举一反三。① 庖丁的劳动早在故事中就被文惠君引申发挥为“得养生焉”，在后代诗文评论中，它又被阐释为比喻文艺技巧和法则。② 因此，基于“劳动”与“工作”所指的异中有同，“庖丁解牛”寓言可望引譬连类于《资本论》创作过程。换言之，两者之间具有某种可比性和类似性。(3) 马克思是以“最高的精神生产”为目标而撰写《资本论》③，如果说《资本论》创作过程代表了马克思“按照美的规律建造”的个体实践④，那么它作为“庖丁解牛”寓言的引譬连类之对象也具有典范性。(4)《资本论》是举世公认的现代经典，“庖丁解牛”则是在中国流传广泛的古典寓言。因此两者比照的所见可能具有普适性。

“庖丁解牛”寓言的叙事与《资本论》创作过程至少有如下五方面相通。

1. 工具方法的类似

庖丁使用的是刀具，其劳动技能主要表现于以刀具解剖牛体的过程中。《资本论》开篇序言中恰恰是以使用刀具的“解剖”比喻其研究方法的特点：

> 分析经济形式，既不能用显微镜，也不能用化学试剂。二者都必须用抽象力来代替。而对资产阶级社会来说，劳动产品的商品形式，或者商品

① 寓言的叙事特点是比喻，比喻由本体和喻体两方面构成。“本体是指被比喻的事物，喻体是指作比喻的事物。”（李庆荣．现代实用汉语修辞［M］．北京：北京大学出版社，2010：190.）“在比喻的深层结构中，本体、喻体和相似点是不能缺少的。”（聂焱．比喻新论［M］．银川：宁夏人民教育出版社，2009：14.）

② “龚自珍是中国最早的杂文家，他曾经说：庖丁之解牛，羿之射箭，僚之弄丸，伯牙之操琴，古之神技也。如果你对庖丁说，不许多割一刀，也不许少割一刀；对伯牙说，只许志于高山，不许志于流水；对羿和僚说，只许东顾，不许西逐，否则我就要鞭打你。那么这样一来，神技也就没有了。”（王元化．思辨录［M］．上海：上海古籍出版社，2004：361.）

③ “……连最高的精神生产，也只是由于被错误地解释为物质财富的直接生产者才得到承认。”（马克思．剩余价值理论［M］//中共中央马克思恩格斯列宁斯大林著作编译局．马克思恩格斯全集：第26卷（第一册）．北京：人民出版社，1972：298.）

④ “对马克思来说，文学不仅是一种表达的手段——在很大程度上，也是一种自我构成的手段。”（柏拉威尔．马克思和世界文学［M］．梅绍武，等译．北京：生活·读书·新知三联书店，1980：543.）

的价值形式，都是经济的细胞形式。在浅薄的人看来，分析这种形式好像是斤斤于一些琐事。这的确是琐事，但这是显微镜下的解剖所要做的那种琐事。①

庖丁使用的是实实在在的刀具，马克思则以“解剖”比喻他的分析方法②，庖丁的劳动对象是自然物的牛体，它对于人的感官是感性直观的，马克思的研究对象则是作为社会历史现象中的“商品”表象，后者的价值形式不仅类似于“细胞”，而且即便借助显微镜也“看不见也摸不着”③；庖丁的劳动首先需要依赖肢体肌肉和体力，马克思则主要使用大脑思维的“抽象力”。可见两者之间“劳动”与“工作”的差异明显。然而正如汉语“分析”一词的词源本义所提示，它最初是指用刀具劈开树木，如《诗经·南山》“析薪如之何，匪斧不克”；而后引譬连类于运用抽象思维力的分析，如《庄子·天下》“判天地之美，析万物之理”④。可见《资本论》创作过程中的“解剖”式的“分析”方法，与庖丁“解牛”或古人“析薪”的劳动方法确实具有相通性。⑤

如果说《资本论》“分析”方法与庖丁“解牛”方法的上述类似带有某种偶然性（因为科学研究并不限于分析方法），那么两者在使用工具或运用方法的态度上却体现了更深切的相通：马克思强调他要做的是“显微镜下的解剖所要做的那种琐事”，后者也正是庖丁解牛过程中的关键所在，“每至于族，吾见其难为，……动刀甚微”。

2. 工作难度的类似

《资本论》开篇起句中有一个用引号加以强调的关键词：

---

① 马克思．资本论：第1卷［M］//中共中央马克思恩格斯列宁斯大林著作编译局．马克思恩格斯全集：第23卷．北京：人民出版社，1972：8.

② 马克思常用“解剖”比喻运用抽象思维力的分析方法。其另一个著名比喻是：“人体解剖是猴体解剖的钥匙。”（马克思．《政治经济学批判》导言［M］//中共中央马克思恩格斯列宁斯大林著作编译局．马克思恩格斯选集：第二卷．北京：人民出版社，1972：108.）在《政治经济学批判》序言中也比喻道：“对市民社会的解剖应该到政治经济学中去寻求。”（同书第82页）

③ 马克思．资本论：第1卷［M］//中共中央马克思恩格斯列宁斯大林著作编译局．马克思恩格斯全集：第23卷．北京：人民出版社，1972：73.

④ “析”字释义参见：辞源［M］．北京：商务印书馆，1979：1542.

⑤ 恩格斯也使用过类似的比喻：“对未知对象的分析（一个果核的剖开已经是分析的开端）。”（恩格斯．自然辩证法［M］//中共中央马克思恩格斯列宁斯大林著作编译局．马克思恩格斯选集：第3卷．北京：人民出版社，1972：545.）

> 资本主义生产方式占统治地位的社会的财富，表现为“庞大的商品堆积”。[①]

“庞大的商品堆积”是指具有商品性质的人类产品数量巨大而无处不在，它作为《资本论》研究对象也同时意味着工作量的巨大。而庖丁的劳动对象不是猪羊之类，不是鸡鸭之属，而是人类食用动物中体积和重量最大的“牛”体。[②]如果说庖丁解“牛”首先意味着体力劳动的高强度，那么《资本论》对象的“庞大”更意味着脑力工作的繁重和艰难。马克思曾私下感慨：“《资本论》是一部经过千辛万苦写成的著作，可能从来没有一部这种性质的著作是在比这更艰苦的条件下写成的。”[③] 据统计，《资本论》撰写过程中至少参考引用了近800本专著、议会报告和蓝皮书资料等文献。[④] 马克思在其生病期间的一段自述是：“我吞下了大批统计学方面和其他方面的‘材料’，对于那些肠胃不习惯于这类食物并且不能把它们迅速消化的人来说，这些材料本身就足以致病。”[⑤] 庖丁经历了19年孜孜不倦的追求才达到“以神遇而不以目视”的技艺境界，马克思则是在23年后才终于完成出版《资本论》第一卷。[⑥] 两者对象的“庞大”和历时漫长，意味着都需要超常的意志和巨大的心力。[⑦]

---

① 马克思．资本论：第1卷［M］//中共中央马克思恩格斯列宁斯大林著作编译局．马克思恩格斯全集：第23卷．北京：人民出版社，1972：47.

② 牛的体重通常超过500千克。

③ 中共中央马克思恩格斯列宁斯大林著作编译局．马克思恩格斯《资本论》书信集［M］．北京：人民出版社，1976：234.

④ 曼弗雷德·克利姆．马克思文献传记［M］．李成毅，等译．郑州：河南人民出版社，1992：277.

⑤ 中共中央马克思恩格斯列宁斯大林著作编译局．马克思恩格斯《资本论》书信集［M］．北京：人民出版社，1976：254.

⑥ 如果以马克思《1844年经济学哲学手稿》为起点的话，那么至1867年《资本论》第一卷出版，其间历程是二十三年。学界通常称马克思《资本论》研究历程为四十年，这是指1844年至1883年（马克思去世）。

⑦ 马克思曾将“物化劳动”与“活劳动”加以区别，并强调了后者的创造性：“唯一与物化劳动相对立的是非物化劳动，即活劳动。前者是存在于空间的劳动，后者是存在于时间中的劳动；前者是过去的劳动，后者是现在的劳动；前者体现在使用价值中，后者作为人的活劳动进行着，因而还只处于它物化的过程中。前者是价值，后者创造价值”。（中共中央马克思恩格斯列宁斯大林著作编译局．马克思恩格斯全集：第47卷［M］．北京：人民出版社，1979：33.）“物化劳动是没有创造力的劳动，是凝聚了劳动的物。”（顾海良，张雷声．马克思劳动价值论的历史与现实［M］．北京：人民出版社，2002：247.）

3. 认知历程的类似

《资本论》创作在思维方式上呈现为一系列“把直观和表象加工成概念的过程”。马克思对这个过程的描述是：

> 如果我从人口着手，那么这就是一个混沌的关于整体的表象，经过更切近的规定后，我就会在分析中到达越来越简单的概念，从表象的具体达到越来越稀薄的抽象，直到我达到一些最简单的规定。于是行程又得从那里回过头来，直到我最后又回到人口，但是这回人口已不是一个混沌的关于整体的表象，而是一个具有许多规定和关系的丰富的总体了。①

这一过程包括三阶段：(1) 从“混沌的关于整体的表象”开始（感性的具体)；(2) 经过分析达到“最简单的规定”（理智的抽象)；(3) 通过综合达到“具有许多规定和关系的丰富的总体”（理性的具体)。②

庖丁解牛生涯中的认识历程为：

> 始臣之解牛之时，所见无非全牛者。三年之后，未尝见全牛也。方今之时，以神遇而不以目视，官知止而神欲行。

我国哲学界有学者将庖丁认知历程也分为三阶段，依次为：(1) 庖丁的最初认识限于直观混沌的“全牛”表象；(2) 三年之后所见的牛是“被分析开来的合成物”，其时庖丁是“分解世界的理智者”；(3) 将近十九年后的庖丁“以神遇而不以目视”，进入“以天合天”境界，其时的牛代表了“天理”。庖丁解牛历程的三阶段分别代表了“族庖”“良庖”及“道庖”的认识水平，并且构成一个完整的“正、反、合”的辩证发展过程。③ 这一阐释可以印证，以“劳动”方式展开的庖丁解牛生涯的认识历程，与马克思以“工作”方式进行的《资本论》研究历程，两者殊途而同归，都达成了完整把握各自对象的目标。

---

① 马克思.《政治经济学批判》导言［M］//中共中央马克思恩格斯列宁斯大林著作编译局.马克思恩格斯选集：第二卷.北京：人民出版社，1972年：103.

② 参见：王元化.关于“由抽象上升到具体”的一点说明［M］//王元化.文心雕龙讲疏.上海：上海古籍出版社，1993：160.

③ 庞朴.解牛之解［J].学术月刊，1994（3)：11-20. 陈赟.论“庖丁解牛”［J].中山大学学报，2012，52（4)：117-133.

4. 创作精神的类似

“创作”的基本含义是首造、始作、创造。① 庖丁的技艺远超其同行的“族庖”“良庖”们，并达到前所未有高度，因而他的劳动可谓特殊方式的创作。庖丁技艺之所以达到令文惠君惊叹的高度，原因在于他怀抱并实践了超越谋生和实用需求的信念：“臣之所好者道也，进乎技矣。”因而其劳动也具有马克思所谓“精神生产”的性质。② 该寓言中作为观赏者的文惠君“遂得养生之道”，已然证明庖丁解牛过程的精神生产内涵和启示。“好道”乃是庖丁创作精神的最鲜明自觉的表述。先秦观念中所谓的“道”通常与生产劳动无关，《易经·系辞》：“形而上者谓之道，形而下者谓之器。”③ “道”指超脱事物感性形式的根本法则、天地源起、终极目标等，“器”则通常指人们物质生活中的实用器具及其制作技能等。《论语·为政》：“君子不器。”朱熹注曰：“器者，各适其用而不能相通。成德之士，体无不具，故用无不周，非特为一才一艺而已。”④ “道”和“器”所指的两个领域是界限分明的，不容混淆。因此，属于“器”域的庖丁而自觉追求“道”，显然突破了当时普遍观念划定的界限。先秦语境中，各种器用技能之间也不无高低之别，《礼记·王制》：“凡执技以事上者，祝、史、射、御、医、卜及百工。”⑤ 相对于祝（祭祀事务）、史（文书事务）等脑力性质明显的“技”，“百工”是列序于后，笼统而提。解牛之技在“百工”中是否值得一提也未必没有疑问。可见，庖丁的“好道”对于当时社会观念的突破可谓幅度甚大。先秦观念又有“大道”与“小道”之别。前者如《礼记·礼运》：

---

① 汉语“创”字含义之一是创始，首创。《论语·宪问》：“为命裨堪草创之。”《史记·司马相如传》：“后稷创于唐。”（商务印书馆编辑部．辞源［M］．北京：商务印书馆，1979：364.）现代汉语“创作”之义为：“指文艺作品的创造活动。是一种具有显著个性特点的复杂精神劳动，须极大地发挥创作主体的创造力，包括敏锐的感受力、深邃的洞察力、丰富的想象力、充分的概括力以及相应的艺术技巧。”（夏征农．辞海［M］．上海：辞书出版社，1999：220.）

② 马克思将“非物质生产领域中的资本主义表现”概括为两类：（1）生产的结果是商品，如书、画以及一切脱离艺术家的艺术活动而单独存在的艺术作品。（2）产品同生产行为不能分离，如一切表演艺术家、演说家、演员、教员、医生、牧师等的情况。（马克思．剩余价值理论［M］//中共中央马克思恩格斯列宁斯大林著作编译局．马克思恩格斯全集：第26卷（第一册）［M］．北京：人民出版社，1972：443.）

③ 阮元．十三经注疏：上册［M］．北京：中华书局，1980：83.

④ 朱熹．四书章句集注［M］．北京：中华书局，1983：57.

⑤ 阮元．十三经注疏：上册［M］．北京：中华书局，1980：1343.

“大道之行也，天下为公。”① 后者如《论语·子张》：“虽小道，必有可观者焉，致远恐泥，是以君子不为也。”朱熹注曰：“小道，如农圃医卜之属。”② 儒家以“小道”称各种器业技能，意味着承认技艺活动也可能达到某种程度的超越境界。然而值得注意的是，庖丁在文惠君面前回答的是“臣所好者道也”，而非“臣所好者小道也”。这表明庖丁不仅自觉地将其解牛生涯视为一种精神追求方式，而且并不认为其所求之道逊色于“大道”。由此又可见，庖丁的“道”观念远远超越了当时社会的一般通识。马克思强调：“动物只是在直接的肉体需要支配下才生产，而人只有在不受这种需要支配时才进行真正的生产。”③ 庖丁“好道”的信念和实践堪称提供了古典手工业劳动“真正的生产”之范例。

《资本论》无疑是精神产品。就《资本论》创作精神而言，下面几则马克思的自述可见其自觉追求之一斑：

> 商品中包含的劳动的这种二重性，是首先由我批判地证明了的。这一点是理解政治经济学的枢纽。④
>
> 在这里，我们要做资产阶级经济学从来没有打算做的事：指明这种货币形式的起源。⑤
>
> 政治经济学……甚至从来也没有提出过这样的问题：为什么这一内容要采取这种形式？为什么劳动表现为价值，用劳动时间计算的劳动量表现为劳动产品的价值量？⑥

《资本论》的首创性与作者创作精神的关系集中表现于马克思一段序言中：

> 我所使用的分析方法至今还没有人在经济问题上运用过，这就使前面几章读起来相当困难。……这是一种不利，对此我没有别的办法，只有事

---

① 阮元．十三经注疏：下册［M］．北京：中华书局，1980：1414.

② 朱熹．四书章句集注［M］．北京：中华书局，1983：188. 一说“小道”为“小技艺”。（杨伯峻．论语译注［M］．北京：中华书局，1980：200.）

③ 马克思．1844年经济学哲学手稿［M］．北京：人民出版社，2005：58.

④ 马克思．资本论：第1卷［M］//中共中央马克思恩格斯列宁斯大林著作编译局．马克思恩格斯全集：第23卷．北京：人民出版社，1972：55.

⑤ 马克思．资本论：第1卷［M］//中共中央马克思恩格斯列宁斯大林著作编译局．马克思恩格斯全集：第23卷．北京：人民出版社，1972：61.

⑥ 马克思．资本论：第1卷［M］//中共中央马克思恩格斯列宁斯大林著作编译局．马克思恩格斯全集：第23卷．北京：人民出版社，1972：98.

先向追求真理的读者指出这一点，并提醒他们。在科学上没有平坦大道，只有不畏劳苦沿着崎岖山路攀登的人，才有希望达到光辉的顶点。①

马克思自觉追求的“顶点”与庖丁解牛主人公的“所好者道也”，两者之间显然有相通。

5. 作品艺境的类似

《资本论》研究对象虽然是政治经济学问题，其文体叙述却格外重视艺术性。马克思的自觉表述是：“我所追求的不是优美的叙述，而只是写出我平素的风格。”②《资本论》在文字方面花了两年以上的时间打磨润色。如果说其中大量使用文学典故的叙事特点已经表现出鲜明的个性风格，那么整部《资本论》的结构艺术则可谓达到了独创性境界——马克思首次将历史辩证法运用并贯穿于该书的叙述结构，这一结构方式至少在政治经济学领域属于首创，并且迄今独一无二。《资本论》问世后，最初受到评赞的正是其文体的艺术性。一位俄国学者写道：“他的逻辑严密，文字有力，他甚至使最枯燥无味的政治经济学问题具有一种独特的魅力。”③ 庖丁解牛的“劳动”比较起《资本论》研究的创造性“工作”可能更属单调而乏味，然而庖丁却将解牛活动演绎成“合于《桑林》之舞，乃中《经首》之会”的艺术境界。④ 我们从观赏者文惠君的惊叹声中，不难体会到俄国学者评赞《资本论》文字风格所说的那种“独特的魅力”。

然而，庖丁解牛的劳动作为古代手工业典范，它与旨在研究现代性问题的《资本论》创作之间无疑迥然有别。最显然的是，庖丁技艺达到了“游刃有余”的境界，庖丁本人由此产生“踌躇满志”的享受感。而马克思在《资本论》出

---

① 马克思．资本论：第 1 卷［M］//中共中央马克思恩格斯列宁斯大林著作编译局．马克思恩格斯全集：第 23 卷．北京：人民出版社，1972：26.

② 中共中央马克思恩格斯列宁斯大林著作编译局．马克思恩格斯《资本论》书信集［M］．北京：人民出版社，1976：137. 黑格尔认为艺术境界有三个层次，即作风、风格、独创性。其中，“风格”指表现方式上体现作家人格特点。（黑格尔．美学：第一卷［M］．朱光潜，译．北京：商务印书馆，1982：372.）

③ 中共中央马克思恩格斯列宁斯大林著作编译局．马克思恩格斯《资本论》书信集［M］．北京：人民出版社，1976：251.

④ “技术具有审美的价值和意义吗？这对于从事实际技术工作的人来说，可能不是问题。因为技术活动中的审美问题、意象问题、造型与设计问题，早就是技术活动的一个重要方面，甚至是它的一个核心。但从哲学层面来看，技术的所谓审美价值并没有引起人们太多的关注，哲学只是讨论一般意义上的美。”（乔瑞金．马克思技术哲学纲要［M］．北京：人民出版社，2002：245-246.）

版十多年后，却依然深切感到他的研究尚待继续：

> 《资本论》的第二册在德国不能出版，这一点我很高兴，因为恰恰是在目前，某些经济现象进入了新的发展阶段，因而需要重新加以研究。①

这种差异的原因首先在于：庖丁的劳动对象是自然界较少变化的牛体，《资本论》研究的则是人类社会的历史现象，后者不仅显著变迁，而且不断提出新问题。不过这种差异并不妨碍我们得出初步结论："庖丁解牛"作为中国古典文学寓言，不仅有助于印证阐释《资本论》以抽象概念表述的"劳动"范畴，而且可能为《资本论》作者已然实践却未及研究的"工作美学"论域提供思想资源和启示。

三、王国维"三境界"说与《资本论》创作精神

中国现代美学奠基人王国维在《论哲学家与美术家之天职》一文中表达过对"纯粹之美术"精神的推崇②，其后又在《人间词话》中结合中国古典文艺作品而提出艺术创作"三种境界"说：

> 古今之成大事业、大学问者，必经过三种之境界："昨夜西风凋碧树。独上高楼，望尽天涯路。"此第一境也。"衣带渐宽终不悔，为伊消得人憔悴。"此第二境也。"众里寻他千百度，蓦然回首，那人却在，灯火阑珊处。"此第三境也。③

王国维的"三种境界"说以集句方式对三首宋词的意境进行了创造性转换。习近平总书记在《一个国家、一个民族不能没有灵魂》一文中也引述过王国维此说：

> 良好职业道德体现在执着坚守上，要有"望尽天涯路"的追求，耐得

① 中共中央马克思恩格斯列宁斯大林著作编译局．马克思恩格斯《资本论》书信集［M］．北京：人民出版社，1976：366.

② 王国维．论哲学家与美术家之天职［M］//谢维扬，房鑫亮．王国维全集：第1卷．杭州：浙江教育出版社，2010：131-133.

③ 王国维．人间词话［M］//郭绍虞．历代文论选：第四册．上海：上海古籍出版社，1980：372.

住“昨夜西风凋碧树”的清冷和“独上高楼”的寂寞，最后达到“蓦然回首，那人却在，灯火阑珊处”的领悟。①

这段论述意味着王国维推崇的“三种境界”说具有某种超越性的美学意义。我们再试以王国维此说来考量《资本论》的创作精神。

1. 《资本论》的“独上高楼”

《资本论》法文版序言：“在科学上没有平坦的大道，只有不畏劳苦沿着陡峭山路攀登的人，才有希望达到光辉的顶点。”② 马克思的创作以“光辉的顶点”为目标，这个目标可谓与王国维所称“独上高楼”异曲而同工。

整部《资本论》的起句是：

资本主义生产方式占统治地位的社会的财富，表现为“庞大的商品堆积”。③

这是一座实实在在的超级大山。马克思是在这一巨无霸的“混沌观念表象”中，“沿着崎岖山路攀登”。

“独上”二字，亦是吃紧。《资本论》初版序：“任何科学的批评意见我都是欢迎的，而对于我从来都不让步的所谓舆论的偏见，我仍然遵守伟大的佛罗伦萨诗人的格言：‘走你的路，让人们去说罢！’”④ 马克思“独上”的艰难不仅是攀登的物理高度，更来自某种“社会关系”的“西风凋碧树”。这种“凋”，屈原在《离骚》中早有所感：“众女嫉余之蛾眉兮，谣诼谓余以善淫。”

---

① 习近平．谈治国理政：第3卷［M］．北京：外文出版社，2020：326. 习近平《在文艺工作座谈会上的讲话》（2014）也谈及王国维三境界说：“大凡伟大的作家艺术家，都有一个渐进、渐悟、渐成的过程。文艺工作者要志存高远，就要有‘望尽天涯路’的追求，耐得住‘昨夜西风凋碧树’的清冷和‘独上高楼’的寂寞，即便是‘衣带渐宽’也‘终不悔’，即便是‘人憔悴’也心甘情愿，最后达到‘众里寻他千百度’‘蓦然回首，那人却在，灯火阑珊处’的领悟。”

② 马克思．资本论：第1卷［M］//中共中央马克思恩格斯列宁斯大林著作编译局．马克思恩格斯全集：第23卷．北京：人民出版社，1972：26

③ 马克思．资本论：第1卷［M］//中共中央马克思恩格斯列宁斯大林著作编译局．马克思恩格斯全集：第23卷．北京：人民出版社，1972：47.

④ 马克思．资本论：第1卷［M］//中共中央马克思恩格斯列宁斯大林著作编译局．马克思恩格斯全集：第23卷．北京：人民出版社，1972：13.

《文心雕龙·辨骚》有慧识：“《渔父》寄独往之才，……难与并能矣。”①

《资本论》在“望尽天涯路”的历程中披荆斩棘、一路所望、皆成名胜。例如：

“我在《哲学的贫困》中……第一次提到工场手工业是资本主义生产方式的特殊形式。”②

“‘政治经济学’甚至从来也没有提出过这样的问题：为什么这一内容要采取这种形式呢？为什么劳动表现为价值，用劳动时间计算的劳动量表现为劳动产品的价值量呢？”③

“商品中包含的劳动的这种二重性，是首先由我批判地证明了的。”④

“在这里，我们要做资产阶级经济学从来没有打算做的事：指明这种货币形式的起源。”⑤

2.《资本论》的“为伊消得人憔悴”

再看《资本论》创作精神的第二境：“为伊消得人憔悴”。

马克思病中自述：“我吞下了大批统计学方面和其他方面的‘材料’，对于那些肠胃不习惯于这类食物并且不能把它们迅速消化的人来说，这些材料本身就足以致病。”⑥《资本论》撰写过程中至少参考引用了近800本专著、议会报告和蓝皮书资料等文献。⑦

《资本论》初版完成于1867年7月，该年4月马克思致信美国友人齐格弗

---

① “马克思是当代最遭忌恨和最受诬蔑的人。……他对这一切毫不在意，把它们当作蛛丝一样轻轻拂去，只是在万不得已时才给以回敬。”（恩格斯．在马克思墓前的讲话［M］//中共中央马克思恩格斯列宁斯大林著作编译局．马克思恩格斯选集：第3卷．北京：人民出版社，1972：574）

② 马克思．资本论：第1卷［M］//中共中央马克思恩格斯列宁斯大林著作编译局．马克思恩格斯全集：第23卷．北京：人民出版社，1972. 401.

③ 马克思．资本论：第1卷［M］//中共中央马克思恩格斯列宁斯大林著作编译局．马克思恩格斯全集：第23卷．北京：人民出版社，1972：97.

④ 马克思．资本论：第1卷［M］//中共中央马克思恩格斯列宁斯大林著作编译局．马克思恩格斯全集：第23卷．北京：人民出版社，1972：55.

⑤ 马克思．资本论：第1卷［M］//中共中央马克思恩格斯列宁斯大林著作编译局．马克思恩格斯全集：第23卷．北京：人民出版社，1972：61.

⑥ 中共中央马克思恩格斯列宁斯大林著作编译局．马克思恩格斯《资本论》书信集［M］北京：人民出版社，1976：254.

⑦ 弗雷德 克利姆．马克思文献传记［M］李成毅，等译．郑州：河南人民出版社，1992：277.

里特·迈耶尔（Sigfrid Meyer，1840—1872）："我一直在坟墓的边缘徘徊。因此，我不得不利用我还能工作的每时每刻来完成我的著作。为了它，我已经牺牲了我的健康、幸福和家庭。我希望，这样解释就够了。"①马克思沉痛的不是一己的"人憔悴"。②

马克思在信中还提到，"我希望全部著作能够在明年这个时候出版"。《资本论》后两卷手稿的最后落款是 10 年后的"1878 年 7 月 2 日"，恩格斯判断："看来这时马克思已经明白，如果他的健康状况不根本好转，他就决不能完成他的第二卷和第三卷的修订工作，……在已修改的一些手稿中留下了他同折磨人的疾病进行顽强搏斗的痕迹。"③

马克思在信中还直言："我嘲笑那些所谓'实际的人'和他们的聪明"，他们"不管人类的痛苦"，"如果我没有全部完成我的这部书，至少是写成草稿就死去的话，我的确会认为自己是不实际的"④。《资本论》事业践行了马克思"终不悔"的初心："如果我们选择了最能为人类福利而劳动的职业，……面对我们的骨灰，高尚的人们将洒下热泪。"⑤

3.《资本论》的"众里寻他千百度"

王国维"第三境"的首句是"众里寻他千百度"。

马克思前期经济学著述有《1844 年经济学哲学手稿》《1857—1858 年经济学手稿》，以及 1859 年出版的《政治经济学批判》等。《资本论》第一卷篇幅计有 843 页⑥，第二卷 569 页⑦，第三卷 1007 页⑧，三卷合计 2419 页（各卷注

---

① 马克思．致齐格弗里特·迈耶尔［M］//中共中央马克思恩格斯列宁斯大林著作编译局．马克思恩格斯全集：第 31 卷．北京：人民出版社，1972. 543.

② 和建伟．马克思何以推重"柔弱"的女英雄：燕妮与甘泪卿的比较［J］．社会科学论坛，2016（7）：163-173.

③ 马克思．资本论：第 2 卷［M］//中共中央马克思恩格斯列宁斯大林著作编译局．马克思恩格斯全集：第 24 卷．北京：人民出版社，1972：8.

④ 马克思．致齐格弗里特·迈耶尔［M］//中共中央马克思恩格斯列宁斯大林著作编译局．马克思恩格斯全集：第 31 卷．北京：人民出版社，1972. 544.

⑤ 马克思．青年在选择职业时的考虑［M］//中共中央马克思恩格斯列宁斯大林著作编译局．马克思恩格斯全集：第 40 卷．北京：人民出版社，1982：7.

⑥ 马克思．资本论：第 1 卷［M］//中共中央马克思恩格斯列宁斯大林著作编译局．马克思恩格斯全集：第 23 卷．北京：人民出版社，1972：843.

⑦ 马克思．资本论：第 2 卷［M］//中共中央马克思恩格斯列宁斯大林著作编译局．马克思恩格斯全集：第 24 卷．北京：人民出版社，1972：592.

⑧ 马克思．资本论：第 3 卷［M］//中共中央马克思恩格斯列宁斯大林著作编译局．马克思恩格斯全集：第 25 卷．北京：人民出版社，1975：1030.

释索引等除外)。若以每页研思为“寻他”之一度，则《资本论》的厚重卷帙诚可谓已超“千百度”。进而言之:

> 《资本论》是一部经过千辛万苦写成的著作，可能从来没有一部这种性质的著作是在比这更艰苦的条件下写成的。①

“经过千辛万苦”(go through countless hardships)与“寻他千百度”(Searching for him thousands times)，不仅工作量巨大，而且充满“辛”与“苦”的密度。西方著作史上可能前无先例，相较于东方著作，司马迁的《史记》有的一比?

《资本论》后两卷由恩格斯整理出版:“马克思多次对我说过，第二卷和第三卷是献给他的夫人的。”② 马克思的“寻他千百度”，也包含燕妮与恩格斯的协力。

“剩余价值理论”的“历史部分”，构成了后人所称《资本论》第四卷(卡尔·考茨基编)。该卷三册计 1800 页，各册目录多标记前人著者姓名。第一册的人名不下数十位，如(第一章)斯图亚特爵士(James Steuart)，(第二章)重农学派的魁奈(François Quesnay)、帕奥雷蒂(Ferdinando Paoletti)、施马尔茨(Theodor Schmalz)、维里(Pietro Verri)，(第三章)亚当·斯密(Adam Smith)、萨伊(Jean - Baptiste Say)、施托尔希(анделеи шторх)、拉姆赛(George Ramsay)，(第四章)李嘉图(David Richardo)、西斯蒙第(Jean Charles Leonard Sismondi)、戴韦南特(Charles Davenant)、配第(Willian Petty)、穆勒(John Stuart Mill)、加尔涅(Germain Garnier)、加尼耳(Charles Ganilh)、费里埃(François Ferrier)、罗德戴尔(James Lauderdale)、特拉西(Destutt de Tracy)、纳骚·西尼耳(Nassau Senior)、佩·罗西(Pellegrino Rossi)、查默斯(Thomas Chamlers)，(第五章)奈克尔(Jacques Necker)，(第六章)魁奈(François Quesnay)，(第七章)兰盖(Simon Linguet)等。“附录”有霍布斯(Thomas Hobbes)、诺思(Dudley North)、洛克(John Locke)、贝克莱(George Berkeley)、休谟(David Hume)，以及“英国的一个匿名作者”等。③ 诚可谓

① 中共中央马克思恩格斯列宁斯大林著作编译局. 马克思恩格斯《资本论》书信集[M]. 北京: 人民出版社, 1976: 234.

② 马克思. 资本论: 第 2 卷[M]//中共中央马克思恩格斯列宁斯大林著作编译局. 马克思恩格斯全集: 第 24 卷. 北京: 人民出版社, 1972: 25.

③ 马克思. 剩余价值理论[M]//中共中央马克思恩格斯列宁斯大林著作编译局. 马克思恩格斯全集: 第 26 卷(第三册). 北京: 人民出版社, 1975: I-VI.

"众里寻他千百度"矣!

4.《资本论》与"灯火阑珊处"

由《资本论》事业观之，王国维"三种境界"说的末句亦是可味之言："蓦然回首，那人却在，灯火阑珊处。"

"阑珊"，意同阑残，衰落貌，将残。李煜《浪淘沙》词："帘外雨潺潺，春意阑珊。"杨万里《正月》诗："元宵风物又阑残。"亚当·斯密与大卫·李嘉图是古典政治经济学鼎盛期"最后的伟大代表"。19世纪大工业资本"敲响了科学的资产阶级经济学的丧钟"，其后的"庸俗经济学""就像晚秋使人想起春天一样"①。《资本论》的创作历程正是发轫于古典经济学由盛转衰的"灯火阑珊"时代。

"灯火阑珊处"，视觉上亦是晦暗朦胧处。一说认为：第三境界以喻"别人看不到的东西他能明察秋毫，别人不理解的事物他会豁然领悟。这时他在事业上就会有创造性的独特贡献"②。然而《资本论》的研究之难与"灯火阑珊处"不能同日而语。马克思的目标是揭示资本主义生产方式的"隐蔽规律"，这个规律起始于"看不见也摸不着"的"商品细胞"，商品之内质的"价值"不是自然界任何物质，而是历史生成的"社会关系"，"它只是隐藏在物后面的人的关系的表现形式"③。因此，马克思频繁强调了商品的"神秘性质"④、它的"神秘的纱幕"⑤、"拜物教性质及其秘密"⑥、"被神秘化为一种自然规律的资本主

---

① 马克思．资本论：第1卷［M］//中共中央马克思恩格斯列宁斯大林著作编译局．马克思恩格斯全集：第23卷．北京：人民出版社，1972：17.

② 小学教育．王国维说的三种境界你怎样理解［EB/OL］.

③ 马克思．资本论：第1卷［M］//中共中央马克思恩格斯列宁斯大林著作编译局．马克思恩格斯全集：第23卷．北京：人民出版社，1972：109.

④ 马克思．资本论：第1卷［M］//中共中央马克思恩格斯列宁斯大林著作编译局．马克思恩格斯全集：第23卷．北京：人民出版社，1972：88.

⑤ 马克思．资本论：第1卷［M］//中共中央马克思恩格斯列宁斯大林著作编译局．马克思恩格斯全集：第23卷．北京：人民出版社，1972：97.

⑥ 马克思．资本论：第1卷［M］//中共中央马克思恩格斯列宁斯大林著作编译局．马克思恩格斯全集：第23卷．北京：人民出版社，1972：199.

义积累规律”①，等等。这种神秘性还以“自由幻觉”②“头脑中的假象”③“虚幻的用语”④ 等，“颠倒地表现出来”⑤。

缘此之故，在《资本论》初版的十多年后，马克思“蓦然回首”，发现“某些经济现象进入了新的发展阶段，因而需要重新加以研究”⑥。

① 马克思．资本论：第1卷［M］//中共中央马克思恩格斯列宁斯大林著作编译局．马克思恩格斯全集：第23卷．北京：人民出版社，1972：681.

② 马克思．资本论：第1卷［M］//中共中央马克思恩格斯列宁斯大林著作编译局．马克思恩格斯全集：第23卷．北京：人民出版社，1972：591.

③ 马克思．资本论：第1卷［M］//中共中央马克思恩格斯列宁斯大林著作编译局．马克思恩格斯全集：第23卷．北京：人民出版社，1972：602.

④ 马克思．资本论：第1卷［M］//中共中央马克思恩格斯列宁斯大林著作编译局．马克思恩格斯全集：第23卷．北京：人民出版社，1972：587.

⑤ 马克思．资本论：第1卷［M］//中共中央马克思恩格斯列宁斯大林著作编译局．马克思恩格斯全集：第23卷．北京：人民出版社，1972：588.

⑥ 中共中央马克思恩格斯列宁斯大林著作编译局．马克思恩格斯《资本论》书信集［M］．北京：人民出版社，1976：366.

第八章

“历史与逻辑”的辩证法与《资本论》结构艺术

有些伟大作品虽然缺乏文学的虚构性，但是人们完全可以对其进行美感分析，因为其中具有近似或等同于文学作品的风格和章法问题。①

早在《资本论》撰写之前，马克思已经认真考虑该书结构了：

科学和其他建筑师不同，它不仅画出空中楼阁，而且在打下地基之前就造起大厦的各层住室。②

建筑是人类艺术最早类型之一，马克思的老师黑格尔在《美学》中把建筑艺术作为艺术史叙述的起点；③ 建筑又是最讲究结构的艺术，因为建筑的结构不仅直接诉诸人的视觉，而且直接是该建筑得以矗立的基本条件。《文心雕龙》比喻文章结构之重要有曰：“若筑室之须基构。”④ 这些都印证了《资本论》的审美追求何以始于结构考虑。

《资本论》“协作”章的开篇写道：“较多的工人在同一时间、同一空间（或者说同一劳动场所），为了生产同种商品，在同一资本家的指挥下工作，这

---

① 雷·韦勒克，奥·沃伦．文学理论［M］．刘像愚，邢培明，陈圣生，等译．北京：生活·读书·新知三联书店，1984：19.

② 马克思．政治经济学批判［M］//中共中央马克思恩格斯列宁斯大林著作编译局．马克思恩格斯全集：第13卷．北京：人民出版社，1962：47.

③ 黑格尔以“建筑”标志艺术史的最早阶段，之后的阶段是“雕刻”以及包括绘画、音乐和诗歌的“浪漫型艺术”。（黑格尔．美学：第三卷（上）［M］．朱光潜，译．北京：商务印书馆，1982：1.）

④ 范文澜．文心雕龙注：下册［M］．北京：人民文学出版社，1978：650.

在历史上和逻辑上都是资本主义生产的起点。”① 马克思所说“历史上和逻辑上”这一表述具有方法论意蕴，本章的考察将表明，这一方法也贯穿于《资本论》的叙事结构中。

一、“它们是一个艺术整体”

1865年7月31日马克思致信恩格斯，其时他已经完成《资本论》各卷草稿，正在按照恩格斯关于先出版第一卷的建议而进行该卷的修改定稿工作，信中依然强调了他在结构上的追求：

> 不论我的著作有什么缺点，它们却有一个长处，即它们是一个艺术整体。②

众所周知，恩格斯是马克思《资本论》工程的重要支持者，他不仅提供使之终于完成的经济支援，而且也是撰写过程中的参与讨论者。因此，如果说马克思信中所写并非意味着恩格斯未能足够重视《资本论》各卷作为“艺术整体”的特色，那么至少意味着马克思本人对这个“长处”格外看重。“艺术整体”显然指涉《资本论》的整体结构。

数天后的1865年8月5日，马克思再次致信恩格斯：

> 你信中谈到“艺术作品”的那部分我很感兴趣。你还是没有懂我的意思。整个问题在于，是把一部分手稿誊写清楚寄给出版商，还是先把整个著作完成？由于许多原因，我宁愿选择后者。③

马克思还特别说明，主要原因是他不能“丢开一切艺术上的考虑”④。当时马克思面对的棘手难题是如何处理《资本论》“一部分手稿”即第一卷与“整

① 马克思．资本论［M］//中共中央马克思恩格斯列宁斯大林著作编译局．马克思恩格斯全集：第23卷．北京：人民出版社，1972：358.

② 中共中央马克思恩格斯列宁斯大林著作编译局．马克思恩格斯《资本论》书信集［M］．北京：人民出版社，1976：196.

③ 中共中央马克思恩格斯列宁斯大林著作编译局．马克思恩格斯《资本论》书信集［M］．北京：人民出版社，1976：197.

④ 中共中央马克思恩格斯列宁斯大林著作编译局．马克思恩格斯《资本论》书信集［M］．北京：人民出版社，1976：197.

个著作”的关系。根据相关研究，马克思早在致恩格斯该信的两年前即 1863 年 8 月，已经开始着手第一卷的修改定稿工作。然而在过程中他意识到，需要把三卷草稿进行相应修改，才能妥善完成第一卷的定稿，因此该卷迟迟未能交付。此后他又花费了 1866 年整整一年的时间，1867 年 3 月 27 日终于脱稿第一卷。[①]由此看来，马克思在上引致恩格斯信中所强调的耗费他时间的“整个问题”，主要是指第一卷与其他各卷之间牵一发而动全身的关联。在马克思看来，《资本论》各卷是个“艺术整体”，因此修订第一卷在某种程度上也意味着必须改写其他各卷相关部分。由此导致在时间进度上超出预想，而马克思在时间延期与对“艺术上的考虑”之间宁愿选择后者。《资本论》第一卷付梓的最终校对完成于 1867 年 8 月，初版发行于该年 9 月。如果说马克思早在 1863 年 8 月就开始了第一卷定稿工作，那么该卷从修改到付梓出版历时长达整四年。这个漫长的修订历程表明，马克思在此过程中也确实同时改写着其他各卷。并非偶然的是，在终于完成第一卷校对稿时，他致信恩格斯表示感谢，感谢的是后者对《资本论》整体“三卷”的支持：

> 这一卷完成了，……没有你为我做出的牺牲，我是决不可能完成这三卷书的巨大工作的。[②]

---

① 中共中央马克思恩格斯列宁斯大林著作编译局．马克思恩格斯《资本论》书信集［M］．北京：人民出版社，1976：603.

② 中共中央马克思恩格斯列宁斯大林著作编译局．马克思恩格斯《资本论》书信集［M］．北京：人民出版社，1976：223. 马克思所说的“三卷”包括四册，即今传四卷本的手稿。恩格斯序《资本论》第二卷说：“马克思是在基本完成第三卷手稿之后，才着手整理印行第一卷工作的。”（马克思．资本论：第 2 卷［M］//中共中央马克思恩格斯列宁斯大林著作编译局．马克思恩格斯全集：第 24 卷．北京：人民出版社，1972：7.）恩格斯又序《资本论》第三卷说：“在 1863 年到 1867 年之间，马克思已经为《资本论》后两卷写成了初稿。”（马克思．资本论：第 3 卷［M］//中共中央马克思恩格斯列宁斯大林著作编译局．马克思恩格斯全集：第 24 卷．北京：人民出版社，1975：7.）

虽然马克思在世时早已完成《资本论》各卷手稿，①但是正式出版的只有第一卷。该卷初版序言中马克思预告：

> 这部著作的第二卷将探讨资本的流通过程（第二册）和总过程的各种形式（第三册），第三卷即最后一卷（第四册）将探讨理论史。②

今传《资本论》将马克思当初手稿的第二卷两册分为两卷，全书成四卷形式，副标题分别为：第一卷“资本的生产过程”，第二卷“资本的流通过程”，第三卷“资本主义生产的总过程”，第四卷“剩余价值理论”。显然，在整体结构上，今传《资本论》四卷序列及副标题符合马克思的构想和手稿。③

强调《资本论》各卷是“艺术整体”，这首先是因为马克思将资本主义生产方式本身视为一个客观的复杂联系的整体，因而研究其运行规律的理论著作也需要有相应的整体把握形式。然而理论把握需要分析对象并综合这些被分析的对象，在表述这个研究结果的综合体时不可能共时地叙述，只能分门别类地展开。因此在叙述方式上就自然会产生如何处理部分与整体之关系的“艺术”

---

① “1863年7月初马克思完成了《资本论》所有四卷的第一稿。”（曼弗雷德·克利姆．马克思文献传记［M］．李成毅，等译．郑州：河南人民出版社，1992：288.）燕妮·马克思1863年7月6日致贝尔塔·马克尔克海姆信中谈到父亲《资本论》进度情况时说：“如果按照原计划限制在20~30印张，那么早已完成了。……卡尔又补充了大量历史资料，现在它会是一部50印张的巨著。”（中共中央马克思恩格斯列宁斯大林著作编译局．马列著作编译资料：第8辑［M］．北京：人民出版社，1980：75.）恩格斯在1885年3月谈论马克思第三卷手稿时说：“一个人有了这么巨大的发现，实行了这么完全和彻底的科学革命，竟会把它们在自己身边搁置20年之久，这几乎是不可想象的。”（中共中央马克思恩格斯列宁斯大林著作编译局．马克思恩格斯《资本论》书信集［M］．北京：人民出版社，1976：457.）

② 马克思．资本论：第1卷［M］//中共中央马克思恩格斯列宁斯大林著作编译局．马克思恩格斯全集：第23卷．北京：人民出版社，1972：12.

③ “《资本论》共有四卷，前三卷属于理论部分，第四卷属于说史部分，一般阅读以掌握前三卷为主，《资本论》理论体系的整体骨架也蕴藏在前三卷中。”（蒋海益．《资本论》的骨架与叙事过程［M］．上海：上海三联书店，2007：1.）完整的《资本论》骨架可以分析梳理为：“1. 劳动价值的纯粹形态（包括商品的二重性和体现在商品中的劳动的二重性）；2. 劳动价值的货币形态（包括计量单位从劳动量演化为货币量，及货币进一步演化为资本）；3. 劳动价值转化形态 I（包括剩余价值量在等量资本之间不相等的原因，及平均利润如何从剩余价值演化而来）；4. 劳动价值转化形态 II（包括供求关系和竞争、供求关系和竞争使商品价值变得不确定）；5. 劳动价值转化形态 III（包括各种生产要素收入的演化过程、社会资本再生产过程中不变资本的去向）。”（同书，第89页）

问题。马克思特别指出：虽然第一卷、第二卷分别论述资本主义的生产过程和流通过程，但是这样划分只是出于理论表述需要，“在现实世界里，……资本主义生产过程就整体看，是生产过程和流通过程的统一”；第三卷要继续说明的是“资本运动过程作为整体考察时所产生的各种具体形式”①。可见，马克思一方面将资本主义生产方式分解为不同的“过程”和“形式”等，另一方面明白这些被理论划分的“过程”和“形式”实际上是相互交织并连成一体。因此，在理论上叙述这个客观整体时，不仅需要在整体把握的框架中阐述部分，而且需要在阐述部分的同时考虑整体联系。这种“艺术整体”的意识甚至也落实于《资本论》各卷的篇幅关系中。马克思在完成各卷草稿而进入定稿第一卷过程时致信恩格斯：

> 规定我要以六十个印张为最大限度，因此我绝对有必要把整部书稿放在面前，以便知道，要压缩和删节多少才能在给我指定的数量范围中均衡地匀称地阐述各个部分。②

黑格尔《美学》把“整齐一律，平衡对称”视为形式美的首要条件。③ 马克思强调的“均衡”和“匀称”正是结构艺术的重要法则。

从《资本论》各卷的具体论述看，其中处理整体与部分之关系的叙述技巧，除马克思本人说过的、人们比较熟悉的“从抽象上升到具体”的进程方向外，具体则是通过分流—递进的方式展开。④ 其特点是，作者对那些贯穿整体的理论

---

① 马克思．资本论：第3卷［M］//中共中央马克思恩格斯列宁斯大林著作编译局．马克思恩格斯全集：第25卷．北京：人民出版社，1975：29-30.

② 中共中央马克思恩格斯列宁斯大林著作编译局．马克思恩格斯《资本论》书信集［M］．北京：人民出版社，1976：197.

③ 黑格尔．美学：第一卷［M］．朱光潜，译．北京：商务印书馆，1982：173.

④ 早有学者指出：“《资本论》第一卷分析了资本的产生，这是高度的抽象；第二卷分析了资本主义的流通，这是从抽象到具体的进一步上升，这是中间的一卷；第三卷完成了从抽象到具体、从分析到综合的全部过程，这一卷总括了资本主义生产的各种现象和各种规律，这些问题的根本方面在第一卷中已从多方面按照它们在资本主义现实中所表现出的那样阐述过了。”（维·阿·然明，诺沃·萧洛夫．《资本论》结构［M］．杨慧廉，译．北京：中国人民大学出版社，1956：3.）近年又有学者认为，《资本论》“从抽象上升到具体”的方法，也可称为“逐步逼近”（succsesive approximation）法。（万毓泽．《资本论》完全使用手册［M］．台北：联经出版社，2018：31.）“这种研究方法，若用比较简化的说法来概括，或许就是系统论者所谓‘分割与结合’，即将复杂系统拆解，找出不同层次的关键组成部分，互动模式及运作机制，也考察系统层次的突现特征、宏观效应以及其他系统的互动。”（同书，第52页）

范畴的阐述不是在某一卷全部完成，而是在各卷的相关部分中分流地、递进地阐明。① 这种论述方式意味着，作者在某一卷论述该问题时，已经考虑到该问题在其他卷中需要继续论述的侧面。换言之，《资本论》不仅在大的整体框架上（各卷论域的划分与相互关系），而且在各卷先后所论具体范畴上，也多有共时性结构的考虑。

例如第一卷主要研究“资本的生产过程”（该卷副标题），但是并非完全不涉及流通过程，该卷第三章“货币或商品流通”的标题中直接突出了“流通”；第四章第三节论述的“劳动力的买与卖”也属于资本流通过程。然而诚如马克思所说，第一卷“只是在为理解资本的生产过程所必要的范围内”论述资本的流通。②由于一般商品流通是资本主义生产的历史前提，劳动力的买与卖是货币转化为资本的必要条件，因此这些属于流通过程的内容必须在第一卷有基本交代，而这些基本交代需要对资本流通过程有透彻研究和整体把握。这意味着，马克思在第一卷之所以能够“在必要的范围内”论述流通问题，是因为他对整个流通过程的问题已有整体性考察，已经知道这个流通过程的哪些主要方面需要在第二卷专门论述乃至在第三卷补充完成。③

再如在商品价值问题上，第一卷首篇“商品与货币”已经阐明商品价值的原理，即社会必要劳动时间决定商品价值。第二卷第三章“商品资本的循环”

---

① “按照章节叙事是《资本论》的一种叙事方法。《资本论》还有一种叙事方法，这种叙事方法抛开全书的章节，把全书的叙事过程归结为五个依次递进的叙事层面。我们在掌握了《资本论》的骨架后，如果再进一步掌握它的叙事层面，这对于我们整体解读《资本论》一定大有裨益。”（蒋海益．《资本论》的骨架与叙事过程［M］．上海：上海三联书店，2007：125.）“事实上，这些叙事层面之间除了逻辑递进关系以外，还存在一个叙事层面之间相互联系的叙事结构。在这个叙事结构中，每一个叙事层面都有自己的地位和作用。”（同书，第 265 页）

② 马克思．《政治经济学批判》导言［M］//中共中央马克思恩格斯列宁斯大林著作编译局．马克思恩格斯选集：第二卷．北京：人民出版社，1972：103. 亦见马克思．资本论：第 2 卷［M］//中共中央马克思恩格斯列宁斯大林著作编译局．马克思恩格斯全集：第 24 卷．北京：人民出版社，1972：32.

③ 《资本论》第一卷多处出现作者预告读者的注释，这类注释所预告的是，某个在第一卷已经有所涉及的问题将在后面哪一卷乃至哪一章中进一步详细论述。例如马克思注解道：关于可变资本和不变资本这两个范畴的问题，“本书第二卷第二篇还要更详细地谈到”。（马克思．资本论：第 1 卷［M］//中共中央马克思恩格斯列宁斯大林著作编译局．马克思恩格斯全集：第 23 卷．北京：人民出版社，1972：671.）关于利润率，“本文谈到这一点，只是为了叙述上的全面性，因为我要在第三卷才考察利润率，即剩余价值和预付资本的比率”。（同书，第 445 页）关于分工问题，“读者在本书第四卷中将会更详细地看到，亚当·斯密没有提出任何一个新原理”。（同书，第 386 页）

继续讨论该问题，不过是在“资本的流通过程”论域中，即在“商品资本循环”与“货币资本循环”“生产资本循环”的流通关系中讨论该问题。另一方面，第一卷研究“资本的生产过程”是以单个资本生产单位为对象进行分析的，第二卷的相关结论则是“这个商品资本循环的所有特征都表明，它已超出了作为一个单纯单个资本的孤立循环的范围”①。换言之，第一卷论述的商品价值原理，在第二卷中被具体延伸展开了。在第三卷第九、第十章考察利润问题时，马克思再度讨论商品价值问题，不过这次是在引进市场供求关系和竞争导致平均利润率这些新因素的条件下再度讨论的，其焦点是分析商品的市场价值与市场价格之关系。“马克思的价值理论在这里得到了重要补充和最终完成。”②

又如在“商品拜物教”问题上，第一卷首章“商品”中就出现标题为“商品的拜物教性质及其秘密”的专节。马克思指出：人们在实际使用某一劳动产品时，对该产品不会产生神秘感；但是当人们买卖该产品从而使该产品成为商品时，由于市场中“看不见的手”，它便具有了变化莫测的、支配人们命运的神秘力量，因而被人们幻想为“充满形而上学的微妙的神学的怪诞”。马克思的分析结论是：“商品的神秘性质不在于其使用价值”，而在于人们“把生产者同总劳动的社会关系反映成存在于生产者之外的物与物之间的社会关系”③。第三卷论述“生息资本”时再度讨论“拜物教”问题。马克思进而指出，资本与利息的关系在外表上呈现为货币生货币的关系，这个外表遮蔽了利息实际来自雇佣劳动的秘密，从而在货币持有者头脑中产生了幻觉；又由于生息资本与生产资本及商业资本不同，它完全不直接介入生产与流通过程，而表现为纯粹的“货币生货币”形式，因此“在生息资本这个形式上，再也看不到它的起源的任何痕迹了”，“拜物教的观念完成了”。④这里我们看到，马克思将“拜物教”问题分流在第一卷、第三卷的相关章节，递进地而非重复地论述。如果是单独撰写关于“拜物教”的专题论文，这两部分显然属于同一论题的不同侧面，因而理应在同一论文中依次论述（货币是特殊商品，因而崇拜货币也属于“商品拜物教”）。但是由于《资本论》各卷的结构安排中，第一卷主要阐述商品价值论

① 马克思．资本论：第2卷［M］//中共中央马克思恩格斯列宁斯大林著作编译局．马克思恩格斯全集：第24卷．北京：人民出版社，1972：114.

② 蒋绍进，王锦涛．《资本论》结构［M］．济南：山东人民出版社，1991：219.

③ 马克思．资本论：第1卷［M］//中共中央马克思恩格斯列宁斯大林著作编译局．马克思恩格斯全集：第23卷．北京：人民出版社，1972：89.

④ 马克思．资本论：第3卷［M］//中共中央马克思恩格斯列宁斯大林著作编译局．马克思恩格斯全集：第25卷．人民出版社，1975：441.

和剩余价值论的一般原理，并不涉及利息（以及利润、地租）等剩余价值的具体表现形式，对其具体表现形式的研究是第三卷的任务。因此之故，“拜物教”观念中与利息现象即“货币生货币”现象相关的方面，就被安排在第三卷中继续完成了。我们不难推想，当马克思在定稿第一卷“商品的拜物教性质及其秘密”专节时，他显然明白该节对商品拜物教的论述是意犹未尽的，并且其时他已经能够把这个问题完全阐述清楚，只不过考虑到《资本论》各卷的“艺术整体”关系，他才决定将与货币相关的拜物教内容放到第三卷中进一步分析完成。

此外如“工资”问题，第一卷有专篇四章集中论述，小标题分别是“劳动力的价值或价格转化为工资”“计时工资”“计件工资”“工资的国民差异”。在现象形态上，工资与利息、利润、地租等都属于资本赢利后的具体分配形式，似乎应该在第三卷一起论述。马克思在第一卷之所以集中讨论工资问题是因为，它涉及劳动力的价格与价值之差额，这个差额正是剩余价值的来源，第一卷要解决的主要问题是基于这个来源的“剩余价值”原理。因此第一卷不集中阐明“工资”的实质就无法揭示“剩余价值”秘密。《资本论》第三卷再度讨论了工资问题，不过是在“利润转化为平均利润”的新问题环节中（这个问题总体上属于剩余价值的具体分配形式问题），继续讨论它的。①

《资本论》各卷贯穿的核心论题是“剩余价值”，因而分流—递进的论述方式最鲜明地表现于该核心论题在各卷的展开中。第一卷近半数篇幅专门研究它的产生（第一卷共七篇，其中第三、四、五篇的标题分别是“绝对剩余价值的生产”“相对剩余价值的生产”“绝对剩余价值与相对剩余价值的生产”）。而在第二卷又有“剩余价值的流通”专章（第十七章），该章论述的是，流通过程虽然并不产生剩余价值，但是流通过程的畅通与加速，即资本周转的速度，却会在同一时间单位内增加剩余价值的实现量。第三卷讨论资本主义生产的现象形态即“利润”问题时，再度从“成本价格”“利润率”“资金周转率”“市场价格变化”等具体的表象形式继续考察剩余价值转化为利润的过程，其第一篇标题是“剩余价值转化为利润和剩余价值率转化为利润率”。②

《文心雕龙》论文章结构称，处理整体与部分的关系需讲究“杂而不越”，

---

① 该章标题为“工资的一般变动对生产价格的影响”。（马克思．资本论：第3卷［M］//中共中央马克思恩格斯列宁斯大林著作编译局．马克思恩格斯全集：第25卷．人民出版社，1975：223-227.）

② 马克思．资本论：第3卷［M］//中共中央马克思恩格斯列宁斯大林著作编译局．马克思恩格斯全集：第25卷．人民出版社，1975：1.

应达到犹如“三十辐共一毂”的境界。①如果说这一法则突出的还只是分流式的结构，那么《资本论》上述“分流—递进”的结构艺术难度更大。在某种程度上可以说，《资本论》的结构过程是先绘制“三十辐共一毂”的基本图式（第一卷），而后再从新的视角，通过一系列追加工序，将这个基本图式中的各具体环节继续层层加工，臻于完成（第二、第三卷）。马克思所说《资本论》“从抽象到具体”的叙述方式，在各卷结构形式上首先是通过这个“分流—递进”方式而得以实施的。②

二、贯穿辩证法的结构艺术

整体与部分的关系是任何一部有较大容量的学术著作或文学作品都必须考虑的。如果说上述“分流—递进”的论述方式主要重视的是“艺术整体”所要求的一般美学法则，那么《资本论》在结构艺术上还有鲜明的独创性，其表现是贯穿始终的辩证法逻辑。

《资本论》第一卷初版于1867年9月，马克思在5年后的1873年1月为其德文第二版写跋文。并非偶然的是，该跋文近三分之一的篇幅都在谈论该书的结构特色。当时一位俄国经济学家考夫曼③发表文章评论《资本论》第一卷在结构上的独特性，赞赏它“好像是一个黑格尔式的先验结构”。马克思以回应的方式说明《资本论》结构艺术与黑格尔辩证法的区别：

> 我的辩证方法，从根本上来说，不仅和黑格尔的辩证方法不同，而且和他截然相反。在黑格尔看来，思维过程，即他称为观念而甚至把它变成

---

① 范文澜．文心雕龙注：下册［M］．北京：人民文学出版社，1978：650，656.

② 第一卷的内容“就是英国人称为‘政治经济学原理’的东西，至于余下的问题，别人就容易在已经打好的基础上去探讨了”。（马克思，恩格斯．马克思恩格斯《资本论》书信集［M］．北京：人民出版社，1976：170.）第一卷在研究剩余价值时“撇开了它的特殊形态——利润、利息、地租等。后者将特别在第二卷中表现出来”。（同书，第225页）第二卷从“流通过程”角度“补充”说明第一卷。第三卷则将论述资本运动在“社会表面”的“各种具体形式”。《资本论》整体结构上表现为从抽象原理开始，向这个表面的具体形式“一步步接近”。（马克思．资本论：第3卷［M］//中共中央马克思恩格斯列宁斯大林著作编译局．马克思恩格斯全集：第25卷．人民出版社，1975：29-30.）

③ 伊拉里昂·伊格纳切维奇·考夫曼（Кауфман，Илларион Игнатьевич，1848—1916），俄国资产阶级经济学家，彼得堡大学教授，写有一些关于货币流通和信贷的著作。（马克思．资本论：第1卷［M］//中共中央马克思恩格斯列宁斯大林著作编译局．马克思恩格斯全集：第23卷（人名索引）．北京：人民出版社，1972：892.）

独立主体的思维过程，是现实事物的创造主，而现实事物只是思维过程的外部表现。我的看法则相反，观念的东西不外是人的头脑中改造过的物质的东西而已。①

关于马克思辩证法与黑格尔辩证法在唯物与唯心两极上的根本区别已是我们熟悉的老故事了。② 这里重要的是，马克思明确认同考夫曼关于《资本论》结构艺术包含辩证法的评论。马克思不无欣赏地用一页多篇幅引述考夫曼的评论，其中称：

在马克思看来，只有一件事是重要的，那就是发现他所研究的现象后面的规律。而且他认为重要的，不仅是这些现象具有完成形式和处于一定时期内可见到的联系中的时候支配着它们的那种规律，更重要的在于这些现象的发展变化的规律，即它们由一种形式过渡到另一种形式，由一种联系秩序过渡到另一种联系秩序的规律。③

马克思紧接评论：

这位作者先生把他称为我的实际方法的东西描绘得这样恰当，并且在考察我个人对这种方法的运用时，又抱着这样的好感，那他所描述的不正是辩证方法吗?④

---

① 马克思．资本论：第1卷［M］//中共中央马克思恩格斯列宁斯大林著作编译局．马克思恩格斯全集：第23卷．北京：人民出版社，1972：24.

② “根据现有的研究，马克思从1850年代后期撰写经济学手稿，到1867年9月出版《资本论》为止，至少有两次机会重新仔细阅读了黑格尔。第一次是在1857年10月底左右。马克思在偶然的机会下‘又把黑格尔《逻辑学》浏览了一遍’，并说‘这在材料加工的方法上帮了我很大的忙’。（马克思致恩格斯信，1858年1月14日）”（万毓泽．《资本论》完全使用手册［M］. 台北：联经出版社，2018：45.）“马克思1861—1863年撰写经济学手稿期间，第二次仔细阅读了黑格尔。马克思这时对黑格尔《小逻辑》的‘存在论’做了详细的摘要。”第二次“同样是出于方法论的考虑，着眼的是‘材料加工的方法’”。（同书第50页）

③ 马克思．资本论：第1卷［M］//中共中央马克思恩格斯列宁斯大林著作编译局．马克思恩格斯全集：第23卷．北京：人民出版社，1972：23.

④ 马克思．资本论：第1卷［M］//中共中央马克思恩格斯列宁斯大林著作编译局．马克思恩格斯全集：第23卷．北京：人民出版社，1972：23.

这意味着，马克思在《资本论》的最初评论者中发现了一位难得的知音，尽管这位知音把马克思运用的辩证法与黑格尔混为一谈，但在发现结构艺术中的辩证法这一点上却颇有慧识。值得注意的是，马克思这里所欣喜的不是《资本论》观点受到承认，而是其结构艺术上的辩证法特色得到关注和评价。我们从这个辩证法视角再回瞻《资本论》结构。

《资本论》第一卷的逻辑起点是“商品”章，其理由开宗明义表示：“资本主义生产方式占统治地位的社会的财富，表现为‘庞大的商品堆积’，单个的商品表现为这种财富的元素形式。因此我们的研究就从分析商品开始。”①但是我们可以提问，货币（或金钱）在资本主义生产方式中也是甚至更能代表“占统治地位的社会财富”，例如马克斯·韦伯在其著名的《新教伦理与资本主义精神》书中就论证过：“尽量地赚钱是资本主义伦理的至高之善”，它作为“资本主义的一项主导原则，是没有处在资本主义影响之下的一切民族所不具备的”②，而马克思本人也把对货币的崇拜看作资本主义“商品拜物教”的“最纯粹形式”。那么《资本论》的逻辑起点为什么不是“货币”而是“商品”？为什么其首篇的标题不是“货币与商品”而是“商品与货币”？其实马克思在该首篇的论述已经阐明了个中道理。

首先从历史上看，商品早于货币出现，最早的商品交换是物物交换，而非通过货币实现。马克思在“商品”部分中分析了商品从物物交换到通过货币交换所先后经历的四个阶段及其四种形式：（1）“相对的价值形式”，即某一种物品与另一种物品交换，例如 20 码麻布与一件上衣交换；（2）“扩大的价值形式”，即某一种商品可以与其他多种物品交换，例如 20 麻布可以与一件上衣或 10 磅茶叶或 40 磅咖啡等交换；（3）“一般的价值形式”，即某一种商品充当固定的一般等价物而可以与其他所有不同种的物品交换，例如 20 麻布可以交换到不同相对量的上衣、茶、咖啡、小麦、铁乃至其他 A、B、C……的各种物品；（4）“有一种商品在历史过程中夺得了特殊地位，这就是金。”③于是，物物交换的历史就转入使用货币进行交换的历史。马克思的论述也由“商品”范畴过渡到“货币”范畴。

---

① 马克思．资本论：第 1 卷［M］//中共中央马克思恩格斯列宁斯大林著作编译局．马克思恩格斯全集：第 23 卷．北京：人民出版社，1972：47.

② 马克斯·韦伯．新教伦理与资本主义精神［M］．彭强，黄晓京，译．西安：陕西师范大学出版社，2002：25.

③ 马克思．资本论：第 1 卷［M］//中共中央马克思恩格斯列宁斯大林著作编译局．马克思恩格斯全集：第 23 卷．北京：人民出版社，1972：84.

从上述简约梳理中可见，其一，在历史上是由实物交换发展到使用货币交换的，因此马克思的论述也先“商品”而后“货币”；其二，从实物交换到使用“最早的货币”即金子进行交换经历了四阶段的四种形式，因此马克思在论述商品之“价值形式”时也依此四阶段而循序展开。这里的论述逻辑确实呈现出辩证法的特点，即“由一种形式过渡到另一种形式、由一种联系秩序过渡到另一种联系秩序的规律”；并且诚如马克思所强调，其辩证法与黑格尔的“思辨结构”相反，遵循的是事物发展的客观逻辑：“观念的东西不外是人的头脑中改造过的物质的东西而已”①。

马克思将“商品”而非“货币”作为标志资本主义生产方式之逻辑起点的范畴，其原因还并非主要是在历史上“商品”先于“货币”出现，而在于前者作为“细胞”而孕育资本主义矛盾并共时地存在于资本主义生产体系中。在历史与逻辑的关系上，至少对于撰写《资本论》的马克思而言，首先注重的是逻辑方法。他明确写道：“问题不在于各种经济关系在不同社会形式的相继更替序列中在历史上占什么地位，……而在于它们在现代资产阶级社会内部的结构。”②如果说《资本论》的逻辑结构对应着资本主义生产方式的客观的“内部的结构”，那么马克思以“商品”为逻辑起点，主要原因在于它与《资本论》整体结构的逻辑关系。

根据《资本论》第一卷的辩证论述，各理论环节间的逻辑关系可以简约梳理为：《资本论》的核心论题是剩余价值规律，剩余价值在雇佣劳动中产生，雇佣劳动的前提是劳动力成为特殊商品（能够产生剩余价值的商品），而要说明劳动力这种特殊商品，就首先要分析商品的一般法则。另一方面，资本主义生产方式的主要构成是资本拥有者与受资本雇佣的劳动力，前者最初以货币拥有者的身份出现于市场，后者以领取货币（工资形式的货币）的方式接受雇佣；前者用货币购买劳动力是因为劳动力成为商品，后者愿意出卖自己的劳动力以换取工资形式的货币是因为借此能够在市场上购买生活资料的商品，从而工资或货币的前提也是商品。因此，无论是揭示剩余价值的来源和条件，还是分析资本的构成要素，最终都必然进入最基层的“商品”范畴。《资本论》第一卷前三篇的标题分别是：第一篇“商品和货币”，第二篇“货币转化为资本”（其中包括“劳动力的买与卖”节），第三篇“绝对剩余价值的生产”。这前三篇标题

① 马克思．资本论：第1卷［M］//中共中央马克思恩格斯列宁斯大林著作编译局．马克思恩格斯全集：第23卷．北京：人民出版社，1972：24.

② 马克思．政治经济学批判导言［M］//中共中央马克思恩格斯列宁斯大林著作编译局．马克思恩格斯选集：第二卷．北京：人民出版社，1972：110.

中循序出现的范畴是“商品”—“货币”—“资本”—“剩余价值”，仅此大体可见，马克思以“商品”为逻辑起点是瞄准着他的论证目标即“剩余价值”的，而从“商品”经由“货币”“资本”的中介进入“剩余价值”，也确实显示出“由一种形式过渡到另一种形式、由一种联系秩序过渡到另一种联系秩序”的辩证转换逻辑。

这种辩证转换的逻辑进程在第一卷阐明的三大原理之间也清晰可见。《资本论》第一卷阐明的三大原理分别是劳动价值论、剩余价值论、资本积累论。第一原理与第二原理（劳动价值论与剩余价值论）之间的逻辑联系在于：劳动价值论首次区别了劳动的两重性即具体劳动和抽象劳动（这个两重性建基于对商品两重性即使用价值与交换价值的分析），并证明商品的实质性内容正是作为人类一般劳动凝聚体的抽象劳动，从而为揭示剩余价值生产之秘密做了铺垫。因为剩余价值来源于劳动力创造的价值扣除劳动力为维持自身再生产的必要劳动之价值（资本付给劳动力“工资”）的剩余部分；没有必要劳动与剩余劳动的区别就没有剩余价值，而必要劳动与剩余劳动都是抽象劳动的不同形式；因而没有对“抽象劳动”的分析和论证，就无法进入对“剩余价值”的分析和论证。可见，阐明劳动价值论是阐明剩余价值论的理论前提，而后者是前者的逻辑演进。

第二原理与第三原理（剩余价值论与资本积累论）之间的逻辑联系在于：剩余价值论首次论证了资本利润来源于劳动力所创造的价值与工资之差额（剩余劳动），从而揭露了资本主义生产一直隐蔽未显的秘密；资本积累论则进而揭示，这个生产方式的本质还在于无法抑制地、持续不断地以扩大再生产的方式追求剩余价值。按照马克思当时的考察，后者的必然结果是社会性财富与社会性贫穷同步反向增长、大量剩余人口即失业者涌现、变本加厉的周期性经济危机等。虽然今天我们对马克思的这些论断不能简单评价了，但是就这个结论本身的逻辑程序而言，资本追求“剩余价值”的主要目的是谋求“资本积累”以扩大再生产，资本积累的目的则是继续并在更大规模上追求“剩余价值”；从资本运动的总体过程看，剩余价值与资本积累互为因果，但是在一个相对阶段中，剩余价值是资本积累的必要条件，资本积累是剩余价值的逻辑延伸。如果说剩余价值原理主要是揭露资本主义生产的“剥削”本质，从而批判其所谓“平等”的话，那么资本积累原理则进而分析论证了该生产方式必然被新的生产方式替代的原因。在这个意义上，我们不难看出剩余价值原理与资本积累原理之间在逻辑上的递进与转换关系。

我们再看《资本论》第一、第二、第三卷之间“由一种联系秩序过渡到另一种联系秩序”的逻辑转换。就第一、二卷之间而言，前者主要研究资本的“生产过程”，后者主要研究资本的“流通过程”，因此两卷之间的转换即从“生产过程”的联系秩序过渡到“流通过程”的联系秩序。第一卷最后篇“资本的积累过程”分析的不是资本运动中的“生产阶段”，也不是包括生产阶段与流通阶段的单次资本运转，而是周而复始的“再生产过程”，而“再生产过程”的前提显然是资本已经在生产与流通两个过程中周转过。换言之，马克思对资本生产过程的考察在第一卷的最后篇已经进入流通领域的入口，进一步的考察必须完全进入流通流域，后者正是第二卷的任务。由此可见，第一卷的末篇起了“过渡”第二卷的作用。第二卷的首章标题是“货币资本的循环”，由于第一卷以单个产业资本的生产过程为对象进行分析，因此第二卷第一篇的考察也从单个产业资本的循环运动为对象开始。① 第一、第二两卷不仅在内容上呈现为先后两个阶段的关系（从生产到流通），而且在论述形式的起点和终点上也表现为“前后的逻辑衔接”。②

第一卷是研究资本在生产领域如何产生剩余价值，第二卷是研究资本在流通领域中如何实现剩余价值，第三卷则是研究资本在流通领域实现剩余价值后如何转换为各种具体的分配形式，即利润、利息、地租等。就第二、第三卷之间的“过渡”而言，按照恩格斯的说法，整个第二卷的研究成果都“仅仅是第三卷内容的引言”③。第三卷首篇的标题为“剩余价值转化为利润和剩余价值率转化为利润率”，其中两个“转化”也同时标示了从流通领域进入分配领域的过渡。

20世纪美国学者熊彼特（Joseph Alois Schumpeter）研读《资本论》后的结论之一是：“马克思从李嘉图那里学会了推理的艺术。”④现在我们可以说这个评价只讲对了一半，因为上述情况表明，马克思的推理不是以往古典经济学中常见的那种形式逻辑意义上的推理，而是创造性地运用辩证法来编织其经济学逻

---

① 《资本论》第二卷第一章“货币资本的循环”的开首写道：“资本的循环过程经过三个阶段。根据第一卷的叙述，这些阶段形成如下序列：第一阶段……。第二阶段……。第三阶段……。因此，货币资本循环的公式是……”（马克思．资本论：第2卷［M］//中共中央马克思恩格斯列宁斯大林著作编译局．马克思恩格斯全集：第24卷．北京：人民出版社，1972：31.）

② 蒋绍进，王锦涛．《资本论》结构［M］．济南：山东人民出版社，1991：143.

③ 马克思．资本论：第2卷［M］//中共中央马克思恩格斯列宁斯大林著作编译局．马克思恩格斯全集：第24卷．北京：人民出版社，1972：25.

④ 熊彼特．资本主义、社会主义和民主［M］．吴良健，译．北京：商务印书馆，1999：68.

辑结构的推理。如果说《资本论》中“推理的艺术”有所师承，那么马克思的老师应该首先是黑格尔而非李嘉图。① 当然，马克思的“推理艺术”是把黑格尔颠倒的辩证法重新颠倒了过来。

三、结构艺术与审美情愫

艺术形式不仅仅是形式。《资本论》序言明确表示：“本书的最终目的就是揭示现代社会的经济运动规律。”②在马克思实际论证中，这个“运动规律”呈示为必将导致新的社会形态。这个主导性目标与其结构艺术中贯穿始终的辩证法特点相吻合——马克思对辩证法的解释是，它不是“时髦的东西”：

> 辩证法在对现存事物的肯定理解中同时包含对事物的否定的理解，即对现存事物的必然灭亡的理解；辩证法对每一种既成的形式都是从不断的运动中，因而也是从它的暂时性方面去理解。③

但是马克思的辩证法也指向着自身的研究结果，在撰写《资本论》过程中，他不止一次地说过：

> 我有一个特点：要是隔一个月重新看自己所写的一些东西，就会感到不满意，于是又得全部改写。④

因此，《资本论》结构形式的辩证法提示我们，对该书的叙述内容也理应做合乎辩证法的理解。换言之，今天我们不能机械地拘泥于其中一时一地所做的个别结论。

然而艺术形式毕竟是艺术形式，它有自身的独特意蕴。就整体与部分的结构关系而言，其美学法则是任何时代、任何倾向的理论著作或作品都可能遵循

---

① 有学者认为《资本论》三卷的逻辑体系与黑格尔《逻辑学》三编的体系相类似。（刘炯忠．马克思的方法论与系统论［M］．北京：中国人民大学出版社，1994：2.）

② 马克思．资本论：第1卷［M］//中共中央马克思恩格斯列宁斯大林著作编译局．马克思恩格斯全集：第23卷．北京：人民出版社，1972：11.

③ 马克思．资本论：第1卷［M］//中共中央马克思恩格斯列宁斯大林著作编译局．马克思恩格斯全集：第23卷．北京：人民出版社，1972：24.

④ 中共中央马克思恩格斯列宁斯大林著作编译局．马克思恩格斯《资本论》书信集［M］．北京：人民出版社，1976：158.

并将继续被遵循的，因而它与《资本论》的主导目标并无特殊对应关系。就辩证法在理论著述之结构中的运用而言，虽然诚如马克思所说：

> 我所使用的分析方法至今还没有人在经济问题上运用过。①

但是研究方法与结构方法未必是同一回事：

> 在形式上，叙述方法必须与研究方法不同。②

然而一部理论著作未必只有将辩证法贯穿落实于结构形式中才称得上运用了该方法。一个明显的事实是，马克思的《共产党宣言》《路易·波拿巴的雾月十八日》等著名论著，虽然也堪称运用辩证法的杰作，但它们在结构形式上并没有直接表现出"由一种形式过渡到另一种形式"的逻辑进程。在马克思所有著作中，像《资本论》那样在结构上贯穿辩证法逻辑的可谓鲜有其类。

《资本论》结构对于马克思的继承者们也堪称鲜有效仿。例如，恩格斯的《自然辩证法》由相关论文及札记片段等组成③，虽然西方马克思主义奠基人卢卡奇的代表作《历史与阶级意识》的副标题写明"马克思主义辩证法研究"④，但其结构是以完全不同于《资本论》的系列论文的方式展开；法兰克福学派代表人物霍克海默（Max Horkheimer）与阿多诺（Theoder W. Adorno）合著的《启蒙辩证法》，其副标题是"哲学断片"⑤，实际的论述结构也呈现为一系列"断片"形式。因此我们有理由进一步提问：《资本论》在结构上是否非如此形式就不能展开其揭示现代经济规律的论述？《资本论》的原理和观点是否只有通过这种贯穿辩证法的结构才能有效表达？如果我们把贯穿辩证法逻辑的《资本论》

---

① 中共中央马克思恩格斯列宁斯大林著作编译局．马克思恩格斯《资本论》书信集［M］．北京：人民出版社，1976：323.

② 马克思．资本论：第1卷［M］//中共中央马克思恩格斯列宁斯大林著作编译局．马克思恩格斯全集：第23卷．北京：人民出版社，1972：23.

③ "《自然辩证法》由十篇论文、一百六十九段札记和片断、两个计划草案——总共一百八十一部分组成。"（恩格斯．自然辩证法［M］．于光远，等译．北京：人民出版社，1984：377.）

④ 卢卡奇．历史与阶级意识：马克思主义辩证法研究［M］．张西平，译．重庆：重庆出版社，1989.

⑤ 马克斯·霍克海默，西奥多·阿道尔诺．启蒙辩证法·哲学断片［M］．曹卫东，译．上海人民出版社，2003：1.

的结构，视为揭示研究对象之规律的唯一有效的表述形式，我们就难以从运用辩证法的角度评价马克思以后那些在结构上不同于《资本论》的相关著述，甚至不得不怀疑马克思本人其他不同结构的著作是否符合辩证法。

因此，在学术研究中运用了辩证法与在学术著作的叙述结构中贯穿了辩证法，这不是同一层面的事情。《资本论》贯穿辩证法的结构形式本身别有意蕴和魅力，换言之，《资本论》结构形式本身构成一道独特的审美景观。由于艺术形式对理论倾向具有某种超越性，即便是并不赞同《资本论》观点的读者，也可能因其结构特色而享受审美愉悦。马克思本人对此是相当自觉乃至格外重视的。他在《资本论》初版产生影响后与友人的通信中，特别引述当时报刊上的一例评论：

> 虽然我们认为，作者的观点是危险的，但仍然不能不承认他的逻辑严密，他甚至使最枯燥无味的政治经济学问题具有一种独特的魅力。①

数年后他在《资本论》第二版跋文中再度引用了这段话。② 马克思之所以如此重视《资本论》结构艺术，至少部分原因在于其本人的审美情愫。下面是他撰写《资本论》前期著作即《政治经济学批判》时期的文学性告白：

> 我所追求的不是优美的叙述，而只是写出我平素的风格。③

这句写于《资本论》初版近十年前的告白意味着，对马克思来说，在政治经济学著作中同时表达个人的审美情愫可谓一个长久夙愿。对于本文论题，这个告白尤有意味，我们需要对之稍作阐释。

---

① 中共中央马克思恩格斯列宁斯大林著作编译局．马克思恩格斯〈资本论〉书信集［M］北京：人民出版社，1976：251.

② 1873年写的《资本论》第一卷德文第二版跋作者注："我要在这里援引一篇英国和一篇俄国的评论。同我的观点完全敌对的《星期六评论》在其关于德文第一版的短评中说道：叙述方法'使最枯燥无味的经济问题具有一种独特的魅力'。1872年4月20日的《圣彼得堡消息报》也说：'除了少数太专门的部分以外，叙述的特点是通俗易懂，明确，尽管研究对象的科学水平很高却非常生动。在这方面，作者和大多数德国学者大不相同，这些学者用含糊不清、枯燥无味的语言写书，以致普通人看了脑袋都要裂开'"。（马克思．资本论：第1卷［M］//中共中央马克思恩格斯列宁斯大林著作编译局．马克思恩格斯全集：第23卷．北京：人民出版社，1972：19.）

③ 马克思·致拉萨尔（1858年11月12日）［M］//中共中央马克思恩格斯列宁斯大林著作编译局．马克思恩格斯《资本论》书信集［M］．北京：人民出版社，1976：137.

"优美的叙述"与"写出平素风格"都指涉于特定的美学范畴。黑格尔《美学》在讨论艺术表现才能时提出过三种标志不同境界的美学范畴，即作风、风格、独创性。"作风"指画家配色或诗人运用语言的主观随意之倾向，它属于较低层次，"作风愈特殊，它就愈容易退化为一种没有灵魂的矫揉造作"；"风格"指艺术家在表现方式上"完全见出他人格的一些特点"；至于"独创性"，它一方面表达出"艺术家最真切的内心生活"，另一方面又完美地揭示"对象的性质"，乃至在形式上"显得只是客观对象本身的特征"。① 以黑格尔美学区别"风格"的三种艺术等级观之，马克思将单纯形式上的"优美叙述"视为较低等级是有美学理据的；马克思以"写出自己平素风格"为目标，而事实上《资本论》在结构艺术方面无疑达到了黑格尔所称的"独创性"境界。因为如前所述，马克思之前从来没有在经济学研究中运用辩证法的先例，其后也鲜有在理论著作之结构形式中贯穿辩证法的有影响的继踵者。② 马克思在结构艺术中贯穿辩证法，一方面是发自其"最真切的内心生活"——《资本论》跋文的应战性告白：在黑格尔被骂为"死狗"的时代，作者愿意"公开承认自己是这位大思想家的学生"③。另一方面，马克思也确实达到了黑格尔论"独创性"的所谓"显得只是客观对象本身特征"的境界，以致迄今人们很少意识到可以从美学角度考察《资本论》结构形式中属于马克思主体情志和叙事风格的因素。

《资本论》结构形式折射出马克思理论的个性风格，可以印证这种关系的是《资本论》初版与第二版之间的一个明显差异。在《资本论》初版定稿过程中，恩格斯曾建议马克思借鉴教科书的写法，理由是这"对广大读者要容易理解得多"，并且"在有学识的读者中，现在也很少人能够习惯辩证思维方法了"。马克思因此将第一卷最抽象、最难懂但也最重要的"价值形式"部分进行了"尽可能简单的和尽可能教科书式的"改写，并以"附录"形式置于全书末尾，以便让那些"不懂辩证法的读者"跳过这个逻辑环节而直接读"附录"。然而有趣的是，在该卷第二版时，马克思还是取消了"附录"形式，将之恢复置入原

① 黑格尔．美学：第一卷［M］．朱光潜，译．北京：商务印书馆，1982：372.

② 1858年1月14日马克思致恩格斯："我取得了很好的进展。例如，我已经推翻了迄今存在的全部利润学说。""我又把黑格尔的《逻辑学》浏览了一遍，这在材料加工的方法上帮了我很大的忙。如果我以后再有工夫做这类工作，我很愿意用两三个印张把黑格尔发现但同时又加以神秘化的方法中所存在的合理的东西阐述一番，以使一般人都能理解。"（中共中央马克思恩格斯列宁斯大林著作编译局．马克思恩格斯全集：第29卷［M］．北京：人民出版社，1975：251.）

③ 马克思．资本论：第1卷［M］//中共中央马克思恩格斯列宁斯大林著作编译局．马克思恩格斯全集：第23卷．北京：人民出版社，1972：25.

先的辩证叙述结构中。[①] 这个事例表明，在通俗与非通俗的叙述方式之间，马克思有自己的“偏爱”。正是这种偏爱，导致他最终宁愿放弃“通俗”效果，也要保持自己钟情的辩证结构的完整性。这种“偏爱”在另一个事实中表现更为显豁：《资本论》第一卷出版后引起一系列以通俗概述方式简介该书的出版物[②]，马克思对这些通俗介绍本的评价是，它们在“对公众产生影响”方面“有很大优点”，避免了“过于学究式地拘泥于叙述上的科学形式”。[③]这一评价表明，《资本论》采用“拘泥”于辩证法形式的写法是作者权衡利弊后的自觉选择。如果说“拘泥”于辩证法形式的写法不仅不利于该书内容的通俗效果，而且在技巧上也因难度更大而更费时间心力，那么马克思之所以选择这种写法，就只能从他的主体情志方面寻求解释了。马克思曾经承认，他擅长数学定理般的抽象分析，“但是属于直观的最简单的实际技术问题，我理解起来却十分困难”[④]。这个坦诚的自我分析说明，他之所以采用更为抽象难懂的辩证叙述方式，原因还在于这种叙述方式在某种程度上也是他本人的天性所适与所擅。

从美学立场观之更重要的是，马克思之所以在理论研究中追求表现个体的“平素风格”，乃是基于其最根本的美学理念。众所周知，马克思美学理念最初表达于《1848年经济学哲学手稿》，其中最著名的是下面一段话，虽然它已被引用无数次，但是对于解答我们的新问题依然具有原理性意义：

> 诚然，动物也生产，它也为自己营造巢穴或住所，如蜜蜂、海狸、蚂蚁等。但是动物的生产是片面的，而人的生产是全面的；动物只是在直接的肉体需要支配下才生产，而人甚至不受肉体需要支配也进行生产，而且只有在不受这种需要支配时才进行真正的生产；动物的产品直接同它的肉体相联系，而人则自由地对待他的产品，并且懂得处处都把内在的尺度运

---

① 中共中央马克思恩格斯列宁斯大林著作编译局．马克思恩格斯《资本论》书信集［M］．北京：人民出版社，1976：214-215.

② 仅在马克思1883年去世前，这些通俗介绍本至少出现过三种：1869年柏林版的《一个工人对若干经济学观点的反驳》、1876年开姆尼斯版的《卡尔·马克思的〈资本与劳动〉》、1881年海牙版的《卡尔·马克思的〈资本论〉》。（曼弗雷德·克利姆．马克思文献传记［M］．李成毅，译．郑州：河南人民出版社，1992：327.）

③ 马克思．致卡洛·卡菲埃罗（1979年7月29日）［M］//中共中央马克思恩格斯列宁斯大林著作编译局．马克思恩格斯《资本论》书信集．北京：人民出版社，1976：365.

④ 曼弗雷德·克利姆．马克思文献传记［M］．李成毅，等译，郑州：河南人民出版社，1992：278.

用到对象上去。因此，人也按照美的规律来建造。①

在马克思看来，美学的最基本原理存在于人类社会的生产劳动中，而政治经济学的研究对象直接是生产劳动的历史形式及其规律。根据马克思的上述看法，人类虽然潜在地具有“按照美的规律建造”的天赋素质，但是这种天赋素质能否在生产活动中实现至少有赖三个条件：一是“摆脱肉体谋生的限制”，“自由地对待他的产品”；二是把握“美的规律”所包含的生产活动的技巧；②三是“处处都把内在尺度运用到对象上去”，这意味着生产者在其产品中展示其个性风格。就个体而言，一个人能否在自己的生产活动中“按照美的规律建造”，首先意味着他本人能否实现自己的审美禀性。《资本论》中的“生产者”包括“从事各种科学或艺术的生产的人”③，因此我们可以把马克思创作《资本论》的活动也视为一种生产活动，并以上述马克思美学理念的三个实现条件来衡量其本人的《资本论》创作。

从第一个条件看，马克思本人将《资本论》目标比喻为：“在科学的征途上不畏劳苦沿着陡峭山路攀登，以求达到光辉顶点。”④为了这个目标，“我一直在坟墓的边缘徘徊”⑤。这种对高度目标的自觉意识和执着追求表明，《资本论》的生产活动远远超越了“肉体谋生”的狭隘性。另一方面，这个目标是马克思按照自己的抱负设定、构思和实施的，并非受当时已经占主导地位的资本赢利目标驱迫，在这个意义上，其生产过程也是“自由地对待其产品”的过程。从第二个条件即“美的规律”的技巧层面看，如果说任何生产活动都需要某种程度的劳动技巧，那么揭示资本主义经济规律的学术研究性的“生产”就尤其需要复杂技巧——辩证法既是世界观也是方法论，因而对它的运用也是思维方式层面的特殊技巧；将这种思维技巧运用于分析资本主义经济规律更是前所未有

---

① 引文有省略。马克思．1844年经济学哲学手稿［M］//中共中央马克思恩格斯列宁斯大林著作编译局．马克思恩格斯全集：第42卷．北京：人民出版社，1979：98.

② 马克思批判资本主义异化劳动的主要理由之一是，在这种经济关系中“劳动越来越失去它的一切艺术性质”，“劳动的特殊技巧日益成为一种抽象的、无足轻重的东西”。（马克思．剩余价值理论［M］//中共中央马克思恩格斯列宁斯大林著作编译局．马克思恩格斯全集：第26卷（第二册）．北京：人民出版社，1973：70.）

③ 马克思．剩余价值理论［M］//中共中央马克思恩格斯列宁斯大林著作编译局．马克思恩格斯全集：第26卷（第一册）．北京：人民出版社，1972：443.

④ 中共中央马克思恩格斯列宁斯大林著作编译局．马克思恩格斯《资本论》书信集［M］．北京：人民出版社，1976：323.

⑤ 中共中央马克思恩格斯列宁斯大林著作编译局．马克思恩格斯《资本论》书信集［M］．北京：人民出版社，1976：209.

的创举。可见，《资本论》的“生产”需要高难度的、独创性的技巧。马克思曾把中世纪具有技巧性的手工业称为“半艺术性”劳动。[①]如果说《资本论》的技巧难度复杂于中世纪手工劳动，那么《资本论》的生产活动就显然不止于“半艺术性”了。[②]第三个条件即“处处都把内在尺度运用到对象上去”，如前所分析，马克思把钟爱辩证法视为自己“平素风格”并在该书结构形式中实现，这可谓自觉遵循了“把内在尺度运用到对象上去”的美学法则。

因此可以结论，马克思的美学理念与其《资本论》结构艺术上的追求相当吻合。《资本论》之所以选择贯穿辩证法的结构形式，不仅是为表述其经济学研究结果，而且也是基于作者自觉的“平素风格”——将钟爱辩证法的“内在尺度运用到对象上去”。虽然《资本论》是一部旨在研究经济学规律的著作，然而马克思追求的却并非仅仅是“2+2=4”意义上的“纯客观”规律。借用《文心雕龙》的话，《资本论》叙述结构是作者“既随物以宛转，亦与心而徘徊”[③]的结晶。《资本论》创作作为一种“精神生产”活动，不仅在论述内容上追求政治经济学目标，而且在结构形式中实践了“按照美的规律来制造”的目标。

---

① 中共中央马克思恩格斯列宁斯大林著作编译局．马克思恩格斯《资本论》书信集［M］．北京：人民出版社，1976：174.

② 马克思传记的作者曾将当年马克思的住所称为“《资本论》加工场”。(曼弗雷德·克利姆．马克思文献传记［M］．李成毅，等译．郑州：河南人民出版社，1992：276.)

③ “写气图貌，既随物以宛转；属采附声，亦与心而徘徊。”（刘勰《文心雕龙·物色》）今译为：“有关神态的描写、状貌的图摹，他们随着风物的变化而委曲尽致；至于色彩的联属，声音的比附，则又配合着内心的感应而低回荡漾。”（王更生．《文心雕龙》全译本［M］．西安：三秦出版社，2021：309.）

第九章

“思辨之美”与《资本论》科学精神

“思辨之美”是笔者十多年前提出的美学概念。[①] 缘起是读黑格尔《美学》的“纯粹思考”及王元化《读黑格尔》的审美感触。[②]《资本论》强调分析经济形式必须运用“抽象力”方法，马克思把商品的“价值形式”比喻为“经济细胞”，同时比喻他的研究是用“抽象力”进行“显微镜下的解剖”。[③] 两者都涉及“思辨”这一特殊的思维方式。[④] 这意味着“思辨之美”也可能是马克思科学精神的基本因素。本章于此进一步研讨。

一、“思辨之美”与黑格尔美学盲点

“美是理念的感性显现”，至少在“感性显现”意义上，美学家们很少怀疑过黑格尔美学这个核心命题。然而王元化《读黑格尔》却使我们有理由提问：为什么非感性、纯思辨的理论著作，也能够唤起审美感受？黑格尔著作是思辨理论之典范，《读黑格尔》是对思辨的思辨，后者分明包含深切的审美感动。

《读黑格尔》关于《小逻辑》写道：每次阅读它“都感到心情激荡”，“领

① 陆晓光．“思辨之美”的魅力和形式要素：黑格尔盲点与王元化启示［J］．社会科学，2007（8）：121-131.

② 黑格尔将辩证思维分析为“感性—知性—理性”三范畴，他指出限于“知性”思维的缺陷：“知性爱用抽象方式单把性格的某一方面挑出来，把它标志成为整个人的唯一准绳。”（黑格尔．美学：第一卷［M］．朱光潜，译．北京：商务印书馆，1982：306.）“马克思也是运用了感兴—知性—理性这三个概念的。”“知性不能掌握美”；“关于这个问题，黑格尔并未详细地加以深论。我认为如果我们进一步去研讨，将会澄清我们在文艺思想上迄今仍存在的许多混乱”。（王元化．文学沉思录［M］．上海：上海文艺出版社，1983：24.）

③ 马克思．资本论：第1卷［M］//中共中央马克思恩格斯列宁斯大林著作编译局．马克思恩格斯全集：第23卷．北京：人民出版社，1972：8.

④ 现代汉语“分析”一词的“析”字，在古汉语中原指用工具劈开树木，如《诗经·南山》“析薪如之何，匪斧不克”；而后引申为运用思维力进行分析，如《庄子·天下》“判天地之美，析万物之理”。

受了从内心迸发出来的欢乐”，有时甚至“不禁欣喜万分”。[①] 关于黑格尔《美学》又有如此评赞：其中的艺术论“真是胜义披纷精美绝伦，构成了《美学》的最动人篇章”[②]。作者自述当初读黑格尔的意图是想得到哲学上的启迪，“可是渐渐领受到从艺术鉴赏与审美趣味得来的乐趣”[③]。类似的评赞在该书中频频出现，它们表明，《读黑格尔》所获取的不仅是理论知识和学术教益，更有审美快乐。

笔者管见所及，迄今研讨黑格尔的著作论文可谓众多，但是从中感受到审美快乐并发出如此由衷赞叹者，《读黑格尔》却是仅此一家。思辨之美在黑格尔美学中是个盲点，《读黑格尔》提供了讨论这个盲点的启示和范例。通过梳理分析《读黑格尔》审美感动缘以产生的具体因素，我们有可能管窥思辨之美的奥秘。

（一）思辨体系的“纯净明澈”之美

《读黑格尔》把黑格尔哲学整体上比喻为“像一杯不羼杂质的清水一样纯净明澈”[④]。“一杯清水”是感性形象，“纯净明澈”更是审美意象，这个比喻显然包含了审美感受和鉴赏愉悦。该比喻直接指涉的是《小逻辑》理论风格，而《小逻辑》是黑格尔著作中最缺乏感性形象、最具思辨性的著作。那么，它为什么能够唤起“像一杯不羼杂质的清水一样纯净明澈”的审美感受呢？

《读黑格尔》摘录了《小逻辑》关于“反思”概念的解释。“反思”是对思想的思想。在黑格尔看来，通常所谓的“思想”一般并不拒绝感性材料，例如“这片叶子是绿色的”，这个判断明显包含感性材料（“叶子”与“绿色”），而“反思”则是“将思想本身的单纯不杂作为思考对象”[⑤]。这个界定表明，黑格尔所谓“单纯不杂”即完全剥离感性材料，其所谓“反思”即完全剥离感性材料的纯粹抽象的思考。这种纯粹抽象思考（思辨）正是《小逻辑》显著特色所在。

《小逻辑》是黑格尔整个理论体系“从抽象上升到具体”进程的起点，该书内容完全由纯抽象的理论范畴构成。《小逻辑》基本框架是循序出现的“存在论”“本质论”“概念论”三大部分，其中每一部分各包含三个次级范畴，而每一个次级范畴复又包含三个更次级的范畴。例如“存在论”包含“质”“量”

---

① 王元化．读黑格尔［M］．北京：新星出版社，2006：3，4，5.

② 王元化．读黑格尔［M］．北京：新星出版社，2006：13.

③ 王元化．读黑格尔［M］．北京：新星出版社，2006：14.

④ 王元化．读黑格尔［M］．北京：新星出版社，2006：11.

⑤ 王元化．读黑格尔［M］．北京：新星出版社，2006：90.

“尺度”三个次级范畴，其中“量”的范畴又是通过“纯量”“定量”“程度”三个更次级的范畴而展开。① 仅此可见一斑，《读黑格尔》之所以比喻黑格尔哲学“像一杯不羼杂质的清水一样纯净明澈”，首先是《小逻辑》所有范畴都具有这种完全剥离感性材料的抽象性，这种高度的抽象性把日常语言中通常会携带的感性材料完全过滤掉了。《小逻辑》用“纯粹理念”“纯粹抽象的东西”②之类术语和形容词说明其不杂感性材料的特质；而《读黑格尔》以“不羼杂质”指谓《小逻辑》的思辨特色。显然，《读黑格尔》“纯净明澈”的审美感受首先是缘于黑格尔《小逻辑》由纯粹抽象概念构成的思辨体系的特质。

中国古典文论有曰“文以气为主，气之清浊有体”③，其中包含着对“清”之文章风格的推崇；中国古典诗论又有“清水出芙蓉，天然去雕饰”的比喻④，其中“清水”指谓一种较高的诗歌意境。据此，《读黑格尔》以“清水”比喻黑格尔著作之风格，至少就这个比喻本身的用语而言，在中国古典美学中是有所依据的。曹丕所谓“清浊有体”的“文”，并非专门指谓描述艺术形象的诗歌类作品，也包括理论思考的文章（其《典论·论文》所论是文章之美）。虽然中国古代罕见黑格尔式的纯思辨理论，但是以“清”（这个汉字的会意构造本身意味着纯净明澈之水）来评价理论作品某种风格之美却早有先例。这个先例表明，非感性形象的理论作品，也完全有可能蕴含某种“清”的审美因素，非感性形象的理论与审美感受并非无缘。

（二）思辨概念的“清晰”之美

如果说黑格尔哲学作为整体具有“澄静明澈”的美学风貌，那么这个整体风貌是基于其概念系统的特征。关于概念系统《读黑格尔》评赞：黑格尔善于“对概念进行清理，沙汰其中模糊不清的杂质”，使之“清晰”乃至“通体透明”。⑤“清晰”与“通体透明”这两个形容词表达的都是视觉上的审美感受，而这两个评语也是黑格尔本人对其概念所提要求。《小逻辑》对概念的“明晰性”这样规定：“在概念中，每一差别不但不引起脱节和模糊，而且是透明的。”⑥ 我们再从概念层面考察黑格尔思辨哲学的审美因素。

---

① 黑格尔．小逻辑［M］．贺麟，译．北京：商务印书馆，2004：1-3.

② 黑格尔．小逻辑［M］．贺麟，译．北京：商务印书馆，2004：53.

③ 曹丕．典论·论文［M］//郭绍虞．中国历代文论选：第一册．上海：上海古籍出版社，1979：158.

④ 李白．忆旧游书怀［M］//郭绍虞．中国历代文论选：第二册．上海：上海古籍出版社，1979：59.

⑤ 王元化．读黑格尔［M］．北京：新星出版社，2006：6.

⑥ 黑格尔．小逻辑［M］．贺麟，译．北京：商务印书馆，2004：283.

《读黑格尔》集中阐释的概念之一是“知性”（Verstand），这个概念指涉一种抽象分析力（曾被译作“知解力”），对于我们讨论以抽象思维为特征的思辨之美具有代表性。在黑格尔哲学中，认识过程被分析为“感性”（“表象”）、“知性”（“知解力”）、“理性”（“总念”）三个阶段。大体而言，“感性”是指对事物之表象的认识，“知性”是指对事物做抽象分析后的认识，“总念”则是综合抽象分析要素而获得的整体认识。在我们以往占主导地位的认识论中，认识过程通常被分析为感性和理性两个层面，黑格尔的认识论则是三个层面，后者比前者多了一个“知性”中介。仅此可见，黑格尔对认识过程的分析，其概念不仅清晰，而且更为细致。在汉语中，“清晰”指谓的是细部的清晰度，从审美角度观之，以“清晰”评赞黑格尔“感性”“知性”“理性”三范畴可谓贴切。

马克思《资本论》曾用比喻说明他的研究方法：分析以商品为细胞的经济形式既不能用显微镜，也不能用化学试剂，而必须借助于“抽象力”；科学的分析类似于“显微镜下的解剖”①。马克思在《政治经济学批判导言》中对分析方法的要求是：尽可能“达到越来越简单的概念”和“越来越稀薄的抽象”。②

《读黑格尔》借鉴了马克思的观点，认为黑格尔思辨特点之一在于，能够将对象分析为一系列“稀薄的抽象”③。“稀薄”是指分析的细致透彻，如果说经过细致分析后，对象才可能呈现细部的“清晰”，那么“稀薄”与“清晰”这两个评语互文足义。以《小逻辑》关于判断形式的分类为例观之，根据《读黑格尔》所录《小逻辑》研究者韦卓民先生的梳理归纳，该书将之细分为四类十四种，分别为“质的判断”（包括肯定的、否定的、无限的），“反映的判断”（包括单一的、特殊的、普遍的），“必然的判断”（包括直言的、假言的、选言的、断然的），“总念的判断”（包括盖然的、确然的、或然的、必然的）。④ 仅从黑格尔关于判断形式的细致分类可见，其分析确实可谓追求着“稀薄的抽象”。

---

① 马克思．《资本论》序［M］//中共中央马克思恩格斯列宁斯大林著作编译局．马克思恩格斯全集：第 23 卷．北京：人民出版社，1972：8.

② 马克思．政治经济学批判导言［M］//中共中央马克思恩格斯列宁斯大林著作编译局．马克思恩格斯选集：第二卷．北京：人民出版社，1972：103.

③ 王元化．读黑格尔［M］．北京：新星出版社，2006：27.“马克思通过对抽象劳动的历史条件、内在机制和价值后果的分析，充分地展示了抽象劳动所具有的抽象意蕴，这就为包括卢卡奇物化理论在内的现代社会哲学奠定了第一个也是最基本的论题。”（鲍金．马克思的“抽象劳动”概念及其意蕴探析［M］．复旦大学当代国外马克思主义研究中心．当代国外马克思主义评论：第 28 辑．上海：上海三联书店，2022：51-67.）

④ 王元化．读黑格尔［M］．北京：新星出版社，2006：71.

《小逻辑》概念的“清晰”还表现在善于区别两种类似表象的同中之异。例如黑格尔指出，在日常生活中，“真理”与“不错”通常被混淆一谈，但是“某人病了”或“某人偷窃”，这样的判断尽管可能“不错”，却称不上“真理”，因为它们仅仅指出对象的事实；只有当人们说出某对象是它们应该所是的时候，这样的判断才可能涉及“真理”。① 同理，当一个人说“这墙壁是绿色的”“这火炉是热的”时，并不意味着他具有对真理的判断力；而当一个人对艺术作品或伦理行为下判断时，才可能显现他是否具有真正的判断力，因为后者必须依据对象应该所是的尺度即理念下判断。② 黑格尔对日常模糊语言的这个分析可谓“清晰”。

《读黑格尔》收录了韦卓民先生早年给作者的通信，其中提到黑格尔对“凡是人皆有死”与“一切人皆有死”这两个判断之间的微妙区别：前者的意思是“如果这是人，他就会死的”，后者的意思则是“在我的经验范围中，所有的人都是要死的”；前者是超出实际经验的普遍性判断，后者则是限于实际经验范围的判断。韦卓民据此指出，中文译者由于未能理解黑格尔对这个微妙差别的分析，“导致认真读书的读者发生一些不必有的思想混乱”③。这个例子表明，《读黑格尔》的“清晰”之评，对于中文语境读者而言尤为警策。

《文心雕龙·论说》曰“论如析薪，贵能破理”，意谓分析犀利乃理论文章之美的要素；又曰“锋颖精密，盖人伦之英也”④，意谓能否精细入微乃分析力之强弱的尺度。由此观之，黑格尔概念所追求的“稀薄的抽象”，与中国古典美学的相关论点也不无相通。《读黑格尔》的“清晰”评赞，既是阅读感受，也是审美判断。

（三）思辨术语的“准确”之美

理论思维中，概念与术语是既有联系又有区别：概念必须清晰，术语要求准确；前者关乎对象之分析，后者属于分析之表达。《文心雕龙》有谓“意授于思，言授于意”⑤，细致区别了思考之“意”与表达之“言”。据此，经过思辨分析而获得清晰概念之后，尚有一个如何选择术语以准确表达的问题。关于后者，《读黑格尔》认为黑格尔著作“难懂的只是他特有的名词术语”，如果把它

---

① 黑格尔．小逻辑［M］．贺麟，译．北京：商务印书馆，2004：291.
② 黑格尔．小逻辑［M］．贺麟，译．北京：商务印书馆，2004：290.
③ 王元化．读黑格尔［M］．北京：新星出版社，2006：73.
④ 范文澜．文心雕龙注：上［M］．北京：人民文学出版社，1978：328.
⑤ 范文澜．文心雕龙注：下［M］．北京：人民文学出版社，1978：494.

们搞清楚，就会发现他的表述不仅“清晰”而且“准确”。[①] 这个评赞意味着，黑格尔的理论术语也蕴含着思辨之美的因素。

关于理论术语之“准确”的美学意义，虽然黑格尔《美学》未进行直接讨论，但在中国古典美学中早有专论，《文心雕龙·炼字》曰“缀字属篇，必须练择”[②]，强调的就是选字用词对于文章美的意义。《史传》篇又提出选字择词贵在“准当”“辨洽”[③] 等与“准确”相关的尺度。黑格尔《哲学史讲演录》中认为中国语言文字的词义“不确定”[④]，其《历史哲学》中又批评“中国因为语言和文字分了家，所以文字很不完善”[⑤]。这些批评一方面表明黑格尔相当重视语言表达的“准确”性，另一方面也说明他对中国文化认识的局限，在当时背景下他不可能知道，中国古典美学历来讲究文章用词的“准确”之美，虽然“准确”的具体标准有所不同。

在中文语境中，黑格尔术语之准确性的问题，在很大程度上也是中文翻译之准确性的问题。外语原著与翻译读本之间通常难以避免语义隔阂，对于黑格尔著作独创性的专门术语而言尤其如此。如果说黑格尔术语原本是“准确”的，那么其被翻译成汉语后是否依然“准确”是个问题。反之，如果汉语的相关译词并不准确，那么要发现黑格尔术语的“准确”，其前提是首先发现汉语译词的不恰，乃至找到惬切译词替代之。《读黑格尔》多处研讨黑格尔术语的汉译问题。例如“情志”“情致”“情欲”三者相对于黑格尔原著中古希腊词“πάθος”何者为恰[⑥]；“知性”比之于旧译“悟性”（或“理解力”）为什么更能妥切传达德文原著“Verstand”之旨[⑦]；“总念”“概念”之于德文“Begriff”的优劣关系[⑧]；中国古典美学“气韵生动”“生气灌注”与黑格尔美学“beseelt”的汉译关系[⑨]；被英译为“sense”（感觉）的德文“sinn”是否可以译为“艺术敏感”[⑩]；为什么应该用“宁静”来替代中文旧译的“静穆”[⑪]。这里我们仅以

---

① 王元化．读黑格尔［M］．北京：新星出版社，2006：6.

② 范文澜．文心雕龙注：下［M］．北京：人民文学出版社，1978：624.

③ 范文澜．文心雕龙注：上［M］．北京：人民文学出版社，1978：286.

④ 黑格尔．哲学史讲演录：第一卷［M］．贺麟，王太庆，译．北京：商务印书馆，1983：128.

⑤ 黑格尔．历史哲学［M］．王造时，译．上海：世纪出版集团，2005：125.

⑥ 王元化．读黑格尔［M］．北京：新星出版社，2006：17-18.

⑦ 王元化．读黑格尔［M］．北京：新星出版社，2006：27.

⑧ 王元化．读黑格尔［M］．北京：新星出版社，2006：17，272.

⑨ 王元化．读黑格尔［M］．北京：新星出版社，2006：52-53.

⑩ 王元化．读黑格尔［M］．北京：新星出版社，2006：178.

⑪ 王元化．读黑格尔［M］．北京：新星出版社，2006：273.

《读黑格尔》用“情志”翻译“πάθος”的一例观之，这个术语在黑格尔原著中本来就是一个源于古希腊的外来词，并且黑格尔本人认为它在德文中很难找到惬切译词。

据《读黑格尔》对“πάθος”一词的考察：它在英文中译作“Pathos”（意为悲哀、哀愁、动情力、悲怆性等），在拉丁语中译作“Qual”（意指本原的痛苦），在恩格斯著作中被解释为“苦闷”，而在中文旧译中转成“情致绵绵”。这些译词相互歧异，究竟如何汉译为恰？《读黑格尔》根据黑格尔是在论述古希腊史诗英雄人物性格时使用该词的背景，提出可以借用《文心雕龙》的“情志”翻译之。理由是“情志”由表达情感因素的“情”和表达志思因素的“志”连缀成词，可兼摄情感志思互渗融合之意；刘勰论“志”有“志思蓄愤”之说，包含悲怆性意味，能够涵盖英译所见的“Pathos”之义。① 黑格尔认为荷马史诗英雄性格最重要的特点在于个人情感与时代的伦理意志相融一体，而伦理意志通常通过某位神的形象传达。《读黑格尔》由此指出，黑格尔有时将“πάθος”说成“神的内容”，既然“神”代表着当时的伦理意志，而这种伦理意志又内化于希腊英雄的性格中，那么“πάθος”这个词指谓的就不仅只是希腊英雄性格的情感方面，同时包含“志”的意蕴，它指谓的是一种“合理的情绪方面的力量”。中文旧译“情致绵绵”显然不能传达该词的“志”意，英译“Pathos”（悲怆情感）也遗漏了该词的伦理意味。这个例子表明，《读黑格尔》对黑格尔专门术语的把握是经过多方考究和反复斟酌的，其结合黑格尔术语之理论背景而辨析的方法更是超出了一般语言翻译家的见识所及。值得注意的还在于，《读黑格尔》记载了1977年与1988年对黑格尔所用该希腊语“πάθος”的两度审思，而在1996年写的“读后附释”中继续斟酌这个译词的准确性：“用情志来转译πάθος一词，自然并不是最惬恰的，但由于找不到更妥切的字，只能取这庶几近之的意义了。”② 如果我们考虑到黑格尔本人也认为“πάθος”这个古希腊词在德语中难以找到完全对应的译词，那么相对于黑格尔原著该术语的特殊性，《读黑格尔》对它“庶几近之”的翻译很可能是唯一“准确”的选择了。《读黑格尔》评赞的是黑格尔术语的“准确”，我们从中却可以进一步品味作者本人对术语准确之为美的自觉意识。

---

① 王元化．读黑格尔［M］．北京：新星出版社，2006：17-18.

② 王元化．读黑格尔［M］．北京：新星出版社，2006：273.

（四）思辨方法的“逻辑力量”之美

“黑格尔哲学有一种强大而犀利的逻辑力量，使我为之倾倒。”① 《读黑格尔》这一赞叹令笔者想到20世纪美国著名学者熊彼得读《资本论》的类似评价，后者称赞《资本论》蕴含着“推理的艺术”②。《读黑格尔》为之倾倒的“逻辑力量”无疑也是来自“推理的艺术”。“推理的艺术”意味着推理合乎逻辑规律，在黑格尔《美学》中，“合乎规律”被界定为美的形式要素之一，例如黑格尔写道：“椭圆或抛物线中包含着某种规律，因而它的形式是美的。”③ 可见，以黑格尔美学相关论点推论之，对“逻辑力量”的“倾倒”包含着审美感受和享受。

黑格尔美学命题之一是“知性不能掌握美”，这个命题也是《读黑格尔》特别重视并曾经专题发挥的。④ 我们以黑格尔论证这个命题的基本思路来考察其中的“逻辑力量”。

在黑格尔体系中，哲学包含美学，美学包含文学艺术；从哲学思辨到美学思考再到文学批评呈现为一个从一般原理到特殊法则再到个案分析的进程。这个进程显示了黑格尔体系从抽象向具体推演的特点。在黑格尔哲学中，一个概念通常潜在包蕴一个判断。因为他把概念纳入其“正反合”的辩证发展三段论公式中，每个概念都标志着其所属的正反合三阶段的一个逻辑环节。从而，每个概念都从属于一个更抽象的概念，同时内含着一个更具体的概念，概念与概念之间包含着逻辑联系。“知性不能掌握美”命题包含两个概念：“知性”与“美”。就“知性”而言，它是黑格尔认识论“表象—知性—总念”三环节之一。大体而言，“表象”是感性观照的认识，“知性”是抽象分析的认识，“总念”是综合抽象分析要素后而获得的整体认识。因此，只有达到“总念”阶段的认识才是比较完整的认识。“知性”概念蕴含的判断是：它属于对“表象”的分析阶段，尚未达到“总念”阶段。

就“美”这个概念而言，黑格尔将之分析为三阶段循序发展的逻辑进程：（1）抽象“美”的理念；（2）“美”的理念外化为具体感性形式；（3）“美”的感性形式复与抽象理念相结合。“知性不能掌握美”命题中的“美”概念，是指感性形式与抽象理念相结合的“美”，这个概念潜在蕴含的判断是：“美是

① 王元化．读黑格尔［M］．北京：新星出版社，2006：53.

② 熊彼特．资本主义、社会主义和民主［M］．吴良健，译．北京：商务印书馆，1999：68.

③ 黑格尔．美学：第一卷［M］．朱光潜，译．北京：商务印书馆，1982：170.

④ 王元化曾撰《论知性的分析方法》专文，其中主要论述的是为什么“知性不能掌握美”的问题。（王元化．文学沉思录［M］．上海：上海文艺出版社，1983：24.）

理念的感性显现”。由此大体可见，“知性不能掌握美”命题中，在其所使用的“知性”与“美”的概念层面，已经蕴含着黑格尔式的“逻辑力量”。

在黑格尔专门阐释逻辑法则的《小逻辑》中，概念蕴含判断，判断蕴含推理。“知性不能掌握美”这个判断潜在蕴含黑格尔式的推理程序，这个推理程序也包含着哲学思辨、美学思考、文学分析三个层面。

先看哲学层面。《小逻辑》写道：“概括地讲，哲学的工作没有别的，即在于把表象转变成抽象的思想；更进一步哲学还要把仅仅抽象的思想转变成总念。”① 这里涉及了哲学认识论的“表象”“知性”“总念”三范畴。《小逻辑》进而以对自然有机体的认识为例说明，其大意是：一个生命有机体的诸官能或各肢体不能仅视作相互孤立的各部分，而必须将它们放在整体联系中认识把握。对有机体的感性观照属于认识的“表象”阶段，对它各部分的分析属于“知性”阶段，只有综合分析结果后的认识才可能达到“总念”阶段。黑格尔强调尚未达到“总念”阶段的“知性”认识的局限：“只有在解剖学者的手里这些官能和肢体才是机械的部分。但解剖学者的工作乃在解剖尸体，并不是在处理一个活的身体。”② 可见，在《小逻辑》这个最抽象的哲学层面的思辨中，已经包含了“知性不能掌握有机体”的思想。黑格尔把“有机体”视为自然美的基本形式，更把艺术美视为高于自然美的理想美，因而我们可以说，《小逻辑》所表述的“知性不能掌握有机体”的思想，已经潜在地包含着“知性不能掌握美”的意蕴。

再看美学层面。黑格尔在“总论美的概念”中明确提出“知性不能掌握美”命题。他指出，任何美的对象都至少具有“差异面的统一”这个形式因素。在最低级的自然物即矿物结晶体上，这个形式因素表现为各部分的“整齐一律”；在较高级的有生命的植物和动物有机体中，“差异面的统一”逐渐具体复杂完善，并且又发展出具有“生气灌注”的特点；而在人体身上，生命有机体不仅达到复杂精致，也不仅具有“生气灌注”，更有精神灵魂的显现。正是针对美的对象这种无不具备的“差异面的统一”之形式美规律，黑格尔强调：“知性不能掌握美，因为知性不能了解上述的统一，总是要把这统一里面的各差异面看成是独立自在分裂开来的东西。”③ 由此不难看出，“知性不能掌握美”命题

---

① 王元化．读黑格尔［M］．北京：新星出版社，2006：105. 引文见：黑格尔．小逻辑［M］．贺麟，译．北京：商务印书馆，2004：59.

② 王元化．读黑格尔［M］．北京：新星出版社，2006：130. 引文见：黑格尔．小逻辑［M］．贺麟，译．北京：商务印书馆，2004：238.

③ 王元化．读黑格尔［M］．北京：新星出版社，2006：162-163. 引文见：黑格尔．美学：第一卷［M］．朱光潜，译．北京：商务印书馆，1982：143.

首先意味着知性不能掌握自然美，知性不能掌握自然中的无机体（矿物）、有机体（植物动物与人）的美；它的理论依据显然是《小逻辑》所表达的“知性不能掌握有机体”的哲学认识论。

黑格尔在“艺术美”层面继续演绎这个命题。他认为，理想的人物形象既需要性格的独特性和坚定性，也应该具有性格的丰富性和完整性（差异面的统一），这就要求作家在创作过程中避免“知性”方式，因为“知性”方式会肢解人物性格的整体性，过滤其丰富性，人为突出某一单方面特质，会导致人物形象缺乏“整体的生气”。黑格尔写道：“知解力爱用抽象的方式单把性格的某一方面挑出来，把它标志成为整个人的唯一准绳。凡是跟这种片面的统治特征相冲突的，凭知解力来看，就是始终不一致的。但是就性格本身是整体因而是具有生气的这个道理来看，这种始终不一致正是始终一致的，正确的。”① 这表明，“知性不能掌握美”命题在艺术理想美层面已经具体化为“知性不能把握人物性格美”。

黑格尔《美学》在作品评论层面进一步展开这个命题。他以法国古典戏剧为例：“例如在高乃依的《熙德》里，爱情与荣誉的冲突是写得很辉煌的。这样本身见出差异面的情志（朱光潜旧译“情致”）当然可以导致冲突；如果这种情志表现为在同一性格中的内在冲突，当然也可以产生堂皇典丽的修词和娓娓动听的独白，但是同一心灵的分裂，时而由抽象的荣誉转到爱情，时而又由抽象的爱情转到荣誉，这样翻来复去，本身就违反性格所必有的真正决断性和统一性。”② 在这番评论中，黑格尔根据人物性格既要显出“差异面”，又应具有“统一性”这个批评尺度，肯定《熙德》主人公形象具有“差异面的情志”（爱情与荣誉的冲突），同时批评其“差异面”被“抽象”地表现，“违反性格所必有的真正决断性和统一性”。一般认为，法国古典主义戏剧在人物性格塑造上追求的是“类型”化，黑格尔的分析切中了“类型”化性格的要害，而他的理论依据显然是对“知性”方法之局限的认识。

与此形成对照的是黑格尔对荷马史诗人物性格的赞赏：“在荷马作品里，每一个英雄都是许多性格特征的充满生气的总和。”黑格尔以荷马史诗中心人物阿喀琉斯为代表分析：他既是个英雄，又有普通人的一些品质，并且他的性格不是被抽象地任意地表现，而是“借种种不同的情境将他的这种多方面的性格都揭示出来了”③。例如，阿喀琉斯爱母亲，母亲特提斯被掠夺后，他为之痛哭；

① 黑格尔．美学：第一卷［M］．朱光潜，译．北京：商务印书馆，1982：306．这段话中的“知解力”亦指“知性”。（引者）

② 黑格尔．美学：第一卷［M］．朱光潜，译．北京：商务印书馆，1982：307.

③ 黑格尔．美学：第一卷［M］．朱光潜，译．北京：商务印书馆，1982：302.

他有强烈的荣誉感，荣誉受到损害就以拒绝继续参战抗争主帅阿伽门农；他重友情，朋友帕屈克鲁斯和安惕洛库斯战死后，他为复仇而重新加入战场；他是主人，却与仆人腓尼克斯关系亲昵，腓尼克斯经常躺在他的脚旁；他是少年英雄，但在朋友帕屈克鲁斯的丧礼中对老人涅斯托表示由衷敬礼；他为朋友复仇而凶狠残暴，把赫克托的尸体绑在车后绕特洛伊城拖了三圈，但是赫克托的老父普莱亚姆来到他的营帐，他心软而伸手给哭泣的老国王去握；如此等等。黑格尔由此写道："在这个人物身上显出了其性格的全部丰富性。"① 至此我们看到，"知性不能掌握美"命题已经落实到黑格尔对具体作品乃至特殊人物性格的评论中。

由上可见，黑格尔的艺术分析以其美学法则为依据，在其美学法则后面，又有哲学认识论的支撑。在黑格尔理论体系中，文学批评、美学法则、哲学思辨三个层面贯穿着逻辑一致性。黑格尔理论呈现为一系列从抽象理念向具体表象的逻辑演绎的过程，我们如果把握了他的理论体系，则可以通过其对最表象层面的作品人物的评论，层层追溯其理论所据、思辨脉络乃至逻辑起点，所谓"沿波讨源，其幽必显"。《读黑格尔》赞叹"黑格尔哲学有一种强大而犀利的逻辑力量"，良有以矣。

（五）思辨叙述的"文若钩锁"之美

《资本论》认为，研究方法与叙述方法并非同一回事。研究方法可以从对象"混沌的表象"开始，经过分析而至于"稀薄的抽象"，再经过综合而达到包含多样规定性的"具体整体"；叙述方法则相反，采取"从抽象上升到具体"的途径。与此相应，作为研究方法的思辨逻辑之结构与作为叙述方法的文体结构也不是同一回事。如果说黑格尔哲学"强大而犀利的逻辑力量"主要来自其思辨逻辑结构，那么它在文体结构上采取了怎样的形式？《读黑格尔》评赞："人称佛书'文若钩锁，义若连环'。黑格尔的说明方法也是层层推进，步步深入，一环紧扣一环。他一向反对罗列事实作外在的排比，而要求各部分之间必须存在着内在联系。"② 这个评赞针对的显然是黑格尔文体的结构艺术，其中包含着又一层面的审美感受。《读黑格尔》多处谈论到黑格尔著作的结构特点："例如黑格尔哲学、美学所体现的范畴之间的内在联系。他很看不起一部书各个章节之间毫无关联，只是把一堆问题杂凑在一起。"③ "黑格尔曾经花费很大力气用在体系思考上"，其叙述蕴藏着"思辨结构的秘密"。④ 这些评赞所针对的不仅

① 黑格尔．美学：第一卷［M］．朱光潜，译．北京：商务印书馆，1982：303.
② 王元化．读黑格尔［M］．北京：新星出版社，2006：214.
③ 王元化．读黑格尔［M］．北京：新星出版社，2006：6.
④ 王元化．读黑格尔［M］．北京：新星出版社，2006：238.

是黑格尔哲学的逻辑性，更有其文体中的结构艺术。显然，《读黑格尔》之所以能够感受到“强大而犀利的逻辑力量”，除黑格尔思辨方法本身的特点外，还在于其文体结构上合乎逻辑的艺术性。

黑格尔哲学具有一整套系统完备的体系，其逻辑基点是最抽象的“绝对理念”。在黑格尔看来，世界的本原是绝对理念，它不断地自我深化和发展，先是外化为具有感性形态的自然界，再由无意识的自然界经过一系列中介阶段而发展成为具有精神意识的人，从而绝对理念在人的精神中达到自我意识。在黑格尔哲学体系的表述中，这个发展过程呈现为“逻辑学”—“自然哲学”—“精神哲学”三大部门，其美学属于“精神哲学”环节之一。黑格尔《美学》的叙述方法中也贯穿了这个发展历程。首先出现的是“美的理念”，然后由“美的理念”进入对“自然美”的叙述，再由后者进一步进入“艺术美”叙述。就黑格尔关于自然美的叙述方法而言，如前所述，其顺序是从无生命的矿物结晶体之美，到有生命的植物美与动物美，再进入蕴含理念精神的人体美。就黑格尔关于“艺术美”的叙述方法而言，他也是将之划分为循序出现的三阶段：首先是以埃及金字塔为代表的象征型艺术，其特征是感性物质大于理念精神；其次是以古希腊雕刻为代表的古典型艺术，其特征是感性物质与理念精神相平衡；最后是以诗歌音乐为代表的浪漫型艺术，其特征是理念精神超越了感性物质。① 黑格尔甚至在论述细部的美学问题时，也坚持了这种三阶段结构的叙述方法，例如他分析古希腊史诗人物塑造方法的艺术性时，叙述顺序为“情况”（人物所处时代背景）—“情境”（人物所处具体环境）—“情节”（人物的行动）。②

由黑格尔体系的叙述方法大体可见，它在形式上与黑格尔的思辨结构具有对应和同构的特点，即贯穿了三环节的推演模式。其特点可以概括为：（1）要求部分与整体的统一（例如其“逻辑学”“自然哲学”“精神哲学”三大部分构成一个完整体系）；（2）叙述进程上讲究规范严格、演绎有致的逻辑性（例如从抽象上升到具体的进程和前后环节的逻辑联系）；（3）追求参差变化与整齐一律的互文（例如每一部分都有特殊的叙述内容，而每一部分都贯穿三环节的结构形式）。并非偶然的是，黑格尔文体结构中的这三个特点与他本人对美的形式要素的分析恰相吻合。黑格尔《美学》所概括的形式美要素有三，分别是：（1）“整齐一律与平衡对称”（要求部分与整体相统一）；（2）“符合规律”（讲

① 黑格尔《美学》的论述秩序依次是：象征型艺、古典型艺术、浪漫型艺术。（黑格尔．美学：第二卷［M］．朱光潜，译．北京：商务印书馆，1979：i-vi.）

② 参阅：王元化．情况—情境—情节［M］//王元化．读黑格尔．北京：新星出版社，2006：45-51.

究叙述进程要合乎“客观理念”的发展逻辑)；(3)“具有差异面的和谐整体”(追求参差变化与整齐一律的互文)。①

以中国古典美学法则观之，黑格尔叙述方法中显示的三个形式美要素在某种程度上可得印证。例如《文心雕龙》论文章结构安排有“三十之辐，共成一毂”的比喻②，指谓的是作品结构中整体与部分的关系，这与黑格尔的“整齐一律，平衡对称”有所相通；《文心雕龙》又有“随物婉转，与心徘徊”③之说，“随物婉转”包含思考想象要符合客观法则之意，因而与黑格尔“符合规律”的形式美要素有所相通；《文心雕龙》还有“杂而不越”说④，意思是要求作品各部分之间既杂多变化又不破坏和谐一致，这与黑格尔所谓“具有差异面的和谐整体”不谋而合。由此看来，《读黑格尔》以中国佛书推崇的“文若钩锁，义若连环”比喻黑格尔著作叙述结构的艺术性，其思想资源也包括中国古典美学传统。⑤

① 黑格尔．美学：第一卷［M］．朱光潜，译．北京：商务印书馆，1982：173-180.

② 范文澜．文心雕龙注：下册［M］．北京：人民文学出版社，1978：656.

③ 范文澜．文心雕龙注：下册［M］．北京：人民文学出版社，1978：693.

④ “何谓附会？谓总文理，统首尾定予夺合涯际，弥纶一篇使杂而不越者也。”(范文澜．文心雕龙注：下册［M］．北京：人民文学出版社，1978：650.)

⑤ 本章部分内容初刊于十多年前，当时作者写道：“本稿草成后读到王元化先生教示的一篇写于数年前的手稿，其中有评论杨振宁《美与物理学》论文的文字。杨振宁认为物理学中有与美学相通的问题，例如狄拉克的方程式和反粒子理论具有‘秋水文章不染尘’的风格，与此鲜明对照的是海森堡研究成果之风格，它‘五光十色、错综复杂’‘朦胧不清甚至有渣滓’，其构思犹如‘在雾里爬山’；因此，狄拉克与海森堡的科学研究代表了两种不同的美学风格。王元化先生于此评论：‘杨振宁所谈虽然仅仅是科学和美的关系，但是涉及了美学中一个基本问题，即美学的风格理论问题。’”“纵使杨振宁没有明确意识到思维方式在风格中的作用，但从他大量具体的分析和阐发中，都可以领悟到这一点。风格理论从风格就是人到风格来自人的性格与性情到性格与性情导致思维方式的差异，在这一认识的发展上，杨振宁的观点，对我们是很有启发作用的。如果把他的这些说法运用到文学风格上来，我们就可以更深入地弄清文学风格中的一些问题。看来，不仅哲学美学中的理论思辨能够唤起审美感受，而且物理学数学中的思维方式也可能是美的。作为人文学者的王元化先生与作为物理学家的杨振宁不谋而合地关注理论思维中的美学问题，这是意味深长的。如果说《读黑格尔》提出的是思辨之美何以可能的问题，那么作者实际思考所及的范围更深广，触及的是人文与科学之间，审美是否有相通、为何有相通、如何可相通的问题。这些问题不仅超出了黑格尔《美学》的视阈，而且也是迄今美学专家们各种理论体系中鲜受关注，甚至尚未被意识到的。(2007年5月)”(陆晓光．“思辨之美”的魅力和形式要素：黑格尔盲点与王元化启示［J］．社会科学，2007(8)：121-131.)

二、"用抽象力分析"与"显微镜下的解剖"

《资本论》第一卷初版序言中明确指出：该书"分析商品的部分是最难理解的"①。原因在于该部分具有高度抽象的思辨特点：

> 分析经济形式，既不能用显微镜，也不能用化学试剂。二者都必须用抽象力来代替。而对资产阶级社会来说，劳动产品的商品形式，或者商品的价值形式，都是经济的细胞形式。在浅薄的人看来，分析这种形式好像是斤斤于一些琐事。这的确是琐事，但这是显微镜下的解剖所要做的那种琐事。②

这段话中至少有两点与黑格尔《美学》有所相关：一是"必须用抽象力"的分析方法，二是"显微镜下的解剖"。后者突出了分析必须细致入微。我们再进一步讨论《资本论》与"思辨之美"的相关性。

（一）"用抽象力分析"与"纯粹思考"

虽然《资本论》是政治经济学著作，但是就其"抽象力"分析方法而言，却是直接师承并发挥了黑格尔《美学》所称的"抽象思考"与"纯粹思考"。

黑格尔在论述美学与艺术在思维方式方面的差异时写道：

> 艺术美实际上是用一种显然和抽象思考相对立的方式来表现，抽象思考为着要按照它特有的方式去活动，对这种艺术美的形式就不得不破坏。③

---

① 马克思．资本论：第1卷［M］//中共中央马克思恩格斯列宁斯大林著作编译局．马克思恩格斯全集：第23卷．北京：人民出版社，1972：7.

② 马克思．资本论：第1卷［M］//中共中央马克思恩格斯列宁斯大林著作编译局．马克思恩格斯全集：第23卷．北京：人民出版社，1972：8．"马克思说过《资本论》的第一章，特别是分析商品的部分是最难理解的，还说关于价值形式的那一部分是非常难懂的，其中的缘由恐怕就是抽象思维对于人的智力上的挑战。""抽象思维只是站立在历史的'完成的结果'（《资本论》语）上才能回过头去追溯到抽象劳动，这一点也相应地引出了抽象劳动的社会历史内涵的问题。"（鲍金．马克思的"抽象劳动"概念及其意蕴探析［M］//复旦大学当代国外马克思主义研究中心．当代国外马克思主义评论：第28辑．上海：上海三联书店，2022：51-67.）

③ 黑格尔．美学：第一卷［M］．朱光潜，译．北京：商务印书馆，1982：16．"艺术作品虽然不是抽象思想和概念，而是概念从它自身出发的发展，是概念到感性事物的外化，但是这里面还是显出能思考的心灵的威力……"（同书，第17页）王元化《读黑格尔》有引述。（王元化．读黑格尔［M］．北京：新星出版社，2006：146.）

这里所谓“抽象思考”应该也就是马克思《资本论》初版序中“抽象力”分析方法的来源。黑格尔还强调了作为“艺术科学”（美学）之思维方式的“抽象思考”，其意义可能高于艺术思维：“艺术的感性化……还不是理解心灵性的具体的东西的最高方式。比这种通过具体的感性事物的表现方式更高一层的方式是思想；在相对的意义下，思想固然是抽象的，但是它必须不是片面的而是具体的思想，才能成为真实的、理性的思想。”①

黑格尔推重“抽象思考”的理由之一是：“只有超越了感觉和外在事物的直接性，才可以找到真正实在的东西。”② 另一个理由是近代艺术的衰弱：“艺术的科学在今日比往日更重要，往日单是艺术本身就完全可以使人满足。今日的艺术却邀请我们对它进行思考，目的不在把它再现出来，而在用科学的方式去认识它究竟是什么。”③

与“抽象思考”互文足义的是，在比较“艺术科学”与艺术本身的思维方式不同时，黑格尔使用了“纯粹思考”这一术语：

> 纯粹思考性的研究如果闯入，它就会把使概念再和现实成为一体的那个手段本身取消了，毁灭了，又把概念引回到它原有的不结合现实的简单状态和阴影似的抽象状态了。④

这里的“纯粹思考”也就是黑格尔《小逻辑》所说的“纯粹理念”“纯粹抽象的东西”⑤。并非偶然的是，《资本论》初版序中也使用了“纯粹”这一术语：

---

① 黑格尔．美学：第一卷［M］．朱光潜，译．北京：商务印书馆，1982：89-90.

② 黑格尔．美学：第一卷［M］．朱光潜，译．北京：商务印书馆，1982：11.

③ 黑格尔．美学：第一卷［M］．朱光潜，译．北京：商务印书馆，1982：15.

④ 黑格尔．美学：第一卷［M］．朱光潜，译．北京：商务印书馆，1982：9. 王元化《读黑格尔》有引述（王元化．读黑格尔［M］．北京：新星出版社，2006：144.）

⑤ 黑格尔．小逻辑［M］．贺麟，译．北京：商务印书馆，2004：53. 关于黑格尔“纯粹思考”的所指：“我们已经知道，黑格尔将认识过程划分感性、知性、理性三个层面，感性是对形象或表象的把握，知性是分析个别特征的抽象把握，理性是综合各种个别特征与感性形式的整体把握。所谓‘纯粹思考’显然是指剥离形象或表象的抽象思考；进而言之，只要是脱离感性形象的思考，无论是知性分析或理性综合，都属于‘纯粹思考’。”（陆晓光．思辨之美的魅力和形式要素：黑格尔盲点与王元化启示［J］．社会科学，2007（8）：121-131.）

物理学家是在自然过程表现得最确实、最少受干扰的地方考察自然过程的，或者，如有可能，是在保证过程以其纯粹形态进行的条件下从事实验的。我要在本书研究的，是资本主义生产方式以及和它相适应的生产关系和交换关系。①

马克思的“纯粹形态”指谓的是当时已经客观存在的“资本主义生产方式”，显然是将黑格尔头足倒置的“纯粹理念”进行了创造性转换。

马克思运用“抽象力”进行的“纯粹思考”从他对“商品”的如下一段分析中可以见出：

如果我们把商品体的使用价值撇开，商品体就只剩下一个属性，即劳动产品的这个属性。可是劳动产品在我们手里也已经起了变化。如果我们把劳动产品的使用价值抽去，那么也就是把那些使劳动产品成为使用价值的物质组成部分和形式抽去。它们不再是桌子、房屋、纱或别的什么有用物。它们的一切可以感觉到的属性都消失了。它们也不再是木匠劳动、瓦匠劳动、纺纱劳动，或某种一定的生产劳动的产品了。随着劳动产品的有用性质的消失，体现在劳动产品中各种劳动的有用性也消失了，因而这些劳动的各种具体形式也消失了。各种劳动不再有什么差别，全都化为相同的人类劳动，抽象的人类劳动。②

这里连续地、频繁地使用了“撇开”“抽去”“消失”等动词，被抽去的是对象的“物质组成部分”、它们的“各种具体形式”，以及“一切可以感觉到的

① 马克思．资本论：第1卷［M］//中共中央马克思恩格斯列宁斯大林著作编译局．马克思恩格斯全集：第23卷．北京：人民出版社，1972：8.

② 马克思．资本论：第1卷［M］//中共中央马克思恩格斯列宁斯大林著作编译局．马克思恩格斯全集：第23卷．北京：人民出版社，1972：51.《资本论》“价值增殖”章还使用了与黑格尔的“纯粹思考”十分相似的“纯粹考察”语：“一定的化学过程固然需要蒸馏器及其他容器，但这并不妨碍我们在分析时把蒸馏器抽去。如果仅仅就价值创造和价值变化本身进行考察，也就是说进行纯粹的考察……”（同书，第241页）

属性”等，分析的结果则是“抽象的人类劳动”。[①] 马克思的分析与黑格尔《美学》如下一段论述有所相通：

> 这种统一不是像各部分的差异那样可以直接用感性知觉到，而是一种隐秘的、内在的必然性和协调性。既然只是内在的而不是从外表可以看出的，这种统一性就只能通过思考来掌握，完全不是可以由感官见出的。[②]

马克思《资本论》与黑格尔《美学》在“思辨”方式上的师承关系由此可见一斑。

（二）“商品细胞”与“显微镜下的解剖”

就“显微镜下的解剖”的比喻而言，前面已经指出这个比喻与庄子“庖丁解牛”寓言有所相通（“解牛”与“解剖”有相通）。这里再结合马克思另一个对应的比喻——“经济的细胞形式”进一步考察。[③]

马克思把商品比喻为“经济的细胞形式”，把用“抽象力”分析商品比喻为“显微镜下的解剖”。该比喻中的关键词是“细胞”与“商品”。我们要理解马克思对其所用方法的说明，也就首先要了解“细胞”与“商品”之间的异同。查阅生物学有关“细胞”的知识文献，再将之与《资本论》关于“商品”的论述比照，得出如下几个类似点。

其一，细胞和商品都是有机体的基础单位。细胞是一切生命活动的基本单位[④]，商品则是现代经济有机体的基本元素。《资本论》首篇“商品”章的起句是：“资本主义生产方式占统治地位的社会财富，表现为庞大的商品堆积，单个

---

① 《剩余价值理论》全书前面“总的评论”中也强调了“纯粹形式”，所有经济学家都犯了一个错误：他们不是就剩余价值的纯粹形式，不是就剩余价值本身，而是就利润和地租这些特殊形式来考察剩余价值。由此必然会产生哪些理论谬误，这将在第三章中得到更充分的揭示。那里要分析利润形式出现的剩余价值所采取的完全转化了的形式。（马克思．剩余价值理论［M］//中共中央马克思恩格斯列宁斯大林著作编译局．马克思恩格斯全集：第26卷（第一册）［M］．北京：人民出版社，1972：7.）

② 黑格尔．美学：第一卷［M］．朱光潜，译．北京：商务印书馆，1982：163. 王元化《读黑格尔》有引述。（王元化．读黑格尔［M］．北京：新星出版社，2006：176.）

③ 参阅：陆晓光．《资本论》的自然科学类比：关于马克思的科学精神［J］．社会科学，2010（10）：158-164，191-192.

④ “细胞是生命活动的基本单位。已知除病毒之外的所有生物均由细胞所组成，但病毒生命活动也必须在细胞中才能体现。一般来说，细菌等绝大部分微生物以及原生动物由一个细胞组成，即单细胞生物；高等植物与高等动物则是多细胞生物。”（参见中华医药网）本文生物学相关所据同此。

的商品表现为这种财富的元素形式；因此，我们的研究就从商品开始。”①

其二，细胞和商品在各自所属的有机体中都是进化与发展的起点。就生物整体的进化而言，它经历了细胞—植物—动物—人类的递进发展阶段；就生物中植物、动物、人类中的个体发育而言，它们也都从各自的细胞形式开始（例如婴孩最初由人类卵细胞与精细胞结合孕育而来）。根据马克思的研究，“资本”作为现代社会经济的复杂有机体，它经历了商品—货币—资本的三大发展阶段；并且，资本的复杂有机体同时包含此前的货币形式以及最初的商品元素。

其三，细胞与商品都有各自的内部结构。所有细胞共同的基本结构元素有细胞壁、细胞膜、细胞质、细胞核、内质网、核糖体、高基氏体、溶体、液胞、线粒体等。而作为“经济细胞”的商品，《资本论》对它“价值形式”之因素的分析包括“使用价值”与“交换价值”、“具体劳动”与“抽象劳动”、“价值”与“价值量”、“人类一般劳动凝结”与“社会必要劳动时间”，以及在商品交换过程中表现出来的“相对价值形式”与“等价形式”、“简单价值形式”与“扩大的价值形式”等。

其四，细胞的形体结构与商品的“价值形式”都无法被人类感官直接观察到，细胞的发现有赖显微镜。据载，历史上最初看到细胞者是荷兰生物学家列文虎克（Antonie van Leeuwenhoek），他于1674年以自制显微镜片从雨水和唾液中发现活体微生物。然而后世科学家一般却将最初的细胞发现者追溯到早十年的英国科学家罗伯特·虎克（Robert Hooke），因为他于1665年首次用自制光学显微镜观察软木塞的薄切片，在放大条件下发现一格格的小空，遂以原指蜂房小格子的英文单词“cell”命名。后世科学家将他看到的“cell”来命名后来观察到的细胞，这意味着显微镜方法对于发现细胞的决定性意义。商品的“价值形式”也是人类感官所无法把握的，《资本论》因此多处以“不可捉摸”“看不见也摸不着”等形容词来强调它的非直观性。② 它是《资本论》运用“显微镜下的解剖”般的“抽象力”分析方法而首次揭示。马克思写道：“商品中包含的劳动的这种二重性，是首先由我批判地证明了的。这一点是理解政治经济学

---

① 马克思．资本论：第1卷［M］//中共中央马克思恩格斯列宁斯大林著作编译局．马克思恩格斯全集：第23卷．北京：人民出版社，1972：47.

② 马克思．资本论：第1卷［M］//中共中央马克思恩格斯列宁斯大林著作编译局．马克思恩格斯全集：第23卷．北京：人民出版社，1972：61.《资本论》“相对剩余价值的生产”章再度类比道，“有一点一开始就十分清楚：只有了解了资本的内在本性，才能对竞争进行科学的分析，正像只有认识了天体的实际的但又直接感觉不到的运动的人，才能了解天体的表面运动一样”。（同书，第352页）

的枢纽。”①

其五，细胞与商品的相对研究难度类似。细胞有赖显微镜才能观察研究，而早在显微镜发明的千百年以前，人类对由细胞发育而来的动植物的机体早已有所研究与认识，例如中国古代有植物学著作《本草纲目》。商品虽然早在古代就已经出现，但是对其内部结构的认识，诚如马克思所言：“两千多年来人类智慧在这方面进行探讨的努力，并未得到什么结果，而对于更有内容和更复杂的形式的分析，却至少已接近于成功。”原因何在？“因为已经发育的身体比身体的细胞容易研究些。”② 中国先秦“庖丁解牛”典故可为马克思此说注释，庖丁的游刃有余意味着他对牛体知识和解剖技术的谙熟，但是庖丁所处时代根本无法认识构成牛的生物基础的微观层面的“细胞”。

由上五个类似点足以判断，马克思将“商品”比喻为“细胞”确属中肯。与此相应，以“显微镜下的解剖”来比喻用“抽象力”对商品这一经济细胞的分析，亦可谓形象而贴切。就“思辨之美”这一美学新范畴而言，除了前面笔者据王元化《读黑格尔》而概括的五个因素③外，现在还可以补充一个——思辨分析得细致入微之美。后者也是中国古典文论讲究并推崇的意境，例如著名的陆机《文赋》中写道：“考殿最于锱铢，定去留于毫芒。”④

（三）“价值实体”与黑格尔的“实体性的东西”

关于“商品细胞”内在的“价值实体”，《资本论》首先指出它不是任何自然物，而产生于人类“社会实体”中的劳动：

> 这些物现在只是表示，在它们的生产上耗费了人类劳动力，积累了人类劳动。这些物，作为它们共有的这个社会实体的结晶，就是价值——商

---

① 马克思．资本论：第1卷［M］//中共中央马克思恩格斯列宁斯大林著作编译局．马克思恩格斯全集：第23卷．北京：人民出版社，1972：55.

② 马克思．资本论：第1卷［M］//中共中央马克思恩格斯列宁斯大林著作编译局．马克思恩格斯全集：第23卷．北京：人民出版社，1972：8.

③ 前面概括“思辨之美”的五个因素依次为：（1）思辨体系的“纯净明澈”之美；（2）思辨概念的“清晰”之美；（3）思辨术语的“准确”之美；（4）思辨方法的“逻辑力量”之美；（5）思辨叙述的“文若钩锁”之美。

④ 陆机．文赋［M］//郭绍虞．中国历代文论选第一册．上海：上海古籍出版社，1979：172. 该两句注：“下功曰殿，上功曰最；极下为殿，极上为最。锱铢、毫芒，皆喻其小。”（同书，第181页）该《文赋》又描述创作过程的境界：“其始也，皆收视反听，耽思傍讯。精骛八极，心游万仞。其致也，情曈曨而弥鲜，物昭晰而互进。”“途无远而不弥，理无微而弗纶。”（同书，第170、175页）

品价值。①

马克思分析比较了“实体的物”与“价值实体”这两种对象：

作为价值，上衣和麻布是有相同实体的物，是同种劳动的客观表现。但缝和织是不同质的劳动。②

上衣用麻布制作而成，所以上衣与麻布就其所用材料而言都是“相同的实体的物”。但是两者经过了不同形式的人类劳动：

正是由于缝和织具有不同的质，它们才是形成使用价值的上衣和麻布的要素；而只是由于它们的特殊的质被抽去，由于它们具有相同的质，即人类劳动的质，它们才是上衣价值和麻布价值的实体。③

这里直接使用了“价值实体”这一关键词，同时强调了“它们的特殊的质被抽去”。显然，“价值实体”概念具有思辨的抽象性。

最早的经济学家之一，著名的富兰克林看出了价值的本质，他说：“既然贸易无非是一种劳动同另一种劳动的交换，所以一切物的价值用劳动来估计是最正确的。”……他先说“一种劳动”，然后说“另一种劳动”，最后说的是没有任何限定的“劳动”，也就是作为一切物的价值实体的劳动。④

马克思这里再度使用了“价值实体”这一关键词。它是人类劳动能力的单纯凝结：

① 马克思．资本论：第1卷［M］//中共中央马克思恩格斯列宁斯大林著作编译局．马克思恩格斯全集：第23卷．北京：人民出版社，1972：51.

② 马克思．资本论：第1卷［M］//中共中央马克思恩格斯列宁斯大林著作编译局．马克思恩格斯全集：第23卷．北京：人民出版社，1972：57.

③ 马克思．资本论：第1卷［M］//中共中央马克思恩格斯列宁斯大林著作编译局．马克思恩格斯全集：第23卷．北京：人民出版社，1972：58.

④ 马克思．资本论：第1卷［M］//中共中央马克思恩格斯列宁斯大林著作编译局．马克思恩格斯全集：第23卷．北京：人民出版社，1972：65.

> 我们把劳动力或劳动能力，理解为人的身体即活的人体中存在的、每当人生产某种使用价值时就运用的体力和智力的总和。①

值得注意的是，《资本论》在阐明“劳动能力”与“价值实体”之关系时，在注释中引述了黑格尔的一段话：

> 我可以把我的体力上和智力上的特殊技能和活动能力，在限定的时期内让渡给别人使用，因为根据这种限制，它们同我的整体和全体取得一种外在的关系。如果我把我的由于劳动而具体化的全部时间和我的全部生产活动都让渡给别人，那么，我就把这种活动的实体、我的普遍的活动和现实性、我的人身，变成别人的财产了。②（黑格尔《法哲学》）

这意味着《资本论》“价值实体”概念与黑格尔《法哲学》“活动的实体”有所关联。循此线索，我们发现“实体”更是黑格尔《美学》的核心词。黑格尔论“艺术美的理念或理想”卷的小标题之一是“更高的实体性的目的说”，其中写道：

> 艺术的概念正如国家的概念一样，既需要一个为个别方面所共同的目的，又需要有一个较高的实体性的目的。（着重号原文有）
>
> （朱光潜注）“‘实体’（Substang）即推动人物行动的普遍力量或理想。”③

又黑格尔《美学》序论部分就提出并解释了这个“实体”概念的所指：

> 只有超越了感觉和外在事物的直接性，才可以找到真正实在的东西。……只有它才是真正实在的。艺术所挑出来表现的正是这些普遍力量的统治。

---

① 马克思．资本论：第1卷［M］//中共中央马克思恩格斯列宁斯大林著作编译局．马克思恩格斯全集：第23卷．北京：人民出版社，1972：65．“如果把生产活动的特定性质撇开，从而把劳动的有用性质撇开，生产活动就只剩下一点：它是人类劳动力的耗费。……都是人的脑、肌肉、神经、手等等的生产耗费。”（同书，第57页）

② 马克思．资本论：第1卷［M］//中共中央马克思恩格斯列宁斯大林著作编译局．马克思恩格斯全集：第23卷．北京：人民出版社，1972：191．

③ 黑格尔．美学：第一卷［M］．朱光潜，译．北京：商务印书馆，1982：59．

(朱光潜注)“‘普遍力量’指实体性的人生理想。”①

黑格尔“实体性”概念所指的首要特征是“超越了感觉和外在事物的直接性”，而这也正是《资本论》“价值实体”的特质所在：它不仅“看不见也摸不着”，而且“连一个自然物质原子也没有”②。

黑格尔“实体性”概念的另一个所指是艺术价值。其《美学》序论直接使用了“价值”一词：

遇到一件艺术作品，我们首先见到的是它直接呈现给我们的东西，然后再追究它的意蕴或内容。前一个因素——外在的因素——对于我们之所以有价值，并非由于它所直接呈现的；我们假定它里面还有一种内在的东西，即一种意蕴，一种灌注生气于外在形状的意蕴。③

这里的“价值”显然是指艺术作品的“内在的东西”。而马克思分析“商品”时写道：“同商品体的可感觉的粗糙的对象性正好相反，……它作为价值物总是不可捉摸的。”④

黑格尔在“艺术美的理念或理想”篇论述“一般世界情况”时再度使用了“实体”这一关键词：

在这里我们谈到情况，所指的是有实体性的东西成为现实存在的一般性质，这种有实体性的东西作为心灵现实范围之内真正本质的东西，就把这心灵现实的一切现象都联系在一起。(着重号原文有)

(朱光潜注)“‘有实体性的东西’指一般所谓‘理想’，如‘正义’‘忠贞’之类。”⑤

---

① 黑格尔．美学：第一卷［M］．朱光潜，译．北京：商务印书馆，1982：11-12.

② “同商品体的可感觉的粗糙的对象性正好相反，在商品体的价值对象性中连一个自然物质原子也没有。因此，每一个商品不管你怎样颠来倒去，它作为价值物总是不可捉摸的。”（马克思．资本论：第1卷［M］//中共中央马克思恩格斯列宁斯大林著作编译局．马克思恩格斯全集：第23卷．北京：人民出版社，1972：61.）

③ 黑格尔．美学：第一卷［M］．朱光潜，译．北京：商务印书馆，1982：24.

④ 马克思．资本论：第1卷［M］//中共中央马克思恩格斯列宁斯大林著作编译局．马克思恩格斯全集：第23卷．北京：人民出版社，1972：61.

⑤ 黑格尔．美学：第一卷［M］．朱光潜，译．北京：商务印书馆，1982：229.

黑格尔这里明确限定他所谓“实体性的东西”是针对“心灵现实范围”而言。而马克思写道：“黑格尔只知道并承认一种劳动，即抽象的心灵的劳动。”①《资本论》研究的则是物质生产领域中的人类产品——“商品”。至此我们看到，马克思的“价值实体”确实可谓是对黑格尔《美学》的“实体性的东西”进行了创造性转化。②

三、“价值实体”与自然科学类比

然而“商品”与“细胞”毕竟不同。最显著不同在于，细胞毕竟是有形状的生命之物，因而能够在显微镜条件下为人类眼睛所明白观察。而作为“经济细胞”的商品之内质，其实际所指不是任何有形之物，而是抽象意义上的“价值实体”，因而无论采取什么观察或实验手段，既不能被人类眼睛所观察，也无法被任何感官所感知。

《资本论》初版序言强调该书中“分析商品的部分是最难理解的”。笔者前

① 马克思．1844年经济学哲学手稿［M］．北京：人民出版社，1979：117.

② “价值实体”乃是贯穿于《资本论》各卷以及马克思其他经济学著述中的关键词。例如：“物化在各种商品使用价值中的劳动时间，是使使用价值成为交换价值因而成为商品的实体，同时又衡量商品的一定价值量。”（马克思．政治经济学批判［M］//中共中央马克思恩格斯列宁斯大林著作编译局．马克思恩格斯全集：第13卷．北京：人民出版社，1962：18.）“但是在它充当铸币时，它的自然实体就不断同它的职能发生冲突。”（同书，101页）“价值实体不外是而且始终不外是已经耗费的劳动力。”（马克思．资本论：第2卷［M］//中共中央马克思恩格斯列宁斯大林著作编译局．马克思恩格斯全集：第24卷．北京：人民出版社，1972：428.）“使用价值最终会被消费掉，因而商品的实体和它的价值会一道消失。相反，资本商品有一种属性：由于它的使用价值的消费，它的价值和它的使用价值不仅会保存下来，而且会增加。”（马克思．资本论：第3卷［M］//中共中央马克思恩格斯列宁斯大林著作编译局．马克思恩格斯全集：第25卷．人民出版社，1975：393.）“只要价值实体被认为是一定的具体劳动，而不是抽象劳动及其尺度即劳动时间，农业劳动就必然被看作是剩余价值的创造者。”（马克思．剩余价值理论［M］//中共中央马克思恩格斯列宁斯大林著作编译局．马克思恩格斯全集：第26卷（第一册）．北京：人民出版社，1972：22.）“斯密在价值规定上的动摇，除了工资问题上的明显矛盾以外，还有一条：混淆概念。他把作为内在尺度同时又构成价值实体的那个价值尺度，同货币称为价值尺度那种意义上的价值尺度混淆起来。”（同书第140页）“即使交换价值消灭了，劳动时间也始终是财富的创造实体和生产财富所需要的费用的尺度。”（第26卷第3册，第280-282页）“资本的各价值要素在生产过程中有着各种实体，这同它们作为价值的规定毫无关系。”（马克思．经济学手稿（1857—1858年）［M］//中共中央马克思恩格斯列宁斯大林著作编译局．马克思恩格斯全集：第46卷（上册）．北京：人民出版社，1979：272.）“价值始终不变，只是采取了另一种物质存在方式，体现在另一种实体和形式上。实体的形式同经济形式即价值本身无关。”（同书第273页）

面的考察表明主要症结在于：(1) 商品的“价值形式”虽然具有客观性质，却又无形无色无嗅，“连一个自然物质原子也没有”；马克思面对的难题是既要揭示隐蔽于商品表象后面的“价值形式”，又必须证明和阐明为什么说商品的“价值形式”是客观存在。(2) 由于他所据以揭示的方法是“用抽象力”分析，并且舍此别无它法，更由于这种分析方法“至今还没有人在经济问题上运用过”①，因此该方法的科学性本身需要加以证明和阐明。(3) 如果说证明一种理论研究方法的科学性，其途径主要为逻辑法则与实践标准，那么对于当时的马克思而言，首先需要遵循的是前者，因为后者还有赖历史进程的进一步检验。(4) 由于《资本论》所谓和所用的“抽象力”具有高度思辨的特征，它超出了通常可用经验例证来说明的形式逻辑思维的抽象度②，因此，对这种“抽象力”之科学性的证明和阐明需要寻求形式逻辑以外的方法。(5) 由于自然科学的方法是当时已经被反复验证并得到广泛公认的科学方法，因而也是相对“通俗”的科学方法，因此，如果能够在用“抽象力”分析商品的过程中，找到与自然科学方法相契合之处，后者就至少具有辅助论证的意义。正是由于这五方面因素所综合构成的症结，马克思不得不格外地借助于自然科学方法，以之辅助论证和说明。我们再继续考察马克思对“价值实体”的说明方法。

在《资本论》“最难理解的”商品章中，马克思确实尽其所能地借用了自然科学的方法和例证。兹从如下方面略述。

(一)“数学等式”“几何学例子”与商品交换中的“第三种东西”

首先看下面论述中比较简单的数学“等式”：

> 我们拿两种商品例如小麦和铁来说。不管二者的交换比例怎样，总是可以用一个等式来表示：一定量的小麦等于若干量的铁，如“一夸特小麦=a 吨铁”。这个等式说明什么呢？它说明在两种不同的物里面，即在一夸特小麦和 a 吨铁里面，有一种等量的共同的东西。因而这两者都等于第三种东西，后者本身既不是第一种物，也不是第二种物。这样，二者中的每

① “我所使用的分析方法至今还没有人在经济问题上运用过。”（马克思．资本论：第 1 卷［M］//中共中央马克思恩格斯列宁斯大林著作编译局．马克思恩格斯全集：第 23 卷．北京：人民出版社，1972：26.）

② 例如形式逻辑中，即便比较复杂的假言判断也可以借助经验之例来说明：“气象台预报明天会下雨；如果明天果然下雨，那么气象台预报是对的。”

一个只要是交换价值，就必定能化为这第三种东西。①

一定量的小麦与若干量的铁是两种不同的有形物质产品，既然两者之间有一定数量的比例关系（“看不见也摸不着”），可以按数学法则通约，那么这种比例关系和通约所据就是存在于两者关系之间的“第三种东西”；虽然这个“第三种东西”只能通过“抽象力”分析而揭示，却可以用合乎数学逻辑的“=”号加以表征。马克思由此而类比商品与商品之间“价值”通约与比例关系的客观性。

但是问题还在于，两种商品之间的价值比例关系，会“随着时间地点的不同而不断变化”，并非像 1+2=3 的数学等式那么简单明了。因此，马克思又以较为复杂的几何学原理来辅助说明：

用一个简单的几何学例子就能说明这一点。为了确定和比较各种直线形的面积，就把它们分成三角形，再把三角形化成与它的外形完全不同的表现——底乘高的一半。各种商品的交换价值也同样要化成一种共同的东西，各自代表这种共同东西的多量或少量。②

众所周知，三角形有各种类型（直角、等边、不等边），其形状大小更是多样无穷，然而它们的面积都可用“底乘高的一半”的数学公式加以精确计算。各种直线形的面积虽然也千变万化（三边、四边、五边……），但它们也都可以分解为若干相应数量的三角形，并且按同样的“底乘高的一半”数学公式进行精确计算。变化多样的几何图形的面积虽然是直观的，但其潜在的计算法则需要借助“抽象力”来揭示和把握。同样，各种商品的具体形状及其用途，人们可以通过直观与经验而认识；而其“交换价值”虽然“看不见也摸不着”，却如几何图形中的潜在法则一样，也是客观的可以通过“抽象力”分析而揭示，乃至精确计算。由此，马克思以几何学法则的类比，进一步揭示并说明了“幽

① 马克思．资本论：第 1 卷［M］//中共中央马克思恩格斯列宁斯大林著作编译局．马克思恩格斯全集：第 23 卷．北京：人民出版社，1972：49-50.

② 马克思．资本论：第 1 卷［M］//中共中央马克思恩格斯列宁斯大林著作编译局．马克思恩格斯全集：第 23 卷．北京：人民出版社，1972：50.

灵般地不可捉摸”的商品“价值”的客观对象性。①

（二）物理“重量”、化学“实体”与商品的“价值实体”

下面一例是以物理学中“看不见也摸不着”的“重量尺度”来类比两种商品之间的“价值”关系：

> 为了说明这一点，可以用衡量商品体本身即使用价值的尺度作例子。塔糖是物体，所以是重的，因而有重量，但是我们看不见也摸不着塔糖的重量。现在我们拿一些不同的铁块来，这些铁块的重量是预先确定了的。铁的物体形式，就其自身来说，同塔糖的物体形式一样，不是重的表现形式。要表现塔糖是重的，我们就要使它同铁发生重量关系。在这种关系中，铁充当一种只表示重而不表示别的东西的物体。因此，铁的量充当糖的重量尺度，对糖这个物体来说，它只是重的体现，重的表现形式。铁只是在糖或其他任何要测定重量的物体同它发生重量关系的时候，才起这种作用。如果两种物都没有重，它们就不能发生这种关系，因此一种物就不能成为另一种物的重的表现。如果把二者放在天平上，我们就会在实际上看到，当作有重的物，它们是相同的，因而在一定比例上也具有同样的重量。铁这个物体作为重量尺度，对于塔糖来说，只代表重。同样，在我们的价值表现中，上衣这个物体对于麻布来说，也只代表价值。②

物体通常都有可视的形状，其重量“看不见也摸不着”；商品也有可视形状，其内含的“价值”却同样是“看不见也摸不着”。物体之重量的客观性，人们通过经验和常识就能理解，马克思由此进一步说明商品“价值”也是客观存在。天平两端的铁块与塔糖，其大小形貌及性状明显不同，但是在重量关系上却可以是等同；同样，麻布与上衣作为劳动产品的形貌及功用也迥然有别，而它们在价值量的关系上却可以等同。通过这个类比，马克思将“看不见也摸

① “几何学是原始人最初的科学活动，是科学在实践中的最初应用（在它构成系统知识以前很早）；另一方面在产生和扩大农业的同一时期里，几何纹样经历了它最初的繁荣时期。这两种倾向当然有着密切的联系。例如哈姆比治指出：在土地丈量中首先出现了直角，然后把直角移植到了寺庙建筑中。这种最初在意识和思想上对现实的把握具有黑格尔意义上抽象的特性。”（卢卡奇．审美特性：上［M］．徐恒醇，译．北京：社会科学文献出版社，2015：204.）

② 马克思．资本论：第1卷［M］//中共中央马克思恩格斯列宁斯大林著作编译局．马克思恩格斯全集：第23卷．北京：人民出版社，1972：71.

不着”的“价值”的客观性，通俗明白且很有说服力地阐明了。①

既然商品“价值”的来源是“无差别的人类劳动”（《资本论》中又称之为“一般劳动”或“抽象劳动”），那么进一步的问题在于，如何证明后者的客观存在？马克思继续以数学等式“20码麻布=1件上衣”的价值关系为例，并运用“抽象力”加以分析——麻布的劳动方式是“织”，上衣的劳动是“缝”，织与缝这两种劳动在具体方式上虽然不同（动作、技艺、所用工具等），但都要耗费人的体力、脑力、时间等。同一个人可以昨天织麻布，今天缝上衣，因而两种劳动方式具有同一的人力付出的性质。如果这个人昨天花费十小时“织”了20码麻布，而今天花费十小时“缝”了1件上衣，那么就这个人的人力付出而言，其两天劳动量的凝结相等，因而可以用“20码麻布=1件上衣”来表示。“织”与“缝”的具体劳动方式看得见，作为两者结果的有形产品（麻布与上衣）也摸得着，但是凝结在有形产品上的“人类一般劳动”看不见也摸不着，它是借助“抽象力”分析而揭示的。

那么，这种借助“抽象力”分析的方法论依据何在？马克思显然意识到在这里会面对与前面同样的提问。因此，他再度以自然科学方法来类比说明，这次选择的是化学分析方面的例证：

> 麻布只有作为价值才能把上衣当作等值的东西，或与它能交换的东西。比如，丁酸是同甲酸丙酯不同的物体。但二者是由同一些化学实体——碳（C）、氢（H）、氧（O）构成，而且是以同样的百分比构成，即$C_4H_8O_2$。假如甲酸丙酯被看作与丁酸相等，那么，在这个关系中，第一，甲酸丙酯只是$C_4H_8O_2$的存在形式；第二，就是说，丁酸也是由$C_4H_8O_2$构成的。可见，通过使甲酸丙酯与丁酸相等，丁酸与自身的物体形态不同的化学实体被表现出来了。②

---

① 《资本论》另一段关于“商品”的分析也涉及物理乃至人体生理之规律的类比：“正如一物在视神经中留下的光的印象，不是表现为视神经本身的主观兴奋，而是表现为眼睛外面的物的客观形式。但是在视觉活动中，光确实是从一物射到另一物，即从外界对象射入眼睛。这是物理的物之间的物理关系。相反，商品形式和它借以得到表现的劳动产品的价值关系，是同劳动产品的物理性质以及由此产生的物的关系完全无关的。这只是人们自己的一定的社会关系，但它在人们面前采取了物与物的关系的虚幻形式。”（马克思．资本论：第1卷［M］//中共中央马克思恩格斯列宁斯大林著作编译局．马克思恩格斯全集：第23卷．北京：人民出版社，1972：89.）

② 马克思．资本论：第1卷［M］//中共中央马克思恩格斯列宁斯大林著作编译局．马克思恩格斯全集：第23卷．北京：人民出版社，1972：64.

这段“比如”文字说明的是麻布与上衣的“等值”关系。首先值得注意的是，马克思使用了“物体”和“实体”这两个不同的词来指谓化学中的两类对象：“物体”指丁酸与甲酸丙酯之类（如植物油、水果汁等）①，其特征是有形有色有味有嗅，可以被人的感官所认知；“实体”是指碳、氢、氧等化学元素，其特征是看不见也摸不着，只能通过化学试剂等方式并在显微镜下才能认知。②前者的可感“物体”（植物油、水果汁等）由后者的不可感“实体”（碳、氢、氧等）构成，而麻布、上衣作为劳动产品与它们作为商品所内含的“价值”，也是可感觉之外形与不可感觉之内质的关系。换言之，丁酸、甲酸丙酯两种化学物（如植物油、水果汁等），与麻布、上衣两种劳动产品，都是可以感知的有形“物体”；而作为前者元素的“碳、氢、氧”，与作为后者内质的“价值”，都不能被感官直接感知，却也是客观存在的“实体”。马克思由此类比，再度说明商品“价值”作为人类一般劳动之凝结的“实体”的客观对象性。

马克思选择这个化学例证的可比性还在于，化学物体的种类诸多（有液体类、塑料类、金属类等），同一种类的化学物体，其元素构成也有诸多差别（例如水与酒精都是液态，两者化学元素的构成却不同③）。马克思特别选择了丁酸与甲酸丙酯这两种特殊的液态化学物体，如他所指出是因为“二者是由同一些化学实体——碳（C）、氢（H）、氧（O）构成，而且是以同样的百分比构成，即 $C_4H_8O_2$”④，因此两者间具有质与量两个层面的相等关系。由此反观作为“商品”的麻布和上衣，就其内含的“价值”元素之性质而言，它们是相同的（人类一般劳动的凝结）；就其内含的“价值”元素之数量的层面而言，“20 码麻布 = 1 件上衣”所内含的“价值量”也相等（例如都是一天劳动量的凝结）。由于丁酸与甲酸丙酯这两种化学物体所内含的化学元素，已经被当时科学所证

---

① 丁酸的外观与性状，相关描述有：“无色液体，有腐臭的酸味”，“天然存在于薰衣草油、缬草油、肉豆蔻油、斯里兰卡香茅油、玉树油和草莓中，并以甘油酯存在于奶油中（因而又称酪酸）”。甲酸丙酯的外观与性状，相关描述有：“无色至淡黄色液体，具有甜香、青香、果香，并带有老姆酒香，稀释到一定程度具有水果的味道”；“存在于菠萝、苹果、黑加仑、李子、白兰地中”。

② 化学元素（Chemical element）：“在很长的一段时期里，元素被认为是用化学方法不能再分的简单物质。”碳元素“广泛存在于大气和地壳之中”；氢气“无色无味无臭”；氧气通常“以气体状况存在，人们单纯用直觉观察，是不能认清它的”。

③ 水的化学分子式为 H_2O；酒精的化学分子式为 C_2H_6O。

④ “$C_4H_8O_2$”的化学符号中，C、H、O 分别表示碳、氢、氧三种化学元素，其右下的小数字分别表示三种元素的分子数量。

明，乃至已经成为化学领域中的通识，而劳动产品作为商品所内含的价值关系，在当时则是一个尚待揭示且难以凭直观与常识所理解的问题，因而前者对于后者就具有类比论证的意义。由此可见，马克思用此类比说明商品之“价值”实体及其相互间的比例关系，堪称颇费苦心。①

(三) 对黑格尔“自然美”的超越

黑格尔《美学》也时有以自然科学例证来说明“美的规律”的类比方法。尤其是在论“自然美”的专章中，关于整体与“各部分的协调”之美，黑格尔写道：

> 例如居维叶在这方面就是著名的，他看到一块个别的骨头——不管它是否已结成化石——就可以断定它属于哪一种动物。“从爪知狮”那句格言在这里完全应验了。②

关于何为“由整齐一律转到符合规律的较明确的过渡”，黑格尔又举例说明：

> 等长的平行线是抽象的整齐一律。……圆还只是一种不大能引起兴趣的曲线。椭圆和抛物线就不然，它们的整齐一律性较少，只有从它们的规律才能认识它们。例如椭圆的向径是不等长的，但是符合规律的，连大小轴线也有本质上的差异，而焦点也不像在圆里那样落实在中心，所以就已见出根据这线形规律的质的差异，这些差异面的互相依存的关系就形成这种线形的规律。③

---

① “商品”章另一个比喻是：“商品生产这种特殊生产形式所独具的这种特点，在受商品生产关系束缚的人们看来，无论在上述发现以前或以后，都是永远不变的，正像空气形态在科学把空气分解为各种元素之后，仍然作为一种物理的物态继续存在一样。”（马克思．资本论：第1卷［M］//中共中央马克思恩格斯列宁斯大林著作编译局．马克思恩格斯全集：第23卷．北京：人民出版社，1972：91.）“要有十分发达的商品生产，才能从经验本身得出科学的认识。……生产这些产品的社会必要劳动时间作为起调节作用的自然规律强制性地为自己开辟道路，就像房屋倒在人的头上时重力定律强制地为自己开辟道路一样。因此，价值量由劳动时间决定是一个蕴藏在商品相对价值的表面运动后面的秘密。”（同书，第92页）

② 黑格尔．美学：第一卷［M］．朱光潜，译．北京：商务印书馆，1982：165. 朱光潜注：“居维叶（Cuvier，1769—1832），法国著名的自然科学家，在解剖学上有很大的贡献。”（同页）

③ 黑格尔．美学：第一卷［M］．朱光潜，译．北京：商务印书馆，1982：179. 朱光潜注：“radii vectores，向径，亦称‘横距’或‘向量’。”（同页）

我们由此回瞻《资本论》"商品"章，可以说马克思借以阐明"价值实体"的类比方法与黑格尔《美学》之间也不无创造性转化的关系。马克思的独创性在于同时强调自然科学类比的局限性："但是，类比只能到此位止"，因为"价值实体"不是自然物，而是"某种纯粹社会的东西"①。

> 这种共同东西不可能是商品的几何的、物理的、化学的或其他的天然属性。②

它"只能在商品同商品的社会关系中表现出来"③。正是基于对这个由社会关系的变迁所导致的"价值实体"的分析和揭示，马克思反复强调："直到现在，还没有一个化学家在珍珠或金刚石中发现交换价值。可是那些自命有深刻的批判力、发现了这种化学物质的经济学家，却发现物的使用价值同它们的物质属性无关，而它们的价值倒是它们作为物所具有的。"④"直到目前为止，还没有一个自然科学家发现，鼻烟和油画由于什么自然属性而彼此按照一定比例成为'等价物'。"⑤ 也正是基于同样的分析结论，马克思尖锐嘲笑了政治经济学研究领域出现的"诗人的破格权"之说："把这些用语说成是单纯的诗人的破格权，这只能说明分析的无能。"⑥

---

① 马克思．资本论：第1卷［M］//中共中央马克思恩格斯列宁斯大林著作编译局．马克思恩格斯全集：第23卷．北京：人民出版社，1972：72.

② 马克思．资本论：第1卷［M］//中共中央马克思恩格斯列宁斯大林著作编译局．马克思恩格斯全集：第23卷．北京：人民出版社，1972：51.

③ 马克思．资本论：第1卷［M］//中共中央马克思恩格斯列宁斯大林著作编译局．马克思恩格斯全集：第23卷．北京：人民出版社，1972：61.

④ 马克思．资本论：第1卷［M］//中共中央马克思恩格斯列宁斯大林著作编译局．马克思恩格斯全集：第23卷．北京：人民出版社，1972：100.

⑤ 马克思．剩余价值理论［M］//中共中央马克思恩格斯列宁斯大林著作编译局．马克思恩格斯全集：第26卷（第三册）．北京：人民出版社，1975：139.

⑥ 马克思．资本论：第1卷［M］//中共中央马克思恩格斯列宁斯大林著作编译局．马克思恩格斯全集：第23卷．北京：人民出版社，1972：588．"蒲鲁东说：'人们认为劳动有价值并不是因为它本身是商品，而是指人们认定劳动中所蕴含的价值。劳动的价值是一种比喻说法。'因此，针对这种说法我指出：'他把劳动这个可怕的现实只看作是文法上的简略。这就是说，建立在劳动商品基础上的整个现代社会，今后仅仅是建立在某种破格的诗文和比喻性的用语上了。……要达到这个目的，只要请求科学院出版一部新辞典就够了。"（同页）

第十章

莎士比亚与《资本论》叙事风格

马克思本人对《资本论》叙事风格有自觉表述：

> 我所追求的不是优美的叙述，而只是写出我平素的风格。①

莎士比亚是马克思平素文学生活的最爱，至少在现代以前，西方文学的最高峰也是莎士比亚戏剧。马克思并非偶然地在早先的《政治经济学批判导言》(1857 年）中，将古希腊文学与莎士比亚戏剧并称为“后世难以企及”而有“永久魅力”的范式。② 其后在评论友人戏剧剧本的通信中，马克思又提出了“莎士比亚化”的主张。③ 因此，莎士比亚与《资本论》叙事风格之关系也是《资本论》美学研究的题中之义。

一、《资本论》中的莎士比亚

《〈资本论〉完全手册》称：“据统计，马克思从 18 岁开始，在各类作品及著作中至少引用过 176 次莎士比亚；其中，论战性的著作《福格特先生》引用

---

① 中共中央马克思恩格斯列宁斯大林著作编译局．马克思恩格斯《资本论》书信集［M］．北京：人民出版社，1976：137.

② “例如，拿希腊人或莎士比亚同现代人相比。”（马克思．政治经济学批判导言［M］//中共中央马克思恩格斯列宁斯大林著作编译局．马克思恩格斯选集：第 2 卷．北京：人民出版社，1972：113.)

③ “这样，你就得更加莎士比亚化，而我认为，你的最大缺点就是席勒式地把个人变成时代精神的单纯的传声筒。”（马克思．致拉萨尔（1859 年 4 月 1 日）［M］//马克思，恩格斯．马克思恩格斯论文学与艺术：一．陆梅林，辑注．北京：人民出版社，1981：174.）同年恩格斯《致拉萨尔》(1859 年 5 月 18 日）信中也提出了“较大的思想深度和意识到的历史内容，同莎士比亚剧作的情节的生动性和丰富性的完美的融合”的美学观。(同书，第 178 页)

了26次，《资本论》第一卷有13次。”① 就其中说及的《资本论》第一卷而言，笔者统计所得是12次。兹效唐代李善《文选注》的“释事”方法②，逐条略述。

（1）“商品的价值对象性不同于快嘴桂嫂”（《亨利四世》）

商品的价值对象性不同于快嘴桂嫂，你不知道对它怎么办。同商品体的可感觉的粗糙的对象性相反，在商品的价值对象性中连一个自然物质原子也没有。因此，每一个商品不过你怎样颠来倒去，它作为价值物总是不可捉摸的。

中文版注：引自莎士比亚《亨利四世》前篇第三幕第三场。③

（2）“善良的道勃雷”（《无事烦恼》）

直到现在，还没有一个化学家在珍珠或金刚石中发现交换价值。可是那些自命有深刻的批判力、发现了这种化学物质的经济学家，却发现物的使用价值同它们的物质属性无关，而它们的价值倒是它们作为物所具有的。……在这里，我们不仅想起善良的道勃雷，他教导巡丁西可尔说：“一个人长得漂亮是环境造成的，会写字念书才是天生的本领。”

中文版注：引自莎士比亚《无事烦恼》第三幕第三场。④

（3）“地方上的道勃雷”（《无事烦恼》）

《资本论》另有两处也以“道勃雷”为戏讽对象：

1866年年底在设非尔德的一个工人同一家工厂订了两年合同。由于同工厂主吵了一次架，他离开了工厂，并表示绝不再给这个工厂主干活了。结果他被控违反合同，判了两个月的徒刑。……做出这个判决的，不是

① 万毓泽.《资本论》完全使用手册［M］. 台北：联经出版社，2018：80.

② “李善注《文选》释事不释义。”（王元化. 思辨录［M］. 上海：上海古籍出版社，2004：286.）又“弋钓书部，愿言注辑”。（李善. 李崇贤上文选注表［M］//文选·李善注：第1册. 上海：上海古籍出版社，1986：4.）

③ 马克思. 资本论：第1卷［M］//中共中央马克思恩格斯列宁斯大林著作编译局. 马克思恩格斯全集：第23卷. 北京：人民出版社，1972：61，853.

④ 马克思. 资本论：第1卷［M］//中共中央马克思恩格斯列宁斯大林著作编译局. 马克思恩格斯全集：第23卷. 北京：人民出版社，1972：100，854.

“伟大的不领薪水的人”，不是地方上的道勃雷，而是伦敦的一个高等法院。①

(4)“英国的道勃雷们”（《无事烦恼》）

下面这个例子可以说明英国的道勃雷们在利用“法律”来规定工资率时的丑态：“1795 年，当地主们在规定斯宾诺姆兰德地方的工资的时候，他们已用过午餐，但是他们显然认为工人是无须用午餐的……”②

(5)“真爱的道路绝不是平坦的”（《仲夏夜之梦》）

我们看到，商品爱货币，但是“真爱的道路绝不是平坦的”。

中文版注：引自莎士比亚《仲夏夜之梦》第一幕第一场。③

(6)“金子！黄黄的、发光的、宝贵的金子！”（《雅典的泰门》）

正如商品的一切质的差别在货币上消灭了一样，货币作为激进的平均主义者把一切差别都消灭了。

[马克思注]

“金子！黄黄的、发光的、宝贵的金子！
只这一点点儿，就可以使黑的变成白的，丑的变成美的，
错的变成对的，卑贱变成尊贵，老人变成少年，懦夫变成勇士。
吓！你们这些天神们啊，为什么要给我这东西呢？
嘿，这东西会把你们的祭司和仆人从你们的身旁拉走；
把健汉头颅底下的枕垫抽去；
这黄色的奴隶可以使异教联盟，同宗分裂；
它可以使受诅咒的人得福，使害着灰白色的癞病的人为众人所敬爱；

① 马克思．资本论：第 1 卷［M］//中共中央马克思恩格斯列宁斯大林著作编译局．马克思恩格斯全集：第 23 卷．北京：人民出版社，1972：466.

② 马克思．资本论：第 1 卷［M］//中共中央马克思恩格斯列宁斯大林著作编译局．马克思恩格斯全集：第 23 卷．北京：人民出版社，1972：660.

③ 马克思．资本论：第 1 卷［M］//中共中央马克思恩格斯列宁斯大林著作编译局．马克思恩格斯全集：第 23 卷．北京：人民出版社，1972：126，856.

它可以使窃贼得到高爵显位，和元老们分庭抗礼；
它可以使鸡皮黄脸的寡妇重做新娘……
来，该死的土块，你这人尽可夫的娼妇……”①

（7）“妙不可言的饶舌统计学家普隆涅斯-阿瑟·杨格”（《哈默雷特》）

非难工人最凶的就是本文提到的《论手工业和商业》（1870年伦敦版）的匿名作者。他早在《论赋税》（1765年伦敦版）一书中就进行了这样的非难。站在这一方的，还有妙不可言的饶舌统计学家普隆涅斯-阿瑟·杨格。②

注：普隆涅斯是莎士比亚的悲剧《哈默雷特》的人物，“是哈姆雷特宫廷中的一个狡猾而多嘴的廷臣”③。
（8）“我要求我的权利！”（《威尼斯商人》）

工人和工厂视察员从卫生和道德的角度提出抗议，但是资本回答说：
“我的行为没有越轨，我要求我的权利！
那就是契约上规定的罚金和抵押品！”

中文版注：引自莎士比亚《威尼斯商人》第四幕第一场。④
（9）“资本家像夏洛克那样”（《威尼斯商人》）

1844年的法律规定，在上午连续劳动5小时至少要休息30分钟，但是关于下午的劳动却没有任何规定。因此，资本要求而且确实也迫使8岁的童工不仅从下午2点一直拼命干到晚上8点半，而且还要挨饿。

---

① 马克思．资本论：第1卷［M］//中共中央马克思恩格斯列宁斯大林著作编译局．马克思恩格斯全集：第23卷．北京：人民出版社，1972：152.
② 马克思．资本论：第1卷［M］//中共中央马克思恩格斯列宁斯大林著作编译局．马克思恩格斯全集：第23卷．北京：人民出版社，1972：304.
③ “马克思用普隆涅斯这个形象来比喻英国资产阶级经济学家阿瑟·杨格，因为杨格就‘是一个喜欢空谈而缺乏批判精神的作家’。”（沈志求，等．《资本论》典故注释：上［M］．北京：中国人民大学出版社，1962：142-143.）
④ 马克思．资本论：第1卷［M］//中共中央马克思恩格斯列宁斯大林著作编译局．马克思恩格斯全集：第23卷．北京：人民出版社，1972：318，864.

“对了，他的胸脯，

契约上是这么说的！”

对于1844年法令限制儿童劳动的条款，资本家像夏洛克那样死死抓住法令条文不放，但这只是对该法令条款的公开反叛。

中文版注：引自莎士比亚《威尼斯商人》第四幕第一场。①

(10)“夏洛克式的十表法”

资本无论在其发达的形式上或不发达的形式上，性质都是一样的。在美国南北战争爆发前不久，由于奴隶主的影响，有一项法典被强加在新墨西哥的领土上了，其中写道：只要资本家购买了工人的劳动力，工人就“成为他的（资本家的）货币”。在罗马的贵族中也流行过这种看法。他们借给平民债务人的钱，先变成债务人的生活资料，然后变成债务人的血和肉。因此，这种“血和肉”是“他们的货币”。由此就产生了夏洛克式的十表法！

中文版注：“‘十表法’是罗马奴隶制国家最古老的立法文献‘十二铜表法’的最初方案。这一法律维护私有制，它规定无法偿还债务者应被剥夺自由，降为奴隶或碎尸分身。”②

(11)“你们夺去了我活命的资料，就是要了我的命。”（《威尼斯商人》）

大工业的本性决定了劳动的变换、职能的更动和工人的全面流动性。另一方面，大工业在它的资本主义形式上再生产出旧的分工及其固定化的专业。我们已经看到，这个绝对的矛盾怎样破坏着工人生活的一切安宁、稳定和保障，使工人面临这样的威胁：在劳动资料被夺走的同时，生活资料也不断被夺走，……［马克思注］“你们夺去了我活命的资料，就是要了我的命。（莎士比亚）”

---

① 马克思．资本论：第1卷［M］//中共中央马克思恩格斯列宁斯大林著作编译局．马克思恩格斯全集：第23卷．北京：人民出版社，1972：319，864.

② 马克思．资本论：第1卷［M］//中共中央马克思恩格斯列宁斯大林著作编译局．马克思恩格斯全集：第23卷．北京：人民出版社，1972：319，864.

中文版注：引自莎士比亚《威尼斯商人》第四幕第一场。①

（12）“显贵的夏洛克们”（《威尼斯商人》）

> 显贵的夏洛克们在谈到建筑投机家、小地主和开放村庄时，也会伪善地耸耸肩膀，这自然已经成了一种时髦。②

以上12处皆摘自《资本论》第一卷正文。此外，在恩格斯1890年所写《资本论》第四版序中也发现一处。该序言在澄清“剑桥的谣言”时，活用了莎士比亚笔下喜剧人物福斯泰夫的一句话：

> ……这就是全部事实的真相！……你看，这个德国工厂主联盟的圣乔治这样摆着架式，这样挺着剑，进行“巧妙的攻击”，而恶龙马克思“很快被打垮”，倒在他的脚下，“在垂死的挣扎中”断了气！

中文版注：“恩格斯套用了吹牛家、胆小鬼福斯泰夫说的一句话，这个福斯泰夫曾讲述他一个人怎样用剑击败五十个人（莎士比亚《亨利四世》前篇第二幕第四场）。”③

因此，本节开首所引“《资本论》第一卷有13次”说，应该是也包括了恩格斯该序言中的引涉。

二、莎士比亚“对话形式”与《资本论》叙事

《资本论》中多有莎士比亚戏剧典故，这几乎是一个学界熟知的话题。但是莎士比亚戏剧是否还影响了《资本论》的叙事风格，这个话题却鲜有关注。这里试作讨论。

马克思在“所谓原始积累”章的一条注释中特别提到了一本英国16世纪初版的《对近来我国各界同胞一些抱怨的考察》小册子，该小册子论及“16世纪货币贬值对社会各阶级的影响”，其叙事则是采用了类似戏剧舞台对话的方式。

---

① 马克思．资本论：第1卷［M］//中共中央马克思恩格斯列宁斯大林著作编译局．马克思恩格斯全集：第23卷．北京：人民出版社，1972：534，870.

② 马克思．资本论：第1卷［M］//中共中央马克思恩格斯列宁斯大林著作编译局．马克思恩格斯全集：第23卷．北京：人民出版社，1972：750.

③ 马克思．资本论：第1卷［M］//中共中央马克思恩格斯列宁斯大林著作编译局．马克思恩格斯全集：第23卷．北京：人民出版社，1972：43，853.

马克思兴致盎然地引述了其中一段“骑士”与“博士”的对白（小册子中还述及骑士与“农民”“商人”“铜匠”等的对白）：

骑士：“您，我的邻居农民，您，商人先生，您，善良的铜匠，以及其他的手工业者们，你们都知道怎样维护自己的利益。因为，一切物品比以前贵多少，你们也可以把你们出卖的商品和劳动的价格提高多少。但是，我们没有任何东西可以提高价格出卖，以抵偿我们在购买物品时所受的损失。”

在另一个地方，骑士问博士：“请告诉我，您指的是哪种人？首先，您认为哪些人不会受损失？”

博士：“我指的是所有靠买卖为生的人，因为他们以高价买进，也以高价卖出。”

骑士：“其次，您认为哪种人会得利呢？”

博士：“是所有按旧租金租赁自己耕种的租地或农场的人，因为他们按旧价格支付，按新价格出售，就是说，他们为土地支付极少的钱，而以高价出售土地的一切产品……”

骑士：“您认为，哪种人会受到比这些人得到的利益还要大的损失？”

博士：“那就是所有贵族、绅士以及其他一切靠固定地租或薪金过活，不亲自耕种自己土地，或不做买卖的人。”①

马克思引述的主要是小册子中骑士与博士的对白，其中讨论的是地租市场价格变化引起的相关群体利益之得失的问题。值得注意的是马克思对该小册子叙事方式的说明：

由于这一著作采取对话形式，人们在很长时期内认为这是莎士比亚写的，直到1751年还用他的名字出过新版。它的作者是威廉·斯泰福。②

① 马克思．资本论：第1卷［M］//中共中央马克思恩格斯列宁斯大林著作编译局．马克思恩格斯全集：第23卷．北京：人民出版社，1972：812.

② 马克思．资本论：第1卷［M］//中共中央马克思恩格斯列宁斯大林著作编译局．马克思恩格斯全集：第23卷．北京：人民出版社，1972：812.“对白”（dialogue）指戏剧艺术中的台词或对话。“文学语言和科学语言的重要区别之一在于，前者‘强调词语的声音象征’。”（雷·韦勒克，奥·沃伦．文学理论［M］．刘像愚，等译．上海：上海三联书店，1984：11.）关于“对白”修辞，参见：罗伯特·麦基．对白（Dialogue：The Art of Verbal Action for Page，Stage，Screen）［M］．焦雄屏，译．天津：天津人民出版社，2018.

该小册子初版于1581年，其时正是莎士比亚（1564—1616）生平年代，因此被认为是莎士比亚作品不无缘由。在《资本论》引述的所有政治经济学著作中，该书也是最早出版物之一。① 因此可以说，莎士比亚式的戏剧对白在英国古典政治经济学著述史上早有先例并受推重。

由此我们再回看前述《资本论》中的莎士比亚戏剧典故，就可以说马克思是自觉地继承了这个传统。尤其是其中《雅典的泰门》主人公关于“金子”的一段长篇幅独白，马克思的引用更有与其同时代人“对话”的寓意。这段引用还可以追溯到马克思前此所写《1844年经济学哲学手稿》以及其后的相关著述，并且前者引用更多，紧接着的另一段是：

啊！你可爱的凶手，
帝王逃不过你的掌握，
亲生的父子会被你离间！
你灿烂的奸夫，
淫污了纯洁的婚床！
你勇敢的玛尔斯！②
你永远年轻韶秀、永远被人爱恋的娇媚的情郎，
你的羞颜可以融化了黛安娜女神膝上的冰雪！
你**有形的神明**，
你会使**冰炭**化为胶漆，仇敌互相亲吻！
为了不同的目的，
你会说任何的方言！
你动人心坎的宝物啊！
你的奴隶，那些人类，要造反了，
快快运用你的法力，让他们互相**砍杀**，

① 《资本论》引述的最早几部政治经济学关系的著述都出版于16世纪。参见：陆晓光.《资本论》与资本主义“最典型地点”：关于马克思“精神生产”的文献出版物条件[J]. 人文杂志，2014（9）：49-58.

② 中文本注：“玛尔斯是古代罗马的战神。”（同页）

留下这个世界来给兽类统治吧！[粗体字原有]①

值得注意的还在于，《资本论》第一卷在引用莎士比亚戏剧关于“金子”的独白的同一页，也引用了古希腊戏剧家索福克勒斯（Sophocles）的《安提戈涅》中“咒骂货币”的一段台词：

人间再也没有像金钱这样坏的东西到处流通，
这东西可以使城邦毁灭，使人们被赶出家乡，
把善良的人教坏，使他们走上邪路，做些可耻的事，
甚至叫人为非作歹，干出种种罪行。②

马克思在论述“货币”范畴的同时对莎士比亚和古希腊戏剧内容的引用，可谓从叙事方式的细节层面表明，他在《政治经济学批判导言》中所说“拿希腊人或莎士比亚同现代人相比”③，也是基于马克思本人思想的“平素的风格”。

并非偶然的是，在为撰写《资本论》而准备的经济学说史著述《剩余价值理论》中也运用了莎士比亚戏剧的“对话形式”。例如有一段长达数页的论述是以资本家与工人的对白方式展开的。马克思明确标示了对白双方的角色：

---

① 马克思 . 1844 年经济学哲学手稿［M］//中共中央马克思恩格斯列宁斯大林著作编译局 . 马克思恩格斯全集：第 42 卷 . 北京：人民出版社，1979：151-152. 评论：“莎士比亚把货币的本质描绘得十分出色。”（同书，第 152 页）马克思与恩格斯合著的《德意志意识形态（1845—1846 年）》中引述了“金子，只要有一点儿……”，并于此评论：“金钱是财产的一般形式，它与个人的独特性很少有共同点，它甚至还直接与个人的独特性相对立，关于这一点，莎士比亚要比我们那些满口理论的小资产者知道得更清楚。”（中共中央马克思恩格斯列宁斯大林著作编译局 . 马克思恩格斯全集：第 3 卷［M］. 北京：人民出版社，1960：254-255.）马克思《政治经济学批判（1857—1858 年草稿）》中也引述了《雅典的泰门》“金子！黄黄的，发光的，宝贵的金子！……”一段台词，马克思评论：“那种可以献身于一切并且皆可为之献身的东西，表现为普遍的收买手段和普遍的卖淫手段。”（中共中央马克思恩格斯列宁斯大林著作编译局 . 马克思恩格斯全集：第 46 卷（下册）［M］. 北京：人民出版社，1980：453-454.）

② 马克思 . 资本论：第 1 卷［M］//中共中央马克思恩格斯列宁斯大林著作编译局 . 马克思恩格斯全集：第 23 卷 . 北京：人民出版社，1972：152.

③ 马克思 . 政治经济学批判导言［M］//中共中央马克思恩格斯列宁斯大林著作编译局 . 马克思恩格斯选集：第 2 卷 . 北京：人民出版社，1972：113. 拉法格在《忆马克思》一文中写道：“他每年总要重读一遍埃斯库勒斯的希腊作品，把这位作家和莎士亚当作人类两个最伟大的戏剧天才来热爱。……马克思还曾经答应给他的女儿们写一个古罗马英雄人物的剧本，虽然这一愿望未能实现。”（保尔 · 拉法格，威廉 · 李卜克内西 . 忆马克思和恩格斯［M］. 马玛丽，译 . 张奇方，校 . 北京：人民出版社，1973：72.）

资本家说："难道我没有预付不变资本吗?"

工人回答说："对呀，正因为这样，你才拿走3磅，只付给我2磅。"

资本家坚持说："但是，……"

工人回答说："得了！……"

资本家无可奈何，就说："……难道我就应当无代价地为你承担这两个风险吗?"

工人回答说："等一等，我们究竟是什么关系？想想看，老兄……"

工人继续说道："老兄，你自己看看，你的新规律会得出什么结果，……老兄，别装傻了！别说废话了！……"

听了工人这番话，资本家带着轻蔑的微笑回答说："你们这些家伙只听钟声响，不知钟声从哪里来。……"

工人说："好极了，但是利物浦坏蛋和奥尔丹小子把你的期票拿去干什么啦?"

资本家喊道："他们拿去干什么?！问得多蠢！他们拿去找银行家贴现呗!"

工人说："那就更好啦，付给我们2先令，这是我们商品的价值。……"

资本家说："但这张期票太小，没有一个银行家肯贴现的。"

工人回答说："好吧，我们是100人。也就是说，你应该付给我们1200先令。……"①

上引对话中，马克思还加入了"坚持""无可奈何""带着轻蔑的微笑回答""资本家喊道"等对舞台人物神情音貌的描述语。

由此再回看《资本论》第一卷，"工作日"章下面一段中的"我"与"你"也分别代表了雇佣工人与资本的两个对话角色：

我要求正常长度的工作日，我这样要求，并不是向你求情，因为在金钱问题上是没有情面可讲的。你可能是一个模范的公民，也许还是禁止虐待动物协会的会员，甚至还负有德高望重的名声，但是你我碰面时你所代

① 马克思．剩余价值理论［M］//中共中央马克思恩格斯列宁斯大林著作编译局．马克思恩格斯全集：第26卷（第一册）［M］．北京：人民出版社，1972：335-340.

表的那个东西里面是没有心脏跳动的。①

“工作日”章关于“资本”角色的叙事还伴以动作、表情、心情、神态等描写，例如：

> “资本以惊喜若狂的心情大叫……”②
> “资本则狂欢痛饮来庆祝胜利。”③
> “资本毫不体谅，却掀起了一个叫嚷好几年的鼓动运动。”④
> “工厂主们……大叫大嚷。”⑤
> “工厂主先生们硬说……”⑥
> “资本的山猫眼睛发现，……”⑦
> “工厂主大喊大叫……”⑧
> “他们曾咄咄逼人地喊叫……”⑨

“劳动过程和价值增殖过程”章的叙事也描述了“资本”角色的舞台动作、声音、表情及性格：

---

① 马克思．资本论：第1卷［M］//中共中央马克思恩格斯列宁斯大林著作编译局．马克思恩格斯全集：第23卷．北京：人民出版社，1972：262.

② 马克思．资本论：第1卷［M］//中共中央马克思恩格斯列宁斯大林著作编译局．马克思恩格斯全集：第23卷．北京：人民出版社，1972：307.

③ 马克思．资本论：第1卷［M］//中共中央马克思恩格斯列宁斯大林著作编译局．马克思恩格斯全集：第23卷．北京：人民出版社，1972：308.

④ 马克思．资本论：第1卷［M］//中共中央马克思恩格斯列宁斯大林著作编译局．马克思恩格斯全集：第23卷．北京：人民出版社，1972：310.

⑤ 马克思．资本论：第1卷［M］//中共中央马克思恩格斯列宁斯大林著作编译局．马克思恩格斯全集：第23卷．北京：人民出版社，1972：315.

⑥ 马克思．资本论：第1卷［M］//中共中央马克思恩格斯列宁斯大林著作编译局．马克思恩格斯全集：第23卷．北京：人民出版社，1972：317.

⑦ 马克思．资本论：第1卷［M］//中共中央马克思恩格斯列宁斯大林著作编译局．马克思恩格斯全集：第23卷．北京：人民出版社，1972：319.

⑧ 马克思．资本论：第1卷［M］//中共中央马克思恩格斯列宁斯大林著作编译局．马克思恩格斯全集：第23卷．北京：人民出版社，1972：323.

⑨ 马克思．资本论：第1卷［M］//中共中央马克思恩格斯列宁斯大林著作编译局．马克思恩格斯全集：第23卷．北京：人民出版社，1972：325.

> 他用内行的狡黠的眼光物色到了……①
>
> 我们的资本家愣住了，……②
>
> 他进行威胁，……他进行说教，……他纠缠不休，……他强硬起来，……③
>
> 我们这位朋友刚才还以资本为傲，现在却突然变得和自己的工人一样谦逊了。……他得意地笑了笑，又恢复了他原来的面孔。……④
>
> 这正是他发笑的原因。……⑤
>
> 他小心翼翼地祝注视着不让有一分钟不劳动而白白浪费……⑥

在马克思的叙事中，“资本”被赋予了“人格化”的、“经济角色”的舞台特征——它有“山猫的眼睛”和“狡黠的眼光”；它会“要求”“解释”“威胁”“说教”；它时而“强硬”“为傲”“得意”，时而“谦虚”“小心翼翼”；它还有肢体动作和音容笑貌，会“耸肩膀”“发笑”“惊喜若狂”，乃至“狂欢痛饮”。

马克思本人也常常以观剧者和评论者的身份进入舞台角色，并与资本代言人的经济学家们对话。“剩余价值率”章的“西尼耳的‘最后一小时’”节，主要以对话的方式展开，对话的另一方是“以经济学识和文体优美著称”的牛津政治经济学教授西尼耳（Senior）。⑦ 马克思频繁使用了舞台对白中的称呼“你们”：

> 根据你们的说法……按照你们的说法……既然按照你们的说法……现

① 马克思．资本论：第1卷［M］//中共中央马克思恩格斯列宁斯大林著作编译局．马克思恩格斯全集：第23卷．北京：人民出版社，1972：209.

② 马克思．资本论：第1卷［M］//中共中央马克思恩格斯列宁斯大林著作编译局．马克思恩格斯全集：第23卷．北京：人民出版社，1972：216.

③ 马克思．资本论：第1卷［M］//中共中央马克思恩格斯列宁斯大林著作编译局．马克思恩格斯全集：第23卷．北京：人民出版社，1972：217.

④ 马克思．资本论：第1卷［M］//中共中央马克思恩格斯列宁斯大林著作编译局．马克思恩格斯全集：第23卷．北京：人民出版社，1972：218.

⑤ 马克思．资本论：第1卷［M］//中共中央马克思恩格斯列宁斯大林著作编译局．马克思恩格斯全集：第23卷．北京：人民出版社，1972：220.

⑥ 马克思．资本论：第1卷［M］//中共中央马克思恩格斯列宁斯大林著作编译局．马克思恩格斯全集：第23卷．北京：人民出版社，1972：222.

⑦ 纳骚·威廉·西尼耳（Nssau Willian Senior，1790—1864），英国资产阶级庸俗经济学家。同书“人名索引”（第906页）马克思在该章中也称西尼耳“后来热心拥护工厂立法而值得赞扬”。（同书，第256页）

在我们到了棘手的地方了，请注意！……①

如果你们以为……那你们就完全错了……现在你们懂了吧……这里我说劳动的报酬，而不说劳动力的报酬，是为了用你们的行话。……诸位先生……你们就会发现……②

如果你们期望……那未免太乐观了。……如果你们担心……那又未免太悲观了。……你们为它编造的神话比锡利亚信徒为世界末日编造的神话还要多……③

该节的结束语也显然表明马克思有自觉的“对白”意识：

……请你们想起牛津的这位教授吧。好了，但愿在一个更美好的世界里再同诸位相会。再见!④

《资本论》在引述相关论点时，也时常添加类似舞台角色表情动作的描绘。“剩余价值转化为资本”章：

那些早就变得享乐成性和善于交际的资本家先生们不由得大叫起来：“……”⑤

他天真地说：“……”⑥

这位工厂主仰天悲鸣：“……”⑦

---

① 马克思．资本论：第1卷［M］//中共中央马克思恩格斯列宁斯大林著作编译局．马克思恩格斯全集：第23卷．北京：人民出版社，1972：253.

② 马克思．资本论：第1卷［M］//中共中央马克思恩格斯列宁斯大林著作编译局．马克思恩格斯全集：第23卷．北京：人民出版社，1972：254.

③ 马克思．资本论：第1卷［M］//中共中央马克思恩格斯列宁斯大林著作编译局．马克思恩格斯全集：第23卷．北京：人民出版社，1972：255.

④ 马克思．资本论：第1卷［M］//中共中央马克思恩格斯列宁斯大林著作编译局．马克思恩格斯全集：第23卷．北京：人民出版社，1972：262.

⑤ 马克思．资本论：第1卷［M］//中共中央马克思恩格斯列宁斯大林著作编译局．马克思恩格斯全集：第23卷．北京：人民出版社，1972：653.

⑥ 马克思．资本论：第1卷［M］//中共中央马克思恩格斯列宁斯大林著作编译局．马克思恩格斯全集：第23卷．北京：人民出版社，1972：658.

⑦ 马克思．资本论：第1卷［M］//中共中央马克思恩格斯列宁斯大林著作编译局．马克思恩格斯全集：第23卷．北京：人民出版社，1972：659.

当时有一位资产阶级著作家喊道："……"①

"资本主义积累的一般规律"章：

英国国民中央注册局局长发出这样一种胜利的欢呼……②

《资本论》第一卷末尾的"现代殖民理论"章也有戏剧角色叙事：

传奇剧中的一个人物哀叹说："我们的资本打算……"

威克菲尔德③洋洋得意地喊道："……"④

由上大体可见，莎士比亚戏剧的"对话形式"对《资本论》理论叙事的影响，确实颇为有迹可寻。

三、"地球舞台"与"经济角色"

黑格尔在某个地方说过，一切伟大的世界历史事变和人物，可以说都出现两次。他忘记补充一点：第一次是作为悲剧出现，第二次是作为笑剧出现。⑤

马克思这段关于历史观的表述透露出与莎士比亚思想资源的密切关系，因

---

① 马克思．资本论：第1卷［M］//中共中央马克思恩格斯列宁斯大林著作编译局．马克思恩格斯全集：第23卷．北京：人民出版社，1972：661.

② 马克思．资本论：第1卷［M］//中共中央马克思恩格斯列宁斯大林著作编译局．马克思恩格斯全集：第23卷．北京：人民出版社，1972：715.

③ 爱德华·吉本·威克菲尔德（1796—1862），英国经济学家，曾提出资产阶级殖民理论。（同书第905页）

④ 马克思．资本论：第1卷［M］//中共中央马克思恩格斯列宁斯大林著作编译局．马克思恩格斯全集：第23卷．北京：人民出版社，1972：840-841.

⑤ 马克思．路易·波拿巴和他的雾月十八日［M］//中共中央马克思恩格斯列宁斯大林著作编译局．马克思恩格斯选集：第1卷．北京：人民出版社，1972：603.

为后者的戏剧成就包括历史剧、悲剧和笑剧（喜剧），以及传奇剧四种类型。①如果说将世界历史视为一个大舞台是早有先例，那么就政治经济学领域的叙事方式而言，它显然是马克思的首创。《资本论》初版序写道：

在研究进程中我们会看到，人们扮演的经济角色不过是经济关系的人格化，人们是作为这种关系的承担者而彼此对立的。②

其中“经济角色”这一风格性术语意味着，莎士比亚与《资本论》叙事方式的关系并不限于前述的“对话形式”。最“出乎其外”③ 的是下面一段关于“地球舞台”的叙事：

任何人，即使是未来音乐的创作家，都不能靠未来的产品过活，也不能靠尚未生产好的使用价值过活。人从出现在地球舞台上的第一天起，每天都要消费，不管在他开始生产以前和在生产期间都是一样。④

马克思将人类历史本身视为以地球为背景的“生产”大舞台上演出的戏剧，

---

① “莎士比亚的历史剧、传奇剧与悲剧、喜剧一样，构成了其戏剧创作的重要内容。”（杨林贵．莎士比亚研究丛书·序［M］//杨林贵，李伟民．云中锦笺：中国莎学书信．北京：商务印书馆，2023：6.）莎士比亚共写了10部以英国编年史为题材的历史剧，统称“莎士比亚历史剧”。包括《亨利六世》上、中、下三篇和《理查三世》（构成第一个四部曲）和《理查二世》，《亨利四世》上、下篇及《亨利五世》（构成第二个四部曲）。此外，还有反映年代最远的《约翰王》（1596）和反映年代最近的《亨利八世》（1612）两部独立的剧。10部史剧系统反映了英国自13世纪到16世纪总计三百多年的社会历史。莎士比亚悲剧包括《哈姆雷特》《奥赛罗》《李尔王》《麦克白》，此外有《泰特斯·安德洛尼克斯》《罗密欧与朱丽叶》《裘力斯恺撒》《安东尼与克莉奥佩特拉》《科利奥兰纳斯》《雅典的泰门》。莎士比亚四大喜剧分别是《仲夏夜之梦》《威尼斯商人》《第十二夜》和《皆大欢喜》。莎士比亚传奇剧一般是指《泰尔亲王配力克里斯》《辛白林》《冬天的故事》《暴风雨》。就“传奇剧”而言，《资本论》末章（“现代殖民理论”）写道：“传奇剧中的一个人物哀叹说……”（马克思．资本论：第1卷［M］//中共中央马克思恩格斯列宁斯大林著作编译局．马克思恩格斯全集：第23卷．北京：人民出版社，1972：840.）

② 马克思．资本论：第1卷［M］//中共中央马克思恩格斯列宁斯大林著作编译局．马克思恩格斯全集：第23卷．北京：人民出版社，1972：103.

③ “龚自珍说：‘不善出者，必无至情高论。’王国维说：‘出乎其外，故有高致。’”（徐中玉．徐中玉文论自选集［M］．上海：上海文艺出版社，2009：81.）

④ 马克思．资本论：第1卷［M］//中共中央马克思恩格斯列宁斯大林著作编译局．马克思恩格斯全集：第23卷．北京：人民出版社，1972：191.

从而将历史上不同形式的社会关系表述为一幕幕基于不同“生产方式”大舞台上演出的历史剧。① 我们再从这一视域进一步考察，这里的任务主要是给出《资本论》中相关的风格性论述。

《资本论》开首“商品”章就指出：

> 正如在资产阶级社会里，将军或银行家扮演重要角色，而人本身则扮演极卑微角色一样，人类劳动在这里也是这样。它是每个没有任何专长的普通人的机体平均具有的简单劳动力的耗费。②

其中的关键词“人类劳动”和“劳动力”是莎士比亚戏剧未必十分关注的。《资本论》首章这个“舞台”比拟就表达了对劳动者“扮演极卑微角色”的不平。这里的“人类劳动”和“劳动力”术语标志着整部《资本论》“舞台”叙事方式的独特视域和底色。③

马克思在追溯古代世界“商品流通”时就使用了“角色”“扮演”之类舞台用语：

> 债权人或债务人的身份在这里是从简单商品流通中产生的。简单商品流通形式的改变，在卖者和买者身上打上了这两个新烙印。最初，同卖者和买者的角色一样，这也是暂时的和由同一些流通当事人交替扮演的角色。但是，……这两种角色还可以不依赖流通而出现。例如，古代世界的阶级斗争主要是以债权人和债务人之间的斗争的形式进行的。④

其中的“最初”意味着商品舞台上“角色”表演的第一幕。“中世纪”则

---

① “舞台艺术”（Theater Art）与“舞台角色”（Stage role）是指戏剧舞台上通过演员的语言、对白、动作等方式表演故事剧本中的角色和情节。汉语出版界曾有阪本胜为编剧、费明君翻译的《戏剧资本论》，2012 年 3 月德国演艺界也曾来华在北京演出话剧《卡尔·马克思：资本论，第一卷》。

② 马克思．资本论：第 1 卷［M］//中共中央马克思恩格斯列宁斯大林著作编译局．马克思恩格斯全集：第 23 卷．北京：人民出版社，1972：57-58.

③ 据最近中国出版的莎士比亚研究著述考察，“Shakespeare”的英文含义为“挥矛或挥鱼叉”。（魏策策．莎士比亚在近现代中国：思想的视角［M］．上海：上海三联书店，2022：82.）该书还指出：“起名在中国是极具审美意味的事。……中国人在人名的用字上有明显的倾向性。”（同书，第 83 页）

④ 马克思．资本论：第 1 卷［M］//中共中央马克思恩格斯列宁斯大林著作编译局．马克思恩格斯全集：第 23 卷．北京：人民出版社，1972：156.

是继“古代世界”后的第二幕，马克思写道：

> 无论我们怎样判断中世纪人们在相互关系中所扮演的角色，人们在劳动中的社会关系始终表现为他们本身之间的个人的关系，而没有披上物之间即劳动产品之间的社会关系的外衣。①

就资本主义生产方式而言，它起源于中世纪结束后的近代，因此马克思郑重地以舞台上的“序幕”比拟之：

> 为资产阶级生产方式奠定基础的序幕，是在十五世纪最后三十多年和十六世纪最初几十年演出的。②

随着这个序幕的拉开，《资本论》的“舞台”叙事也频频出现：

> 这个历史每天都在我们眼前重演，现在每一个新资本最初仍然是作为货币出现在舞台上，也就是出现在市场上。③

——这是将“市场”比拟为“舞台”，舞台上主要角色则是“货币”。“货币或商品流通”章又写道：

> 现在我们随同任何一个商品所有者，比如我们的老朋友织麻布者，到交换过程的舞台上去，到商品市场上去。④

---

① 马克思．资本论：第 1 卷［M］//中共中央马克思恩格斯列宁斯大林著作编译局．马克思恩格斯全集：第 23 卷．北京：人民出版社，1972：94. 马克思《资本论》对英国近现代工人阶级之来源及其变迁的考察曾经以莎士比亚笔下“骄傲的自耕农”为背景。（和建伟．马克思人文精神与西方经典作家关系研究［M］. 北京：中国致公出版社，2019：83-101.）

② 马克思．资本论：第 1 卷［M］//中共中央马克思恩格斯列宁斯大林著作编译局．马克思恩格斯全集：第 23 卷．北京：人民出版社，1972：786.

③ 马克思．资本论：第 1 卷［M］//中共中央马克思恩格斯列宁斯大林著作编译局．马克思恩格斯全集：第 23 卷．北京：人民出版社，1972：169.

④ 马克思．资本论：第 1 卷［M］//中共中央马克思恩格斯列宁斯大林著作编译局．马克思恩格斯全集：第 23 卷．北京：人民出版社，1972：123.

——这里又将商品的“交换过程”比拟为“舞台”。

正像同一个商品要依次经过两个相反的转化，由商品转化为货币，由货币转化为商品一样，同一个商品所有者也要由扮演卖者改为扮演买者。可见，这两种角色不是固定的，而是在商品流通中经常由人们交替扮演的。①

——由于买者与卖者两个角色是“交替扮演”，马克思又将以货币为中介的商品交换过程比拟为同一出戏剧的前后两幕：

一个商品的总形态变化，在其最简单的形式上，包含四个极和三个登场人物。……可见，在第一幕是卖者，在第二幕就成了买者，这里又有第三个卖者同他对立着。②

资本主义生产方式的主要形式是雇佣劳动，后者由雇佣者的资本与被雇佣者的劳动力组成。由此，《资本论》的舞台叙事也呈现为“资本”与“劳动力”两种角色。“货币转化为资本”章：

劳动力的买和卖是在流通领域或商品交换领域的界限内进行的，这个领域确实是天赋人权的真正乐园。……一旦离开这个劳动力买卖的市场，就会看到，我们的剧中人的面貌已经起了某些变化。原来的货币所有者成了资本家，昂首前行；劳动力所有者成了他的工人，尾随于后。一个笑容满面，雄心勃勃；一个战战兢兢，畏缩不前，像在市场上出卖了自己的皮一样，只有一个前途——让人家来鞣。③

马克思把“资本”与“劳动力”双方称为“我们的剧中人”，并将“劳动力的买和卖”叙述为同一出戏的前后两幕。前一幕对于买卖双方似乎都是“天

① 马克思．资本论：第 1 卷［M］//中共中央马克思恩格斯列宁斯大林著作编译局．马克思恩格斯全集：第 23 卷．北京：人民出版社，1972：130.

② 马克思．资本论：第 1 卷［M］//中共中央马克思恩格斯列宁斯大林著作编译局．马克思恩格斯全集：第 23 卷．北京：人民出版社，1972：130.

③ 马克思．资本论：第 1 卷［M］//中共中央马克思恩格斯列宁斯大林著作编译局．马克思恩格斯全集：第 23 卷．北京：人民出版社，1972：200.

赋人权的真正乐园”，后一幕中“劳动力”却进入了“失乐园”。这个鲜明反差的变化颇似戏剧情节发展过程中的所谓“突转”。① 双方角色在动作表情上也由此形成鲜明对照：一方是“笑容满面”，另一方则“战战兢兢”。并且，正如悲剧中心是主人公“命运”一样，马克思也强调了经此“突转”后“劳动力”的命运：“只有一个前途——让人家来鞣。”②

由于工厂是资本与劳动力关系的最直接场所，也是“剩余价值”的主要产地，因此马克思在论述“劳动力”从市场转入工厂后的处境时，对舞台背景也另作布置：

> 让我们同货币所有者和劳动力所有者一道，离开这个嘈杂的、表面的、有目共睹的领域，跟随他们两人进入门上挂着“非公莫入”牌子的隐秘的生产场所吧！在那里，不仅可以看到资本是怎样进行生产的，还可以看到资本本身是怎样生产出来的。赚钱的秘密最后一定会暴露出来。③

在工厂这个“隐蔽的生产场所”，马克思揭示资本“赚钱的秘密”的主要聚焦点是延长劳动时间的各种方式。④ 延长劳动时间的各种方式成为工厂舞台情节的主线。下面是“工作日”章关于当时“工厂换班制度”的叙事：

> 在15小时工厂日内，资本一会儿把工人拉来干30分钟，一会儿拉来干1小时，……就像在舞台上一样，同样一些人物要在各幕戏的各个场次轮流出场。但是也正像演员在整个戏的演出中是属于舞台一样，现在，工

① “‘突转’，指行动按照我们所说的原则转向相反的方面”，“‘突转’与‘发现’是情节的两个部分，它的第三个部分是苦难”。（亚里士多德．诗学［M］．罗念生，译．北京：中国戏剧出版社，1986：22-23.）

② 其实即便在劳动力市场的舞台上，劳动力的处境也通常是窘迫的，因为“资本家重视自由雇佣劳动，而工人总是被迫出卖劳动”。（马克思．1844年经济学哲学手稿［M］//中共中央马克思恩格斯列宁斯大林著作编译局．马克思恩格斯全集：第42卷．北京：人民出版社，1972：60.）

③ 马克思．资本论：第1卷［M］//中共中央马克思恩格斯列宁斯大林著作编译局．马克思恩格斯全集：第23卷．北京：人民出版社，1972：199. 资本对“劳动力的消费，像任何其他商品的消费一样，是在市场之外，或者说在流通领域以外进行的”。（同页）

④ “资本对剩余劳动的贪欲表现为渴望无限度地延长工作日”（同书，第265页），“工人不过是人格化的劳动时间”。（同书，第271页）

人在15小时之内是属于工厂，其中还不包括上下班走路的时间。①

这段论述的资料所据来自当时工厂视察员的调查报告。马克思引用时强调了“就像在舞台上一样”，换班制被比拟为舞台上“各幕戏的各个场次”。

下面一段也颇有舞台叙事的氛围：

……但是，突然传来了在疾风怒涛般的生产过程中一直沉默的工人的声音：“我卖给你的商品和其他普通商品不同，它的使用可以创造价值，而且创造的价值比它本身的价值大。……”②

工厂生产过程中通常伴随着机器的轰鸣声，因此马克思以“疾风怒涛般”来形容工厂舞台背景；被资本雇佣的劳动者通常没有话语权，因此马克思又以“一直沉默”“突然传来”以描述“工人的声音”。

商品由工厂生产，由此工厂生产过程也被叙述为舞台演出过程中前后相续的一幕幕：

当资本家按24先令把这些棉纱卖出，又用这24先令买回生产资料时就会表明，这16磅棉纱不过是化了装的棉花、纱锭、煤炭等。③

这里的“化了装”也显然是与舞台演出相关的术语。④《资本论》叙事中并非偶然地多处使用了“化装”这一戏剧术语。例如在此之前的“货币或商品流通”章：

（在流通中）商品的使用形态的位置由它的价值形态或货币化装所占

① 马克思．资本论：第1卷［M］//中共中央马克思恩格斯列宁斯大林著作编译局．马克思恩格斯全集：第23卷．北京：人民出版社，1972：322-323.

② 马克思．资本论：第1卷［M］//中共中央马克思恩格斯列宁斯大林著作编译局．马克思恩格斯全集：第23卷．北京：人民出版社，1972：262.

③ 马克思．资本论：第1卷［M］//中共中央马克思恩格斯列宁斯大林著作编译局．马克思恩格斯全集：第23卷．北京：人民出版社，1972：248-249.

④ 现代汉语“化装”一词特指“演员修饰容貌及穿戴服饰使适合所扮演的角色。如化装成农民；化装为丫头”。（夏征农．辞海［M］．上海：辞书出版社，2009：776.）

据。商品不再是包在它自己的天然外皮中，而是包在金外皮中……①

又“货币转化为资本”章：

在G-W-G流通中，商品和货币这二者仅仅是价值本身的不同存在方式：货币是它的一般存在方式，商品是它的特殊的也可以说是化了装的存在方式。②

货币作为“化了装”的价值形态，它还可以“穿着不同的国家制服”：

金银作为铸币穿着不同的国家制服，但它们在世界市场上又脱掉这些制服。这就表明，商品流通的国内领域或民族领域，同它们的普遍的世界市场领域是分开的。③

由上可见，“化装”这一戏剧舞台术语也贯穿于《资本论》关于工厂生产与市场流通这两个领域的叙事中。

《资本论》的最主要范畴是“资本”，因此下面一段论述可谓最具代表性：

在资本主义生产方式下，……某个人之所以扮演资本家的经济角色，只是由于他的货币不断地执行资本的职能。④

《资本论》初版序言特别强调了作者对资本家“个人”与他所扮演的“经济角色”的区别：

为了避免可能产生的误解，要说明一下。我绝不用玫瑰色描绘资本家和地主的面貌。……不过，同其他任何观点比起来，我的观点是更不能要

① 马克思．资本论：第1卷［M］//中共中央马克思恩格斯列宁斯大林著作编译局．马克思恩格斯全集：第23卷．北京：人民出版社，1972：135.

② 马克思．资本论：第1卷［M］//中共中央马克思恩格斯列宁斯大林著作编译局．马克思恩格斯全集：第23卷．北京：人民出版社，1972：175.

③ 马克思．资本论：第1卷［M］//中共中央马克思恩格斯列宁斯大林著作编译局．马克思恩格斯全集：第23卷．北京：人民出版社，1972：144.

④ 马克思．资本论：第1卷［M］//中共中央马克思恩格斯列宁斯大林著作编译局．马克思恩格斯全集：第23卷．北京：人民出版社，1972：621.

个人对这些关系负责的。①

也许我们还可以说，《资本论》频繁使用“舞台”“角色”“化装”等戏剧术语，客观上也有助于马克思“避免误解”的考量和期望。②

---

① 马克思．资本论：第1卷［M］//中共中央马克思恩格斯列宁斯大林著作编译局．马克思恩格斯全集：第23卷．北京：人民出版社，1972：12.

② 空想社会主义理论创始人罗伯特·欧文堪称一位怀抱“善意”的工厂主。《资本论》多次赞扬：他是“最先向资本的理论挑战”的人（同书，第332页）；“合作工厂和合作商店的创始人”（第550页）；在他的工厂制度实践中“萌发了未来教育的幼芽”（第530页）。然而欧文的“善意”和努力在19世纪欧洲毕竟流于“空想社会主义”。《资本论》撰写过程中的经济资助人恩格斯承认自己是“商人”“老板”，过着“最体面的庸人的生活”（《马克思恩格斯全集》第27卷第21页），并为此而深感“苦恼”和“糟糕”（第31卷第207页）。而马克思在终于完成《资本论》第一卷时写信给恩格斯说：“没有你，我永远不能完成这部著作。……你的才能主要是为了我才浪费在经商上面。”（《马克思恩格斯全集》第31卷第301页）因此，马克思在强调“为了避免可能产生的误解”时，可能也想到了“扮演资本家的经济角色”的恩格斯。

第十一章

“经济范畴的人格化”与《资本论》独创性

前章已经表明，“经济角色”这一风格性术语主导了《资本论》的“舞台”叙事风格。这里首先要对马克思另一个独创性术语略作说明。《资本论》初版序言就预告：

> 这里涉及的人，只是经济范畴的人格化，是一定的阶级关系和利益的承担者。①

其中“经济范畴的人格化”主要是指对商品、货币、资本诸范畴的“人格化”。因为整部《资本论》的理论叙事是基于对诸范畴及其逻辑进程的分析，即商品—货币—资本。

《资本论》紧接着在首章（“商品”）的第二章（“交换过程”）又提出：

> 在研究进程中我们会看到，人们扮演的经济角色不过是经济关系的人格化，人们是作为这种关系的承担者而彼此对立的。②

如果说“经济关系的人格化”主要是指“商品—货币—资本”诸范畴发展历程的“人格化”叙事，那么应该可以将马克思这三个风格性术语的思想脉络

---

① 马克思．资本论：第1卷［M］//中共中央马克思恩格斯列宁斯大林著作编译局．马克思恩格斯全集：第23卷．北京：人民出版社，1972：12.“经济范畴的人格化”亦见人民出版社2004年版第10页。日文版译作“人が経済的諸範疇の人格化”。（カール・マルクス. 資本論：第1卷［M］. 日本マルクス=エンゲルス全集刊行委員会 訳．东京：大月書店，1972：10.）英文版译为“they are the personifications of economic categories”。（Karl Marx. Capital Volue I，（Peuguin Classics）［M］. tr. Ben Fowkes. London：Clays Ltd，St lvespic，1990：92.）

② 马克思．资本论：第1卷［M］//中共中央马克思恩格斯列宁斯大林著作编译局．马克思恩格斯全集：第23卷．北京：人民出版社，1972：103.

梳理为："经济范畴的人格化"—"经济关系的人格化"—"人们扮演的经济角色"。

因此，如果说前章所论《资本论》舞台叙事风格的理论依据在于"经济角色"这一关键术语，那么这一术语自身的依据则是基于马克思对"经济范畴"以及"经济关系"的"人格化"之内涵的分析。换言之，我们需要进一步考察《资本论》的"人格化"理论及其相关叙事。

"人格"（personality）及"人格化"（personify）与"拟人"（personify）① 三者是同一词根，后者显然与文学性相关。②《资本论》的经济范畴通过拟人化叙事方式而展开，至少就政治经济学研究领域而言，马克思这个术语是独创的。

卢卡奇《审美特性》中将科学与艺术这两种把握世界的方式区别为"非拟人化"与"拟人化"。科学对象是"各种客体的性质"，而"审美反映的对象是人的世界"。③ 因此，《资本论》"经济范畴的人格化"命题很可能蕴含某种美学意蕴。迄今理论界对此命题鲜有关注。④ 本章进一步考察《资本论》"经济范畴的人格化"的具体叙事。

---

① 北京外国语学院英语系．汉英词典［M］．北京：商务印书馆，1978：572.

② 通常认为作为文学概念的"拟人"可以追溯到人类生活的早期。"拟人观：把人类的特性、特点加于外界事物，使之人格化的观点。如原始社会的人把自然现象人格化或精灵化，创造出各种各样的神。"又"拟人神：按照人类形象和本性而设想的神。特指由信仰者加以完全拟人化之神。大多具有人的形象和本性，也有头部为动物，身体为人形，以及头部或上半身为人形，身体或下半身为动物者。后世各种宗教的神，很多具有拟人或半拟人形态。"（夏征农．辞海［M］．上海：辞书出版社，2009：1371.）

③ 卢卡奇．审美特性：上［M］．徐恒醇，译．北京：社会科学文献出版社，2015：431.

④ 笔者以"马克思与物化"和"马克思与人格化"为关键词搜索百度学术网，所得二者数据大体是 10∶1（见下表整理）：

	马克思与物化	马克思与人格化
马克思主义理论	1435	93
理论经济学	846	103
哲学	456	59
北大核心期刊	1155	113
CSSCI 索引	935	89

一、“人很像商品”与“人类劳动的化身”

（一）“人很像商品”

《资本论》首章论“商品”就开始了“人格化”叙事：

> 在某种意义上，人很像商品。……人起初是以别人来反映自己的。名叫彼得的人把自己当作人，只是由于他把名叫保罗的人看作是和自己相同的。因此，对彼得说来，这整个保罗以他保罗的肉体成为人这个物种的表现形式。①

马克思的依据是，两种不同用途的产品的相互交换首先意味着双方的所有者都将对方视为自己的同类。人的自我认识最初也是“以别人来反映自己”，因此可以说“人很像商品”。这个比拟至少表明，“商品”范畴蕴含着人与人的同“类”关系。这个比拟与马克思最初论“经济学—哲学”的思想是相通的：“人是有意识的类存在物，……它把类看作自己的本质，或者说把自身看作类存在物。”②

但是两种不同“使用价值”的商品之所以相互交换，总是首先因为二者有不同外观。马克思于此也以人的“仪表”“容貌”“头发”等加以比拟：

> 如果对麻布来说，价值不同时采取上衣的形式，上衣在麻布面前就不能表示价值。例如，如果在A看来，陛下不具有B的仪表，因而不随着国王的每次更换而改变容貌、头发等，A就不会把B当作陛下。③

如果说“改变容貌”是对商品“使用价值”的拟人化，那么下面则是对“交换价值”的说明：

> 假如商品能说话，它们会说：我们的使用价值也许使人感兴趣。作为

① 马克思．资本论：第1卷［M］//中共中央马克思恩格斯列宁斯大林著作编译局．马克思恩格斯全集：第23卷．北京：人民出版社，1972：67.

② 马克思．1844年经济学哲学手稿［M］//中共中央马克思恩格斯列宁斯大林著作编译局．马克思恩格斯全集：第42卷．北京：人民出版社，1979：96-97.

③ 马克思．资本论：第1卷［M］//中共中央马克思恩格斯列宁斯大林著作编译局．马克思恩格斯全集：第23卷．北京：人民出版社，1972：66.

物，我们没有使用价值。作为物，我们具有的是我们的价值。我们自己作为商品物进行的交易就证明了这一点。我们彼此只是作为交换价值发生关系。①

"交换价值"是商品范畴的内质，它"看不见也摸不着"②，而人的内心想法也是看不见摸不着的。马克思不仅假设"商品能说话"，而且强调它们能"说出商品内心的话"③。这段拟人化叙事中连续使用了四个"我们"，这又意味着对某种同类性或同质性的强调。因为"交换价值"是"无差别的人类劳动的单纯凝结"④，"价值对象性只能在商品同商品的社会关系中表现出来"⑤。

"货币"作为经济范畴是由"商品"发展而来，"货币或商品流通"章也频繁使用了拟人化叙事。例如：

价格，即商品向货币送去的秋波，表明货币可以转化的限度，即指明货币本身的量。⑥

"秋波"通常是比喻美女的眼神目光。汉语成语"暗送秋波"特指美女以眉目传情。⑦"商品"向货币"送秋波"，是因为"商品爱货币"⑧。这里将商品与货币之关系比拟为男女恋爱，因为两者作为"物"不能自己到市场上去交换：

---

① 马克思．资本论：第1卷［M］//中共中央马克思恩格斯列宁斯大林著作编译局．马克思恩格斯全集：第23卷．北京：人民出版社，1972：100.

② 马克思．资本论：第1卷［M］//中共中央马克思恩格斯列宁斯大林著作编译局．马克思恩格斯全集：第23卷．北京：人民出版社，1972：71.

③ 马克思．资本论：第1卷［M］//中共中央马克思恩格斯列宁斯大林著作编译局．马克思恩格斯全集：第23卷．北京：人民出版社，1972：100.

④ 马克思．资本论：第1卷［M］//中共中央马克思恩格斯列宁斯大林著作编译局．马克思恩格斯全集：第23卷．北京：人民出版社，1972：51. "尽管缝和织是不同质的生产活动，但二者都是人的脑、肌肉、神经、手等的生产耗费，从这个意义上讲，二者都是人类劳动。"（同书第57页）

⑤ 马克思．资本论：第1卷［M］//中共中央马克思恩格斯列宁斯大林著作编译局．马克思恩格斯全集：第23卷．北京：人民出版社，1972：61.

⑥ 马克思．资本论：第1卷［M］//中共中央马克思恩格斯列宁斯大林著作编译局．马克思恩格斯全集：第23卷．北京：人民出版社，1972：129.

⑦ 南唐李煜《菩萨蛮》词："眼色暗相钩，秋波横欲流。"宋代苏轼《百步洪》诗："佳人未肯回秋波，幼舆欲语防飞梭。"

⑧ 马克思．资本论：第1卷［M］//中共中央马克思恩格斯列宁斯大林著作编译局．马克思恩格斯全集：第23卷．北京：人民出版社，1972：126.

为了使这些物作为商品彼此发生关系，商品监护人必须作为有自己的意志体现在这些物中的人彼此发生关系。……这是一种反映经济关系的意志。①

商品本性的规律只有通过商品所有者的天然本能表现出来。②

每一个商品生产者都必须握有这个物的神经。③

商品所缺乏的这种感知其他商品体的具体属性的能力，由商品所有者用他自己的五种和五种以上的感官补足了。④

马克思先后描述了商品监护人的“意志”“天然本能”“神经”“感知能力”以及“五种以上的感官”等，多侧面地呈现了“商品爱货币”的人格化特质。

“货币”范畴的进一步发展是“资本”。马克思对后者进一步使用了“相思病”的比拟：

当资本家把货币变成商品，……它用“好像害了相思病”的劲头开始去“劳动”。⑤

“好像害了相思病”，典出歌德《浮士德》，原为描写剧中人物恋爱。《资本论》第三卷再度使用了这个比拟，并且描述得更具体：

在生息资本的场合，……货币现在“害了相思病”。……无论它是睡着，还是醒着，是在家里，还是在旅途中，利息都会日夜长到它身上来。⑥

---

① 马克思．资本论：第1卷［M］//中共中央马克思恩格斯列宁斯大林著作编译局．马克思恩格斯全集：第23卷．北京：人民出版社，1972：102.

② 马克思．资本论：第1卷［M］//中共中央马克思恩格斯列宁斯大林著作编译局．马克思恩格斯全集：第23卷．北京：人民出版社，1972：104.

③ 马克思．资本论：第1卷［M］//中共中央马克思恩格斯列宁斯大林著作编译局．马克思恩格斯全集：第23卷．北京：人民出版社，1972：151.

④ 马克思．资本论：第1卷［M］//中共中央马克思恩格斯列宁斯大林著作编译局．马克思恩格斯全集：第23卷．北京：人民出版社，1972：193.

⑤ 马克思．资本论：第1卷［M］//中共中央马克思恩格斯列宁斯大林著作编译局．马克思恩格斯全集：第23卷．北京：人民出版社，1972：221.

⑥ 马克思．资本论：第3卷［M］//中共中央马克思恩格斯列宁斯大林著作编译局．马克思恩格斯全集：第25卷．北京：人民出版社，1975：443.

商品—货币—资本三者是一个历史与逻辑的发展过程。① 由上初步可见，马克思对这个发展历程的每一个环节都使用了“人格化”叙事。

（二）价值：“一切人类劳动的化身”

“价值”是整部《资本论》的“枢纽”性范畴。② 并非偶然的是，马克思在阐明其内涵时频繁使用了“化身”这一术语。③ 例如关于“商品”表象：

> 麻布能够与其他一切商品直接交换。它的物体形式是当作一切人类劳动的可以看得见的化身。④

> 一种物质只有分成的每一份都是均值的，才能成为价值的适当的表现形式，或抽象的因而等同的人类劳动的化身。⑤

“价值量”是指“价值”的数量，因而前者是后者的“量的化身”：

---

① “货币是以商品交换发展到一定高度为前提的。……资本则不然。……资本一出现，就标志着社会生产过程的一个新时代。”（马克思．资本论：第1卷［M］//中共中央马克思恩格斯列宁斯大林著作编译局．马克思恩格斯全集：第23卷．北京：人民出版社，1972：193.）

② “价值”包括使用价值与交换价值两方面：“商品中包含的劳动的这种二重性，是首先由我批判地证明了的。这一点是理解政治经济学的枢纽。”（马克思．资本论：第1卷［M］//中共中央马克思恩格斯列宁斯大林著作编译局．马克思恩格斯全集：第23卷．北京：人民出版社，1972：55.）马克思《剩余价值理论》追溯过“价值”（value）的词源，参阅《马克思恩格斯全集》第26卷第三册。

③ 汉语“化身”一词原出梵文佛典 Avatar，意指某种看不见也摸不着的神灵显现为有形之身：“佛随众生现种种形，或人或天，或龙或鬼，……名为化身。”（商务印书馆编辑部．辞源［M］．北京：商务印书馆，1979：388.）与该词对应的英语“incarnation”也有类似含义，例如“the devil incarnation”，汉译为“魔鬼的化身”。（北京外国语学院英语系．汉英词典［M］．北京：商务印书馆，1978：289.）“The leading dancer is the incarnation of grace.”汉译为“演主角的舞蹈家简直是美的化身”。（郑易里，曹成修，党凤德，等．英华大词典［M］．北京：商务印书馆，1984：693.）“化身”堪称是个既有宗教性又有文学性的拟人词语。

④ 马克思．资本论：第1卷［M］//中共中央马克思恩格斯列宁斯大林著作编译局．马克思恩格斯全集：第23卷．北京：人民出版社，1972：82. 英文版该句译文为：“The physical form of the linen counts as the visible incarnation of all human labour.”（Karl Marx. Capital Volue I［M］. tr. Ben Fowkes. Penguin Classics，London：Clays Ltd，St Ivespic，1990：159.）日文版译作：“リンネルの物態は、いっさいの人間労働の目に見える化身としてみとめられる。”（カール・マルクス. 資本論：第1卷［M］. 日本マルクス＝エンゲルス全集刊行委員会 訳．东京：大月書店，1972：90.）

⑤ 马克思．资本论：第1卷［M］//中共中央马克思恩格斯列宁斯大林著作编译局．马克思恩格斯全集：第23卷．北京：人民出版社，1972：107.

在市场上，全部麻布只是当作一个商品，……每一码的价值也只是同种人类劳动的同一的社会规定的量的化身。①

货币是特殊的商品，其典型形式是金银。②“金能够充当价值尺度，只是因为它本身是劳动产品。”③ “在一定时间内生产一定量的金要耗费一定量的劳动。”④ 因此马克思同样用“社会化身”来描述作为货币典型形式的金银：

金和银，一旦从地底下出来，就是一切人类劳动的直接化身。⑤

（金银）这种物的天然的金属形式是一切商品的一般等价形式，是一切人类劳动的直接的社会化身。⑥

金银作为国际贸易的硬通货⑦，更是“绝对社会化身”：

① 马克思．资本论：第1卷［M］//中共中央马克思恩格斯列宁斯大林著作编译局．马克思恩格斯全集：第23卷．北京：人民出版社，1972：126.

② “有一种商品在历史过程中夺得了特殊地位，这就是金子。”（同书第84页）

③ 马克思．资本论：第1卷［M］//中共中央马克思恩格斯列宁斯大林著作编译局．马克思恩格斯全集：第23卷．北京：人民出版社，1972：116.

④ 马克思．资本论：第1卷［M］//中共中央马克思恩格斯列宁斯大林著作编译局．马克思恩格斯全集：第23卷．北京：人民出版社，1972：117.

⑤ 马克思．资本论：第1卷［M］//中共中央马克思恩格斯列宁斯大林著作编译局．马克思恩格斯全集：第23卷．北京：人民出版社，1972：111.

⑥ 马克思．资本论：第1卷［M］//中共中央马克思恩格斯列宁斯大林著作编译局．马克思恩格斯全集：第23卷．北京：人民出版社，1972：153. “人类劳动的直接的社会化身”句，英文版为“the directly social incarnation of all human labour”。（Karl Marx. Capital Volue I［M］. tr. Ben Fowkes. Penguin Classics，London：Clays Ltd，St Ivespic，1990：230.）日文版译作“人間労働の直接に社会的な化身である”。（カール・マルクス《資本論》第1巻［M］. 日本マルクス=エンゲルス全集刊行委員会 訳．东京：大月書店，1972：174.）

⑦ 现代汉语“硬通货”首先是指黄金等贵金属。马克思比较过“观念上的计算货币”与“坚硬的货币”的区别：“金所以充当观念上的价值尺度，只是因为它在交换过程中已作为货币商品流通。因此，在观念的价值尺度中隐含着坚硬的货币。”（马克思．资本论：第1卷［M］//中共中央马克思恩格斯列宁斯大林著作编译局．马克思恩格斯全集：第23卷．北京：人民出版社，1972：122.）“货币作为支付手段的职能包含着一个矛盾：……因此，在支付锁链和一种抵销支付的人为制度已经发达的地方，如果有什么震动强制地打断了支付之流，破坏了它们的抵销机制，货币就会突然从它的价值尺度的虚无缥缈的状态一变而为坚硬的货币或支付手段。”（马克思．政治经济学批判［M］//中共中央马克思恩格斯列宁斯大林著作编译局．马克思恩格斯全集：第13卷．北京：人民出版社，1962：136.）

世界货币执行一般支付手段的职能、一般购买手段的职能和一般财富的绝对社会化身的职能。①

“剩余价值率”章将资本主义工厂中由原料加工为产品的一连串生产工序也揭示为前后接续的劳动的“化身”过程：

16 磅棉纱是纺纱过程以前的 48 小时的化身，也就是物化在棉纱的生产资料中的劳动的化身，……棉纱则是纺纱过程本身中消耗的 12 个劳动小时的化身。②

由“化身”又延伸出“国家躯体的脂肪”的比喻：

货币不过是国家躯体的脂肪，过多会妨碍这一躯体的灵活性，太少会使它生病。脂肪使肌肉的动作润滑，在缺乏食物时供给营养，使肌肉丰满，身体美化，同样，货币使国家的活动敏捷，在国内歉收时用来从国外进口食物，清偿债务，使一切美化，特别是使那班富有货币的人美化。(中略)③

（三）从商品到资本的“三级跳”

《资本论》论述商品—货币—资本的逻辑进程中，依次使用了“跳跃”“跳远”“巨大的跳跃”三个强度递增的拟人术语。笔者以“三级跳”概称之。这个三级跳从又一个侧面表征了马克思对“经济范畴的人格化”叙事。

---

① 马克思．资本论：第 1 卷［M］//中共中央马克思恩格斯列宁斯大林著作编译局．马克思恩格斯全集：第 23 卷．北京：人民出版社，1972：165. “化身”语，英译本为“the absolute social materialization of wealth as such（universal wealth）”。（Karl Marx. Capital Volue I ［M］. tr. Ben Fowkes. Penguin Classics，London：Clays Ltd，St Ivespic，1990：242.）日文译本为“富一般（universal wealth）の絶対的社会的物質化”。（カール・マルクス《資本論》第 1 巻［M］. 日本マルクス=エンゲルス全集刊行委員会 訳．东京：大月書店，1972：187.）两相比照，中文版的“化身”更传神。

② 马克思．资本论：第 1 卷［M］//中共中央马克思恩格斯列宁斯大林著作编译局．马克思恩格斯全集：第 23 卷．北京：人民出版社，1972：249.

③ 马克思．资本论：第 1 卷［M］//中共中央马克思恩格斯列宁斯大林著作编译局．马克思恩格斯全集：第 23 卷．北京：人民出版社，1972：166. 马克思的这段描述引自政治经济学之父威廉・配第的著作《爱尔兰政治剖视》。

1. “商品的惊险的跳跃”

商品的本能和意志是在市场上实现其价值，货币是其价值的实现形式；商品能否赢得货币的青睐，能否在市场上卖出去，常常会超出商品所有者的判断力。因此马克思比拟道：

> 商品爱货币，但是“真爱的道路绝不是平坦的”。①

[注：“真爱的道路绝不是平坦的”，语出莎士比亚戏剧《仲夏夜之梦》。]

对商品“不平坦”道路的描述首先见于“货币或商品流通”章：

> W-G。商品的第一形态变化或卖。商品价值从商品体跳到金体上，像我在别处说过的，是商品的惊险的跳跃。这个跳跃如果不成功，摔坏的不是商品，但一定是商品的所有者。②

“惊险的跳跃”意味着，商品所有者在市场上能否将他的产品转化成“金体”（货币）具有很大偶然性。因为卖者和买者在市场上相互陌生，“分工使这种转化能否成功成为偶然的事情”③。如果他的产品卖不出去，那么他为交换价值而付出的劳动时间就等于白费，从而他的谋生就会陷入困境（被“摔坏”）。例如“社会对麻布的需要，像对其他各种东西的需要一样，是有限度的，如果他的竞争者已经满足了这种需要，我们这位朋友的产品就成为多余的、过剩的，因而是无用的了”④。

马克思还从“社会必要劳动时间”层面分析“惊险的跳跃”可能失败的原因：“织麻布业的以往可靠的生产条件，没有经过我们这位织麻布者的许可而在

---

① 马克思．资本论：第1卷［M］//中共中央马克思恩格斯列宁斯大林著作编译局．马克思恩格斯全集：第23卷．北京：人民出版社，1972：126.

② 马克思．资本论：第1卷［M］//中共中央马克思恩格斯列宁斯大林著作编译局．马克思恩格斯全集：第23卷．北京：人民出版社，1972：124. 英文版“跳跃”译词为“leap”。(Karl Marx. Capital Volue I［M］. tr. Ben Fowkes. Penguin Classics, London: Clays Ltd, St Ivespic, 1990: 200.) 马克思原文使用的是意大利成语“salto mortale”，意为翻跟头绝技，引申为冒险之举。

③ 马克思．资本论：第1卷［M］//中共中央马克思恩格斯列宁斯大林著作编译局．马克思恩格斯全集：第23卷．北京：人民出版社，1972：127.

④ 马克思．资本论：第1卷［M］//中共中央马克思恩格斯列宁斯大林著作编译局．马克思恩格斯全集：第23卷．北京：人民出版社，1972：125.

他背后发生了变化。同样多的劳动时间，昨天还确实是生产一码麻布的社会必要劳动时间，今天就不是了。真是不幸，世上竟有很多织麻布者。这正像俗话所说：‘一起捉住，一起绞死。’”(中略)①

1859 年出版的《政治经济学批判》也述及商品“惊险的跳跃”：

> 这个变体如果没有实现，这吨铁就不仅不再是商品，而且不再是产品。……但是，如果卖确实完成了，那么这种困难即商品的 salto mortale (惊险的跳跃) 就渡过了。②

2. 货币能“跳得很远很远”

“货币转化为资本”章进一步以“跳远”比拟：

> 货币所有者必须按商品的价值购买商品，按商品的价值出卖商品，但他在过程终了时必须取出比他投入的价值更大的价值。……这里是罗陀斯，就在这里跳罢!③

“这里是罗陀斯，就在这里跳罢!”语出《伊索寓言》。据说一位好说大话的人某次远途旅行回来，声称他在罗陀斯岛参加跳远竞技，“跳得很远很远”。④

为什么货币所有者比商品所有者“跳”得更远呢？原因是“简单商品流通的最终目的是获取使用价值，以满足生活需要”；“相反，作为资本的货币流通本身就是目的”。⑤ 因此：

---

① 马克思．资本论：第 1 卷［M］//中共中央马克思恩格斯列宁斯大林著作编译局．马克思恩格斯全集：第 23 卷．北京：人民出版社，1972：126.“一起捉住，一起绞死”是德国谚语，类似汉语的“有祸同当”。

② 马克思．政治经济学批判［M］//中共中央马克思恩格斯列宁斯大林著作编译局．马克思恩格斯全集：第 13 卷．北京：人民出版社，1962：78-79.

③ 马克思．资本论：第 1 卷［M］//中共中央马克思恩格斯列宁斯大林著作编译局．马克思恩格斯全集：第 23 卷．北京：人民出版社，1972：189.

④ 马克思．资本论：第 1 卷［M］//中共中央马克思恩格斯列宁斯大林著作编译局．马克思恩格斯全集：第 23 卷．北京：人民出版社，1972：859. 英文版“跳得很远”的译词为“made an immense leap”。（Karl Marx. Capital Volue I［M］. tr. Ben Fowkes. Penguin Classics，London：Clays Ltd，St Ivespic，1990：269.）

⑤ 马克思．资本论：第 1 卷［M］//中共中央马克思恩格斯列宁斯大林著作编译局．马克思恩格斯全集：第 23 卷．北京：人民出版社，1972：174.

他的目的也不是取得一次利润，而只是谋取利润的无休止的运动。①

3. 资本的“巨大的跳跃”

“机器和大工业”章更以“巨大的跳跃”比拟“资本”：

工厂制度的巨大的跳跃式的扩展能力和它对于世界市场的依赖，必然造成热病似的生产，并随之造成市场商品充斥，而当市场收缩时，就出现瘫痪状态。工业的生命按照中常活跃、繁荣、生产过剩、危机、停滞这几个时期的顺序而不断地转换。②

如前所述，在商品生产幼年期，“商品的惊险的跳跃”可能导致个别的、部分的商品生产者的“摔坏”，而在商品生产成年期的资本主义危机中，“巨大的跳跃”则是导致整个社会的“热病”与“瘫痪”。马克思这段关于资本主义周期性危机的论述以对1770年到1863年的近百年英国纺织业历程的考察所见为依据。其中最近一次“瘫痪的规模”——“据可靠估计，1862年10月有63.3%的纱锭和58%的织机停工”③。

由此看来，马克思论述商品—货币—资本发展历程时都使用了“跳跃”的比拟，三者呈现为一个“惊险的跳跃”—“跳得很远很远”—“巨大的跳跃”的历程。④ 因此，最初“商品的惊险的跳跃”已经蕴含着资本主义生产方式根

---

① 马克思．资本论：第1卷［M］//中共中央马克思恩格斯列宁斯大林著作编译局．马克思恩格斯全集：第23卷．北京：人民出版社，1972：175.

② 马克思．资本论：第1卷［M］//中共中央马克思恩格斯列宁斯大林著作编译局．马克思恩格斯全集：第23卷．北京：人民出版社，1972：497. 英文版“巨大的跳跃”译词为“sudden immense leaps”。(Karl Marx. Capital Volue I［M］. tr. Ben Fowkes. Penguin Classics, London: Clays Ltd, St Ivespic, 199: 580.)

③ 马克思．资本论：第1卷［M］//中共中央马克思恩格斯列宁斯大林著作编译局．马克思恩格斯全集：第23卷．北京：人民出版社，1972：499-500. “它是一种运动，……价值革命越是尖锐，越是频繁，独立价值的那种自动的、以天然的自然过程的威力来发生作用的运动，就越是和资本家个人的先见和打算背道而驰，正常的生产过程就越是屈服于不正常的投机，单个资本的存在就越是要冒巨大的危险。”(马克思．资本论：第2卷［M］//中共中央马克思恩格斯列宁斯大林著作编译局．马克思恩格斯全集：第24卷．北京：人民出版社，1972：122.)

④ 由此回瞻第一章（商品）关于“桌子跳舞”的拟人描述也并非偶然：“桌子一旦作为商品出现，……从它的木脑袋里生出比它自动跳舞还奇怪的多的狂想。”（马克思．资本论：第1卷［M］//中共中央马克思恩格斯列宁斯大林著作编译局．马克思恩格斯全集：第23卷．北京：人民出版社，1972：87.)

本矛盾的基因。诚如“商品或货币流通”章所指出：“没有人买，也就买有人卖；但谁也不会因为自己已经卖，就得马上买。……这些形式包含着危机的可能性。”①

（四）“平等”—“激进”—“鼓励动乱和纷争”

“经济范畴的人格化”叙事的另一个维度，是将“商品”比拟为“天生的平等派”。这位最初的“平等派”也会经历“商品—货币—资本”三个发展阶段。

1. “商品是天生的平等派”

“交换过程”章：

> 商品是天生的平等派和昔尼克派，它随时准备不仅用自己的灵魂而且用自己的肉体去同任何别的商品交换，哪怕这个商品生得比马立托奈斯还丑。②

“马立托奈斯”是《唐·吉诃德》中长相丑陋的女佣。马克思以此说明商品的价值在于其中凝聚的“无差别的人类劳动”，而无论其长相如何。例如金子固然是商品（因为淘金需要花费劳动时间），但是粪便也可以是商品：

> 荷兰各城市的垃圾成了交易品，经常以高价卖给比利时，……从安特卫普溯斯海尔德河而上约 20 英里，就可以看到从荷兰运来的肥料的堆栈。……连普通粪便这样的肥料都成了交易品。③

比利时的金子之所以能与荷兰的粪便（肥料）进行交换，因为后者也凝聚

---

① 马克思．资本论：第 1 卷［M］//中共中央马克思恩格斯列宁斯大林著作编译局．马克思恩格斯全集：第 23 卷．北京：人民出版社，1972：133.

② 马克思．资本论：第 1 卷［M］//中共中央马克思恩格斯列宁斯大林著作编译局．马克思恩格斯全集：第 23 卷．北京：人民出版社，1972：103. 昔尼克派（cynic），或译“犬儒派”，是古希腊哲学派别之一。《资本论》另一处提到了“直率的昔尼克主义”。（同书第 478 页）

③ 马克思．剩余价值理论［M］//中共中央马克思恩格斯列宁斯大林著作编译局．马克思恩格斯全集：第 26 卷（第二册）．北京：人民出版社，1973：15.

了耗费很多时间的“相同的、抽象的人类劳动”①。

2. 货币是“激进的平均主义者”

货币的基因来自商品，却又有自己独特人格。“货币或商品流通”章：

> 正如商品的一切差别在货币上都消灭了一样，货币作为激进的平均主义者把一切差别都消灭了。②

其中“激进的平均主义者”的“平均”，与前述“天生的平等派”的“平等”，两者在英文本是同一个词“leveler”③，在日文本中也是同一个词“平等”④。换言之，两者意思相同，区别在于货币比商品更“激进”。

货币“激进”的原因在于，它作为商品交换的中介，使原先以使用价值为目标的交换（W—G—W）转变为以赚钱为目标的交换（G-W-G′）⑤。在前一过程中，商品所有者相互之间是等价交换，因而都是“平等派”；在后一过程中，货币所有者的目标是赚取更多货币，因而这个过程已经包含某种非等价交换的可能性：

> “G-W-G′”的形式，为贵卖而买，在真正的商业资本中表现得最纯粹。……只要是等价物交换，商业资本看来是不可能存在的。因而，商业资本只能这样来解释：寄生在购买的商品生产者和售卖的商品生产者之间的商人对他们双方进行欺骗。富兰克林就是在这个意义上说：“……商业是欺骗。”⑥

---

① “各种劳动不再有什么差别，全都化为相同的人类劳动，抽象人类劳动。”（马克思．资本论：第1卷［M］//中共中央马克思恩格斯列宁斯大林著作编译局．马克思恩格斯全集：第23卷．北京：人民出版社，1972：50-51.）

② 马克思．资本论：第1卷［M］//中共中央马克思恩格斯列宁斯大林著作编译局．马克思恩格斯全集：第23卷．北京：人民出版社，1972：152.

③ 英文版译文中两者分别为“A born leveler”（天生的平等派）与“a radical leveler”（激进的平均主义者）。（Karl Marx. Capital Volue I［M］. tr. Ben Fowkes. Penguin Classics, London：Clays Ltd，St Ivespic，1990：179，229.）

④ 日文版译文中两者分别为“生まれながらの平等派であり”与“徹底的な平等派”。（カール・マルクス《資本論》第1卷［M］．日本マルクス=エンゲルス全集刊行委員会 訳．东京：大月書店，1972：114，172.）

⑤ 马克思．资本论：第1卷［M］//中共中央马克思恩格斯列宁斯大林著作编译局．马克思恩格斯全集：第23卷．北京：人民出版社，1972：175. “为了贵卖而买，即G-W-G′”。（同书，第176页）

⑥ 马克思．资本论：第1卷［M］//中共中央马克思恩格斯列宁斯大林著作编译局．马克思恩格斯全集：第23卷．北京：人民出版社，1972：187.

3. 资本“会鼓励动乱和纷争”

然而资本的“激进”又远超货币。“所谓原始积累”章：

> 资本逃避动乱和纷争，它的本性是胆怯的。这是真的，但还不是全部真理。资本害怕没有利润和利润太少，就像自然界害怕真空一样。一旦有适当的利润，资本就大胆起来。如果有10%的利润，它就保证到处被使用；有20%的利润，它就活跃起来；有50%的利润，它就铤而走险；为了100%的利润，它就敢践踏一切人间法律；有300%的利润，它就敢犯任何罪行，甚至冒绞首的危险。如果动乱和纷争能带来利润，它就会鼓励动乱和纷争。走私和贩卖奴隶就是证明。①

这段描述使用了一连串递进的拟人形容词：“胆怯”“害怕”“大胆”“保证”“活跃”“铤而走险”“敢践踏”“敢犯任何罪行”“冒绞首的危险”“鼓励动乱和纷争”等。“资本”不仅会“铤而走险”（“商品的惊险的跳跃”），也不仅“敢践踏一切人间法律”（“货币作为激进的平均主义者”），而且“敢犯任何罪行”，甚至“鼓励动乱和纷争”。

由上大体可见，马克思通过对“商品—货币—资本”历程的拟人叙事，也揭示了某种不断变得“激进”的人格化特征：“平等”—“激进”—“鼓励动乱和纷争”。

二、从“分散的肢体”到资本的“生殖力”

《资本论》先后考察了古典手工业—工场手工业—机器大工业三种生产方式的历史进程，马克思对三者特征的论述也贯穿了“人格化”的叙事方式。

（一）“分散的肢体”与“以人为器官”

“货币或商品流通”章将古典手工业的分工体系比拟为人的“分散的肢体”：

> 把自己的“分散的肢体”表现为分工体系的社会生产机体，它的量的构成，也和它的质的构成一样，是自发地偶然地形成的。……分工使他们成为独立的私人生产者，同时又使社会生产过程以及他们在这个过程中的

---

① 马克思．资本论：第1卷［M］//中共中央马克思恩格斯列宁斯大林著作编译局．马克思恩格斯全集：第23卷．北京：人民出版社，1972：829.

> 关系不受他们自己支配；人与人的互相独立为物与物的全面依赖的体系所补充。①

“分散的肢体”典出古罗马诗人贺拉斯（Quintus Horatius Flaccus）的诗章。马克思以此说明，古典手工业时代表面上相互“独立”的工匠，客观上则处于相互“依赖”的生产体系中，只不过这种相互依赖尚处于“自发地偶然地形成”的初级阶段，并且各自孤立地分散在广大地域，因而其整体面貌隐而未显。

“分工和工场手工业”章，马克思又两度使用了这个比拟。一次是钟表制造为“最好的例子”：

> 钟表从纽伦堡手工业者的个人制品，变成了无数局部工人的社会产品。这些局部工人是：毛坯工、发条工、字盘工……所有这些分散的肢体，只是在最终把它们结合成一个机械整体的人的手中才集合在一起。②

由此，古典手工业时代隐没在广大地域中的“分散的肢体”，在“集合”的工场手工业空间中，其“相互依赖”的整体面貌变得明显可见了。③

这种“集合”体的另一种表现形式是服装工场制作：

---

① 马克思．资本论：第1卷［M］//中共中央马克思恩格斯列宁斯大林著作编译局．马克思恩格斯全集：第23卷．北京：人民出版社，1972：126.

② 马克思．资本论：第1卷［M］//中共中央马克思恩格斯列宁斯大林著作编译局．马克思恩格斯全集：第23卷．北京：人民出版社，1972：380.“因此就缩短了制品的各个特殊生产阶段之间的空间距离。制品从一个阶段转移到另一阶段所需要的时间减少了，同样，用在这种转移上的劳动也减少了。这样，同手工业相比，劳动生产率提高了，这种提高是由工场手工业的一般协作性质产生的。”（同书，第381页）

③ 亚当·斯密《国富论》首章“论分工”对这个隐而未显的“全面依赖的体系”做过专题论述：“考察一下文明而繁荣的国家的最普通技工或日工的日用物品罢；……例如，日工所穿的粗劣呢绒上衣，就是许多劳动者联合劳动的产物。为完成这种朴素的产物，必须有牧羊者、拣羊毛者、梳羊毛者、染工、粗梳工、纺工、织工、漂白工、裁缝工，以及其他许多人，联合起来工作。”“加之，……染工所用药料，常须购自世界上各个遥远的地方，要把各种药料由各个不同地方收集起来，该需要多少商业和航运业，该需要雇用多少船工、水手、帆布制造者和绳索制造者啊！”“单就简单器械如牧羊者剪毛时所用的剪刀来说，其制造就须经过许多种类的劳动。……矿工、熔铁炉建造者、木材采伐者、熔铁厂烧炭工人、制砖者、泥水匠、在熔铁炉旁服务的工人、机械安装工人、铁匠等，必须把他们各种各样的技艺联结起来。”《国富论》由此总结：文明国家中的每一个人的最简单的日常生活，都不能“没有成千上万的人的帮助和合作”，并据此批评了很多人的“很错误的想象”。（亚当·斯密．国民财富的性质和原因的研究：上卷［M］．郭大力，王亚南，译．北京：商务印书馆，2005：11-12.）

现代工场手工业……或者如在大城市产生的服装工场手工业那样，找到了“诗人分散的肢体”，只需要把它们从分散状态集合起来。①

与“分散的肢体”相呼应的是“以人为器官”的人格化叙事。“分工和工场手工业”章：

（工场手工业）不管它的特殊的出发点如何，它的最终形态总是一样的：一个以人为器官的生产机构。②

工场手工业发展了人类劳动的协作形式，从而提高了劳动生产率。但是其负面效应在于：“工场手工业工人按其自然的性质没有能力做一件独立的工作。”③ 马克思于此又引用了一则拟人化寓言：

工场手工业把工人变成畸形，它压抑工人的多种多样的生产志趣和生产才能，人为地培植工人片面的技巧，……不仅各种局部劳动分配给不同的个体，而且个体本身也被分割开来，成为某种局部劳动的自动的工具。这样，梅涅尼·阿格利巴把人说成只是人身体的一个片段这种荒谬的寓言就实现了。④

据中文版注释，罗马贵族梅涅尼·阿格利巴（Menenius Agrippa）在劝说平民不要反抗时讲了一则人体各部反抗胃部的寓言。其中把社会整体比作人的生命机体，平民是这个机体的手，他们供养这个机体的胃即贵族。手和胃分离开

① 马克思．资本论：第1卷［M］//中共中央马克思恩格斯列宁斯大林著作编译局．马克思恩格斯全集：第23卷．北京：人民出版社，1972：403.“机器和大工业”章再度回瞻了这个“分散的肢体”：“从事服饰生产的有手工工场，它只是把具有现成的分散的肢体的分工在手工工场内部再生产出来；……这样一来，往往整个城市和整个地区都专门从事某种行业，像制鞋业等。”（同书，第516页）

② 马克思．资本论：第1卷［M］//中共中央马克思恩格斯列宁斯大林著作编译局．马克思恩格斯全集：第23卷．北京：人民出版社，1972：375.

③ 马克思．资本论：第1卷［M］//中共中央马克思恩格斯列宁斯大林著作编译局．马克思恩格斯全集：第23卷．北京：人民出版社，1972：399.

④ 马克思．资本论：第1卷［M］//中共中央马克思恩格斯列宁斯大林著作编译局．马克思恩格斯全集：第23卷．北京：人民出版社，1972：399.

来，就要引起生命机体的死亡。① 马克思针对这个“荒谬的寓言”创作了一个新寓言：

> 珊瑚的每一个个体实际上都是全群的一个胃脏，但是它供给全群以养料，而不是像罗马贵族那样从全群汲取养料。②

“机器与大工业”章又进一步做了人格化描述：

> 正像许多工具只组成一个工作机的器官一样，许多工作机现在只组成同一个发动机构的同样的器官。③

因为“手工业的熟练仍然是工场手工业的基础”，所以它仍然是“依赖工人本身的客观骨骼”④。工场手工业的“骨骼”为机器大工业提供了“自然基础”⑤。两者的不同在于：

> 人能够同时使用的工具的数量，受到人天生的生产工具的数量，即他自己身体的器官数量的限制。……同一工作机同时使用的工具的数量，一

---

① 马克思．资本论：第1卷［M］//中共中央马克思恩格斯列宁斯大林著作编译局．马克思恩格斯全集：第23卷．北京：人民出版社，1972：866.《恩格斯致马克思（1851年8月10日）》中也提到这个“关于胃和手的寓言”，并称该寓言作者为“罗马的迂夫子”。（中共中央马克思恩格斯列宁斯大林著作编译局．马克思恩格斯全集：第27卷［M］．北京：人民出版社，1972：323.）又据王元化考证，该寓言典出莎士比亚戏剧《科里奥兰纳斯》（*Coriolanus*）中的美尼涅斯·哀格利巴（Menenius Agrippa）。（王元化．沉思与反思［M］．上海：上海辞书出版社，2007：6.）

② 马克思．资本论：第1卷［M］//中共中央马克思恩格斯列宁斯大林著作编译局．马克思恩格斯全集：第23卷．北京：人民出版社，1972：399. 王元化曾结合中国古典解读该寓言：“各司不同职能的人是像珊瑚一样，每个个体都供给全体以养料。……庄生所谓‘泰山非大，秋毫非小’，也即阐明万物并育而不相害之理。这句话隐隐含有平等与自由的意蕴，是值得细细玩味的。”（王元化．沉思与反思［M］．上海：上海辞书出版社，2007：6-7.）

③ 马克思．资本论：第1卷［M］//中共中央马克思恩格斯列宁斯大林著作编译局．马克思恩格斯全集：第23卷．北京：人民出版社，1972：416.

④ 马克思．资本论：第1卷［M］//中共中央马克思恩格斯列宁斯大林著作编译局．马克思恩格斯全集：第23卷．北京：人民出版社，1972：406.

⑤ 马克思．资本论：第1卷［M］//中共中央马克思恩格斯列宁斯大林著作编译局．马克思恩格斯全集：第23卷．北京：人民出版社，1972：417.

开始就摆脱了工人的手工工具所受的器官的限制。①

因此，工场手工业“人手”在某一空间的集合，现在进一步转化为在一台机器上的集合，换言之，人体“器官”的集合度空前发展了。

马克思对机器工业的拟人描述更是多方面的：

一个由无数机械的和有自我意识的器官组成的庞大的自动机。……仁慈的蒸汽力量把无数臣民聚集在自己的周围。②

许多同种的工作机，都是同时并同等地从共同的原动机的心脏跳动中得到推动。③

正像人呼吸需要肺一样，人要在生产上消费自然力，就需要一种“人的手的创造物”。④

马克思不仅将机器比拟为人体“器官”的集合体，而且描述了它的“自我意识”、它的“心脏跳动”，以及它的“像人呼吸需要肺一样”。

由此看来，马克思以拟人化方式描述了机器工业的三个历史阶段：(1)“分散的肢体”(古典手工业)；(2)“一个以人体为器官的生产机构”(工场手工业)；(3)“一个工作机的器官”(机器工业)。

(二) 资本的“生殖力”

就马克思创立的剩余价值理论而言，整部《资本论》最关键的“人格化”是以“生殖力”比拟资本的性能。

“所谓原始积累”章将“货币”与“资本”两个范畴做了比较：

它像挥动魔杖一样，使不生产的货币具有了生殖力，这样就使它转化

① 马克思．资本论：第1卷［M］//中共中央马克思恩格斯列宁斯大林著作编译局．马克思恩格斯全集：第23卷．北京：人民出版社，1972：411.

② 马克思．资本论：第1卷［M］//中共中央马克思恩格斯列宁斯大林著作编译局．马克思恩格斯全集：第23卷．北京：人民出版社，1972：459，460.

③ 马克思．资本论：第1卷［M］//中共中央马克思恩格斯列宁斯大林著作编译局．马克思恩格斯全集：第23卷．北京：人民出版社，1972：416.

④ 马克思．资本论：第1卷［M］//中共中央马克思恩格斯列宁斯大林著作编译局．马克思恩格斯全集：第23卷．北京：人民出版社，1972：424.

为资本……①

"资本"由"货币"转化而来，两者区别在于有无"生殖力"：

> 如果把货币从流通中取出来，那么它就凝固为贮藏货币，即使藏到世界末日，也不会增加分毫。资本却不同，它会产仔，或者说，它至少会生金蛋。②

因此"生殖力"堪称"资本"的标志性特征。

这里需要对"生殖力"一词略作审察。"生殖"一词为古汉语早有，意指包括植物、动物及人类等有生命之物的繁殖和生息。③ 但是"生殖力"一词却是现代汉语外来词，它由"生殖"和"力"构成。在词干上加以后缀而形成新的组合词，这种构词法来源于近代日语的汉字新词。④ 相关研究表明，现代汉语中的马克思主义关系术语多数来自日语中介。⑤ 因此，上引"生殖力"一词很

---

① 马克思 . 资本论：第 1 卷［M］//中共中央马克思恩格斯列宁斯大林著作编译局 . 马克思恩格斯全集：第 23 卷 . 北京：人民出版社，1972：823.

② 马克思 . 资本论：第 1 卷［M］//中共中央马克思恩格斯列宁斯大林著作编译局 . 马克思恩格斯全集：第 23 卷 . 北京：人民出版社，1972：173，176.

③ "生殖"词条见：辞源［M］. 北京：商务印书馆，1979：2097. "殖"字在古汉语中的本义是指种植、孳生，引申为人类族群的繁殖生长蕃息，又引申为经济活动，《列子·杨朱》："子贡殖于卫。"（见《辞源》第 1684 页）古汉语更有"货殖"一词，《史记》《汉书》皆有《货殖传》，皆指经营生财人物之传记。这意味着古汉语早已将经济活动比拟为人类的"生殖"。缘此，"生殖"一词也可以注释"货殖"之义。《论语》："赐不受命，而货殖焉。"旧注："子贡货殖，谓居财货以生殖也。"（见《辞源》第 2954 页）

④ 现代汉语中的这类组合词如：~化（科学化、机械化）、~性（可能性、兼容性）、~式（方程式、西洋式）等。以"力"字为后缀的组合词则有想象力、生产力、创造力、记忆力、弹跳力、爆发力等。参阅刘正琰等编《汉语外来词词典》（上海辞书出版社，1984 年）与日本学者实藤惠秀《中国人留学日本史》（谭汝谦等译，三联书店，1983 年）。

⑤ 例如，现代汉语"生产力"一词来源于日文的中介。（李博 . 汉语中马克思主义术语的起源与作用［M］. 赵倩，王草，葛平竹，译 . 北京：中国社会科学出版社，2003：181.）该书中列出的 1903 年前出现于日本文献中的相关词语如：社会主义、共产主义、革命、资本、资本家、资本主义、帝国主义、封建主义、封建制度、阶级、阶级斗争、生产、生产资料、生产方式、生产力、生产关系、生产率、劳动、劳动力、政治经济学、私有财产、农民、贫农、中农、富农、地主、人民、权力、政权、解放、反动、思想、理论、唯物论、唯物主义、行而上学等（该书目录，第 2 页）；1903 年后出现于日本文献中的相关词语如：矛盾、对立、对抗、不断革命、辩证法、价值、修正主义、改造、意识、意识形态、经济基础、上层建筑、无产者、无产阶级、知识分子、实践等（该书目录，第 3-4 页）。

可能来自日文版《资本论》。查日文版《资本论》，相应译文为："それは、魔法の杖で打つかのように、不妊の貨幣に生殖力を与えてそれを資本に転化させ……"① 日文版译文凸显了"不妊"（不能怀孕）的货币与具有"生殖力"的资本的区别。中国最早《资本论》全译本（郭大力、王亚南译，1938 年初版）中："它如挥动魔杖，使不孕的货币有生殖力，把它转化为资本。"② 中文版"生殖力"译词应该是借鉴并吸取了日文版译文中的汉字新词。③

以"生殖力"比拟"资本"特性，这在《资本论》相关论述中也是确有根据的。例如"货币转化为资本"章以"圣父与圣子"关系比拟资本性能：

> 现在，它不是表示商品关系，而可以说同它自身发生私自关系。它作为原价值同作为剩余价值的自身区别开来，作为圣父同作为圣子的自身区别开来，而二者年龄相同，实际上只是一个人。这是因为预付的 100 镑只是由于有了 10 镑剩余价值才成为资本，而它一旦成为资本，一旦生了儿子，并由于有了儿子而生了父亲，二者的区别又可以马上消失，合为一体——110 镑。④

在这个比拟中，"圣父"是原价值，"圣子"是新价值，原价值包含着"生殖"新价值的可能性，新价值实现了原价值的"生殖力"。但是马克思同时指出，资本"生殖力"的怪异面——圣父与圣子"年龄相同，实际上只是一个人"；圣父可以"生儿子"，而圣子也可以"生父亲"。这个怪异面与"所谓原

---

① カール・マルクス《資本論》第 1 巻［M］. 日本マルクス=エンゲルス全集刊行委員会訳 . 东京：大月書店，1972：984.

② 该段英文版中相应译文为："As with the stroke of an enchanter' s wand, it endows barren-money with the power of and thus turns it into capital,…"（Karl Marx. Capital Volue I：Penguin Classics［M］. tr. Ben Fowkes，London：Clays Ltd，St Ivespic，1995—1996.）其中描述了"barrenmoney"（不生息的货币）向"capital"（资本）的"turns"（转化），而没有出现与"生殖力"对应的词。英语中相应词汇有 bear（生育）、breed（繁殖）、pregnant（怀孕）、reproduction（生殖）等。（郑易里，等 . 英华大词典［M］. 北京：商务印书馆，1984：109，168，1089，1179.）比照可见，"生殖力"译词堪称具有汉语特色。

③ 日本是马克思主义最早传入亚洲的国度。"1909 年安部矶雄翻译的《资本论》第一卷出版，1924 年由高岛素之第一次完整翻译的《资本论》三卷在日本出版。"（谭晓军 . 21 世纪日本马克思主义的理论新发现与实践新探索：以日本新版《资本论》的修订为例［J］. 马克思主义研究，2022（9）：126-138.）

④ 马克思 . 资本论：第 1 卷［M］//中共中央马克思恩格斯列宁斯大林著作编译局 . 马克思恩格斯全集：第 23 卷 . 北京：人民出版社，1972：177.

始积累”章的描述相通：“它像挥动魔杖一样，使不生产的货币具有了生殖力。”可见马克思对资本“生殖力”的人格化描述，一开始就同时强调了它的非自然生命的特质。

“剩余价值转化为资本”章再度以基督教故事中的父子相传比拟资本“生殖力”：

> 这是亚伯拉罕生以撒，以撒生雅各的老故事。10000镑原有资本带来2000镑剩余价值，这些剩余价值资本化了；新的2000镑资本又带来400镑剩余价值；这个剩余价值又资本化了，于是变成了第二个追加资本，又带来80镑新的剩余价值。以此类推。①

与资本“生殖力”具有逻辑关联的是“价值增殖”。“劳动过程和价值增殖过程”章②堪称对资本“生殖力”的专论。其中一段如下：

> 当资本家把货币变成商品，……当他把活的劳动力同这种死的物质合并在一起时，他就把价值，把过去的、物化的、死的劳动变为资本，变为自行增殖的价值，变为一个有灵性的怪物，它用“好像害了相思病”的劲头开始去“劳动”。③

---

① 马克思．资本论：第1卷［M］//中共中央马克思恩格斯列宁斯大林著作编译局．马克思恩格斯全集：第23卷．北京：人民出版社，1972：638.

② 日文版标题为“労働過程と価値増殖過程”。现代汉语有“增值”与“增殖”两个近义词，前者为经济学术语，后者是生物学术语。两者都源于西语。“增值：〈经〉rise in value（或 increase in value）”（北京外国语学院英语系．汉英词典［M］．北京：商务印书馆，1978：870.）又“增殖：hyperplasia、proliferation、multiplication。例如细胞增殖〈医〉：proliferation of cells；增殖率〈牧〉：rate of increase”（同页）。由此看来，中文版和日文版的译词选择“增殖”（而非“增值”），可谓突出了《资本论》原文中的“生殖力”比拟，也恰切地传达了马克思“经济范畴的人格化”思想。该章英文版标题为“The Labour-Process and the Process of Producing Surplus-Value”（Transcribed：Zodiac，1995-1996）。其中“Producing Surplus-Value”直译为“剩余价值的生产”，未能传达拟人性的“生殖力”之义。另一英文版译作“The Labour Process and the Valorization Process”（Karl Marx. Capital Volue I［M］. tr. Ben Fowkes. Penguin Classics，London：Clays Ltd，St Ivespic，1990：283.），其中“Valorization”是指“政府以给予各种补助的形式稳定的（商品）价格”。（郑易里，等．英华大词典［M］．北京：商务印书馆，1984：1536.）该译词也未传达拟人意味的“生殖力”之义，而英语中有“增殖、繁殖”含义的词至少有 proliferation、reproduce、multiplication 等。

③ 马克思．资本论：第1卷［M］//中共中央马克思恩格斯列宁斯大林著作编译局．马克思恩格斯全集：第23卷．北京：人民出版社，1972：221.

马克思在这里再度强调资本“生殖力”的怪异性——它是“一个有灵性的怪物”，是一个“好像害了相思病”的病人。①

“工作日”章更以怪异的“吸血鬼”比拟资本的“增殖自身”：

> 资本只有一种生活本能，这就是增殖自身，获取剩余价值。用自己不变部分即生产资料吮吸尽可能多的剩余劳动。资本是死劳动，它像吸血鬼一样，只有吮吸活劳动才有生命，吮吸的活劳动越多，它的生命就越旺盛。②

---

① 上引“变为自行增殖的价值”句，日文版译作“資本家は死んでいる過去の労働を、資本に、すなわち自分自身を増殖する価値に転化させるのであり、胸に恋でも抱いているかのように動きはじめる活気づけられた怪物に転化させるのである”。（カール・マルクス. 資本論：第1巻［M］. 日本マルクス=エンゲルス全集刊行委員会 訳. 东京：大月書店，1972：255-256.）其中“自分自身を増殖する価値”句，也使用了“增殖”这一术语。该段英文版为：“By turning his money into commodities that serve as the material elements of a new product, and as factors in the labour-process, by incorporating living labour with their dead substance, the capitalist at the same time converts value, i. e., past, materialised, and dead labour into capital, into value big with value, a live monster that is fruitful and multiplies.”（Karl Marx. Capital Volume I, Transcribed: Zodiac, 1995-1996）其中“fruitful and multiplies”也有“增殖”之意。另一个英文版译文则为“past labour in its objectified and lifeless form, into capital, value which can perform its own valorization process, ananimated monster which begins to“‘work’”,“‘as if its body were by love possessed。’”（Karl Marx. Capital Volue I［M］. tr. Ben Fowkes. Penguin Classics, London: Clays Ltd, St Ivespic, 1990: 302.）其中与“增殖”对应的译词是“valorization”，后者指“政府以给予各种补助的形式稳定的（商品）价格”。（郑易里，等. 英华大词典［M］. 北京：商务印书馆，1984：1536.）

② 马克思. 资本论：第1卷［M］//中共中央马克思恩格斯列宁斯大林著作编译局. 马克思恩格斯全集：第23卷. 北京：人民出版社，1972：260. 此段日文版译文为：“資本にはただ一つの生活衝動があるだけである。すなわち、自分を価値増殖し、剰余価値を創造し、自分の不変部分、生産手段でできるだけ多量の剰余労働を吸収しようとする衝動である。資本はすでに死んだ労働であって、この労働は吸血鬼のようにただ生きている労働の吸収によってのみ活気づき、そしてそれを吸収すればするほどますます活気づくのである。”（カール・マルクス. 資本論：第1巻［M］. 日本マルクス=エンゲルス全集刊行委員会 訳. 东京：大月書店，1972：302.）而该段英文版则为：“But capital has one sole driving force, the drive to valorize its self, to creat surplus-value,…”（Karl Marx. Capital Volue I［M］. tr. Ben Fowkes. Penguin Classics, London: Clays Ltd, St Ivespic, 1990: 342.）又在线资料英文版译作：“But capital has one single life impulse, the tendency to create value and surplus-value,…”（Transcribed: Zodiac, 1995—1996）两种英文版者都未凸显“生殖力”意义上的“增殖”之义。

“资本”之所以能够“增殖自身”，之所以具有“生殖力”，根本原因在于吮吸具有生命力的“活劳动”。由此看来，马克思对资本“生殖力”的人格化叙事，也是基于他对资本主义生产过程中“价值增殖”机制的分析。①

三、“经济范畴的人格化”与美学的“拟人化问题”

本章开首指出卢卡奇《审美特性》中将艺术把握世界的方式概称为“拟人化”。卢卡奇美学的这个关键词意味着对《资本论》“经济范畴的人格化”命题的意义的创新性发展。《审美特性》明确写道：

> 审美原理实际上是具有一种拟人化的特性。……艺术反映按本质说来是拟人化的。②
>
> 拟人化问题，就其重要性而言，在我们以后的讨论中将起着中心的作用。③

“拟人化原理”或“拟人化问题”是贯穿《审美特性》全书的关键词。我们由此对卢卡奇这个“拟人化”关键词与马克思“经济范畴的人格化”叙事的关系略作讨论。

---

① 在“不变资本与可变资本”章，“价值增殖”也是关键词：“产品的总价值超过产品的形成要素的价值总额而形成的余额，就是价值已经增殖的资本超过原预付资本价值而形成的余额。”（马克思．资本论：第1卷［M］//中共中央马克思恩格斯列宁斯大林著作编译局．马克思恩格斯全集：第23卷．北京：人民出版社，1972：235.）该段日文版中也使用“価値増殖”这一关键词：“この生產物を形成する諸要素の価値総額を越える超過分は、最初に前貸しされた資本価値を越える価値増殖された資本の超過分である。”（カール・マルクス．資本論：第1卷［M］．日本マルクス=エンゲルス全集刊行委員会訳．东京：大月書店，1972：273.）该段英文版则使用了“the capital valorized over the value”这一非拟人性词语：“The excess of the total value of the product over the sum of the values of its constituent elements is the excess of the capital which has been valorized over the value of the capital originally advanced.”（Karl Marx. Capital Volue I［M］. tr. Ben Fowkes. Penguin Classics，London：Clays Ltd，St Ivespic，1990：317.）另一英文版所用则是“the expanded capital”（增大了的资本）：“The surplus of the total value of the product, over the sum of the values of its constituent factors, is the surplus of the expanded capital over the capital originally advanced.”（Transcribed：Zodiac，1995—1996）英文版的两者都未凸显生物或生命意义上的“增殖”，而只是“增值”。

② 卢卡奇．审美特性：上［M］．徐恒醇，译．北京：社会科学文献出版社，2015：126.

③ 卢卡奇．审美特性：上［M］．徐恒醇，译．北京：社会科学文献出版社，2015：127.

（一）卢卡奇“拟人化问题”来源于《资本论》

虽然整部《审美特性》未见提及马克思在初版序言就预告的“经济范畴的人格化”，但是《资本论》贯穿始终的这一叙事方法无疑给卢卡奇留下了深刻印记：

> 历史科学在文献表述时广泛使用审美的表达手段而仍然是纯科学（非拟人化的）。同样，当艺术在对生活素材的占有上借助科学方法和成果时，作为艺术在它的效果的纯粹性上也绝不会受到干扰。前一种可能性我们可以在马克思的历史以及经济学著作中看到，马克思在方法学上大部分是这样做的。①

最为直接的证据是，卢卡奇本人强调他的“拟人化原理”是受到《资本论》的启发：

> 马克思指出：“人类史同自然史的区别在于，人类史是我们自己创造的，而自然史不是我们自己创造的。”只要把艺术活动的产品纯粹当作这一发展的产物来看待，这无疑是符合事实的。也就是说，只要它仅仅被当作人的社会存在的一部分来看待，我们所指出的这一规律性也适用于对这种存在的科学反映。②

卢卡奇引述的“马克思指出……”，这段话见于《资本论》“机器和大工业”章的一条注释，该注释中引鉴了达尔文与意大利学者卓万尼·巴蒂斯特·维科（Giovanni Battista Wico，1668—1744）③ 的研究成果：

> 达尔文注意到自然工艺史，即注意到在动植物的生活中作为生产工具的动植物器官是怎样形成的。社会人的生产器官的形成史，即每一个特殊社会组织的物质基础的形成史，难道不值得同样注意吗？而且，这样一部历史不是更容易写出来吗？因为，如维科所说的那样，人类史同自然史的

---

① 卢卡奇．审美特性：上［M］．徐恒醇，译．北京：社会科学文献出版社，2015：131.

② 卢卡奇．审美特性：上［M］．徐恒醇，译．北京：社会科学文献出版社，2015：136.

③ 《审美特性》中的译名为“维柯”。（卢卡奇．审美特性：上［M］．徐恒醇，译．北京：社会科学文献出版社，2015：136.）

区别在于，人类史是我们自己创造的，而自然史不是我们自己创造的。①

马克思将达尔文注意到的“自然工艺史”与政治经济学研究的“社会人的生产器官的形成史”做比较，首先肯定了两者有类似处。② 但是马克思紧接着引鉴的维科所识，显然更强调了两者之间的不同，因为后者研究的是人类社会的发展规律。③

与“达尔文注意到自然工艺史”相区别，马克思在这条注释中还阐明了他本人研究的“批判的工艺史”的方法论：

> 工艺学会揭示出人对自然的能动关系，人的生活的直接的生产过程，以及人的社会生活条件和由此产生的精神观念的直接生产过程。甚至所有抽掉这个物质基础的宗教史，都是非批判的。事实上，通过分析来寻找宗教幻想的世俗核心，比反过来从当时的现实生活关系中引出它的天国形式要容易得多。后面这种方法是唯一的唯物主义的方法，因而也是唯一科学的方法。那种排除历史过程的、抽象的自然科学的唯物主义的缺点，每当它的代表越出自己的专业范围时，就在它的抽象的和唯心主义的观念中立刻显露出来。④

在这里，马克思强调他本人主张的“批判的工艺史”的最基本特征在于：研究“人对自然的能动关系”绝不能“排除历史过程”。而达尔文研究的“自

---

① 马克思．资本论：第1卷［M］//中共中央马克思恩格斯列宁斯大林著作编译局．马克思恩格斯全集：第23卷．北京：人民出版社，1972：409-410.

② 《资本论》“分工和工场手工业”章：“工场手工业时期通过劳动工具适合于局部工人的专门的特殊职能，使劳动工具简化、改进和多样化。”马克思于此注释：“达尔文在其划时代的著作《物种起源》中，谈到动植物的自然器官时指出：‘在同一个器官从事不同的工作时，这个器官变异的原因也许在于：自然选择对于每一形态上的细小差异的保存或抑制，不如在同一器官专用于一个特殊目的时那样小心。比如，用来切各种东西的刀，大体上可保持同样的形态；但专供一种用途的工具，如作另一种用途，就必须有另一种形式。’”（马克思．资本论：第1卷［M］//中共中央马克思恩格斯列宁斯大林著作编译局．马克思恩格斯全集：第23卷．北京：人民出版社，1972：379.）

③ “维科认为一切民族都会经历从兴起、发展、鼎盛一直到衰亡的历程。这一历程为三个阶段：神的时期、英雄时期和人的时期。维科被学界视为历史哲学的奠基人。”（龙育群．历史哲学：维科的贡献［J］．求索，1991（5）：51-56.）

④ 马克思．资本论：第1卷［M］//中共中央马克思恩格斯列宁斯大林著作编译局．马克思恩格斯全集：第23卷．北京：人民出版社，1972：409-410.

然工艺史”，则是早在人类起源以前就发生了。因此，“自然科学的唯物主义”不能照搬移植于人类历史研究领域。

并且，在该条注释所附的正文中，马克思强调了政治经济学与自然科学在研究方法上的区别：

> 数学家和力学家说，工具是简单的机器，机器是复杂的工具。某些英国经济学家也重复这种说法，他们看不到二者的本质区别，甚至把简单的机械力如杠杆、斜面、螺旋、楔等也叫作机器。的确，任何机器都是由这些简单的力构成的，不管它怎样改装和组合。但是从经济学的观点来看，这些说明毫无用处，因为其中没有历史的要素。①

马克思所说政治经济学与自然科学“二者的本质区别”，也正是卢卡奇美学“拟人化原理”的依据。《审美特性》的“艺术作品的自身世界”章写道：

> 科学反映，正如我们所知，是非拟人化的反映，……审美反映的对象是人的世界、人们相互间以及与自然界的关系。②

卢卡奇意识到被马克思肯定的维科关于“人类史与自然史的区别”有慧识，这也正是其《审美特性》首次提出讨论的“拟人化原理”的方法论依据。卢卡奇说：“在维柯的启发下——马克思指出，‘人类史同自然史的区别在于……’”③我们同样可以说，在马克思的启发下——卢卡奇指出，“审美反映的对象是人的世界”。

(二)“审美发生学”与古典经济学的“根本缺点”

马克思强调“经济范畴的人格化”这一叙事方式首先针对了古典经济学的“根本缺点”；卢卡奇《审美特性》强调“拟人化原理”，则是因为西方古典美学也存在着的“根本缺点”。

《资本论》“商品”章一条注释写道：

> 古典政治经济学的根本缺点之一，就是它始终不能从商品的分析，而

---

① 马克思．资本论：第1卷［M］//中共中央马克思恩格斯列宁斯大林著作编译局．马克思恩格斯全集：第23卷．北京：人民出版社，1972：409.

② 卢卡奇．审美特性：上［M］．徐恒醇，译．北京：社会科学文献出版社，2015：431.

③ 卢卡奇．审美特性：上［M］．徐恒醇，译．北京：社会科学文献出版社，2015：136.

特别是商品的价值的分析中，发现那种正是使价值成为交换价值的价值形式。恰恰是古典政治经济学家的最优秀的代表人物，像亚·斯密和李嘉图，把价值形式看成一种完全无关紧要的东西或在商品本性之外的东西。这不仅仅因为价值量的分析把他们的注意力完全吸引住了。还有更深刻的原因。劳动产品的价值形式是资产阶级生产方式的最抽象的但也是最一般的形式，这就使资产阶级生产方式成为一种特殊的社会生产类型，因而同时具有历史的特征。因此，如果把资产阶级生产方式误认为是社会生产的永恒的自然形式，那就必然会忽略价值形式的特殊性，从而忽略商品形式及其进一步发展——货币形式、资本形式等的特殊性。因此，我们发现，在那些完全同意用劳动时间来计算价值量的经济学家中间，对于货币即一般等价物的完成形态的看法是极为混乱和矛盾的。……①

这条注释的要点至少有三方面：

其一，古典政治经济学“始终不能发现价值形式”。

其二，不能发现的“更深刻的原因”在于，他们看不到商品生产所“具有的历史特征”，从而“把资产阶级生产方式误认为是社会生产的永恒的自然形式”。

其三，马克思是以“古典政治经济学家的最优秀的代表人物”，即亚当·斯密和李嘉图为代表提出问题的。②

由此回看卢卡奇美学提出的“拟人化原理”，后者基于对西方古典美学的反思。《审美特性》写道：

大多数美学所贯穿的原则是把审美的本质作为固有的东西和一开始就

① 马克思．资本论：第1卷［M］//中共中央马克思恩格斯列宁斯大林著作编译局．马克思恩格斯全集：第23卷．北京：人民出版社，1972：98.

② “劳动力的价值或价格转化为工资”章以斯密为例写道：“古典政治经济学……毫无批判地采用‘劳动的价值’‘劳动的自然价格’等范畴，把它们当作所考察的价值关系的最后的、适当的用语，结果就……陷入了无法解决的混乱和矛盾中。”（马克思．资本论：第1卷［M］//中共中央马克思恩格斯列宁斯大林著作编译局．马克思恩格斯全集：第23卷．北京：人民出版社，1972：589.）马克思对李嘉图的批评之一见于“绝对剩余价值和相对剩余价值”章：“李嘉图从来没有考虑到剩余价值的起源。他把剩余价值看作资本主义生产方式固有的东西，而资本主义生产方式在他看来是社会生产的自然形式。”（同书第563页）马克思还指出：“古典政治经济学几乎接触到事物的真实状况，但是没有自觉地把它表述出来。”根本原因还在于：“只要古典政治经济学附着在资产阶级的皮上，它就不可能做到这一点。”（同书第593页）

统一的东西来看待，这多少有碍于从哲学上对艺术本质和艺术形成的理解。①

在所有的唯心主义的美学思想中，都承认这种先验能力的自然占优势。②

机械唯物主义运用人的是那种超历史概念，所以根本不会提出发生学的问题。③

其中所批判的“固有的东西”“先验能力的自然”“超历史概念”等，显然发挥了《资本论》对古典政治经济学“最根本缺点”的揭示，因为后者的症结在于将资本主义生产法则“误认为是社会生产的永恒的自然形式”④。

卢卡奇自述：“我最初是以康德美学，后来以黑格尔为理论支点的文学评论家和论文作者。”⑤ 因此他对古典美学的批判也主要是以这两位代表人物为对象。就康德而言，《审美特性》在讨论“比例”这一审美范畴时指出：

“真正美学上出现的比例问题是由劳动经验产生的。”“康德提出了这个问题，但不是从发生学上，而是作为非时间性的美学的基础问题提出的。”“康德的规定提出了极其重要的问题，但它的丰富性却受到了快感与美之间对立的、形而上学僵化的损害。”（中略）⑥

这里批判的“非时间性的美学”，亦可谓前述《资本论》所批评的“没有历史的要素”。康德曾试图对“艺术或科学”加以区别，因此卢卡奇称康德“提出了极其重要的问题”；但是康德却宣称人类鉴赏力来源于“先验”的、“先天的原则”，因而卢卡奇指出康德受到了“形而上学僵化的损害”。其实，

① 卢卡奇．审美特性：上［M］．徐恒醇，译．北京：社会科学文献出版社，2015：131.
② 卢卡奇．审美特性：上［M］．徐恒醇，译．北京：社会科学文献出版社，2015：132.
③ 卢卡奇．审美特性：上［M］．徐恒醇，译．北京：社会科学文献出版社，2015：132.
④ 马克思．资本论：第1卷［M］//中共中央马克思恩格斯列宁斯大林著作编译局．马克思恩格斯全集：第23卷．北京：人民出版社，1972：98.
⑤ 卢卡奇．审美特性：上［M］．徐恒醇，译．北京：社会科学文献出版社，2015：13.
⑥ 卢卡奇．审美特性：上［M］．徐恒醇，译．北京：社会科学文献出版社，2015：181. 卢卡奇在讨论“文身”的审美意识之起源时还指出：“康德以其对美学天才的哲学洞察力明确地认识到审美形成中的两重性，他把自由美与依存美作了区分。他的主观唯心主义使这种天才的见解大为逊色……”“几何纹样的抽象本质绝不像康德所认为的那样是无内容的。”（同书，第206页）

康德美学的哲学出发点就是人类认识能力的“先天原则”。康德《判断力批判》序言的首句是：我们把出自先天原则的认识能力称之为纯粹理性。① 笔者统计，“先天原则”在《判断力批判》序言中被反复强调了近20次，从而被强调为其整个美学“大厦的基础”②。因此，从审美发生学的新视域观之，康德的“先天原则”可谓也表征了其美学体系的“根本缺点”。

就《审美特性》对黑格尔美学的批判而言，卢卡奇强调：“在黑格尔那里所谓象征时期部分地是作为固有的艺术发展的开场白提出的。但是就是在这里也已经把后来完成的艺术的所有范畴明确地作为现成的东西，……它只是表面的运动，不可能有本质的、在质上是新的东西产生。”③ 因为：

> 只有揭示了劳动是人类形成的手段，在这里才使问题根本地转向现实。④

卢卡奇的这一批评，至少从马克思《1844年经济学哲学手稿》中的新思想观之是成立的。《审美特性》提出“审美发生学”问题的原理也基于该手稿，卢卡奇特别引述了马克思关于人的“五官感觉的形成是以往全部世界史的产物”的一段话：

> 只是由于属于人的本质的客观展开的丰富性，主体的、属于人的感性的丰富性，即感受音乐的耳朵、感受形式美的眼睛，简言之，那些能感受

---

① 康德．判断力批判［M］．邓晓芒，译．杨祖德，校．北京：人民出版社，2002：1.

② 康德．判断力批判［M］．邓晓芒，译．杨祖德，校．北京：人民出版社，2002：2. 这个大厦“由三部分组成：纯粹知性批判、纯粹判断力批判和纯粹理性批判。这些能力之所以被称为纯粹的，是因为它们是先天地立法的。”（第13页）该书所谓判断力主要是讲审美或鉴赏判断力：“那规定鉴赏判断的愉悦是不带任何利害的”（第38页），“鉴赏判断基于先天的根据”“从普遍的道德概念中先天地推导出来”（第57页），“理性运用……应当完全从自己天然的原始禀赋开始”（第124页），“先天综合判断是如何可能的？所以这个课题涉及纯粹知性及其理论判断的先天原则”（第129页），“这种思维方式不论人在自然天赋所达到的范围和程度是多么的小，却表明一个人具有扩张的思维方式”“鉴赏力就是……先天评判的能力”（第138页）。

③ 卢卡奇．审美特性：上［M］．徐恒醇，译．北京：社会科学文献出版社，2015：132. 黑格尔《美学》把艺术史描述为分别经历了象征型、古典型、浪漫型三个阶段，最早的艺术是“象征型”的建筑艺术，其代表是埃及的金字塔：“这类作品的建造花费过整个时代的整个民族的生命和劳动。”（黑格尔．美学：第三卷（上）［M］．朱光潜，译，北京：商务印书馆，1982：35.）

④ 卢卡奇．审美特性：上［M］．徐恒醇，译．北京：社会科学文献出版社，2015：134.

人的快乐并确证自己属人的本质力量的感觉，才或者发展起来，或者产生出来。因为不仅五官感觉，而且所谓的精神感觉、实践感觉（意志、爱等）——总之，人的感觉、感觉的人类性——都只是由于相应的对象的存在，由于存在着人化了的自然界，才产生出来的。五官感觉的形成是以往全部世界史的产物。①

我们对马克思这段话做简单分析即可见：

（1）“感受音乐的耳朵、感受形式美的眼睛”与“审美”问题直接相关。

（2）“人化了的自然界”涉及卢卡奇提出的审美与艺术的“拟人化”原理。

（3）“五官感觉的形成是以往全部世界史的产物”，更意味着必须将“审美发生学”问题纳入美学研究视域。

因此，卢卡奇阐释道：“这段论述……涉及反对任何人类有‘天生’‘永恒’的艺术感官观点的明确立场。这段论述指出，所有这些能力以及与这些能力相适应的对象是逐渐历史地形成的。”② 卢卡奇用引号加以批判性强调的所谓“天生”“永恒”说，也正是前述马克思批评古典政治经济学的聚焦点。《资本论》第三卷再度批判了古典政治经济学的所谓“天生”和“永恒”说：

它们（劳动资料）在资本主义生产过程中获得的、为一定历史时代所决定的社会性质，也就成了它们自然的、可以说是永恒的、作为生产过程的要素天生就有的物质性质了。③

由此比照，卢卡奇对古典美学作为出发点的“天生”“永恒”说的批判，与《资本论》对古典政治经济学的“根本缺点”的批判，两者在原理和方法上

① 卢卡奇．审美特性：上［M］．徐恒醇，译．北京：社会科学文献出版社，2015：135.（原注）马克思．1844年经济学哲学手稿［M］．北京：人民出版社，1979：78-80。

② 卢卡奇．审美特性：上［M］．徐恒醇，译．北京：社会科学文献出版社，2015：135.“我们讨论的最终结果正是从这一点出发的，……这比超历史地、先验地承认人具有一种‘天生’的审美能力要确实得多。”（同书，第132页）“就人类的天生能力是根本谈不到艺术的。这种能力——同人的其他能力一样——是逐渐历史地形成的。”“与资产阶级历史主义只是肯定人的智力的历史发展不同，马克思特别强调指出，正是我们五官的发展是至今全部世界史的一个成果，……由此，整个审美原理成为人类社会历史发展的一个成果。”（同书，第137页）

③ 马克思．资本论：第3卷［M］//中共中央马克思恩格斯列宁斯大林著作编译局．马克思恩格斯全集：第25卷．人民出版社，1975：934.

也有相通之处。

因此，在“审美发生学”问题上，卢卡奇也直言是受《资本论》的启发：

> 每一种范畴结构大都与其起源有着最密切的关系。只有将其起源的阐述与客观的分化过程有机地联系起来，才能充分而适当地揭示出范畴的结构。马克思《资本论》卷首关于价值的论述，就是这种历史体系方法的范例。在本书关于审美基本现象的具体阐述中及其分化出的细节问题中，都对这种结合的方法做了尝试。①

（三）“对称与比例”的“拟人化原理”

《审美特性》研讨的美学范畴包括两类，一类是属于“抽象形式”的节奏、对称、比例、纹样等，另一类是各种具体的艺术门类，即绘画、建筑、音乐、舞蹈、戏剧、诗歌、小说乃至现代电影等。前者作为审美要素，融合于各种后出的艺术门类中，因而前者更具有“审美发生学”的性质。这里我们以卢卡奇对前一类中“对称与比例”② 的论述为例，管窥其审美发生学研究实绩之一斑。

就卢卡奇美学的独创性而言，在“对称与比例”问题上最重要的是从“拟人化原理”视角考察并阐明这两种“抽象形式”的审美特性：

> 黑格尔已经指出，客观地看我们称为高度、长度、宽度的空间坐标，它们之间并没有什么区别。“高度所具有的正确规定是沿着向地球中心方向做出的，但这种更具体的规定与对其自身空间本性没有什么关系。”③

---

① 卢卡奇．审美特性：上［M］．徐恒醇，译．北京：社会科学文献出版社，2015：9.

② 卢卡奇《审美特性》第四章“对现实审美反映的抽象形式”中三个小标题依次为：“节奏”“对称与比例”“装饰纹样”。该章开首声明：“应该反复强调指出，我们对艺术的实际历史起源几乎毫无所知。在许多重要的艺术门类中，如诗歌、音乐、舞蹈等，从来就不可能找到‘起源’的文献。人类学在这里为我们提供——尽管涉及最原始民族——的情况，也已经是远离起始的状态。但即使在考古学和人类学处理物质文化遗迹时，尽管只是要求近似的历史精确性，也无法区分出前艺术产物与艺术品之间的界限。因此，对审美由日常巫术中分化的过程在这里只能——从哲学上——由审美所形成的产物向以前追踪。”（卢卡奇．审美特性：上［M］．徐恒醇，译．北京：社会科学文献出版社，2015：179.）这里的方法也是发挥了马克思《政治经济学批判导言》的“人体解剖对于猴体解剖是一把钥匙”的思想，诚如该书第一章引述后所说：“在我们这个领域也是这样。”（同书，第4页）

③ （原注）黑格尔：《哲学全书·自然哲学讲义》，柏林，1845，德文版，第255节。卢卡奇．审美特性：上［M］．徐恒醇，译．北京：社会科学文献出版社，2015：175.

卢卡奇将黑格尔所见纳入“拟人化”原理，并从哲学上进一步阐明：

> 本来这是一般以地球为中心的，而不是专门与人相关的坐标。只是随着人的直立行走才产生了其特殊性，正如达尔文和恩格斯所指出的，在这里表现出人与动物状态的决定性分离的标志。①

因此，“就美学领域来考察，这种拟人化是对称中的一种基本现象”②。卢卡奇还进一步强调：“凡是在人的生产中出现了对称的地方，垂直轴线都领先于水平轴线。”③

人体的“左右对称”显著表现于人的脸部，卢卡奇又以几何学范畴的“对称”比照人体艺术的脸部表现的拟人化特征：

> 我们只举对以后艺术极为重要的一个例子，即人的脸部，是既对称又不对称的形式。这一事实是众所周知的，谁若是将人的实际面孔，与人的半个脸折到对面所形成的左右相同的面孔图像加以比较的话，就不难发现，这种结构，一方面具有与实际面孔的生动性相反的一种不可避免的脸型呆板，另一方面与原来面孔相比具有完全不同的表情。④

卢卡奇还以“人类社会”观念中“左右”之引申义来进一步印证审美领域

---

① 恩格斯．自然辩证法［M］//中共中央马克思恩格斯列宁斯大林著作编译局．马克思恩格斯选集：第三卷．北京：人民出版社，1972：508.

② 卢卡奇．审美特性：上［M］．徐恒醇，译．北京：社会科学文献出版社，2015：175.（原注）黑格尔：《哲学全书·自然哲学讲义》，柏林，1845，德文版，第255节。

③ 卢卡奇．审美特性：上［M］．徐恒醇，译．北京：社会科学文献出版社，2015：175. 这里卢卡奇注明是借鉴了博阿兹的《原始艺术》。

④ 卢卡奇．审美特性：上［M］．徐恒醇，译．北京：社会科学文献出版社，2015：178. 卢卡奇于此还指出：“这里存在马克思所说意义上的真正矛盾，即各种矛盾无法排除，而是它们的联合才创造了‘这些矛盾能在其中运动’的形式。”卢卡奇所引马克思这句话，原文为《资本论》对“商品的形态变化”的分析语：“我们看到，商品的交换过程包含着矛盾和互相排斥的关系。商品的发展并没有扬弃这些矛盾，而是制造这些矛盾能在其中运动的形式。一般说来，这就是解决实际矛盾的方法。例如，一个物体不断落向另一个物体而又不断离开这一物体，这是一个矛盾。椭圆形便是这个矛盾借以实现和解决的运动形式之一。”（马克思．资本论：第1卷［M］//中共中央马克思恩格斯列宁斯大林著作编译局．马克思恩格斯全集：第23卷．北京：人民出版社，1972：122.）

中的拟人化原理："由科学上看来，当然在左右之间是不存在任何区别的。反之，在人类社会中左右之间却有着鲜明的区别甚至对立。它们发展为善与恶的象征。……从法国革命中雅各宾党人起义在极大规模上保持着把左作为对正确、进步的评价。在这里，当然左和右在意义上已经大大分化了，成了一般概念。其中只保留了对左右直接感性体验的极淡薄的记忆图像。"① 显而易见，基于人体的"左右"观念与源起于法国现代史变革历程中的"左右"之分，后者离自然科学更远了，因而后者更显著表征了审美领域中"对称"的拟人化特性。

再就"比例"问题的拟人化原理而言，《审美特性》的如下两例分析可能提供了新的研究思路。

其一，关于西方科学史上"最普及、最有影响的所谓黄金分割的问题"②。

黄金分割与对美的人物的表现有密切联系，文艺复兴以来的西方艺术家中，

① 卢卡奇．审美特性：上［M］．徐恒醇，译．北京：社会科学文献出版社，2015：175-176.

② 卢卡奇．审美特性：上［M］．徐恒醇，译．北京：社会科学文献出版社，2015：185. 据在线资料介绍"黄金分割"：把一条线段分割为两部分，使其中一部分与全长之比等于另一部分与这部分之比。其比值的近似值是0.618。由于按此比例设计的造型十分美丽柔和，因此称为黄金分割，也称为中外比。黄金分割是公元前6世纪古希腊数学家毕达哥拉斯发现的。据说有一天毕达哥拉斯走在街上，在经过铁匠铺前，他听到铁匠打铁的声音非常好听，于是驻足倾听。他发现铁匠打铁节奏很有规律，这个声音的比例被毕达哥拉斯用数理的方式表达出来，被应用在很多领域。公元前300年前后欧几里得撰写《几何原本》时，进一步系统论述了黄金分割，成为最早的有关黄金分割的论著。中世纪后，黄金分割被披上神秘的外衣，意大利数学家帕乔利以及德国天文学家开普勒称黄金分割为神圣分割。到19世纪，黄金分割这一名称逐渐通行。人类对它的实际应用也很广泛。最著名的例子是优选学中的黄金分割法或0.618法，是由美国数学家基弗于1953年首先提出的，20世纪70年代由华罗庚提倡在中国推广。黄金分割率蕴藏着丰富的美学价值。建筑师们对数学0.618特别偏爱，无论是古埃及的金字塔，还是巴黎圣母院，或者是近世纪的法国埃菲尔铁塔，都有与0.618相关的数据。人们还发现，一些名画、雕塑、摄影作品的主题，大多在画面的0.618处。艺术家们认为弦乐器的琴马放在琴弦的0.618处，能使琴声更加柔和甜美。为什么人们对这样的比例，会本能地感到美的存在？其实这与人类的演化和人体正常发育密切相关。据研究，从猿到人的进化过程中，人体结构中有许多比例关系接近0.618，从而使人体美在几十万年的历史积淀中固定下来。人类最熟悉自己，势必将人体美作为最高的审美标准，凡是与人体相似的物体就喜欢它，就觉得美，于是黄金分割律作为一种重要形式美法则，成为世代相传的审美经典规律，至今不衰！在研究黄金分割与人体关系时，发现了人体结构中有14个"黄金点"（物体短段与长段之比值为0.618），12个"黄金矩形"（宽与长比值为0.618的长方形）和2个"黄金指数"（两物体间的比例关系为0.618）。

列奥纳多·达·芬奇（Leonardo da Vinci）或阿尔布雷特·丢勒（Albrecht Dürer）① 曾经将黄金分割原理引入艺术领域，探讨艺术上描绘不同类型的人物时的人体比例问题。卢卡奇写道："阿尔布雷特·丢勒的理论著作中出现了无法解决的矛盾。他一方面表示对不会测量术而纯粹凭经验随机应变地描绘人体的职业画工的藐视，认为没有研究过人的体型的正确比例，就不能取得真正艺术描绘的成功。另一方面又认为由比例并不能产生真正的艺术。阿尔布雷特·丢勒指出：'有人说他自己知道表现人体的最佳尺度，但这对我是不可思议的。'在另一个地方他又说：'但是我不知道怎样说明构成最优美的尺度。'"② 卢卡奇对丢勒的"无法解决的矛盾"做了如下分析：

> 发现正确的比例，对于艺术家来说是必不可少的，这仅仅是完成实际作品的开端，作品的真正标准——即使是由自己完成——存在于比例之外，这并不排斥比例的重要性。丢勒这种乍一看来似乎矛盾的态度，揭示了在深刻的艺术形式与客观现实的真正结构之间的重要联系。在物理规律本身起作用的地方，可以精确测定的对称和比例起着支配作用，这在结晶体的世界里表现得最明显。只要生命作为现实中物质的组织形式出现——越高度组织化，越是如此——物理规律的有效性就并未失去作用，它转化为复杂集合体中单纯的因素，在这一集合体中物理规律只起着近似的作用。……这里揭示的这种艺术反映的生命的真实性，同时显示出其拟人化的特性。③

这段分析至少表明，卢卡奇的解答在原理上显然是运用了他首次提出的艺术领域（不同于"物理规律"等科学领域）特有的"拟人化原理"。

这里还需要指出，丢勒难以解决的矛盾，其实也是康德《判断力批判》中曾经以相当篇幅讨论过的问题。康德提出"美的理想与美的规格理念还是有区

---

① 列奥纳多·达·芬奇（Leonardo da Vinci，1452—1519），意大利文艺复兴时期画家、自然科学家、工程师，与米开朗基罗、拉斐尔并称"文艺复兴后三杰"（又称"美术三杰"）。阿尔布雷特·丢勒（Albrecht Dürer，1471—1528），生于纽伦堡，德国画家、版画家及木版画设计家。丢勒的作品包括木刻版画及其他版画、油画、素描草图以及素描作品。他的作品中，以版画最具影响力。他是最出色的木刻版画和铜版画家之一。他的水彩风景画是他最伟大的成就之一，这些作品气氛和情感表现得极其生动。其主要作品有《启示录》《基督大难》《小受难》《祈祷之手》《男人浴室》《海怪》《浪荡子》《伟大的命运》《亚当与夏娃》和《骑士、死神与魔鬼》等。

② 卢卡奇．审美特性：上［M］．徐恒醇，译．北京：社会科学文献出版社，2015：186.

③ 卢卡奇．审美特性：上［M］．徐恒醇，译．北京：社会科学文献出版社，2015：186.

别的”命题。所谓“规格理念”是指“通过同一种类的多个肖像的重合而得来一个平均值，把它用作一切肖像的共同标准”①。康德举例说明道：

某人看见过上千的成年男子。如果他现在想要对这个可以进行比较性的估量的标准身材加以判断，那么（在我看来）想象力就会让大量的肖像（也许是所有那些上千的成年男子）相互重叠；并且如果允许我在这里用光学上的表达方式来类比的话，在大多数的肖像合并起来的那个空间中，以及在涂以最强烈的颜色而显示出其位置的那个轮廓之内，就会辨认出那个中等身材，它不论是按照身高还是肩宽都是和最大号及最小号的体形的两个极端界限等距离远的；而这就是一个美男子的体形。我们也可以机械地得出这一点，如果我们对所有这上千的男子加以测量，把他们的身高和肩宽（以及体胖）各自加在一起，再把总和除以一千的话。……如果我们现在以类似的方式为这个平均的男子寻求平均的头，又为这个平均的头寻求平均的鼻，如此等等，那么这个形象就给在进行这种比较的国度中的美男子的规格理念奠定了基础；所以一个黑人在这些经验性的条件下必然会有不同于白人的另外一种形象美的规格理念，中国人则会有不同于欧洲人的另外一种规格理念。（属于某一种类的）一匹美丽的马或一只美丽的狗的典范也会是同样的情况。——这一规格理念不是采自经验的各种比例即被规定的诸规则中推导出来的；而是只有根据它，这些评判才是可能的。它是悬浮在一切个别的、以种种方式各不相同的那些个体直观之间的整个类的肖像，大自然将这肖像奠立为自己在生产该类物种时的原型，但看来在任何单一体中都没有完全达到它。②

显然，康德“规格理念”的范型是“美男子体形”，“美男子体形”是按科学法则计算测定的（所谓“平均值”“中等身材”“平均的头”“平均的鼻”等）。但是康德又强调：

规格理念决不是该种类中全部美的原型，而只是那构成一切美之不可忽视的条件的形式，因而只是在表现类时的正确性而已。……规格理念不能包含任何表现特别性格的东西；否则它就不会是类的规格理念了。对它

① 康德．判断力批判［M］．邓晓芒，译．杨祖德，校．北京：人民出版社，2002：70.
② 康德．判断力批判［M］．邓晓芒，译．杨祖德，校．北京：人民出版社，2002：70-71.

> 的描绘也不是因为美而令人喜欢，而只是由于它不与这个类中的物唯有在其下才能成为美的那个条件相矛盾而已。这种描绘只是合乎规矩的。①

康德一方面将符合“规格理念”作为人体“美的原型”的必要条件，另一方面又强调真正的美必须表现出某种“特别性格”，“令人喜欢”，而这种美恰恰“只是由于”它与“美的那个条件相矛盾”，即超出了“规格理念”的界限。正是在对上述矛盾的分析中，康德提出了“美的理想与美的规格理念还是有区别的”命题。

就“美的理想”方面而言，康德格外强调了它与人类社会特有的道德理念的关系：

> 出于上面提出的理由，美的理想只可以期望于人的形象。在这个形象里，理想就在于表达道德性，……如灵魂的善良或纯洁或坚强或宁静等，仿佛在身体的表现（作为内心的效果）中变得明显可见。②

在这里，康德美学表现出朱光潜曾经指出的“矛盾或二律背反现象”③。康德的矛盾还表现在他对“纯粹美”的解说：

> 这样一个美的理想的正确性表现在：它不允许任何感官刺激杂进它对客体的愉悦之中，但却可以对这客体抱有巨大的兴趣；而这就证明，按照这样一个尺度所作的评判决不可能是纯粹审美的，而按照一个美的理想所作的评判不是什么单纯的鉴赏判断。④

---

① 康德．判断力批判［M］．邓晓芒，译．杨祖德，校．北京：人民出版社，2002：71．（原注）我们会发现，画家想请来坐着当模特儿的一张完全合规则的面容，通常是什么也不表现的：因为它不包含任何表明性格的东西，因而与其说表达了一个人的特别性，不如说表达了类的理念。这一类的表明性格的东西，当它被夸张，亦即使那个规格理念（类的合目的性）本身遭到破坏时，就叫作漫画。就连经验也指出，那个完全合乎规则的面容，通常也暴露出在内心只是一个平庸的人；这或许是（如果可以假定大自然在外表表达出内心的比例的话）由于：如果内心素质中没有任何东西是突出于形成一个无缺点的人所必要的那个比例之上的，那就不可能指望任何人们称之为天才的东西，在天才里大自然似乎偏离了内心诸能力通常的比例关系而只给唯一的一种内心能力以优惠。——康德

② 康德．判断力批判［M］．邓晓芒，译．杨祖德，校．北京：人民出版社，2002：71-72．

③ 朱光潜．西方美学史：下卷［M］．北京：人民文学出版社，1999：370．

④ 康德．判断力批判［M］．邓晓芒，译．杨祖德，校．北京：人民出版社，2002：72．

诚如朱光潜所指出，康德的“美的理想”说超出了他本人界定的“纯粹美”范围，而属于“依存美”领域。①

由康德美学的矛盾处再回瞻卢卡奇对“人体美”的阐释，应该可以进一步确认卢卡奇在“比例”问题上的新见识：

> 只要自然界的客观对称通过实践进入人的反映（这绝不会无条件地成为一种艺术的反映），它就要服从于极不相同的倾向。②

卢卡奇下面一段论述大大拓展了“比例”问题的美学视域和论域：

> 美基本上是由人的结构规定的。……这种结构意味着属人的、内在的、与世界此岸的各种关系的和谐一致。……比例的原理，因此这个问题大大超出了抽象形式因素的范围——正是在哲学上——涉及一些重大问题，即伦理学与美学的主要交叉点。③

这段论述包含一个明确的论点——艺术领域的“比例的原理”同时也凝聚了人类社会特有的“历史的要素”（前述《资本论》语④）。

① “凡是在单纯形式之外还涉及欲念、概念和目的（带有内容意义）的美，都只是依存美，但理想美只能是依存的。”（朱光潜．西方美学史：下卷［M］．北京：人民文学出版社，1999：371.）

② 卢卡奇．审美特性：上［M］．徐恒醇，译．北京：社会科学文献出版社，2015：176.

③ 卢卡奇．审美特性：上［M］．徐恒醇，译．北京：社会科学文献出版社，2015：190.

④ 马克思．资本论：第1卷［M］//中共中央马克思恩格斯列宁斯大林著作编译局．马克思恩格斯全集：第23卷．北京：人民出版社，1972：409.

第十二章

关于"工作美学"的研思笔记

一、企鹅版英文《资本论》的"worker"

企鹅版英文《资本论》译者署名是 Ben Fowkes（本·福克斯），《译者前言》仅数百字，主要讲"Why a new translation necessary?"①，试译如下：

---

① Karl Marx. Capital Volue I [M]. tr. Ben Fowkes. Penguin Classics, London: Clays Ltd, St Ivespic, 1990: 87-88. 该英文版的译者前言原文如下：

The original English translation of the first volume of *Capital*, by Samuel Moore and Edward Aveling, was edited by Engles. His letters show that he took the task very seriously, and, as Marx' s friend and collaborator for forty years, he was certainly in a position to make the translation an authoritative presentation of Marx's thought in English.

So why a new translation necessary? First, the English language itself has changed. A translation made in the nineteenth century can hardly survive this change intact. Think only of the pejorative sense the word "labourer" has taken on, making its replacement by "working" essential.

Secondly, Engles always tried to spare Marx' s readers from grappling with difficult passage. In this, he was following his friend' s example. In the Postface to French edition, written in 1875, Marx explains that he has revised the French text in order to make it "more accessible to the reader", even though the rendering presented to him by Roy was "scrupulously exact", referring in justification to the French public' s impatience with theoretical discussion. In 1975, however, after the immense effort of critical investigation into Marxism made in the last few decades, and the publication of hitherto unavailable texts, it is no longer necessary to water down *Capital* in order to spare the reader (who was, in any case, generally put off by the bulk of the book rather than its difficult). Hence whole sentences omitted by Engles can be restored, and theoretical difficulties, instead of being swept under the carpet, can be exposed to the daylight, in so far as the English language is capable of this. This comment relates above all to German philosophical terms, used repeatedly by Marx in *Capital*, as indeed elsewhere. In translation these, I have tried not to prejudge the philosophical question, the question of Marx's relation to Hegel and that of the relation between his philosophy and his political economy, but rather to present a text which would permit the reader to from his own view.

Thirdly, it is generally agreed that Marx was a master of literary German. A translation which overlook this will not justice to his vivid use of the language and the startling and strong images which abound in *Capital*. In my translation, I have always tried to bear this element in mind. How successfully, the read must judge. BEN FOWKES

NOTE: In compiling the editorial footnotes, indicated by asterisks etc. the translator has derived much assistance from the *Marx-Engls Werke* (*MEW*) edition of *Capital*.

（注释：在编辑脚注时，译者从马克思恩格斯的《资本论》德文版汇编中得到很大的帮助）

《资本论》第一卷的英文原版由赛米尔·穆尔（Samuel Moore）和爱德华·艾威林（Edward Aveling）翻译，恩格斯是主编人。恩格斯的诸多信件表明他非常严肃地对待这项任务，作为马克思四十年的朋友与合作者，他当然能够使译文成为马克思思想的权威表达。

那么为什么需要新的翻译呢？

首先是英语自身已经变化了。一个产生于十九世纪的英译本很难完整适应于变化了的新英语。只要想一下这个事实就可以明白：曾经的“labourer”（劳工）这个贬义词的所指，现在已经基本上被“worker”（工作人）替代了。

第二，恩格斯总是试图使马克思的读者不必费劲地阅读难懂的文章。在这方面，他是以朋友为榜样的。在1875年的法文版跋中，马克思解释说，他修改了法文译稿，“以使读者更容易理解”，尽管鲁瓦先生向他呈现的译文“一丝不苟地准确”。① 这里涉及马克思曾经批评过的法国公众对理论讨论的不耐烦。② 然而，时至1975年，经过几十年来对马克思主义的批判性研究的巨大努力，以及以前无法获得的文本出版之后，再也没有必要为了使读者省力而稀释《资本论》（不管怎样，现在读者通常困扰的是书的内容太多而不是它的难度）。因此，只要英语能够做到这一点，原英文版中恩格斯省略处理的许多章句可以恢复，理论上的困难可以暴露在阳光下，而不是掩盖在地毯下。这一观点首先涉及德国哲学术语，马克思在《资本论》中反复使用，在其他地方也确实如此。在这些翻译中，我试图不预先判断哲学问题，即马克思与黑格尔的关系问题，以及他的哲学与政治经济学的关系问题，而更倾向于呈示一个文本，这个文本允许读者从自己的视角理解。

第三，人们普遍承认马克思是德国文学大师。如果翻译忽视这一点，那么这对于马克思洋溢生动活力的语言表现，以及充满整部《资本论》的惊心动魄的丰富形象将是不公平的。我的翻译中一直努力记住这一点。是

① 马克思在1875年《法文版跋》中写道：“约·鲁瓦先生保证尽可能准确地甚至逐字逐句地进行翻译。他非常认真地完成了自己的任务。但正因为他那样认真，我不得不对表述方法做些修改，使读者更容易理解。”（马克思．资本论：第1卷［M］//中共中央马克思恩格斯列宁斯大林著作编译局．马克思恩格斯全集：第23卷．北京：人民出版社，1972：29.）

② 马克思在1872年法文版序言中曾说：“……前几章读起来相当困难。法国人总是急于追求结论，渴望知道一般原则同他们直接关心的问题的联系，因此我很担心，他们会因为一开始就不能继续读下去而气馁。”（马克思．资本论：第1卷［M］//中共中央马克思恩格斯列宁斯大林著作编译局．马克思恩格斯全集：第23卷．北京：人民出版社，1972：26.）

否成功，必须阅读者判断。

（本·福克斯）

今按：对于笔者《〈资本论〉美学研究》课题而言，该前言可圈处至少有两点：

（1）其中所强调的时代语境变迁的“事实”——“曾经的‘labourer’（劳工）这个贬义词的所指，现在已经基本上被‘worker’（工作人）替代了”——这个变迁也为笔者将“《资本论》美学”分述为“劳动美学”与“工作美学”两个层面提供了英语背景的说明。

（2）其中又强调了“充满整部《资本论》的惊心动魄的丰富形象”。这一显然大大逸出“政治经济学”常规的文体特征，触及的正是美学研究之领域。因而可谓从又一个侧面支持了笔者“《资本论》美学研究”课题的旨趣。

二、“有学术的思想”与《共产党宣言》

“有学术的思想和有思想的学术”——这是20世纪90年代以来中国学术界广泛流传的风格性术语。[①] 该术语最初由王元化提出，其表述之一如下：

> 长期以来，学术界对学术和思想的关系，往往有很不正确的说法，有些人曾批评说“20世纪90年代，学术出台，思想淡化了”，好像学术跟思想的关系不是东风压倒西风，就是西风压倒东风，是一种势不两立的对立关系。在人们对贺老音乐的评价中同样存在这个问题。假使思想没有学术、不被学术所深化，这种思想就会流为一种肤浅的、类似标语口号的东西；假使学术不由思想来充实，这种学术也就变成苍白无力了。贺老的作品同样体现了有学术的思想和有思想的学术这样一个真理。[②]

就该术语与马克思学说的关系而言，似还可以追溯到《共产党宣言》与《资本论》。

① 例如《人民日报》2007年6月22日一篇书评文章的标题为《有学术的思想与有思想的学术》，又如2023年7月22日发表的一篇署名“慢书房”的网文标题句为《十位史学大家的晴雨人生，看见“有思想的学术与有学术的思想”!》，该文评论的是虞云国的《学随世转：二十世纪中国的史家与史学》一书。

② 王元化．怀贺绿汀［M］//陆晓光．王元化文稿：文学卷．北京：中央编译出版社，2017：94-95.

马克思与恩格斯共同于1849年发表《共产党宣言》，在此之前，马克思曾有多年的“退回书房”的经历：

> 1842—1843年间，我作为《莱茵报》编辑，第一次遇到对所谓物质利益发表意见的难事。莱茵省议会关于林木盗窃和地产分析的讨论，……是促使我去研究经济问题的最初动因。另一方面，在善良的“前进”愿望大大超过实际知识的时候，……我曾表示反对这种肤浅的言论，但是同时坦率承认，我以前的研究还不允许我对法兰西思潮的内容本身妄加评判。我倒非常乐意利用“莱茵报”发行人以为把报纸的态度放温和些就可以使那已经落在报头上的死刑判决撤销的幻想，以便从社会舞台退回书房。(中略)①

马克思1843年“从社会舞台退回书房”，意味着他追求的是“有学术的思想”，而非“肤浅的言论”。

据聂锦芳教授对《资本论》创作历程中的“版本学”研究，马克思从1843年“退回书房”到1848年《共产党宣言》发表，其间学术积累包括《〈黑格尔法哲学批判〉导言》（1843年）、《经济学哲学手稿》、《巴黎笔记（9册）》(1844年)、《布鲁塞尔笔记（7册）》、《曼彻斯特笔记（9册）》(1845年)、《哲学的贫困》(1847年)、《雇佣劳动与资本》(1847—1849)。②

---

① 马克思．政治经济学批判［M］//中共中央马克思恩格斯列宁斯大林著作编译局．马克思恩格斯全集：第13卷．北京：人民出版社，1962：8.

② “1843年，他写作了《黑格尔法哲学批判》及《〈黑格尔法哲学批判〉导言》，得出‘市民社会决定国家’的思想，表达了要通过对政治经济学的批判去解剖‘市民社会’的愿望和决心。从1843年10月到1845年1月，马克思在旅居巴黎期间，写下了第一批关于政治经济学的笔记，史称《巴黎笔记》。这是他一生研究政治经济学、撰写这一方面著述的开始。《巴黎笔记》共9册，大部分是他研读同时代人以及前人政治经济学著作的摘录、批注和评论。与这些笔记的写作密切相关，马克思这一时期还写作了着重阐述‘劳动异化’的《1844年经济学哲学手稿》。1845年2月，马克思遭到巴黎当局的驱逐，被迫迁往布鲁塞尔。在离开巴黎的前两天，他同达姆斯塔德的出版商签订了出版两卷本的《政治和国民经济学批判》的合同。随后，他全身心投入为撰写这一著作的准备中，研读了相关领域的一些重要著述，留下7册被称为《布鲁塞尔笔记》的文献。1845年7月到8月，马克思在英国曼彻斯特图书馆又完成了9册笔记，史称《曼彻斯特笔记》。1847年，为了批判蒲鲁东，已经确立了唯物史观基本立场的马克思创作出版了《哲学的贫困》一书，以论战的形式第一次科学地表述了其政治经济学的研究方法及基本观点。1849年4月，马克思在《新莱茵报》上发表了《雇佣劳动与资本》，为深入解剖资本主义生产方式奠定了基础。”（聂锦芳．为什么要展开对《资本论》的“版本学”研究［N］．中华读书报，2021-06-3（9）.）

同时期，恩格斯先后发表《政治经济学批判大纲》（1844 年）与《英国工人阶级状况》（1845 年），前者被马克思称为“批判经济学范畴的天才大纲”，后者被《资本论》多处引用。① 可见 1848 年发表的《共产党宣言》，是基于相当持久厚重的“有学术”的工作量。

恩格斯后来在英文版序言中说：“《宣言》核心的基本原理是属于马克思一个人的。”“我们两人早在 1845 年前的几年中就已经接近了这个思想。……但是到 1845 年春我在布鲁塞尔重新会见马克思时，他已经把这个思想整理出来。”②

由此看来，《共产党宣言》的基本思想的雏形很可能在马克思 1845 年的《布鲁塞尔笔记（7 册）》中已经生根发芽，而迄至 1847—1849 年的《雇佣劳动与资本》，则已经呼之欲出。

笔者之所以如此追溯，还因为“有学术的思想和有思想的学术”这一表述具有鲜明的辩证思维印记。这种辩证思维的风格化句式在《资本论》中也多处可见。例如：

> “金银天然不是货币，但货币天然是金银。”③
>
> “货币可以是粪土，虽然粪土并不是货币。”④
>
> “物的人格化和人格的物化的对立。”⑤
>
> “货币贮藏者是发狂的资本家，资本家是理智的货币贮藏者。”⑥

---

① 《资本论》引用恩格斯著述计有近二十处，引用所出是恩格斯的三部论著，分别为《政治经济学批判大纲》（1844 年）、《英国工人阶级状况·根据亲身观察和可靠材料》（1845 年）、《英国的十小时工作日法案》（1850 年）。其中之一是恩格斯《英国工人阶级状况》中描述工厂劳动之“苦役”的著名一段：“在这永无止境的苦役中，反复不断地完成同一个机械过程；这种苦役单调得令人丧气，就像息息法斯的苦刑一样；劳动的重压像巨石一样，一次又一次地落在疲惫不堪的工人身上。”（马克思．资本论：第 1 卷［M］//中共中央马克思恩格斯列宁斯大林著作编译局．马克思恩格斯全集：第 23 卷．北京：人民出版社，1972：463.）

② 恩格斯．《共产党宣言》1888 年英文版序［M］//中共中央马克思恩格斯列宁斯大林著作编译局．马克思恩格斯选集：第 1 卷．北京：人民出版社，1972：237.

③ 马克思．资本论：第 1 卷［M］//中共中央马克思恩格斯列宁斯大林著作编译局．马克思恩格斯全集：第 23 卷．北京：人民出版社，1972：107.

④ 马克思．资本论：第 1 卷［M］//中共中央马克思恩格斯列宁斯大林著作编译局．马克思恩格斯全集：第 23 卷．北京：人民出版社，1972：128.

⑤ 马克思．资本论：第 1 卷［M］//中共中央马克思恩格斯列宁斯大林著作编译局．马克思恩格斯全集：第 23 卷．北京：人民出版社，1972：133.

⑥ 马克思．资本论：第 1 卷［M］//中共中央马克思恩格斯列宁斯大林著作编译局．马克思恩格斯全集：第 23 卷．北京：人民出版社，1972：175.

“游手好闲的学习并不比学习的游手好闲好。”①

“工人为生产过程而存在，不是生产过程为工人而存在。”②

“不是工人使用劳动资料，而是劳动资料使用工人。”③

三、“我们是人民的公仆”

新民网《江泽民同志在上海》有如下一段记述：

江泽民同志说：当我们在车站上、车厢里看到拥挤不堪的人群时，当我们看到孩子们在简陋甚至危险的教室里上课、数万名幼儿入托入园难使年轻父母愁眉不展时，当我们了解到全市有 2 万名职工上下班路上要花 4 小时以上的时间时，当我们看到一场暴雨使 11 万户居民家中进水时，心里就感到深深不安。我们是人民的公仆。我们一定要把群众的疾苦、人民的利益放在心上，这是办实事的根本原因，也是对党员干部的起码要求。④

其中关键句有“我们是人民的公仆”。

百度“公仆”释义为：“指为公众服务的人，这个词来源于普鲁士国王腓特烈二世（1712—1786），史称腓特烈大帝曾说：‘我是这个国家的第一公仆。’”

亚当·斯密（1723—1790 年）《国富论》中也使用了“公仆”一词，并且有一段关于“公仆”的专论：

有些社会上等阶级人士的劳动，和家仆一样，不生产价值，既不固定或实现在耐久物品或可卖商品上，亦不能保藏起来供日后雇佣等量劳动之用。例如，君主以及他的官吏和海陆军，都是不生产的劳动者。他们是公仆，其生计由他人劳动年产物的一部分来维持。……在这一类中，当然包

---

① 马克思．资本论：第 1 卷［M］//中共中央马克思恩格斯列宁斯大林著作编译局．马克思恩格斯全集：第 23 卷．北京：人民出版社，1972：535.

② 马克思．资本论：第 1 卷［M］//中共中央马克思恩格斯列宁斯大林著作编译局．马克思恩格斯全集：第 23 卷．北京：人民出版社，1972：537.

③ 马克思．资本论：第 1 卷［M］//中共中央马克思恩格斯列宁斯大林著作编译局．马克思恩格斯全集：第 23 卷．北京：人民出版社，1972：707.

④ 江泽民在上海［N］．新民晚报，2022-12-05（2-3）．亦见同日的央视网、东方新闻等媒体。

含着各种职业，有些是很尊贵很重要的，有些却可说是最不重要的。前者如牧师、律师、医师、文人，后者如演员、歌手、舞蹈家。①

其中“上等阶级人士的劳动”所指范围有三类：

(1) 国家级工作人员，包括“君主、官吏、海陆军”等。

(2)“很尊贵很重要的”职业群体，“如牧师、律师、医师、文人”等。

(3)“最不重要的”职业，“如演员、歌手、舞蹈家”等。

以上三类都被《国富论》概称为“他们是公仆”。

马克思《剩余价值理论》中两度引述了《国富论》关于“公仆”的这段话。其中之一是引述后给予历史意义的高度评价：

这是还具有革命性的资产阶级说的话，那时它还没有把整个社会、国家等置于自己支配之下。所有这些卓越的历来受人尊敬的职业——君主、法官、军官、教士等，所有由这些职业产生的各个旧的意识形态阶层，所有属于这些阶层的学者、学士、教士，在经济学上被放在与他们自己的、由资产阶级以及有闲财富的代表（土地贵族和有闲资本家）豢养的大批仆从和丑角同样的地位。他们不过是社会的仆人，就像别人是他们的仆人一样。他们靠别人劳动的产品生活。②

然而就中国现当代语境而言，更著名的应该是马克思 1871 年论“巴黎公

---

① 亚当·斯密．国民财富的性质和原因的研究：上卷［M］．郭大力，王亚南，译．北京：商务印书馆，2005：305.

② 马克思．剩余价值理论［M］//中共中央马克思恩格斯列宁斯大林著作编译局．马克思恩格斯全集：第 26 卷（第一册）．北京：人民出版社，1972：314.“这种观点具有历史意义，一方面，它同古代的见解形成尖锐的对立，在古代，物质生产劳动带有奴隶制的烙印，这种劳动被看作仅仅是有闲的市民的立足的基石；另一方面，它又同由于中世纪瓦解而产生的专制君主国或贵族君主立宪国的见解形成尖锐的对立，……相反，一旦资产阶级占领了地盘，一方面自己掌握国家，一方面又同以前掌握国家的人妥协；一旦资产阶级把意识形态阶层看作自己的亲骨肉，到处按照自己的本性把他们改造成为自己的伙计；一旦资产阶级自己不再作为生产劳动的代表来同这些人对立，而真正的生产工人起来反对资产阶级，并且同样说它是靠别人劳动生活的；一旦资产阶级有了足够的教养，不是一心一意从事生产，而是也想从事“有教养的”消费；一旦连精神劳动本身也愈来愈为资产阶级服务，为资本主义生产服务——一旦发生了这些情况，事情就反过来了。”（同书，第 315 页）《剩余价值理论》另一处对《国富论》“公仆”说的引述见同书第 151 页。

社”历史意义的《法兰西内战》，其中说道：

旧政府权力的合理职能应该从妄图驾于社会之上的权力那里夺取过来，交给社会的负责的公仆。……为组织在公社里的人民服务。①

恩格斯1891年为《法兰西内战》所写的导言中，强调了马克思所称“公仆”与以往所说的不同：

以往国家的特征是什么呢？……为了追求自己特殊的利益，从社会的公仆变成了社会的主人。②

恩格斯由此还提出如何“防止国家机关由社会公仆变成社会的主人”的问题。③

近年来在线网页上有《自觉增强公仆意识》《培养好新时代人民公仆》《领导干部要增强公仆意识》等标题的文章。其中一篇写道：“马克思在总结巴黎公社关于无产阶级革命的历史经验中，提出‘社会公仆’概念，对国家机关公职人员进行了定义。……这是马克思主义国家学说的一个重要观点。”④

以上可见，“公仆”一词不仅颇有来历，而且意义重大。

今查1979年商务印书馆出版的《辞源》，未见“公仆”词条。看来该词是现代汉语外来语。

又查1999年辞书出版社出版的《辞海》，亦未见“公仆”词条。

再查2009年辞书出版社出版的《辞海》，还是未见“公仆”词条。

而在1978年商务印书馆出版的《汉英词典》中，终于读到：

公仆（gōng pú）：public servant。⑤

---

① 马克思．法兰西内战［M］//中共中央马克思恩格斯列宁斯大林著作编译局．马克思恩格斯选集：第2卷．北京：人民出版社，1972：376.

② 恩格斯．法兰西内战导言：1891.［M］//中共中央马克思恩格斯列宁斯大林著作编译局．马克思恩格斯选集：第2卷．北京：人民出版社，1972：334.

③ 恩格斯．法兰西内战导言：1891.［M］//中共中央马克思恩格斯列宁斯大林著作编译局．马克思恩格斯选集：第2卷．北京：人民出版社，1972：335.

④ 林大卫．培养负责的公仆［EB/OL］．中央纪委国家监委网站，2022-11-22.

⑤ 北京外国语学院英语系．汉英词典［M］．北京：商务印书馆，1978：235.

看来代表性、普及性的现代汉语工具书中，“公仆”之义都被忽略了。

四、“哲学家”也是“公仆”

郭大力、王亚南翻译的《国富论》中的“公仆”是大类概念：“在这一类中，当然包含着各种职业，有些是很尊贵很重要的，有些却可说是最不重要的。前者如牧师、律师、医师、文人，后者如演员、歌手、舞蹈家。”①

其中的“文人”，在马克思两次引文中都译作“各类文人”②。“文人”是较小的类概念，包括文史哲领域所有作家或学问家。

由此回瞻《国富论》首章“论分工”的比较：

> 有许多改良，是出自专门机械制造师的智巧；还有一些改良，是出自哲学家或思想家的智能。哲学家或思想家的任务，不在于制造任何实物，而在于观察一切事物，所以他们常常能够结合利用各种完全没有关系而且极不类似的物力。③

今按：“三十辐共一毂，当其无，有车之用。”亚当·斯密以机械制造师来类比“哲学家和思想家”，说明后者也是从事“改良”性工作的，区别在于后者属于“社会公仆，靠别人劳动的一部分年产品生活”④。

《国富论》紧接着写道：

> 哲学家这种业务或工作，也像其他职业那样，分成了许多部门，每个部门，又各成为一种哲学家的行业。哲学上这种分工，像产业上的分工那样，增进了技巧，并节省了时间。各人擅长各人的特殊工们不但增加全体的成就，而且大大增进科学的内容。⑤

---

① 亚当·斯密．国民财富的性质和原因的研究：上卷［M］．郭大力，王亚南，译．北京：商务印书馆，2005：305.

② 马克思．剩余价值理论［M］//中共中央马克思恩格斯列宁斯大林著作编译局．马克思恩格斯全集：第26卷（第一册）．北京：人民出版社，1972：151，314.

③ 亚当·斯密．国民财富的性质和原因的研究：上卷［M］．郭大力，王亚南，译．北京：商务印书馆，2005：10.

④ 亚当·斯密．国民财富的性质和原因的研究：上卷［M］．郭大力，王亚南，译．北京：商务印书馆，2005：305.

⑤ 亚当·斯密．国民财富的性质和原因的研究：上卷［M］．郭大力，王亚南，译．北京：商务印书馆，2005：11.

今按：百度“哲学”分类已近50种。除中国哲学、东方哲学、西方哲学、马克思主义哲学之外，又有科学哲学、政治哲学、历史哲学、生存哲学、分析哲学、人文哲学、伦理哲学、心灵哲学、比较哲学，乃至解释学、符号学、现象学等细目。

然而《国富论》第二章笔锋突转，又将“哲学家”与“街上的挑夫”相提并论：

> 两个性格极不相同的人，一个是哲学家，一个是街上的挑夫。他们生下来，在七八岁以前，彼此的天性极相类似，此后不久，他们就从事于极不相同的职业，于是他们才能的差异，逐渐增大。结果，哲学家为虚荣心所驱使，简直不肯承认他们之间有一点类似的地方。(中略)①

今按：马克思《剩余价值理论》指出，在西方历史上，“单是‘劳动者’这个名称，就会使亚里士多德和凯撒感到被侮辱了”②。可见，《国富论》对哲学家“虚荣心”的批判，诚可谓“具有革命性的资产阶级说的话”③。

然而《国富论》何以特选“街上的挑夫”（A porter in the street）以比较？何以不选“锻工、木匠、轮匠……的服务”④ 之类？原因可能在于，“街上”指涉公共场所，因而“挑夫”具有某种“公仆”性。⑤ 后者类似当今汉语所称“送外卖”（delivery）。

五、《国富论》“大学”与“文艺硕士”

《国富论》还考察了现代大学（university）及“文艺硕士”（Master of Arts）

---

① 亚当·斯密．国民财富的性质和原因的研究：上卷［M］．郭大力，王亚南，译．北京：商务印书馆，2005：15.

② 马克思．剩余价值理论［M］//中共中央马克思恩格斯列宁斯大林著作编译局．马克思恩格斯全集：第26卷（第一册）．北京：人民出版社，1972：299.

③ 马克思．剩余价值理论［M］//中共中央马克思恩格斯列宁斯大林著作编译局．马克思恩格斯全集：第26卷（第一册）．北京：人民出版社，1972：314-315.

④ 亚当·斯密．国民财富的性质和原因的研究：上卷［M］．郭大力，王亚南，译．北京：商务印书馆，2005：348.

⑤ “伦敦的轿夫、脚夫和煤炭挑夫，以及那些靠卖淫为生的不幸妇女（也许是英国领土中最强壮男子和最美丽女子），据说，这些人的大部分，来自一般以马铃薯为食物的爱尔兰最下级人民。”（亚当·斯密．国民财富的性质和原因的研究：上卷［M］．郭大力，王亚南，译．北京：商务印书馆，2005：155.）

的来由：

> 往昔，全欧洲大部分有组合的行业，似乎都把学徒期限限定为七年。所有这样的组合，往昔都称为 university，这确是任何组合的拉丁原名。铁匠 university、缝工 university 等在古时都市的特许状中常可看见。今日特称为大学（university）的这个特殊团体，设立之初，获得文艺硕士学位所必需的学习年限的规定，明显地是以往昔有组合行业的学徒年限的规定为范本的。一个人，想在普通行业上，获得称师授徒的资格，就得在具有适当资格的师傅门下做学徒七年。同样，一个人想在文艺上成为硕士、教师或学者（此三者在往昔是同义语），取得收授学生或学徒（此两者原来亦是同义语）的资格，也得在具有适当资格的硕士门下学习七年。①

这段论述至少有两点值得注意。

其一，“university”（大学）来源于“有组合的行业”，后者指工匠等职业劳动协会。“全欧洲大部分有组合的行业，……往昔都称为 university，这确是任何组合的拉丁原名。”而管见所及，迄今流行的关于欧洲大学来由的叙事，主要将之归结于宗教聚会地点的教堂。例如在线网页称：“在中世纪时期，欧洲教会成为古代文化的主要承担者和传播者。一些知名大教堂所在地区形成了知名的学术中心，……这就是英语单词 university 的来源。”②

其二，“文艺硕士”（Master of Arts）也来源于类似“铁匠 university”“缝工 university”的“有组合的行业”。因为前者的学习年限及学生与导师的关系都以此为“范本”。一个人想在文艺上成为硕士，“就得在具有适当资格的师傅门下做学徒七年”。并且，“文艺上成为硕士、教师或学者，此三者在往昔是同义语”。今查英语大词典，有如其说。③

---

① 亚当·斯密．国民财富的性质和原因的研究：上卷［M］．郭大力，王亚南，译．北京：商务印书馆，2005：113-114.

② 钱磊．词源趣谈：大学到底是 university 还是 college？［EB/OL］．知乎，2022-02-23.

③ “master”意象杂多，包括师傅、技术工匠、艺术大师、教师、先生、校长、宗教导师、主人、雇主、商船船长等。（郑易里，等．英华大词典［M］．北京：商务印书馆，1984：853.）

亚当·斯密指出，包括“文艺学硕士”学习年限的法令起始于“伊丽莎白五年”[①]，该年也正是莎士比亚（1564—1616）的出生年。因此后者可能是英国最早的“文艺学硕士”？

值得注意的是，同一节中强调：“劳动所有权是一切其他所有权的主要基础，所以这种所有权是最神圣不可侵犯的。”[②] 看来，亚当·斯密是从“劳动技能”之养成的视角考察“university”及“文艺硕士”之来由的。

同节中还指出：“古代没有学徒制度的存在。……我不能由希腊或拉丁语中找出一个相当字眼来表达这个概念，我敢断定这两国文字中没有这种字眼。”[③]

今按：从“劳动技能”之养成的视角考察“university”及“文艺硕士”的来由，应该也可谓从一个侧面表征了“资产阶级在历史上曾经起过非常革命的作用”。(《共产党宣言》语)[④]

六、最早的“士”文化模范

中国“士”文化应该起源于大禹治水时代。《史记·夏本纪》述大禹治水历程后，记载了历史上首次“士”文化研讨会。首句是：

> 皋陶作士以理民。帝舜朝，禹、伯益、皋陶相与语帝前。

皋陶是“上古四圣”（尧、舜、禹、皋陶）之一，后世尊为“司法始祖”，他倡言“作士以理民”，受到帝舜的高度重视，遂有该次研讨会。

皋陶提出“九德”说：“宽而栗，柔而立，愿而共，治而敬，扰而毅，直而

---

① “伊丽莎白五年所颁布的通常称为学徒年限法令规定，此后无论何人，至少须做七年学徒，否则不许从事当时英格兰所有的一切手艺、工艺或技艺。于是以前英格兰各地许多特殊组合的规则，都成了市镇一切行业的公法。”（亚当·斯密．国民财富的性质和原因的研究：上卷［M］. 郭大力，王亚南，译．北京：商务印书馆，2005：114.）伊丽莎白一世（1558—1603），历史学家常常将其描绘为英国历史的黄金时代。……伊丽莎白把英国文艺复兴推向高潮，使英国新时代的哲学、文学、艺术和建筑等领域出现一片兴旺景象。莎士比亚、培根都出生在那个时代。

② 亚当·斯密．国民财富的性质和原因的研究：上卷［M］. 郭大力，王亚南，译．北京：商务印书馆，2005：115.

③ 亚当·斯密．国民财富的性质和原因的研究：上卷［M］. 郭大力，王亚南，译．北京：商务印书馆，2005：116.

④ 马克思，恩格斯．共产党宣言［M］//中共中央马克思恩格斯列宁斯大林著作编译局．马克思恩格斯选集：第1卷．北京：人民出版社，1972：253.

温，简而廉，刚而实，强而义。”① 大意为：宽厚而又威严，温和而又坚定，诚实而又恭敬，有才能而又小心谨慎，善良而又刚毅，正直而又和气，平易而又有棱角，果断而又讲求实效，强有力而又讲道理。——“九德”是个辩证综合体。

当大禹被要求也发表意见时，他表示：“於，予何言！予思日孳孳（孜孜）。”皋陶追问：“何谓孳孳?”于是大禹如实而言：

> 鸿水滔天，浩浩怀山襄陵，下民皆服于水。予陆行乘车，水行乘舟，泥行乘橇，山行乘檋（jú），行山刊木。与益予众庶稻鲜食。以决九川致四海，浚畎浍致之川。与稷予众庶难得之食。食少，调有余补不足，徙居。众民乃定，万国为治。

今译大意：洪水滔天，包围大山淹没丘陵，人民被逼得束手无策。我陆行乘车，水行乘舟，泥行乘橇，山行乘檋，从而恢复交通；大家没吃的，我跟益一起教大家种能够在水里生长的稻子，缓解了吃饭问题，才能够带着大家，把大江大河疏导到大海，把沟渠里的水引导到大江大河；又与稷一起振粮救灾，粮食实在不够，就从其他地方调拨，调有余补不足，或者把百姓迁徙到可居之处。这样，民众才能够安定下来，各个地方才能正常运行。

这段话至少表明，（1）大禹全身心地投入于治水事业；（2）水稻的推广普及也与治水过程相关；（3）大禹理想是“众民乃定，万国为治”。

这次研讨会似可表明：皋陶是中国“士”文化的理论之父，大禹则是最初的“士”文化实践模范。② 值得特别注意的是皋陶对大禹发言的评赞，曰：

> 然，此而美也。③

---

① 司马迁．史记（第一册）［M］．北京：中华书局，1985：77.

② 参阅：浩然．史记读书·君臣论士［EB/OL］．百家号，2021-09-26.

③ 《史记·夏本纪》还有下面“令民皆则禹”的记叙，禹曰：“予娶涂山，［辛壬］癸甲，生启予不子，以故能成水土功。辅成五服，至于五千里，州十二师，外薄四海，咸建五长，各道有功，苗顽不即功，帝其念哉。”帝曰：“道吾德，乃女功序之也。”皋陶于是敬禹之德，令民皆则禹。不如言，刑从之。舜德大明。

今人耳熟能详的有古典的“羊大为美”说①。与此比照，上述叙事所蕴含的“禹大为美”思想是否更具有“工作美学”的意蕴?

七、皋陶大禹，厥初“双士”

去年拙微文《最早的“士”模范大禹》中指出：“皋陶是中国‘士’文化理论之父，大禹则是首位‘士’模范。”今再借用中国象棋术语“双士”进一步研讨，皋陶与大禹是否还堪称中国历史上的厥初“双士”?

《史记·夏本纪》“皋陶作士以理民”会议记载中，主要是皋陶、大禹两位发言。有论者称“皋陶是项目负责人”②。然而皋陶“作士”思想显然前后不同。

会议开始皋陶提交的预研究成果不仅提出“九德”之士的培养目标，而且包括如何达成的培养方案：

> 日宣三德，蚤夜翊［xī］明，有家；日严振敬，六德亮采，有国；翕［xī］受普施，九德咸事，俊乂在官，百吏肃谨。……吾言底可行乎?③

其中循序渐进的程序是：三德（有家）—六德（有国）—九德（百吏肃谨）。就其循序形式而言，类似今日高等教育体系中的本科—硕士—博士三阶段。

但是皋陶在聆听了门外汉大禹的发言后，其认知有显著突破（或超越）。大禹发言的核心内容为：

> 鸿水滔天，浩浩怀山襄陵，下民皆服于水。予陆行乘车，水行乘舟，泥行乘橇，山行乘檋（jú），行山刊木。与益予众庶稻鲜食。以决九川致四海，浚畎浍致之川。与稷予众庶难得之食。食少，调有余补不足，徙居。

① “美，甘也。从羊从大。羊在六畜主给膳也。美与善同意。”（许慎．说文解字［M］．北京：中华书局，1978：78.）参阅：李泽厚．“羊大则美”：社会与自然［M］//李泽厚．华夏美学．武汉：长江文艺出版社，2019：3-16.

② 参阅：浩然．史记读书·君臣论士［EB/OL］．百家号，2021-09-06.

③ 今译：如果每天能够践行、展示好三德，从早到晚都能保持、明了，能有家。如果每天能够严格落实、恭敬，把其中的六德做得亮采，就可以有国了。如果能把九德融会贯通，得心应手地应用，并普遍地帮助别人也明白、落实，让九德能够普遍地发挥作用，就会感召到有能力有德行的人出现在正确的职位上，整个官员队伍能够肃谨。

众民乃定，万国为治。

鲁迅故事新编《理水》中将这段话转换为："洪水滔天，浩浩怀山襄陵，下民都浸在水里。我走旱路坐车，走水路坐船，走泥路坐橇，走山路坐轿。到一座山，砍一通树，和益俩给大家有饭吃，有肉吃。放田水入川，放川水入海，和稷俩给大家有难得的东西吃。东西不够，就调有余，补不足。搬家。大家这才静下来了，各地方成了个样子。"①

该次会议研讨结果是："皋陶于是敬禹之德，令民皆则禹。不如言，刑从之。舜德大明。"

今按：大禹在历经千难万险而终于完成治水工程之后应邀参加这次研讨会，因而其发言所说"众民乃定，万国为治"不是空言，而是实绩。而这也正是皋陶"作士以理民"的目标所在。因此皋陶推大禹为"士"模范是符合其研究初衷的。基于上述，今人有理由称皋陶大禹为中国"士"文化历史上的厥初之双士。

八、上海历史博物馆的"双馆合并"

一个月前从校友微信中读到"上海市历史博物馆（上海革命历史博物馆）"标题文，感觉熟悉而又新颖。新颖的是括号中的"上海革命历史博物馆"，前此未有印象。

该文介绍：上海市历史博物馆（上海革命历史博物馆）……地理位置南京西路 325 号……首次开放日期 2018 年 3 月 26 日。②

遂查官网，读到"筹备了 70 年的上海革命历史博物馆"③ 介绍历程：

"上海革命历史博物馆从筹备建馆到如今与上海市历史博物馆两馆合一开放，经过了 70 年的岁月。

"1952 年 上海革命历史纪念馆筹备处（简称上革筹备处）成立，办公地点在黄陂南路 374 弄内，隶属上海市文化局领导。最初任务为负责中国共产党第一次全国代表大会会址、早期党中央工作部和中共'一大'代表宿舍等三个纪念馆的筹建工作。

---

① 鲁迅．理水［M］//鲁迅．故事新编．北京：海燕出版社，2018：40.

② 参见：上海市历史博物馆（上海革命历史博物馆）［EB/OL］．百度百科。

③ 参阅：红色史迹 70 年　筹备 50 年的上海革命历史博物馆背后［EB/OL］．澎湃新闻，2019-09-24.

“1955 年 中共中央批准同意在‘一大’会址附近适当地点，另建革命历史纪念馆。上海革命历史纪念馆新馆的筹建工作开始，后因种种原因停止。

“1986 年 上海市编制委员会恢复上海革命历史博物馆筹备处，与中共‘一大’会址实行合署办公，即两块牌子一套机构。

“1988 年 上海革命历史博物馆筹备处随同中共‘一大’会址纪念馆划归上海市文管会领导。

“2015 年 上海市委市政府决定将上海市历史博物馆与上海革命历史博物馆两馆合一，在展陈布置上‘以城市史为脉络，以革命史为重点’，让历史博物馆也将传承红色文化作为重要使命。”

由此历程看来，“上海市革命历史博物馆”确是数年前才出现于公众视域；之后又因持续三年多的“新冠疫情”影响，导致很多人都会对该标题感到有点新颖。

笔者之所以感到熟悉而新颖，还因为九年前的 2014 年 12 月，曾在上海图书馆新馆（徐汇区淮海中路）做过“王元化与上海文化”的专题讲座。① 其中述及王元化“在上海‘文化工作’70 年”②，又述及 1986 年《有关发展上海文化事业建议书》：“上海发展文化事业，……可以着重考虑把上海建设成一个对外文化交流的窗口。要建成全国第一流的艺术中心，图书馆，博物馆、美术馆，大剧场、音乐厅。即使一下子搞不成，这个方向一定要明确。”③ 这些建议至 2001 年已“全都实现了”④。笔者在该讲座前曾借助相关文化设施的官方网站而逐一考察并得确认。当时未见“上海市革命历史博物馆”之说。

然而，王元化 1937 年从北平流亡到上海，当时十七岁，翌年加入中共地下

---

① 上海图书馆讲座“王元化与上海”（陆晓光，2014 年 12 月 20 日），该次讲座的录音视频等版权，讲座人签字后由讲座主办方保存。上海图书馆（Shanghai Library）老馆位于南京西路 325 号（今上海历史博物馆）于 1952 年 7 月 22 日开馆；1996 年 12 月迁移至上海徐汇区淮海中路，是为新馆。

② “抗战爆发后我一直定居上海，从 1938 年年初起，我就在隶属江苏省委的文委领导下从事文化工作，迄今已有半个多世纪，我始终没有离开文化工作的岗位。”（王元化．文化发展八议：后记［M］．长沙：湖南人民出版社，1988：90.）1937 年王元化从北平流亡到上海，当时十七岁，《文化发展八议》出版于 1986 年，那时他 66 岁。该书所录《有关上海文化发展的意见》中还有一句话：“我在这块土地上生活工作了五十年，可以算是半个上海人了。”此后至 2008 年在上海瑞金医院去世，从 1937 年到 2008 年，王元化在上海文化工作生涯超过七十年。

③ 王元化．文化发展八议［M］．长沙：湖南人民出版社，1988：14-16.

④ 王元化．集外旧闻钞［M］．上海：上海文艺出版社，2001：235.

党，此后“始终没有离开文化工作的岗位”。① 仅由此视角观之，上海历史博物馆的“双馆合并”，当也正可谓“上海文化”的题中发展之义。

九、《文化发展八议》中的“红色文化”

“红色文化”也是王元化《文化发展八议》(1988 年) 自述初心的所及，虽然当时未使用“红色文化”关键词。

该书附录了一篇近万字的《从〈展望〉到〈地下文萃〉》(1981 年)，“后记”特别说明：“为什么我把这篇和目前文化发展似乎无关的文章附在最后呢?”因为“知道过去是为了现在和将来。自然我所提供给读者的，距离这要求太远了，只能象征性地聊备一格罢了”②。

《展望》是 1948 年“由上海地下党所掌握的唯一刊物”③。王先生当时受命担任编辑：“上海雁荡路复兴公园大门对面，坐落在南昌路路北，有一幢灰色楼房，中华人民共和国成立前它原是中华职教社。当时《展望》周刊的办公室就设在这幢大楼第二层的一间大房间内，从一九四八年初秋到一九四九年三月《展望》被国民党反动派查封，我曾经在这里工作了半年多。”④“那是一个严峻的时代。……因为敌人知道《展望》社就设在这里。我得时刻警惕着，提防特务盯梢。”⑤

“《展望》被查封不久，……组织上通知我，要我负责编辑《地下文萃》。”⑥“在那个时候，大概这是上海唯一的进步刊物。”⑦《地下文萃》前身是《文萃》，“1947 年《文萃》遭到敌人破坏，捕去三名编辑，全遭敌人杀害。这三名编辑就是骆何民、陈子涛、吴承德三烈士”⑧。王元化编《地下文萃》的时候，“当时组织上下了最大决心，也做了最坏的准备”⑨。“有一次，我们约定在西藏路大上海电影院门口碰头。当天交接稿件的任务顺利完成了，可是后

① 王元化．文化发展八议［M］．长沙：湖南人民出版社，1988：90.
② 王元化．文化发展八议［M］．长沙：湖南人民出版社，1988：91.
③ 笔者 2014 年 12 月 20 日在上海图书馆做“王元化与上海文化”讲座时，讲演稿附有《展望》创刊号图片，该图片亦见：王元化画传［M］．胡晓明著．北京：文化艺术出版社，2007：80.
④ 王元化．文化发展八议［M］．长沙：湖南人民出版社，1988：68.
⑤ 王元化．文化发展八议［M］．长沙：湖南人民出版社，1988：68-69.
⑥ 王元化．文化发展八议［M］．长沙：湖南人民出版社，1988：79.
⑦ 王元化．文化发展八议［M］．长沙：湖南人民出版社，1988：79.
⑧ 王元化．文化发展八议［M］．长沙：湖南人民出版社，1988：79.
⑨ 王元化．文化发展八议［M］．长沙：湖南人民出版社，1988：81.

来受到了组织上的严厉批评。因为在我们交接稿件的头一天，敌人恰恰在这家影院门口捕去了两个人。我们那次没有遭到意外真是万幸。"①"编完第3期时，组织上就通知停刊了。那时解放军已经渡江，……上海就要展现晴朗的天空了。"②

王元化1981年之所以写这篇回忆文章，是"因为知道内情的人不多，我感到这段历史不应听其泯灭，尤其是在十年浩劫中，上海地下党曾被'四人帮'打成'反革命'，使不了解当时地下斗争的青年上当受骗，我感到应当从我个人小小的侧面记录当时的史实，让事实说明真相"③。

《从〈展望〉到〈地下文萃〉》曾发表在1983年创刊的《新闻记者》上，其时"编者按"写道："在《文萃》三烈士英勇就义一年以后，上海地下党组织在严重白色恐怖下极端秘密地编辑出版了最后几期《地下文萃》。……此文原载《红旗飘飘》第二十二集。"④

十、"手工业智慧的顶峰"

《资本论》关于"手工业智慧的顶峰"的评论，可能有助我们历史地评价陈寅恪当年所称"独立之精神"的意义。因此尤需"沉潜往复，从容含玩"(熊十力语)。

1972年中文版的该段评论如下：

> 一种历史生产形式的矛盾的发展，是这种形式瓦解和改造的唯一的历史道路。"鞋匠，管你自己的事吧!"——手工业智慧的这一"顶峰"，在钟表匠瓦特改良蒸汽机，理发师阿克莱发明经线织机，宝石工人富尔顿发明轮船以来，已成为一种可怕的愚蠢了。⑤

该版附注："'鞋匠，管你自己的事吧!'(Ne sutor ultra crepidam!)——是古希腊著名画家阿佩莱斯在一个鞋匠批评他的画时所做的回答，这个鞋匠对绘

---

① 王元化．文化发展八议［M］．长沙：湖南人民出版社，1988：83.
② 王元化．文化发展八议［M］．长沙：湖南人民出版社，1988：83.
③ 王元化．文化发展八议［M］．长沙：湖南人民出版社，1988：85.
④ 王元化．文化发展八议［M］．长沙：湖南人民出版社，1988：85-86.
⑤ 马克思．资本论：第1卷［M］//中共中央马克思恩格斯列宁斯大林著作编译局．马克思恩格斯全集：第23卷．北京：人民出版社，1972：535.

画一窍不通，只能看出所画的鞋的某些毛病。”①

2004 年新版该段文字略有修订：

> 一种历史生产形式的矛盾的发展，是这种形式瓦解和新形式形成的唯一的历史道路。“鞋匠，管你自己的事吧!”——手工业智慧的这一“顶峰”，在钟表匠瓦特改良蒸汽机，理发师阿克莱发明经线织机，宝石工人富尔顿发明轮船以来，已成为一种可怕的愚蠢了。②

新版将旧版中的“改造”修订为“新形式形成”；新版还添加了对马克思所引古谚语“‘鞋匠，管你自己的事吧!’（Ne sutor ultra crepidam!）”之出处的说明：“见老普林尼《博物志》第 35 卷第 85 页。”③

2011 年新版郭大力、王亚南译本中，该段为：

> 一种历史的生产形态之矛盾之发展，乃是该种历史的生产形态所由以崩解，所赖以取得新形态的唯一的历史的路。“让鞋匠固守他的职业”那一句话，虽是手工业者的识见的绝顶，但自钟表匠瓦特改良蒸汽机关，理发匠阿克莱特发明塞洛纺绩机，宝石工人福尔敦（Fulton）发明轮船以来，那一句话也成了可怕的陋见了。④

该译文中使用了“新形态”一词，与前述“可怕的愚蠢”对应的则是“可怕的陋见”。

1972 年日本大月书店版译文如下：

> 一つの歴史的な生産形態の諸矛盾の発展は、その解体と新形成とへの唯一の歴史的な道である。「靴屋は靴以外のことには手を出すな」!

① 马克思．资本论：第 1 卷［M］//中共中央马克思恩格斯列宁斯大林著作编译局．马克思恩格斯全集：第 23 卷．北京：人民出版社，1972：870.

② 马克思．资本论：第 1 卷［M］．北京：人民出版社，2004：562.

③ 马克思．资本论：第 1 卷［M］．北京：人民出版社，2004：939. “鞋匠，管你自己的事吧!”亦译作“不要越出本行”；“ultra crepidam 这个拉丁文短语的字面意思是‘越出了凉鞋的范围’”。（欧文·潘诺夫斯基．哥特式建筑与经院哲学［M］．陈平，译．北京：商务印书馆，2022：5.）

④ 马克思．资本论：第 1 卷［M］．郭大力，王亚南，译．上海：上海三联书店，2011：346.

{Ne sutor ultra crepidam!} この、手工業的な知恵の頂点 {nec plus ultra} は、時計師ウオットが蒸気機関を、理髪師アークライトが縦糸織機を、宝石細工職人フルトンが汽船を発明した瞬間から、ばかげきった文句になったのである。①

末句中的“ばかげきった”，主干词根为“馬鹿”，意为愚蠢，糊涂。

1976 年英文企鹅版译文如下：

The development of the contradictions of a given historical form of production is the only historical way in which it can be dissolved and then reconstructed on a new basis. “Ne sutor ultra crepidam”, a phrase which was the absolute summit of handicraft wisdom, became sheer nonsense from the moment the watchmaker Watt invented the steamengine, the Arkwright the throstle and Fulton the steamship. ②

其中“became sheer nonsense”，意谓变得非常糊涂。

十一、“独立—协作之精神”

“独立之精神”是陈寅恪在王国维纪念碑铭中提出的，20 世纪 90 年代经王元化倡导而成学界名言。“独立—协作之精神”则是笔者读《资本论》“协作”章的遐思。

《资本论》将古典手工业—近代工场手工业—现代机器大工业的演进历程，揭示为一个不断分工又不断综合的过程。在这个过程中，“独立手工业者”转化

---

① カール・マルクス. 資本論：第 1 巻［M］. 日本マルクス=エンゲルス全集刊行委員会訳. 东京：大月書店，1972：635.

② Karl Marx. Capital Volue I［M］. tr. Ben Fowkes. Penguin Classics, London：Clays Ltd, St Ivespic, 1990：619. 又在线资料另一英文本（http：//www. marxists. org/archive/marx/works/1867-c1/）该段译文为：“the historical development of the antagonisms, immanent in a given form of production, is the only way in which that form of production can be dissolved and a new form established. ‘Ne sutor ultra crepidam’ — this nec plus ultra of handicraft wisdom became sheer nonsense, from the moment the watchmaker Watt invented the steam-engine, the barber Arkwright, the throstle, and the working-jeweller, Fulton, the steamship.”（Karl Marx. Capital Volume I, Transcribed：Zodiac, 1995-1996）［EB/OL］.

为工场“协作工人”，进而转化为大工业的“社会劳动组织”的成员。[①] 用马克斯·韦伯（Max Weber，1864—1920）《新教伦理与资本主义精神》一书中的话说：“合乎理性地组织工业劳动却是直到从中世纪过渡到近代之后才为人所知。”[②] 这种劳动组织是不断“协作”并不断“综合”的结晶。因此，《资本论》并非偶然地使用了“组织好了的劳动体”[③]“新的综合的职能”[④] 等术语。

虽然王元化著述较少使用“协作”一词，但是他20世纪70年代于《文心雕龙创作论》中率先提出并尝试运用的“综合研究法”，却与《资本论》的“协作”思想有所相通。例如《文心雕龙创作论》第二版跋写道：“我国古代文史哲不分，后来分为独立的学科，这在当时有其积极意义，可说是一大进步，但是今天在我们这里往往由于分工过细，使各个有关学科彼此隔绝开来，形成完全孤立的状态，从而和国外强调各种边缘学科的跨界研究的趋势恰成对照。”[⑤] 再如《鲁迅论与综合研究法》一文指出：“分工过细也会产生另一种弊端，那就是各守各位，划地为牢，为各自所选择的专题所拘囿。这种河水不犯井水的办法，势必造成隔行如隔山的很大局限性，结果是研究中国的对外国的置之不顾，研究古代的对现代的茫然无知。”[⑥] 王元化关于“综合研究法”的阐述表明，这一方法内在地要求相关研究者们相互之间“协作”，换言之，研究者应该具有“独立—协作之精神”。

王元化提倡的“综合研究法”受到了马克思的启发，他在《读黑格尔》一书中写道：

> 《政治经济学批判导言》对于十七世纪古典经济学家的批判，实质上也就是辩证观点对于知性观点的批判。和启蒙学派有着密切关联的十七世纪古典经济学家，是以“思维着的悟性（知性）”作为衡量一切的尺度。他们像早期的英国唯物论者一样，坚执着理智的区别作用，从完整的表象中

---

① 马克思．资本论：第1卷［M］//中共中央马克思恩格斯列宁斯大林著作编译局．马克思恩格斯全集：第23卷．北京：人民出版社，1972：395.

② 马克斯·韦伯．新教伦理与资本主义精神［M］．于晓，陈维纲，等译．北京：生活·读书·新知三联书店，1987：163.

③ 马克思．资本论：第1卷［M］//中共中央马克思恩格斯列宁斯大林著作编译局．马克思恩格斯全集：第23卷．北京：人民出版社，1972：384.

④ 马克思．资本论：第1卷［M］//中共中央马克思恩格斯列宁斯大林著作编译局．马克思恩格斯全集：第23卷．北京：人民出版社，1972：388.

⑤ 王元化．读《文心雕龙》［M］．北京：新星出版社，2007：261.

⑥ 王元化．文学沉思录［M］．上海：上海文艺出版社，1983：55.

找出一些有决定意义的抽象的一般关系就停止下来，以为除此以外，“认识不能有更多的作为”（洛克）了。①

由此看来，王元化推重的“独立之精神”，其实已经蕴含了“独立—协作之精神”的新思想。②

十二、“自由—纪律之思想”

王元化先生20世纪90年代倡导的“独立之精神”，已经蕴含了“独立—协作之精神”的新意蕴。这里继续刍议王元化当年倡导的另一句话——“自由之思想”——是否也已萌芽了“自由—纪律之思想”的新内涵。

下面二例可供再思。

其一，王元化《记林毓生》（1991年）一文特别赞扬了林毓生式的“自由主义”：“他认为自由并不废弃纪律。他很注重躬行践履”；“他作为一个自由主义者，绝不像我们这里那些人一样，拉旗帜，立山头，拉帮结派，在行为上和自由主义背道而驰”。③

其二，王元化严厉批评过曾经流行的所谓“自由主义”。例如2000年9月他在上海社科院历史所举办的“二十世纪学术思潮反思”研讨会上提出：“一个令人深思的问题是，为什么外国的东西到了中国往往会走样？”“比如大家谈得很多的自由主义，……对于自由主义的真正内容其实并不清楚，却在那里侈谈

---

① 王元化．读黑格尔［M］．北京：新星出版社，2006：8.

② “批判继承古典文艺理论遗产的目的，除了说明它的原来面目‘如何’，也必须进一步弄清问题本身，究明它到底应该‘怎样’。”（王元化．读《文心雕龙》［M］．北京：新星出版社，2007：78.）这一方法论原则也意味着推陈才能出新。该书中强调“用科学观点去清理前人理论是一项困难的工作”，缘此特举恩格斯《费尔巴哈与德国古典哲学的终结》中的“一个范例”：“这部著作对黑格尔的‘一切现实的皆是合理的，一切合理的皆是现实的’命题做了阐发。阐释中提出的一些观点是黑格尔本人所没有确定而鲜明地说出来的，它们是经过清理之后才得出的结论。这样的清理方法，表面看来似乎已越出了原著的界限，可是事实恰恰相反，它却是完全必要的。因为不这样做，就不能真正揭示出隐藏在黑格尔哲学内核中的合理因素。我们不应该把这种用科学观点清理前人理论的方法，和拔高原著使之现代化的倾向混为一谈。”（同书，第79页）王元化另一篇文章也引鉴了恩格斯这句话：“黑格尔的意思根本不是说，凡存在的一切无条件地都是现实的。在他看来，现实的属性仅属于那同时是必然的东西。”（陈望衡．王元化文学评论选［M］．长沙：湖南人民出版社，1983：31.）

③ 王元化．人物·书话·纪事［M］．北京：人民文学出版社，2006：36-38.

自由主义。”①

进而言之，林毓生式的“自由主义”，其思想渊源似可追溯到马克斯·韦伯《新教伦理与资本主义精神》一书中所说：

> 自由放任理论都是一直就有的（如在中国）。②
>
> 资产阶级这一概念在现代西方之外从未存在过，同样，无产阶级作为阶级也不可能存在过，因为不曾有过在固定纪律约束下的理性劳动组织方式。③
>
> 资本主义无法利用那些信奉无纪律的自由自在的信条的人的劳动。④

就王元化敬重的“自由—纪律主义”而言，其思想渊源则至少可追溯到他早年所受红色文化的洗礼。例如 1996 年一篇序文中回忆：“太平洋战争爆发了，日军占领租界，……抗日活动转入地下，座谈会取消了，刊物不办了，不是工作需要的来往切断了，犯忌的书籍自行销毁了。我们必须遵守地下工作的原则，甚至必须牺牲自己的爱好和读书的兴趣。……我们充分尝到在敌人刺刀下丧失家国之苦。”⑤

其中“我们必须遵守地下工作的原则”，当可读作遵守地下党的“工作的纪律”。

十三、陈伯海论“自由”与“纪律”

王铁仙先生十多年前所论五四新文化核心范畴的“自主自由”⑥，也是《陈伯海文集》第五卷《哲思与审美》（2015 年）一书中的关键词。该书由“新生

---

① 王元化集：第 10 卷［M］. 武汉：湖北教育出版社，2007：426.

② 马克斯·韦伯. 新教伦理与资本主义精神［M］. 于晓，陈维纲，等译. 北京：生活·读书·新知三联书店，1987：12.

③ 马克斯·韦伯. 新教伦理与资本主义精神［M］. 于晓，陈维纲，等译. 北京：生活·读书·新知三联书店，1987：13.

④ 马克斯·韦伯. 新教伦理与资本主义精神［M］. 于晓，陈维纲，等译. 北京：生活·读书·新知三联书店，1987：40.

⑤ 王元化.《一笑之余》序［M］//王元化. 集外旧文钞. 上海：上海文艺出版社，2001：221-222.

⑥ 该文原为作者在上海市社会科学界联合会与华东师范大学王元化研究中心联合举办的纪念王元化九十诞辰研讨会上的发言。研讨会纪要见 2010 年 12 月 10 日的《文汇读书周报》，记者朱自奋报道。

命哲学”与“新生命哲学的审美观”两部分构成,[①] 前半部的“结语”章以“万类霜天竞自由”为标题。其首段写道:“自由作为人的本性,同时便是人生意义的最高体现。……但‘自由’乃是一个应用范围极为广泛的概念:经济上、政治上、法律上、道德上、科学认知、审美活动、宗教信仰,以至日常生活各领域里,都会碰到有关自由的问题,而不同时代、不同民族、不同派别、不同观念的人们,对自由又皆有各不相同的理解,这就给解决问题带来了特殊的困难。据说迄今单为‘自由’一词所下定义,即不下二百来种。如何在荆棘丛生的地块里开辟出一条通达之路,为适应当代生活所需建立的自由理念提示一个可供采择的方向呢?这也是新生命哲学的旨归所在了。”[②]

陈伯海“新生命哲学”的核心范畴是“自由”。该“结语”章又强调“自由”与“自主”的内涵之关系:“‘自由’一词究竟指什么呢?撇开种种复杂的界定,取一个最简明的概括,可以说,‘自由’实质上便是‘由自’,亦即任凭自我作主的意思。古人诗‘欲采蘋花不自由’[③],‘不自由’正意味着‘不由自’,即由不得己身为主。可见‘自由’实乃以自我为主体,由自己作主;离开了自主性,也就谈不上任何自由。……总之,‘自由’须以自主为前提、为核心,它是同主体性的确立分不开的。”[④]

如果说前此王铁仙的“自主自由”说是从历史层面对五四新文化核心范畴的揭示,那么陈伯海该书则可谓对“自由”与“自主”两者之关系给出了哲学层面的阐明。然而对于笔者,更醒目的是陈伯海紧接着论及的“自由”与“纪律”之关系:

> 日常生活中的自由须以纪律为限界,道德行为的自由以道德规范、道德风尚为限界,政治、经济等公共事务上的自由以法律(包括各种法规、行规)为限界,科学研究的自由以科学良知和学术规范为限界,等等。质而言之,自由与纪律、行为与规范、权利与义务、需求与责任、目的与效

---

① 《陈伯海文集》第五卷《哲思与审美》的这两部分曾分别单独出版,一为商务印书馆于2012年出版的《回归生命本原》,另一为生活·读书·新知三联书店于2012年出版的《生命体验与审美超越》。

② 陈伯海. 哲思与审美[M]//陈伯海. 陈伯海文集:第五卷. 上海:上海社会科学出版社,2015:170. 该段论述亦见陈伯海《回归生命本原》。

③ (原注)柳宗元《酬曹侍御过象县见寄》诗:“破额山前碧玉流,骚人遥驻木兰舟。春风无限潇湘意,欲采蘋花不自由。”见上海古籍出版社于2008年出版的《柳河东集》卷四十二。

④ 陈伯海. 哲思与审美[M]//陈伯海. 陈伯海文集:第五卷. 上海:上海社会科学出版社,2015:170-171. 该段论述亦见陈伯海《回归生命本原》。

果之间的对立统一，是永恒存在的，故自由总只能是相对的自由，是特定限界内的自由，而不存在什么毫无限制的自由和完全绝对的自由。①

今按：其中明确强调了“自由与纪律”之间的“对立统一”之关系。就此而言，陈伯海之说可谓笔者所说“自由—纪律之思想”的先声。

十四、陈寅恪读《资本论》

20世纪王元化在《王国维读〈资本论〉》短文中提到，“陈寅恪在国外留学时也于20世纪20年代初读过《资本论》。这些被目为学究的老先生，其实读书面极广，并非如有些人所想象的那样”②。

2017年出版的《陈寅恪与傅斯年》也说及此事：“宣统三年（1911）秋，陈至瑞士，转入瑞士苏黎世大学读书。当他阅报得知国内发生了孙中山领导的辛亥革命的消息时，即去图书馆借阅德文原版《资本论》就读，以了解这场革命的内在理论体系。”③

又述：“抗战期间，陈寅恪在成都病榻上与自己指导的燕京大学研究生石泉谈到共产主义与共产党时，曾涉及此事。陈说：‘……辛亥革命那年，我正在瑞士，从外国报上看到这个消息后，我立刻就去图书馆借阅《资本论》。因为谈革命，最要注意的还是马克思和共产主义，这在欧洲是很明显的。’”④

作者评曰：“陈寅恪可能是中国人中第一个阅读德文原版《资本论》者。这一年，陈寅恪二十二岁。”该书文献所据是石泉、李涵的《追忆先师寅恪先生》。⑤

---

① 陈伯海．哲思与审美［M］//陈伯海．陈伯海文集：第五卷．上海：上海社会科学出版社，2015：171. 该段论述亦见陈伯海《回归生命本原》。

② 王元化．思辨录［M］．上海：上海古籍出版社，2004：287. 参阅：陆晓光．王国维读《资本论》年份辨［N］．文汇报，2011-06-13.

③ 岳南．陈寅恪与傅斯年［M］．长沙：岳麓书社，2017：25.

④ 岳南．陈寅恪与傅斯年［M］．长沙：岳麓书社，2017：26.

⑤ 石泉（1918—2005）安徽贵池人，著名历史学家、历史地理学家、武汉大学资深教授、博士生导师，民进湖北省委会主要创始人。1944年毕业于燕京大学历史系，后入燕大研究院，师从著名史学家陈寅恪教授。李涵（1922—2008）原名缪希相，祖籍江苏江阴，生于北京，曾就读于燕京大学历史系，在陈寅恪、聂崇岐、翁独健等先生的指导下学习。1948年9月去解放区，改用今名。李涵先生的丈夫为著名历史地理学家石泉教授，中国民主促进会会员，1990年12月被聘任为湖北省人民政府文史研究馆馆员。代表性著述为《试论宋朝的检正与都司》（载《刘子健颂寿纪念宋史研究论集》）、《论章献刘皇后擅政与寇准之死》（载《纪念陈寅恪先生诞辰百年学术论文集》）、《从寇准的遭际看北宋前期君权与相权的矛盾》（《国际宋史研讨会论文选集》）、《论范仲淹在御夏战争中的贡献》（《宋史研究论文集：第2辑》）。

《文史杂志》2020年第3期载余灵均的《陈寅恪：从“读书种子”到四大导师（上）》，其中又注意到：“1911年年底，陈寅恪‘因学费筹措困难’，不得不中止了在苏黎世大学的学习，从欧洲返回祖国。1913年春，他经西伯利亚再赴欧洲，入法国巴黎高等政治学校。直到翌年秋，在长达十七八个月的时间里，陈寅恪都在这个大学的社会经济部学习。”①

今按：看来陈寅恪读《资本论》，还影响他两年后在法国巴黎留学“长达十七八个月”时期的研究方向。

该文由此提问并解答：“一个文史学者去学经济，看似怪异，其实不然。1935年10月，陈寅恪在《清华学报》第拾卷第肆期发表《元白诗中俸料钱问题》，熟稔地‘考释唐代京外官俸制不同之问题，及证明肃（宗）代（宗）以后，内轻外重与社会经济之情势”，应该与他二十多年前在巴黎高等政治学校学的动态分析等方法及工资理论等有关；再往上溯，还应与1911年在苏黎世大学读《资本论》、学政治经济学有关。”②

朱博宇《唐前期外官月料分配比例考释》强调：“外官月料的研究，向为学者所重，陈寅恪《元白诗中俸料钱问题》一文，是此一领域的开创之作。自陈寅恪至今，学界关于唐代外官月料的研究已有了深厚的积淀，……都有丰富而深入的研究成果。”③

今按：由此看来，陈寅恪当初读《资本论》，应该也是他在唐代历史研究中有所“开创”的原因之一。

十五、《资本论》的“独立之精神”

既然陈寅恪不仅读过《资本论》，而且还缘此在唐代历史研究领域颇有“开创”，那么，他提出“独立之精神”是否也与《资本论》有所关联？这样提问的理由至少可举如下一端。

《资本论》初版序末尾写道：“任何科学批评的意见我都是欢迎的。而对于我从来就不让步的所谓舆论的偏见，我仍然遵守伟大的佛罗伦萨诗人的格言：

① 余灵均．陈寅恪：从“读书种子”到四大导师（上）［J］．文史杂志，2020（3）：20-25.

② 余灵均．陈寅恪：从“读书种子”到四大导师（上）［J］．文史杂志，2020（3）：20-25.

③ 朱博宇．唐前期外官月料分配比例考释［J］．唐宋历史评论，2017：73-106，381.

‘走你的路，让人们去说罢！’”①

“走你的路，让人们去说罢”——这句原出中世纪末意大利诗人但丁《神曲》的格言，应该可谓“独立之精神”的古典诗意之表现。马克思创新性地使用了这句格言。在这个意义上可以说，整部《资本论》都堪称“独立之精神”的结晶。并非偶然的是，称颂陈寅恪“独立之精神”的王元化，20世纪70年代在其《文心雕龙创作论》初版跋文中也引用了《资本论》的这句话。并且，20年后他再度称颂了这句话：“我希望自己一本初衷，始终能够遵照一位哲人在他那部伟大著作的序言中所说的话去做。那就是……走你的路，让人去说话！”②

但是《资本论》作为马克思“独立之精神”的结晶还有其独特性，这就是其中首创的历史唯物主义方法论。用恩格斯《在马克思墓前的讲话》中的话说：“艺术以至宗教观念”等是有其赖以产生的现实基础的，“因而，也必须由这个基础来解释，而不是像过去那样做得相反”③。

就“独立之精神”的“独立”之观念而言，马克思早在《1857—1858年经济学手稿》中已经指出：“我们越往前追溯历史，个人，从而也是进行生产的个人，就越表现为不独立，从属于一个较大的整体，最初还是十分自然地在家庭和扩大成为氏族的家庭中；后来是在由氏族间的冲突和融合而产生的各种形式的公社中。”④ 马克思显然是将“独立”视为一种历史地产生和发展起来的观念形式。

马克思紧接着强调：

> 只有到十八世纪，在“市民社会”中，社会联系的各种形式，对个人来说，才只是表现为达到他私人目的的手段，才表现为外在的必然性。⑤

---

① 马克思．资本论：第1卷［M］//中共中央马克思恩格斯列宁斯大林著作编译局．马克思恩格斯全集：第23卷．北京：人民出版社，1972：23.

② 王元化．走自己的路：上海1998年4月在上海文学艺术杰出贡献奖的大会上所作答辞［M］//王元化．集外旧文钞．上海：上海文艺出版社，2001：231.

③ 恩格斯．在马克思墓前的讲话［M］//中共中央马克思恩格斯列宁斯大林著作编译局．马克思恩格斯选集：第3卷．北京：人民出版社，1972：575.

④ 马克思．1857—1858年经济学手稿［M］//中共中央马克思恩格斯列宁斯大林著作编译局．马克思恩格斯全集：第46卷（上册）．北京：人民出版社，1979：21.

⑤ 马克思．1857—1858年经济学手稿［M］//中共中央马克思恩格斯列宁斯大林著作编译局．马克思恩格斯全集：第46卷（上册）．北京：人民出版社，1979：21.“但是，产生这种孤立个人的观点的时代，正是具有迄今为止最发达的社会关系（从这种观点看来是一般关系）的时代。……十八世纪的人们有这种荒诞无稽的看法是可以理解的。”（同书同页）

今按：由此比照，我们至少可以深化对陈寅恪所倡“独立之精神”的内涵的认识，因为后者的“独立之精神”显然并非“只是表现为达到他私人目的手段”。

十六、“独立之精神”与《独立宣言》

有论者考察陈寅恪“独立之精神”来源时指出：“200 多年前，1776 年 7 月 4 日签订的《独立宣言》宣告美利坚民族摆脱英国殖民统治，……而陈先生是 1929 年提出‘独立之精神，自由之思想’。”① 这个视角很有启发性。

陈寅恪“于 1918 年冬前往美国，次年春入哈佛大学，……1921 年 9 月，陈寅恪离开美国”。吴宓 1919 年 8 月 18 日的日记中写道：“哈佛中国学生，读书最多者，当推陈君寅恪及其表弟俞君大维。两君读书多，而购书亦多。”② 陈寅恪哈佛大学两年中，不太可能没有读过《独立宣言》。

《独立宣言》的英文标题为“The Declaration of Independence”，其核心诉求是摆脱殖民地身份，成为独立的主权国家：“That these United States Colonies and Independent States,... to do all other acts and things which Independent States may of right do.”③ 句中的“colonies”即“殖民地”。

---

① 在线资料：谢晖．独立之精神，自由之思想，与天壤而同久，共三光而永光［EB/OL］．群学书院，2020-07-09.

② 张建安．陈寅恪：海外游学十八年的“读书种子”［N］．中国档案报，2020-03-23.

③《独立宣言》末章为：“We, therefore, the Representatives of the United States of America, in General Congress assembled , appealing to the supreme Judge of the world for the rectitude of our intentions, do, in the name, and by authority of the good people of these Colonies, solemnly publish and declare, That these United States Colonies and Independent States; that they are absolved by from all allegiance to the British Crown, and that all political connection between them and the State, they have full power to levy war, conclude peace, contract alliances, establish commerce, and to do all other acts and things which Independent States may of right do. And for the support of this declaration, with a firm reliance on the protection of Divine Providence, we mutually pledge to each other our lives, our fortunes, and our sacred honor.” 中文译文为：“因此我们这些在大陆会议上集会的美利坚合众国的代表们，以各殖民地善良人民的名义，并经他们授权，向世界最高裁判者申诉，说明我们的严重意向，同时郑重宣布：我们这些联合起来的殖民地现在是，而且按公理也应该是，独立自由的国家；我们对英国王室效忠的全部义务，我们与大不列颠王国之间大不列颠一切政治联系全部断绝，而且必须断绝。作为一个独立自由的国家，我们完全有权宣战、缔和、结盟、通商和采取独立国家有权采取的一切行动。我们坚定地信赖神明上帝的保佑，同时以我们的生命、财产和神圣的名誉彼此宣誓来支持这一宣言。”美国独立宣言全文（双语）［EB/OL］．中国日报网，2012-07-05.

《独立宣言》还强调了作为“殖民地”的痛苦，其表述之一是：“such has been the patient sufferance of these colonies.”该句特指当时美国作为殖民地所承受的困苦。

陈寅恪自述：“辛亥革命那年，我正在瑞士，从外国报上看到这个消息后，我立刻就去图书馆借阅《资本论》。因为谈革命，最要注意的还是马克思和共产主义，这在欧洲是很明显的。”① 并缘此影响他两年后（1913年春）进入法国巴黎高等政治学校的选择：“在长达十七八个月的时间里，陈寅恪都在这个大学的社会经济部学习。”② 在之后的哈佛大学期间，其研究方向再度转折：“1919年秋季发生了转折。陈寅恪开始接触并系统学习印度语言……”③

以上陈寅恪留学的两次转折分别发生于辛亥革命与五四新文化运动的时间点。就其第二次“转折”进入印度文化领域而言，原因也可能在于，中国当时已经沦为“半殖民地”，而印度则早已是英国殖民地，“1919年4月13日发生英军屠杀印度群众的阿姆利则惨案”④。

《资本论》将印度与中国都归为“亚细亚生产方式”的古老国家。⑤ 因此，陈寅恪哈佛期间转入印度文化，原因也可能是，印度与中国都是“亚细亚生产方式”的古国，如今都沦为了“殖民地”（或“半殖民地”），而美国也曾经是殖民地。换言之，陈寅恪转入印度学，也可能受到了旨在摆脱殖民地困境的美国《独立宣言》的影响。

十七、古代印度工匠“他是独立的”

《资本论》“分工和工场手工业”章谈论过古代印度“一幅有计划和有权威

① 岳南．陈寅恪与傅斯年［M］．长沙：岳麓书社，2017：25-26.

② 余灵均．陈寅恪：从“读书种子”到四大导师（上）［J］．文史杂志，2020（3）：20-25.

③ 林伟．陈寅恪的哈佛经历与研习印度语文学的缘起［J］．世界哲学：2012（1）：137-152.

④ 在线资料：阿姆利则惨案（Massacre of Amritsar）是1919年4月13日英国及其率领的廓尔喀士兵在札连瓦拉园向印度抗议群众开枪的事件。该事件造成379人死亡，称为“阿姆利则惨案”。

⑤ “德国旧造纸业为我们提供了这一部门的手工业的典型，十七世纪荷兰和十八世纪法国提供了真正工场手工业的典型，而现代英国则提供了自动生产的典型，此外在中国和印度，直到现在还存在着这种工业的两种不同的古亚细亚的形式。”（马克思．资本论：第1卷［M］//中共中央马克思恩格斯列宁斯大林著作编译局．马克思恩格斯全集：第23卷．北京：人民出版社，1972：418-419.）

地组织社会劳动的图画”①。这幅图画中也描述及铁匠、木匠、陶工、理发师、洗衣匠、银匠等职能人员。马克思还特别强调了印度工匠“他是独立的，不承认任何权威”。兹录如下：

> 例如，目前还部分地保存着的原始的规模小的印度公社，就是建立在土地公有、农业和手工业直接结合以及固定分工之上的，这种分工在组成新公社时成为现成的计划和略图。这种公社都是一个自给自足的生产整体，它们的生产面积从一百英亩至几千英亩不等。产品的主要部分是为了满足公社本身的直接需要，而不是当作商品来生产的，因此，生产本身与整个印度社会以商品交换为媒介的分工毫无关系。……在印度的不同地区存在着不同的公社形式。形式最简单的公社共同耕种土地，把土地的产品分配给公社成员，而每个家庭则从事纺纱织布等，作为家庭副业。除这些从事同类劳动的群众以外，我们还可以看到一个“首领”，他兼任法官、警官和税吏；一个记账员，登记农业账目，登记和记录与此有关的一切事项；一个官吏，捕缉罪犯，保护外来旅客并把他们从一个村庄护送到另一村庄；一个边防人员，守卫公社边界防止邻近公社入侵；一个管水员，从公共蓄水池中分配灌溉用水；一个婆罗门，司理宗教仪式；一个教员，在沙土上教公社儿童写字读书；一个专管历法的婆罗门，以占星家的资格确定播种、收割的时间以及对各种农活有利和不利的时间；一个铁匠和一个木匠，制造和修理全部农具；一个陶工，为全村制造器皿；一个理发师，一个洗衣匠，一个银匠，有时还可以看到一个诗人，他在有些公社里代替银匠，在另外一些公社里代替教员。这十几个人的生活由全公社负担。如果人口增长了，就在未开垦的土地上按照旧公社的样子建立一个新的公社。公社的机构显示了有计划的分工，但是它不可能有工场手工业分工，因为对铁匠、木匠等来说市场是不变的，至多根据村庄的大小，铁匠、陶工等不是一个而是两个或三个。调节公社分工的规律在这里以自然规律的不可抗拒的权威起着作用，而每一个手工业者，例如铁匠等，在他的工场内按照传统方式完成他职业范围内的一切操作，但是他是独立的，不承认任何权威。②

---

① 马克思．资本论：第1卷［M］//中共中央马克思恩格斯列宁斯大林著作编译局．马克思恩格斯全集：第23卷．北京：人民出版社，1972：395.

② 马克思．资本论：第1卷［M］//中共中央马克思恩格斯列宁斯大林著作编译局．马克思恩格斯全集：第23卷．北京：人民出版社，1972：395-396.

今按：陈寅恪擅长印度学，他所称“独立之精神”，其思想资源很可能也包括古印度文化。

十八、《国富论》说“独立”与“自由”

《国富论》曾用“独立”与“自由”这两个亮色词描述“继古代奴隶耕作者之后”① 出现的一种新型农民：

> 对分制下的佃农，是自由人。②
>
> 佃农……在租期延长后，他就简直是独立的了。③

《资本论》分析欧洲自耕农生产方式特征时也使用了这两个亮色词：

> 自耕农的自由所有权，对小生产来说，显然是土地所有权的最正常形式。在这种生产方式中，耕者不管是一个自由的土地所有者，还是一个隶属农民，总是独立地作为孤立的劳动者，同他的家人一起生产自己的生活资料。土地所有权是这种生产方式发展的必要条件，正如工具的所有权是手工业生产自由发展的必要条件一样。在这里，土地的所有权是个人独立发展的基础。（中略）④

其中依次出现“自由所有权”“自由的土地所有者”“独立地作为孤立的劳动者”。

《资本论》又分析过“小生产”与“自由个性”的关系：“劳动者对他的生产资料的私有权是小生产的基础，而小生产又是发展社会生产和劳动者本人的自由个性的必要条件。诚然，这种生产方式在奴隶制度、农奴制度以及其他从

---

① 亚当·斯密．国民财富的性质和原因的研究：上卷［M］．郭大力，王亚南，译．北京：商务印书馆，2005：356．“在这种制度下，种子、牲畜、农具，总之，耕作所需要的全部资本，都由地主供给。农民离去时，这种资本就须归还地主。出产物在留出被认为保持原资本所需要的部分之后，其余就由地主与农人均分。”

② 亚当·斯密．国民财富的性质和原因的研究：上卷［M］．郭大力，王亚南，译．北京：商务印书馆，2005：356．

③ 亚当·斯密．国民财富的性质和原因的研究：上卷［M］．郭大力，王亚南，译．北京：商务印书馆，2005：378．

④ 马克思．资本论：第3卷［M］//中共中央马克思恩格斯列宁斯大林著作编译局．马克思恩格斯全集：第25卷．人民出版社，1975：909．

属关系中也存在的。但是，只有在劳动者是自己使用的劳动条件的自由私有者，农民是自己耕种的土地的自由私有者，手工业者是自己运用自如的工具的自由私有者的地方，它才得到充分的发展，才显示出它的全部力量，才获得适当的典型形式。"① 其中与"自由个性"相关的有"劳动条件的自由""土地的自由""工具的自由"。

然而，《国富论》还从社会分工视角指出"小块土地的耕种者"② 的局限："农业由于它的性质，不能有像制造业那样细密的分工。……所以，农业上劳动生产力的增进，总跟不上制造业上劳动生产力的增进。"③

《资本论》则进一步强调：

> 自耕农的这种自由小块土地所有制形式，作为占统治地位的正常形式，一方面，在古典古代的极盛时期，形成社会的经济基础，另一方面，在现代各国，我们又发现它是封建土地所有制解体所产生的各种形式之一。英国的自耕农，瑞典的农民等级，法国和德国西部的农民，都属于这一类。④

上述摘录所提问题是：我国五四时期出现的"独立之精神、自由之思想"这一启蒙新观念，其渊源是否也与《国富论》及《资本论》关于"自耕农"特征的相关分析有所关联？因为毕竟当时中国还处于尚未工业化的"小农经济的汪洋大海"中。⑤

十九、《国富论》推重"协作之精神"

《国富论》虽然赞赏自耕农的"独立之精神"，但是更推重工匠的"协作之

---

① 马克思．资本论：第1卷［M］//中共中央马克思恩格斯列宁斯大林著作编译局．马克思恩格斯全集：第23卷．北京：人民出版社，1972：830.

② 亚当·斯密．国民财富的性质和原因的研究：上卷［M］．郭大力，王亚南，译．北京：商务印书馆，2005：9.

③ 亚当·斯密．国民财富的性质和原因的研究：上卷［M］．郭大力，王亚南，译．北京：商务印书馆，2005：7.

④ 马克思．资本论：第3卷［M］//中共中央马克思恩格斯列宁斯大林著作编译局．马克思恩格斯全集：第25卷．人民出版社，1975：909.

⑤ "中国是小农经济的汪洋大海，如何把亿万农民引上社会主义道路，改造农民个体所有制，发展农业生产，建设先进的社会主义农业经济，是我国社会主义事业成败的关键之一。"（党史知识大讲堂第六讲：中国社会主义制度建立［EB/OL］．新华网，2011-06-10.）

精神”。后者鲜明表现于对手工业工场典型特征的分析：

> 扣针制造业是极微小的了，但它的分工往往唤起人们的注意。所以，我把它引来作为例子。一个劳动者，如果对于这职业没有受过相当训练，又不知怎样使用这职业上的机械，那末纵使竭力工作，也许一天也制造不出一枚扣针，要做二十枚，当然是绝不可能了。但按照现在经营的方法，一个人抽铁线，一个人拉直，一个人切截，一个人削尖线的一端，一个人磨另一端，以便装上圆头。……这样，扣针的制造分为十八种操作。我见过一个这种小工厂，只雇用十个工人，因此在这一个工厂中，有几个工人担任二三种操作。这十个工人每日就可成针四万八千枚，即一人一日可成针四千八百枚。如果他们各自独立工作，就连这数量的四千八百分之一，恐怕也制造不出来。（中略）①

亚当·斯密是18世纪“工场手工业时期集大成的政治经济学家”②。马克思则已进入19世纪“机器和大工业”时代。③ 缘此，《资本论》回瞻《国富论》所述“扣针制造业”时又有新发现：

> 据亚当·斯密说，在他那时候，10个男人分工合作每天能制针48000多枚。但是现在，一台机器在一个十一小时工作日中就能制针145000枚。一个妇女或少女平均可以看管4台这样的机器，因此，她用机器每天可以生产针近60万枚，每星期就可以生产300多万枚。④

今按：两相比较，工场手工业时期扣针制造业的生产力是平均1个男人每天生产4800多枚，机器大工业时代则是“她用机器每天可以生产针近60万

---

① 亚当·斯密．国民财富的性质和原因的研究：上卷［M］．郭大力，王亚南，译．北京：商务印书馆，2005：6.

② 马克思．资本论：第1卷［M］//中共中央马克思恩格斯列宁斯大林著作编译局．马克思恩格斯全集：第23卷．北京：人民出版社，1972：386.

③《资本论》第13章标题为“机器和大工业”。（马克思．资本论：第1卷［M］//中共中央马克思恩格斯列宁斯大林著作编译局．马克思恩格斯全集：第23卷．北京：人民出版社，1972：408.）

④ 马克思．资本论：第1卷［M］//中共中央马克思恩格斯列宁斯大林著作编译局．马克思恩格斯全集：第23卷．北京：人民出版社，1972：503.

枚”。后者是前者的125倍。机器本身是社会化协作高度发展的结晶①，从而机器与大工业时代的“协作之精神”无疑更重要了。

《国富论》由工场手工业时期的分工协作方式回瞻当时自耕农的“独立”劳动②，已经看到了后者的某种局限：“农业由于它的性质，不能有像制造业那样细密的分工。……所以，农业上劳动生产力的增进，总跟不上制造业上劳动生产力的增进。主要原因，也许就是农业不能采用完全的分工制度。”③

如此看来，即便从《国富论》视角观之，“协作之精神”的重要性，也并不亚于“独立之精神”。

二十、古代中国的“纪律”与“曆律”

《新教伦理与资本主义精神》所谓“理性劳动组织方式”，亦即《资本论》“机器和大工业”章专题论述的“工厂”④；韦伯强调的“纪律”，在英文版《资本论》中的译词为“factory disciplines”（工厂纪律）⑤。

---

① 马克思《哲学的贫困》写道：“机器是劳动工具的结合，……生产工具的积聚和分工是彼此不可分割的，……工具积聚发展了，分工也随之发展，并且，vice versa（反过来也一样）。正因为这样，机械方面的每一次巨大重大发明都使分工加剧，而每一次分工的加剧也同样引起机械方面的新发明。在英国，机器发明之后分工才有了巨大进步。”（中共中央马克思恩格斯列宁斯大林著作编译局．马克思恩格斯全集：第40卷［M］．北京：人民出版社，1958：169.）

② 《国富论》所谓“农人”，主要也是小块土地的耕种者：“耕作小农地的乡村织工，由织机转到耕地，又由耕地转到织机，一定要虚费许多时间。诚然，这两种技艺，如果能在同一厂坊内进行，那末时间上的损失，无疑要少得多，但即使如此，损失还是很大。人由一种工作转到另一种工作时，通常要闲逛一会儿。在开始新工作之初，势难立即全神贯注地积极工作，总不免心不在焉。而且在相当时间内，与其说他是在工作，倒不如说他是在开玩笑。闲荡、偷懒、随便，这种种习惯，对于每半小时要换一次工作和工具，而且一生中几乎每天必须从事二十项不同工作的农村劳动者，可说是自然会养成的，甚而可说必然会养成的。这种种习惯，使农村劳动者常流于迟缓懒惰，即在非常吃紧的时候，也不会精神勃勃地干。所以，纵使没有技巧方面的缺陷，仅仅这些习惯也一定会大大减少他所能完成的工作量。”（亚当·斯密．国民财富的性质和原因的研究：上卷［M］．郭大力，王亚南，译．北京：商务印书馆，2005：9.）

③ 亚当·斯密．国民财富的性质和原因的研究：上卷［M］．郭大力，王亚南，译．北京：商务印书馆，2005：7.“未开化社会中一人独任的工作，在进步的社会中，一般都成为几个人分任的工作。”

④ “机器和大工业”（Machinery and Large-Scale Industry）章论述的“工厂”（The Factory），见：Karl Marx. Capital Volue I［M］. tr. Ben Fowkes. Penguin Classics，London：Clays Ltd，St Ivespic，1990：492，544.

⑤ Karl Marx. Capital Volue I［M］. tr. Ben Fowkes. Penguin Classics，London：Clays Ltd，St Ivespic，1990：549.

显然，古代中国确实没有韦伯所说“理性劳动组织方式”和“纪律”。因此，韦伯《儒教与道教》的批评也堪称中肯：“现代大型企业特色独具的‘劳动纪律’，……在中国便受到阻碍。”①

但是，不能由此而断言古代中国没有合理的“劳动组织方式”和“纪律”。兹略举数端：

（1）“纲纪法度”与“纪律”

《辞源》释“纪律”为“纲纪法规”。例《左传·齐桓公二年》“百官於是乎戒惧，而不敢易纪律”，元稹《批宰臣请上尊号第二表》“百吏虽存，官业多旷；万目虽设，纪律未张”②，《礼记·少仪》“请见不请退”，郑玄注“去止不敢自由”③。可见古汉语“自由”之义也受“纪律”（礼法）制约。

（2）“二十四节气”与“劳动组织方式”

“为进行农耕栽培，有必要进行季节预测，于是人们开始对太阳进行定期观测。……关于日出日落的方位、角度等，如果不是在固定地点且进行多年的观测，是没有意义的。因此，定居生活成了这一前提。另外，组建可以专门从事这一工作的团队，必须有个成熟的社会才可以。”（古川末喜《二十四节气原理》）④

（3）“曆纪”与“曆律”

在古代中国农耕文明的背景下，社会性的“纪律”与农耕法规的“农历”常常相互交集，遂产生诸多特色词语。例如“曆纪”（历纪）：谓曆数纲纪。《汉书·律曆志上》：“故自殷周皆创业改制，咸正曆纪”；“曆数谓推算节气之

① 马克斯·韦伯. 中国的宗教：儒教与道教［M］. 康乐，简惠美，译. 桂林：广西师范大学出版社，2010：146.

② 商务印书馆编辑部. 辞源［M］. 北京：商务印书馆，1979：2400. 现代汉语“纪律”词条的首要之义也是“纲纪法度”，也是引《左传·齐桓公二年》：“百官於是乎戒惧，而不敢易纪律。”（夏征农. 辞海［M］. 上海：辞书出版社，2009：853.）

③ 阮元. 十三经注疏：下册［M］. 北京：中华书局，1980：1512. “请见不请退”句的今译为：“卑幼者可以请求进见尊长，但在既见之后不可主动请求退下，等尊长示意之后才可以告退。”《三国志·吴志·朱恒传》：“恒性护前，耻为人下，每临敌交战，节度不得自由，辄嗔恚愤激。”（商务印书馆编辑部. 辞源［M］. 北京：商务印书馆，1979：2583.）该段文字的今译为：“朱桓性格喜爱护短，耻于落在人后，每次临阵对敌交战，受到节制约束不得自由，他就动辄发怒激愤。”

④ 古川末喜. 二十四節気で読みとく漢詩［M］. 东京：文学通信，2020：40.

度”。[①] 徐干《中论·曆数》：“昔者圣王之造曆数也，察纪律之行，观运机之动。”[②] 又如“曆律”（历律），王守仁《传习录》卷二：“使国家欲兴明堂，建辟雍，制曆律，草封禅，又将何所致其用乎！”[③] 司马迁《史记》：“律居阴而治阳，曆居阳而治阴，律曆更相治，间不容飘忽。”[④]

（4）“自由”与“二十四节气”

柳宗元《酬曹侍御过象县见寄》诗：“春风无限潇湘意，欲采蘋花不自由。”[⑤] 这里的“不自由”，应该也是受到了一年四季“节气”变化的限制，因为“春风”时节，不可能采集到“蘋花”，后者到秋天才开花。

由此看来，古代农业中国的“纪律”，很可能交织凝聚了社会劳动组织与自然节气变化两方面相互制约配合的法则，虽然它必须进一步经历现代工业文明的洗礼。

二十一、重温恩格斯《论权威》

笔者从“上海基层党建”微信号读到《坚定维护党中央权威和集中统一领导》一文，其中引述经典之一是恩格斯 1873 年发表的《论权威》：“没有权威，就不可能有任何的一致行动。”[⑥] 笔者 20 世纪 70 年代在上海电焊机厂工作期间读过恩格斯这篇《论权威》，记得当时所在车间党支部的周书记在开会时也经常引述此句，因此有点熟悉而亲切。

之所以熟悉而亲切，原因还在于恩格斯该文以大工业特有的生产方式为范例而分析论证。例如：“就拿纺纱厂作例子罢。棉花至少要经过六道连续工序才

---

① 商务印书馆编辑部．辞源［M］．北京：商务印书馆，1979：1450.

② 孙启治．中论解诂［M］．北京：中华书局，2014：243．“察纪律之行，谓察知天行之常道。”（同页注）“纪曆”是“曆纪”的同义词，陶潜《陶渊明集》二《桃花源》诗：“虽无纪曆志，四时自成岁。”（商务印书馆编辑部．辞源［M］．北京：商务印书馆，1979：2400.）

③ 王守仁．传习录［M］．崔存明，注．北京：首都经济贸易出版社，2007：76-77.

④ 司马迁．史记［M］．北京：中华书局，1959：3305．“律曆”是“曆律”的同义词。旧史有“律曆志”，记载一代乐律和曆法的沿革。《史记》律书、曆书各一篇。班固《汉书》始并律、曆为一志。其后《后汉书》《晋书》《魏书》《隋书》《宋史》均有此志。（商务印书馆编辑部．辞源［M］．北京：商务印书馆，1979：1017.）

⑤ 柳宗元．柳河东集：卷四十二［M］．上海：上海古籍出版社，2008．（转见：陈伯海．哲思与审美［M］//陈伯海．陈伯海文集：第五卷［M］．上海：上海社会科学出版社，2015：170.）

⑥ 坚定维护党中央权威和集中统一领导［EB/OL］．上海基层党建微信公众号，2023-05-11.

会成为棉纱，并且这些工序大部分是在不同的车间进行的。"① 笔者当年每个月要在车床上轮番加工十多种电焊机零部件，有时仅加工一个零部件就需要经过不下于"六道连续工序"。

恩格斯又说："其次，为了使机器不断运转，就需要工程师照管蒸汽机，需要技师进行日常检修，需要许多工人把生产品由一个车间搬到另一个车间等。"② 笔者所在的上海电焊机厂有六个不同工种的专业车间，因此每个月月底总装配之前，都会亲历"许多工人把生产品由一个车间搬到另一个车间"的协作流程。

恩格斯还说："劳动者们首先必须商定劳动时间；而劳动时间一经确定，大家就要毫无例外地一律遵守。"③ 笔者当年的劳动时间有两个序列，一是"早班"——每天上下班时间是6：30和15：30；另一是"中班"——每天上下班时间是15：00和23：00。记忆中当年的工友们不仅"毫无例外地遵守"，而且是游刃有余地交接班。

下面一段直接关乎"权威"：

> 在每个车间里，时时都会发生有关生产过程、材料分配等局部问题，要求马上解决，否则整个生产就会立刻停顿下来。不管这些问题是怎样解决的，……个别人的意志总是要表现服从，这就是说，问题是靠权威来解决的。④

恩格斯这里所说的服从"权威"，在马科斯·韦伯《新教伦理与资本主义精神》中被解释为："人们必须服从权威"乃是新教伦理中的"天职"（Beruf）。⑤这种崭新的伦理品质是以往独立自由的"自耕农"等小生产经营者所未曾有过

---

① 恩格斯．论权威［M］//中共中央马克思恩格斯列宁斯大林著作编译局．马克思恩格斯选集：第3卷．北京：人民出版社，1972年：552.

② 恩格斯．论权威［M］//中共中央马克思恩格斯列宁斯大林著作编译局．马克思恩格斯选集：第3卷．北京：人民出版社，1972年：552.

③ 恩格斯．论权威［M］//中共中央马克思恩格斯列宁斯大林著作编译局．马克思恩格斯选集：第3卷．北京：人民出版社，1972年：552.

④ 恩格斯．论权威［M］//中共中央马克思恩格斯列宁斯大林著作编译局．马克思恩格斯选集：第3卷．北京：人民出版社，1972年：552.

⑤ 马克斯·韦伯．新教伦理与资本主义精神［M］．于晓，陈维纲，等译．北京：生活·读书·新知三联书店，1987：170.

的；并且，它“比凝结在几百年传统中的工匠技能具有更高的稀少价值”①。而在马克思《资本论》中则被比喻为交响乐演奏中的服从“乐队指挥”：

一切规模较大的直接社会劳动或共同劳动，都或多或少地需要指挥，以协调个人的活动，……一个单独的提琴手是自己指挥自己，一个乐队就需要一个乐队指挥。②

二十二、《谈艺录》未谈“交响乐”(Symphony)

钱锺书先生《谈艺录》颇有述及西洋诗歌与音乐关系者。其旁征博引如：

“西洋谈艺鼻祖亚里士多德云：‘乐在诸艺中最近自然。’”③

“瓦根洛特（W. H. Wackenroder）称音乐为百凡艺术之精神命脉，宣达性情，功迈文字。”④

——这是说音乐是艺术王国之最高。

“尼采谓席勒之言诗也，不贵取象构思之有伦有序，理顺事贯，而贵声音要眇，移情触绪。”⑤

“加尔杜齐亦尝明昭大号曰：‘声音乃诗之极致，声音之能事往往足济语言伎俩之穷。’”⑥

——这进一步说音乐与诗歌关系最密切。

---

① “即使是今天的工业界，在选择建厂地点时，也不能不受制于人口这些集中劳动经过长期的传统教育熏陶而获得的品质。在观察这种制约时，当今的科学偏见容易把它归因于先天的人种素质而不是传统与教育。”（马克斯·韦伯．新教伦理与资本主义精神［M］．于晓，陈维纲，译．北京：生活·读书·新知三联书店，1987：162.）

② 马克思．资本论：第1卷［M］//中共中央马克思恩格斯列宁斯大林著作编译局．马克思恩格斯全集：第23卷．北京：人民出版社，1972：367.

③ 钱锺书．谈艺录［M］．北京：生活·读书·新知三联书店，2001：673.

④ 钱锺书．谈艺录［M］．北京：生活·读书·新知三联书店，2001：673.

⑤ 钱锺书．谈艺录［M］．北京：生活·读书·新知三联书店，2001：716.

⑥ 钱锺书．谈艺录［M］．北京：生活·读书·新知三联书店，2001：716.

“史梯芬生《游美杂记》有论美国地名云：‘凡不知人名地名声音之美者，不足以言文。’”①

——这又是将音乐推广至无韵之散文领域了。

“魏尔伦论诗曰：‘音调为首务之要’，尤成熟语。皆与七子以来之重‘声’轻‘义’，相印可焉。”②

“乐无意，故能涵一切意。……奥国汉斯立克（E. Hanslick）《音乐说》(Vom Musikalisch Schonen) 一书中议论，吾国则嵇中散《声无哀乐论》已先发之。”③

以上两条是强调，凡西洋音乐所论，吾国先人皆已先言之，且“无不能同此理”④。

然而整部《谈艺录》却鲜见关于西洋交响乐的引征，而后者乃西洋音乐集大成之新形式。例如“百度”介绍：

“‘交响乐’名称源出于希腊语，意即‘一起响’。……18 世纪初期，随着欧洲产业革命的进程，音乐艺术也开始逐步地走向平民化和社会化。”

“按照西方音乐史分期，欧洲交响音乐的发展大约经历了古典主义、浪漫主义、民族主义、印象主义、现代主义等历史阶段。”

“交响乐队是音乐王国里的器乐大家族，一般来说它分为五个器乐组：弦乐组、木管组、铜管组、打击乐组和色彩乐器组。”

“一个铜管（以小号为例）的音量相当于 17 把小提琴，12 把中提琴，8 把大提琴，或者 6 把低音提琴。故每增加一个铜管，乐队的弦乐人数至少已经增加了 43 人。”

---

① 钱锺书．谈艺录［M］．北京：生活·读书·新知三联书店，2001：718.

② 钱锺书．谈艺录［M］．北京：生活·读书·新知三联书店，2001：716.

③ “乐无意，故能涵一切意。吾国则嵇中散《声无哀乐论》说此最妙，所谓：‘夫唯无主于喜怒、无主于哀乐，故欢戚俱见。声音以平和为主，而感物无常；心志以所俟为主，应感而发。’奥国汉斯立克（E. Hanslick）《音乐说》（*Vom Musikalisch Schonen*）一书中议论，中散已先发之。”（钱锺书．谈艺录［M］．北京：生活·读书·新知三联书店，2001：707.）

④ 钱锺书．谈艺录［M］．北京：生活·读书·新知三联书店，2001：699.

从上述简要介绍已然可见，交响乐是需要众多音乐家相互协作演奏的一种艺术方式。《文心雕龙·乐府》曰：“岂惟观乐，于焉识礼。”交响乐之于现代西方艺术整体而言具有特殊意义。

二十三、“交响乐”与“手工工场”

现代交响乐形成于18世纪中叶的欧洲。“交响曲之父”海顿（1732—1809）是18世纪人。18世纪也是工场手工业由鼎盛转入工业机器的时代。两者同时代是否有潜在关联？提出这个问题的理由如下。

（1）形式同构。交响曲通常包含四个乐章，类似手工工场通常有前后衔接的若干工序。交响乐演奏时需要多类乐器，如弦乐、管乐、打击乐等。每一类又有不同种属，如管乐分木管和铜管，铜管有小号、圆号、长号等。乐器的丰富多样犹如手工工场：“劳动工具的分化和专门化，是工场手工业的特征。”“单在北明翰就生产出约500种不同的锤，……往往好多种锤只用于同一过程的不同操作。”①

（2）规模接近。交响乐队人数通常数十至百余人。《资本论》叙事中，“几百人在一个厂长指挥下进行劳动的，叫作联合手工工场”，更多的则是“人数众多而分散地独自经营的手工工场”。②

（3）协同相通。交响乐与手工工场都依赖分工合作，都追求“协同高效”，因而都需要“一个指挥”。听从指挥是基本规矩，也是每一位演奏者或手工匠的基本素养。手工工场是机器工厂的序曲，后者更有严格纪律：“自动工厂的主要困难在于建立必要的纪律，以便使人们抛弃无规则的劳动习惯，使他们和大自动机的始终如一的规则性协调一致。”③

此外，“大工业的原则是，首先不管人的手怎样”④。用许多手协同操作的交响乐应运而生，是否也表征了对即将来临的大机器工业时代的敏感和转化？

《资本论》“协作”章还强调了“指挥”对于“协作”的必要性和特殊功能：

---

① 马克思．资本论：第1卷［M］//中共中央马克思恩格斯列宁斯大林著作编译局．马克思恩格斯全集：第23卷．北京：人民出版社，1972：379.

② 马克思．资本论：第1卷［M］//中共中央马克思恩格斯列宁斯大林著作编译局．马克思恩格斯全集：第23卷．北京：人民出版社，1972：815.

③ 马克思．资本论：第1卷［M］//中共中央马克思恩格斯列宁斯大林著作编译局．马克思恩格斯全集：第23卷．北京：人民出版社，1972：465.

④ 马克思．资本论：第1卷［M］//中共中央马克思恩格斯列宁斯大林著作编译局．马克思恩格斯全集：第23卷．北京：人民出版社，1972：533.

> 一切规模较大的直接社会劳动或共同劳动，都或多或少地需要指挥，以协调个人的活动，并执行生产总体的运动——不同于这一总体的独立器官的运动——所产生的各种一般职能。一个单独的提琴手是自己指挥自己，一个乐队就需要一个乐队指挥。①

马克思把个体劳动与协作劳动分别比喻为小提琴独奏与交响乐合奏，后者必须有“一个指挥”。但是在资本主义生产方式中，担任“指挥”的首先是资本：“随着许多雇佣工人的协作，资本的指挥发展成为劳动过程本身的进行所必要的条件。”② 由于资本与雇佣劳动相对立，这种“指挥”具有“专制”的另一面：“资本在工厂法典中通过私人立法独断地确立了对工人的专制。”“奴隶监督者的鞭子被监工的罚金簿代替了。一切处罚都简化为罚款和扣工资。”③ 然而《资本论》第三卷有进一步分析：

> 一个乐队指挥完全不必就是乐队乐器的所有者。④

> 只要这种劳动是由作为社会劳动的形式引起，由许多人为达到共同结果而形成的结合和协作引起，它就同资本完全无关，就像这个形式本身一旦把资本主义的外壳炸毁，就同资本完全无关一样。⑤

这意味着，在社会主义条件下，协作劳动更具有“乐队”性内涵。进而言之，如果将不同产业视为一个相互协作的有机共同体，那么这个共同体是否更需要卓越的指挥，本次抗疫是否也证明了中国文化超级强大的协同演奏力？

---

① 马克思．资本论：第1卷［M］//中共中央马克思恩格斯列宁斯大林著作编译局．马克思恩格斯全集：第23卷．北京：人民出版社，1972：367.

② 马克思．资本论：第1卷［M］//中共中央马克思恩格斯列宁斯大林著作编译局．马克思恩格斯全集：第23卷．北京：人民出版社，1972：367.

③ 马克思．资本论：第1卷［M］//中共中央马克思恩格斯列宁斯大林著作编译局．马克思恩格斯全集：第23卷．北京：人民出版社，1972：465.

④ 马克思．资本论：第3卷［M］//中共中央马克思恩格斯列宁斯大林著作编译局．马克思恩格斯全集：第25卷．北京：人民出版社，1975：435.

⑤ 马克思．资本论：第3卷［M］//中共中央马克思恩格斯列宁斯大林著作编译局．马克思恩格斯全集：第25卷．北京：人民出版社，1975：435.

二十四、“但科学家是有祖国的”

昨天浏览到两个同一话题的微信视频，一是《清华大学总挨骂，到底冤不冤?》（署名“蒙面先生”），其中争议的是“科学无国界”是否违背了老一辈清华人优良传统的问题。另一标题《清华迷惑行为?》（署名“艾思科蓝”）称：“网友愤怒质疑”，“清华回应与日本合作：科学无国界”。

这个争议话题在笔者多年前奉命筹建并主持华东师范大学王元化研究中心期间有所研思。研思缘起于王元化先生与植物学家吴征镒院士的友情——两位前辈早先都是“清华园”出身，后者2007年获“国家最高科学技术奖”。

兹摘录吴征镒生前出版的《百兼杂感随忆》（科学出版社，2008年）中“为学和做人”小标题下的一段：

> 费尔巴哈说过：“真正的思想家、科学家是为人类服务的，同时也是为真理服务的。”科学技术以自然为研究对象，是没有国界的，但科学家是有祖国的。所以，搞科学的人首先要自觉树立正确的人生观和世界观。正确的人生观就是人的一生不要以索取为目的，而要以服务为目的，为人民服务就是一切。①

这是笔者最初读到的“但科学家是有祖国的”这句话。吴征镒该书中还进一步阐明这句话：“具有不正确人生观或没有树立正确人生观的科技人员是有的，今后还仍然会有。但是自觉与不自觉、树立与不树立是一个‘路遥知马力，日久见人心’的问题。没有树立正确的人生观的科技工作者处境其实是很危险的，往往会不自觉地成为邪恶的工具，被动地做出对人民有害的事来，终致危及本身。解放初期，我代表北京军事管制委员会去接管北平私立静生生物调查所。该所在日伪时期曾被日本侵略军筱田部队占用。该部队是干什么的呢？我们在地下室找到了很多跳蚤精细结构的照片，原来这是一个制造凶狠的杀人武器——细菌武器为目的特殊部队，其中就有很多从事细菌和昆虫研究的科学败类，这些人就成了邪恶的工具。”② 可见吴征镒先生十多年前所说的“但科学家是有祖国的”，是凝结了现代中国历史沉痛经验的。

这里需要说明，《百兼杂感随忆》是吴征镒院士晚年赠予王元化研究中心的

① 吴征镒．百兼杂感随忆［M］．北京：科学出版社，2008：199.

② 吴征镒．百兼杂感随忆［M］．北京：科学出版社，2008：199.

一部个人文集（80余万字）。多年前笔者缘此曾撰《吴征镒院士与王元化先生》（见2014年出版的《吴征镒先生纪念文集》① ）其中也引述了“但科学家是有祖国的”②。该句又见去年出版的《吴征镒传》③，这是“老科学家学术成长资料采集工程/中国科学院院士传记丛书”之一部。

二十五、夏目漱石反思“利己主义”

柄谷行人《漱石论集成》述及，日本近代小说最早的侦探形象是夏目漱石《春分过后》中的敬太郎。这类侦探与柯南·道尔笔下的福尔摩斯都重视追究犯罪动机，因此通常会触及资本宗主国与海外殖民地的隐蔽关系：宗主国的绅士在海外殖民地犯罪。由此产生一种另类小说：“专门讲述研究毒物学的柯南道尔与撰写《资本论》的马克思在伦敦大英博物馆会面交流的故事。”④这意味着夏目漱石小说中的侦探形象，经由柯南道尔的中介，而与《资本论》有所关联。

日本最初译介《资本论》的学者是河上肇，《河上肇全集》文学卷的编者是一海知义教授，一海知义著有《漱石と河上肇：日本の二大漢詩人》。这又意味着夏目漱石与河上肇是可以相提并论的“汉诗人”。

去年读过一篇题为《夏目漱石汉诗文研究》的博士论文，其中述及夏目漱石1902年留学英国期间的书简。书简中说：“欧洲今日文明之失败乃贫富悬殊所致”⑤，“当今世界出现马克思学说是理所当然之事”⑥。这表明夏目漱石对马克思学说至少有所接触，在时间上则比河上肇（1879—1946）留学欧洲（1913）早十年。

夏目漱石1908年夏《梦十夜·第六夜》中写道：

---

① 陆晓光．吴征镒院士与王元化先生［M］//中国科学院昆明植物研究所．吴征镒先生纪念文集．昆明：云南科技出版社，2014：104-113.

② 拙文中读吴征镒《〈观赏竹类〉小引》一文写道，“作为自然科学家的吴老赞同并引鉴过德国哲学家费尔巴哈之说：‘真正的思想家、科学家是为人类服务的，同时也是为真理服务的。’然而吴老别有一种补充：‘科学技术以自然为研究对象，是没有国界的，但科学家是有祖国的。’这里的‘祖国’显然不是地理概念，‘科学家是有祖国的’命题之依据，从吴老对‘竹类文化’的阐释中可见一斑。”（吴征镒院士与王元化先生［M］//中国科学昆明植物研究所．吴征镒先生纪念文集．昆明：云南科技出版社，2014：108.）

③ 吕春朝．一生情缘植物学：吴征镒传［M］．北京：中国科学技术出版社，2022：182.

④ 柄谷行人．漱石论集成［M］．东京：岩波书店，2016：315.

⑤ 夏目漱石．漱石全集：第二十二卷［M］．东京：岩波书店，1996：252.

⑥ 夏目漱石．漱石全集：第二十二卷［M］．东京：岩波书店，1996：253.

"我终于明白了：在明治时期的树木里，是不可能埋藏着仁王的。"①

又其《浮想录》（十七）中写道：

"当文明的肉体在社会的锐利鞭笞下日渐萎缩之时，我对幽灵却常常深信不疑。"②

其中明显透露出夏目漱石与明治时代背景的紧张关系。

夏目漱石著名的《我的个人主义》原是对在校大学生的演讲，其中提出三原则：

第一，如果想达到发展自己个性的目的，那就必须同时尊重他人的个性。第二，要想使用属于自己的权利，那就必须记住相伴而来的义务。第三，要想显示自己的财力，就必须重视相伴而来的责任。③

夏目漱石声称"在这个意义上我是个人主义者"。相关研究认为，自传性小说《路边草》剖析的是作者本人"自己的私心"④；后期小说"对妒忌心理和利己主义的剖析和批判一部比一部更深刻，一部比一部更有力"⑤。可见，夏目漱石的"个人主义"是反思性的。

夏目漱石汉诗中时见对"无我"境界的向往，诸如"无我是仙乡"（《闲居偶成》）⑥、"道到无心天自合"（《无题》）⑦、"洗尽尘怀忘我物"（《〈七草集〉评（其七）》）⑧ 等，尤其是他去世前一个月所写最后一首《无题》中的两句：

碧水碧山何有我，盖天盖地是无心。⑨

---

① 夏目漱石．哥儿［M］．刘振瀛，吴树文，译．上海：上海译文出版社，1987：262.
② 夏目漱石．梦十夜［M］．李振声，译．桂林：广西师范大学出版社，2003：182.
③ 李先瑞．试论夏目漱石《我的个人主义》［J］．日本研究，1998（4）：85-88.
④ 何乃英．夏目漱石和他的一生［M］．武汉：华中科技大学出版社，2017：255.
⑤ 何乃英．夏目漱石和他的一生［M］．武汉：华中科技大学出版社，2017：287-288.
⑥ 张士立．夏目漱石汉文学研究［M］．上海：华东师范大学，2020：319.
⑦ 张士立．夏目漱石汉文学研究［M］．上海：华东师范大学，2020：322.
⑧ 张士立．夏目漱石汉文学研究［M］．上海：华东师范大学，2020：330.
⑨ 张士立．夏目漱石汉文学研究［M］．上海：华东师范大学，2020：328.

张士立博士论文第六章指出：夏目漱石小说创作主要是作者本人充满紧张度的生涯体验的结晶。“这种紧张度包括东西文化的差异、文学理想与时代走向的冲突，以及家庭生活和个人疾病的困境体验。”另一方面，他的“以闲适为旨趣的汉诗创作不仅为其小说叙事提供了精神依托，而且成为抚慰作者本人身心疲惫的‘疗伤’方式”。因而，“夏目漱石汉诗与其小说分别呈现了理想与现实的两个世界”①。

夏目漱石著名遗言是“则天去私”。日本学者认为这四个字所代表的思想其实是作者“历经五十年的时间，经过悲壮的斗争赢来的最后的收获”②。

由此看来，夏目漱石作为日本典范的小说家和汉诗人，其作品的主要旨趣和意境可谓是反思“利己主义”。

二十六、王元化《孤桐》诗赞徐中玉

王元化曾挥翰录北宋丞相王安石一首《孤桐》诗，以贺老友徐中玉先生九十寿辰。其文为：

> 天质自森森，孤高几百寻。凌霄不屈己，得地本虚心。岁老根弥壮，阳骄叶更阴。明时思解愠，愿斫五弦琴。
>
> 右录荆公诗 祝贺 徐中玉教授九十寿辰 癸未春日 清园王元化

王安石该诗今译大意为：梧桐树天生就能长得茂盛繁密，巍然屹立，拔地高达几百寻。穿越了云霄，也不屈服，这是由于它深深扎根大地。岁月越久根越壮实，太阳越炽烈叶子越浓密。政治清明时，时时想着解决民间疾苦，愿被砍伐制作成五弦琴。

网页赏析文称：“这是一首借物言志的诗，是诗人表明改革决心的宣言书。以形象的孤桐自喻，却给人以坚定亲近之感，令人赞佩，崇敬之心油然而生。”③

又称：“‘孤桐’即为王安石的人格写照：尽管在变法中，他受到种种打击，但他志存高远、正直不屈；经历的磨难越多，斗志越坚；为了天下苍生，不惜

---

① 张士立．夏目漱石汉文学研究［M］．上海：华东师范大学．2020：7.

② 夏目漱石．漱石全集：第二十六卷［M］．东京：岩波书店，1996：537.（张士立．夏目漱石汉文学研究［M］．上海：华东师范大学，2020：94.）

③ 参见品诗文网。

粉身碎骨。拔地几百寻的孤桐，之所以岿然屹立，直冲云霄，是因为它‘得地本虚心’，善于从大地汲取养分和力量。如果离开大地，它一刻也活不下去，更别想‘孤高几百寻’了。由此我们想到，任何英雄豪杰都是从群众中产生的，他的力量来自群众。离开了群众（大地），再伟大的英雄也将一事无成。”

该网页还追溯诗歌意象史：“历代文人赋予‘孤桐’琴声意蕴和人格内涵两方面的意象，……唐朝时期，张九龄、王昌龄等人发现了孤桐树干之‘直’、树心之‘虚’，白居易在此基础上明确赋予了孤桐‘孤直’的人格内涵；宋朝时期，王安石更进一层，赋予孤桐‘刚直’的象征意义。”

王元化何以选择这首《孤桐》诗以贺徐中玉九十寿辰，至少对于中文系的后辈学人而言，应该是一个值得研讨的话题。缘此笔者还浏览到述及“梧桐”的如下记事：

> 记得第一次见到王元化先生，是20世纪70年代末，在古北路附近大百科全书出版社上海分社。从此，由相识到相知、相交。曾经，陪他穿过落满梧桐叶的衡山路，回到吴兴路的家中。……①

又一篇题为《上海武康路，梧桐叶正黄》的网文写道：“1951年，王元化调至华东局宣传部文艺处。上任后，王元化带着张可和儿子住进了武康路100弄1号，……到了1955年，张可带着儿子搬到了高安路100弄的新公房里，……从此，他们再也没有回到武康路100弄1号。”②

由此看来，“梧桐”意象，也是王元化本人数十年上海生涯中的深刻记忆。

---

① 赵兰英．与王元化先生的几次漫谈［N］．文汇报，2014-12-06（第7版）．

② laotu老土．上海武康路，梧桐叶正黄［EB/OL］．游侠客，2018-11-20．“武康路100弄1-4号原为美商德士古石油公司高级职员公寓，由四幢三层英式别墅组成，著名学者王元化先生曾在此居住。”（体验梧桐深处海派韵味［EB/OL］．澎湃政务，上海徐汇，2020-06-17.）